Peter Lutz

Grundriss des Urheberrechts

Peter Lutz

Grundriss des Urheberrechts

3., neu bearbeitete Auflage

C.F. Müller

Peter Lutz, Dr. jur., Rechtsanwalt und Fachanwalt für Urheber- und Medienrecht in München, vereidigter Buchprüfer, Honorarprofessor an der Universersität Erlangen-Nürnberg.

Bibliografische Information der Deutschen Nationalbibliothek

Die Deutsche Nationalbibliothek verzeichnet diese Publikation in der Deutschen Nationalbibliografie; detaillierte bibliografische Daten sind im Internet über http://dnb.d-nb.de abrufbar.

ISBN 978-3-8114-4669-4

E-Mail: kundenservice@cfmueller.de

Telefon: +49 89 2183 7923
Telefax: +49 89 2183 7620

www.cfmueller.de
www.cfmueller-campus.de

© 2018 C. F. Müller GmbH, Waldhofer Straße 100, 69123 Heidelberg

Dieses Werk, einschließlich aller seiner Teile, ist urheberrechtlich geschützt. Jede Verwertung außerhalb der engen Grenzen des Urheberrechtsgesetzes ist ohne Zustimmung des Verlages unzulässig und strafbar. Dies gilt insbesondere für Vervielfältigungen, Übersetzungen, Mikroverfilmungen und die Einspeicherung und Bearbeitung in elektronischen Systemen.

Satz: Da-TeX Gerd Blumenstein, Leipzig
Druck: Kessler Druck + Medien, Bobingen

Vorwort

Seit dem Erscheinen der 2. Auflage sind fünf Jahre vergangen. Die rasante Fortentwicklung des Urheberrechtes erforderte diese Neuauflage.

Die Rechtsprechung des EuGH und des BGH haben das Urheberrecht weiterentwickelt und den neuen technischen und wirtschaftlichen Bedingungen angepasst, sowie eine große Reihe von Auslegungsfragen beantwortet. Der nationale und der europäische Gesetzgeber sind nicht untätig geblieben. So hat der europäische Gesetzgeber die „Richtlinie über die kollektive Wahrnehmung von Urheber- und verwandten Schutzrechten und die Vergabe von Mehrgebietslizenzen für Rechte an Musikwerken für die Online-Nutzung im Binnenmarkt" erlassen. Diese wurde durch das Verwertungsgesellschaftengesetz umgesetzt und führte so zu einer Neugestaltung der rechtlichen Grundlage der Verwertungsgesellschaften. Auch der deutsche Gesetzgeber war nicht untätig geblieben. Er hat mit dem „Gesetz zur verbesserten Durchsetzung des Anspruchs der Urheber und ausübenden Künstler auf angemessene Vergütung und zur Regelung von Fragen der Verlegerbeteiligung" die Möglichkeit für Schöpfer, ihre finanziellen Ansprüche durchzusetzen, verbessert. Zudem hat er mit dem „Gesetz zur Angleichung des Urheberrechts an die aktuellen Erfordernisse der Wissensgesellschaft" die Schrankenbestimmungen für Lehre, Unterricht und Wissenschaft neu geordnet und erweitert.

An dieser Stelle gebührt mein Dank meiner Ehefrau, die mit großer Geduld das Manuskript Korrektur las, mich mit wertvollen Hinweisen unterstützte und stets als kompetente Gesprächspartnerin zur Verfügung stand.

München im Februar 2018　　　　　　　　　　　　　　　　　　　*Prof. Dr. Peter Lutz*

Vorwort zur zweiten Auflage

Seit dem Erscheinen der ersten Auflage sind mehr als vier Jahre vergangen. Dies macht es erforderlich auf die zwischenzeitlich ergangene Rechtsprechung einzugehen. Insbesondere der EuGH hat sich zu Fragen des Unionsrechts geäußert, die überwiegend Berücksichtigung finden sollten. Der deutsche Gesetzgeber hat das lange umstrittene Leistungsschutzrecht für Verleger erlassen, das ebenso zu berücksichtigen war, wie die Änderung der Schutzfristenrichtlinie. Die Richtlinie über verwaiste Werke fand Berücksichtigung, aber keine ausführliche Erörterung, weil der deutsche Gesetzgeber vor der Bundestagswahl 2013 wohl keine Umsetzung mehr bewerkstelligen konnte.

An dieser Stelle gebührt erneut mein Dank meiner Sekretärin, Frau *Sabine Wagner*, die sich wiederum mit großer Geduld um die Reinschrift des Manuskriptes bemühte, sowie Frau Rechtsreferendarin *Lisa Wedemeier*, die mich bei der Aktualisierung der Schrifttumshinweise mit Sorgfalt unterstützte.

München im Juni 2013   *Prof. Dr. Peter Lutz*

Vorwort zur ersten Auflage

Jahrzehntelang führte das Urheberrechtsgesetz eher ein Mauerblümchendasein. Es diente doch vermeintlich nur dem Schutz schöngeistiger Werke und ihrer Schöpfer. Die technologische Entwicklung hat das Urheberrechtsgesetz immer mehr in den Blickpunkt des »Internet-Zeitalters« gerückt. Die Art der urheberrechtlich geschützten Werke hat sich durch die Aufnahme von Computersoftware, Datenbankwerken ebenso erweitert wie die Verwertungsmöglichkeiten durch die digitalisierte Welt sprunghaft zugenommen haben. Gerade die weltweite Nutzungsmöglichkeit durch das Internet erfordert neue Schutzmechanismen und neue Schutzmöglichkeiten. Der grenzüberschreitende Handel und die Freiheit des Waren- und Dienstleistungsverkehrs in der EG haben ein Übriges dazu beigetragen, das Urheberrechtsgesetz zu einer bedeutenden Regelung breiter Wirtschafts- und Lebensbereiche zu machen. Es ist, um im Bild zu bleiben, längst vom Dornröschenschlaf aufgewacht und steht im Mittelpunkt vielfältiger juristischer Beschäftigung. Die Bedeutung des Urheberrechts hat sich erst kürzlich im Rahmen der Verabschiedung des »Zweiten Korbes« und der Umsetzung der Enforcement-Richtlinie gezeigt. Unzählige Interessenverbände und Vertreter unterschiedlicher Gruppen haben dabei um die angemessene Berücksichtigung ihrer Interessen gerungen.

Mit der vorliegenden Einführung in das Urheber- und Urhebervertragsrecht will der Verfasser den Jurastudenten, aber auch den juristisch gebildeten Interessierten eine erste Einführung und einen ersten Überblick über das Rechtsgebiet vermitteln. Der Verfasser hat dabei auf die Darstellung vielfältiger Streitpunkte und Diskussionen verzichtet, sondern versucht, im Wesentlichen unter Berücksichtigung der höchstrichterlichen Rechtsprechung die geltenden Grundsätze darzustellen. Der Leser des Buches wird zur tiefer gehenden Beschäftigung mit einzelnen Gesichtspunkten die zitierten Literatur- und Rechtsprechungsstellen nachvollziehen müssen. Der Verfasser hat dabei nicht versucht, vollständig alle Fundstellen wiederzugeben, sondern durch eine Auswahl wesentlicher Fundstellen den Einstieg in die weitere Recherche vermittelt.

Ich danke an dieser Stelle meinen Sekretärinnen, Frau *Sabine Schorten* und Frau *Sabine Wagner*, für ihre geduldige Bereitschaft zur Übertragung des Manuskripts in Reinschrift, dem Verlag, der nur zurückhaltend an die Ablieferung des Manuskripts erinnerte, und schließlich meiner Familie für ihre grenzenlose Geduld.

München, im Dezember 2008 *Prof. Dr. Peter Lutz*

Inhaltsverzeichnis

Vorwort.. V
Vorwort zur zweiten Auflage.. VI
Vorwort zur ersten Auflage VII
Abkürzungsverzeichnis.. XIX
Literaturverzeichnis... XXIII

1. **Quellen des Urheberrechts**.. 1
   1.1 Allgemeine Erklärung der Menschenrechte 1
   1.2 Grundgesetz.. 1
   1.3 Einfach gesetzliche Grundlagen 1
   1.4 Internationale Verträge 2
2. **Urheberrecht und andere Rechte**...................................... 4
   2.1 Verfassung... 4
   2.2 Charta der Grundrechte der Europäischen Union...................... 6
   2.3 Unionsrecht.. 6
   2.4 Urheberrecht und bürgerliches Recht................................ 8
   2.5 Urheberrecht und gewerbliche Schutzrechte 9
   2.6 Urheberrecht und Recht des unlauteren Wettbewerbs................. 11
   2.7 Urheberrecht und Kartellrecht..................................... 12
3. **Der Werkbegriff des Urheberrechts**.................................. 14
   3.1 Gegenstände des Urheberrechts 14
   3.2 Einheitlicher Werkbegriff... 15
   3.3 Persönliches Schaffen... 17
   3.4 Wahrnehmbare Formgestaltung 18
   3.5 Geistiger Gehalt.. 20
   3.6 Eigenpersönliche Prägung oder Individualität...................... 21
   3.7 Anforderungen an die eigenpersönliche Prägung oder Individualität.. 24
   3.8 Feststellung der Schutzfähigkeit 26
   3.9 Geschützte und ungeschützte Elemente 28
   3.10 Beginn und Ende des Urheberrechtsschutzes 30
4. **Zu den einzelnen Werkarten** 31
   4.1 Sprachwerke... 31
   4.2 Computerprogramme... 32
   4.3 Musikwerke.. 33
   4.4 Pantomimische Werke, Werke der Choreografie 34
   4.5 Werke der bildenden Kunst, der Baukunst und der angewandten Kunst.. 35

	4.6	Lichtbildwerke	37
	4.7	Filmwerke und Werke, die ähnlich wie Filme geschaffen werden	39
	4.8	Darstellungen wissenschaftlicher oder technischer Art	41
5.	**Die Bearbeitung**		**43**
	5.1	Kennzeichen der Bearbeitung	43
	5.2	Verwertung der Bearbeitung	45
6.	**Freie Benutzung**		**47**
7.	**Sammelwerke**		**50**
8.	**Datenbankwerke**		**52**
9.	**Amtliche Werke**		**54**
10.	**Der Urheber**		**56**
	10.1	Alleinurheber	56
	10.2	Formen der Beteiligung mehrerer Urheber	57
	10.3	Die Miturheberschaft	58
		10.3.1 Gemeinschaftlicher Schöpfungsprozess	58
		10.3.2 Einheitliche Verwertung	58
		10.3.3 Verwaltung der Rechte	59
		10.3.4 Verzicht	60
		10.3.5 Schutzdauer	60
	10.4	Urheber verbundener Werke	61
		10.4.1 Verbindung der Werke	61
		10.4.2 Vereinbarung der Urheber	62
	10.5	Filmurheber und Urheber vorbestehender Werke	63
		10.5.1 Urheber vorbestehender Werke	63
		10.5.2 Filmurheber	64
		10.5.3 Filmhersteller	64
		10.5.4 Rechtsverhältnis der beteiligten Urheber	64
	10.6	Urheber in Arbeits- oder Dienstverhältnissen	65
11.	**Die Rechte des Urhebers**		**67**
	11.1	Die Urheberpersönlichkeitsrechte	69
		11.1.1 Verhältnis zum allgemeinen Persönlichkeitsrecht	69
		11.1.2 Eigenschaften des Urheberpersönlichkeitsrechts	70
	11.2	Das Veröffentlichungsrecht	71
		11.2.1 Das Erstveröffentlichungsrecht	71
		11.2.2 Recht der Inhaltsmitteilung	73
		11.2.3 Rückrufsrecht wegen gewandelter Überzeugung	73
		11.2.4 Rückruf wegen Nichtausübung	74
	11.3	Recht auf Anerkennung der Urheberschaft	77
		11.3.1 Zweck	77

		11.3.2	Inhaber des Rechtes auf Anerkennung der Urheberschaft	77
		11.3.3	Vereinbarungen	78
		11.3.4	Schutz des Rechtes	79
	11.4	Entstellungs- und Änderungsverbot		79
		11.4.1	Der Schutz der Werkintegrität	79
		11.4.2	Interessenabwägung	80
			11.4.2.1 Beeinträchtigung des Werkes	80
			11.4.2.2 Eignung zur Interessengefährdung	81
			11.4.2.3 Interessenabwägung	82
	11.5	Zugang zum Werkstück		84
	11.6	Das Verwertungsrecht		86
	11.7	Die körperliche Verwertung		88
		11.7.1	Das Vervielfältigungsrecht	88
		11.7.2	Das Verbreitungsrecht	91
			11.7.2.1 Die Verbreitungshandlung	91
			11.7.2.2 Der Erschöpfungsgrundsatz	93
		11.7.3	Ausstellungsrecht	95
	11.8	Die unkörperliche Verwertung		96
		11.8.1	Die Öffentlichkeit und die verschiedenen Verwertungsformen	96
		11.8.2	Das Vortragsrecht	99
		11.8.3	Das Aufführungsrecht	99
		11.8.4	Das Vorführungsrecht	101
		11.8.5	Das Recht der öffentlichen Zugänglichmachung	102
		11.8.6	Senderecht	103
		11.8.7	Europäische Satellitensendung	105
		11.8.8	Kabelweitersendung	106
	11.9	Das Recht der Zweitverwertung		106
	11.10	Sonstige Rechte des Urhebers		108
		11.10.1	Das Folgerecht	108
		11.10.2	Das Vermietrecht	109
		11.10.3	Das Verleihrecht	110
12.	**Die Schranken des Urheberrechts**			112
	12.1	Die Arten der Schranken		112
	12.2	Auslegung der Schrankenregelungen		114
	12.3	Allgemeine Regeln für alle Schranken		115
		12.3.1	Änderungsverbot	115
		12.3.2	Quellenangabe	116
		12.3.3	Abtretung von gesetzlichen Vergütungsansprüche	117
	12.4	Die erlaubnis- und vergütungsfreie Nutzung		117
		12.4.1	Vorübergehende Vervielfältigungshandlungen	117
		12.4.2	Rechtspflege und öffentliche Sicherheit	118
		12.4.3	Öffentliche Reden	119

	12.4.4	Berichterstattung über Tagesereignisse	121
	12.4.5	Zitate	122
	12.4.6	Öffentliche Wiedergaben	125
	12.4.7	Vervielfältigung durch Sendeunternehmen zu Sendezwecken	126
	12.4.8	Benutzung eines Datenbankwerkes	127
	12.4.9	Vervielfältigung und öffentliche Wiedergabe in Geschäftsbetrieben	128
	12.4.10	Unwesentliches Beiwerk	129
	12.4.11	Katalogbildfreiheit	130
	12.4.12	Werke an öffentlichen Plätzen (Panoramafreiheit)	131
	12.4.13	Bildnisse	133
	12.4.14	Unterricht, Wissenschaft und Information	134
	12.4.15	Besondere Ausnahmen für Computerprogramme	135
12.5	Gesetzliche Lizenz		137
	12.5.1	»Bibliothekstantiemen«	138
	12.5.2	»Pressespiegelvergütung«	139
	12.5.3	Vervielfältigung für Behinderte	140
	12.5.4	Sammlungen für den religiösen Gebrauch	141
	12.5.5	Öffentliche Wiedergabe bei Veranstaltungen	143
	12.5.6	Vervielfältigungen zum privaten und sonstigen eigenen Gebrauch	144
		12.5.6.1 Privater Gebrauch	145
		12.5.6.2 Eigener Gebrauch	147
		12.5.6.3 Vergütungspflicht	149
	12.5.7	Nutzungen für Unterricht und Lehre	151
	12.5.8	Unterrichts- und Lehrmedien	152
	12.5.9	Wissenschaftliche Forschung	152
	12.5.10	Text und Data Mining	153
	12.5.11	Bibliotheken, Archive, Museen und Bildungseinrichtungen	154
	12.5.12	verwaiste Werke	155
12.6	Zwangslizenzen		156
	12.6.1	Zwangslizenz für amtliche Werke	156
	12.6.2	Tonträgerherstellungsrecht	157

13. Besondere Bestimmungen für Computerprogramme ... 158

13.1	Allgemeines		158
13.2	Besondere Auslegungsgrundsätze		158
13.3	Gegenstand des Schutzes		159
	13.3.1	Computerprogramme	159
	13.3.2	Schutzfähige Elemente	160
	13.3.3	Schutzvoraussetzungen	161
13.4	Anzuwendende Vorschriften		163

13.5	Die Rechte der Schöpfer von Computerprogrammen..................	166
	13.5.1 Allgemeines..	166
	13.5.2 Vervielfältigung...	166
	13.5.3 Umarbeitung...	167
	13.5.4 Verbreitung...	168
	13.5.5 Öffentliche Wiedergabe...................................	169
13.6	Computerprogramme im Rechtsverkehr............................	169
13.7	Besonderer Schutz von Computerprogrammen gegen Rechtsverletzungen..	170

14. Leistungsschutzrechte 171
- 14.1 Allgemeines 171
- 14.2 Schutz kreativer Leistungen 171
  - 14.2.1 Wissenschaftliche Ausgaben 171
  - 14.2.2 Lichtbilder.. 173
- 14.3 Darbietungen ausübender Künstler................................. 174
  - 14.3.1 Der geschützte Personenkreis 174
  - 14.3.2 Das Künstlerpersönlichkeitsrecht 176
  - 14.3.3 Verwertungsrechte des Künstlers........................ 178
  - 14.3.4 Inhaber der Rechte 180
  - 14.3.5 Schranken der Rechte..................................... 181
  - 14.3.6 Schutzdauer der Verwertungsrechte..................... 182
- 14.4 Der Schutz unternehmerischer Leistungen 182
  - 14.4.1 Nachgelassene Werke 182
  - 14.4.2 Der Schutz des Veranstalters 184
  - 14.4.3 Der Schutz des Tonträgerherstellers 185
  - 14.4.4 Der Schutz des Sendeunternehmens..................... 187
  - 14.4.5 Datenbankhersteller....................................... 190
  - 14.4.6 Der Presseverleger... 194
  - 14.4.7 Der Filmhersteller 195

15. Ergänzende Schutzbestimmung – Schutz technischer Maßnahmen......... 198
- 15.1 Einführung... 198
- 15.2 Schutzmaßnahmen 198
- 15.3 Sicherstellung des Zuganges 199
- 15.4 Schutz der zur Rechtewahrnehmung erforderlichen Informationen ... 200
- 15.5 Kennzeichnungspflichten 200

16. Rechtsverletzungen... 202
- 16.1 Verwertungsverbote... 202
- 16.2 Zivilrechtliche Ansprüche... 203
  - 16.2.1 Schutzgegenstände 203
  - 16.2.2 Aktivlegitimation... 203
  - 16.2.3 Passivlegitimation.. 204

		16.2.4	Rechtswidrigkeit	205
		16.2.5	Beseitigungsanspruch	205
		16.2.6	Unterlassungsanspruch	206
		16.2.7	Ablösebefugnis	207
		16.2.8	Schadensersatzanspruch	208
		16.2.9	Bereicherungsanspruch	211
		16.2.10	Immaterieller Schaden	211
		16.2.11	Auskunftsanspruch	212
		16.2.12	Öffentliche Bekanntmachung	214
		16.2.13	Vernichtung oder Überlassung	214
		16.2.14	Durchsetzung der Ansprüche	216
	16.3	Die Zwangsvollstreckung		216
		16.3.1	Die Zwangsvollstreckung gegen den Urheber	217
		16.3.2	Die Zwangsvollstreckung gegen den Rechtsnachfolger	217
		16.3.3	Zwangsvollstreckung gegen Leistungsschutzberechtigte	218
		16.3.4	Zwangsvollstreckung in Vervielfältigungsvorrichtungen	218
	16.4	Der strafrechtliche Schutz		218
	16.5	Sicherungsmaßnahmen		220
17.	**Internationales Urheberrecht**			221
	17.1	Räumlicher Geltungsbereich		221
	17.2	Das Fremdenrecht		222
		17.2.1	Die deutsche Regelung	222
		17.2.2	Die Revidierte Berner Übereinkunft	223
		17.2.3	TRIPS-Übereinkommen	225
		17.2.4	WIPO Copyright Treaty (WCT)	226
		17.2.5	Welturheberrechtsabkommen	227
		17.2.6	Rom-Abkommen	227
		17.2.7	WIPO-Vertrag über Darbietungen von Tonträgern (WPPT)	229
		17.2.8	Sonstige Übereinkommen zum Schutze von Urhebern und Leistungsschutzberechtigten	230
18.	**Die Verwertungsgesellschaften**			231
	18.1	Rechtsform und Organisation		232
	18.2	Gründung einer Verwertungsgesellschaft		233
	18.3	Überwachung der Tätigkeit		234
	18.4	Die Wahrnehmung der Rechte		234
	18.5	Die Rechtseinräumung durch die Verwertungsgesellschaft		237
19.	**Das Recht am eigenen Bild**			239
	19.1	Einführung		239
	19.2	Bildnis		239
	19.3	Einwilligungsfreie Nutzung		241
		19.3.1	Bildnis aus dem Bereich der Zeitgeschichte	241

	19.3.2	Personen als Beiwerk	242
	19.3.3	Bilder von Versammlungen	243
	19.3.4	Bildnisse im Interesse der Kunst	243
	19.3.5	Öffentliche Sicherheit	244
	19.3.6	Das berechtigte Interesse des Abgebildeten	244
19.4	Einwilligung des Abgebildeten		244
19.5	Folgen der Rechtsverletzung		247

20. Die vertragsrechtlichen Bestimmungen des Urheberrechts ... 248

20.1	Einleitung		248
20.2	Vererbung des Urheberrechts		248
20.3	Allgemeine Bestimmungen zur Rechtseinräumung		250
	20.3.1	Unübertragbarkeit des Urheberrechts	250
	20.3.2	Nutzungsrechte	251
	20.3.3	Vergütungsansprüche	258
	20.3.4	Persönlichkeitsrechtliche Befugnisse	258
20.4	Allgemeine Regelungen des Urhebervertragsrechts		260
	20.4.1	Einleitung	260
	20.4.2	Das Abstraktionsprinzip	261
	20.4.3	Übertragungszwecklehre	262
	20.4.4	Weiterübertragung von Nutzungsrechten	267
	20.4.5	Gutgläubiger Erwerb	270
	20.4.6	Verträge über künftige Werke	270
	20.4.7	Rechte an unbekannten Nutzungsarten	272
20.5	Die Vergütung der Urheber		274
	20.5.1	Einleitung	274
	20.5.2	Anwendbarkeit der Regelung	275
	20.5.3	Die angemessene Vergütung	276
	20.5.4	Weitere Beteiligung (»Fairnessausgleich«)	279
	20.5.5	Auslandsberührung	281
20.6	vorbereitende Auskunftsansprüche		281
	20.6.1	Anspruch auf Auskunft und Rechenschaft über Erträge	281
	20.6.2	Anspruch auf Auskunft und Rechenschaft über Erträge in der Lizenzkette	282
20.7	Kollektive Vereinbarungen zur Vergütung		282
	20.7.1	Normverträge	282
	20.7.2	Tarifverträge	283
	20.7.3	Gemeinsame Vergütungsregeln	283
20.8	Urheber in Arbeits- oder Dienstverhältnissen		286
	20.8.1	Allgemeines	286
	20.8.2	Arbeits- und Dienstverhältnisse	287
	20.8.3	Werke der Arbeitnehmer und Dienstverpflichteten	289
	20.8.4	Einschränkung der allgemeinen Regelungen	290

		20.8.5	Besondere Bestimmungen für Software-Ingenieure	292
21.	**Die Verwertung des Werkes**			**294**
	21.1	Wirtschaftliche Situation		294
	21.2	Anwendbares Recht		294
	21.3	Keine Vertragstypen		296
	21.4	Vertragspflichten		297
		21.4.1	Herstellungspflicht	297
		21.4.2	Rechtsverschaffungspflicht	298
		21.4.3	Enthaltungspflicht	299
		21.4.4	Ausübungspflicht	300
		21.4.5	Vergütungspflicht	300
	21.5	Allgemein zivilrechtliche Grundsätze		301
		21.5.1	Allgemeine Geschäftsbedingungen	302
		21.5.2	Leistungsstörungen	303
		21.5.3	Vertragsanpassung	305
		21.5.4	Vertragsbeendigung	305
22.	**Buch- und Zeitschriftenproduktion**			**308**
	22.1	Allgemeines		308
	22.2	Kennzeichen eines Verlagsvertrages		309
	22.3	Form des Verlagsvertrages		310
	22.4	Gegenstände des Verlagsvertrages		311
	22.5	Pflichten des Verfassers		313
		22.5.1	Manuskriptablieferung	313
		22.5.2	Rechtseinräumung	317
	22.6	Pflichten des Verlegers		320
		22.6.1	Vervielfältigung	320
		22.6.2	Verbreitung	326
		22.6.3	Auswertung der Nebenrechte	328
		22.6.4	Korrekturpflicht	328
		22.6.5	Honorarzahlungs-Abrechnungspflichten und Prüfungsrechte des Verfassers	329
		22.6.6	Freiexemplare, Vorzugsexemplare	334
	22.7	Sonstige Bestimmungen des Verlagsvertrages		335
		22.7.1	Beendigung	335
		22.7.2	Insolvenz	337
	22.8	Der Bestellvertrag		338
	22.9	Der Herausgebervertrag		339
	22.10	Mitarbeiterverträge		341
	22.11	Übersetzervertrag		342
	22.12	Lizenzverträge des Buchverlagsgeschäftes		344

23. **Musikproduktion** 347
    23.1   Der Musikverlagsvertrag 348
        23.1.1   Vertragspartner 348
        23.1.2   Die Pflichten des Verlegers 349
        23.1.3   Die Rechteverwertung 350
        23.1.4   Vergütungspflicht 350
    23.2   Künstlerverträge 351
        23.2.1   Künstler-Exklusivverträge 351
        23.2.2   Künstlerquittungen 353
    23.3   Bandübernahmevertrag 353

24. **Verträge über Werke der bildenden und angewandten Kunst** 355
    24.1   Kunstwerkvertrag 355
    24.2   Kunstverlagsvertrag 356
    24.3   Illustrationsvertrag 358
    24.4   Designverträge 359

25. **Bühnenvertrieb** 362
    25.1   Bühnenverlagsvertrag 363
    25.2   Die bühnenmäßige Aufführung 364
    25.3   Konzertante Aufführung 365

26. **Filmverträge** 367
    26.1   Verfilmungsvertrag 367
    26.2   Erwerb der Nutzungsrechte von Filmurhebern 370
    26.3   Die Mitwirkung von ausübenden Künstlern 372
    26.4   Filmverleihvertrag 372
    26.5   Videolizenzvertrag 373

27. **Sendeverträge** 375
    27.1   Sendelizenzverträge 375
    27.2   Produktionsverträge 377

28. **Datenbankverträge** 381
    28.1   Offline-Nutzung von Datenbanken 381
    28.2   Online-Nutzung 381
    28.3   Vereinbarungen zwischen Datenbankherstellern und den Anbietern von Datenbankinhalten 382

29. **Merchandising-Verträge** 383

Stichwortverzeichnis 385

Abkürzungsverzeichnis

a.A.	anderer Ansicht
aaO	am angegebenen Ort
Abs.	Absatz
Abl.	Amtsblatt der Europäischen Union
aE	am Ende
AEUV	Vertrag über die Arbeitsweise der Europäischen Union
AG	Amtsgericht
Alt.	Alternative
Art.	Artikel
Aufl.	Auflage
BAG	Bundesarbeitsgericht
betr.	Betreffend
BGBl.	Bundesgesetzblatt
BGB	Bürgerliches Gesetzbuch
BGH	Bundesgerichtshof
BGHZ	Entscheidungen des Bundesgerichtshofes in Zivilsachen
BMF	Bundesministerium für Finanzen
BV	Bayerische Verfassung
BVerfG	Bundesverfassungsgericht
BVerfGE	Entscheidungen des Bundesverfassungsgerichts
bzw.	beziehungsweise
CR	Computer und Recht
DesignG	Designgesetz
DPMA	Deutsches Patent- und Markenamt, München
EG	Europäische Gemeinschaft
EGBGB	Einführungsgesetz zum Bürgerlichen Gesetzbuch
EGMR	Europäischer Gerichtshof für Menschenrechte
EGV	Vertrag zur Gründung der Europäischen Gemeinschaft
Einf.	Einführung
Einl.	Einleitung
EPÜ	Europäisches Patentübereinkommen
EU	Europäische Union
EuGH	Gerichtshof der Europäischen Gemeinschaft

EuGHE	Entscheidungen des Europäischen Gerichtshofes
EWG	Europäische Wirtschaftsgemeinschaft
f	folgende
FamFG	Gesetz über das Verfahren in Familiensachen und in den Angelegenheiten der freiwilligen Gerichtsbarkeit
ff.	fortfolgende
FS	Festschrift
GATT	General Agreement on Tariffs and Trade
GEMA	Gesellschaft für musikalische Aufführungs- und mechanische Vervielfältigungsrechte
GG	Grundgesetz
GGV	Verordnung über das Gemeinschaftsgeschmacksmuster
GmbHG	GmbH-Gesetz
GRC	Charta der Grundrechte der Europäischen Union
GRUR	Gewerblicher Rechtsschutz und Urheberrecht
GRUR	Int Gewerblicher Rechtsschutz und Urheberrecht, Internationaler Teil
GRUR-RR	GRUR-Rechtsprechung
GTA	Genfer Tonträgerabkommen
GVBl.	Gesetz- und Verordnungsblatt
GVG	Gerichtsverfassungsgesetz
GVL	Gesellschaft zur Verwertung von Leistungsschutzrechten
GWB	Gesetz gegen Wettbewerbsbeschränkung
HGB	Handelsgesetzbuch
Hrsg.	Herausgeber
HS	Halbsatz
InsO	Insolvenzordnung
jew.	Jeweils
KUG	Kunsturhebergesetz
LG	Landgericht
m.w.N.	mit weiteren Nachweisen
MarkenG	Markengesetz
MMR	MultiMedia und Recht
NJW	Neue Juristische Wochenschrift

NJW-RR	NJW-Rechtsprechungsreport Zivilrecht
Nr.	Nummer
OLG	Oberlandesgericht
OMPi	Organisation mondiale de la propriété intellectuelle
PatG	Patentgesetz
RA	Rom Abkommen
RBÜ	Revidierte Berner Übereinkunft
RGBl.	Reichsgesetzblatt
RGZ	Entscheidungen des Reichsgerichts in Zivilsachen
Rz.	Randziffer
S.	Seite, Satz
StGB	Strafgesetzbuch
StPO	Strafprozessordnung
TRIPS	Trade – Related Aspects of Intellectual Property Rights
TVG	Tarifvertragsgesetz
UFITA	Archiv für Urheber-, Film-, Funk-, Theaterrecht (ab 2000: Archiv für Urheber und Medienrecht)
UrhG	Urheberrechtsgesetz
UrhWG	Urheberrechtswahrnehmungsgesetz
UWG	Gesetz gegen unlauteren Wettbewerb
VerlG	Verlagsgesetz
VG	Verwertungsgesellschaft
VGG	Verwertungsgesellschaftengesetz
WahrnG	Urheberrechtswahrnehmungsgesetz
WCT	WIPO Copyright Treaty
WIPO	World Intellectual Property Organization
WPPT	WIPO Performances and Phonogram Treaty
WRP	Wettbewerb in Recht und Praxis
WTO	World Trade Organization
ZPO	Zivilprozessordnung
ZUM	Zeitschrift für Urheber und Medienrecht
ZUM-RD	ZUM-Rechtsprechungsdienst

Literaturverzeichnis

Dreier, Thomas/Schulze, Gernot	Urheberrechtsgesetz, 5. Aufl., 2015, (*zitiert: Dreier/Schulze § ... Rz. ...*)
Fezer, Karl-Heinz	Markenrecht, 4. Aufl., 2009, (*zitiert: Fezer, Rz. ...*)
Gamm, Otto F. von	Urheberrechtsgesetz, 1982
Wallenfels, Dieter/Russ, Christian	Preisbindungsgesetz, 7. Aufl., 2017
Fromm, Wilhelm/ Nordemann, Wilhelm (Begr.)	Urheberrecht, 11. Aufl., 2014, (*zitiert: Fromm/Nordemann/Bearbeiter § ... Rz. ...*)
Haberstumpf, Helmut	Handbuch des Urheberrechts, 2. Aufl., 2000 (*zitiert: Haberstumpf Rz. ...*)
Hartlieb, Holger von/ Schwarz, Mathias	Handbuch des Film-, Fernseh- und Videorechtsrechts, 5. Aufl., 2011, (*zitiert: Hartlieb/Schwarz Kap... Rz. ...*)
Hillig, Hans-Peter (Hrsg.)	Urheber- und Verlagsrecht, 17. Aufl., 2018, (*zitiert: Hillig, Urheber- und Verlagsrecht S. ...*)
Hucko, Elmar	Zweiter Korb, 2007, (*zitiert: Hucko S. ...*)
Immenga, Ulrich/ Mestmäcker, Ernst-Joachim	GWB, 5. Aufl., 2014
Köhler, Helmut/Bornkamm, Joachim/Feddersen, Jörn	UWG, 36. Aufl., 2017, (*zitiert: Köhler/Bornkamm, § ... Rz. ...*)
Loewenheim, Ulrich (Hrsg.)	Handbuch des Urheberrechts, 2. Aufl., 2010, (*zitiert: Loewenheim/Bearbeiter § ... Rz. ...*)
Marly, Jochen	Praxishandbuch Softwarerecht, 6. Aufl., 2014
Moser, Rolf/Scheuermann, Andreas (Hrsg.)	Handbuch der Musikwirtschaft, 6. Aufl., 2003, (*zitiert: Moser/Scheuermann/Bearbeiter S. ...*)
Nicolini, Käte/Ahlberg, Hartwig (Hrsg.)	Urheberrechtsgesetz, 3. Aufl., 2014, (*zitiert: Möhring/Nicolini/Bearbeiter § ... Rz. ...*)
Palandt, Otto (Hrsg.)	Bürgerliches Gesetzbuch, 77. Aufl., 2017, (*zitiert: Palandt/Bearbeiter § ... Rz. ...*)
Russ, Christian	Verlagsgesetz, 2014, (*zitiert: Russ, § ... Rz. ...*)
Säcker, Franz Jürgen/Rixecke, Roland	Münchner Kommentar, (*zitiert: MünchKomm/ Bearbeiter, BGB, § ... Rz. ...*)
Schneider, Inge	Das Recht des Kunstverlags (*zitiert: Schneider, Kunstverlag, S. ...*)

Schricker, Gerhard/ Loewenheim, Ulrich/Leistner, Matthias/Ohly, Ansgar (Hrsg.)	Urheberrecht, 5. Aufl., 2017, (*zitiert: Schricker/Loewenheim/Bearbeiter § ... Rz. ...*)
Schricker, Gerhard	Verlagsrecht, 3. Aufl., 2001, (*zitiert: Schricker, Verlagsrecht § ... Rz. ...*)
Ulmer, Eugen	Urheber und Verlagsrecht, 3. Aufl., 1980, (*zitiert: Ulmer § ...*)
Ulmer-Eilfort, Constanze/Obergefell, Eva Inés	Verlagsrecht, 2013, (*zitiert: Ulmer-Eilfort/Obergefell/Bearbeiter, ... Rz. ...*)
Wandtke, Artur-Axel/Bullinger, Winfried (Hrsg.)	Praxiskommentar zum Urheberrecht, 4. Aufl., 2014 (*zitiert: Wandtke/Bullinger/Bearbeiter § ... Rz. ...*)

1. Quellen des Urheberrechts

1.1 Allgemeine Erklärung der Menschenrechte

Die Allgemeine Erklärung der Menschenrechte vom 10. Dezember 1948 erklärt in Art. 27 Abs. 2, dass jeder Mensch das Recht auf Schutz seiner ideellen und materiellen Interessen hat, die sich aus der wissenschaftlichen, literarischen und künstlerischen Produktion ergeben, deren Urheber er ist.

1.2 Grundgesetz

Der Kern des Urheberrechtsschutzes ist in der Bundesrepublik Deutschland verfassungsrechtlich gewährleistet. Die vermögensrechtlichen Ansprüche des Urhebers werden durch die **Eigentumsgarantie**[1] gemäß Art. 14 GG gewährleistet und der Schutz der ideellen Interessen des Urhebers durch die Unantastbarkeit der Würde des Menschen (Art. 1 GG) und das Recht auf freie Entfaltung der Persönlichkeit (Art. 2 GG) sowie schließlich auch durch die **Kunstfreiheit** (Art. 5 Abs. 3 GG). Insbesondere die Eigentumsgarantie erfordert es, den Urheber für jede Nutzung eine angemessene Vergütung zu sichern.

Ebenso wie das Urheberrecht Eigentum im Sinne des Art. 14 GG ist, sind[2] auch die verwandten Schutzrechte des ausübenden Künstlers[3] und des Tonträgerherstellers[4] echtes Eigentum im Sinne des Art. 14 GG.

1.3 Einfach gesetzliche Grundlagen

In der Bundesrepublik Deutschland ist die Grundlage des Urheberrechts im **»Gesetz über Urheberrecht und verwandte Schutzrechte«** vom 9. September 1965[5], zuletzt geändert durch das „Gesetz zur Angleichung des Urheberrechts an die aktuellen Erfordernisse der Wissensgesellschaft" vom 1. September 2017, in Kraft seit 1. März 2018[6]. Das Recht der Verwertungsgesellschaften ist geregelt durch das **Gesetz über die**

---

1 BVerfG, GRUR 1972, 481 – Kirchen- und Schulgebrauch; BVerfG, GRUR 1980, 44 – Kirchenmusik; Badura ZUM 1984, 552.
2 BVerfG, GRUR 1972, 481 – Kirchen- und Schulgebrauch; BVerfG, ZUM 2011, 313.
3 BVerfG, GRUR 1990, 438 – Bob Dylan.
4 BVerfG, GRUR 1990, 183 – Vermietungsvorbehalt.
5 BGBl. 1965, S. 1273.
6 BGBl. 2017, I,, S. 3346.

1. Quellen des Urheberrechts

Wahrnehmung von Urheberrechten und verwandten Schutzrechten durch Verwertungsgesellschaften" vom 24.05.2016[7], zuletzt geändert durch Art. 14 G v. 17.7.2017[8].

5   Aufgrund der Ermächtigung des § 138 Abs. 5 UrhG hat das Bundesministerium der Justiz die Verordnung über das Register anonymer und pseudonymer Werke (Urheberrolle) erlassen. Die **Verordnung über die Schiedsstelle für Urheberrechtsstreitsachen** erließ das Bundesministerium der Justiz am 20. Dezember 1985.

6   § 105 UrhG ermächtigt die Landesregierungen durch **Rechtsverordnung, Urheberrechtsstreitsachen**, für die Bezirke mehrerer Gerichte einem von ihnen zuzuweisen, wenn dies der Rechtspflege dienlich ist. Davon haben fast alle Landesregierungen Gebrauch gemacht.

7   Im Zusammenhang mit dem Urheberrecht wird regelmäßig auch das **»Gesetz betreffend das Urheberrecht an Werken der bildenden Kunst und der Fotografie«** vom 9. Januar 1907[9] (zuletzt geändert durch das Gesetz vom 16.2.2001[10]), durch dessen §§ 22 ff. das Recht am eigenen Bild geregelt ist, erwähnt.

8   Als gesetzliche Regelung des Urhebervertragsrechts ist insbesondere das **»Gesetz über das Verlagsrecht«** vom 19. Juni 1901[11] (zuletzt geändert durch das Gesetz vom 22.3.2002[12]) zu erwähnen. Daneben kommen die allgemeinen zivilrechtlichen Regelungen des BGB und die allgemeinen urhebervertragsrechtlichen Bestimmungen der §§ 28 ff. UrhG zur Anwendung.

1.4   Internationale Verträge

9   Zu den Quellen des Urheberrechts zählen auch die internationalen Verträge. Vor allem haben die multilateralen Abkommen für urheberrechtlicher Sachverhalte Bedeutung[13]. Wesentliche Grundlagen ergeben sich aus der **»Berner Übereinkunft zum Schutze von Werken der Literatur und Kunst«**[14] vom 9. September 1886, insbesondere in der Pariser Fassung vom 24. Juli 1971, dem **»Welturheberrechtsabkommen«** vom 6. September 1952 in dessen Pariser Fassung vom 24. Juli 1971, dem **»Übereinkommen über handelsbezogene Aspekte der Rechte des geistigen Eigentums (TRIPS)«**[15] vom 15. April

---

7   (BGBl. 2017, I S. 1190.
8   BGBl. 2017, I 2541.
9   BGBl. I 1907, S. 7.
10 BGBl. I 2001, S. 266.
11 RGBl. I 1091, S. 217.
12 BGBl. I 2002, S. 1155.
13 *Möhring/Schulze u.a.*, Quellen des Urheberrechts, Bd. 2 »Deutschland«.
14 RGBl. 1887, S. 493.
15 BGBl. II 1994, S. 1730.

1994 und dem **»WIPO-Urheberrechtsvertrag (WCT)«**[16] vom 21. Dezember 1996. Die Leistungsschutzrechte sind insbesondere durch das internationale »Abkommen über den Schutz der ausübenden Künstler, der Hersteller von Tonträgern und der Sendeunternehmer« (**»Rom-Abkommen«**) vom 26. Oktober 1961[17], den »WIPO-Vertrag über Darbietungen von Tonträgern (WPPT)«[18] vom 21. Dezember 1996, das weitere »Übereinkommen zum Schutz der Hersteller von Tonträgern gegen unerlaubte Vervielfältigungen ihrer Tonträger«[19] vom 29. Oktober 1971, das »Übereinkommen über die Verbreitung der durch Satelliten übertragenen programmtragenden Signale«[20] vom 21. Mai 1974, das »Europäische Abkommen zum Schutz von Fernsehsendungen«[21] vom 22. Juni 1960 nebst den dazu ergangenen Protokollen vom 22. Januar 1965, 14. Januar 1974 und 21. März 1983 geschützt. Schließlich ist erwähnenswert die »Europäische Konvention über urheber- und leistungsschutzrechtliche Fragen im Bereich des grenzüberschreitenden Satellitenrundfunks«[22] vom 11. Mai 1974.

Neben multilateralen Verträgen bestehen teilweise bilaterale Abkommen zwischen der Bundesrepublik Deutschland und anderen Staaten. Besondere Bedeutung hat das nach wie vor geltende Übereinkommen zwischen dem Deutschen Reich und den Vereinigten Staaten von Amerika über den gegenseitigen Schutz der Urheberrechte vom 15. Januar 1892[23].

Das Unionsrecht ist in Übereinstimmung mit den völkerrechtlichen Verträgen auszulegen, soweit die Bestimmungen der Durchführung eines völkerrechtlichen Vertrages dienen[24].

---

16 *Hillig*, Urheber- und Verlagsrecht, S. 426.
17 BGBl. II 1965, S. 1243.
18 *Hillig*, Urheber- und Verlagsrecht, S. 433.
19 BGBl. II 1973, S. 1670.
20 BGBl. II 1979, S. 114.
21 *Hillig*, Urheber- und Verlagsrecht, S. 531; BGBl. II 1965, S. 1234 i.V.m. Bekanntmachung BGBl. II 1968, S. 134.
22 BGBl. II 1979, S. 114.
23 RGBl. 1892, S. 473; BGH, GRUR 2014, 559-Tarzan.
24 EuGH, GRUR 2015, 665– Dimensione ua/Knoll.

2. Urheberrecht und andere Rechte

2.1 Verfassung

12 Das Urheberrecht findet im Grundgesetz nur in Art. 73 Nr. 9 GG im Rahmen der Kompetenzregelung Erwähnung. Danach steht die **ausschließliche Gesetzgebung** dem Bund zu. Im Hinblick auf den Vorrang des Grundgesetzes (Art. 31 GG) spielt die ausdrückliche Regelung zum Urheberrecht in den Landesverfassungen, wie der Bayerischen Verfassung (Art. 162 BV), keine Rolle. Auch in Art. 27 Abs. 2 der Allgemeinen Erklärung der Menschenrechte der Vereinten Nationen vom 10. Dezember 1948, die allerdings keine unmittelbare Bindungswirkung hat, ist festgehalten, dass »jeder ... Anspruch auf Schutz der ideellen und Vermögensinteressen, die sich aus seiner wissenschaftlichen, literarischen oder künstlerischen Urheberschaft ergeben«, hat.

13 Das als rechtlich Erscheinungsform des allgemeinen Persönlichkeitsrechts anerkannte **Urheberpersönlichkeitsrecht**[25] findet seine verfassungsrechtliche Verankerung im Schutz der Menschenwürde gemäß Art. 1 GG und dem **Recht auf freie Entfaltung der Persönlichkeit** gemäß Art. 2 Abs. 1 GG. Die einfache gesetzliche Regelung des Urheberpersönlichkeitsrechtes hat ihre Ausprägung im Veröffentlichungsrecht (§ 12 UrhG), dem Recht auf Anerkennung der Urheberschaft (§ 13 UrhG) und dem Entstellungsverbot (§ 14 UrhG) gefunden.

Neben dem Urheberpersönlichkeitsrecht schützt das allgemeine Persönlichkeitsrecht ergänzend dann den Urheber, wenn im Einzelfall Schutzlücken entstehen könnten (»Auffangfunktion«)[26].

Beispiel: Der Sohn des bekannten Schauspielers und Autors Heinz Erhardt wandte sich gegen die Ausstrahlung eines Radiowerbespots, in dem ein Stimmenimitator, die Sprache seines Vaters täuschend nachahmend, einen Werbetext verlas, der Redewendungen verwandte, die für Heinz Erhardt typisch und allgemein bekannt geworden sind. Das OLG Hamburg[27] bejahte einen Unterlassungsanspruch aufgrund einer Verletzung des auch über den Tod hinaus fortwirkenden Persönlichkeitsrechts von Heinz Erhardt.

14 Bei der Auslegung und Anwendung des deutschen Rechts, das der Umsetzung des Unionsrecht dient ist auf die Grundrechtscharta der Europäischen Union abzustellen, während die Grundrechte des GG als Maßstab dann anzuwenden sind, wenn das Unionsrecht Umsetzungsspielräume eröffnet[28].

---

25 *Schricker/Loewenheim/Dietz/Peukert*, Vor §§ 12 ff. Rz. 14; BGH, GRUR 1971, 525 – Petite Jacqueline.
26 *Schricker/Loewenheim/Dietz/Peukert*, Vor §§ 12 ff. Rz. 15.
27 BGH, GRUR 1989, 666 – Heinz Erhardt.
28 BVerfG, GRUR 2016, 690 Rz. 112 ff.-Metall auf Metall.

2.1 Verfassung

Die wirtschaftliche Komponente des Urheberrechts wird durch die **Eigentumsgarantie** des Art. 14 Abs. 1 Satz 1 GG geschützt. Ebenso wie das Sacheigentum unterliegt das geistige Eigentum der Sozialbindung gemäß Art. 14 Abs. 1 Satz 2 GG. Der Gesetzgeber muss den Inhalt und die Schranken der vermögensrechtlichen Befugnis bestimmen. Die Schrankenbestimmung selbst stellt keine Enteignung dar, da dem Urheber die Nutzung des Werkes von Anfang an nur im Rahmen der gesetzlichen Grenzen gestattet wird. Bei der Schrankenbildung hat der Gesetzgeber stets den Verhältnismäßigkeitsgrundsatz[29] zu achten.

15

Das Bundesverfassungsgericht[30] hat in Übereinstimmung mit dem Schrifttum und unter Anknüpfung an die naturrechtliche Lehre festgehalten, dass die Eigentumsgarantie des Art. 14 Abs. 1 Satz 1 GG, die **grundsätzliche Zuordnung des Wertes seines geschützten Werkes an den Urheber gebietet**. Damit soll aber nicht jede nur denkbare Verwertungsmöglichkeit verfassungsrechtlich gesichert werden. Es ist vielmehr Sache des Gesetzgebers, im Rahmen der inhaltlichen Ausprägung des Urheberrechts sachgerechte Maßstäbe festzulegen, die eine der Natur und sozialen Bedeutung des Urheberrechts entsprechende Nutzung und angemessene Verwertung sicherstellen (Art. 14 Abs. 1 S. 2 GG). Das Interesse der Allgemeinheit an dem **ungehinderten Zugang** zu geschützten Werken rechtfertigt die Beschränkung der Rechte des Urhebers in gewissem Umfang.

16

Bei der verfassungsrechtlichen Beurteilung der Schranken des Urheberrechts sind die unlösbare Verbindung von persönlich geistiger Schöpfung mit ihrer wirtschaftlichen Auswertbarkeit sowie die besondere Natur und Gestaltung dieses Vermögensrechts gebührend zu berücksichtigen. Die grundsätzliche Zuordnung der vermögenswerten Seite des Urheberrechts an den Urheber zur freien Verfügung bedeutet nicht, dass damit jede nur denkbare Verwertungsmöglichkeit verfassungsrechtlich gesichert ist[31]. Die Institutsgarantie gewährleistet einen Grundbestand von Normen, der gegeben sein muss, um das Recht als »Privateigentum« bezeichnen zu können. Im Einzelnen ist es jedoch **Sache des Gesetzgebers sachgerechte Maßnahmen festzulegen**, die eine der Natur und sozialen Bedeutung des Rechts **entsprechende Nutzung** und eine **angemessene Verwertung** sicherstellen. Er hat nicht nur die Individualbelange zu sichern, sondern auch den individuellen Berechtigungen und Befugnissen im Interesse des Gemeinwohles die erforderlichen Grenzen zu ziehen. Der Gesetzgeber muss die Interessen des Einzelnen und die Belange der Allgemeinheit in einen gerechten Einklang bringen. Einschränkende Regelungen müssen daher durch Gründe des Gemeinwohles

17

---

29 BVerfG, GRUR 1980, 44 – Kirchenmusik.
30 BVerfG, GRUR 1972, 481 – »Kirchen- und Schulgebrauch«; bestätigt u.a. durch BVerfG, GRUR 1972, 485 – Bibliotheksgroschen; GRUR 1972, 488 – Tonbandvervielfältigungen; GRUR 1972, 487 – Schulfunksendungen; GRUR 1989, 193 – Vollzugsanstalten, jeweils m.w.N.
31 BVerfG, GRUR 2016, 690-Metall auf Metall.

2. Urheberrecht und andere Rechte

gerechtfertigt sein. Dabei ist zu berücksichtigen, dass es um das Ergebnis der geistigen und persönlichen Leistungen des Urhebers geht, nicht aber um einen unverdienten Vermögenszuwachs. Der Ausschluss eines Vergütungsanspruchs ist nicht durch jede Gemeinwohlerwägung gerechtfertigt.

18 Die **Wirkung** der urheberrechtlich geschützten Werke und der Darbietung ausübender Künstler schützt Art. 5 GG, der die Freiheit der Meinungsäußerung, die Freiheit der Kunst und der Wissenschaft garantiert. Die **Kunstfreiheit** schützt sowohl den »**Werkbereich**« als auch den »**Wirkbereich**« des künstlerischen Schaffens. Damit ist nicht nur die **künstlerische Betätigung**, also die Werkschöpfung, sondern auch ihre **Darbietung** und Verbreitung, die für die Begegnung mit dem Werk als kunstspezifischer Vorgang sachnotwendig verbunden ist, geschützt[32]. Diese Freiheit wird dort begrenzt, wo die verfassungsrechtlich geschützten Rechte anderer verletzt werden könnten[33].

2.2 Charta der Grundrechte der Europäischen Union

19 Die Charta der Grundrechte der Europäischen Union[34] kodifiziert die Grund- und Menschenrechte. Das BVerfG misst eine innerstaatliche Rechtsvorschrift, die eine Richtlinie in deutsches Recht zwingend umsetzt, nicht an den Grundrechten des Grundgesetzes, solange die Europäische Union, einen wirksamen Schutz der Grundrechte gewährleistet, der dem als unabdingbar gebotenen Grundrechtsschutz im Wesentlichen gleicht, insbesondere den Wesensgehalt der jeweiligen Grundrechte generell verbürgt[35].

Insbesondere in den Art. 11 GRC wird die Meinungs- und Informationsfreiheit, in Art. 13 GRC die Kunstfreiheit und in Art. 17 GRC das Eigentumsrecht garantiert. An diesen Garantie und auch an den weiteren Garantien der GRC haben sich die Gerichte bei der Auslegung des Unionsrechts zu halten.

2.3 Unionsrecht

20 Das primäre Gemeinschaftsrecht hat in vielfältiger und prägender Weise Einfluss auf die urheberrechtliche Rechtsentwicklung genommen. Auf der Grundlage des Grundsatzes des **freien Warenverkehrs** (Art. 36 AEUV) hat der EuGH[36] den Begriff der gemeinschaftsweiten Erschöpfung entwickelt. Durch die **gemeinschaftsweite Erschöpfung** (§§ 17 Abs. 2, 69c Nr. 3 Satz 2 UrhG) werden die territorialen Grenzen des Verbreitungsrechts innerhalb der EU und dem EWR aufgehoben, wenn mit Zustimmung des Rechts-

---

32 BVerfG, ZUM 2000, 867 – Germania.
33 BVerfG, GRUR 1971, 461 – Mephisto; BVerfG, GRUR 2005, 880 – Xavier Naidoo.
34 Charta der Grundreche der Europäischen Union, ABl. 2010/ C83/02.
35 BVerfGE 118, 79.
36 EuGHE 1971, 487 – Polydor.

inhabers Vervielfältigungsstücke im Wege der Veräußerung in Verkehr gebracht wurden[37]. Dies gilt nicht für die Werknutzung in unkörperlicher Form[38].

Das **Diskriminierungsverbot** (Art. 18 Abs. 1 AEUV, Art. 21 GRC) ermöglicht den Urheber und Leistungsschutzberechtigten eines Mitgliedstaates, sich in einem anderen Mitgliedstaat vor dessen nationalen Gerichten unmittelbar auf das Diskriminierungsverbot zu berufen und einen Schutz zu verlangen, der demjenigen der Inländer entspricht. Dies führt zur gleichen Behandlung aller in- und ausländischen Urheber und Leistungsschutzberechtigter in den Mitgliedsländern der EU. 21

Das **EU-Kartellrecht** (Art. 101f. AEUV) hat besondere Bedeutung im Bereich der Verwertungsgesellschaften erlangt, wobei besonders zu dem Bereich der missbräuchlichen Ausübung von Urheberrechten durch den EuGH[39] Stellung genommen wurde. Auch die missbräuchliche Ausübung anderer Rechtsinhaber nach dem Urheberrechtsgesetz verbieten die Vorschriften der **Missbrauchskontrolle**. So kann sich daraus der mittelbare Zwang zum Abschluss von Lizenzverträgen ergeben[40]. 22

Neben dem primären Gemeinschaftsrecht hat vor allem das **sekundäre Gemeinschaftsrecht** zwischenzeitlich zu einer Harmonisierung der Urheberrechte und verwandten Schutzrechten in der Gemeinschaft geführt. Die Vorschriften, die zur Umsetzung der Richtlinien erlassen worden sind, sind im Lichte der Richtlinien, also nach dem dadurch geschaffenen **Unionsrecht**, auszulegen[41]. Der Europäische Gesetzgeber hat eine ganze Reihe von Richtlinien[42] erlassen: 23

Das primäre und sekundäre Unionsrecht wird vom EuGH autonom ausgelegt unter Berücksichtigung des Völkerrechts, insbesondere der RBÜ, des WTC und des WTTP, sofern nicht den Mitgliedstaaten die Auslegung ausdrücklich vorbehalten bleibt[43].

---

37 EuGH, GRUR Int. 1981, 229 – Gebührendifferenz.
38 GRUR Int. 1980, 602 – CODITEL I; GRUR Int. 1983, 175 – CODITEL II.
39 EuGH, GRUR Int. 1985, 490 – Magill.
40 *Dillenz*, GRUR Int. 1997, 315; EuGH, GRUR Int. 1983, 734; GRUR Int. 1990, 622 – SACEM.
41 BGH, GRUR 2012, 842 – Neue Personenkraftwagen; *Vogel*, ZUM 1997, 592, 593 f. m.w.N.
42 für den Rechtsschutz von Computerprogrammen (GRUR Int. 1991, 545; 91/250/EWG); zum Vermiet- und Verleihrecht für bestimmte dem Urheberrecht verwandte Schutzrechte im Bereich des geistigen Eigentums, (2006/115/EG, Abl. L. 376/28); – zur Koordinierung bestimmter Vorschriften betreffend Satellitenrundfunk und Kabelweitersendung (GRUR Int. 1993, 936; 93/83/EWG); über die Schutzdauer des Urheberrechts und einzelner verwandter Schutzrechte (2006/116/ EU, ABl. L 372/12 und 2011/77/EU, ABl. L. 265/1); über den rechtlichen Schutz von Datenbanken (96/9/EG, ABL. L. 77/20); zur Harmonisierung bestimmter Aspekte des Urheberrechts und bestimmter verwandter Schutzrechte in der Informationsgesellschaft (2001/29/EG, ABl. L. 167/10); zum Folgerecht des Urhebers des Originals eines Kunstwerkes (2001/84/EG, ABl. L. 272/32); über bestimmte zulässige Formen der Nutzung verwaister Werke (2012/28/EU ABl. L 299 S. 5); die Durchsetzung des geistigen Eigentums (GRUR Int. 2004, 615; 2004/48/EG); über die kollektive Wahrnehmung von Urheber- und verwandten Schutzrechten und die Vergabe von Mehrgebietslizenzen für Rechte an Musikwerken für die Online-Nutzung im Binnenmarkt (2014/26/EU, ABl. L 84, S. 72).
43 EuGH, ZUM 2007, 132 – DGAE, Tz. 31.

Diese Auslegung ist für die Mitgliedstaaten verbindlich. Die Begriffe werden dabei einheitlich für das gesamt Unionsrecht ausgelegt[44]. Die Kenntnis der Richtlinien und ihre Auslegung nehmen daher in ihrer Bedeutung ständig zu.

2.4 Urheberrecht und bürgerliches Recht

24 Das Urheberrecht ist ein Gebiet des **Privatrechts** und steht als Sondergebiet neben dem bürgerlichen Recht. Es bildet grundsätzlich eine eigene und unabhängige Regelung. Die Normen des BGB und des HGB finden dann Anwendung, wenn keine urheberrechtlichen Regelungen vorhanden sind und die Regelungen des BGB und des HGB mit den Regelungen und Wertungen des Urheberrechts kompatibel sind. Das Urheberrecht ist auch ein **Sonstiges Recht** i.S.v. § 823 Abs. 1 BGB, wobei allerdings das allgemeine Deliktsrecht nur subsidiär zu §§ 97ff. UrhG zur Anwendung kommt[45]. Die Bereicherungsvorschriften (§§ 812 ff. BGB) sorgen für den Fall des schuldlosen, rechtsgrundlosen Eingriffs in ein Urheberrecht für den Ausgleich (§ 102a UrhG).

25 Gerade im Bereich des **Urhebervertragsrechts** bestehen die vielfältigsten Verbindungen zwischen dem BGB und HGB einerseits und dem Urheberrechtsgesetz andererseits. Sofern die Vertragspartner anlässlich des Abschlusses von Rechtsgeschäften über die Verwertung urheberrechtlich geschützter Werke keine ausdrücklichen Vereinbarungen treffen und das Urheberrechtsgesetz keine Regelungen vorsieht, kommen die Regelungen des **BGB und HGB ergänzend** zur Anwendung.

26 Aus dem Bereich des besonderen Urhebervertragsrechts existiert nur das **Verlagsgesetz**, das eine modellhafte Regelung des Vertragstypus eines Verlagsvertrages, also eine Vereinbarung über die **drucktechnische Vervielfältigung** und **Verbreitung** von **Werken** der **Literatur** und **Tonkunst**, enthält. Für andere Verträge über die Ausübung von Urhebernutzungsrechten gibt es keine Modellregeln, wie im besonderen Schuldrecht des BGB. Häufig handelt es sich um **gemischte Verträge** (»Verträge sui generis«), die Elemente aus den unterschiedlichsten Vertragstypen aufweisen. Soweit diese Verträge die Verpflichtung zur Rechtsverschaffung enthalten, steht meist der kaufvertragliche Charakter im Sinne eines Rechtskaufes (§§ 433, 453 BGB) im Vordergrund; soll dagegen ein Werk erst geschaffen werden, dessen Nutzung durch einen anderen geplant ist, so sind dafür werkvertragliche Regelungen (§ 631 BGB) anwendbar. Auch dienstvertragliche Regelungen (§ 611 BGB) finden nicht nur bei Vereinbarungen mit ausübenden Künstlern, sondern auch für Leistungen anlässlich oder im Zusammenhang mit der Werkschöpfung Anwendung. Soll Gegenstand die Wahrnehmung der Rechte eines Dritten sein, so kommen die Vorschriften zur Geschäftsbesorgung (§ 662 BGB) zur Anwendung.

---

44 EuGH, GRUR 2016, 932 Rz. 45-Nikolajewa/Multi Protect; EuGH, ZUM 2011, 803 – Football Association Premier League.
45 BGH, GRUR 1958, 354 – Sherlock Holmes.

In der Praxis haben sich durch Standardisierungen eigenständige urhebervertragsrechtliche Typen gebildet. Zum Teil handelt es sich dabei um Empfehlungen der beteiligten Branchen, die Branchenvertreter aushandelten[46]. Diese üblichen Vertragsmuster und Empfehlungen haben keine normative Rechtswirkung. Diese Normverträge unterliegen als Formularverträge der Inhaltskontrolle gemäß §§ 305 ff. BGB, 11 UrhG; sie können allerdings zur Bestimmung der Verkehrssitte herangezogen werden.

2.5 Urheberrecht und gewerbliche Schutzrechte

Urheberrecht und gewerbliche Schutzrechte sind in vielerlei Hinsicht miteinander verwandt, sie unterscheiden sich aber auch deutlich. Gewerbliche Schutzrechte und Urheberrecht schützen jeweils das **geistige Eigentum**, also nicht das Sacheigentum, sondern immaterielle Güter. Beide gewähren ihrem Inhaber **Ausschließlichkeitsrechte** gegenüber Dritten und unterliegen einer **zeitlichen Begrenzung**. 27

Der durch das Urheberrecht gewährte Schutz enthält eine starke persönlichkeitsrechtliche Komponente (§§ 12 ff. UrhG), während die gewerblichen Schutzrechte zwar auch persönlichkeitsrechtliche Aspekte haben, aber das Persönlichkeitsrecht nicht als einen der zentralen Schutzbereiche betrachten. 28

Das **Urheberrecht** entsteht, **ohne** dass es irgendeines **formalen Vorgangs** bedarf, allein durch die Schöpfung eines Werkes, das die Voraussetzungen einer persönlichen geistigen Schöpfung (§ 2 Abs. 2 UrhG) erfüllt, während die **gewerblichen Schutzrechte** grundsätzlich ein staatliches Handeln, wie die Erteilung oder eine Registrierung, erforderlich machen. **Kennzeichnungsrechte** setzen, sofern nicht auch hier eine **Eintragung** wie bei der Marke erforderlich ist, die **Benutzungsaufnahme** voraus. 29

Das **Urheberrecht als solches** ist, im Gegensatz zu den gewerblichen Schutzrechten, **nicht übertragbar** (§ 29 Abs. 1 UrhG). 30

Das Urheberrecht unterscheidet sich vom Patent- und Gebrauchsmusterrecht hinsichtlich des **Schutzgegenstandes**. Während das Urheberrecht Leistungen auf dem Gebiet der **Literatur**, **Wissenschaft** und **Kunst** schützt, schützt das **Patent- und Gebrauchsmusterrecht** Leistungen auf dem **Gebiet der Technik**, neue und gewerblich anwendbare Erfindungen, die im Unterschied zum Urheberrecht, offenbart werden müssen. Während für die Erteilung eines Patents und Gebrauchsmusters die Neuheit Voraussetzung ist, bedarf es einer solchen für den Urheberrechtsschutz nicht; eine urheberrechtliche Doppelschöpfung, also die unabhängige Schöpfung eines identischen oder fast identischen Werkes, ist denkbar. 31

---

46 Z.B. Normvertrag für den Abschluss von Verlagsverträgen vom 19.10.1978 i.d.F. vom 19.2.1999, abgedruckt bei *Hillig*, Urheber- und Verlagsrecht, S. 99.

32 Urheberrechtsschutz einerseits und gewerblicher Rechtsschutz andererseits **schließen sich nicht gegenseitig** aus. Ein gleichzeitiger Schutz von Urheberrecht einerseits und Patent- oder Gebrauchsmusterrecht andererseits **für dieselbe Leistung** ist jedoch die Ausnahme, weil der urheberrechtliche Schutz für Leistungsergebnisse auf dem Gebiet der Literatur, Wissenschaft und Kunst gewährt wird und damit gerade den Bereich der Technik und Naturwissenschaften ausschließt. Überschneidungen können sich im Bereich der Computersoftware ergeben[47].

Beispiel: Eine »Dialog-Analyseeinrichtung für natürliche Sprache«, durch die ein Text in syntaktische Einheiten zerlegt, analysiert und die wahrscheinlichste Beziehung der einzelnen Elemente zueinander ermittelt wird, stellt nicht nur eine urheberrechtlich geschützte Software, sondern auch eine grundsätzlich patentfähige Lösung eines technischen Problems dar. Da die Vorrichtung in bestimmter Weise programmtechnisch eingerichtet ist, ist der technische Charakter im Sinne von § 1 PatG, Art. 52 EPÜ zu bejahen[48].

33 Urheber- und Markenrecht verfolgen unterschiedliche Ziele. Das **Urheberrecht** schützt die **Gestaltung**, während das **Markenrecht** seinem Inhaber das Recht verleiht, seine Waren oder Dienstleistungen zu **kennzeichnen**. Durch die Marke soll die unternehmerische Leistung identifiziert werden und unterscheidbar sein (**Herkunftsfunktion**), aber auch den Verkehrskreisen gegenüber eine gleich bleibende Qualität signalisieren (**Qualitätssicherungsfunktion**)[49]. Denkbar ist, dass eine Marke hinsichtlich ihres Erscheinungsbildes oder ein Hörzeichen wegen des Klangbildes urheberrechtlich geschützt ist und durch ihre Eintragung als Marke einen markenmäßigen Schutz erlangt.

34 Erhebliche **Überschneidungen** ergeben sich im Bereich des **Designs**[50], da sowohl das Design als auch das Urheberrecht sich auf **ästhetische Schöpfungen** beziehen. Beide gewähren unter anderem Schutz gegen Nachbildungen und/oder Vervielfältigungen durch Dritte. Der Urheberrechtsschutz setzt das Ergebnis eines Schaffens voraus, dass das Können des Durchschnittsgestalters der betreffenden Art übersteigt (§ 2 Abs. 2 UrhG), wohingegen bereits eine **neue** Leistung, die Eigenart aufweist (§ 2 DesignG), als Design geschützt sein kann. Das Design setzt also keine schöpferische Eigentümlichkeit, sondern die **Neuheit** voraus. Zur Erlangung des Schutzes ist allerdings im Unterschied zum Urheberrecht die **Anmeldung** und **Eintragung**[51] **im Designregister** (§ 27 DesignG) erforderlich. In vielen Bereichen der angewandten Kunst können Unsicherheiten darü-

---

47 *Schricker/Loewenheim/Loewenheim/Spindler*, Vor §§ 69aff. Rz. 8ff.; *Dreier/Schulze*, § 69a Rz. 5ff. jeweils m.w.N.
48 BGH, GRUR 2000, 1007 – Sprachanalyseeinrichtung.
49 *Fezer*, Einl. D MarkenG Rz. 8.
50 Designgesetz vom 24. Februar 2014 (BGBl. I S. 122), zuletzt geändert durch Artikel 15 des Gesetzes vom 17. Juli 2017 (BGBl. I S. 2541); Geschmacksmusterrichtlinie 98/71/EG; *Jestaedt*, GRUR 2008, 19.
51 Eine Ausnahme bildet das nicht eingetragene Geschmacksmuster auf der Grundlage der GGV, dazu *Oldehop*, WRP 2006, 801.

ber bestehen, ob ein Werk urheberrechtlich geschützt ist, oder nur den Anforderungen des Designs entspricht. In solchen Bereichen ist es zu empfehlen, auch ein Geschmacksmuster zur Eintragung zu bringen.

Beispiel: Ein Möbelhersteller hat ein Metallbett als Design eingetragen und verwertet. Der beklagte Mitbewerber hat ein ähnliches Bett vertrieben. Der Kläger verlangte vom Beklagten Unterlassung des Vertriebs des Bettes wegen einer Verletzung des Designs und Urheberrechts.

Der BGH[52] verneinte geschmacksmusterrechtliche Ansprüche (jetzt Ansprüche aus Design), weil die Eintragung wegen fehlender Neuheit gelöscht wurde. Die urheberrechtlichen Ansprüche verneinte das Gericht, weil zwar die für ein Design (Geschmacksmusterschutz) erforderliche Eigentümlichkeit vorlag, nicht jedoch die für den Urheberrechtsschutz erforderliche Gestaltungshöhe. Heute würde der BGH kein deutliches Überragen der Durchschnittsgestaltung als Voraussetzung für den Urheberrechtsschutz von Werken der angewandten Kunst mehr fordern[53].

2.6 Urheberrecht und Recht des unlauteren Wettbewerbs

Während das Urheberrecht das Interesse des Urhebers an der Verwertung seines Werkes und an der Aufrechterhaltung seiner Unversehrtheit sowie auch das Interesse der Allgemeinheit am Zugang zum Werk schützt, soll das Gesetz gegen den unlauteren Wettbewerb die Mitbewerber, Verbraucher und die sonstigen Marktteilnehmer vor unlauterem Wettbewerb bewahren sowie die Interessen der Allgemeinheit an einem unverfälschten Wettbewerb (§ 1 UWG) fördern. Beide Gesetze haben also einen deliktsrechtlichen Schutzansatz mit unterschiedlicher Ausprägung[54]. Während das Urheberrecht ein Ausschließlichkeitsrecht schützt, bezieht sich das **Wettbewerbsrecht** auf die **Modalität des Handelns**[55]. 35

Wird ohne entsprechende Einwilligung die Leistung eines anderen nachgeahmt, welche die Voraussetzungen des Urheberrechtsschutzes nicht erreicht, so kann dieser einen Schutz seiner Leistung unter dem Gesichtspunkt des **wettbewerbsrechtlichen Leistungsschutzes** (§ 4 Nr. 9 UWG) erlangen. Der Schutz bezieht sich aber auf einen wettbewerbsrechtlichen Vorgang und nicht auf eine geschützte Leistung[56]. Es ist nicht die Aufgabe des UWG, dort, wo sondergesetzliche Regelungen vorliegen und die Schutzvoraussetzungen nicht erreicht werden, einen Schutz der Leistung zu gewährleisten. Nur dann, wenn besondere Umstände hinzutreten, die eine Handlung als wettbewerbswidrig erscheinen lassen, unterliegen diese auch den Verbotstatbeständen des UWG. 36

---

52 BGH, GRUR 2004, 941 – Metallbett.
53 BGH, GRU 2014, 175 - Geburtstagszug.
54 *Köhler*, GRUR 2007, 548.
55 *Schricker/Loewenheim/Ohly*, Einl. Rz. 50 ff.; *Dreier/Schulze*, Einl. Rz. 37.
56 *Schricker/Loewenheim/Ohly*, Einl. Rz. 52 ff.; *Lubberger*, WRP 2007, 873; *Stieper*, WRP 2006, 271.

Die Regelungen des UWG sind also subsidiär zu denen des Urheberrechts[57]. Durch den wettbewerbsrechtlichen Leistungsschutz soll aber nicht die dem Wettbewerb eigene Nachahmungsfreiheit eingeschränkt werden, sondern **unlauteres Verhalten** durch vermeidbare Täuschung über die Herkunft einer Ware, die unangemessene Ausnutzung der Wertschätzung einer Ware oder die unredliche Beschaffung der für die Nachahmung erforderlichen Kenntnisse und Unterlagen verhindert werden.

Beispiel: (Sachverhalt vorhergehenden Beispiel) Der BGH[58] sah die für den wettbewerbsrechtlichen Leistungsschutz erforderliche wettbewerbliche Eigenart wegen der für den Geschmacksmusterschutz ausreichenden Eigentümlichkeit als gegeben an und bejahte wegen der fast identischen Erscheinungsform die Gefahr einer Herkunftstäuschung, da der Beklagte keine ausreichenden Maßnahmen zur Vermeidung der Herkunftstäuschung unternommen hat.

2.7 Urheberrecht und Kartellrecht

37 Ziel des Kartellrechts ist die Beschränkung des Wettbewerbs zu verhindern. Da das Urheberrechtsgesetz dem Urheber und dem Leistungsschutzberechtigten ein Monopol zubilligt, verhindert es gleichzeitig den Wettbewerb. Die Ausübung des Monopols kann jedoch grundsätzlich nicht das Kartellrecht verletzten, anders jedoch der Missbrauch der Rechte. Das Diskriminierungs- und Behinderungsverbot (§§ 18 ff. GWB) findet daher Anwendung. Auch die Vorschriften des europäischen Kartellrechts (Art. 18, 101f. AEUV) finden insbesondere auf vertragliche Beschränkungen von Nutzungsverträgen Anwendung.

38 Für den Vertrieb von Zeitungen und Zeitschriften gestattet § 30 GWB die Preisbindung.

39 Schließlich ist auch das **Buchpreisbindungsgesetz**[59] eine Ausnahme vom Verbot der Bestimmung der Preise des Letztverbrauchers durch den Produzenten. Daraus ergeben sich gerade für den Vertrieb von Verlagserzeugnissen Vorbedingungen und Einschränkungen, so beispielsweise für den zweigleisigen Vertrieb von Lizenzausgaben[60].

▶ **Wiederholungsfragen**

1. *Welchen Schutz gewährt das Grundgesetz der wirtschaftlichen Verwertung des Urheberrechts?*

2. *Was versteht man unter dem Begriff »europaweite Erschöpfung«?*

---

57 *Köhler, Bornkamm*, 31. Aufl., 2013, § 4 Rz. 9.7; *Schricker/Loewenheim/Ohly*, Einl. Rz. 53; BGH, GRUR 2003, 958, 962 – Paperboy.
58 BGH, GRUR 2004, 942 – Metallbett.
59 BGBl. 2002 I, S. 3448; *Franzen/Wallenfels/Russ*, Preisbindungsgesetz, 6. Aufl., 2012.
60 OLG Frankfurt, ZUM 1987, 87.

3. *Welche europarechtlichen Vorschriften sind bei der Auslegung des Urheberrechtsgesetzes zu berücksichtigen?*
4. *Welche gesetzlichen Bestimmungen regeln das Urhebervertragsrecht?*
5. *Worin unterscheidet sich das Urheberrecht von den gewerblichen Schutzrechten?*
6. *Welche Handlungen werden durch das Recht des unlauteren Wettbewerbs geschützt?*

3. Der Werkbegriff des Urheberrechts

3.1 Gegenstände des Urheberrechts

40 § 1 Urheberrechtsgesetz bestimmt, dass die Urheber von Werken der Literatur, Wissenschaft und Kunst für ihre Werke Schutz nach Maßgabe des Gesetzes genießen. Der Gesetzgeber stellt damit den **Urheber in den Mittelpunkt** und nicht dessen Werk.[61].

41 Das Urheberrechtsgesetz schützt den Urheber der **Werke der Literatur, Wissenschaft und Kunst**. Mit dieser Nennung der Schutzgegenstände hat der Gesetzgeber verdeutlicht, dass sich der Urheberrechtsschutz auf menschliche Leistungsergebnisse bezieht, die den menschlichen Geist oder Sinne anregen; die also im weitesten Sinne eine geistige, ästhetische Wirkung haben[62]. Gleichzeitig erfolgt dadurch die Abgrenzung zu technisch-naturwissenschaftlichen Entwicklungen, die als Erfindungen patent- oder gebrauchsmusterrechtlich Schutz finden können. Die Begriffe Literatur, Wissenschaft und Kunst beschränken den **Kreis der schutzwürdigen Leistungsergebnisse** nicht. Da es zum Wesen der Kunst gehört, Grenzen zu sprengen[63], ist von einem weiten Kunstbegriff auszugehen. Auch der die Werke näher beschreibende **Beispielskatalog** in § 2 Abs. 1 UrhG hat **keine abgrenzende** Funktion. Das Gesetz ist vielmehr offen für »neue Werkkategorien«, die sich aus der Entwicklung von Technik, Wissenschaft und Kunst ergeben. Der **Schutzgegenstand** sorgt stets für Anregung des Verstandes, des Schönheitssinnes, des Genusses oder sonstiger Sinne. Schutzgegenstand ist damit **die Art der Darstellung eines bestimmten Inhalts**.

42 Die vom Gesetzgeber in § 2 Abs. 1 UrhG genannten sieben Beispielskategorien sind nicht abschließend, sondern ergänzungsfähig und ergänzungsbedürftig[64]. Die Urheberrechtsschutzfähigkeit eines Werkes hängt nicht von seiner Einordnung in die in § 2 Abs. 1 UrhG genannten Werkkategorien ab, wie sich aus dem Wort »insbesondere« in § 2 Abs. 1 UrhG ergibt.

Beispiel: Bis zur Gesetzesnovelle 1985[65] gehörten Computerprogramme nicht zu der in § 2 Abs. 1 UrhG erwähnten Kategorie. Gleichwohl hat der BGH[66] Computerprogramme als grundsätzlich dem Urheberrechtsschutz zugängliche Schriftwerke gemäß § 2 Abs. 1 Nr. 1 UrhG oder Darstellung wissenschaftlicher technischer Art gemäß § 2 Abs. 1 Nr. 7 UrhG betrachtet.

---

61 *Schricker/Loewenheim/Loewenheim*, § 2 Rz. 2; *Dreier/Schulze*, § 1 Rz. 2; BGHZ 17, 266 – Grundig Reporter.
62 *Dreier/Schulze*, § 1 Rz. 5.
63 BGH, NJW 1990, 3026 – Opus Pistorum.
64 BGH, GRUR 1985, 529 – Happening.
65 Gesetz vom 24.06.1985, BGBl. I. 1985, S. 1137.
66 GRUR 1985, 1041 – Inkassoprogramm.

Beispiel: Ein Professor veranstaltete ein Happening nach dem Gemälde »Heuwagen« von Hieronymus Bosch. Dabei wurden vom Hochschullehrer die zu verwendenden Materialien vorgegeben und die vorzunehmenden Handlungen in einer choreografieähnlichen Darstellung zeichnerisch und schriftlich niedergelegt und eingeübt. Der BGH[67] hat es dahingestellt sein lassen, ob es sich um eine Art lebendes Bild, das den Werken der bildenden Künstler (§ 2 Abs. 1 Nr. 4 UrhG) zuzurechnen ist, oder ob es sich um eine Art Bühnenwerk (§ 2 Abs. 1 Nr. 3 UrhG) handle. Entscheidend für die Bejahung des Urheberrechtsschutzes war, dass es sich um eine persönlich geistige Schöpfung auf dem Gebiet der Kunst handelte.

Der Urheber erwirbt aber nicht bei jeder Schöpfung eines Werkes, das sich dem Bereich der Literatur, Wissenschaft und Kunst zuordnen lässt, das Urheberrecht, vielmehr muss ein solches Werk den allgemeinen Voraussetzungen gemäß § 2 Abs. 2 UrhG entsprechen. **Werke im Sinne des Urheberrechtsgesetzes müssen persönliche geistige Schöpfungen sein.** Die Voraussetzungen des **Werkbegriffs** grenzen die urheberrechtlich schutzfähigen von den nicht schutzfähigen Leistungsergebnissen ab.

▶ **Wiederholungsfragen**

1. Wer steht im Mittelpunkt des Urheberschutzes?
2. Welche Leistungsergebnisse fallen unter den Schutz des Urheberrechts?
3. Welche Voraussetzungen müssen Werke erlangen, um Urheberrechtsschutz zu genießen?

3.2 Einheitlicher Werkbegriff

Das Urheberrechtsgesetz stellt keine unterschiedlichen Anforderungen an den Werkbegriff für die einzelnen in § 2 Abs. 1 UrhG genannten Werkkategorien. Der **Werkbegriff ist einheitlich**. Er gilt für alle Werke, die der Literatur, Wissenschaft und Kunst zugeordnet werden können.

Das Urheberrechtsgesetz definiert den Werkbegriff in § 2 Abs. 2 UrhG als **»persönliche geistige Schöpfung«**. Computerprogramme sind geschützt, wenn sie das Ergebnis einer **»eigenen geistigen Schöpfung«** sind (§ 69a Abs. 3 UrhG). Ähnlich fordert die Schutzdauerrichtlinie (Art. 6) für Lichtbildwerke und die Datenbankrichtlinie (Art. 3) für Datenbankwerke eine **»eigene geistige Schöpfung«**. Diese unterschiedlichen Formulierungen zielen aber nicht auf einen abweichenden Werkbegriff ab, sondern beschreiben den Werkbegriff lediglich anders, ohne in der Sache selbst eine Änderung herbeiführen zu wollen. Die Anforderungen an den Werkbegriff können sich aber, je

---

67   GRUR 1985, 529 – Happening.

nach Besonderheit der einzelnen Werkart, unterscheiden[68]. Der Werkbegriff fasst vier unterschiedliche **Elemente**[69], die mit nicht immer einheitlichen Begriffen definiert sind, zusammen. Es muss sich um eine **persönliche Schöpfung** handeln, die eine **wahrnehmbare Formgestaltung** aufweist, einen **geistigen Gehalt** hat, und schließlich muss eine **eigenpersönliche Prägung** vorliegen.

45   Im Prozessfall muss der **Kläger die konkreten Gestaltungsmerkmale darlegen und beweisen, die den Schutz begründen sollen**[70]. Dies erfolgt regelmäßig durch die Vorlage des Werkes oder eines Vervielfältigungsstücks[71], sofern die eingeschränkte künstlerische Gestaltungsfreiheit nicht eine Darlegung der Ausnutzung der Gestaltungsmöglichkeiten erfordert. Wenn der Verletzte demgegenüber einwendet, dass der Urheber bei der Schaffung seines Werkes auf vorhandene Elemente zurückgegriffen hat, ist er für das Vorhandensein des **vorbekannten Formenschatzes** seinerseits darlegungs- und beweispflichtig[72].

Beispiel: Die Parteien streiten über die urheberrechtliche Schutzwürdigkeit des von dem Architekten Mart Stam geschaffenen hinterbeinlosen Stahlrohrstuhles[73]. Der Beklagte hatte eingewandt, dass der Stam-Stuhl eine Fortentwicklung des von Stüttgen zuvor her- und ausgestellten Stuhles sei. Das konkrete Aussehen des Stüttgen-Stuhles war streitig geblieben. Der BGH hat der Klage stattgegeben, weil der Beklagte, der den Einwand erhebt, der Schutzumfang sei eingeschränkt, weil der Urheber auf vorbekanntes Formengut zurückgegriffen habe, diesen darlegen und beweisen müsse.

46   Das urheberrechtliche Werk einerseits ist von dem **Werkstück** andererseits zu unterscheiden. Das Werk ist die geistige Schöpfung, die seine Konkretisierung im jeweiligen Werkstück erlangt. Das Werkstück dokumentiert also das Werk selbst. So ist das Werk der Roman, das konkrete Buch ist das Werkstück. Auf das Werk selbst sind die Regelungen des Urheberrechtsgesetzes anzuwenden, während das Werkstück im Wirtschaftsverkehr den allgemeinen Regeln des Schuld- und Sachenrechts unterliegt. Manche Werke werden nur in einem einzelnen Werkstück konkretisiert, wie das beispielsweise bei Skulpturen der Fall sein kann, andere wiederum werden in großer Zahl von Werkstücken festgelegt, wie dies beispielsweise bei einem Roman der Fall sein kann, und schließlich wiederum andere Werke erhalten keinerlei Konkretisierung durch ein Werkstück, wie die musikalische Improvisation.

---

68   EuGH, GRUR 2012, 386 Rz 38ff.-Football Dataco/Yahoo.
69   *Schricker/Loewenheim/Loewenheim*, § 2 Rz. 9; *Dreier/Schulze*, § 2 Rz. 6, a.A. *Möhring/Nicolini/Ahlberg*, § 2 Rz. 44; *Erdmann*, FS für v. Gamm, S. 38.
70   BGH, GRUR 1991, 449 – Betriebssystem; *Schricker/Loewenheim/Loewenheim*, § 2 Rz. 9; *Dreier/Schulze*, § 2 Rz. 70.
71   BGH, GRUR 1981, 822 – Stahlrohrstuhl II; BGH GRUR 2012, 58 - Seilzirkus.
72   BGH, GRUR 2002, 958 – Technische Lieferbedingungen; BGH, GRUR 1981, 822 – Stahlrohrstuhl II; *Schricker/Loewenheim/Loewenheim*, § 2 Rz. 9.
73   BGH, GRUR 1981, 822 – Stahlrohrstuhl II.

▶ **Wiederholungsfrage**

Welche vier Elemente weist der urheberrechtliche Werkbegriff auf?

3.3 Persönliches Schaffen

Eine persönliche geistige Schöpfung setzt zunächst ein **persönliches Schaffen**, also ein Handlungsergebnis, das durch den **gestaltenden, formprägenden Einfluss eines Menschen** geschaffen wurde, voraus[74]. Nicht geschützt sind demnach die Ergebnisse einer maschinellen Produktion oder auch die Ergebnisse eines natürlichen Prozesses, ebenso wenig wie die durch Tiere erzeugten Gegenstände oder Darbietungen[75].

Beispiel: Startet ein Zufallsgenerator das Grafikprogramm eines Computers, so sind die daraus entstehenden Grafiken nicht urheberrechtlich geschützt, weil es an einem gestaltenden Einfluss eines Menschen fehlt. Urheberrechtlich geschützt kann allerdings das Computerprogramm sein. Anderes gilt dann, wenn der Künstler ein Grafikprogramm zur Erstellung einer Grafik als Werkzeug benutzt, da er dann gestaltend Einfluss nimmt.

Beispiel: Das Satellitenbild, das ohne menschlichen gestalterischen Einfluss entsteht, kann keinen Urheberrechtsschutz erlangen[76].

Der Urheber darf technische oder handwerkliche Hilfsmittel verwenden. Er darf Pinsel und Feder, Kugelschreiber, Schnitzeisen, ebenso wie Computer mit der entsprechenden Software, für die Herstellung seines Werkstückes benutzen. Die Werkzeuge dienen nur der Werkerstellung und ordnen sich der gestaltenden Hand des Urhebers unter.

An einem persönlichen Schaffen fehlt es auch dann, wenn **vorgefundene Gegenstände** als Kunst präsentiert und bezeichnet werden (Marcel Duchamp)[77]. Würde die Präsentation eines Gegenstandes als Kunstwerk für die Erlangung des Urheberrechtsschutzes ausreichen, führte dies zu einer Ausuferung der geschützten Werke; jedermann könnte auch für unterdurchschnittliche Erzeugnisse Urheberschutz für sich in Anspruch nehmen. Das Urheberrecht schützt das besondere Ergebnis eines **vom menschlichen Willen gesteuerten Schöpfungsvorganges**, nicht die in das Belieben des Urhebers gestellte Entscheidung.

---

[74] *Schricker/Loewenheim/Loewenheim*, § 2 Rz. 11 m.w.N.
[75] LG München I, UFITA 54 (1969) 320.
[76] LG Berlin, GRUR 1990, 270 – Satellitenfoto.
[77] *Schricker/Loewenheim/Loewenheim*, § 2 Rz. 16 f.; a.A. *Kummer*, Das urheberrechtlich schützbare Werk, 1968, S. 75 ff.

50 Das persönliche Schaffen setzt einen Schaffungsprozess durch Menschenhand voraus, ohne dass es auf die **Geschäftsfähigkeit** ankäme. Der Schaffungsprozess ist ein **Realakt**. Auch nicht geschäftsfähige oder beschränkt geschäftsfähige Personen erwerben selbst und alleine ein Urheberrecht an den von ihnen geschaffenen Werken. Es bedarf nicht der Zustimmung ihrer gesetzlichen Vertreter. Freilich erfolgt die Verwertung der Rechte durch den gesetzlichen Vertreter.

▶ **Wiederholungsfragen**

1. *Was versteht man unter dem Begriff »persönliches Schaffen« im Zusammenhang mit dem urheberrechtlichen Werkbegriff?*
2. *Welche Rechtsqualität hat der Schaffensprozess?*

3.4 Wahrnehmbare Formgestaltung

51 Der Geistesblitz alleine ist noch kein Werk. Weitere Voraussetzungen einer persönlichen geistigen Schöpfung sind daher, dass das Werk eine **einmal wahrnehmbare Formgestaltung** angenommen hat. Was niemand sehen kann, erlangt keine wahrnehmbare Formgestaltung[78]. Es kann auch nicht zum Schutzgegenstand des Urheberrechts werden. Das Urheberrecht schützt ein immaterielles Gut, das sich in einem mit den Sinnen wahrnehmbaren Werk konkretisiert. Nur wenn ein Werk einmal wahrnehmbar geworden ist, kann beurteilt werden, ob es alle erforderlichen Elemente einer persönlichen geistigen Schöpfung aufweist und kann von anderen Werken unterschieden und abgegrenzt werden.

52 Das Urheberrecht setzt **keine körperliche Festlegung** des Werkes voraus. Es genügt daher auch die flüchtige Wahrnehmbarmachung. Das Stegreifgedicht ist ebenso dem Urheberschutz zugänglich wie die Musikimprovisation[79]. Die Aufzeichnung auf Bild-Tonträger ist ein erster Nutzungsvorgang. Auch Werke, die keinen Bestand haben, können den Urheberrechtsschutz für sich in Anspruch nehmen. Lediglich Werke der bildenden Kunst (§ 2 Abs. 1 Nr. 4 UrhG) und wissenschaftlich-technische Darstellungen (§ 2 Abs. 1 Nr. 7 UrhG) setzen denknotwendig eine körperliche Fixierung voraus.

Beispiel: Sandfiguren am Meeresstrand, die von der nächsten Flut weggespült werden, sind ebenso dem Urheberrechtsschutz zugänglich wie Eisskulpturen, die durch die Frühlingssonne vergehen.

53 Für den Urheberrechtsschutz kommt es nicht darauf an, ob das Werk **unmittelbar** oder **mittelbar**, also unter **Zuhilfenahme eines technischen Gerätes**, **wahrnehmbar** ist[80].

---

78 *Ulmer* § 21 II; BGH, GRUR 1985, 1041 – Inkassoprogramm; *Schricker/Loewenheim/Loewenheim,* § 2 Rz. 20.
79 LG München I, GRUR Int. 1993, 82 – Duo Gismonti-Vasconcelos.
80 BGHZ 37, 1 – AKI; *Schricker/Loewenheim/Loewenheim,* § 2 Rz. 21; *Dreier/Schulze,* § 2 Rz. 13.

3.4 Wahrnehmbare Formgestaltung

Ausreichend ist, dass es grundsätzlich wahrnehmbar gemacht werden kann. So genügt die mittelbare Wahrnehmbarkeit von Fernsehsendungen in Lichtspieltheatern[81] oder von **Video-** und **Computerspielen**. Gleiches gilt für die Wahrnehmung von Musik durch das Abspielen einer DVD.

54 Ein Werk ist auch wahrnehmbar, wenn es in einer fremden Sprache oder einer Geheimsprache niedergelegt ist.

55 Auch bei **Multimedia-Produkten und Spielen**[82] werden vorhandene Werke und sonstige Bestandteile mit Hilfe einer Zugriffssoftware in unterschiedlichen Kombinationen sichtbar gemacht. Das konkret wahrnehmbare Werk entsteht durch Aktionen des Nutzers. Da der Anwender oder Spieler selbst das Ergebnis steuert, ist ihm das Ergebnis zuzuordnen. Der Programmschutz kann sich nicht auf diese Ergebnisse beziehen, da sie nicht aus der Anwendung des Programms resultieren[83].

56 Der Urheberrechtsschutz setzt nicht voraus, dass das Werk komplett fertig gestellt ist. Auch **Vorstufen**, wie Skizzen, Entwürfe und **unvollendete Werke**, sind schutzfähig[84], wenn sie nur die Voraussetzungen einer persönlichen geistigen Schöpfung erfüllen, also die Formgebung so konkretisiert ist, dass der **geistige Gehalt** erkennbar und die **erforderliche Individualität** erreicht wird. Stellt ein Dritter das begonnene Werk fertig, so liegt regelmäßig eine Bearbeitung vor[85]. Das begonnene Werk ist jedoch in dem »unfertigen« Bestand geschützt.

Beispiel: Das Exposé für eine Fernsehserie kann für sich selbst ein urheberrechtlich geschütztes Werk sein. Auch das aus dem Exposé entwickelte Drehbuch und der danach hergestellte Film können für sich urheberrechtlich geschützte Werke sein. Problematisch ist allerdings, ob es sich um jeweils eine Bearbeitung des vorher erstellten Werkes oder ob es sich um dessen freie Benutzung handelt[86].

▶ Wiederholungsfragen

1. *Wie muss ein urheberrechtlich geschütztes Werk wahrnehmbar werden?*
2. *Kann die Wahrnehmung durch ein technisches Gerät vermittelt werden?*
3. *Muss ein Werk vollendet sein, um Urheberrechtsschutz zu erlangen?*
4. *Der Werkbegriff des Urheberrechts*

---

[81] BGHZ 37, 1 – AKI.
[82] *Schulze*, ZUM 1997, 77; *Dreier/Schulze*, § 2 Rz. 14; BGHZ 194, 339 Rz. 21 ff. – Nintendo/PC Box.
[83] OLG Düsseldorf, ZUM-RD 2000, 136, – Siedler III; OLG Düsseldorf, MMR 1999, 729 – Frames; *Ullmann*, FS Erdmann 2002, S. 221.
[84] BGH, GRUR 2005, 854 – Karten-Grundsubstanz; BGH, GRUR 1999, 230 – Treppenhausgestaltung; *Ulmer*, § 21 II 2.
[85] BGH, GRUR 2005, 854 – Karten-Grundsubstanz.
[86] OLG München, GRUR 1990, 674 – Forsthaus Falkenau; KG ZUM 2010, 346 – Der Bulle von Tölz.

3. Der Werkbegriff des Urheberrechts

3.5 Geistiger Gehalt

57 Dritte Voraussetzung für eine persönliche geistige Schöpfung im Sinne von § 2 Abs. 2 UrhG ist der **geistige Gehalt** des Werkes. Die »geistige Schöpfung« setzt eine vom Urheber stammende **Gedanken- und/oder Gefühlswelt** voraus, die auf den Hörer, Leser oder Betrachter unterhaltend, belebend, veranschaulichend, erbauend oder sonst wie anregend wirkt[87], jedenfalls über das sinnlich wahrnehmbare Substrat hinausgeht[88].

58 Er drückt sich in der besonderen Form der **Gedankenformung** und **-führung** des Inhalts und/oder in der Form und Art der **Sammlung**[89], **Einteilung** und **Anordnung** des dargebotenen Stoffes aus. Der **Gang der Handlung** eines literarischen Werkes oder der Aufbau der Geschichte kann den geistigen Gehalt eines Werkes wiedergeben[90]. Die Auswahl **einzelner Vorgänge und Personen**, deren Hervorhebung sowie die Darstellung eines bestimmten Beziehungsgeflechts und damit die Einteilung des gemeinfreien Stoffes können den geistigen Gehalt eines Werkes ausmachen[91].

59 Der geistige Gehalt eines Werkes kann sich auch aus der besonders eigenartigen Verbindung von **Form und Inhalt** ergeben. So kann sich der geistige Gehalt z.B. eines Gedichtes in dem besonderen Inhalt dieses Gedichtes einerseits, das in einem besonderen Versmaß andererseits gestaltet ist, darstellen. Allerdings ist der Inhalt ebenso frei und kann von jedermann verwendet werden, wie auch bestimmte Formen, Design, Versmaße oder Malstile jedermann zugänglich sind. Entscheidend kommt es auf die individuelle Verbindung von Form und Inhalt an, denn schutzfähig ist das Werk nur, weil und nur soweit es die individuellen Züge aufweist[92].

60 Der geistige Gehalt kann sich in der besonderen **Auswahl, Anordnung und Zusammenstellung des behandelten Stoffes** ergeben. So drückt sich der geistige Gehalt einer wissenschaftlichen Publikation in der Auswahl, Anordnung sowie Zusammenstellung der wissenschaftlichen Ergebnisse für den einzelnen Zweck aus. Die wissenschaftlichen Ergebnisse selbst sind frei. Die schöpferische Leistung des Urhebers besteht daher in der Auswahl der zu behandelnden Themenpunkte, deren Anordnung und deren Zusammenstellung[93].

Beispiel: Ein Anwaltsschriftsatz, der mehrere tausend Blatt der Ermittlungsakten sowie eigene Nachforschungen verarbeitet, die Geschichte des Beschuldigten, seine Beziehungen zu seiner Umwelt und seines Verhaltens vor dem politisch-historischen Hintergrund darstellt und damit

---

87 *Dreier/Schulze*, § 2 Rz. 12.
88 *Schricker/Loewenheim/Loewenheim*, Einl. Rz. 7; BGH, GRUR 1998, 916 – Stadtplanwerk.
89 BGH, GRUR 2002, 958 – Technische Lieferbedingungen; *Ulmer*, § 21 IV 1.
90 BGHZ 141, 267- Laras Tochter, m.w.N.; LG Hamburg, ZUM 2003, 403 – Die Päpstin.
91 BGH, GRUR 1986, 739 – Anwaltsschriftsatz.
92 *Ulmer*, § 19 IV.
93 BGH, GRUR 1981, 352 – Staatsexamen; GRUR 1984, 659 – Ausschreibungsunterlagen.

ein hohes Maß an geistiger Energie und Kritikfähigkeit sowie schöpferische Phantasie und Gestaltungskraft zeigt und ferner durch eine sprachliche Gestaltungskunst ausgezeichnet ist, die eine tiefe Durchdringung des Tatsachen- und Rechtsstoffes und eine souveräne Beherrschung der Sprach- und Stilmittel erkennen lässt, ist dem Urheberrecht zugänglich[94].

Bei Werken der Musik ist deren geistiger Gehalt in der durch das **Hören erfassten Tonfolge**[95] oder in dem in Tönen ausgedrückten musikalischen Erlebnis, der Stimmung und der Gefühlswelt zu erblicken. So kann sich durch das Betonen der Monotonie, wie immer gleicher Rhythmen und Tonfolgen, das Gefühl des langweiligen Fahrens auf der Autobahn ergeben[96].

61

Der geistige Gehalt eines Werkes kann sich auch in der Anregung des ästhetischen Gefühls ausdrücken, die mit den **Darstellungsmitteln der Kunst durch formgebende Tätigkeit** hervorgerufen wird[97]. Der durch die Schöpfung der Werke der Musik und bildenden Kunst zum Ausdruck kommende geistige Gehalt soll das **ästhetische Gefühl**[98] **anregen**, das den Zuhörer oder Betrachter zu dem Urteil bewegt »das gefällt mir« oder »das gefällt mir nicht«. Es kommt dabei allein auf die Anregung dieses ästhetischen Gefühls an, nicht darauf, dass das Werk ein bestimmtes Mindestmaß an Qualität erreichen muss[99]. Das Urheberrecht schützt nämlich die Originalität und nicht die Qualität.

62

▶ **Wiederholungsfragen**

1. *Was ist unter dem geistigen Gehalt eines Werkes zu verstehen?*
2. *Worin drückt sich der geistige Gehalt eines Sprachwerkes aus?*
3. *Worin drückt sich der geistige Gehalt eines wissenschaftlich-technischen Werkes aus?*
4. *Worin drückt sich der geistige Gehalt eines Werkes der Musik oder eines Werkes der bildenden Kunst aus?*

3.6 Eigenpersönliche Prägung oder Individualität

Als viertes Merkmal setzt der Urheberrechtsschutz voraus, dass das Werk **individuelle Züge** aufweist. Es werden unterschiedliche Begriffe für dieses Merkmal verwendet, die in der Sache aber das gleiche beschreiben sollen; man spricht von **schöpferischer**

63

---

94 BGH, GRUR 1986, 739 – Anwaltsschriftsatz.
95 *Erdmann* CR 1986, 249, 252.
96 OLG Düsseldorf, GRUR 1978, 640 – Fahr'n auf der Autobahn.
97 BGH, GRUR 1979, 332 – Brombeerleuchte.
98 OLG Düsseldorf, GRUR 1978, 640 – Fahr'n auf der Autobahn; OLG Saarbrücken, GRUR 1986, 310 – Bergmannsfigur.
99 *Erdmann*, FS für v. Gamm, S. 389, 399.

Eigenart[100], **schöpferischer Eigentümlichkeit**[101], **Gestaltungshöhe**[102], **individueller Ausdruckskraft**[103] **oder Originalität**. Stets muss ein solcher Grad an Individualität erreicht werden, dass es gerechtfertigt ist, das Leistungsergebnis als urheberrechtlich geschütztes Werk einzustufen.

64 Das Merkmal der schöpferischen Eigentümlichkeit dient zur **Abgrenzung** der urheberrechtlich geschützten Werke von den nicht geschützten Werken. Würde man bei der Bestimmung des Werkbegriffs auf dieses Element verzichten, so wäre auch das durchschnittliche Leistungsergebnis, das Allerweltsschaffen, urheberrechtlich geschützt und würde somit die gesetzlichen Privilegierungen für sich in Anspruch nehmen können. Der besondere Schutz des Urheberrechts setzt aber ein Leistungsergebnis voraus, das hervorsticht aus dem Üblichen. Der Grad der schöpferischen Eigentümlichkeit entscheidet darüber ob ein Leistungsergebnis **überhaupt schutzfähig** ist und wie weit sein **Schutzumfang** reicht. Ein Werk von ausgeprägter Individualität hat einen viel größeren Schutzumfang als ein Werk von geringer Gestaltungshöhe. Je ausgeprägter die Individualität eines Werkes ist, desto stärker muss die eigenpersönliche Prägung eines danach in freier Benutzung geschaffenen Werkes sein. Weist ein Werk nur ein bescheidenes Maß an Individualität auf, werden seine Züge bei einer Nachschöpfung eher verblassen, als wenn es eine besondere Individualität ausstrahlt.

65 Nicht schutzfähig ist die rein **handwerksmäßige** oder routinemäßige Leistung, die vom jeweiligen Durchschnittsgestalter der entsprechenden Art erreicht werden kann[104]. Das Allerweltserzeugnis, das Ergebnis einer rein handwerklichen Leistung ist, verdient das Monopol nicht. Es zeigt keine Individualität. Für den Urheberschutz genügt eine Gestaltungshöhe, die die Zuordnung zu einem Schöpfer und die Unterscheidung von anderen Leistungsergebnissen ermöglicht. Die Beurteilung der Schöpfungs- oder Leistungshöhe enthält immer einen Rest an subjektiven Zügen[105]. Häufig lässt sich die hinreichende schöpferische Eigentümlichkeit des Werkes nur anhand von Indizien[106] ermitteln.

Beispiel: Die anwaltschaftlich verfasste Kündigung eines Miet- oder Arbeitsvertrages oder wettbewerbsrechtliche Abmahnung wird ebenso wie die kurze Zeitungsnotiz über einen Autounfall kaum das rein handwerkliche Routinemäßige überschreiten. Gleiches gilt für den Plan eines einfachen Reihen- oder Doppelhauses oder das alphabetische Telefon- und Adressverzeichnis einer Gemeinde.

---

100 BGH, GRUR 1992, 382 – Leitsätze.
101 BGH, GRUR 1998, 916 – Stadtplanwerk.
102 *Schricker/Loewenheim/Loewenheim*, § 2 Rz. 23 f., jeweils m.w.N.; *Dreier/Schulze*, § 2 Rz. 20.
103 BGH, GRUR 1995, 673 – Mauerbilder.
104 BGH, GRUR 1987, 704 – Warenzeichenlexikon; *Dreier/Schulze*, § 2 Rz. 18; *Schricker/Loewenheim/Loewenheim*, § 2 Rz. 26, jeweils m.w.N.
105 *Schulze*, GRUR 1984, 400.
106 BGH, GRUR 1983, 377 – Brombeermuster.

3.6 Eigenpersönliche Prägung oder Individualität

Demgegenüber kann die Erschließung historischer Briefe durch ein Indexsystem oder ein tabellarisches Rechtsstandlexikon für Warenzeichen die erforderliche Individualität aufweisen[107].

Für Lichtbildwerke, Computersoftware und Datenbankwerke bestimmt das Gesetz den Werkbegriff in abgewandelter Form. Erforderlich ist eine **»eigene geistige Schöpfung«**, keine anderen Kriterien sind anzuwenden[108]. Damit hat der europäische Richtliniengeber denjenigen, die ein deutliches Überragen der durchschnittlichen Gestaltungstätigkeit forderten[109], eine Absage erteilt.[110] Gefordert wird **Originalität**. Der Urheber muss seine schöpferischen Fähigkeiten in eigenständiger Weise zum Ausdruck bringen, indem er freie und kreative Entscheidungen trifft und damit dem Werk seine persönliche Note verleiht[111]. Der Werkbegriff für Computersoftware, Lichtbildwerke und Datenbankwerke lässt die Originalität ausreichen, während für alle übrigen Werke jeweils ein Mindestmaß an Gestaltungshöhe gefordert wird. Allerdings sollte ein **einheitliches Maß an Individualität für alle Werkkategorien** gelten[112]. Im Interesse der Gleichbehandlung und im Interesse der Schöpfer jener Werke, die sonst ungeschützt blieben, sollte eine einheitliche niedere Schutzuntergrenze festgelegt[113] werden. Das ändert aber nichts daran, dass das alltägliche durchschnittliche Können keinen Schutz erlangen kann und braucht. Dasjenige, das der allgemein gültigen Darstellungsweise oder Terminologie entspricht, kann ebenso wenig Schutz erlangen, wie ein Schöpfungsergebnis, das sich aus der Natur der Sache ergibt.

66

Die unterschiedlichen Anforderungen an die Individualität sind Gegenstand der Kritik. Die differenzierende Betrachtungsweise wird im Wesentlichen mit dem Freihaltebedürfnis zugunsten anderer kulturell Schaffender begründet und mit der Befürchtung der Monopolisierung gerechtfertigt. Warum aber ein Lichtbildwerk eher schutzwürdig sein soll als ein wissenschaftlicher Aufsatz, ist nicht nachzuvollziehen. In beiden Fällen lässt die Freiheit dem wissenschaftlichen Ergebnis, der Nutzung von Stil, Methode, Motiv, Terminologie usw. genügend Gestaltungsspielraum für andere Darstellungen. Gegen die unterschiedlichen Anforderungen sprechen auch verfassungsrechtliche Bedenken. Auch Werke von geringerer Individualität verdienen den Eigentumsschutz gemäß Art. 14 Abs. 1 GG[114]. Ferner spricht das Gleichbehandlungsgebot (Art. 3 GG) dafür, keine unterschiedlichen Anforderungen an die Gestaltungshöhe zu stellen, weil

67

---

107 BGH, GRUR 1987, 704 – Warenlexikon; BGH, GRUR 1980, 227 – monumenta germaniae historica.
108 § 69a UrhG, Art. 1 Abs. 1 Computerrichtlinie (91/250/EWG), Art. 5 Schutzdauerrichtlinie (2006/116/EG), Art. 3 Datenbankrichtlinie (96/9/EG).
109 BGH, GRUR 1985, 1041 – Inkassoprogramm.
110 *Walter* in: Lewinski, Walter, Blocher, Dreier, Daum, Dillenz, Europäisches Urheberrecht, 2001, S. 1117.
111 EuGH, GRUR 2012, 386 – Football Dacato/Yahoo Tz. 35.
112 *Dreier/Schulze*, § 2 Rz. 19, 22 ff.; *Schulze*, GRUR 1984, 400; *Schricker/Loewenheim/Loewenheim*, § 2 Rz. 32 ff., jeweils m.w.N.
113 *Schricker/Loewenheim/Loewenheim*, § 2 Rz. 32 ff. m.w.N.
114 BVerfG, GRUR 1989, 193 – Vollzugsanstalt.

keine sachlichen Gründe für die Differenzierung zu erkennen sind. Trotz der Erwähnung der Schutzanforderungen in den Richtlinien über den Schutz von Computerprogrammen, Datenbanken und über die Schutzdauer ist der Werkbegriff kein harmonisierter Rechtsbegriff, sodass die Mitgliedstaaten den Begriff autonom bestimmen können[115].

▶ **Wiederholungsfragen**

1. Was versteht man unter den Begriffen »schöpferische Eigenart«, »schöpferische Eigentümlichkeit«, »Gestaltungshöhe« oder »individuelle Ausdruckskraft«?
2. Wozu dient das Merkmal der Individualität?
3. Wie verhalten sich der Grad der Individualität einerseits und der Schutzumfang eines Werkes andererseits zueinander?
4. Welche Voraussetzungen werden an die Individualität eines Werkes gestellt?

3.7 Anforderungen an die eigenpersönliche Prägung oder Individualität

68 Obwohl, wie oben ausgeführt, von einem einheitlichen Werkbegriff auszugehen ist, fallen die Anforderungen der Rechtsprechung an die **eigenpersönliche Prägung oder Individualität**, also an den Grad der Individualität, je nach Werkart, unterschiedlich aus[116]. In jedem Fall setzt der Urheberrechtsschutz eine eigenpersönliche Prägung voraus, die eine rein handwerksmäßige oder routinemäßige Leistung, die jeder Durchschnittsgestalter der betreffenden Art erbringen kann, übersteigt. Weicht die eigenpersönliche Prägung eines Werkes nur in geringem Umfang von der handwerksmäßigen Durchschnittsleistung ab, so bezeichnet man solche Werke regelmäßig als **»kleine Münze«**.

69 Bei literarischen **Sprachwerken** genügt bereits ein **bescheidenes Maß** an geistiger Tätigkeit, um eine ausreichende Schöpfungshöhe zu bejahen. Auch bei sonstigen Sprachwerken genügt ein geringes Maß an Individualität, um die Schutzvoraussetzungen der kleinen Münze zu erreichen[117]. Einschränkungen macht die Rechtsprechung bei **gebrauchsorientierten Texten**. Beispielsweise werden bei Bedienungsanweisungen[118], Geschäftskorrespondenz, Verträgen, Prospekten usw. höhere Anforderungen an die schöpferische Eigentümlichkeit gestellt[119], weil die Gestaltung des Inhalts durch den Gebrauchszweck vorgegeben wird.

---

115 EuGH, GRUR 2012, 814- SAS Institute, Tz. 68.
116 EuGH GRUR 2011, 913- VEWA; EuGH GRUR 2012, 166 – Painer/Standard.
117 *Schricker/Loewenheim/Loewenheim*, § 2 Rz. 89; *Dreier/Schulze*, § 2 Rz. 85ff.
118 EuGH, GRUR 2012, 386 Rz. 64ff. – SAS Institute.
119 BGH, GRUR 1993, 34 – Bedienungsanweisung; *Schricker/Loewenheim/Loewenheim*, § 2 Rz. 87ff. m.w.N.

3.7 Anforderungen an die eigenpersönliche Prägung oder Individualität

Für die Schutzfähigkeiten von **Computerprogrammen** hat das Gesetz in § 69a Abs. 3 UrhG formuliert, dass eine **eigene geistige** Schöpfung ausreicht und keine anderen Kriterien, insbesondere qualitative oder ästhetische, zur Anwendung kommen. Die Komplexität eines Programmes spricht für dessen Schutzfähigkeit[120], nur was banal, einfach oder unbefriedigend ist, ist nicht schutzfähig. Zu den Computerprogrammen, die derart geschützt sind, zählt jede Erscheinungsform von Programmen. Dies kann das in der Hardware integrierte Programm ebenso sein wie das auf einem besonderen Datenträger gesondert gespeicherte Programm. Nicht schutzfähig sind grundsätzlich die dem Computerprogramm zugrunde liegenden Ideen und Grundsätze (§ 69a Abs. 3 Satz 2 UrhG). Ähnlich geringe Anforderungen an den Schutz stellt das Gesetz für **Datenbankwerke** und **Lichtbildwerke**, bei denen lediglich eine eigene geistige Schöpfung des Urhebers vorzuliegen braucht[121].

70

Die Anforderungen an die schöpferische Eigentümlichkeit bei **Musikwerken** sind ebenso **gering**. Zu den Werken der Musik zählt die ernste Musik, wie Sinfonien, Opern, Sonaten sowie die Unterhaltungsmusik, wie Schlager, Tanzmusik. Es kommt nicht auf die Beachtung der Gesetze der Melodie- oder der Harmonielehre an. Die Rechtsprechung erkennt den Schutz der »kleinen Münze«, also sehr einfacher musikalischer Schöpfungen, an. Damit genügt ein sehr geringer Eigentümlichkeitsgrad für den Schutz von Musik[122].

71

Auch bei **Darstellungen** wissenschaftlicher **oder technischer Art** im Sinne von § 2 Abs. 1 Nr. 7 UrhG wird kein zu hohes Maß an eigenschöpferische Formgestaltung verlangt, weil sonst deren Schutz vielfach entfallen würde[123]. Mit Blick auf die Gemeinfreiheit des wissenschaftlichen Ergebnisses, der häufig üblichen Darstellungsweisen, bleibt für die individuelle Gestaltung meist kein großer Spielraum. Die Nutzung der engen Gestaltungsmöglichkeiten muss daher genügen. Zu den solchermaßen geschützten Werken gehören **kartografische Produkte**[124], **Formulare**[125] und **Tabellen**[126], aber auch plastische Darstellungen von Modellen von Maschinen und Gebäuden. Voraussetzung ist stets, dass derjenige, der die Darstellung fertigt, bei dieser einen, wenn auch geringen, Gestaltungsspielraum hat. Gerade weil der Gestaltungsspielraum häufig recht gering ist, würde bei zu hohen Anforderungen an die Individualität der Schutz leer laufen. Die Anforderungen an die Individualität sind daher gering. Auch bei **wissenschaftlichen Werken** sind die Anforderungen an die Schöpfungshöhe nicht allzu hoch, obwohl bei diesen Werken der Schutzumfang von vornherein nur beschränkt ist, da

72

---

120 BGH, GRUR 2005, 860 – Fash 2000.
121 Art. 3 Abs. 1 der Datenbankrichtlinie; Art. 6 der Schutzdauerrichtlinie.
122 BGH, GRUR 1991, 533 – Brown Girl II; *Ulmer*, § 23 I 1.
123 BGH, GRUR 1991, 529 – Explosionszeichnungen: BGH GRUR 2011, 803 – Lernspiele; *Ulmer*, § 22 II.
124 BGH, GRUR 1998, 916 – Stadtplanwerk; BGH, GRUR 2014, 772-Online-Stadtplan.
125 BGH, GRUR 2002, 958 – Technische Lieferbedingungen.
126 KG, GRUR-RR 2002, 91 – Memokartei.

wissenschaftliche Ideen und Kenntnisse frei sind und die Verwendung der üblichen Fachsprache grundsätzlich keinen Schutz begründen kann.[127]

73 Bei **Werken der angewandten Kunst** (§ 2 Abs. 1 Nr. 4 UrhG) wie Schmuck, Vasen, Möbel u.Ä., waren bis zum Jahr 2014 die **Anforderungen** an die individuelle Prägung der Schöpfung hoch[128]. Der BGH[129] vertritt nunmehr die Auffassung, dass für Werke der angewandten Kunst keine höheren Anforderungen zu stellen sind als für Werke der zweckfreien Kunst oder des literarischen oder musikalischen Schaffens. Die künstlerische Gestaltung muss aber über die durch die Funktion vorgegebene Form hinausgehen. Dem Urheberrechtsschutz sind auch **Modeschöpfungen**, Layoutgestaltungen oder besonders einprägsam gestaltete Marken zugänglich[130].

▶ **Wiederholungsfragen**

1. *Welche Anforderungen werden an die Schöpfungshöhe von Sprachwerken gestellt?*
2. *Unterscheiden sich literarische Werke und gebrauchsorientierte Texte?*
3. *Welche Anforderungen werden an die schöpferische Eigentümlichkeit bei Computerprogrammen gestellt?*
4. *Welche Anforderungen an die schöpferische Eigentümlichkeit werden bei Werken der Musik gestellt?*
5. *Welche Anforderungen stellt die Rechtsprechung an Darstellungen wissenschaftlicher oder technischer Art?*
6. *Welche Anforderungen an die Individualität werden bei Werken der angewandten Kunst gestellt? Unterscheiden sich diese von Werken der reinen Kunst?*
7. *Welche Voraussetzungen müssen Lichtbildwerke erfüllen, um die erforderliche Individualität aufzuweisen?*

3.8 Feststellung der Schutzfähigkeit

74 Die Feststellung der Schutzfähigkeit eines Werkes erfolgt in drei Schritten. Es kommt auf das jeweilige konkrete, einzelne Werk an, das beurteilt werden soll. Die Beurteilung der ausreichenden Originalität ist eine Rechtsfrage[131], während die Feststellung der

---

127 BGH, GRUR 1981, 352 – Staatsexamen; BGH, GRUR 1984, 659 – Ausschreibungsunterlagen.
128 BGH, ZUM 1995, 790 – Silberdistel; BGH, GRUR 1981, 517 – Rollhocker; BGH, GRUR 1974, 669 – Tierfiguren.
129 GRUR 2014, 175 Rz. 26ff.-Geburtstagszug.
130 LG Leipzig, GRUR 2002, 424 – Hirschgewand; OLG Köln, GRUR 1986, 889 – ARD-1.
131 BGH, GRUR 2015, 1189 – Goldrapper.

tatsächlichen Voraussetzung der Schutzfähigkeit den allgemeinen Regeln (§ 286 ZPO) unterliegt und Sache des Tatrichters ist[132].

Es müssen erst diejenigen **Merkmale, die die Individualität** des zu beurteilenden Werkes ausmachen, festgestellt werden. Dabei sind nicht die einzelnen Elemente des Werkes für sich alleine zu betrachten, bedeutsam ist vielmehr der **Gesamteindruck** eines Werkes. Es ist also zu ermitteln, welche Merkmale die Individualität des Werkes ausmachen[133].

Sind die Merkmale des Werkes festgestellt, die seine Individualität ausmachen, ist diejenige Darstellung zu ermitteln, die das Ergebnis einer **rein handwerklichen** Leistung oder der Leistung eines Durchschnittsgestalters der jeweiligen Werkart wäre.

Sind die Merkmale, die die Individualität prägen, festgestellt und das durchschnittliche Schaffen ermittelt, kann in einem dritten Schritt der **Vergleich** zwischen den **Ergebnissen** des durchschnittlichen **Schöpfers** mit jenen des Urhebers des zu beurteilenden Werkes vorgenommen werden. Nunmehr kann beurteilt werden, **ob die Individualität so ausgeprägt** ist, dass ein **Urheberrecht** zugebilligt werden kann[134].

Während die beiden ersten Fragen solche des Sachverhaltes sind, ist die dritte Frage eine **Rechtsfrage**; letztere ist allein von dem zuständigen nationalen[135] Richter zu beantworten.

In manchen Fällen wird sich nicht vermeiden lassen, zur Abklärung des vorbekannten Formenschatzes ein Sachverständigengutachten einzuholen[136]. In der Praxis wird die hinreichende Individualität des Werkes häufig unter Heranziehung einzelner Indizien überprüft, um so ein möglichst objektives und nachvollziehbares Ergebnis zu erreichen. So kann die Beurteilung der Fachwelt, sei es durch die Aufnahme in Museen, die Wiedergabe in Büchern oder die Verleihung von Preisen, ebenso wie der besondere wirtschaftliche Erfolg, ein Indiz für die besondere Individualität sein. Schließlich mag auch die Einmaligkeit und/oder Erstmaligkeit einer Darstellung, deren soziale Funktion, aber auch die Käufermotivation, die Art der Präsentation, der Gestaltungswille, ein derart positives Indiz sein.

▶ **Wiederholungsfrage**

Welche drei Schritte sind bei der Prüfung der Schutzfähigkeit nachzuvollziehen?

---

132 BGH, GRUR 2016, 487-Wagengfeldleuchte II.
133 BGH, GRUR 1998, 916 – Stadtplanwerk; GRUR 1988, 812 – Ein bisschen Frieden.
134 *Erdmann*, GRUR 1996, 550; BGH, GRUR 1985, 1041 – Inkassoprogramm.
135 EuGH, GRUR 2012, 814 – SAS Institute.
136 BGH, GRUR 1981, 267 – Dirlada; GRUR 1972, 38 – Vasenleuchter.

3.9 Geschützte und ungeschützte Elemente

80 Merkmale, die im Interesse der geistig kulturellen oder wissenschaftlichen Entwicklung jedermann frei zugänglich bleiben müssen, können bei der Feststellung der Schutzfähigkeit nicht berücksichtigt werden.

81 Nicht schutzfähig ist die **reine Idee**, die bloße Vorstellung, ein Werk mit einem bestimmten Inhalt schaffen zu wollen. Die Idee muss eine konkrete Gestalt angenommen haben, um dem Urheberrechtsschutz zugänglich zu werden[137]; solange die Idee keine Form angenommen hat, fehlt es an der wahrnehmbaren Formgestaltung. Die Idee, ein bestimmtes Adressverzeichnis anzufertigen, muss ebenso frei für jedermann nutzbar sein wie diejenige, einen Roman usw. zu verfassen.

82 Ebenso wie die reine Idee ohne konkrete Formgestaltung, nicht schutzfähig ist, ist der **Stoff als Thema**, die **Biografie** als Ankündigung oder das **künstlerische Motiv** selbst nicht schutzfähig. Jedem steht es frei, sich mit wissenschaftlichen, kulturell-historischen oder tagesaktuellen Fragen zu befassen. So sind die biografischen Daten von berühmten Persönlichkeiten frei und können jederzeit als historische Ereignisse die Grundlage von eigenen Darstellungen werden[138]. Erst mit ihrer konkreten Darstellung und Formgestaltung durch den Urheber beginnt dieser Schutz. Ebenso sind **wissenschaftliche Ergebnisse**, Lehren und Theorien für jedermann frei zugänglich und verwertbar. Erst dann, wenn sie dargestellt werden, kann sich der Schutz auf diese konkrete Form der Darstellung beziehen[139]. Urheberrechtlich geschützt kann allerdings die Auswahl, Anordnung und Zusammenstellung einzelner inhaltlicher Aussagen, die als Grundlage für spätere, weitergehende Konkretisierung dienen, sein.

83 Gestaltungsmittel sind als **Stil oder Methode** ebenso wie die Mode oder der Trend, die von der Zeit vorgegeben sind, jeweils frei. Die Arbeitsmethoden kann jedermann übernehmen[140]. Ebenso wenig kommt es auf den **Umfang** eines Werkes oder den **Aufwand** oder die **Mühen** und **Kosten** für die Werkerstellung[141] an. Nur beim Leistungsschutzrecht des Datenbankherstellers ist eine wesentliche Investition Schutzvoraussetzung (§ 87a ff. UrhG).

84 Ebenso wenig ist die **Neuheit** eines Werkes[142] für die Beurteilung des Urheberschutzes relevant. Im Gegensatz zum Design (§ 2 Abs. 1 DesignG) fordert der Urheberschutz

---

137 *Dreier/Schulze*, § 2 Rz. 37 m.w.N.; BGH, GRUR 2003, 876 – Sendeformat; *Erdmann*, GRUR 1996, 550.
138 Zu beachten ist dabei allerdings das allgemeine Persönlichkeitsrecht, das manche Darstellungen verbietet; *Schertz*, ZUM, 1998, 757, 760.
139 BGH, GRUR 1981, 352 – Staatsexamensarbeit; GRUR 1991, 130 – Themenkatalog.
140 *Dreier/Schulze*, § 2 Rz. 45; *Schricker/Loewenheim/Loewenheim*, § 2 Rz. 49 f.; BGH, GRUR 1977, 547 – Kettenkerze; GRUR 1988, 690 – Kristallfiguren.
141 BGH, GRUR 1985, 1041 – Inkassoprogramm; *Dreier/Schulze*, § 2 Rz. 53; *Schricker/Loewenheim/Loewenheim*, § 2 Rz. 47.
142 BGH, GRUR 1985, 1041 – Inkassoprogramm.

keine objektive neue Gestaltung; es genügt eine subjektive neue Gestaltung. Man spricht daher von einem Fall der Doppelschöpfung, die aber von der unbewussten Übernahme[143] abzugrenzen ist, wenn zwei Urheber unabhängig voneinander gleiche oder ähnliche Werke schaffen.

Ferner kommt es auf den **Zweck** eines Werkes nicht an. Schöpfungen der reinen Kunst können, ebenso wie Schöpfungen der angewandten Kunst[144] oder Schöpfungen mit einem bestimmten Gebrauchszweck[145], urheberrechtlich geschützt sein. Der Urheberschutz ist insofern zweckneutral. 85

Der Urheberschutz ist unabhängig von der künstlerischen, wissenschaftlichen oder literarischen **Qualität**. Das Urheberrecht will und kann in einer pluralistischen Gesellschaft keine Qualitätskriterien aufstellen und damit zum Schiedsrichter über guten oder schlechten Geschmack werden. Diese Wertung muss der Jurist anderen, berufenen Personenkreisen überlassen. 86

Keine Rolle spielt es, ob eine Schöpfung **gesetzes-**[146] oder **sittenwidrig** ist. Mag der pornografische Roman oder Film auch den Vertriebsbeschränkungen des StGB oder GjS unterliegen oder die Darstellung die Persönlichkeitsrechte Dritter verletzen. Dies ändert aber nichts am Urheberrechtsschutz der Werke. 87

Bei der Beurteilung der Merkmale eines Werkes und der Gestaltungselemente ist auf den **Zeitpunkt**, in dem das Werk **geschaffen** wurde, abzustellen[147]. Was heute besonders einfach, nahe liegend und selbstverständlich ist, kann sich als besondere Leistung in der Vergangenheit darstellen. Bei der Beurteilung ist weiterhin auf die **Auffassung der jeweiligen Verkehrskreise**, also beispielsweise der mit literarischen und künstlerischen Fragen einigermaßen vertrauten und hier aufgeschlossenen Verkehrskreise[148] oder für den Bereich der Kunst auf die Auffassung der für Kunst empfänglichen und mit der Kunstanschauung einigermaßen vertrauten Kreise[149], abzustellen. Die Beurteilung erfolgt also nicht aus der Sicht eines Fachmannes der jeweiligen Art, sondern aus der Sicht der davon betroffenen Verkehrskreise. 88

▶ Wiederholungsfragen

1. Welche Merkmale und Eigenschaften eines Werkes können keinen Urheberrechtsschutz begründen?

---

143 BGH, GRUR 1971, 266 – Magdalenenarie.
144 BGH, GRUR 1987, 903 – Le Corbusier-Möbel; BGH, GRUR 2014, 175- Geburtstagszug.
145 BGH, GRUR 1986, 739 – Anwaltsschriftsatz; BGH, GRUR 2014, 175- Geburtstagszug.
146 BGH, GRUR 1995, 673 – Mauerbilder.
147 BGH, GRUR 1981, 820 – Stahlrohrstuhl II.
148 BGH, GRUR 1972, 143 – Biografie: Ein Spiel; BGH, GRUR 2014, 175- Geburtstagszug.
149 BGH, GRUR 1972, 38 – Vasenleuchter; BGH, GRUR 1981, 267 – Dirlada.

2. Kann der Zweck einer Darstellung Einfluss auf die Schutzfähigkeit eines Werkes haben?

3. Spielen Aufwand, Mühe und Kosten bei der Beurteilung eine Rolle?

4. Auf welchen Zeitpunkt wird bei der Beurteilung der Merkmale abgestellt?

5. Auf welchen Personenkreis wird bei der Beurteilung abgestellt?

3.10 Beginn und Ende des Urheberrechtsschutzes

89 Im Unterschied zum Eigentum ist das Urheberrecht **zeitlich begrenzt**. Es endet, ohne dass der Urheber die Möglichkeit der Verlängerung hätte.

90 Ein Werk ist urheberrechtlich geschützt, sobald es die **Anforderungen** an eine persönlich geistige Schöpfung (§ 2 Abs. 2 UrhG) **erfüllt**. Das Werk muss nicht fertig gestellt sein; bereits der Entwurf und die Skizze sind geschützt. Es muss nicht verkäuflich oder verwertbar sein. Es bedarf keiner weiteren Voraussetzungen, insbesondere müssen keinerlei Formalien, wie Eintragungen oder Kennzeichnungen, erfüllt sein.

91 Der Urheberrechtsschutz **endet 70 Jahre** nach dem **Tod des Urhebers** (§ 64 UrhG). Ist ein Werk im Wege der Miturheberschaft entstanden, so erlischt das Recht 70 Jahre nach dem Tod des Längstlebenden (§ 65 Abs. 1 UrhG); bei Filmwerken und Werken, die ähnlich, wie Filmwerke geschaffen werden, endet das Urheberrecht 70 Jahre nach dem Tod des Längstlebenden der folgenden Personen: Hauptregisseur, Urheber des Drehbuches, Urheber der Dialoge, oder des Komponisten der für das betreffende Filmwerk komponierten Musik (§ 65 Abs. 2 UrhG). Das Urheberrecht bei Musikkompositionen mit Text erlischt 70 Jahre nach dem Tod des Längstlebenden folgender Personen: Verfasser des Textes und Komponist der Musik, sofern beide Beiträge eigens für die betreffende Musikkomposition mit Text geschaffen wurden, und zwar unabhängig davon, ob die beiden als Miturheber ausgewiesen wurden (§ 65 Abs. 3 UrhG). Bei anonymen und pseudonymen Werken erlischt das Urheberrecht 70 Jahre nach der Veröffentlichung des Werkes, und wenn es nicht veröffentlicht wurde, 70 Jahre nach dessen Schaffung. Offenbart der Urheber oder seine Rechtsnachfolger die Identität oder steht sie zweifelsfrei fest, so endet der Schutz 70 Jahre nach dem Tod des wahren Urhebers (§ 66 UrhG). Bei anonymen Lieferungswerken schließlich endet der Schutz 70 Jahre nach dem Erscheinen einer abgeschlossen Lieferung (§ 67 UrhG). Die Frist beginnt jeweils mit dem Ablauf des Kalenderjahres, in dem das Ereignis eingetreten ist, an das der Lauf der Frist gebunden ist (§ 69 UrhG).

92 Die Frist beginnt jeweils mit Ablauf des Kalenderjahres, in dem das maßgebende Ereignis fällt, zu laufen (§ 69 UrhG).

93 Ist die Schutzfrist abgelaufen, ist das Werk **gemeinfrei**; jeder kann damit tun, was er will; auch persönlichkeitsrechtliche Schranken hindern die Nutzung des Werkes sowie dessen Umgestaltung nicht mehr.

4. Zu den einzelnen Werkarten

Der Gesetzgeber hat in § 2 Abs. 1 UrhG sieben unterschiedliche **Werkarten** aus dem Bereich der Literatur, Wissenschaft und Kunst **beispielhaft** in ihren einzelnen Erscheinungsformen aufgezählt. Die Zuordnung eines Werkes zu einzelnen Kategorien spielt insbesondere für die **Anwendung von Sonderregelungen** eine Rolle. Solche Sonderregelungen bestehen beispielsweise für den Bereich der bildenden Kunst in § 26 UrhG, der ein Folgerecht regelt, oder auch für Lichtbilder und lichtbildähnliche Erzeugnisse (§ 72 UrhG), aber auch für Filmwerke (§§ 88 ff. UrhG).

94

4.1 Sprachwerke

Sprachwerke (§ 2 Abs. 1 Nr. 1 UrhG) verleihen ihrem geistigen Gehalt mit **Mitteln der Sprache**[150] Ausdruck. Dies können tote Sprachen, lebendige Sprachen, Kunstsprachen, Computersprachen, Blindenschrift oder auch Zeichensprache, wie die Körpersprache der Taubstummen oder das Flaggenalphabet der Seefahrt oder das Morsealphabet sein. Hierzu zählt jedoch nicht die Notenschrift, da diese den Werken der Musik Ausdruck verleiht. Die Sprachwerke müssen nicht fixiert sein, es können auch Reportagen, Interviews, Predigten, Vorlesungen und Reden[151] Urheberrechtsschutz erlangen. Ferner spielen auch Art und Umfang, der Stoff des Werkes und die Länge der Texte keine Rolle. In vielen Fällen ergibt sich die urheberrechtliche Schutzwürdigkeit aus der Individualität eines Textes, insbesondere aus seiner besonders geistvollen Art der Sammlung, Einteilung und Anordnung des dargebotenen Stoffes[152]. Demnach können auch Datensammlungen durch ihre individuelle Auswahl, Anordnung und Kombination eine Schutzfähigkeit erreichen[153].

95

Zu den Sprachwerken zählen zunächst die literarischen Werke, wie Romane, Erzählungen, aber auch Gedichte und Drehbücher, Liedtexte und Fabeln. Sie zeichnen sich durch die besondere **Gedankenformung** und **Gedankenführung** aus. Für solche Werke hat der jeweilige Schöpfer einen sehr großen Gestaltungsspielraum. Regelmäßig sind solche Werke daher urheberrechtlich geschützt. Die für den Schutz ausreichende »kleine Münze« liegt daher auf sehr niedriger Stufe.

96

Zu den Sprachwerken zählen aber auch die **wissenschaftlichen Werke**. Monografien, Gesamtdarstellungen eines Wissenschaftsgebiets, Kommentare, Zeitschriften, Auf-

97

---

150 BGH, GRUR 1985, 1041 – Inkassoprogramm; *Schricker/Loewenheim/Loewenheim*, § 2 Rz. 79.
151 BGH, GRUR 1963, 213 – Fernsehwiedergabe von Sprachwerken; BGH, GRUR 1981, 419 – Quizmaster; *Ulmer*, § 22 I 1.
152 BGH, GRUR 1991, 130 – Themenkatalog.
153 BGH, GRUR 1987, 704 – Warenzeichenlexika.

sätze und andere wissenschaftliche Publikationen, aber auch Bedienungsanweisungen, Tabellen, Formulare, Ausschreibungsunterlagen zählen hierzu.

98 Wenngleich die Ergebnisse und Lehren der Wissenschaft grundsätzlich frei sind, ist die **Darstellung des wissenschaftlichen Ergebnisses** dem Urheberrechtsschutz zugänglich. Voraussetzung ist hierfür freilich, dass die Darstellung auch unter Berücksichtigung der im Übrigen nicht schutzfähigen Fachsprache und des aus wissenschaftlichen Gründen üblichen Aufbaus eine hinreichende Individualität erreicht[154]. So kann sich der besondere Schutz einer wissenschaftlichen Darstellung daraus ergeben, dass ein Sachverhalt in besonders verständlicher Form vorgetragen oder auf unübliche, nicht nahe liegende Weise dargestellt wird[155]. Gleiches gilt für die Sammlung, Anordnung und Darbietung eines wissenschaftlichen Materials[156]. Für wissenschaftliche Werke wird ein höherer Grad an individueller Prägung als bei literarischen Schaffen gefordert[157], um die Verbreitung, Darstellung und Fortentwicklung der wissenschaftlichen Ergebnisse zu fördern.

99 Demgegenüber erreichen Gebrauchsanweisungen, Formulare, Prospekte, Preislisten, Briefe und ähnliche **Gebrauchsschriften** häufig nicht die erforderliche Individualität, um Urheberschutz für sich in Anspruch nehmen zu können. Solche Darstellungen können schutzlos sein, weil sie sich auf das Nötigste zur Erreichung des jeweiligen Zwecks beschränken und nur das Ergebnis einer handwerklichen, journalistischen Arbeit darstellen.

▶ Wiederholungsfragen

1. *Worin drückt sich der geistige Gehalt von Sprachwerken aus?*
2. *Worauf gründet sich häufig die Schutzfähigkeit von wissenschaftlichen Werken?*

4.2 Computerprogramme[158]

100 Computerprogramme sind in § 2 Abs. 1 Nr. 1 UrhG nicht näher definiert. Der europäische Gesetzgeber versteht unter dem Begriff **»Computerprogramm«** Programme in jeder Form, auch solche, die in Hardware integriert sind, einschließlich Entwurfsmate-

---

154 EuGH, GRUR 2012, 814-SAS Institute; BGH, GRUR 1981, 352 – Staatsexamen; BGH, GRUR 1984, 659 – Ausschreibungsunterlagen.
155 BGH, GRUR 1986, 739 – Anwaltsschriftsatz; BGH, GRUR 2002, 958 – Urheberrechtsschutz für technisches Regelwerk.
156 BGH, GRUR 1980, 227 – Monumenta Germaniae Historica; BGH, GRUR 1991, 130 – Themenkatalog.
157 BGH, GRUR 1993, 34 – Bedienungsanweisung; BGH, GRUR 1987, 704 – Warenzeichenlexikon; BGH, WRP 1999, 923 – Tele-Info-CD.
158 Ausführlich zu den Sondervorschriften Ziff. 13.

rialien zu deren Entwicklung[159]. Damit gehört ein umfassendes **Pflichtenheft** ebenso zum Schutzgegenstand wie der **Datenflussplan, Quellcode** und **Objektcode**. Der Schutz bezieht sich auf eine konkrete Ausdrucksform, nicht aber auf Idee, Grundsatz, Arbeitsweisen, mathematische Verfahren, die der Programmierung zugrunde liegen.

Für die Schutzfähigkeit von Computerprogrammen ist Voraussetzung eine eigene, geistige Leistung, also des **individuellen Werkes**, des Schöpfers (§ 69 a Abs. 3 UrhG). Regelmäßig werden geringe Anforderungen an die Schutzvoraussetzungen gestellt[160]. Bei komplexen Programmen spricht im Übrigen eine Vermutung für den Urheberschutz[161]. Danach sind nur völlig banale Programme nicht schutzfähig[162].

101

▶ **Wiederholungsfragen**

1. Was zählt zum Schutzgegenstand von Computerprogrammen?
2. Welche Anforderungen werden an die Schutzfähigkeit von Computerprogrammen gestellt?

4.3 Musikwerke

Werke der Musik (§ 2 Abs. 1 Nr. 2 UrhG) drücken sich in **Tönen** aus. Die Töne müssen von Menschen geschaffen sein und können mit Hilfe der menschlichen Stimme oder auch durch den Einsatz von Instrumenten jeglicher Art erzeugt werden. Zu Tönen dieser Art zählen nicht nur **Geräusche**, die mit Hilfe herkömmlicher Instrumente hervorgebracht werden, sondern auch Naturgeräusche, elektronisch erzeugte Klänge, sonstig hörbare Vorgänge, die in einem Musikwerk mit einbezogen werden[163]. Damit ist der Begriff »Musik« offen und den weiteren Entwicklungen für jede Form der **»absichtsvollen« Organisation von Schallergebnissen**[164] zugänglich. Zur Musik zählen also nicht nur der Gesang der Antike und des Mittelalters, die Gesänge und Instrumentalmusik von Barock, Klassik, Romantik und des frühen 21. Jahrhunderts, sondern auch die serielle und zum Teil auch die moderne Experimentalmusik. Sowohl die ernste Musik als auch die moderne Unterhaltungsmusik ist der Werkart Musik zuzurechnen. Ob das Schaffen so mancher DJs der Werkart Musik zuzurechnen ist, ist umstritten[165]. Kein Musikwerk ist jedoch der Ton oder der **Klang eines Musikinstruments** oder der Sound eines Musikers

102

---

159 EuGH, GRUR 2012, 814 – SAS Institute, Tz. 30 ff.
160 BGH, GRUR 1994, 39 – Buchhaltungsprogramm.
161 BGH, GRUR 2005, 860 – Fash 2000.
162 OLG Düsseldorf, CR 1991, 183.
163 *Schricker/Loewenheim/Loewenheim*, § 2 Rz. 120; *Ulmer* § 23 I 2.
164 *Loewenheim/Czychowski*, § 9 Rz. 59.
165 *Alpert*, ZUM 2002, 525.

oder eines Orchesters, da kein ausreichender Gestaltungsspielraum besteht, um eine individuelle Prägung, die Voraussetzung für den Urheberrechtsschutz ist, zu ermöglichen.

103 Ein Werk der Musik setzt nicht voraus, dass es fixiert ist. Daher kann die Improvisation als Musikwerk geschützt werden[166]. Zum Schutzgegenstand der Werke der Musik sind aber auch die Noten, also die grafische Fixierung, zu rechnen.

104 Der geistige Gehalt eines Musikwerkes drückt sich in der Anregung des **ästhetischen Gefühls** aus, also durch das durch die **Töne hervorgehobene Erlebnis**, die Stimmung oder die Gefühlswelt[167].

105 Die Anforderungen an die **Individualität** sind **gering**. Auch die »kleine Münze« ist dem Urheberschutz zugänglich. Auch einzelne Arrangements oder Potpourris bekannter Schlager, Musik, die von jedem Durchschnittskomponisten erstellt werden kann, genießen als »kleine Münze« Urheberrechtsschutz, wenn nur ein geringer Grad an individueller Gestaltung erkennbar ist[168]. Die schutzfähige Komposition erfordert mithin nur einen geringen Grad an Eigentümlichkeit, um urheberrechtlichen Schutz zu erzielen[169]. Den Schutz erreichen jedenfalls nicht unwesentliche Bearbeitungen gemeinfreier Werke[170] oder einfach strukturierte, zum Teil vorbekannte Tonfolgen[171].

▶ **Wiederholungsfrage**

Worin liegt der Schutzgegenstand von Werken der Musik?

4.4 Pantomimische Werke, Werke der Choreografie

106 Schutzgegenstand pantomimischer und choreografischer Werke (§ 2 Abs. 1 Nr. 3 UrhG) ist die Wiedergabe von Gedanken und Empfindungen mit Hilfe der **Körpersprache**. Bewegungen, Gebärden und Mimik bringen Gedanken und Empfindungen zum Ausdruck[172]. Der Schutz bezieht sich nicht auf die Tanz- und sonstige Bewegungstechnik, also nicht auf Körperbeherrschung, akrobatische oder sportliche Leistungen, sondern

---

[166] *Ulmer*, § 23 I 3.
[167] *Schricker/Loewenheim/Loewenheim*, § 2 Rz. 121.
[168] BGH, GRUR 1968, 321 – Haselnuss; BGH, GRUR 1981, 267 – Dirlada; OLG München, ZUM 1992, 202 – Sadness/Madness.
[169] BGH, GRUR 1988, 812 – Ein bisschen Frieden.
[170] LG Berlin, ZUM 1999, 252 – Eine einfache Folge von sich wiederholenden Tönen; OLG München, ZUM 2000, 408 – Green Grass Grows.
[171] LG München I, ZUM 2003, 245 – Get over you.
[172] *Ulmer*, § 23 II.

auf den Ausdruck eines Gedankeninhaltes[173] mit Hilfe der Körpersprache. Auch der Schutz für pantomimische Werke setzt nicht voraus, dass die konkrete Darstellung, sei es schriftlich oder mit Hilfe von Bildträgern, fixiert wird. Es genügt die Darbietung der Leistung[174].

Die sportliche und **akrobatische Leistung** für sich begründet keinen Urheberrechtsschutz, da es dort regelmäßig an der Darstellung von Gedanken und Empfindungen fehlt. Demgegenüber stehen solche Leistungen der Gewährung eines Urheberrechtsschutzes auch nicht entgegen[175]. Auch die althergebrachten Tanzformen oder **Volkstänze** können keinen Schutz begründen. Der Tanz dient nämlich nicht der Darstellung von Gedanken und Empfindungen, sondern verfolgt den Selbstzweck, ohne Ausdrucksmittel zu sein[176]. Durch die Eignung, einem Gedanken Ausdruck zu verleihen, unterscheidet sich also das pantomimische oder choreografische Werk von der sportlichen Leistung oder dem Tanz.

107

▶ **Wiederholungsfrage**

Welcher Schutzgegenstand umfasst pantomimische oder choreografische Werke?

4.5 Werke der bildenden Kunst, der Baukunst und der angewandten Kunst

Der Begriff **Werke der bildenden Kunst** (§ 2 Abs. 1 Nr. 4 UrhG) schließt alle Kunstwerke im herkömmlichen Sinn, einschließlich der Werke der Baukunst, der angewandten Kunst und der Entwürfe solcher Werke, ein. Stets handelt es sich um zwei- oder dreidimensionale **Gestaltungen**, die ihren ästhetischen Gehalt durch **Farben, Linien, Flächen, Raumkörper, Oberflächen zum Ausdruck bringen**[177]. Es ist der Kunst wesensimmanent, dass sie stets versucht, neue Erscheinungsformen zu entwickeln und neue Blickwinkel zu erforschen. Nicht alles, was Kunst im Sinne von Art. 5 Abs. 3 GG ist, ist auch ein urheberrechtlich geschütztes Kunstwerk. Der Werkbegriff des Urheberrechts und der Werkbegriff im Kunstsinne des Art. 5 GG differieren[178].

108

Ein Werk der bildenden Kunst ist eine eigenpersönliche Schöpfung, die mit den Darstellungsmitteln der Kunst durch **formgebende Tätigkeit hervorgebracht** und vor-

109

---

173 *Schlatter-Krüger*, GRUR Int. 1985, 299; *Wandtke*, ZUM 1991, 115; BGH; GRUR 2014, 65-Beuys-Aktion; OLG Köln, GRUR-RR 2007, 263 – Akrobatik.
174 BGH; GRUR 2014, 65-Beuys-Aktion.
175 BGH, GRUR 1960, 601 – Eisrevue I, BGH, GRUR 1960, 606 – Eisrevue II.
176 *Schlatter-Krüger*, GRUR Int. 1985, 299.
177 Schricker/Loewenheim/Loewenheim, § 2 Rz. 136; *Ulmer* § 24.
178 Fromm/Nordemann/Nordemann, § 2 Rz. 137; *Ulmer* § 24 II.

zugsweise für die **ästhetische Anregung des Gefühls durch Anschauung bestimmt** ist[179]. Ob das Werk auch einem praktischen Gebrauchszweck dient, ist gleichgültig. Der ästhetische Gehalt eines Werkes muss einen solchen Grad erreichen, dass nach Auffassung der für Kunst empfänglichen und mit Kunstanschauung einigermaßen vertrauten Kreise[180] von einer künstlerischen Leistung gesprochen werden kann. Auf die Qualität des Kunstwerkes kommt es dabei nicht an[181]. Das Werk muss aus dem bekannten Formenschatz herausreichen und hinreichend individuell sein[182].

110 Das Gesetz unterscheidet zwischen reinen Kunstwerken, Werken der angewandten Kunst und der Baukunst sowie den Entwürfen solcher Werke.

111 Zu den Werken der **reinen Kunst** gehören Gemälde, Plastiken, Skulpturen, Stiche, Zeichnungen, also all jene künstlerisch gestalteten Gegenstände, die keinen Gebrauchszweck verfolgen. Demgegenüber gehören zu den Werken der **angewandten Kunst** jene Gegenstände, die einen Gebrauchszweck verfolgen, also Möbel, Bestecke, Textilien, Uhren, Haushaltsgeräte, Werkzeuge und Maschinen, und auch Formen der Mode, sowie schließlich die Ergebnisse der Gebrauchs- und Werbegrafik.

112 Braucht bei den Werken der reinen Kunst der künstlerische Gehalt nicht besonders betont zu werden, weil er offensichtlich und für jedermann gleich erkennbar ist, so ist bei den Werken der angewandten Kunst der über den Gebrauchszweck hinausgehende **künstlerische Überschuss**, also die ästhetische Ausstrahlung, die den Gebrauchszweck überlagert, besonders festzustellen[183].

113 Zu Werken der **Baukunst** sind alle jene Schöpfungen zu rechnen, die dem Begehen, Befahren oder Bewohnen dienen, also Einfamilienhäuser, Fabrikbauten, Geschäftshäuser, Kirchen und Museen, Brücken, Plätze, Gartenanlagen, Inneneinrichtungen oder Kulissen[184]. Die vorgegebene Funktion, die technische Konstruktion, das Umfeld und die sonstigen Vorbedingungen schränken möglicherweise den Gestaltungsspielraum stark ein, so dass der erforderliche Gestaltungsspielraum fehlen kann[185]. Die Anforderungen an die Individualität der Werke sind gering.

114 Schließlich sind **Entwürfe der Werke** der bildenden und der angewandten Kunst sowie der Baukunst, also Skizzen, Pläne usw., selbst urheberrechtlich geschützt, wenn das darin wiedergegebene Werk die erforderliche Individualität aufweist. Wobei in diesem Zusammenhang sich der Schutz nicht auf die besondere Darstellungsweise des Gegen-

---

179 *Dreier/Schulze*, § 2 Rz. 150.
180 BGH, NJW-RR 1987, 618 – Bauaußenkante; BGH, GRUR 1980, 853 – Architektenwechsel.
181 RGZ 124, 64; BGH, GRUR 1972, 38 – Vasenleuchter; BGH, GRUR 1981, 517 – Rollhocker; BGH, GRUR 1988, 690 – Kristallfiguren V; BGH, GRUR 1979, 332 – Brombeerleuchte.
182 *Schricker/Loewenheim/Loewenheim*, § 2 Rz. 139.
183 BGH, GRUR 2012, 58-Seilzirkus.
184 *Dreier/Schulze*, § 2 Rz. 181ff.
185 BGH, GRUR 1989, 416 – Bauaußenkante.

standes, sondern auf die Besonderheiten des dargestellten Gegenstandes bezieht. Ist die Darstellungsweise herausragend, so kann der Entwurf selbst entweder als Werk der bildenden Kunst oder als technische Darstellung geschützt sein.

▶ Wiederholungsfragen

1. *Welchem Schutzgegenstand unterfallen Werke der bildenden Kunst?*
2. *Worin unterscheiden sich Werke der reinen Kunst und Werke der angewandten Kunst?*

4.6 Lichtbildwerke

Lichtbildwerke und Werke, die ähnlich wie Lichtbilder geschaffen werden (§ 2 Abs. 2 Nr. 5 UrhG), bilden eine gesonderte Werkart. Diese Werke werden unter **Benutzung strahlender Energie** erzeugt[186]. Werke, die ähnlich wie Lichtbildwerke geschaffen werden, ähneln die Wirkungsweise und das Ergebnis des Schaffens dem fotografischen Schaffen. Charakteristisch ist für das fotografische Schaffen, dass die Abbildung von etwas in der Natur Vorgegebenen mit Mitteln der Bildgestaltung durch Motivwahl, Bildausschnitt, Licht- und Schattenverteilung erzeugt wird[187]. Es kommt damit nicht darauf an, mit welcher Strahlung das Bild entsteht, ebenso wenig auf die Art ihrer Festlegung.

115

Nach Art. 6 der Schutzdauerrichtlinie werden Fotografien dann geschützt, wenn sie das Ergebnis der **eigenen geistigen Schöpfung** ihres Urhebers sind. Weitere Kriterien werden nicht angelegt. An die geistige Schöpfung werden beim Lichtbildwerk keine hohen Anforderungen gestellt. Es genügt die besondere Gestaltung einer Aussage mit Mitteln der Fotografie.

116

Dem Fotografen stehen eine Reihe von Gestaltungsmitteln zur Verfügung, die in unzähligen Kombinationen für das konkrete Werk zum Einsatz kommen können[188]. So hat es der Fotograf in der Hand, welches Motiv in welchem bildnerischen Zusammenhang, aus welchem konkreten Blickwinkel er wählt. Er kann dabei auf besondere Linien und Linienführung, Farben und Farbkombinationen, Flächen und Formen, Licht und Schatten, Schärfebereiche, Formate usw. zurückgreifen.

117

Kann der **Lichtbildner keines der Gestaltungsmittel anwenden**, sondern fertigt er eine einfache Aufnahme, die von mehreren Fotografen auf dieselbe Art angefertigt werden könnte, fehlt es an dem erforderlichem Maß der Individualität. In diesem Fall erlangt der

118

---

186 BGHZ 37, 1 AKI; *Ulmer*, § 26 III.
187 *Schricker/Loewenheim/Loewenheim*, § 2, Rz. 177, 180.
188 Vgl. hierzu *Axel Nordemann*, Die künstlerische Fotografie, S. 136 ff.

Fotograf den Leistungsschutz gemäß § 72 UrhG. Zu solchen Aufnahmen zählt wohl die technische Fotografie zur wissenschaftlichen Dokumentation oder die Passbildfotografie.

119 Ein großer Teil der **Gegenstandsfotografie**, durch die eine Vorlage als naturgetreu wiedergegeben werden soll, oder **Amateurfotos**, Urlaubsbilder, entstehen ohne individuellen Gestaltungsspielraum, so dass es sich um einfache Lichtbilder handelt. Auch Fotos aus dem Bereich der Wissenschaft und/oder Technik geben naturwissenschaftliche Sachverhalte möglichst präzise wieder und enthalten häufig keine schöpferische Leistung. Gleiches gilt für die Berichterstattung über Tagesereignisse, soweit es sich dabei um das Ergebnis eines handwerklichen Arbeitsvorganges handelt. Der Gebrauchszweck der Werbefotografie, der wissenschaftlichen Fotografie oder auch der Bildreportagen hindert nicht die Entstehung des Urheberrechtsschutzes.

120 Entscheidend ist für Lichtbilder und Lichtbildwerke, dass sie das **Ergebnis eines menschlichen Schaffens** sind[189], wobei zum Teil auch die vorbereitende menschliche Tätigkeit, die Einfluss auf das Motiv, den Aufnahmeort, den Blickwinkel, die Entfernung und den Zeitpunkt der Aufnahme hat, ausreichend ist[190]. Diejenigen Ergebnisse menschlicher Tätigkeit, die rein mechanisch-reprografische oder im Wege der Foto- und Lichtsatztechnik erfolgen, beispielsweise zum Zwecke der Herstellung von Druckträgern, sind jedenfalls keine Werke, die ähnlich wie Lichtbildwerke entstehen[191].

121 Neben der reinen Fotografie, sei es nach den herkömmlich chemischen Verfahren oder auch die elektronisch aufgezeichneten Bilder, können einzelne **Bilder aus Filmen, die Standbilder,** als Lichtbildwerke oder als Lichtbilder geschützt sein[192]. Demgegenüber sind Fotomontagen, Fotocollagen oder übermalte Abzüge keine Lichtbildwerke, sondern meist Werke der bildenden Kunst und gegebenenfalls als solche geschützt.

122 Das **Motiv**, das durch das Lichtbildwerk oder das Lichtbild wiedergegeben wird, ist häufig vorgegeben und vom Schutz nicht umfasst[193]. Bei der Verwertung des Lichtbildwerkes muss der Fotograf aber stets eventuelle Rechte an den abgebildeten Gegenständen und gegebenenfalls die Rechte am eigenen Bild der abgebildeten Personen berücksichtigen.

▶ **Wiederholungsfragen**

1. *Was zählt zum Schutzgegenstand von Lichtbildwerken?*
2. *Welche Anforderungen an die Individualität stellt das Gesetz?*

---

189 LG Berlin, GRUR 1990, 270 – Satellitenfoto.
190 *Katzenberger*, GRUR Int. 1989, 116.
191 OLG Köln, GRUR 1987, 42 – Lichtbildkopie.
192 *Dreier/Schulze*, § 2 Rz. 197 m.w.N.
193 *Dreier/Schulze*, § 2 Rz. 202, § 72 Rz. 13, § 24 Rz. 36 f.; *Schricker/Loewenheim*, § 2 Rz. 173; OLG Hamburg, ZUM-RD 1997, 217 – Troades-Szenenfotos.

3. Was fällt unter das Leistungsschutzrecht des Lichtbildners?
4. Erlangen rein mechanisch-reprografische Aufnahmen Schutz?

4.7 Filmwerke und Werke, die ähnlich wie Filme geschaffen werden

§ 2 Abs. 1 Nr. 6 UrhG nennt als weitere Werkkategorie des Urheberrechts die **Filmwerke und Werke, die ähnlich wie Filme geschaffen werden**. Ein Film ist eine **bewegte Bild- oder Bildtonfolge**, bei der der Eindruck eines bewegten Bildes entsteht[194].

123

Filmwerke werden regelmäßig **mit anderen Werken** zu einer Einheit **verschmolzen** und ins Bildliche umgewandelt. Es wirkt also ein **größerer Kreis von Personen** mit. Als Filmwerk ist die Bildfolge geschützt, nicht jedoch der jeweilige Träger des Werkes, also weder der Filmstreifen noch das Magnetband usw. Auf die **Aufnahmetechnik**[195], das Aufnahmeverfahren oder das Format kommt es für die Schutzfähigkeit nicht an. Auch auf den **Inhalt des Filmes** kommt es nicht an. Der Schutz wird gleichermaßen Werbefilmen, Dokumentarfilmen, Unterhaltungsfilmen, Amateurfilmen, Zeichentrickfilmen, Video-Clips, Werbespots usw. gewährt. Schließlich erstreckt sich der Schutz auch auf Werke, die ähnlich wie Filmwerke, z.B. Videospiele, Computerspiele[196] oder Multimediaprodukte[197], wenn sie den Eindruck eines bewegten Bildes entstehen lassen, ohne dass hierzu Steuerungsbefehle erforderlich sind, geschaffen werden.

124

Filmwerke weisen im Vergleich zu den anderen Werkkategorien Besonderheiten auf. Die Filmurheber greifen regelmäßig auf **vorbestehende Werke** zurück. Hierzu zählt die Fabel[198], der Roman, der den Stoff des Filmes erzählt, das daraus entwickelte Exposé, Treatment und schließlich das Drehbuch. Die Filmurheber greifen auch auf die Musik und die Kulisse, als Werke der Baukunst, und die Ausstattung, als Werke der bildenden Kunst, zu. Diese Werke bleiben vom späteren Film unabhängig (§ 89 Abs. 3 UrhG). Sie gehen aber in dem jeweiligen Filmwerk auf und schaffen **in ihrer neuen Verbindung den Eindruck des bewegten, vertonten Bildes**. Dies zeigt sogleich die zweite Besonderheit, nämlich dass der Film mit Sprache, Musik und Kunst Elemente anderer Werkarten in sich vereinigt. Daraus ergibt sich die dritte Besonderheit, nämlich, dass der Film **regelmäßig mehrere Filmurheber** hat, die gemeinsam ein Werk geschaffen haben.

125

---

194 *Schricker/Loewenheim/Katzenberger/N.Reber*, Vor §§ 88ff. Rz. 20; BGH, GRUR 2013, 370-Alone in the Dark.
195 BGHZ 37, 1 – AKI.
196 BGH, GRUR 2013, 370-Alone in the Dark.
197 *Dreier/Schulze*, § 2 Rz. 207 m.w.N.
198 KG Berlin, ZUM 2010, 346.

126 Der Urheberrechtsschutz des Filmwerkes bezieht sich auf die persönliche geistige Schöpfung der Mitwirkenden, die die vorbestehenden Werke und die eigenen Leistungen im Rahmen ihrer schöpferischen Zusammenwirkung zu einem Film zusammenfassen[199]. Es sind in erster Linie die Leistungen bei Regie, Bildgestaltung, Kamera und Schnitt, durch die der vorgegebene Stoff filmisch umgesetzt wird, als schöpferischer Beitrag anzusehen.

127 Der **Gestaltungsspielraum** bei inszenierten Filmen, wie Kino, Fernsehfilmen oder Werbefilmen, ist sehr groß. Wird ein literarisches Werk filmisch bearbeitet, so unterstreicht die Individualität der Vorlage die eigenpersönlichen Züge des danach hergestellten Filmes. Danach kann sich die Individualität aus der Dramaturgie der Handlung, Gestaltung der Szenen, Kameraperspektive, Bildausschnitten, Bild- und Tonfolgen, ergeben. Auch bei Dokumentarfilmen und Kulturfilmen ist dann von einer individuellen Prägung auszugehen, wenn nicht lediglich eine schematisches Abfilmen erfolgt, sondern eine Auswahl, Anordnung und Sammlung des Stoffes, insbesondere eine besondere Zusammenstellung der einzelnen Bildfolgen[200].

128 An den Urheberrechtsschutz für Filme werden geringe Anforderungen gestellt, auch die »kleine Münze« fällt unter diesen Schutz[201]. An der Individualität fehlt es bei Aufzeichnungen, wenn das gesamte Geschehen, ohne besondere Hervorhebung einzelner Teile, ohne gestalterische Einwirkung, aufgezeichnet wird.

129 Wenn einzelne Ausschnitte aus einem Film eine hinreichende individuelle Prägung aufweisen, können sie für sich urheberrechtlich geschützt sein[202]. Gleiches gilt für einzelne Bilder, die als Lichtbildwerke geschützt sein können. Dieses gilt auch für Standfotos, die anlässlich der Filmaufnahmen erstellt wurden.

130 **Vorarbeiten des Filmes**, wie Exposé, Treatment oder Drehbuch, sind, ebenso wie die Romanvorlage oder sonstige Buchvorlage, nicht als Filmwerk geschützt, sondern als Schriftwerk im Sinne von § 2 Abs. 1 Nr. 1 UrhG[203].

131 Demgegenüber sind so genannte **Sendeformate**, die einen ausfüllungsbedürftigen Rahmen für Shows oder Sportsendungen darstellen, regelmäßig schutzlos, da es an den individuellen, prägenden Elementen fehlt[204]. Sie sind vielmehr bloße Handlungsanweisungen, die später eine Show entstehen lassen. Allerdings können derartige Leistungen u.U. einen besonderen wettbewerbsrechtlichen Leistungsschutz in Anspruch nehmen[205].

---

199 *Schricker/Loewenheim/Loewenheim*, § 2 Rz. 191; BGHZ 26, 52 – Sherlock Holmes.
200 BGHZ 9, 262, 267 – Schwanenbilder.
201 *Schricker/Loewenheim/Loewenheim*, § 2 Rz. 193.
202 BGHZ 9, 262, 267 – Schwanenbilder; *Dreier/Schulze*, § 2 Rz. 213.
203 BGH, GRUR 1963, 40 – Straßen – Gestern und Morgen; OLG München, GRUR 1990, 674 – Forsthaus Falkenau.
204 BGH, NJW 2003, 2828 – Sendeformat.
205 BGH, GRUR 1981, 419 – Quizmaster.

▶ **Wiederholungsfragen**

1. Was ist der Schutzgegenstand von Filmwerken?
2. Kommt es für den Schutz eines Filmwerkes auf die Aufnahmetechnik oder den Inhalt des Filmes an?
3. Worin liegen die Besonderheiten eines Filmwerkes?
4. Worin drückt sich der Gestaltungsspielraum eines Filmes aus?
5. Welche Anforderungen an die Individualität eines Filmwerkes werden gestellt?
6. Welchem Schutz unterliegen Fernsehformate?

4.8 Darstellungen wissenschaftlicher oder technischer Art

Die Darstellung wissenschaftlicher oder technischer Art im Sinne von § 2 Abs. 1 Nr. 7 UrhG sind zwei- oder dreidimensionale, grafische oder plastische **Darstellungen**, die der **Vermittlung von Informationen** und/oder der Belehrung oder der Unterrichtung dienen[206]. Während Werke der bildenden Kunst das ästhetische Empfinden ansprechen, bezwecken Darstellungen wissenschaftlicher oder technischer Art die Informationsvermittlung. Der Begriff der Technik und Wissenschaft ist dabei weit zu fassen[207]. Stets genügt die objektive Eignung der Darstellung. Zu diesen Darstellungen gehören Konstruktionszeichnungen, Land-, See- oder astronomische Karten, Stadtpläne, medizinische und naturwissenschaftliche Abbildungen, Formulare, Zeichnungen von Gegenständen, wie Möbel, Münzen, Schmuck, Anschauungsbilder, Anleitungszeichnungen für Handarbeiten, Darstellung von Körperübungen und wissenschaftliche Schemata sowie grafische Darstellungen. Als dreidimensionale Form kommen Reliefkarten und Modelle in Betracht.

132

Der Urheberrechtsschutz bezieht sich nicht auf den Inhalt der Darstellung, also nicht auf das Was, sondern auf die **Art und Weise der Darstellung** selbst, also das Wie[208].

133

Häufig ist der dargestellte **Inhalt urheberrechtlich nicht geschützt**. Die geografische Wirklichkeit ist frei und kann von jedermann dargestellt werden. Lehr- und Lernmittel geben wissenschaftliche Erkenntnisse zur Unterrichtung und Fortbildung wieder. Tabellen, Verzeichnisse und Register fassen öffentlich zugängliche Informationen, die zu jedermanns Benutzung freigestellt werden, zusammen. Zeichnungen und Modelle von Maschinen und Vorrichtungen zeigen deren – möglicherweise patentrechtlich geschützte – Funktionsweisen.

134

---

206 BGH, GRUR 2011, 803 – Lernspiele Tz. 39.
207 Schricker/Loewenheim/Loewenheim, § 2 Rz. 4.
208 BGH, GRUR 1979, 464 – Flughafenpläne; BGH, GRUR 1993, 34 – Bedienungsanweisung; BGH, GRUR 1998, 916 – Stadtplanwerke.

135 Die **Darstellungsmethoden** sind **frei** und stehen jedermann zur Verfügung[209]. In manchen Bereichen haben sich Kennzeichen als allgemein übliche Hinweise auf bestimmte Sachverhalte eingebürgert. Auch Normen vereinheitlichen die grafische Darstellung bestimmter Sachverhalte. Der Schutz für Darstellungen wissenschaftlicher oder technischer Art bezieht sich daher auf die **Art der Auswahl, Anordnung und Zusammenstellung der darzustellenden Inhalte** und/oder auf die **Auswahl der Darstellungsmethode**[210].

136 Der Urheberrechtsschutz für Werke im Sinne von § 2 Abs. 1 Nr. 7 UrhG stellt **geringe Anforderungen**[211] **an die Originalität**. Eine Darstellung bleibt aber schutzlos, wenn die Art der Darstellung vorgegeben ist und dem Gestalter kein eigener Gestaltungsspielraum verbleibt. Im Hinblick auf die häufig geringe Eigentümlichkeit verbleibt für Werke nur ein enger Schutzbereich. Je geringer die Darstellungsmöglichkeiten sind, desto geringer ist der Schutzumfang[212].

▶ **Wiederholungsfragen**

1. Worauf bezieht sich der Schutzgegenstand von Darstellungen wissenschaftlicher oder technischer Art?

2. Was begründet den Schutz von Darstellungen wissenschaftlicher und technischer Art?

---

209 BGH, GRUR 1991, 529 – Explosionszeichnung.
210 BGH, GRUR 1991, 529 – Explosionszeichnung.
211 BGH, ZUM 2000, 238 – Planungsmappe; BGH, GRUR 2002, 958 – Technische Lieferbedingungen.
212 BGH, GRUR 1993, 34 – Bedienungsanweisung, BGH, GRUR 1998, 916 – Stadtplanwerke.

5. Die Bearbeitung

5.1 Kennzeichen der Bearbeitung

Das Schaffen kann sich auch in der **Umgestaltung eines bereits vorhandenen Werkes manifestieren**. Der Bearbeiter knüpft an ein vorhandenes Werk an, entwickelt dieses fort und/oder transponiert es in eine andere Werkkategorie oder Darstellungsform. Das Gesetz nennt als Beispiel die Übersetzung. Typische Bearbeitungen sind die Verfilmung oder Dramatisierung eines Romans, die Bearbeitung als Musical oder Ballett, die Erstellung von Variationen eines Musikstückes, aber auch die grafische Darstellung einer Romanfigur, die Erstellung von Abstracts von wissenschaftlichen Publikationen, die Rhythmisierung und Instrumentalisierung eines Liedes, der Dimensionswechsel im Bereich der Werke der bildenden Kunst oder die Synchronisation eines Filmwerkes.

137

All diesen Umgestaltungen ist gemein, dass die **eigenpersönlichen Züge des Originalwerkes durchscheinen**[213]. Damit setzt die Bearbeitung selbst ein urheberrechtlich geschütztes Werk voraus, das aber gemeinfrei geworden sein kann. Fehlt dieses, so liegt eine originäre Schöpfung vor. Wenn die Umgestaltung oder Bearbeitung selbst als persönlich geistige Schöpfung einzustufen ist, erwirbt der Bearbeiter ein eigenes Bearbeiterurheberrecht, das selbständig neben dem Urheberrecht des Originalurhebers steht. Die Bearbeitung ist also von der **Individualität des Originals und der Umgestaltung geprägt**. Erreicht eine Veränderung eines Werkes nicht die erforderliche Individualität, um ein Bearbeiterurheberrecht entstehen zu lassen, so spricht man von einer **Umgestaltung**[214].

138

Die Bearbeitung ist gleichzeitig eine Vervielfältigung (§ 16 UrhG) des Originals, sofern eine Festlegung auf einen Datenträger gleich welcher Art erfolgt[215]. Eine Vervielfältigung ist jede **identische**, aber auch jede fast identische[216] Übernahme. Findet nur eine unwesentliche Umgestaltung eines Werkes statt, so ist urheberrechtlich von einer Vervielfältigung auszugehen[217]. Eine Vervielfältigung ist die Änderung der Größe[218], der Dimension[219] oder des Werkstoffes[220]. Auch die Digitalisierung ist eine Vervielfältigung, denn das Werk wird nur anders festgelegt.

139

---

213 *Ulmer*, § 56 I 1; BGH, GRUR 1972, 143 – Biografie: Ein Spiel.
214 BGH, GRUR 2002, 532 – Unikatrahmen.
215 BGH, GRUR 2014, 65 – Beuys-Aktion.
216 BGH, GRUR 1988, 533 – Vorentwurf II; *Dreier/Schulze*, § 16 Rz. 11.
217 BGH, GRUR 2014, 65 – Beuys-Aktion.
218 BGH, GRUR 1990, 669 – Bibelreproduktion; BGHZ 44, 288 – Apfel-Madonna.
219 OLG Frankfurt, GRUR 1998, 141 – Mackintosh-Entwürfe.
220 *Traub*, UFITA 80 (1977) 159.

140 Die Bearbeitung unterscheidet sich von der **Miturheberschaft** (§ 8 UrhG) dadurch, dass bei einer Miturheberschaft der Schaffensprozesses in einem **gemeinsamen, zielbewussten Zusammenwirken** besteht[221]. Fehlt es an diesem gemeinschaftlichen Plan, so liegt eine Umgestaltung oder Bearbeitung vor.

141 Schließlich ist die Bearbeitung von der **freien Benutzung** (§ 24 UrhG) zu unterscheiden. Dient ein Werk als **bloße Anregung** für ein selbständiges, eigenes Werk, so dass die eigenpersönlichen Züge des fremden Werkes im Vergleich zur Eigenart des neuen Werkes verblassen, liegt eine freie Benutzung vor[222]. Bei der freien Benutzung bedarf der Urheber keiner Erlaubnis zur Verwertung und Herstellung des neuen Werkes.

142 Die Anforderungen an eine persönlich geistige Schöpfung einer Bearbeitung entsprechen denjenigen des Originalwerkes (§ 2 Abs. 2 UrhG). Es werden jedoch **keine zu hohen Anforderungen an die Gestaltungshöhe** gestellt[223]. Bei der Ermittlung der Gestaltungshöhe ist der Eigentümlichkeitsgrad des bearbeiteten Werkes zu berücksichtigen. Je höher dieser anzusiedeln ist, desto höher sind die Anforderungen an die Individualität der Bearbeitung[224]. Erfordert der Zweck der Bearbeitung ein enges Anlehnen an das Original, so können für die Bearbeitung keine hohen Anforderungen an die Individualität gestellt werden[225].

143 Zwar nennt das Gesetz die **Übersetzung als Beispiel für eine Bearbeitung**. Sie muss jedoch selbst den Anforderungen an eine persönlich geistige Schöpfung entsprechen. Ist der Ausgangstext des Originals banal, einfach und ohne gestalterischen Spielraum, so wird auch die Übersetzung nicht den Anforderungen einer persönlich geistigen Schöpfung entsprechen. Das kann bei der Übersetzung einer Speisekarte oder der Transponierung von Werken der Musik in eine andere Tonart der Fall sein.

Beispiel[226]: Der klagende Komponist und Arrangeur hatte den Musiktitel »Browngirl« geschaffen, der eine Bearbeitung eines aus der Karibik stammenden Volksliedes war. Diese Komposition hat der Beklagte umgestaltet. Streitig blieb, ob es sich dabei um eine freie Benutzung oder eine Bearbeitung handelte. Zunächst war festzustellen, ob die Umgestaltung des Volksliedes durch den Kläger den Vorrausetzungen einer persönlichen geistigen Schöpfung (§ 2 Abs. 2 UrhG) genügt. Das Gericht sah eine ausreichende Individualität gegeben in der Struktur des ersten Durchgangs, im Melodienverlauf, im Tempo, im Übergang vom Sologesang auf den stärker beteiligten Instrumentalbackground und im Mariacchi-Effekt. Diese, die Eigentümlichkeit prägenden Elemente seien auch in der Umgestaltung des Beklagten wiederzufinden, so dass der BGH die für eine Bearbeitung notwendige Übereinstimmung im schöpferischen Bereich bejahte.

---

221 BGH, GRUR 1985, 1041 – Inkassoprogramm; BGH, GRUR 1994, 191 – Asterix-Persiflage m.w.N.; *Ulmer*, § 58 II.
222 BGH, GRUR 2014, 65 – Beuys-Aktion; BGH, GRUR 2011, 134-Perlentaucher.
223 *Dreier/Schulze*, § 3 Rz. 11; *Schricker/Loewenheim/Loewenheim*, § 3 Rz. 14; BGH, GRUR 2000, 144 – ComicÜbersetzungen II.
224 BGH, GRUR 1991, 533 – Brown Girl II; a.A. *Wandtke/Bullinger/Bullinger*, § 3 Rz. 18.
225 BGH, GRUR 1992, 382 – Leitsätze.
226 BGH, GRUR 1991, 533 – Browngirl II.

▶ **Wiederholungsfragen**

1. *Was unterscheidet die Bearbeitung von der Vervielfältigung?*
2. *Wie grenzt sich eine Bearbeitung von einer freien Benutzung ab?*

5.2 Verwertung der Bearbeitung

Das **Bearbeiterurheberrecht** steht selbständig neben dem Urheberrecht am Original und begründet für den Bearbeiter ein **eigenes Urheberrecht**, mit allen sich daraus ergebenden Rechten. Das Bearbeiterurheberrecht ist kein Urheberrecht minderer Qualität.

144

Das **Bearbeitungsrecht**[227] eines Werkes steht dem Schöpfer des Originals zu. Der Originalurheber hat in die Veröffentlichung oder Verwertung der Bearbeitung einzuwilligen (§ 23 S. 1 UrhG). Wenn die Bearbeitung in der Verfilmung, in der Ausführung von Plänen und Entwürfen eines Werkes der bildenden Kunst, im Nachbau eines Werkes oder in der Änderung eines Datenbankwerkes liegen soll, dann bedarf bereits die Herstellung der Bearbeitung der Einwilligung des Urhebers (§ 23 S. 2 UrhG). Der Gesetzgeber nimmt an, dass die Bearbeitung zunächst ein privater Vorgang ist, der nicht an die Öffentlichkeit herantritt. Dies ist allerdings bei den Ausnahmen, bei denen bereits die Herstellung der Bearbeitung der Einwilligung bedarf, regelmäßig nicht der Fall.

145

Die **Einwilligung** ist die Einräumung eines gegenständlichen **Nutzungsrechtes**, das inhaltlich auf die Nutzung der Bearbeitung des Werkes beschränkt ist[228].

146

Der Originalurheber kann eine Einwilligung zeitlich, räumlich und inhaltlich beschränken. Werden keine besonderen Vereinbarungen über den Umfang der Verwertung der Bearbeitung getroffen, so gilt auch für die Einwilligung die **Übertragungszwecklehre** (§ 31 Abs. 5 UrhG)[229] Die Einwilligung kann schriftlich, mündlich oder konkludent[230] erklärt werden. Für die Verfilmung eines Werkes wird vermutet, dass der Mitwirkende im Zweifel auch die Rechte zur filmischen Bearbeitung eines Werkes oder Beitrages einräumt (§§ 88 Abs. 1, 89 Abs. 1 UrhG).

147

---

227 *Schricker/Loewenheim/Loewenheim*, § 3 Rz. 38 f.; BGH, GRUR 1962, 370 – Schallplatteneinblendung; *Dreier/Schulze*, § 23 Rz. 9 m.w.N., a.A. *Fromm/Nordemann/Nordemann*, § 23 Rz. 2; *Ahlberg*, in: *Möhring/Nicolini*, Urheberrecht, 2. Aufl., § 23 Rz. 10.
228 *Schricker/Loewenheim/Loewenheim*, § 23 Rz. 25; *Dreier/Schulze*, § 23 Rz. 10, jeweils m.w.N.
229 OLG Hamburg, ZUM 2001, 507 – Libretto für Kinder-Oper; *Schricker/Loewenheim/Loewenheim*, § 23 Rz. 27.
230 BGH, GRUR 1986, 458 – Oberammergauer Passionsspiele I.

▶ Wiederholungsfragen

1. Was versteht man unter dem Begriff einer Bearbeitung?
2. Was kennzeichnet eine Bearbeitung?
3. Was kennzeichnet eine Vervielfältigung?
4. Worin unterscheidet sich die freie Benutzung von der Bearbeitung?
5. Welche Anforderungen an die Individualität werden für eine Bearbeitung gestellt?
6. Unter welchen Umständen ist die Verwertung einer Bearbeitung zulässig?
7. Welche gesetzlichen Regelungen gelten für die Einwilligung?

6. Freie Benutzung

Jeder Urheber steht in seiner **kulturellen Tradition**. Er ist mit dieser verwurzelt und eingebunden, wird angeregt, gefordert und geleitet von dem Schaffen, den Erkenntnissen aller anderen vor ihm schöpferisch tätigen Menschen. Nur so kommt es zu einer kontinuierlichen Fortentwicklung eines Schaffensprozesses. Die Allgemeinheit hat wie künftige Urheber also ein Interesse daran, an den Leistungen der Vorväter und Vorgänger teil zu haben und diese fortzuentwickeln. Dem stehen jedoch die Interessen des Urhebers an der ungestörten Auswertung und Verwertung seines Werkes sowie an der unbeeinträchtigten Werkwiedergabe entgegen. Diesen Interessenkonflikt löst das Gesetz durch die **freie Benutzung** (§ 24 UrhG). Es gestattet ausdrücklich die Verwertung eines selbständigen Werkes, das in freier Benutzung eines Werkes eines anderen geschaffen wurde, ohne Zustimmung des Urhebers des benutzten Werkes. Dient ein urheberrechtlich geschütztes Werk nur als **Anregung** für die eigene Schöpfung[231], verblassen also die eigenpersönlichen Züge des geschützten älteren Werkes, dann braucht der Benutzer nicht die Einwilligung des Schöpfers des vorbestehenden Werkes einzuholen. Jeder Urheber soll Gemeingut, also nicht geschützte Ideen, Lehren, Erkenntnisse[232] ebenso wie schutzlose Werke, also solche, die gemeinfrei geworden sind oder nicht die erforderliche Individualität aufweisen, oder die wissenschaftlichen Ergebnisse anderer ebenso nutzen wie Methoden, Stile, die übliche Fachsprache o.ä. Wenn aber die individuellen, eigenpersönlichen Züge, die ein vorbestehendes Werk prägen, übernommen werden, sind die Grenzen der freien Benutzung überschritten.

148

Je individueller ein Schaffensergebnis ist, desto mehr werden die dadurch manifestierten eigenpersönlichen Züge das vorbestehende Werk charakterisieren. **Umso größer** ist dann der **Schutzumfang** und umso kleiner ist damit die Wahrscheinlichkeit, dass ein nachschaffendes Werk nur auf der Anregung des Vorbestehenden fußt. Der Schöpfer eines Werkes soll sich aber nicht eigene Mühen, ersparen, er soll sich nur durch die vorbestehenden Werke anregen lassen können. Aus diesem Grunde sind strenge Anforderungen an die freie Benutzung zu stellen[233].

149

Zur Feststellung, ob eine freie Benutzung[234] oder eine abhängige Bearbeitung vorliegt, bedarf es eines Vergleiches der beiden Werke. Zunächst sind die Merkmale, die die **eigenpersönlichen Züge** des vorbestehenden Werkes prägen, festzustellen[235]. Daraufhin ist zu prüfen, ob diejenigen Merkmale, die die eigenpersönlichen Züge des vorbestehenden Werkes prägen, in dem **nachgeschaffenen Werk wieder auftauchen**. Es kommt dabei

150

---

231 BGH., GRUR 2011, 803 – Lernspiele Tz. 47.
232 BGH, GRUR 1981, 352 – Staatsexamen; *Schricker/Loewenheim/Loewenheim*, § 24 Rz. 3 ff.
233 BGH, GRUR 1981, 267 – Dirlada; BGH, GRUR 1994, 206 – Alcolix.
234 BGH., GRUR 2011, 803 – Lernspiele Tz. 48.
235 BGH, GRUR 1980, 853 – Architektenwechsel; BGH, GRUR 1994, 191 – Asterix-Persiflage.

entscheidend auf die **Übereinstimmungen** und nicht auf die Abweichungen an[236]. Können keine **Übereinstimmungen** festgestellt werden, so ist von einer freien Benutzung auszugehen. Entscheidend ist die Sicht eines Betrachters, der das ältere Werk kennt und das intellektuelle Verständnis für das spätere, neue Werk besitzt[237].

151 Der Gesetzgeber hat strenge Regeln für den **Melodienschutz** aufgestellt[238]. Eine Melodie ist eine in sich **geschlossene und geordnete Tonfolge**, in der sich der **individuelle, ästhetische Gehalt** ausdrückt[239]. Der Gestaltungsspielraum ist durch die Anzahl der Töne, Rhythmen, und Tonarten begrenzt, doch geben die Instrumentierung, Betonung, Tempi o.Ä. eine Fülle von Gestaltungsmöglichkeiten. Demgemäß werden die Anforderungen an die Schutzfähigkeit einer Melodie regelmäßig sehr gering gehalten. Wird eine Melodie ganz oder teilweise **erkennbar** in eine andere Melodie aufgenommen, so ist von einer Bearbeitung auszugehen (§ 24 Abs. 2 UrhG).

152 Ein Fall der freien Benutzung ist die **Parodie**. Der EuGH nutzt einen weiten Parodiebegriff[240], wonach die Parodie an ein bestehendes Werk erinnert, sich aber gleichzeitig von diesem wahrnehmbar unterscheiden und ein „Ausdruck von Humor und Verspottung" sein muss. Eine antithematische Auseinandersetzung ist nicht erforderlich. Die Merkmale, die die eigenpersönlichen Züge der Parodie prägen, müssen die eigenpersönlichen Züge des vorbestehenden Werkes[241] nicht überlagern, um als freie Benutzung qualifiziert zu werden.

Beispiel[242]**:** Werden Schlümpfe auf dem nackten Frauenbusen abgebildet, so handelt es sich dabei um eine Parodie, weil dem Kenner der Schlümpfe bekannt ist, dass das Sexualleben der Schlümpfe unbekannt und unerforscht ist.

153 Tauchen die prägenden Merkmale eines älteren Werkes in einem jüngeren auf, ohne dass dessen Urheber bewusst diese Merkmale übernehmen wollte, spricht man von einer **unbewussten Entlehnung**[243]. Der Urheber des jüngeren Werkes begeht eine Urheberrechtsverletzung. Anderes kann nur für den seltenen Fall der Doppelschöpfung gelten; dabei schaffen zwei Urheber unabhängig voneinander ein und dasselbe oder ein sehr ähnliches Werk[244]. Im Hinblick auf die vielfältigen Gestaltungsmöglichkeiten scheint ein solcher Fall als ganz große Ausnahme. Die Rechtsprechung geht daher von einem Anscheinsbeweis für eine Urheberrechtsverletzung aus[245].

---

236 BGH, GRUR 2011, 134-Pereltaucher; BGH, GRUR 1994, 191 – Asterix Persiflage.
237 BGH, GRUR 2000, 703 – Mattscheibe.
238 *Dreier/Schulze*, § 24 Rz. 45 m.w.N.; *Schricker/Loewenheim/Loewenheim*, § 24 Rz. 32 f. m.w.N.
239 BGH, GRUR 1988, 810 – Fantasy; BGH, GRUR 1988, 812 – Ein bisschen Frieden.
240 EuGH, GRUR 2014, 972-Vrijheidsfonds/Vabdersteen ua.
241 A.A.: BGH, GRUR 1994, 191 – Asterix-Persiflage; BGHZ 26, 52 – Sherlock Holmes.
242 OLG Hamburg, GRUR 1989, 305–306 – Schlümpfe-Parodie.
243 *Hertin*, GRUR 1989, 159.
244 BGH, GRUR 1971, 266 – Magdalenenarie.
245 BGH, GRUR 1988, 810 – Fantasy.

▶ **Wiederholungsfragen**

1. Unter welchen Voraussetzungen ist die Benutzung eines anderen Werkes ohne die Zustimmung des Urhebers des benutzten Werkes zulässig?
2. Wie wird festgestellt, ob eine freie Benutzung oder eine abhängige Bearbeitung vorliegt?
3. Was versteht man unter dem Begriff Melodienschutz?
4. Was ist unter urheberrechtlichen Gesichtspunkten eine Parodie?

7. Sammelwerke

154 Der Gesetzgeber benennt **Sammelwerke** als eigenständige Werkgattung. Eine urheberrechtlich schutzwürdige Leistung kann nicht nur im Verfassen eines Romans, im Komponieren eines Liedes, im Malen eines Bildes usw. liegen, sondern auch **in der Auswahl**, **Anordnung und Zusammenstellung** von Gedichten für eine Anthologie oder in der Zusammenstellung von **Beiträgen** für eine Zeitung, Zeitschrift oder ein Sachbuch. Solche kreativen Leistungen schützt das Urheberrecht als Sammelwerk (§ 4 Abs. 1 UrhG). Der Schutz von Sammelwerken bezieht sich also auf die Auswahl und Anordnung der darin aufgenommenen Elemente. Diese können zunächst selbst urheberrechtlich geschützte Schöpfungen, aber auch ungeschützte Daten und andere unabhängige Elemente[246] sein. Daten werden als formalisierte, zur menschlichen oder maschinellen Kommunikation geeignete Darstellungen von Fakten und Texten und Instruktionen[247] aufgefasst. Die Elemente des Sammelwerkes sind unabhängig von den Sammelwerken selbst. Zur Verwertung benötigt man daher sowohl die **Einwilligung** (§§ 31 ff. UrhG) des Urhebers des Sammelwerkes, des **Herausgeber**, als auch die Einwilligung der Berechtigten der aufgenommenen Werke.

155 Die persönlich geistige Schöpfung bezieht sich beim Sammelwerk auf die **Auswahl**, also den Vorgang des **Sichtens**, **Bewertens**, Zusammenstellens von Elementen zu einem Thema auf der Grundlage bestimmter Auswahlkriterien und auf die **Anordnung** also die **Einteilung** und **Präsentation** der einzelnen Elemente.

156 Die Schöpfung setzt einen **Entscheidungsspielraum** bei der Auswahl, Anordnung und Zusammenstellung voraus. Grundsätzlich genügt ein **individueller Sammlungsschwerpunkt** oder ein **individuelles Ordnungsprinzip**[248]. Ist die Auswahl, Anordnung und Zusammenstellung durch die Natur der Sache oder aus Gründen der Zweckmäßigkeit vorgegeben, fehlt es an einem individuellen Gestaltungsspielraum. An der Individualität fehlt es auch dann, wenn das Sammelwerk nur einfachen, handwerklichen oder routinemäßigen Kriterien folgt.

Beispiel[249]: Der Kläger hatte 550 Aufklärungsbögen bzw. Merkblätter für Patienten, die vor ärztlichen diagnostischen und/oder therapeutischen Eingriffen in zahlreichen medizinischen Fachbereichen verwendet wurden, geschaffen. Die Blätter waren nicht nach individuellen Kriterien angeordnet. Zwischen den Parteien war streitig, ob es sich bei der Gesamtheit der Merkblätter um ein Sammelwerk handelt. Der Anordnung einzelner Blätter ohne individuelle Kriterien fehlt es an der erforderlichen Gestaltungshöhe für die Sammelwerkseigenschaft (§§ 4, 2 Abs. 2 UrhG).

---

246 BGH, GRUR 1992, 382 – Leitsätze.
247 *Bensinger*, Sui generis-Schutz für Datenbanken, 1999, S. 125.
248 *Möhring/Nicolini/Ahlberg*, § 4 Rz. 22.
249 OLG Nürnberg, GRUR 2002, 607 – Stufenaufklärung nach Weissauer.

Ein rein chronologisch, alphabetisch, numerisch oder nach medizinischen Sachgebieten aufgebautes Register genügt dem Werkcharakter nicht. Auch in der Auswahl zeigt sich nicht die erforderliche Individualität, da das Streben nach einer möglichst umfassenden, alle üblicherweise im medizinischen Alltag auftretenden Aufklärungssituationen abdeckenden Zahl von Blättern sich aus Gründen der Zweckmäßigkeit bzw. Logik ergibt. Dies setzt eine rein handwerkliche schematische bzw. routinemäßige Auswahl von Themenkreisen voraus, jedoch keinen individuellen Sammlungsschwerpunkt.

Vom Urheberrecht am Sammelwerk ist das **Recht am Unternehmen des Sammelwerkes** zu unterscheiden. So wird die wirtschaftlich organisatorische Leistung im Zusammenhang mit dem Erscheinenlassen des Sammelwerkes bezeichnet[250]. Das Recht umfasst die verschiedensten Berechtigungen und Rechtsbeziehungen, die den Inhaber in die Lage versetzen, das Sammelwerk **weiterzuführen** und **fortzusetzen**. Es umfasst insbesondere die Rechte am Werktitel, Ausstattung und Layout, inhaltliche Charakterisierung, Ruf und Bekanntheit sowie die Beziehungen zu den Abonnenten, Inserenten, Autoren, Fotografen. Dieses Recht ermöglicht es seinem Inhaber das Sammelwerk fortzuführen oder an einen anderen Verleger oder Herausgeber **zu übertragen**. Wer Inhaber dieses Rechts ist, sollte sich aus den Vereinbarungen der Beteiligten ergeben. Ist es jedoch vertraglich nicht geregelt, so kommt es darauf an, wer das wirtschaftliche Risiko trug, und ergänzend, wer den Plan fasste, den Titel erfand, die Mitarbeiter warb usw[251].

▶ **Wiederholungsfragen**

1. *Worin liegt die schutzwürdige Leistung des Herausgebers eines Sammelwerkes?*
2. *Unter welchen Voraussetzungen dürfen Sammelwerke genutzt werden?*
3. *Was versteht man unter dem Recht am Unternehmen des Sammelwerkes?*
4. *Wozu berechtigt es?*

---

250 Ulmer, § 29 III 2; Schricker, Verlagsrecht, § 41 Rz. 14; OLG Frankfurt/Main, GRUR 1986, 242 – Gesetzessammlung.
251 OLG Frankfurt/Main, GRUR 1986, 242 – Gesetzessammlung.

8. Datenbankwerke

158 Datenbankwerke sind besondere Arten von Sammelwerken (§ 4 Abs. 2 S. 1 UrhG). Sie sind dadurch gekennzeichnet, dass ihre **Elemente systematisch und methodisch angeordnet** und **einzeln** mit Hilfe elektronischer Mittel oder auf andere Weise **zugänglich** sind. Damit zählen zu den Datenbankwerken sowohl die elektronischen als auch die nicht elektronischen Datenbanken[252]. Ob die elektronischen Datenbanken offline, also vom Datenträger aus (CD-ROM, DVD usw.), oder online (z.B. via Internet) zugänglich gemacht werden, ist gleichgültig.

159 **Systematisch** ist die Anordnung der Elemente dann, wenn sie sich an einem System oder einem **Ordnungsschema** orientiert, und methodisch dann, wenn sie einer bestimmten **ordnenden Handlungsanweisung** oder einem bestimmten Plan folgt[253]. Vom Schutz als Datenbankwerk ausgeschlossen sind sogenannte »Datenhaufen«, also ungeordnete Rohdaten, die weder systematisch angeordnet noch methodisch zugänglich sind.

160 Die Elemente der Datenbank müssen **einzeln zugänglich** sein, wobei es nicht darauf ankommt, ob sie mit elektronischen Mitteln oder auf andere Weise zugänglich sind. Datenbankwerke müssen gerade hinsichtlich ihrer **systematischen Anordnung** oder ihres **methodischen Zugangs** eine **persönlich geistige Schöpfung** sein, wobei die Datenbanksoftware, die zur Erschließung der Datenbank erforderlich ist, unberücksichtigt bleibt. Da bei elektronischen Datenbanken die Datenbanksoftware entscheidend für die Anordnung der Elemente ist und dieser Sachverhalt bei der Prüfung der Individualität nicht berücksichtigt werden soll, beurteilt sich die Werkeigenschaft einer elektronischen Datenbank in erster Linie an den Verknüpfungs- und Abfragemöglichkeiten[254]. Bei Datenbanken wird im Hinblick auf den geringen Gestaltungsspielraum nur eine **geringe Anforderung** gestellt werden. Regelmäßig genügt es für den urheberrechtlichen Schutz von Datenbanken, wenn sich diese von der Masse des Alltäglichen abheben[255]. Keinen Schutz können daher Telefonbücher[256] oder ungeordnete Gesetzessammlungen[257] erlangen. Demgegenüber wurde der Werkcharakter des medizinischen Lexikons[258] bejaht und derjenige eines Fernsehprogramms[259] für möglich gehalten.

---

252 *Flechsig*, ZUM 1997, 577 – *Vogel*; ZUM 1997, 592, 599.
253 *Dreier/Schulze*, § 4 Rz. 17; *Möhring/Nicolini/Ahlberg*, § 4 Rz. 12.
254 *Schricker/Loewenheim/Loewenheim*, § 4 Rz. 44.
255 LG Frankfurt/Main, ZUM-RD 2002, 94; OLG Hamburg, ZUM 2001, 512; BGH, WRP 2007, 989 – Gedichttitelliste I.
256 BGH, GRUR 1999, 923 – Tele-Info-CD.
257 OLG München, NJW 1997, 1931.
258 OLG Hamburg, ZUM 2001, 512.
259 KG, MMR 2002, 483 – Werbeblocker »Fernsehfee«.

Der **Schutzgegenstand** des Datenbankwerkes ist deren **Struktur**[260], nicht jedoch deren Elemente, Werke oder sonstigen Daten. Kein Schutzgegenstand ist allerdings das Retrievalsystem und sonstige Abfrage- und Indexsysteme. Soweit es sich dabei um Computerprogramme handelt, können diese den Schutz gemäß §§ 2 Abs. 1, 69a UrhG erlangen.

161

Ein Datenbankwerk als persönlich geistige Schöpfung ist von dem **Leistungsschutz des Herstellers einer Datenbank** (§§ 87a ff. UrhG) zu unterscheiden. Die danach geschützten Datenbanken sind Sammlungen von Werken, Daten oder anderen unabhängigen Elementen, die systematisch oder methodisch angeordnet und einzeln mit Hilfe elektronischer Medien oder auf andere Weise zugänglich sind und deren Beschaffung, Überprüfung oder Darstellung eine **nach Art oder Umfang wesentliche Investition** erfordert[261]. Der Schutz der Datenbank setzt also keine persönlich geistige Schöpfung voraus, sondern, dass für deren Erstellung eine wesentliche Investition erforderlich war. Durch das Leistungsschutzrecht wird also die Investition und nicht die geistige Schöpfung geschützt. Das Leistungsschutzrecht und das Urheberrecht bestehen nebeneinander und sind voneinander unabhängig[262].

162

▶ **Wiederholungsfragen**

1. Was versteht man unter einem Datenbankwerk?
2. Was ist der Schutzgegenstand eines Datenbankwerkes?
3. Worauf bezieht sich das Leistungsschutzrecht des Datenbankherstellers?

---

260 EuGH, GRUR 2012, 386 Football Dataco/Yahoo, Tz. 30 ff.; *Schricker/Loewenheim/Loewenheim*, § 4 Rz. 44.
261 EuGH 2015, 1187-Freistaat Bayern/Verlag Esterbauer; BGH, GRUR 2011, 724-Zweite Zahnarztmeinung; BGH GRUR 2016, 930 – TK50.
262 EuGH, GRUR 2012, 386-Football Dataco/Yahoo.

9. Amtliche Werke

163 Amtliche **Werke** sind nicht geschützt, obwohl sie den Anforderungen des § 2 Abs. 2 UrhG genügen. Im **Interesse der Allgemeinheit**, die einen möglichst ungehinderten Zugang und eine weite Verbreitung dieser Werke wünscht[263], sind sie vom Urheberrechtsschutz ausgenommen. § 5 UrhG ist also eine Ausnahmevorschrift, die eng auszulegen[264] ist.

164 Amtliche Werke sind **Gesetze**, **Verordnungen**, amtliche **Erlasse** und **Bekanntmachungen** sowie **Entscheidungen** und amtlich verfasste **Leitsätze** zu Entscheidungen. Auch Tarifverträge zählen dazu, obwohl sie nicht von einem Hoheitsträger stammen, weil sie unmittelbar und zwingend anwendbar sind (§ 4 TVG) und daher materiell den Gesetzen gleichen[265]. Auch amtliche Lehrpläne und Hirtenbriefe der Kirchen fallen darunter, nicht dagegen allgemeine Geschäftsbedingungen, die von Verbänden bekannt gemacht werden, wie die AGBs der Sparkassen oder die Allgemeinen Deutschen Spediteurbedingungen[266].

165 Auch **sonstige amtliche Werke** (§ 5 Abs. 2 UrhG) zählen zu den gemeinfreien Werken, wenn die Werke aus einem **Amt herrühren**, also einer Verwaltungsbehörde zuzurechnen sind, und wenn sie im **amtlichen Interesse zur allgemeinen Kenntnisnahme**[267] veröffentlicht worden sind. Fungiert ein Amt lediglich als Herausgeber, ohne den Inhalt in Auftrag zu geben und ohne Veranlassung, das Werk zu erstellen, so sind diese Voraussetzungen nicht erfüllt[268]. Auf die reine Bezugnahme kommt es dabei nicht an. Zu diesen gemeinfreien Werken zählen aber nicht DIN-Normen[269], weil es sich um Normwerke handelt, die von einem privaten Verein erstellt worden sind. Ebenso wenig zählen hierzu interne Dienstanweisungen und Mitteilungen der staatlichen Behörden.

166 Zur Klarstellung stellt das Gesetz in § 5 Abs. 3 UrhG fest, dass das Urheberrecht an **privaten Normwerken** im Interesse der privaten Regelverfasser auch dann unberührt bleibt, wenn die Normen in öffentlich-rechtlichen Bestimmungen aufgenommen wurden, aber nicht im vollen Wortlaut wiedergegeben werden[270]. Gleichzeitig gewährt jedoch das Gesetz jedem Verleger einen Anspruch auf einen Lizenzvertrag zur Nutzung der privaten Normwerke gegen Zahlung einer angemessenen Entschädigung (Zwangslizenz).

---

263 *Ulmer*, § 30 Vor I.
264 BGH, GRUR 1988, 33 – Topografische Landkarten; *Schricker*, GRUR 1991, 645; *Schricker/Loewenheim/Katzenberger/Metzger*, § 5 Rz. 5, 15.
265 *Schricker/Loewenheim/Katzenberger/Metzger*, § 5 Rz. 50; BAG, NJW 1969, 861.
266 *Dreier/Schulze*, § 5 Rz. 8.
267 Leitlinien zur Abgrenzung finden sich in: BGH, GRUR 2007, 137– Bodenrichtwertsammlung.
268 BGH, GRUR 1987, 166 – AOK-Merkblatt.
269 Klarstellung zur Rechtsprechung des BGH: BGH, GRUR 1990, 1003 – DIN-Normen.
270 BGH, GRUR 1990, 1003 – DIN-Normen.

Beispiel: Die technischen Bestimmungen der Verdingungsordnung für Bauleistungen (VOB Teil C) wurden vom Deutschen Institut für Normung e.V. (DIN) erlassen und in die Bauordnungsbestimmungen einzelner Landesregelungen aufgenommen. Sie sind nicht gemeinfrei[271]. Jeder Nutzungsinteressent hat aber Anspruch auf Abschluss eines Lizenzvertrages zu angemessenen Bedingungen mit dem die Rechte innehabenden Beuth-Verlag (§ 5 Abs. 3 UrhG).

▶ Wiederholungsfragen

1. Welche besondere Rechtsfolge hat die Einordnung eines Werkes als »amtliches Werk«?
2. Welche Werke zählen zu den amtlichen Werken?
3. Welche Rechtsfolge wird an die Einstufung als privates Normwerk geknüpft?

---

271   BGH, GRUR 1984, 117 – VOB/C.

10. Der Urheber

10.1 Alleinurheber

167 Der Urheber ist der Schöpfer des Werkes (§ 7 UrhG). Das deutsche Urheberrechtsgesetz geht vom **Schöpferprinzip** aus. Stets ist diejenige Person, die das Werk geschaffen hat, der Urheber. Auf die Geschäftsfähigkeit kommt es nicht an. Die Entstehung des Urheberrechts knüpft an den Realakt des tatsächlichen Schaffensvorganges an. Eine juristische Person kann nicht Urheber sein, nur deren Angestellte, die gegebenenfalls verpflichtet sind, Urhebernutzungsrechte zu übertragen, können Urheber sein. Auch eine Maschine kann nicht Urheber eines Werkes sein, allerdings kann sich eine Person einer Maschine zur Werkschöpfung bedienen. Entscheidend ist, dass der **Schöpfungsprozess vom Willen der natürlichen Person getragen** ist.

168 Weder der Auftraggeber noch derjenige, der ein Werk anregt[272], ist Urheber. Auch wenn er dem Urheber, das Thema, den Umfang, die Methode, die Art und Weise der Darstellung vorgibt, entstehen die Rechte beim Schöpfer[273]. Auch der **Ghostwriter** ist der Urheber, wenn er auch vertraglich verpflichtet ist, seine Urheberschaft nicht bekannt zu geben und sein Auftraggeber als Urheber bezeichnet wird[274]. Auch derjenige ist nicht Urheber, der die organisatorischen und finanziellen Voraussetzungen für das Schaffen bereit stellt, da das kein schöpferischer Beitrag ist. Solche Leistungen können dem Leistungsschutzrecht zugänglich sein.

169 Am Schöpferprinzip ändert die Einbindung in ein **Arbeits- oder Dienstverhältnis** nichts, der Arbeitnehmer wird Inhaber der Urheberrechte an den Werken, die von ihm in Erfüllung seiner arbeitsvertraglichen Pflichten geschaffen werden; er ist jedoch verpflichtet, die Nutzungsrechte auf den Arbeitgeber zu übertragen[275]. Der angestellte Programmierer eines Computerprogramms ist Inhaber der Urheberrechte, wenngleich die Vermutung dafür spricht, dass zur Ausübung der vermögensrechtlichen Befugnisse nur sein Auftraggeber berechtigt ist (§ 69b Abs. 1 UrhG). Ähnliches gilt für die Verwertungsrechte beim Film (§§ 88, 89 UrhG).

170 Die **Urheberschaft** wird stets zugunsten desjenigen **vermutet**, der auf dem Original eines erschienen Werkes oder auf einem Vervielfältigungsstück[276] des Werkes **in üblicher Form als Urheber** bezeichnet ist (§ 10 UrhG). Liegen die Voraussetzungen nicht vor, muss der Urheber seine Urheberschaft an dem Werk beweisen[277]. Ist der Urheber nicht

---

272 BGH, GRUR 1995, 47 – Rosaroter Elefant.
273 BGHZ 19, 382 – Kirchenfenster.
274 KG, *Schulze* KGZ 65, S. 6; *Rittstieg*, NJW 1970, 648.
275 OLG Köln, GRUR 1953, 499 – Kronprinzessin Cäcilie.
276 BGH, GRUR 2015, 258-CT-Paradies.
277 BGH, GRUR 1986, 887 – Bora Bora.

bezeichnet, so wird vermutet, dass derjenige ermächtigt ist, die Rechte des Urhebers geltend zu machen, der auf den Vervielfältigungsstücken des Werkes als Herausgeber bezeichnet ist. Fehlt es an einer Herausgeberbezeichnung, so wird vermutet, dass der Verleger ermächtigt ist (§ 10 Abs. 2 UrhG). Auch die Inhaber verwandter Schutzrechte können sich auf die Vermutung der Rechtsinhaberschaft berufen, sofern sie in üblicher Form auf dem Original oder einem Vervielfältigungsstück benannt sind[278]. Auch die Inhaber ausschließlicher Nutzungsrechte können sich in Verfahren des einstweiligen Rechtsschutzes, soweit Unterlassungsansprüche geltend gemacht werden, auf diese Vermutung stützen.

Die Vermutung der Rechtsinhaberschaft bezieht sich nur auf die Rechtsinhaberschaft, nicht jedoch auf die Schutzfähigkeit. Die Schutzfähigkeit des Werkes ist also unabhängig davon zu prüfen. **171**

Von der Vermutung der Rechtsinhaberschaft gemäß § 10 UrhG ist die **GEMA-Vermutung**[279] zu unterscheiden. Sie weist der GEMA eine tatsächliche Vermutung ihrer **Wahrnehmungsbefugnis** für die Aufführungsrechte an in- und ausländischer Unterhaltungsmusik sowie hinsichtlich der sogenannten »mechanischen Rechte« zu. Sie gründet sich auf die weltweiten Gegenseitigkeitsverträge über die Wahrnehmung der Rechte an Musikwerken, die die GEMA mit ausländischen Musikverwertungsgesellschaften abgeschlossen hat. Die GEMA-Vermutung bezieht sich nicht nur auf die Wahrnehmungsbefugnis, sondern auch auf die Werkeigenschaft. **172**

▶ Wiederholungsfragen

1. Was versteht man unter dem Schöpferprinzip?
2. Woraus ergibt sich die Vermutung der Rechtsinhaberschaft?
3. Wer kann sich auf die Vermutung der Rechtsinhaberschaft stützen?
4. Was ist erforderlich, um die Vermutung zu widerlegen?
5. Was versteht man unter dem Begriff »GEMA-Vermutung«?

10.2 Formen der Beteiligung mehrerer Urheber

Verschiedene Formen der Erstellung eines Werkes durch mehrere Beteiligte sind denkbar. So können die Beteiligten **gemeinsam ein Werk erstellen**, also z.B. einen juristischen Kommentar, ein Computerprogramm oder auch einen Film. In diesen Fällen spricht man **173**

---

278 Vgl. §§ 69 f. Abs. 1 S. 2, 74 Abs. 3, 85 Abs. 4, 87 Abs. 4, 87e Abs. 2 und 94 Abs. 4 UrhG.
279 BGHZ 95, 274; 95, 285 – GEMA-Vermutung I und II.

von **Miturheberschaft**. Verfassen mehrere Personen jeweils **gesondert verwertbare Werke** und fügen sie zur **gemeinsamen Verwertung** zusammen, so spricht man von einer **Werkverbindung**. Hierzu zählen Text und Musik für einen Schlager oder eine Oper. Bei der Bearbeitung entsteht dagegen durch die Umgestaltung des Originals ein neues Werk. Bei einem Sammelwerk entsteht durch den gestaltenden Einfluss des Herausgebers ein Werk mit einem eigenen, von den aufgenommenen Werken unabhängigen Charakter. Gleichgültig, wie viele und welche Personen am Schöpfungsprozess mitwirken, nur diejenigen, die selbst eine persönlich geistige Schöpfung vollbringen, können Urheber sein.

▶ **Wiederholungsfrage**

Welche Formen der Beteiligung mehrerer Urheber an der Werkentstehung gibt es?

10.3 Die Miturheberschaft

174   Haben mehrere Personen ein Werk **gemeinsam** geschaffen, **ohne** dass sich **ihre Anteile gesondert** verwerten lassen, so sind sie **Miturheber** des Werkes (§ 8 Abs. 1 UrhG). Im Bereich der Architektur, bei der Schaffung von Datenbankwerken oder der Erstellung von Computer-Software arbeiten beispielsweise mehrere Personen zusammen.

10.3.1 Gemeinschaftlicher Schöpfungsprozess

175   Voraussetzung für die Miturheberschaft ist zunächst das gemeinschaftliche Schaffen eines einheitlichen Werkes, also ein **einheitlicher Schöpfungsvorgang**, Die Beteiligten müssen sich einer gemeinsamen Aufgabe und der **Gesamtidee** eines einheitlichen Werkes **unterordnen**[280]. Sie verfolgen einen gemeinsamen **Plan** und ein gemeinsames **Ziel**, um ihr Gemeinschaftswerk zu erstellen[281] und ordnen sich der gemeinsamen Idee des Werkes unter. Miturheber wird aber nur der, dessen Beitrag zum gemeinsamen Werk eine persönlich geistige Schöpfung darstellt.

176   Der **Gehilfe** handelt nach den **Anweisungen** des Urhebers und erbringt lediglich handwerkliche Leistungen, der **Anreger** übermittelt dem Urheber nur die Idee, ohne an deren Umsetzung beteiligt zu sein.

10.3.2 Einheitliche Verwertung

177   Ein weiteres Kriterium für die Miturheberschaft ist das **Fehlen der gesonderten Verwertbarkeit** der einzelnen Beiträge. Das einheitliche Schöpfungsergebnis schließt die

---

[280] *Schricker/Loewenheim/Loewenheim*, § 8 Rz. 9.
[281] BGH, GRUR 2009, 1046 – Kranhäuser.

gesonderte Verwertung der Beiträge aus. Anders ist das,, wenn die Werke unterschiedlichen Werkarten angehören, also z.B. die Musik und der Text einer Oper. In diesen Fällen ist von einer Werkverbindung und nicht von einer Miturheberschaft auszugehen. Anders ist dies allerdings, wenn verschiedene schöpferische Beiträge aus **unterschiedlichen Werkarten** zu einer Einheit verschmolzen werden, wie dies beispielsweise bei den Leistungen der Filmurheber (Regie, Kamera, Schnitt) denkbar ist.

10.3.3 Verwaltung der Rechte

Die Miturheber erwerben die Rechte zur **Verwertung jeweils zur gesamten Hand**. Die Gesamthandsgemeinschaft der Urheber entsteht mit der Schaffung des Werkes, ohne dass die Miturheber auf den Entstehungsvorgang der Gesamthandsgemeinschaft Einfluss nehmen könnten[282] (§ 8 Abs. 1 S. 1 UrhG). 178

Die Gesamthandsgemeinschaft ist **nicht kündbar**, sondern endet mit Ablauf der Schutzfrist des Werkes. Grundsätzlich können die Regelungen über die **Gesellschaft des bürgerlichen Rechts** (§§ 705 ff. BGB) ergänzend herangezogen werden, sofern nicht besondere Bestimmungen des Urheberrechtsgesetzes eine Beschränkung oder andere Beurteilung der Rechte und Pflichten geboten erscheinen lassen. Danach hat die Verwaltung der Gesamthandsgemeinschaft grundsätzlich **gemeinschaftlich** zu erfolgen (§§ 709, 714 BGB). Seine **Einwilligung** in die Veröffentlichung, Verwertung und Änderung kann der Miturheber nicht **wider Treu und Glauben verweigern** (§ 8 Abs. 1 S. 2 UrhG). 179

So wie das Urheberrecht insgesamt nicht übertragen werden kann (§ 29 UrhG), können die **Anteile** an der Miturheberschaft **nicht übertragen** und **nicht auf sie verzichtet werden,** außer auf seinen Anteil an den Verwertungsrechten zugunsten der Miturheber (§ 8 Abs. 4 UrhG). Die persönlichkeitsrechtlichen Befugnisse des einzelnen Miturhebers verbleiben bei diesem. Das Erstveröffentlichungsrecht und die Rechte und Ansprüche aus dem Entstellungs- und Änderungsverbot sind **beschränkt durch die Interessen** der anderen **Miturheber**. Bei der Abwägung der Interessen werden jeweils der Anlass der Schöpfung des Werkes, die Absichten und Pläne der Miturheber, welche diese anlässlich der gemeinsamen Werkschaffung verfolgten, zu berücksichtigen sein. 180

Die Miturheber können im **Innenverhältnis Vereinbarungen über die Verwaltung ihrer Rechte** schließen[283]. Sie können festlegen, dass Verwertungsmaßnahmen der Zustimmung der Mehrheit bedürfen. Sie können darüber hinaus einzelne Miturheber bevollmächtigen, die Verwertung des Werkes zu betreiben. 181

Beispiel: Verfassen mehrere gemeinschaftlich ein Lehrbuch, so können sie einen Miturheber als Vertreter und Ansprechpartner des Verlages bevollmächtigen.

---

282 Dreier/Schulze, § 8 Rz. 14; BGH, GRUR 2012, 1022-Kommunikationsdesginer.
283 BGH, GRUR 2012, 1022- Kommunikationsdesigner, Tz. 19 f., 25.

10. Der Urheber

182 Treffen die Miturheber keine Absprache über die **Verteilung der Erträgnisse**, so ist grundsätzlich nach dem Umfang der Mitwirkung an der Schöpfung aufzuteilen (§ 8 Abs. 3 UrhG).

183 Unabhängig von der gesamthänderischen Bindung ist jeder einzelne Miturheber berechtigt, die Verletzung seiner Persönlichkeitsrechte[284], z.B. die Anerkennung der Miturheberschaft (§ 13 UrhG), geltend zu machen. Er kann Unterlassung verlangen ohne Zustimmung der anderen Miturheber[285]. Jeder einzelne Miturheber ist insofern aktivlegitimiert, als er für sich diejenigen Ansprüche geltend machen kann, die mehrfach parallel von Miturhebern geltend gemacht werden können, wohingegen er nur Leistung an alle fordern kann, sofern die Leistung nur einmal erbracht werden muss[286] (§ 8 Abs. 2 S. 3 UrhG).

10.3.4 Verzicht

184 Wie der Alleinurheber kann der Miturheber seinen **Anteil vererben** (§ 28 Abs. 1 UrhG), aber nicht insgesamt übertragen (§ 29 UrhG), er kann jedoch auf seinen Anteil an den Verwertungsrechten **zugunsten der anderen Miturheber verzichten** (§ 8 Abs. 4 UrhG). Erklärt ein Miturheber den Verzicht auf seine Verwertungsrechte, so wachsen diese den anderen Miturhebern zu[287]. Der Verzicht erstreckt sich nicht auf die Urheberpersönlichkeitsrechte, die dem Urheber ebenso verbleiben wie die Vergütungsansprüche aus gesetzlichen Lizenzen. Auch der Verzicht auf die Rechte an **unbekannten Nutzungsarten** ist wirksam, weil auch die Rechte an unbekannten Nutzungsarten übertragen werden können (§ 31a UrhG). Der verzichtende Urheber hat einen Anspruch auf eine **angemessene Vergütung** (§ 32c UrhG). Entstehen anlässlich der Auswertung erhebliche Erträge und Vorteile aus der Nutzung des Werkes, so hat der verzichtende Miturheber einen Anspruch auf weitere Beteiligung (§ 32a UrhG). Damit ist der verzichtende Urheber vor der Übervorteilung anlässlich seiner Verzichtserklärung geschützt und die Verwertung des Werkes wird erleichtert[288].

10.3.5 Schutzdauer

185 Werke, die in Miturheberschaft geschaffen wurden, unterliegen einer einheitlichen Schutzdauer, nämlich 70 Jahre nach dem **Tod des längstlebenden Miturhebers** (§ 65 Abs. 1 UrhG). Lediglich bei Filmwerken ist bei der Berechnung nicht auf sämtliche Miturheber abzustellen, sondern auf die maßgeblichen Personen, nämlich den Hauptregis-

---

284 OLG Karlsruhe, GRUR 1984, 812 – Egerland Buch.
285 BGH, GRUR 1995, 212 – Videozweitauswertung III; OLG Nürnberg, ZUM 1999, 656.
286 *Dreier/Schulze*, § 8 Rz. 21; BGH, GRUR 2011, 714-Der Frosch mit der Maske.
287 *Dreier/Schulze*, § 8 Rz. 28; *Schricker/Loewenheim/Loewenheim*, § 8 Rz. 17.
288 *Dreier/Schulze*, § 8 Rz. 26.

seur, den Urheber des Drehbuches, den Urheber der Dialoge und den Komponisten (§ 65 Abs. 2 UrhG).

▶ **Wiederholungsfragen**

1. *Welche Voraussetzungen müssen gegeben sein, dass von einer Miturheberschaft gesprochen werden kann?*
2. *Welche Voraussetzungen müssen gegeben sein, dass von einem gemeinschaftlichen Schöpfungsprozess auszugehen ist?*
3. *Woraus ergibt sich die einheitliche Verwertbarkeit eines in Miturheberschaft geschaffenen Werkes?*
4. *Welche Rechtsform stellt eine Miturhebergemeinschaft dar?*
5. *Wie erfolgt die Verwaltung und Verwertung der Rechte?*
6. *Wie sind die Erträge aus der Verwertung zu verteilen?*
7. *Kann ein Miturheber auf seine Anteile am Werk verzichten?*

10.4 Urheber verbundener Werke

10.4.1 Verbindung der Werke

Urheber können **ihre gesondert verwertbaren Werke zur gemeinschaftlichen Verwertung miteinander verbinden**, um ihnen eine andere Wirkung zu verleihen[289]. Einen solchen Fall nennt man »die Urheber verbundener Werke« (§ 9 UrhG). Klassisches Beispiel für eine Werkverbindung ist die gemeinsame Verwertung von Werken verschiedener Gattungen, wie von Text und Musik[290] bei Opern und Schlagern. Zwar ist auch eine Verbindung von einzelnen Werken der gleichen Gattung als Werkverbindung denkbar, beispielsweise, wenn mehrere Komponisten unterschiedliche Lieder einer Operette komponieren[291], doch liegt in der Regel bei der gemeinsamen Verwertung von Werken derselben Gattung ein Sammelwerk vor.

186

Das Werk mit einem anderen Werk zur **gemeinsamen Nutzung zu verbinden**, gilt als eigenständige **Nutzungsart**, für die der Urheber das entsprechende Nutzungsrecht jeweils gesondert einräumen kann[292].

187

---

289 *Ulmer*, § 35 I.
290 BGH, GRUR 2015, 1189-Goldrapper.
291 *Schricker/Loewenheim/Loewenheim*, § 9 Rz. 5.
292 BGH, GRUR 1977, 551, 554 – Textdichteranmeldung.

10.4.2 Vereinbarung der Urheber

188 Die Entscheidung mehrerer Urheber, ihre Werke zur gemeinschaftlichen Verwertung zu verbinden, lässt eine **urheberrechtliche Verwertungsgemeinschaft** entstehen, auf die die **Regeln der Gesellschaft bürgerlichen Rechts** (§§ 705 ff. BGB[293]) anzuwenden sind, soweit nicht § 9 UrhG besondere Bestimmungen enthält oder sich aus dem Urheberrecht Besonderheiten ergeben.

189 Aus dem Verwertungszweck der Gesellschaft ergibt sich der **Anspruch** der beteiligten Urheber **auf Einwilligung** in die Veröffentlichung, Verwertung und Änderung der verbundenen Werke gegenüber den anderen Beteiligten. Grundsätzlich müssen **alle Beteiligten** ihre **Entscheidungen gemeinsam** treffen (§§ 709, 714 BGB), also Verträge gemeinsam abschließen und kündigen[294]. Stimmt einer der beteiligten Urheber nicht zu, so muss dessen Einwilligung im Wege der Klage erstritten werden. Die Werkverbindung zwingt die beteiligten Urheber auch zur gegenseitigen Rücksichtnahme. **So ist die Einwilligung zur Veröffentlichung**, Verwertung und Änderung **zu erteilen, wenn** diese dem anderen nach **Treu und Glauben** zuzumuten ist. Das Ziel der gemeinsamen Verwertung ist der Maßstab, an dem die Interessen der Urheber gemessen werden. Auch hier gilt die Übertragungszwecklehre (§ 31 Abs. 5 UrhG). Erlangt eine Werkverbindung besondere Popularität, müssen die beteiligten Urheber besonders **aufeinander Rücksicht** nehmen. Eine gesonderte eigene Verwertungen durch einen der beteiligten Urheber ist zulässig, sofern der gemeinsame Zweck dadurch nicht beeinträchtigt wird. Ist aber ein Werk besonders bekannt geworden, gerade in der Verbindung der Werke, so kann die gesonderte Verwertungsmöglichkeit der beteiligten Urheber eingeschränkt werden.

190 Eine Werkverbindung kann **enden**, wenn ihr **Zweck erreicht** wird, also beispielsweise die Werbekampagne, für die sie erstellt wurde, ausläuft. Die Werkverbindung kann auch durch **Kündigung** der Gesellschaft **aus wichtigem Grund** (§ 314 BGB) beendet werden. Sie endet aber mit **Ende der Schutzfrist** der beteiligten Werke[295], nicht jedoch beim Tod des Gesellschafters, weil der Zweck der Werkverbindung über den persönlichen Zweck der BGB-Gesellschaft hinausgeht, also § 9 UrhG § 727 BGB verdrängt[296].

191 Den Urhebern einer Werkverbindung können für ihr Innenverhältnis **besondere Regelungen** vereinbaren. So können sie das Mehrheitsprinzip einführen, einen Geschäftsführer bestimmen, die Aufteilung der Erträgnisse festlegen und verbindliche Regeln über die Verwertung, Änderung und Nutzung der Werkverbindung erstellen[297].

---

293 BGH, GRUR 1982, 743 – Verbundene Werke; OLG Hamburg, ZUM 1994, 738 – DEA-Song.
294 BGH, GRUR 1973, 328 – Musikverleger II.
295 *Ulmer*, § 35 II 4.
296 *Dreier/Schulze*, § 9 Rz. 23; v. *Becker*, ZUM 2002, 581.
297 *Schricker/Loewenheim/Loewenheim*, § 9 Rz. 11.

▶ **Wiederholungsfragen**

1. Unter welchen Voraussetzungen spricht man von einer Werkverbindung?
2. Welche Rechtsform hat eine urheberrechtliche Verwertungsgemeinschaft?
3. Wie werden die Entscheidungen über die Verwertung der verbundenen Werke getroffen?
4. Wann endet eine Werkverbindung?

10.5 Filmurheber und Urheber vorbestehender Werke

Einer gesonderten Betrachtung bedürfen die **Filmurheber** und die **Urheber** so genannter **vorbestehender Werke**. Der Filmhersteller, also der Produzent, bedarf zur Herstellung und Verwertung eines Filmes die Rechte an vorbestehenden Werken und die Rechte der unmittelbar an der Filmherstellung beteiligten Filmurheber. Sie erwerben ein Urheberrecht durch die Schöpfung des Filmwerks. Demgegenüber sind vorbestehende Werke unabhängig vom Film und können **auch selbständig verwertet** werden[298].

192

10.5.1 Urheber vorbestehender Werke

Bei den vorbestehenden Werken werden **filmunabhängige** und **filmbestimmte vorbestehende Werke**, deren Hauptzweck filmbezogen, **die** ebenso anderweitig verwertet werden können[299], unterschieden.

193

Filmunabhängige vorbestehende Werke sind Werke, deren Existenz und Verwertbarkeit von dem geplanten Film unabhängig sind. Hierzu zählen literarische Vorlagen[300], Formate und Serienkonzepte; auch andere Filmwerke können als Sequel (Folgeverfilmung), Prequel (Verfilmung der Vorgeschichte) oder als Spin-Off, das eine Person oder Handlung aufgreift, zu diesen filmunabhängigen vorbestehenden Werken gerechnet werden. Filmunabhängige vorbestehende Werke sind Musikwerke, die im Rahmen der Filmproduktion genutzt werden, aber auch Werke der bildenden Kunst, wie Kulissen, oder Werke der Tanzkunst.

194

Die **filmbestimmten, vorbestehenden Werke** werden zum Zwecke der Verfilmung geschaffen, wie das Filmexposé und Treatment, das Drehbuch (Originaldrehbuch, Rohdrehbuch oder kurbelfertiges Drehbuch) sowie Synchrondrehbücher. Hierzu zählen auch die für das Filmwerk komponierte Filmmusik, die Filmarchitektur, die Bühnen- oder Filmausstattung, das Kostüm und die Maske.

195

---

298 *Schricker/Loewenheim/Katzenberger/N.Reber*, Vor §§ 88 ff. Rz. 60, § 88 Rz. 13; *Möhring/Nicolini/Lütje*, § 88 Rz. 2; *Reber*, Beteiligung von Urhebern, S. 8.
299 von *Hartlieb/Schwarz*, Kap. 38 Rz. 4.
300 *Schricker/Loewenheim/Katzenberger/N.Reber*, Vor §§ 88 Rz. 59.

Gestatten die Inhaber vorbestehender Werke Dritten die Verfilmung enthält § 88 UrhG eine Rechtsvermutung hinsichtlich des Umfangs der Rechtseinräumung. Im Zweifel soll der Produzent die für die Nutzung und Verwertung des Filmes erforderlichen Rechte an den vorbestehenden Werken erwerben.

10.5.2 Filmurheber

196 Filmurheber sind alle jene Personen, die einen **schöpferischen Beitrag zur Herstellung des Filmes** geleistet haben[301].

197 Zu den **Filmurhebern** zählt regelmäßig der **Regisseur** des Filmwerkes[302]. Auch der **Kameramann**[303], **Cutter, Beleuchter** und **Tonmeister** können Filmurheber sein, soweit sie eigene Gestaltungsideen einbringen und verwirklichen können[304]. Für Filmarchitekten, Filmausstatter und -dekorateure, Kostüm- und Maskenbildner ist die Filmurheberschaft umstritten[305]. Jedenfalls dann, wenn deren Leistung auf die Bildfolge gestalterisch Einfluss nimmt, wird der Urheberschutz nicht auszuschließen sein.

10.5.3 Filmhersteller

198 Der **Filmhersteller** übt regelmäßig **organisatorische und kaufmännische Funktionen** aus und erwirbt damit ein **Leistungsschutzrecht** (§ 94 UrhG). Hat der Produzent die Möglichkeit, kreativ auf die Umsetzung der Filmidee einzuwirken und nutzt er diese Einflussmöglichkeit auch aus, so kann er Miturheber des Filmes werden. Eine kreative Einbindung könnte beim Prozess der post production oder beim Schnitt (final cut oder producers cut) erbracht werden.

10.5.4 Rechtsverhältnis der beteiligten Urheber

199 Soweit bei der **Filmerstellung** vorbestehende Werke benutzt werden, liegt eine Vervielfältigung (§ 16 UrhG) und/oder eine Bearbeitung (§ 3 UrhG) vor[306]. Dies gilt insbesondere für Drehbuch, Filmmusik, Masken sowie Filmbauten.

200 **Durch** den **Produzenten** wird **keine Werkverbindung** (§ 9 UrhG) der vorbestehenden Werke vermittelt, da es an dem willentlichen Zusammenschluss der Urheber der vorbestehenden Werke fehlt.

---

301 *Schricker/Loewenheim/Katzenberger/N.Reber*, Vor §§ 88ff. Rz. 52; *Götting*, ZUM 1999, 3, 4, 6; *Poll*, ZUM 1999, 29, 30ff.; von *Hartlieb/Schwarz*, § 37 Rz. 1.
302 *Fromm/Nordemann/Nordemann*, § 89 Rz. 13, *Möhring/Nicolini/Lütje*, Urheberrecht, 2. Aufl., § 89 Rz. 11; *Schricker/Loewenheim/Katzenberger/N.Reber*, Vor §§ 88ff. Rz. 61; *Ulmer* 36 II 1.
303 BGH, GRUR 2012, 496- Das Boot.
304 *Schricker/Loewenheim/Katzenberger/N.Reber*, Vor §§ 88ff. Rz. 61; *Ulmer* 36 II 1.
305 *Schricker/Loewenheim/Katzenberger/N.Reber*, Vor §§ 88ff. Rz. 62.
306 BGHZ 2790 – Privatsekretärin; BGH, UFITA, Band 24 (1957), S. 399 – Lied der Wildbahn III.

Das Verhältnis der Filmurheber untereinander bestimmt sich nach § 8 UrhG als Miturheber. Die schöpferischen Beiträge der einzelnen Filmurheber, die anlässlich der Produktion des Filmes verschmolzen werden, lassen sich nicht gesondert voneinander verwerten. Die Beiträge sind selbst nicht verkehrsfähig. Die Gemeinschaftlichkeit der Werkschöpfung ergibt sich aus der gegenseitigen Unterordnung unter die schöpferische Gesamtidee des zu erstellenden Filmes.

▶ Wiederholungsfragen

1. *Was versteht man unter einem Filmurheber?*
2. *Was versteht man unter einem Urheber vorbestehender Werke?*
3. *Worin unterscheidet sich die Leistung eines Filmherstellers von der Leistung eines Filmurhebers?*
4. *Vermittelt der Filmhersteller eine Werkverbindung der vorbestehenden Werke?*

10.6 Urheber in Arbeits- oder Dienstverhältnissen

Die allgemeinen urhebervertragsrechtlichen Bestimmungen sind auch dann anzuwenden, wenn der Urheber das Werk in Erfüllung seiner Verpflichtungen aus einem **Arbeits- oder Dienstverhältnis** geschaffen hat, soweit sich aus dem Wesen oder dem Inhalt des Arbeits- oder Dienstverhältnisses nichts anderes ergibt (§ 43 UrhG). Im Bereich der Entwicklung der Computersoftware weist § 69b UrhG dem Arbeitgeber oder Dienstherrn, sofern nichts anderes vereinbart ist, alle vermögensrechtlichen Befugnisse zu, lässt aber im Übrigen die urheberrechtliche Stellung des Werkschöpfers unberührt. Dies bedeutet, dass es auch für den Bereich der Arbeits- und Dienstverhältnisse bei dem **allgemeinen Schöpferprinzip** des § 7 UrhG verbleibt; die Rechte entstehen bei den jeweils tatsächlich tätigen Urhebern.

Der **Arbeitgeber** oder Dienstherr muss, wenn er das Werk seines Mitarbeiters nutzen will, die **Nutzungsrechte erwerben** oder einer **entsprechenden Einwilligung** erwirken. Auf den Erwerb der Rechte sind grundsätzlich alle **Vorschriften der §§ 31 ff. UrhG** anzuwenden. Dies gilt insbesondere auch für die Schutzvorschriften, wie den Anspruch auf eine angemessene Vergütung (§ 32 UrhG), den Anspruch auf eine weitere Beteiligung (§ 32a UrhG), die Übertragungszwecklehre (§ 31 Abs. 5 UrhG) oder auch die Rückrufsrechte wegen gewandelter Überzeugung (§ 42 UrhG) sowie wegen Nichtausübung (§ 41 UrhG). Neben der grundsätzlichen Anwendbarkeit der urhebervertragsrechtlichen Vorschriften sieht das Gesetz Vermutung über den Umfang der Rechtseinräumung bei Computerprogrammen (§ 69b UrhG) und bei Filmen (§§ 88 ff. UrhG) vor.

Beispiel: Der Lektor, der das Manuskript eines Sachbuches erst in einen lesbaren Text verwandelt, kann dadurch ein Urheberrecht an der Bearbeitung (§ 3 UrhG) erwerben. Der Verleger benötigt zur Vervielfältigung und Verbreitung dieser Bearbeitung die Einwilligung des Lektors (§ 23 UrhG).Da der Zweck des Anstellungsverhältnisses unter anderem auch die Mitwirkung an der Erstellung druckreifer Manuskripte ist, erwirbt der Verleger nach dem Vertragszweck (§ 31 Abs. 5) die erforderlichen Rechte, ohne dass es einer ausdrücklichen Vereinbarung bedarf. Ob der Verleger auch über die Rechte zur Verwertung des Manuskriptes im Rahmen einer Online-Plattform, die nach Publikation des Manuskriptes gestartet wird, verfügt, kann hingegen fraglich sein. Klarheit würde hierzu eine ausdrückliche Vereinbarung schaffen.

▶ Wiederholungsfragen

1. *Sind die Vorschriften des Urheberrechts auch im Arbeits- und Dienstverhältnis anzuwenden?*
2. *Welche Vermutung gilt für den Arbeitnehmer, der in Wahrnehmung seiner Aufgaben ein Computerprogramm schafft?*

11. Die Rechte des Urhebers

Das Urheberrecht schützt den Urheber in seinen geistigen und persönlichen Beziehungen zum Werk und in der Nutzung des Werkes. Es dient ferner der Sicherung einer angemessenen Vergütung für die Nutzung des Werkes (§ 11 UrhG). Das Urheberrecht schützt zum einen die **persönlichkeitsrechtlichen Aspekte** durch das **Urheberpersönlichkeitsrecht**, und zum anderen die **vermögensrechtlichen Aspekte** durch die **Verwertungsrechte**. Beide Aspekte des Schutzes hängen unmittelbar zusammen und sind untrennbar miteinander verwoben. Will jemand ein unveröffentlichtes Manuskript publizieren, so ist sowohl das Erstveröffentlichungsrecht (§ 12 UrhG) als auch das Recht zur Vervielfältigung (§ 16 UrhG) und zur Verbreitung (§ 17 UrhG) betroffen[307]. Gestattet der Urheber einer literarischen Vorlage deren Verfilmung, so ist das Recht zur Bearbeitung (§ 23 UrhG) durch das Entstellungsverbot begrenzt (§ 14 UrhG). Das Nennungsrecht (§ 13 UrhG), sichert das ideelle Interesse des Urhebers, als der Schöpfer des Werkes Anerkennung zu erlangen; es sichert aber auch die finanziellen Interessen des Urhebers, der aufgrund der gelungenen Erstleistung weitere Aufträge erhoffen darf[308]. Damit zeigt sich, dass eine klare Trennung der Schutzbereiche nicht möglich ist. Die Verwertung des Werkes betrifft die finanziellen Interessen des Urhebers ebenso wie die ideellen Interessen, durch die Publikation des Werkes Ruhm und Anerkennung zu erlangen.

Beispiel[309]: Michael Ende hatte der Firma Constantin-Film das Recht zur Verfilmung seines Buches »Die unendliche Geschichte« eingeräumt und bei der Erstellung des Drehbuches mitgewirkt. Er sah jedoch in der Umsetzung von vier Szenen eine gröbliche Entstellung (§§ 14, 93 UrhG) seiner Romanvorlage. Mit dem Verfilmungsrecht räumte Michael Ende dem Produzenten das Nutzungsrecht zur Verfilmung und Auswertung des Filmes ein, sodass zum einen verwertungsrechtliche Gesichtspunkte berührt und zum anderen durch die Umgestaltung seine persönlichkeitsrechtlichen Interessen betroffen waren.

Alle Rechte entstammen also einem **einheitlichen Urheberrecht (monistische Theorie)**. Demgegenüber versucht die dualistische Theorie, persönlichkeitsrechtliche Bestandteile unabhängig von den vermögensrechtlichen Bestandteilen zu betrachten. Diese Sichtweise übersieht, dass die persönlichkeitsrechtlichen Aspekte untrennbar mit den vermögensrechtlichen Aspekten verknüpft[310] sind, wie die obigen Beispiele zeigen. Die Persönlichkeitsrechte haben auch einen materiellen Gehalt, wie umgekehrt Verwer-

---
307 BGH, GRUR 1955, 201 – Cosima Wagner.
308 OLG München, GRUR 1969, 146.
309 OLG München, GRUR 1986, 460 – Die unendliche Geschichte.
310 *Schricker/Loewenheim/Loewenheim*, § 11, Rz. 3 m.w.N.; *Fromm/Nordemann/Czychowski*, § 11 Rz. 1; *Dreier/Schulze*, § 11 Rz. 2; *Ulmer*, § 18 II.

tungsrechte einen persönlichkeitsrechtlichen Kern besitzen. Eugen Ulmer[311] verglich daher den Urheberrechtsschutz und die aus dem Urheberrecht fließenden Befugnisse mit einem Baum. Beide, die ideellen und finanziellen Befugnisse, wachsen aus dessen Wurzeln, aus dem einheitlichen Urheberrecht. Die Befugnisse wachsen aus dem gemeinsamen Stamm und sind wie dessen Äste und Zweige, mal ziehen sie aus der einen, mal aus der anderen Wurzel ihre Kraft.

206 Bei den Befugnissen des Urhebers ist zwischen den Urheberpersönlichkeitsrechten (§§ 12 ff. UrhG), den Verwertungsrechten (§§ 15 ff., 69 UrhG) und den sonstigen Vergütungsansprüchen (§§ 25 ff. UrhG) zu unterscheiden.

207 Das **Urheberpersönlichkeitsrecht** dient dem Schutz **der ideellen Interessen** des Urhebers, ohne dass dies auf die ausdrücklich gesetzlich geregelten Berechtigungen beschränkt wäre. Man unterscheidet allerdings die ausdrücklich gesetzlich geregelten **Urheberpersönlichkeitsrechte im engeren Sinne** von denjenigen Vorschriften, die auch eine urheberpersönlichkeitsrechtliche Funktion haben, dem **Urheberpersönlichkeitsrecht im weiteren Sinne**[312]. Nach dem Urheberpersönlichkeitsrecht im engeren Sinne soll der Urheber allein darüber entscheiden, ob, wie und wann sein Werk erstmals veröffentlicht wird, das **Erstveröffentlichungsrecht** (§ 12 UrhG). Er hat Anspruch auf Anerkennung der Urheberschaft, das **Nennungsrecht** (§ 13 UrhG), das Recht, Entstellungen und sonstige Beeinträchtigungen seines Werkes zu untersagen, das **Entstellungsverbot** (§ 14 UrhG), sowie schließlich auf **Zugang** zu den Werkstücken (§ 25 UrhG). Zum Urheberpersönlichkeitsrecht im weiteren Sinne gehören beispielsweise das Rückrufsrecht wegen Nichtausübung (§ 41 UrhG) und wegen gewandelter Überzeugung (§ 42 UrhG), das Änderungsverbot (§§ 39, 62 UrhG), und die Pflicht zur Quellenangabe (§ 63 UrhG). Durch das Urheberpersönlichkeitsrecht werden die ideellen Interessen des Urhebers in zweifacher Hinsicht geschützt. Zum einen soll Ansehen und Ehre des Urhebers und damit sein persönliches Interesse geschützt werden und zum anderen auch sein Interesse daran, dass Bestand und Wirkung seines Werkes in unveränderter Form fortbestehen[313].

208 Durch die **Verwertungsrechte** (§§ 15 ff., 67c UrhG) werden die **wirtschaftlichen Interessen** des Urhebers gewahrt. Dem Urheber wird durch die Verwertungsrechte das Recht zugewiesen, umfassend über die wirtschaftliche Verwertung seines Werkes entscheiden zu können. Das Verwertungsrecht wird durch die im Interesse der Allgemeinheit erforderlichen Ausnahmen beschränkt. Der Urheber ist aber tunlichst an den Früchten, die aus seinem Werk gezogen werden[314], zu beteiligen.

---

311 *Ulmer*, § 18 II 4.
312 *Dreier/Schulze*, Vor §§ 12 Rz. 1ff.; *Schricker/Loewenheim/Dietz/Peukert*, Vor §§ 12 ff. Rz. 6 ff.; *Ulmer* § 1 II 3, § 38.
313 *Ulmer*, S. 209, § 38 II 1.
314 RGZ 128, 113; 134, 201; 153, 22; BGHZ 11, 143; 13, 118.

Der Grundsatz, dass der Urheber an der gezogenen Nutzung des Werkes zu beteiligen ist[315], wird durch die Ergänzung, dass es zugleich der Sicherung einer angemessenen Vergütung für die Nutzung des Werkes dient (§ 11 S. 2 UrhG), unterstrichen. Der Anspruch auf eine **angemessene Vergütung** ist als Leitbild in das Gesetz aufgenommen worden und kann damit im Rahmen einer AGB-Kontrolle von urhebervertragsrechtlichen Bestimmungen als wesentlicher Grundgedanke des Urheberrechtsgesetzes Berücksichtigung finden[316].

209

Auch durch die **Vergütungsansprüche** (§§ 26 f. UrhG) und die gesetzlichen Lizenzen des 6. Abschnitts sollen die Rechte des Urhebers an einer angemessenen Teilhabe an der Verwertung seiner Werke geschützt und durchgesetzt werden. Dem Urheber steht kein eigenes Verwertungsrecht und damit kein eigenes Verbotsrecht mehr zu, das ihm ermöglichen würde, eine einzelne Verwertung zu verhindern, dem Urheber steht jedoch als Ausgleich dafür ein Vergütungsanspruch zu.

210

▶ **Wiederholungsfragen**

1. *Wie schützt das Urheberrecht den Urheber?*
2. *Welche Rechte können unterschieden werden?*

11.1 Die Urheberpersönlichkeitsrechte

11.1.1 Verhältnis zum allgemeinen Persönlichkeitsrecht

Das Urheberpersönlichkeitsrecht ist ein **besonderer Ausschnitt des allgemeinen Persönlichkeitsrechts**. Das allgemeine Persönlichkeitsrecht leitet die Rechtsprechung aus der Verpflichtung zur Achtung der Würde des Menschen (Art. 1 GG) und dem Recht auf freie Entfaltung der Persönlichkeit (Art. 2 GG) her. Es schützt die Selbstbestimmung der Personen, wie das Recht auf Leben, die körperliche Unversehrtheit, die Privatsphäre, die Ehre, den Namen (§ 12 BGB), das Recht am eigenen Bild (§ 22 KUG) und eben auch das Urheberpersönlichkeitsrecht. Das Urheberpersönlichkeitsrecht bezieht sich auf die Beziehungen des Urhebers zu seinem Werk mit der damit verbundenen Ausstrahlung seines Werkes in der Öffentlichkeit. Voraussetzung für das Urheberpersönlichkeitsrecht ist die Existenz eines Werkes. Darin und in der oben erwähnten Verklammerung des Urheberpersönlichkeitsrechts mit dem Verwertungsrecht unterscheidet sich das Urheberpersönlichkeitsrecht vom allgemeinen Persönlichkeitsrecht. Das Urheberpersönlichkeitsrecht ist damit eine selbständige Erscheinungsform des allgemeinen Persönlichkeitsrechts[317]. Als **Spezi-**

211

---

315 BGHZ 17, 266 – 282 – Grundig-Reporter; BGH, GRUR 2011, 714 – Der Frosch mit der Maske.
316 BGH, GRUR 2012, 1031 – Honorarbedingungen für Journalisten, Tz. 21; *Schricker/Loewenheim/Loewenheim*, § 11 Rz. 4 f.; *Dreier/Schulze*, § 11 Rz. 8.
317 *Schricker/Loewenheim/Dietz/Peukert*, Vor §§ 12 ff. Rz. 14.

alregelung geht es dem allgemeinen Persönlichkeitsrecht vor, während das allgemeine Persönlichkeitsrecht eine Auffangfunktion hat. In dem Bereich der nicht schutzfähigen Werke kann das allgemeine Persönlichkeitsrecht als Grundlage eines gewissen Schutzes der Integritätsinteressen[318] dienen. Durch das allgemeine Persönlichkeitsrecht ist insbesondere das **Recht der Schaffensfreiheit** (»droit de créer«), das als Recht auf die freie Betätigung der geistigen und seelischen Kräfte des künstlerisch Schaffenden definiert wird[319], geschützt. Nicht unter den Schutz des Urheberpersönlichkeitsrechts, sondern unter den Schutz des allgemeinen Persönlichkeitsrechts fällt das Recht, nicht als Urheber eines fremden Werkes bezeichnet zu werden, das sogenannte »droit de non-paternité«.

Beispiel[320]**:** Ein »Fälscher« fertigte Aquarelle im Stile und nach Motiven Emil Noldes und versah diese mit dem Namenszug von Emil Nolde. Darin ist ein Verstoß gegen den postmortalen Persönlichkeitsschutz Noldes gesehen worden. Den Erben wurde ein Beseitigungsanspruch durch Entfernen der Signatur (§§ 823 Abs. 1, 1004 BGB, 8.1 Abs. 1 GG) zugebilligt.

▶ **Wiederholungsfrage**

In welchem Verhältnis steht das allgemeine Persönlichkeitsrecht zum Urheberpersönlichkeitsrecht?

11.1.2 Eigenschaften des Urheberpersönlichkeitsrechts

212 Das Urheberpersönlichkeitsrecht **entsteht** mit dem Urheberrecht **und erlischt gemeinsam** mit dem **Urheberrecht**, es ist also zeitlich begrenzt[321]. Manche fordern ein ewiges Urheberpersönlichkeitsrecht[322]. Manchen[323] ist es ein Dorn im Auge, dass nach Ablauf der urheberrechtlichen Schutzfrist Werke nach Belieben entstellt werden können und damit die kulturellen Werte der Nation in Gefahr geraten sollen. Die wünschenswerte Erhaltung von Kulturgütern wird durch staatliche Maßnahmen, wie dem Denkmalschutz, und durch die wissenschaftliche Auseinandersetzung mit den »Originalfassungen« sichergestellt, nicht aber durch ein Verbot der Fortentwicklung.

213 Das Urheberpersönlichkeitsrecht ist **vererblich** (§ 28 UrhG). Der Rechtsnachfolger kann also alle Urheberpersönlichkeitsrechte wahrnehmen. Lediglich das Rückrufsrechts

---

318 *Schricker/Loewenheim/Dietz/Peukert*, Vor §§ 12 ff. Rz. 15.
319 *Schmitt-Kammler*, Die Schaffensfreiheit des Künstlers in Verträgen über künftige Geisteswerke, 1978, S. 34; *Schricker/Loewenheim/Dietz/Peukert*, Vor §§ 12 ff. Rz. 16a m.w.N.
320 BGH, GRUR 1995, 668 – Emil Nolde.
321 *Ulmer*, § 79 I 1, II 3.
322 *Schricker/Loewenheim/Dietz/Peukert*, Vor §§ 12 ff. Rz. 33 ff. mit einer Zusammenstellung der unterschiedlichen Aspekte dazu und m.w.N.
323 *Leinweber*, GRUR 1964, 364; *Nordemann*, GRUR 1964, 119.

wegen gewandelter Überzeugung (§ 42 Abs. 1 S. 1 UrhG) und die Rechte in der Zwangsvollstreckung (§ 115 UrhG) sind für die Erben eingeschränkt.

So wie das Urheberrecht selbst nicht übertragen werden kann (§ 29 UrhG), kann auch das Urheberpersönlichkeitsrecht nicht übertragen werden. Was aber nicht übertragbar ist, ist auch nicht verzichtbar. Bei dem Urheberpersönlichkeitsrecht im weiten Sinne ist die Übertragung oder der Verzicht ausgeschlossen, weil sie nicht für die Übertragung konkretisierbar sind. Die Befugnisse aus dem Urheberpersönlichkeitsrecht im engeren Sinne sind einzeln durch das Gesetz (§§ 12–14 UrhG) festgelegt. Diese Rechte können durch Dritte gemeinsam mit der Ausübung von Nutzungsrechten wahrgenommen werden[324]. Das Veröffentlichungsrecht (§ 12 UrhG) wird vom Schöpfer häufig durch den Abschluss des ersten Verwertungsvertrages ausgeübt[325]. Auf das Recht auf Anerkennung der Urheberschaft wird der Schöpfer wohl nur in wenigen Ausnahmefällen, wie im Fall des Ghostwriters, verzichten[326]. Der Verzicht auf einzelne Rechte oder die Übertragung der Befugnisse im Arbeits- oder Dienstverhältnis ist nur in eng umgrenzten Ausnahmefällen zulässig. Eine stark differenzierende Betrachtung ist beim Entstellungsverbot (§ 14 UrhG) angebracht. Hier ist je nach Werkart, Gestaltungshöhe des Werkes, Art des Schaffensprozesses und Nutzungsart in mehr oder weniger großem Umfang der Verzicht oder die Übertragung zulässig. Die Wirksamkeit muss in jedem Einzelfall anhand der besonderen Umstände beurteilt werden[327].

214

▶ **Wiederholungsfragen**

1. *Wann entsteht und wann endet das Urheberpersönlichkeitsrecht?*
2. *Ist das Urheberpersönlichkeitsrecht übertragbar?*
3. *Was ist bei der Ermächtigung zur Ausübung des Urheberpersönlichkeitsrechtes zu beachten?*

11.2 Das Veröffentlichungsrecht

11.2.1 Das Erstveröffentlichungsrecht

Das **Veröffentlichungsrecht** umfasst das Recht der **Erstveröffentlichung** (§ 12 Abs. 1 UrhG) und das **Recht der Inhaltsmitteilung** (§ 12 Abs. 2 UrhG). Mit der Ausübung dieses Rechtes erteilt der Urheber seine Zustimmung, dass sein Werk der Öffentlichkeit zugäng-

215

---

324 *Ulmer*, § 89 I; *Schricker/Loewenheim/Dietz/Peukert*, Vor §§ 12 ff., Rz. 26 a m.w.N.
325 *Ulmer*, § 89 III 1; *Dreier/Schulze*, Vor § 12 Rz. 12; BGH, GRUR 1955, 201 – Cosima Wagner.
326 *Schricker/Loewenheim/Dietz/Peukert*, § 13 Rz. 28.
327 *Schricker/Loewenheim/Dietz/Peukert*, Vor §§ 12 Rz. 28 f.; OLG München, GRUR 1986, 460 – Die unendliche Geschichte.

lich gemacht wird. Damit präsentiert der Schöpfer seine geistigen, ästhetischen, wissenschaftlichen, politischen, künstlerischen und sonstigen Meinungen, Anschauungen und Fähigkeiten der Öffentlichkeit und setzt sich der öffentlichen Diskussion und Kritik aus.

216 Ein Werk ist **veröffentlicht**[328], wenn es mit Zustimmung des Berechtigten der Öffentlichkeit zugänglich gemacht worden ist (§ 6 Abs. 1 UrhG). Es ist **erschienen**, wenn Vervielfältigungsstücke in genügender Anzahl der Öffentlichkeit angeboten oder in Verkehr gebracht worden sind oder ein Werk der bildenden Künste bleibend der Öffentlichkeit zugänglich ist (§ 6 Abs. 2 UrhG).

217 Das **Recht der Veröffentlichung** umfasst die Entscheidung darüber, ob und wie ein Werk der Öffentlichkeit zugänglich gemacht werden soll. Der Urheber bestimmt also die konkrete Form seines Werkes. So ist ein frei gehaltener Vortrag mit diesem Wortlaut veröffentlicht und nicht in der Form des schriftlichen Redemanuskriptes. Der Verfasser eines Romans kann auch sicherstellen, dass das Werk gleichzeitig mit wesentlichen Übersetzungen am Markt erscheint. Der Filmurheber möchte sein Werk gleichzeitig in mehreren Städten zur Uraufführung bringen.

Beispiel: Joan K. Rowling hat durch das gleichzeitige Erscheinen des englischen Originals und der Übersetzungen ihrer Harry Potter-Bände ein einheitliches Marketinginstrument genutzt. Sie hat damit ihr Urheberpersönlichkeitsrecht der Erstveröffentlichung ausgeübt.

218 Liegt ein Werk bereits vor, schließt der **Abschluss eines Nutzungsvertrages** über die Vervielfältigung und Verbreitung eines Werkes regelmäßig die Ausübung des Veröffentlichungsrechtes des § 12 UrhG ein[329]. Wird das Werk aber erst nach Abschluss des Vertrages erstellt, erfolgt die Ausübung des Veröffentlichungsrechtes durch die Erklärung der Veröffentlichungsreife, also beispielsweise die Übergabe des Manuskriptes und die **Imprimatur** („es werde gedruckt")[330]. Veräußert der Urheber das Original eines Werkes der bildenden Kunst oder eines Lichtbildwerkes, überträgt er damit gleichzeitig das Ausstellungsrecht und damit auch das Veröffentlichungsrecht, es sei denn, er behält sich die Rechte bei der Veräußerung vor (§ 44 Abs. 2 UrhG). Der Eigentümer kann entscheiden, ob er das Werk der Öffentlichkeit präsentiert.

▶ **Wiederholungsfragen**

1. *Welche Befugnis umschreibt das Recht der Erstveröffentlichung?*
2. *Unter welchen Voraussetzungen spricht man von Öffentlichkeit?*
3. *Wie kann das Erstveröffentlichungsrecht ausgeübt werden?*

---

328 Zum Begriff der Öffentlichkeit ausführlich Rz. 291ff.
329 *Schricker/Loewenheim/Dietz/Peukert*, § 12 Rz. 17, 20.
330 *Schricker*, Verlagsrecht, § 1 Rz. 37; *Schricker/Loewenheim/Dietz/Peukert*, § 12 Rz. 19.

11.2.2 Recht der Inhaltsmitteilung

Das Recht der Erstveröffentlichung bliebe unvollständig, wenn dem Urheber nicht auch das Recht der **ersten öffentlichen Inhaltsmitteilung** oder **Beschreibung des Werkes** (§ 12 Abs. 2 UrhG) zustünde. Dieses Recht erweitert den Schutz nicht, denn Inhaltsmitteilungen, die den urheberrechtlich geschützten Bestandteil nicht wiedergeben, unterliegen nicht dem Bestimmungsrecht des Urhebers. Wissenschaftliche Ergebnisse, allgemein bekannte Tatsachen und Begebenheiten werden durch dieses Recht nicht geschützt[331]. Die Ausübung des Rechtes kann Dritten übertragen werden (§ 12 Abs. 2 UrhG). So will der Filmverleiher vor der Uraufführung beim Publikum mit dem Inhalt des Filmes werben oder der Verleger das Buch vor seinem Erscheinen bekannt und interessant machen[332].

Beispiel: Will ein Verlag einen unveröffentlichten Briefwechsel publizieren, so kann er bei der fehlenden Zustimmung eines der Briefpartner dessen Äußerungen nicht durch die Mitteilung des Inhaltes ersetzen, um so die Publikation doch noch zu ermöglichen, er kann lediglich auf allgemein bekannte Ereignisse Bezug nehmen.

▶ **Wiederholungsfrage**

Was umfasst das Recht der Inhaltsmitteilung?

11.2.3 Rückrufsrecht wegen gewandelter Überzeugung

Mit dem Veröffentlichungsrecht korrespondiert das Recht des **Rückrufes wegen gewandelter Überzeugung** (§ 42 UrhG). Der Urheber muss in der Lage sein, die künftige Nutzung seines Werkes zu verhindern, wenn er nach dessen Erscheinen feststellt, dass er die dort **gemachten Aussagen** oder die **gewählte Darstellungsweise** nicht mehr vertreten kann[333]. Durch dieses Recht wird dem Urheber die Chance eingeräumt, sein Werk der öffentlichen Diskussion zu entziehen und die eingetretenen Wirkungen rückgängig zu machen. Die Vorschrift hat allerdings praktisch keine Bedeutung erlangt; möglicherweise liegt das an der Entschädigungspflicht (§ 42 Abs. 3 UrhG). Für **Filmurheber** und die **Urheber vorbestehender Werke** ist das Rückrufsrecht stark eingeschränkt. Übt der Urheber das Rückrufsrecht nicht bis zum Beginn der Dreharbeiten aus, so bezieht sich der **Rückruf** nur auf das **Filmherstellungsrecht**, nicht aber auf die Verwertung des bereits hergestellten Werkes (§ 90 UrhG). Allerdings erreicht der Urheber sein Ziel der Tilgung früherer Auffassungen nicht ganz, denn es **darf** weiterhin aus den in den Verkehr gelangten Vervielfältigungsstücken zitiert (§ 51 UrhG) werden.

---

331 OLG Frankfurt, ZUM-RD 2003, 532.
332 *Ulmer*, § 39 III 1.
333 *Schricker/Loewenheim/Dietz/Peukert*, § 42 Rz. 23 f.; *Dreier/Schulze*, § 42 Rz. 16.

221 Der Rückruf wegen gewandelter Überzeugung setzt zum einen voraus, dass sich der Urheber **von seiner früheren Überzeugung**, sei es die inhaltliche Aussage, sei es die künstlerische, ästhetische Auffassung, **losgesagt** hat, und zum anderen muss im Hinblick auf diesen Überzeugungswandel eine **weitere Verwertung** des Werkes **nicht mehr zumutbar** sein. Der Überzeugungswandel kann sich aus dem Fortschritt der wissenschaftlichen Erkenntnis ergeben, oder einer Änderung der politischen, weltanschaulichen oder sonstigen ideellen Ansichten. An den Überzeugungswandel und seinen Nachweis und die Unzumutbarkeit ist im Hinblick auf die persönlichkeitsschützende Funktion des Rechtes **keine große Anforderung** zu stellen.

222 Der Urheber muss jedoch eine **angemessene Entschädigung** an den Nutzungsrechtsinhaber leisten, um einen wirksamen Rückruf der Rechte zu erreichen (§ 42 Abs. 3 UrhG). Sie muss die baren Auslagen des Nutzungsrechtsinhabers umfassen[334] und wohl auch den vollen Ersatz zuzubilligen, weil durch das Verhalten des Urhebers das Vertrauen des Nutzers enttäuscht wird.

223 Mit Ausübung des Rückrufsrechtes, also dessen Erklärung und Zahlung der Entschädigung, fällt das Nutzungsrecht ex nunc an den Urheber zurück. Die bis zu diesem Zeitpunkt bereits abgeschlossenen Nutzungshandlungen bleiben rechtmäßig.

224 Im Hinblick auf die persönlichkeitsrechtlich schützende Funktion ist der Verzicht auf das Recht oder der Ausschluss der Ausübung unzulässig (§ 42 Abs. 2 UrhG).

225 Neben dem Rückrufsrecht wegen gewandelter Überzeugung steht dem Verfasser ein Änderungsrecht bei einer Neuauflage zu (§ 12 VerlG) sowie ein Rücktrittsrecht wegen veränderter Umstände, (§ 35 VerlG).

▶ Wiederholungsfragen

1. *Unter welchen Voraussetzungen kann der Urheber den Rückruf wegen gewandelter Überzeugung erklären?*
2. *Welche Voraussetzung muss erfüllt sein, damit die Rückrufserklärung zum Rückfall der Rechte führt?*

11.2.4 Rückruf wegen Nichtausübung

226 Auch das Recht des **Rückrufes wegen Nichtausübung** (§ 41 UrhG) dient dem Schutz des Urhebers in der Ausübung seines Erstveröffentlichungsrechtes. Hat sich nämlich der Urheber einmal entschlossen, sein Werk der Öffentlichkeit zur Verfügung zu stellen, so will er dessen Veröffentlichung auch durchsetzen. Im Hinblick auf die dem

---

[334] *Fromm/Nordemann/Nordemann*, § 42 Rz. 19 ff.; *Möhring/Nicolini/Spautz*, § 42 Rz. 16 f.

Urheber bei der Einräumung eines ausschließlichen Nutzungsrechtes obliegende Enthaltungspflicht (§ 31 Abs. 3 UrhG), kann er selbst nicht tätig werden. Dieses Rückrufsrecht schützt die Interessen des Urhebers am **Bekanntwerden seines Werkes** sowohl in **ideeller und** auch **materiellen Interessen**. Demgemäß kann der Urheber gegenüber jedem Inhaber eines Nutzungsrechtes, also auch dem **Lizenznehmer**[335], bei fehlender oder unzureichender Ausübung eines ausschließlichen Nutzungsrechtes den Rückruf erklären.

Voraussetzung dafür ist, dass der Rechtsinhaber überhaupt Inhaber eines **ausschließlichen Nutzungsrechtes** (§ 31 Abs. 3 S. 1 UrhG) ist[336]. Hat der Urheber nur ein nicht ausschließliches Recht vergeben, so bedarf es keines Rückrufes, weil der Urheber selbst nicht am Handeln gehindert ist.

227

Weitere Voraussetzung ist, dass der Rechtsinhaber das ihm zustehende ausschließliche Nutzungsrecht **unzureichend ausübt**. Die unzureichende Ausübung ist anhand des Vertragszweckes, den Branchengepflogenheiten und der beiderseitigen Interessen zu ermitteln[337]. So muss sich der Verleger um eine zweckentsprechende und übliche Verbreitung bemühen. Im Bereich der ernsten Musik ist es üblich, Noten zu verschicken, um Interesse an dem Werk zu schaffen, während im Bereich der U-Musik regelmäßig Demobänder an die Sendeanstalten versandt werden.

228

Voraussetzung für den Rückruf wegen Nichtausübung ist weiterhin eine **erhebliche Verletzung der berechtigten Interessen** des Urhebers[338]. Ob die berechtigten Interessen verletzt werden, ist durch eine Interessenabwägung zu ermitteln. Sie soll lediglich bei einer missbräuchlichen Ausübung ausgeschlossen sein[339]. Darin unterscheidet sich das Rückrufsrecht von den vertraglichen Rücktrittsrechten (§§ 32, 30 VerlG; 323 BGB), die nur gegenüber dem jeweiligen Vertragspartner wirken.

229

Das Rückrufsrecht entsteht nicht, wenn die unzureichende Ausübung auf **behebbare Umstände, die** der **Urheber zu vertreten hat**, zurückzuführen ist. Weigert sich also der Autor eines Fachbuches, dieses an den neuesten Stand der Entwicklung anzupassen, so hat er selbst die unzureichende Verwertung zu vertreten[340]. Gleiches gilt dann, wenn ein Komponist durch sein Verhalten zu einer erheblichen Reduktion der Herstellungskosten beitragen könnte[341]. Wegen eines veränderten Publikumsgeschmackes braucht der Urheber aber sein Werk nicht zu ändern[342].

230

---

335 *Dreier/Schulze*, § 41 Rz. 13.
336 BGH, GRUR 1970, 40 – Musikverleger.
337 OLG München, ZUM-RD 1997, 451 – Fix und Foxi.
338 BGH, GRUR 1970, 40, 43 – Musikverleger.
339 *Fromm/Nordemann/Nordemann*, § 41 Rz. 6.
340 *Dreier/Schulze*, § 41 Rz. 20.
341 BGH, GRUR 1986, 613 – Ligäa.
342 *Wandtke/Bullinger/Wandtke*, § 41 Rz. 18.

231 Das Rückrufsrecht kann erst ausgeübt werden, wenn **mindestens 2 Jahre** seit der Einräumung des ausschließlichen Nutzungsrechtes **verstrichen** (§ 41 Abs. 2 UrhG) sind und dem Inhaber des Urheberrechtes erfolglos eine **angemessene Nachfrist mit der Aufforderung** zur Ausübung **und Ankündigung** des Rückrufes gesetzt wurde (§ 41 Abs. 3 UrhG). Die Angemessenheit der Nachfrist richtet sich nach den Branchengepflogenheiten, der Werkart und den Marktverhältnissen. Bei Verlagsprodukten, wie Bücher und Noten, wird regelmäßig ein halbes Jahr ausreichend sein. Gleiches gilt wohl für Funksendungen, Schallplatten bzw. CD-Aufnahmen und Bühnenaufführungen. Für Konzertaufführungen dürfte ein Vierteljahr genügen, während eine Verfilmung nicht unter einem Jahr benötigt[343].

232 Zu beachten ist, dass die Interessen des Verwerters durch eine **Entschädigungspflicht** für die von diesem getätigten Aufwendungen geschützt sind, wenn eine solche Entschädigung der Billigkeit entspricht (§ 41 Abs. 6 UrhG). Da der Rechtsinhaber ausreichende Zeit zur Nutzung des Rechtes hatte, dürfte eine solche Entschädigungspflicht regelmäßig entfallen.

233 Mit dem Zugang der Erklärung erlischt das Nutzungsrecht (§ 41 Abs. 5 UrhG). Die Rechte fallen an den Urheber zurück. Der schuldrechtliche Vertrag wird ex nunc aufgelöst[344], so dass bis zum Wirksamwerden des Rückrufes alle Rechte geltend gemacht werden können.

234 Dieses Gestaltungsrecht des Urhebers steht neben anderen Rechten und Ansprüchen (§ 41 Abs. 7 UrhG). Insbesondere die schuldrechtlichen Ansprüche wegen Vertragsverletzungen (§ 280 BGB), die Rücktrittsrechte oder Schadensersatzansprüche wegen Nichterfüllung oder Verzug (§§ 323 ff. BGB) oder das Recht zur Kündigung aus wichtigem Grund (§ 314 BGB)[345], aber auch vertragliche Rücktrittsvereinbarungen oder Spezialnormen des Verlagsgesetzes (§§ 17, 30, 32, 45 VerlG) können daneben Geltung beanspruchen.

▶ **Wiederholungsfragen**

1. Unter welchen Voraussetzungen kann der Urheber das Rückrufsrecht wegen Nichtausübung ausüben?

2. Welche Folgen hat die Erklärung des Rückrufes?

---

343 *Dreier/Schulze*, § 41 Rz. 27.
344 *Schricker/Loewenheim/Peukert*, § 41 Rz. 24.
345 BGH, GRUR 1982, 41 – Musikverleger III.

11.3 Recht auf Anerkennung der Urheberschaft

Der Urheber hat das **Recht auf Anerkennung seiner Urheberschaft** am Werk. Er kann darüber bestimmen, ob das Werk mit einer Urheberbezeichnung zu versehen und **welche Bezeichnung** zu verwenden ist (§ 13 UrhG).

235

Das Recht auf Anerkennung der Urheberschaft ist ein **Schwerpunkt des Schutzes** der **geistigen und persönlichen Interessen** des Urhebers[346]. Dem Urheber stehen zum einen der Ruhm der Werkschöpfung und zum anderen aber auch der mit diesem Ruhm erzielte wirtschaftliche Erfolg oder die Chancen zu.

Das Recht auf Anerkennung der Urheberschaft überlässt es dem Schöpfer, darüber zu entscheiden, **ob er** überhaupt als Urheber des Werkes **genannt werden will** und, falls ja, **wie er** genannt werden will. So kann der Urheber seinen bürgerlichen Namen, aber auch einen Künstlernamen bestimmen; er kann auch festlegen, dass sein Werk ohne Namensnennung veröffentlicht wird.

236

Beispiel: Im 16. Jahrhundert hat sich der aus Griechenland stammende Maler Dominikos Theotokopoulos schlicht als »El Greco« benannt. Er hat damit bestimmt, mit welcher Bezeichnung seine Werke gekennzeichnet werden sollten.

▶ **Wiederholungsfrage**

Wie schützt das Recht auf Anerkennung der Urheberschaft die Interessen des Urhebers?

11.3.1 Zweck

Das Recht auf Anerkennung der Urheberschaft **betont und schützt** das besondere **geistige und persönliche Band zwischen** dem Urheber **und** seinem **Werk**. Der Urheber soll gegen jeden vorgehen können, der die Urheberschaft bestreitet. Wer das Werk genießt, hört, liest, studiert oder auf sonstige Art zur Kenntnis nimmt, soll wissen, wer der Urheber ist und keinen irrigen Vorstellungen hierüber unterliegen. Der Urheber muss sich der Kritik und Diskussion stellen, ihm gebührt das Lob.

237

11.3.2 Inhaber des Rechtes auf Anerkennung der Urheberschaft

Das Recht auf Anerkennung der Urheberschaft **steht jedem Urheber**, egal ob es sich um den Originalurheber, Miturheber[347], den Bearbeiter oder Übersetzer, den Herausgeber eines Sammelwerkes, den Herausgeber einer wissenschaftlichen Ausgabe (§ 70 UrhG) und den Lichtbildner (§ 72 UrhG) handelt, zu.

238

---

346 BGH, GRUR 1995, 671 – Namensnennungsrecht des Architekten.
347 BGH, GRUR 1978, 360 – Hegel Archiv.

11.3.3 Vereinbarungen

239 Das Recht auf Anerkennung der Urheberschaft ist im Kern **unverzichtbar**[348]. Wie sich aber aus § 39 Abs. 1 UrhG ergibt, sind **Vereinbarungen** über dessen **Ausübung** möglich und zulässig. So kann der Urheber auf die Benennung anlässlich einer Nutzung verzichten[349]. Die **Grenzen** einer solchen **Vereinbarung** sind aber stets die **besondere Art des Werkes**, die **Verkehrsgewohnheiten** und die **berechtigten Interessen** des Urhebers[350]. Die Branchenübung allein genügt nicht, um das Nennungsrecht einzuschränken.

240 Grundsätzlich ist ein **Verzicht** des Urhebers **zugunsten anderer Urheber unwirksam**. Eine Ausnahme von diesem Grundsatz ist jedoch der **Ghostwriter**. Der Zweck des Ghostwriter-Vertrages ist es gerade, dass ein Werk unter einer anderen Urheberbezeichnung erscheint[351]. Weitere Ausnahmen sind in eng umgrenzten Formen möglich, wie das **Verlagspseudonym**, bei dem unter einem bestimmten, vom Verlag kreierten Verfassernamen mehrere Urheber Fortsetzungsromane im Bereich der Unterhaltungsliteratur verfassen[352].

Beispiel: Die einzelnen Zyklen der Perry-Rhodan-Serie werden jeweils von Autorenteams vorbereitet und je Band von einzelnen Autoren verfasst. Diese Autoren werden jedoch nicht als Verfasser benannt. Die Verfasser haben auf eine Benennung verzichtet.

241 In **Ausnahmefällen** braucht der Nutzer aufgrund der **Branchengepflogenheiten** den Urheber **nicht zu benennen**. Eine den gesetzlichen Bestimmungen aber klar zuwiderlaufende Verkehrssitte ist nichts anderes, als eine rechtlich unbeachtete Unsitte[353]. Für den Bereich der Schrift- und Musikwerke dürfte es ebenso wenig wie für den Bereich der Gebrauchsgrafik[354] oder der Fotografie[355] eine entsprechende Branchengepflogenheit geben[356]. Anders mag dies bei Werken der **angewandten Kunst** sein, bei denen aus technischen Gründen nicht auf den Werkexemplaren selbst die Nennung erfolgen kann, sondern allenfalls im dazugehörigen Prospektmaterial. Üblicherweise erfolgt keine Namensnennung im Bereich der Werbung, bei Softwareentwicklungen, aber auch im Bereich des Industriedesigns. Bei Film und Fernsehen sind die Filmurheber und die Urheber vorbestehender Werke regelmäßig im Vor- oder Abspann anzugeben[357].

---

[348] *Dreier/Schulze*, § 13 Rz. 24.
[349] OLG München, ZUM 2003, 964; OLG München, GRUR-RR 2004, 33.
[350] *Ulmer*, § 40 IV 2.
[351] *Groh*, GRUR 2012, 870; Ahrens, GRUR 2013, 21.
[352] OLG Hamm, GRUR 1967, 240 – Irene van Velden.
[353] LG München, ZUM 1995, 57.
[354] OLG München, GRUR 1969, 146.
[355] *Schricker/Loewenheim/Dietz/Peukert*, § 13 Rz. 25, m.w.N.
[356] *Dreier/Schulze*, § 13 Rz. 27 m.w.N.
[357] OLG München, ZUM 2000, 61 – Das kalte Herz; *Dreier/Schulze*, § 13 Rz. 27 m.w.N.

11.3.4 Schutz des Rechtes

Die besondere Bedeutung des Rechtes auf Anerkennung der Urheberschaft wird durch das **Verbot der Änderung** durch den Inhaber eines Nutzungsrechtes unterstrichen. Änderungen des Werkes und seines Titels, zu denen der Urheber seine Einwilligung nach Treu und Glauben nicht versagen kann, sind zulässig, nicht aber Änderungen der Urheberbezeichnung (§ 39 UrhG).

242

Die **Zuordnungsfunktion** des Urheberbenennungsrechtes wird durch die **Pflicht zur Quellenangabe** gemäß § 63 UrhG bei bestimmten erlaubnisfreien Nutzungen (§§ 44a ff. UrhG) deutlich. Bei den in § 63 UrhG ausdrücklich genannten Vervielfältigungen und bei der öffentlichen Wiedergabe ist die Quelle im Rahmen der Verkehrssitte deutlich zu nennen. Dabei ist der Urheber (§ 63 Abs. 2 Satz 3 UrhG) **anzugeben**. Die Pflicht zur Quellenangabe entfällt nur bei vorübergehenden Vervielfältigungen, nicht öffentlichen Vervielfältigungen in Fällen von geringer Bedeutung[358].

243

▶ Wiederholungsfragen

1. *Wogegen schützt das Recht auf Anerkennung der Urheberschaft?*
2. *Wer ist Inhaber des Rechtes auf Anerkennung der Urheberschaft?*
3. *Welche Bestimmungen kann der Urheber für die Urheberbenennung treffen?*
4. *Sind Vereinbarungen über die Urheberbenennung zulässig?*
5. *Welchen Einfluss haben Gepflogenheiten?*

11.4 Entstellungs- und Änderungsverbot

11.4.1 Der Schutz der Werkintegrität

Der Urheber hat das Recht, eine **Entstellung** oder eine **andere Beeinträchtigung** seines Werkes zu verbieten, die geeignet ist, seine berechtigten geistigen oder persönlichen Interessen am Werk zu gefährden (§ 14 UrhG). Das Entstellungsverbot **schützt den Bestand des Werkes in seiner konkreten Form** und die **Unversehrtheit** des durch das Werk vermittelten konkreten geistig ästhetischen Gesamteindruckes[359]. Das Entstellungsverbot kann aber nicht isoliert[360] als besonderes Recht ohne Berücksichtigung der weiteren Vorschriften, die dem Werkschutz dienen, betrachtet werden. So

244

---

358 *Dreier/Schulze*, § 63 Rz. 6.
359 *von Gamm*, § 15 Rz. 10.
360 BGH, GRUR 1974, 675 – Schulerweiterung; GRUR 1971, 35 – Maske in Blau; *Schricker/Loewenheim/Dietz/Peukert*, § 14 Rz. 2, andere stellen den persönlichkeitsrechtlichen Schutz durch § 14 UrhG dem allgemeinen Änderungsverbot gegenüber, *Dreier/Schulze*, § 14 Rz. 7 ff.

dient insbesondere das **Änderungsverbot**, das dem Inhaber von Nutzungsrechten die Änderung der Urheberbezeichnung verbietet und die Änderung des Werkes und seines Titels insofern als zulässig erachtet, als der Urheber seine Zustimmung nicht wider Treu und Glauben verweigern darf, ebenso dem Schutz der Unversehrtheit des Werkes. Auch derjenige, der im Rahmen der Schranken des Urheberrechtes zur Nutzung eines Werkes berechtigt, hat dieses Änderungsverbot zu beachten (§ 62 UrhG). Schließlich können sich die Filmurheber und die Urheber vorbestehender Werke nur gegen **gröbliche Entstellungen** zur Wehr setzen (§ 93 UrhG).

11.4.2 Interessenabwägung

245 Alle Normen, die dem Schutz der Werkintegrität dienen, gehen von einer Abwägung der Interessen aus. Zur Feststellung, ob eine Verletzung vorliegt, ist ein dreistufiges Prüfungsverfahren[361] durchzuführen. Danach ist zunächst zu prüfen, **ob** eine **Entstellung** oder **Beeinträchtigung des Werkes** vorliegt. Anschließend wird festgestellt, ob die **Interessen des Urhebers** dadurch **gefährdet** werden und schließlich, ob die beeinträchtigten Interessen die Gegeninteressen **überwiegen**.

11.4.2.1 Beeinträchtigung des Werkes

246 Das Gesetz sieht die Beeinträchtigung als Oberbegriff sowohl für Änderungen als auch für Entstellungen[362] vor. Zwischen beiden ist lediglich ein gradueller Unterschied[363]. Die Entstellung ist ein schwerer Fall der Beeinträchtigung. Die Gesamtbetrachtung der Normen zum Schutz der Werkintegrität macht eine genaue **Abgrenzung** zwischen einer bloßen **Änderung** und einer **Entstellung** entbehrlich[364], die wegen der vielfältigen Erscheinungsformen geschützter Werke kaum möglich ist[365].

247 Eine Beeinträchtigung erfordert keine Verschlechterung des Werkes, da es a auf eine **Qualitätsänderung** des Werkes nicht an**kommt.** Es kommt vielmehrauf die **objektive Abweichung der Erscheinung des Werkes von den Vorstellungen des Urhebers** an[366]. Ob eine objektive Abweichung vorliegt, beurteilt sich aus der Sicht eines unvoreingenommenen Durchschnittsbetrachters[367]. Nicht das Werk, wie es sein könnte, sondern das Werk, wie es der Schöpfer wollte, ist Gegenstand des Schutzes[368].

---

361 *Schricker/Loewenheim/Dietz/Peukert*, § 14 Rz. 18 ff.; *Dreier/Schulze*, § 14 Rz. 9 ff. m.w.N.; BGH, GRUR 1999, 230 – Treppenhausgestaltung.
362 *Schricker/Loewenheim/Dietz/Peukert*, § 14 Rz. 19.
363 OLG München, ZUM 1991, 540, 542 – U2; OLG München, ZUM 1996, 165, 166 – Dachgauben; *Schricker/Loewenheim/Dietz/Peukert*, § 14 Rz. 19.
364 A.A. *Wandtke/Bullinger/Bullinger*, § 14 Rz. 9; *Fromm/Nordemann/Dustmann*, § 14 Rz. 9 ff.
365 KG, ZUM 1997, 208, 212 – Fahrstuhlschacht.
366 BGH, GRUR 1989, 106 – Oberammergauer Passionsspiele II.
367 *Dreier/Schulze*, § 14 Rz. 10.
368 BGH, GRUR 1999, 230 – Treppenhausgestaltung.

11.4 Entstellungs- und Änderungsverbot

Die Beeinträchtigung eines urheberrechtlichen Werkes kann zum einen durch den **Substanzeingriff** erfolgen und zum anderen sich aus dem **Sachzusammenhang** ergeben. Eine Beeinträchtigung durch den **Substanzeingriff** ist eine Änderung des Werkes selbst, während eine Beeinträchtigung durch den **Sachzusammenhang** die Nutzung des unveränderten Werkes in einem Zusammenhang ist, der einen Gesamteindruck entstehen lässt, der den erkennbaren Interessen des Urhebers zuwiderläuft. Direkte Eingriffe in die Substanz können die Colorierung von Schwarz-Weiß-Filmen[369] oder die Werbeunterbrechung von ambitionierten, künstlerischen Filmen[370] und auch die »lieblose Hängung« von Bildern[371] sein. Auch die Kürzung und Modernisierung von Theaterstücken[372] sowie die Kürzung von Beiträgen für Periodika, die Eliminierung von Grammatikfehlern und sprachliche Glättung, wie sie in den Redaktionen und Lektoraten üblich sind.

248

Bei der indirekten Beeinträchtigung des Werkes, bleibt das Werk unverändert; es wird aber in einen **Sachzusammenhang** gestellt, der die Interessen des Urhebers beeinträchtigt. Das darf aber nicht mit kritischen Äußerungen zum Werk verwechselt werden. Denkbar ist beispielsweise die Wiedergabe eines Musikwerkes im Rahmen eines Pornofilms[373] oder die Kopplung eines Schlagers in einer Platte mit neofaschistischen Songs und dem dadurch begründeten Eindruck derselben Geisteshaltung[374] oder der sonstigen Verwertung mit Werken einer unerwünschten Geisteshaltung[375] oder die Vervielfältigung und Verbreitung von Druckstücken eines Gemäldes, die in einem Rahmen gefasst sind, der das Gemälde fortsetzt[376].

249

11.4.2.2 Eignung zur Interessengefährdung

Die objektiv vorliegende **Beeinträchtigung** des Werkes **indiziert** gleichzeitig die Eignung zur **Interessengefährdung**[377], da grundsätzlich von dem Interesse des Urhebers, sein Werk in dem von ihm geschaffenen Bestand zu erhalten, auszugehen ist. Anderes kann gelten, wenn der Urheber zu erkennen gegeben hat, dass ihm an der Aufrechterhaltung des unveränderten Bestandes seines Werkes nichts liegt oder, wenn der Urheber eine **Änderungsvereinbarung** geschlossen oder ein Recht zur Bearbeitung (§ 23 UrhG) eingeräumt hat.

250

---

369 *Lewinski/Dreier*, GRUR-Int. 1989, 635.
370 *Schricker/Loewenheim/Dietz/Peukert*, § 14 Rz. 26.
371 *Wandtke/Bullinger/Bullinger*, § 14 Rz. 49.
372 BGH, GRUR 1971, 35 – Maske in Blau.
373 *Fromm/Nordemann/Dustmann*, § 14 Rz. 12.
374 OLG Frankfurt, GRUR 1995, 215 – Springtoifel.
375 OLG Hamburg, GRUR-RR 2002, 153 – Der grüne Tisch.
376 BGH, GRUR 2002, 532 – Unikatrahmen.
377 *Schricker/Loewenheim/Dietz/Peukert*, § 14 Rz. 27 m.w.N.; OLG München, ZUM 1993, 307 – Christoph Columbus.

251 Vertragspartner können anlässlich der Rechtseinräumung besondere Vereinbarungen über die Änderungen des Werkes treffen; so kann der Bühnenautor dem Theaterunternehmer das Streichen einzelner Szenen und/oder Rollen, der Wissenschaftler dem Verleger die Überarbeitung seines Lehrbuches, um es dem neuesten Stand der Wissenschaft anzugleichen, der Maler dem Verleger die Änderung der Größenverhältnisse anlässlich des Abdruckes, gestatten. Solche Vereinbarungen sind grundsätzlich zulässig, wenn der Urheber **Inhalt und Tragweite** der möglichen Änderungen **erkennen** kann, weil der Urheber ja sonst über den Kernbereich seines Urheberpersönlichkeitsrechtes verfügen würde[378]. Änderungsvereinbarungen in Allgemeinen Geschäftsbedingungen sind »unter Wahrung der geistigen Eigenart« als zulässig betrachtet worden[379]. Dem Urheber verbleibt immer das Recht, gegen Entstellungen, die nicht vorherzusehen waren, vorzugehen als Kern der in § 14 UrhG gewährleisteten Rechte. Er kann verlangen, dass der geistig ästhetische Gesamteindruck seines Werkes gewahrt bleibt und sinnentstellende Änderungen untersagen.

Eine stillschweigende Vereinbarung über die Änderungen liegt dann vor, wenn der Urheber dem Verwerter eine bestimmte **Bearbeitung** seines Werkes gestattet. Erlaubt der Urheber einer Kurzgeschichte deren Verfilmung oder deren Dramatisierung für ein Bühnenwerk, gestattet er damit gleichzeitig alle hierzu notwendigen Änderungen und Anpassungen seines Werkes. Erlaubt der Urheber die Übersetzung seines Werkes, so gestattet er zugleich die Anpassung des Werkes, so dass es dem Sprachverständnis der jeweiligen Sprache entspricht.

11.4.2.3 Interessenabwägung

252 Jede Interessenabwägung hat von dem Grundsatz auszugehen, dass der **Urheber** selbst darüber **bestimmen** will, **wie sein Werk veröffentlicht** wird[380]. Das Interesse des Urhebers ist in erster Linie auf den Erhalt des Bestandes seines Werkes gerichtet. Ein Werk kann durch seine Nutzung einem weiteren Zweck zu- bzw. untergeordnet werden. Dadurch entstehen **Sachzwänge** und Nutzungs- und Gebrauchsinteressen, die eine angemessene Berücksichtigung finden müssen[381]. Der Urheber muss sich bei der Verwertung auf die Realitäten des Lebens einstellen[382]; übertriebene Empfindlichkeiten und Eitelkeiten haben außer Betracht zu bleiben.

253 Die persönlichkeitsrechtlichen Interessen des Urhebers haben grundsätzlichen keinen Vorrang vor den Interessen des Verwerters, es sei denn, dass gleichwertige Interessen

---

378 *Wandtke/Bullinger/Wandtke/Grunert*, § 39 Rz. 9 ff.
379 BGH, GRUR 1984, 45 – Honorarbedingungen.
380 BGH, GRUR 1971, 35 – Maske in Blau.
381 BGH, GRUR 2008, 984 – St. Gottfried; *Schricker/Loewenheim/Dietz/Peukert*, § 14 Rz. 28; *Möhring/Nicolini*, § 14 Rz. 7.
382 *Ulmer*, § 41 II 2.

11.4 Entstellungs- und Änderungsverbot

festzustellen sind[383]. Zugunsten der Interessen des Urhebers spricht ein besonders intensives Band zwischen dem Urheber und seinem Werk, das durch die **besondere Individualität** eines Werkes oder durch seinen künstlerischen Rang Ausdruck findet[384]. Die Investitionen und der mit einem Werk und dessen Verwertung verbunden sind, sind dann zu berücksichtigen, wenn der Urheber davon Kenntnis hat. Der Urheber muss **sachgerechte Änderungen** bei Werknutzungen mit Bearbeitungscharakter hinnehmen[385]. Hat sich der Schöpfer mit einer bestimmten Nutzung seines Werkes einverstanden erklärt, dann muss er auch die dafür notwendigen Änderungen hinnehmen; allerdings das, was aber an Änderungen nicht erforderlich ist, braucht er nicht zu dulden.

Stets willigt der Urheber, der die Transformation seines Werkes in eine andere Kunstform gestattet, in die **durch diese Bearbeitung bedingte Änderung ein**. Änderungen, die über das notwendige Maß hinausgehen und insbesondere den geistig ästhetischen Gesamteindruck des Werkes betreffen, braucht der Schöpfer jedoch nicht hinzunehmen.

Bei der Abwägung ist zu berücksichtigen, **ob** die Änderungen am Werk **endgültig sind** und damit die ursprüngliche Form des Werkes für immer verlorengeht. Bei Bauwerken und Originalen der Werke der bildenden Kunst führt dies zu einer Betonung der Interessen des Urhebers. Während bei Bauwerken die Aufrechterhaltung[386] der Funktion und des von Anfang an intendierten Gebrauchszweckes ein Indiz für das Überwiegen der Interessen des Eigentümers ist, fehlt es an solchen Sachzwängen bei Werken der bildenden Kunst. Bei letzteren kann sich aber ein Bedürfnis zur Änderung ihres Standortes[387] ergeben.

254

Beispiel[388]**:** Die Parteien stritten darüber, ob die Ergänzung eines Schulgebäudes durch einen Anbau eine Verletzung des Änderungs- und Entstellungsverbotes darstellt. Ob eine Änderungsbefugnis des Eigentümers besteht, hängt von einer Abwägung der Interessen ab. Dabei ist auf das Interesse des Eigentümers an einer bestimmungsgemäßen Verwendung des Bauwerkes und seine aus der Sache heraus begründeten wechselnden Bedürfnisse abzustellen. Freilich darf sich dadurch keine Veränderung des Werkes in seinen wesentlichen Zügen ergeben.

Theaterstücke erfahren durch ihre Aufführung und Inszenierung immer eine schöpferische Umgestaltung, die der Urheber grundsätzlich hinzunehmen hat. So ist zu berücksichtigen, dass bei der Aufführung eines Musikwerkes oder der Vorführung eines Bühnenwerkes den mitwirkenden **Interpreten ein Darbietungs-, Gestaltungs- und**

---

383 *Schricker/Loewenheim/Dietz/Peukert*, § 14 Rz. 29 f.
384 *Dietz*, ZUM 1993, 315; *Dreier/Schulze*, § 14 Rz. 31; *Schricker/Loewenheim/Dietz/Peukert*, § 14 Rz. 31.
385 BGH, GRUR 1989, 106 – Oberammergauer Passionsspiele II.
386 BGH, GRUR 2012, 172-Stuttgart21; BGH, GRUR 1974, 675 – Schulerweiterung.
387 KG, ZUM 2001, 590 – Gartenanlage; *Wandtke/Bullinger/Bullinger*, § 14 Rz. 32 ff.
388 BGH, GRUR 1974, 675 – Schulerweiterung; BGH, GRUR 2008, 984 – St. Gottfried.

Modernisierungs-spielraum[389] gewährt werden muss. Dies kann sich aus der räumlichen Situation der Bühne[390] oder aus anderen Zwängen im Zusammenhang mit der Aufführung ergeben. Solche Änderungen wird der Autor oder Komponist hinnehmen müssen.

▶ Wiederholungsfragen

1. Was soll durch das Entstellungs- und Änderungsverbot geschützt werden?
2. Welche Vorschriften schützen die Werkintegrität?
3. Welche Prüfungsschritte sind bei der Feststellung, ob eine Verletzung der Werkintegrität vorliegt, vorzunehmen?
4. Welche Formen der Beeinträchtigung der Interessen des Urhebers gibt es?
5. Worin liegt die Eignung zur Gefährdung der Interessen des Urhebers?
6. Welche Interessen sind bei der Interessenabwägung zu berücksichtigen?

11.5 Zugang zum Werkstück

255   Der Urheber kann vom Besitzer des Originals oder eines Vervielfältigungsstückes eines Werkes verlangen, dass er ihm das Original oder das Vervielfältigungsstück zugänglich macht, soweit dies **zur Herstellung von Vervielfältigungsstücken oder Bearbeitungen** des Werkes erforderlich ist und nicht berechtigte Interessen des Besitzers entgegenstehen (§ 25 UrhG). Hat der Schöpfer das Original weggegeben, besteht für ihn keine Möglichkeit mehr, ein Vervielfältigungsstück anzufertigen. Dazu ist nur noch der Eigentümer in der Lage, aber ohne Vervielfältigungsrecht nicht berechtigt. Ein Maler möchte aber möglicherweise eine Fotografie zur Dokumentation seiner Arbeiten machen, oder ein Architekt will die Räume eines Hauses für einen Fotoband oder seine Homepage fotografieren. Dazu gewährt § 25 UrhG dem Urheber das Recht auf Zugang, um Aufnahmen, Skizzen oder sonstige Vervielfältigungsstücke zu fertigen. Dieses aus dem Urheberpersönlichkeitsrecht fließende Zugangsrecht ermöglicht dem Urheber, auch ohne vertragliche Berechtigung, Vervielfältigungsstücke anzufertigen.

256   Das **Zugangsrecht** ist ein Bestandteil des unauflöslichen **urheberpersönlichkeitsrechtlichen Bandes** zwischen dem Urheber und dem Werk[391]; es gehört zum Urheberper-

---

389 BGH, GRUR 1971, 35 – Maske in Blau.
390 OLG Frankfurt, NJW 1976, 677 – Götterdämmerung.
391 OLG Hamburg, *Schulze* OLGZ 174, S. 6, *Schricker/Loewenheim/Vogel*, § 25 Rz. 7 f. m.w.N.

sönlichkeitsrecht im weiteren Sinne[392], trotz der unglücklichen Platzierung im Gesetzestext im Unterabschnitt »4. Sonstige Rechte«.

Das Zugangsrecht ist aufgrund seines urheberpersönlichkeitsrechtlichen Charakters **unverzichtbar** und **unübertragbar**[393], wobei **Vereinbarungen** über die Ausübung geschlossen werden. So werden in Architektenverträgen die Bedingungen, zu denen das Gebäude von innen von Fotografen fotografiert werden kann, festgelegt.

257

Das Zugangsrecht gewährt einen Anspruch auf Zugang, **nicht** auf die **Herausgabe** des Originals oder eines Vervielfältigungsstückes (§ 25 Abs. 2 UrhG). Der Werkschöpfer kann sich Hilfspersonen bedienen; so kann er einen Transporteur, Fotografen, Gießer usw. beauftragen. Der Urheber haftet ohne dass es auf ein Verschulden ankäme, für eine Beschädigung (§ 811 Abs. 2 BGB). Er darf keine Maßnahmen ergreifen, die nicht erforderlich sind. Der Eigentümer kann den Zugang verweigern, wenn seine Interessen dies im Einzelfall gebieten. Dies können persönlichkeitsrechtliche Interessen des Eigentümers oder Besitzers sein. Das Interesse des Besitzers, dass sein Besitz nicht beschädigt wird, überwiegt aber ebenso wenig wie sein Interesse, ein Unikat[394] zu besitzen.

258

Beispiel[395]: Der Künstler Arno Breker hatte 1935 die Totenmaske des Malers Max Liebermann abgenommen. Die Totenmaske kam bei Kriegsende abhanden. Sie tauchte erstmals bei einer Ausstellung 1980 wieder auf. Die Parteien stritten darüber, ob die Totenmaske auf Kosten des Klägers zur Anfertigung von Vervielfältigungsstücken an eine Kunstgießerei herauszugeben sei oder ob dem berechtigte Interessen des Besitzers entgegenstünden. Der Urheber ist in Ausübung seines Zugangsrechtes berechtigt zu bestimmen, in welcher Gießerei ein Abguss des Bronzebildwerkes erstellt wird. Nur wenn die ernstliche Möglichkeit einer Beschädigung durch den Vervielfältigungsvorgang besteht, treten die Interessen des Urhebers gegenüber jenen des Besitzers zurück.

Das Zugangsrecht steht **jedem Urheber**, also dem Alleinurheber ebenso wie den einzelnen Miturhebern, dem Urheber verbundener Werke, wie dem Arbeitnehmerurheber, zu, ohne dass es darauf ankommt, welcher Werkart das jeweilige Werk zuzuordnen[396] ist. Auch Schöpfer von Computerprogrammen (§ 69a Abs. 4 UrhG) und Datenbankwerken (§ 4 Abs. 2 UrhG) sowie die Fotografen (§ 72 UrhG) oder Verfasser wissenschaftlicher Ausgaben (§ 70 UrhG) können es geltend machen.

259

Neben dem Zugangsrecht hat der Urheber auch ein Besichtigungsrecht nach § 809 BGB. Der Urheber hat das Recht, eine Sache zu besichtigen, um sich zu vergewissern, ob mit dieser Sache unter Verletzung seiner Rechte verfahren wurde.

260

---

392 *Schricker/Loewenheim/Vogel*, § 25 Rz. 7; *Ulmer*, § 42 II.
393 *Dreier/Schulze*, § 25 Rz. 2, 5; *Schricker/Loewenheim/Vogel*, § 25 Rz. 7.
394 OLG München, MDR 1993, 1194.
395 KG, GRUR 1983, 507 – Totenmaske II.
396 OLG Nürnberg, ZUM-RD 2003, 260, 266.

261 Die Leistungsschutzberechtigten, denen das Zugangsrecht nicht zusteht, können den Zugang auf der Grundlage des allgemeinen Persönlichkeitsrechtes durchsetzen[397].

▶ Wiederholungsfragen

1. *Zu welchem Zweck steht dem Urheber das Zugangsrecht zu?*
2. *Welchen Rechtscharakter hat das Zugangsrecht?*

11.6 Das Verwertungsrecht

262 »Das Urheberrecht schützt den Urheber in seinen geistigen und persönlichen Beziehungen zum Werk und in der **Nutzung des Werkes**. Es dient zugleich der **Sicherung einer angemessenen Vergütung** für die Nutzung des Werkes« (§ 11 UrhG).

Wurden oben die Urheberpersönlichkeitsrechte näher dargestellt, gilt es im Folgenden die wirtschaftliche Seite des Urheberrechts, also die Verwertungsrechte, die der Sicherung der wirtschaftlichen Interessen des Urhebers dienen, genauer zu untersuchen.

263 Einige Richtlinien harmonisieren die Verwertungsrechte[398], wobei wegen des Fehlens einer Generalklausel bzw. einer vollständigen Aufzählung nicht von einer vollständigen Harmonisierung gesprochen werden kann. Der deutsche Gesetzgeber darf dem Urheber keine über das Unionsrecht hinausgehenden Rechte einräumen; soweit jedoch noch kein Verwertungsrecht unionsrechtlich bestimmt ist, kann § 15 UrhG weiterhin die Grundlage für neue unbekannte Verwertungsrechte sein. Die Terminologie der Verwertungsrechte weicht zwischen dem deutschen und dem europäischen Recht ab. Die Auslegung der deutschen Normen hat stets unter Beachtung der unionsrechtlichen Bestimmungen zu erfolgen und darf nicht zu einer Ausdehnung der Rechte führen[399].

264 Im Hinblick auf die fehlende vollständige Harmonisierung der Verwertungsrechte ist es gerechtfertigt im Folgenden das deutsche System mit den europäischen Besonderheiten darzustellen.

265 Zu den allgemein »anerkannten Leitgedanken des Urheberrechts zählt, dass **der Urheber tunlichst angemessen an den wirtschaftlichen Früchten zu beteiligen ist**, die aus seinem Werk gezogen werden«[400] (»**Beteiligungsgrundsatz**«). Daher weist das Gesetz dem Urheber das umfassende Recht zur Verwertung seines Werkes zu. Er entscheidet über die wirtschaftliche Verwertung seines Werkes und die Bedingungen hierzu.

---

397 *Dreier/Schulze*, § 25 Rz. 9 m.w.N.
398 EuGH, GRUR 2012, 489-Luksan/ van der Let; BGH GRUR 2013, 1137-Marcel Breuer.
399 EuGH GRUR 2014, 360 – Svensson.
400 EuGH, GRUR 2015, 256-Allposters/Pictoright; BGHZ 17, 266 – Grundig-Reporter.

Die Verwertungsrechte sichern die wirtschaftlichen Ansprüche des Urhebers dadurch, dass sie dem Urheber Ausschließlichkeitsrechte, sowohl als **negatives Verbotsrecht** als auch als **positives Benutzungsrecht**, zuweisen. Dadurch wird der Werkgenuss auf der Stufe der Verwertung vor dem eigentlichen Werkgenuss von der Einwilligung des Urhebers abhängig[401] gemacht.

266 Die Verwertungsrechte beschreiben die Verwertungsformen eines Werkes. Derjenige, der in den Werkgenuss gelangt, soll hierfür mit einer Vergütung zugunsten des Urhebers belastet werden. Da dem Urheber die allumfassende wirtschaftliche Auswertung seines Werkes zugewiesen wird, kann er Dritten die Nutzung des Werkes durch die Einräumung einzelner Nutzungsrechte gestatten. Für die Einräumung der Nutzungsrechte erhält der Urheber eine Vergütung (§ 32 UrhG), die vom Nutzer auf den Endverbraucher weitergeleitet wird. Mittelbar belastet wird dadurch derjenige, der in den Werkgenuss gelangt.

267 Dadurch entsteht ein **System der mittelbaren Erfassung der Endverbraucher**. Endverbraucher kann auch derjenige sein, der für seine eigenen Zwecke Dritten den Werkgenuss ermöglicht, also das Hotel, das seine Gästen Fernseher zur Verfügung stellt[402] oder der Arzt, der für seine Patienten im Wartezimmer Zeitschriften auslegt. Durch das **System der Verwertungs- und Nutzungsrechte** wird sichergestellt, dass mittelbar **jeder Werkgenuss** im Rahmen der stufenförmigen Rechtseinräumung **nur mit Zustimmung** des Urhebers und damit **gegen eine Vergütung** zugunsten des Urhebers erfolgt[403].

Beispiel: Der Verleger eines Romans erwirbt vom Verfasser das Recht zur Vervielfältigung und Verbreitung des Manuskriptes gegen Zahlung eines Autorenhonorars. Das Honorar ist Bestandteil des Kaufpreises des Bandes. Damit zahlt der Käufer, der den Werkgenuss durch Lesen erzielen kann, mittelbar dem Urheber eine Vergütung.

268 Zur Sicherstellung der Vergütung standen dem Gesetzgeber zwei Regelungsmethoden zur Verfügung. So hätte der Gesetzgeber zum einen die Rechte in enumerativer Form aufzählen oder zum anderen dem Urheber ein **umfassendes Verwertungsrecht einräumen** und dieses anhand **einzelner Beispiele** beschreiben können. Der Gesetzgeber hat die letztere Regelungsmethode gewählt. Er unterscheidet zwischen Rechten der **körperlichen** Verwertung und denjenigen der **unkörperlichen**. Die Formulierung »insbesondere« stellt gleichzeitig klar, dass auch Verwertungsrechte, die in der Aufzählung des § 15 UrhG nicht erwähnt sind, gleichwohl dem Urheber zustehen (der sogenannte »Innominat-Fall«[404]).

---

401 EuGH, GRUR 2017, 62-Soulier u. Doke/Premierministre u.a.
402 EuGH, GRUR 2007, 225 – SGAE/Rafael.
403 *Dreier/Schulze*, § 15 Rz. 3; *Schricker/Loewenheim/v. Ungern-Sternberg*, § 15 Rz. 8; BVerfGE 31, 267 – private Tonbandvervielfältigung.
404 Z.B. E-Mail- bzw. Webcasting sein, die weder dem Senderecht (§ 20 UrhG) noch dem Recht der öffentlichen Zugänglichmachung (§ 19a UrhG) eindeutig zugeordnet werden können.

269 Die Rechte zur **körperlichen Verwertung (§ 15 Abs. 1 UrhG)** betreffen die Fälle, bei denen entweder das Original oder ein Vervielfältigungsstück an der Verwertung beteiligt ist. Vervielfältigungen sind Festlegungen, wie Bücher, Fotokopien, die CD oder DVDs, aber auch kurzfristige Festlegung im Arbeitsspeicher eines Computers[405]. Das Gesetz definiert das **Vervielfältigungsrecht** als das Recht, das Werk **körperlich festzulegen**, das **Verbreitungsrecht** als das Recht, das Original und/oder Vervielfältigungsstück des Werkes **anzubieten und in den Verkehr zu setzen**, und schließlich das **Ausstellungsrecht** als das Recht, ein bislang unveröffentlichtes Werk in der **Öffentlichkeit zur Schau** zu stellen.

270 Das Recht der **unkörperlichen Verwertung** (§ 15 Abs. 2 UrhG) unterscheidet sich von dem Recht der körperlichen Verwertung dadurch, dass **weder das Original noch ein Vervielfältigungsstück unmittelbar beteiligt** ist, sondern lediglich mittelbar durch die Darbietung und/oder durch den Funk und/oder mit Hilfe von Bild- und Tonträger wahrnehmbar gemacht wird. Das Gesetz gewährt auch für die unkörperliche Verwertung einen lückenlosen Schutz und nennt beispielhaft Rechte in § 15 Abs. 2 Nr. 1 bis 5 UrhG. Da das Recht die öffentliche Wiedergabe erfasst, werden diese Verwertungsrechte auch als **Recht der öffentlichen Wiedergabe** bezeichnet. Der EuGH unterscheidet die einzelnen Rechte nicht, sondern geht von einem einheitlichen Recht der öffentlichen Wiedergabe aus, unabhängig vom eingesetzten technischen Mittel oder Verfahren[406]

▶ Wiederholungsfragen

1. *Was versteht man unter einem Verwertungsrecht?*
2. *Was beschreibt das Stichwort »Beteiligungsgrundsatz«?*
3. *Wie erfolgt die Erfassung des Werkgenusses durch den Endverbraucher?*
4. *Welche Regelungsmethode hat der Gesetzgeber für Verwertungsrechte angewandt?*
5. *Wie können die Verwertungsrechte allgemein unterschieden werden?*

11.7 Die körperliche Verwertung

11.7.1 Das Vervielfältigungsrecht

271 Das Urheberrecht räumt dem Urheber das **Vervielfältigungsrecht** ein. Der Begriff der Vervielfältigung[407] ist ein unionsrechtlicher Begriff, der in der gesamten Union autonom und einheitlich auszulegen ist. Er umfasst das Recht, **Vervielfältigungsstücke**

---
405 BGH, GRUR 2010, 418-UsedSoft.
406 EuGH; GRUR 2012, 156,- Football Association Premier League Tz. 193.
407 Art. 2 der Richtlinie zur Informationsgesellschaft, GRUR 2001.745, 750; EuGH ZUM 2009, 945 – Infopaq International Tz. 27ff.

eines Werkes herzustellen, gleich, ob **vorübergehend** oder **dauerhaft**, in welchen **Verfahren** und in welcher **Zahl** (§§ 16 Abs. 1, 69c Nr. 1 UrhG), die geeignet sind, das Werk mittelbar oder unmittelbar den Sinnen **wahrnehmbar** zu machen. Das dem Urheber zustehende Vervielfältigungsrecht ist **umfassend** und erstreckt sich auf **jegliche Art** der **Festlegung**, gleichgültig, ob sie öffentlich oder privat hergestellt wird, ob sie unmittelbar oder mittelbar, vorübergehend oder dauerhaft erfolgt, auf jede Art und Weise und in jeder Form, ganz oder teilweise[408].

Die **Vervielfältigungstechnik** spielt **keinerlei Rolle**, es kommt nicht auf das Material des Werkträgers, ob analog oder digital[409], ob manuell oder maschinell vervielfältigt wird[410], an. Auch die Mönche der mittelalterlichen Klöster, die Manuskripte abschrieben, haben vervielfältigt. Nicht entscheidend ist der **Werkträger** der Vervielfältigung[411]; auch spielt es keine Rolle, ob das Werk unmittelbar wahrnehmbar ist oder ob es nur mittelbar mit Hilfe von Geräten oder bestimmter Fähigkeit sichtbar und nutzbar gemacht werden kann. 272

Die Vervielfältigung beginnt mit der **Fixierung eines Werkes**[412]. Zur Vervielfältigung zählen auch Vorstufen, wie Matrizen, Masterbänder, Negative o.Ä.[413], weil es auf den Zweck der Vervielfältigung nicht ankommt. Auch auf die Anzahl der Vervielfältigungsstücke kommt es nicht an. Bereits ein einziges Exemplar genügt. 273

Eine Vervielfältigung liegt **nur dann** vor, wenn die **schutzfähigen Teile** eines Werkes vervielfältigt werden[414]. Auch das Sound-Sampling kann eine Vervielfältigung sein, wenn der entnommene Teil urheberrechtlich geschützt ist[415]. 274

Eine Vervielfältigung ist nicht nur die identische Festlegung eines Werkes, sondern **auch die Festlegung in abgeänderter Form**[416]. Kleine Änderungen ändern am Tatbestand der Vervielfältigung nichts. Erst dann, wenn die Änderungen selbst dem Werk eine neue, eigenpersönliche Prägung geben und ein neuer Gesamteindruck entsteht, liegt eine Bearbeitung vor. Eine Bearbeitung ist ihrem Wesen nach auch eine Vervielfältigung, deren Zulässigkeit sich aber nach § 23 UrhG[417] richtet. Das Bearbeitungsrecht erweitert damit den Schutzumfang des Urheberrechtes. Das in freier Benutzung (§ 24 UrhG) geschaffene neue Werk ist keine Vervielfältigung des älteren, anregenden 275

---

408 Der EuGH (ZUM 2011, 803 – Murphy Tz. 158) ist allerdings der Auffassung, dass auch die Wiedergabe auf den Bildschirm eine Vervielfältigung sein kann.
409 BGH, GRUR 1999, 325, 327 – elektronische Pressearchive.
410 *Schricker/Loewenheim/Loewenheim*, § 16 Rz. 9.
411 BGH, GRUR 2011, 418-UsedSoft.
412 BGHZ 17, 266, 269 – Grundig-Reporter.
413 BGH, GRUR 1982, 102, 103 – Masterbänder.
414 BGH, GRUR 2010, 628-Vorschaubilderl; LG München I, GRUR 1979, 852, 853 – Godspell.
415 OLG Hamburg, GRUR-RR 2007, 3 – Metall auf Metall.
416 EuGH, GRUR 2015, 256-Allposters/Pictoright; BGH, GRUR 2014, 65-Beuys Aktion.
417 *Ulmer*, § 56 IV 1.

276 Werkes, weil dessen eigenpersönliche Züge verblasst sind.Keine Rolle spielt bei der Vervielfältigung die **Änderung der Dimensionen** und die Änderung des **Werkstoffes**. Die Fotografie oder filmische Wiedergabe eines zwei- oder dreidimensionalen Kunstwerkes ist ebenso eine Vervielfältigung[418], wie die Wiederherstellung eines zerstörten Bauwerkes oder die Änderung der Größenverhältnisse.

277 Eine Vervielfältigung kann sowohl **auf Dauer** bestimmt sein, als auch **vorübergehend**. Entscheidend ist, dass ein Werk wahrnehmbar wird.

278 Der **Ausdruck** eines **elektronischen Programmes** ist eine Vervielfältigung des Programmes[419], wohingegen das Anzeigen des Programmes auf dem Computerbildschirm keine Vervielfältigung, sondern eine unkörperliche Wiedergabe ist[420]. Die vorübergehende Festlegung im Arbeitsspeicher ist jedoch eine Vervielfältigung, ebenso wie der Ablauf des Programmes[421]. Auch die Festlegung bei den Dokumentenbelieferungen[422] ist eine Vervielfältigung. Bei **Hyperlinks** ist schließlich zu unterscheiden: Das Setzen eines Surface-Link, das allein keine Vervielfältigung oder sonstige relevante Nutzungshandlung[423] darstellt, weil dadurch das Werk in gleicher Weise genutzt wird, wie wenn die Seite ohne Link aufgerufen wird[424] und das Zurverfügungstellen eines fremden Werkes über den eigenen Server, also ein Inlinelink, Deeplink, oder beim sogenannten Framing[425], die eine Nutzungshandlung darstellen, weil dadurch das fremde Werk selbst auf der eigenen Seite angezeigt wird.

279 Ebenso bedürfen Festlegungen **von kürzester Zeit**, wie sie durch das Streaming[426] und Browsing entstehen würden, der Zustimmung der Berechtigten, wenn diese Handlungen nicht als ephemere Vervielfältigungshandlungen durch § 44a UrhG freigestellt worden wären. Ausdrücklich verweist das Gesetz in § 16 Abs. 2 UrhG auf die Vervielfältigung auf Bild- oder Tonträgern und liefert den Nutzern hierzu eine einheitliche Definition, wonach eine Vervielfältigung auch die Übertragung des Werkes auf Vorrichtungen zur wiederholbaren Wiedergabe von Bildfolgen (Bild- oder Tonträger) sein kann, gleichviel, ob es sich um die Aufnahme einer Wiedergabe des Werkes auf einen Bild- oder Tonträger oder um die Übertragung des Werkes von einem Bild- oder Tonträger auf einen anderen handelt.

---

418 BGH, GRUR 1983, 28, 29 – Presseberichterstattung und Kunstwerkswiedergabe II.
419 BGH, GRUR 1994, 363 – Holzhandelsprogramm.
420 BGH, GRUR 2017, 266-World of Warcraft I; BGH, GRUR 1991, 449 – Betriebssystem.
421 *Dreier/Schulze*, § 16 Rz. 13 m.w.N.
422 BGH, ZUM 1999, 566 – Kopienversanddienst.
423 BGH, GRUR 2003, 958 – Paperboy.
424 OLG Schleswig, MMR 2001, 399 – Swabedoo; OLG Braunschweig, MMR 2001, 608, – FTPExplorer.
425 OLG Düsseldorf, MMR 1999, 729 – Frames; OLG Celle, ZUM-RD 1999, 385; OLG Hamburg, ZUM 2001, 512 – Roche Lexikon Medizin.
426 EuGH, GRUR 2012, 156-Football Association Premier League u. Murphy; *Busch*, GRUR 2011, 496.

▶ **Wiederholungsfragen**

1. *Welche Elemente kennzeichnen die Vervielfältigung eines Werkes?*
2. *Welche Merkmale haben keinen Einfluss auf den Vervielfältigungsbegriff?*

11.7.2 Das Verbreitungsrecht

11.7.2.1 Die Verbreitungshandlung

Das **Verbreitungsrecht** ist das Recht, das Original oder Vervielfältigungsstücke des Werkes der **Öffentlichkeit anzubieten oder in Verkehr zu bringen** (§§ 15 Abs. 1 Nr. 2, 17 Abs. 1, 69c Nr. 3 UrhG). Es ist damit Sache des Urhebers, darüber zu entscheiden, **ob und zu welchen Bedingungen der Öffentlichkeit Vervielfältigungsstücke** seines **Werkes** zum Lesen, Hören und zum Betrachten oder sonstigen Genuss **zugänglich** werden. Das Verbreitungsrecht soll also dem Urheber ein Entgelt für jene Nutzungen sicherstellen, die eine Weitergabe des Originals oder von Vervielfältigungsstücken betreffen. 280

Der Verbreitungsbegriff ist ein europäischer Rechtsbegriff, der Art. 4 der Richtlinie zur Informationsgesellschaft[427] entspricht. Damit sind diese Vorschriften richtlinienkonform[428] auszulegen. Das Verbreitungsrecht bezieht sich nur auf die **Verbreitung eines Werkstückes**, sei es das Original oder ein Vervielfältigungsstück; es geht um die Weitergabe eines Werkstückes selbst, die Verbreitung durch die mündliche Überlieferung; die Sendung oder die Vorführung eines Filmes sind nicht dazu zu rechnen. Diese Form der Verbreitung steht dem Urheber im Rahmen der Rechte der unkörperlichen Verwertung (§ 15 Abs. 2 UrhG) zu. Wird ein Werk ausgestellt und so dem Betrachter zugänglich, so ist das keine Verbreitung[429]. 281

Das Verbreitungsrecht umfasst zum einen das **Anbieten**[430] und zum anderen das **Inverkehrsetzen**[431] selbst. Es bezieht sich nur auf einen Vorgang in der **Öffentlichkeit**[432]. Wird also die Fotokopie im Freundes- und Verwandtenkreis weitergereicht, so ist damit die Voraussetzung der Öffentlichkeit noch nicht gegeben. Handlungen im privaten Kreis sind auch insofern dem Urheber entzogen[433]; Gleiches gilt für die konzerninterne Weitergabe.[434] 282

---

427 GRUR Int. 2001, 745.
428 BGH, GRUR 2001, 1036 – Kauf auf Probe.
429 BGH, GRUR 1995, 673 – Mauerbilder; BGH, ZUM-RD 2007, 3 Le-Corbusier-Möbel.
430 EuGH, GRUR 2014, 283-Blomqvist/Rolex; EuGH, GRUR 2012, 817-Donner; BGH, GRUR 2007, 871 – Wagenfeld-Leuchte.
431 EuGH, GRUR 2014, 283-Blomqvist/Rolex; EuGH, GRUR 2012, 817-Donner; BGH, GRUR 2007, 691 – Staatsgeschenk.
432 EuGH, GRUR 2014, 283-Blomqvist/Rolex; EuGH, GRUR 2012, 817-Donner; Zum Begriff der Öffentlichkeit Rz. 291ff.
433 BGH, GRUR 1991, 316 – Einzelangebot.
434 BGH, GRUR 1982, 100 – Schallplattenexport.

283 Das **Anbieten** ist wirtschaftlich zu betrachten und meint nicht nur einen Antrag i.S.v. § 145 BGB, sondern sämtliche **Maßnahmen, die das Interesse Dritter an der Werknutzung begründen** können. Es fällt also darunter die Ausstellung eines Werkes zu Verkaufszwecken[435], der Versand von Katalogen, Prospekten und Angebotslisten[436], ebenso wie das »Tauschangebot« von Computerspielen[437].

284 Das Angebot setzt nicht voraus, dass der Anbietende selbst über einen entsprechend **ausreichenden Vorrat an Vervielfältigungsstücken** verfügt. So genügt es, wenn der Musikverleger auf Anforderung die erforderliche Anzahl an Partituren fotokopiert[438], oder wenn der Hersteller hochwertiger Möbel diese erst nach Anforderung anfertigt und dann ausliefert[439].

285 Das Verbreitungsrecht umfasst nach dem ersten Schritt der Interessensweckung auch deren Umsetzung, nämlich das Inverkehrbringen. Das **Inverkehrbringen** ist jede Handlung, durch die das Original oder Vervielfältigungsstück **aus der internen Betriebssphäre der allgemeinen Öffentlichkeit zugeführt** wird[440]. Das Original oder die körperlichen Vervielfältigungsstücke eines Werkes können durch die **Eigentumsübertragung** oder **Besitzwechsel** in den Verkehr gesetzt werden. Es genügt nicht die Weitergabe eines Vervielfältigungsstückes im Bekannten- und Familienkreis, sondern es bedarf der Weitergabe an Personen, die der Öffentlichkeit zuzurechnen sind (§ 15 Abs. 3 UrhG)[441].

286 Ein Werkstück ist bereits dann in den Verkehr gebracht, wenn ein **einzelnes Original** einem Dritten vorgelegt wird, wenn also technische Zeichnungen oder Baupläne präsentiert werden[442], oder aber auch, wenn eine einzelne Bestellung ausgeführt wird[443]. Wie das Inverkehrsetzen **rechtlich einzuordnen** ist, ist völlig gleichgültig. Sowohl der Verkauf als auch das Vermieten, das Verleihen[444], aber auch das Verschenken sind Vorgänge des Inverkehrsetzens. Somit ist der Verkauf einzelner Musik-CDs ebenso wie der Verkauf von Buchexemplaren ein Inverkehrsetzen, aber auch der Verleih der Filmkopie sowie das Vermieten von Noten an ein Orchester.

---

435 EuGH, GRUR 2015, 665-Dimensioneua/Knoll; BGH, GRUR 2016, 487-Wagenfeldleuchte II; BGH, GRUR 2016, 490-Marcel-Breuer-Möbel II.
436 BGH, GRUR 1981, 360 – Erscheinen von Tonträgern.
437 BGHZ 113, 159.
438 BGH, ZUM 1999, 478.
439 BGH, NJW 1987, 2678 – Le Corbusier-Möbel.
440 EuGH, GRUR 2015, 665-Dimensione ua./Knoll; EuGH; GRU 2012, 817-Donner; BGH, GRUR 1991, 316 – Einzelangebot; *Schricker/Loewenheim/Loewenheim*, § 17 Rz. 14; *Dreier/Schulze* § 17, Rz. 15.
441 OLG Hamburg, GRUR 1972, 375 – Polydor II.
442 BGH, GRUR 1985, 129 – Elektrodenfabrik.
443 BGH, GRUR 1991, 316 – Einzelangebot.
444 BGH, GRUR 1972, 141 – Konzertveranstalter.

Der EuGH[445] geht von einem sehr viel engeren Begriff der Verbreitung aus; danach setzt die Verbreitung stets den Eigentumsübergang voraus. Soweit man dem folgt, muss man künftig von einem Vermietungs- und Verleihrecht als nicht benannten Verwertungsrecht des § 15 Abs. 1 UrhG ausgehen[446].

287

▶ **Wiederholungsfragen**

1. *Welche zwei Handlungsformen werden durch das Verbreitungsrecht umschrieben?*
2. *In welcher Sphäre findet ein Verbreiten statt?*
3. *Was ist unter dem Begriff »Anbieten« zu verstehen?*
4. *Was ist unter dem Begriff »Inverkehrsetzen« zu verstehen?*

11.7.2.2 Der Erschöpfungsgrundsatz

Es ist Sache des Urhebers, darüber zu entscheiden, ob und auf welche Art und Weise er das Original oder Vervielfältigungsstücke seines Werkes in die Öffentlichkeit gelangen lässt. Danach hat er keine Entscheidungsbefugnis mehr über die weitere Verbreitung, sein Recht ist erschöpft. Hat der Urheber einmal die ihm vom Gesetz eingeräumte Befugnis ausgeübt oder ausüben lassen, so sind die folgenden Verbreitungshandlungen nicht mehr von seinem Verbreitungsrecht erfasst[447]. Dem Urheber steht insofern ein **Recht zur Entscheidung über die Erstverbreitung**[448] zu. Voraussetzung für die Erschöpfung ist die Veräußerung eines Werkexemplars mit Zustimmung des Urhebers. Dieser hat die Chance, eine ausreichende Entlohnung zu erlangen, so dass anschließend die Weiterverbreitung ohne seine Einwilligung stattfinden kann. Die Allgemeinheit hat das Interesse an einer klaren und übersichtlichen Rechtslage[449] zur ungehinderten Weiterverbreitung des Werkes, während der Urheber sein Vergütungsinteresse befriedigen kann.

288

Dem Erschöpfungsprinzip liegt die **Überlegung** zugrunde, dass der Berechtigte **mit der Veräußerung die Herrschaft über das betreffende Werkexemplar aufgibt**[450]. Dies erfolgt in Erfüllung eines Kauf-, oder Tauschvertrages, aber auch bei der Schenkung und bei sonstigen vergleichbaren Verpflichtungen zum Eigentumsübergang[451], durch

289

---

445 EuGH, ZUM 2008, 508 – Le-Corbusier-Möbel; EuGH; GRUR 2012, 817-Donner; a.A. BGH, GRUR 2011, 227-Italienische Bauhausmöbel.
446 *Schricker/Loewenheim/von Ungern Sternberg*, § 15 Rz. 292 ff., 337.
447 BGH, GRUR 1985, 924 – Schallplattenimport II.
448 *Schricker/Loewenheim/Loewenheim*, § 17 Rz. 42 m.w.N.
449 BGH, GRUR 2015, 772-UsedSoft; BGH, GRUR 2010, 822-Half-Life 2.
450 EuGH, GRUR 2015, 256-Allposters/Pictoright; BGH, GRUR 1985, 131 – Zeitschriftenauslage beim Friseur.
451 BGH, GRUR 1995, 373, 375 – Mauerbilder.

die die Verfügungsmöglichkeit endgültig auf eine andere Person übergeht. So liegt eine Veräußerung in diesem Sinne vor, wenn Bücher, DVDs und ähnliche Vervielfältigungsstücke an Dritte verkauft werden oder wenn der Verleger seinem Autor Freiexemplare überlässt. Wird der Bestand an Vervielfältigungsstücken aber zur Sicherung übereignet, fehlt es an der endgültigen Überlassung.

290 Die erste Verbreitung muss mit **Zustimmung** des Berechtigten erfolgen. Die Zustimmung kann **zeitlich**, **räumlich** und **inhaltlich** beschränkt werden (§ 31 Abs. 1 UrhG). Die **zeitliche Beschränkung** ist dabei ohne weiteres nachvollziehbar. So kann der Urheber einem Verwerter die Verwertung des Werkes für die Dauer einiger Jahre gestatten.

291 Hinsichtlich der **räumlichen Beschränkung** kann der Urheber die Verwertung seines Werkes auf einzelne Länder beschränken. Erfolgt die erste Verbreitung in einem Land der EG oder des EWR, so kann der Urheber keine Beschränkung auf ein Staatsgebiet hinsichtlich des weiteren Vertriebes vornehmen, da gemäß Art. 30 AEUV mengenmäßige Einfuhrbeschränkungen sowie alle Maßnahmen mit gleichen Wirkungen zwischen den Mitgliedstaaten verboten sind.

Art. 36 AEUV gewährleistet den Bestand des Urheberrechtes, aber die Ausübung des Rechtes darf den freien Warenverkehr im Binnenmarkt nicht beschränken. Es tritt damit eine **europaweite Erschöpfung**[452] ein. Der Urheber kann das Verbreitungsrecht begrenzt für einzelne Staaten des europäischen Wirtschaftsraumes einräumen, jedoch kann er nicht verhindern, dass die dann mit Zustimmung des Rechtsinhabers in den Verkehr gesetzten Exemplare frei auch über alle Grenzen des europäischen Wirtschaftsraumes verbreitet werden (§ 17 Abs. 2 UrhG).

Beispiel: Werden Schallplatten in einem Mitgliedstaat, der einen geringen Vergütungssatz für das mechanische Recht vorsieht, in den Verkehr gebracht, dürfen sie von dort aus in andere Mitgliedstaaten exportiert werden, ohne dass die Differenz zu den dort möglicherweise höheren Tarifen der Verwertungsgesellschaften nachberechnet werden darf[453].

Demgegenüber kann der Urheber das Verbreitungsrecht auf andere Staaten, die nicht der EG und dem EWR angehören, beschränken. Damit dürfen die Vervielfältigungsstücke nur in den jeweiligen konkreten Staaten verbreitet werden. Eine weltweite Erschöpfung findet nicht statt.

292 Die Erschöpfung tritt nur hinsichtlich derjenigen Vervielfältigungsstücke ein, die veräußert wurden. Die **Veräußerung** in diesem Sinne ist unabhängig von dem Charakter des zugrunde liegenden Rechtsgeschäftes, die **Aufgabe der Herrschaft** über das

---

[452] Vgl. Art. 9 Abs. 2 EU-Richtlinie zum Vermiet- und Verleihrecht (GRUR Int. 1993, 144), Art. 4 Abs. 2 EU-Richtlinie zur Informationsgesellschaft (GRUR Int. 2001, 745).
[453] EuGH, GRUR Int. 1981, 229 – Gebührendifferenz II; BGH, GRUR 1982, 100 – Schallplattenexport.

betreffende Werkexemplar[454]. Die Zustimmung kann im Interesse der Rechtssicherheit **keiner Bedingung** unterworfen werden[455]. Wird ein Veräußerungsgeschäft rückabgewickelt, beispielsweise die Remissionen im Buchhandel, so lebt das Verbreitungsrecht wieder auf.

▶ **Wiederholungsfragen**

1. *Was versteht man unter dem Erschöpfungsgrundsatz?*
2. *Was bedeutet der Grundsatz der europaweiten Erschöpfung?*

11.7.3 Ausstellungsrecht

Dem Urheber steht weiter das Recht zu, das Original oder Vervielfältigungsstücke eines unveröffentlichten Werkes der bildenden Kunst oder eines unveröffentlichten Lichtbildwerkes **öffentlich zur Schau zu stellen** (§§ 15 Abs. 1 Ziff. 3, 18 UrhG).

Das Ausstellungsrecht ist in zweifacher Hinsicht beschränkt. Zum einen bezieht es sich nur auf **unveröffentlichte Werke**, also auf solche Werke, die noch nicht der Öffentlichkeit (§ 15 Abs. 3 UrhG) zugänglich gemacht wurden. Zum anderen bezieht sich das Ausstellungsrecht nur auf **Werke der bildenden Künste** und **Lichtbildwerke** sowie Lichtbilder (§ 72 UrhG), also auf Gemälde, Skulpturen, Grafiken etc. sowie Fotos jeder Art.

Durch die Beschränkung auf nicht veröffentlichte Werke bedeutet die **Ausübung des Ausstellungsrechtes gleichzeitig die Ausübung des Erstveröffentlichungsrechtes** i.S.d. § 12 UrhG. Damit handelt es sich dogmatisch um ein Urheberpersönlichkeitsrecht, trotz der systematischen Stellung als Verwertungsrecht.

Da die Ausübung des Ausstellungsrechtes gleichzeitig die Ausübung des Erstveröffentlichungsrechtes darstellt, können auch alle anderen urheberrechtlich geschützten Ausstellungsstücke, wie Originalhandschriften oder Notenblätter, wissenschaftliche oder technische Darstellungen oder Texttafeln, von dem entsprechenden Schutz profitieren, allerdings nur unter Berufung auf das Erstveröffentlichungsrecht, und nicht das Ausstellungsrecht selbst. Im Hinblick auf die Vermutung der Bindung des Rechtes der Erstveröffentlichung an das Eigentum in § 44 Abs. 2 UrhG verbietet sich aber eine analoge Anwendung des Ausstellungsrechtes.

Handelt es sich bei den Ausstellungsgegenständen um unveröffentlichte **Briefe**, **Tagebücher**, und ähnliche höchst persönliche Gegenstände, so ist unabhängig von der urheberrechtlichen Befugnis auch der Schutz des allgemeinen Persönlichkeitsrechtes des

---

454 BGH, GRUR 1985, 131 – Zeitschriftenauslage beim Friseur; BGH, GRUR 1995, 373 – Mauerbilder.
455 BGH, GRUR 1986, 736 – Schallplattenvermietung.

jeweiligen Verfassers und sonstigen Beteiligten zu berücksichtigen. Stimmt der Urheber der Ausstellung seines Werkes zu, so ist der Veranstalter der Ausstellung gleichzeitig berechtigt, für Werbezwecke oder in Katalogen Abbildungen der in der Ausstellung präsentierten Werke zu fertigen (§ 58 UrhG).

297 Veräußert der Urheber ein noch nicht veröffentlichtes Werk der bildenden Kunst oder Lichtbildwerk, so überträgt er damit im Zweifel auch das Recht, das Werk öffentlich auszustellen (§ 44 Abs. 2 UrhG). Der Urheber kann sich aber die Ausstellung des Werkes anlässlich der Veräußerung des Originales ausdrücklich vorbehalten. Macht der Urheber anlässlich der Veräußerung eines Originales einen solchen Vorbehalt, so wirkt er auch zu Lasten des späteren Erwerbers des Werkes. Wird jedoch das Original von einem Nichtberechtigten erworben, so gilt das Recht zur Ausübung des Ausstellungsrechtes (§ 44 Abs. 2 UrhG) nicht zugunsten des gutgläubig Erwerbenden.

▶ **Wiederholungsfragen**

1. *Auf welche Werke bezieht sich das Ausstellungsrecht?*
2. *In welcher Beziehung stehen Ausstellungs- und Erstveröffentlichungsrecht?*

11.8 Die unkörperliche Verwertung

11.8.1 Die Öffentlichkeit und die verschiedenen Verwertungsformen

298 Während bei den oben beschriebenen Verwertungsrechten der »körperlichen Verwertung« jeweils entweder das Original oder ein Vervielfältigungsstück dem Verbraucher den Werkgenuss vermittelt, werden durch die Verwertungsrechte der **öffentlichen Wiedergabe** diejenigen Vorgänge des Werkgenusses erfasst, bei denen **kein Werkexemplar** erforderlich ist.

299 Das Recht der öffentlichen Wiedergabe ist in § 15 Abs. 2 UrhG durch konkrete Verwertungstatbestände, die dem Urheber ein Monopolrecht zubilligen geregelt. Demgegenüber enthält Art. 3 der Info-Soc-RL ein als Generalklausel formuliertes Recht, das sich auf Handlungen der Werknutzer bezieht. Die Konkretisierung erfolgt durch den EuGH, dessen Urteile zu einer Prüfung der herkömmlichen Sichtweise zwingen.

300 Die Werknutzung ist nach Auffassung des EuGH ein sozialer Vorgang[456], so dass der Werknutzer nicht derjenige ist, der einen kausalen Beitrag zur Werkvermittlung leistet. Werknutzer ist vielmehr derjenige, der absichtlich Dritten die Möglichkeit des Zugangs zu einer

---

456 *EuGH, GRUR 2012, 597-Phonographic Performance (Ireland).*

Wiedergabe eines Werkes verschafft, die ohne seine Tätigwerden nicht möglich wäre[457]. Eine Reihe subjektiver und objektiver Merkmale sind für die Beurteilung zu prüfen.

Ob eine öffentliche Werknutzung vorliegt ist an Hand mehrerer unselbständig miteinander verflochtener Kriterien festzustellen, die zwar wesentlich sind, aber nicht in jedem Einzelfall vollständig vorliegen müssen[458]. So ist hinsichtlich des **Empfängerkreises** darauf abzustellen, dass es sich nicht um einen familiären bzw. privaten Kreis[459] handeln darf, sondern eine **entsprechende Zahl von Mitgliedern** der Öffentlichkeit betroffen sein muss. Hinsichtlich des **Nutzers** wird vorausgesetzt, dass dieser die **Absicht** haben muss, eine **Dienstleistung anzubieten**[460]. Auf das technische Mittel kommt es nicht an[461], aber die öffentliche Wiedergabe erfolgt unter Anwendung eines technischen Verfahrens, das sich vom bisherigen unterscheidet, oder sie erfolgt für ein neues Publikum[462]

301

Der **Empfängerkreis** muss über den privaten oder familiären Kreis[463] hinausgehen und sich an eine unbestimmte Zahl potenzieller Leistungsempfänger und **recht viele Personen** wenden[464].

302

Eine Öffentlichkeit in diesem Sinne setzt weiterhin voraus, dass das **Publikum aufnahmebereit**[465] ist. Das bloße zufällig Wahrnehmen, wie es bei der unabhängig vom Willen des Patienten erfolgenden Beschallung in der Praxis erfolgt, genügt jedenfalls nicht. Anders ist der Besuch der Oper oder das Fernsehen des Gastes im Hotel[466] zu beurteilen.

Der Begriff der Öffentlichkeit in diesem Sinne setzt **nicht die Ortsgebundenheit** der Personen voraus. Es kommt nicht entscheidend darauf an, ob sich die Mehrzahl von Personen an einem Ort in einem Raum befindet[467].

303

Der Begriff der Öffentlichkeit setzt auch **nicht Gleichzeitigkeit des Werkgenusses** voraus. Abweichend vom sprachüblichen Wortschatz, genügt die sogenannte **sukzessive Öffentlichkeit**[468]. So stellt beispielsweise das Recht der Zugänglichmachung eine Verwertungsform dar, bei der verschiedene Personen an unterschiedlichen Orten und

304

---

457 EuGH, GRUR 2014, 473-OSA/Léčebné; *EuGH, GRUR 2012, 597-Phonographic Performance (Ireland)*; BGH, GRUR 216, 278-Hintergrundmusik in Zahnarztpraxen.
458 *EuGH, GRUR 2012, 597-Phonographic Performance (Ireland).*
459 *EuGH, GRUR 2012, 597-Phonographic Performance (Ireland).*
460 *EUGH, GRUR 2016, 60-SBS/SABAM; BGH, GRUR 2016, 71-Ramses.*
461 EuGH, GRUR 2014, 473-OSA/Léčebné; EuGH, GRUR 2012, 360-Nils Svensson ua /Retriever Sverige.
462 EuGH, GRUR 2016, 684-Reha Training/GEMA; EuGH, GRUR 2016, 1152-GS Media/Sanoma.
463 EuGH, ZUM 2011, 803 – Football Association Premier League.
464 EuGH, ZUM-RD, 2012, 241 - SCF; EuGH, GRUR 2016, 60-SBS/SABAM.
465 EuGH, GRUR 2012, 593-SCF; BGH, GRUR 2016, 278-Hinergrundmusik in Zahnarztpraxen.
466 EuGH, GRUR 2012, 360-Nils Svensson ua /Retriever Sverige.
467 BGH, GRUR 1994, 797 – Verteileranlagen im Krankenhaus.
468 *Dreier/Schulze*, § 15 Rz. 42; *Spindler*, GRUR 2002, 105.

zu verschiedenen Zeitpunkten jeweils in den Genuss eines Werkes gelangen. Demgegenüber setzt die Verwertung des Senderechtes den gleichzeitigen Werkgenuss der Zielgruppe voraus.

305 Auf das qualitative Merkmal der persönlichen Verbundenheit untereinander oder Beziehungen zum Verwerter kommt es nach der Rspr. des EuGH nicht mehr an.

Beispiel: Die Öffentlichkeit ist gegeben bei der Zugänglichmachung von Werken an einen unbestimmt großen Personenkreis durch ein Lesegerät in der Bibliothek[469] Keine Öffentlichkeit ist bei der Hintergrundmusik in der Arztpraxis[470], bei Hochzeits-, Geburtstags- und ähnlichen privaten Veranstaltungen, bei Gemeinschaftsantennenanlagen einer Wohnungseigentümerschaft mit 343 Einheiten[471].

306 In § 15 Abs. 2 UrhG wird unterschieden in **Erst-** und **Zweitverwertung**. Die Erstverwertung durch Vortrag, Aufführung, Vorführung, Sendung oder öffentliche Zugänglichmachung sind Verwertungshandlungen, die jeweils unmittelbar zur Nutzung des Werkes führen, wohingegen die Verwertung durch Wiedergabe von Bild- und/oder Tonträgern oder Funksendungen jeweils die Aufzeichnung des Werkes voraussetzen und die Verwertungshandlung eine Wiedergabe dieser Aufzeichnung darstellen. Der Vortrag, die Aufführung und die Vorführung setzen eine unmittelbare Darbietung eines Werkes vor dem gleichzeitig anwesenden Publikum voraus. Ist hingegen das Publikum nicht gleichzeitig im Saal, also an verschiedenen Orten, so kann die Verwertung eines Werkes durch eine Sendung erfolgen. Kann der Werkgenuss an unterschiedlichen Orten und zu unterschiedlichen Zeiten unabhängig vorgenommen werden, so spricht man von öffentlicher Zugänglichmachung.

▶ Wiederholungsfragen

1. *Welches quantitative Merkmal ist für die Öffentlichkeit erforderlich?*
2. *Welches qualitative Merkmal setzt die Öffentlichkeit voraus?*
3. *Worin unterscheidet sich der Vortrag, die Aufführung und Vorführung einerseits von der Sendung und der öffentlichen Zugänglichmachung andererseits?*
4. *Was kennzeichnet die Verwertung durch öffentliche Wiedergabe von Bild- und Tonträgern bzw. Funksendungen?*

---

469 EuGH, GRUR 2014, 1078-TU Darmstadt/Ulmer.
470 BGH, GRUR 2016, 278-Hintergrundmusik in Zahnarztpraxen.
471 BGH, GRUR 2016, 71- Ramses.

11.8.2 Das Vortragsrecht

Das **Vortragsrecht** ist das Recht, ein **Sprachwerk** durch **persönliche Darbietung öffentlich zu Gehör** zu bringen (§ 19 Abs. 1 UrhG). Das Vortragsrecht bezieht sich **nur auf Sprachwerke**. Auch dann, wenn ein Sprachwerk gemeinsam mit einem Werk der Musik dargeboten wird, wird das Sprachwerk durch den Vortrag und das Musikwerk durch eine Aufführung verwertet. Die Werkverbindung ändert nichts an der Werkkategorie und schafft kein einheitliches Werk[472]. Das Vortragsrecht bezieht sich nur auf die persönliche Darbietung, also den Live-Auftritt unmittelbar vor einem Publikum, also z.B. die Dichterlesung.

307

Das Vortragsrecht umfasst auch das Recht, darüber zu bestimmen, ob der Vortrag des Werkes **außerhalb des Raumes**, in dem die persönliche Darbietung stattfindet, **durch** Bildschirm, **Lautsprecher** oder ähnliche technische Einrichtungen **öffentlich wahrnehmbar** gemacht werden darf (§ 19 Abs. 3 UrhG). Es handelt sich um einen Fall der Zweitverwertung. Der Urheber soll allein darüber entscheiden, ob das Werk nur im Veranstaltungsort wahrgenommen werden kann oder auch außerhalb, z.B. die Dichterlesung im Foyer des Theaters für später ankommende Besucher. In diesem Zusammenhang bestimmt § 37 Abs. 3 UrhG, dass die Erlaubnis des Urhebers, ein Werk vorzutragen, im Zweifel nicht die Erlaubnis umfasst, dieses technisch zu übertragen. Der Urheber kann für die technische Übertragung eine besondere Vergütung verlangen.

308

▶ **Wiederholungsfrage**

Welche Verwertung wird dem Urheber durch das Vortragsrecht zugeordnet?

11.8.3 Das Aufführungsrecht

§ 15 Abs. 2 Ziff. 1 UrhG ordnet dem Urheber das Aufführungsrecht zu. Das Gesetz unterscheidet zwei unterschiedliche Arten des Aufführungsrechtes. Zum einen umfasst das **Aufführungsrecht** das Recht, ein **Werk der Musik** (§ 2 Abs. 1 Nr. 2 UrhG) durch **persönliche Darbietung**, also **konzertmäßig**, **zu Gehör zu bringen** (§ 19 Abs. 2 1. Alt. UrhG). Zum anderen beinhaltet das Aufführungsrecht das Recht, **ein Werk bühnenmäßig aufzuführen**[473] (§ 19 Abs. 2 2. Alt. UrhG). Diese beiden Aufführungsrechte stellen jeweils **selbständige Verwertungsrechte** dar. Die Abgrenzung zwischen dem konzertmäßigen/musikalischen Aufführungsrecht und dem bühnenmäßigen Aufführungsrecht hat praktische Bedeutung, weil das **bühnenmäßige Aufführungsrecht** als sogenanntes Erstverwertungsrecht oder als »großes Recht« in der Regel auf der Grundlage **individueller Verträge** durch Bühnen- oder Musikverlage[474] wahrgenommen wird, während

309

---

472 *Ulmer*, § 51 I f.; a.A. *von Gamm*, § 19 Rz. 5, 8.
473 BGH GRUR 2008, 1081 – Musical Starlights.
474 BGHZ 142, 388 – Musical Gala.

das Aufführungsrecht, das sogenannte **»kleine Aufführungsrecht«**, von Komponisten und Textdichtern regelmäßig auf die Verwertungsgesellschaft[475], insbesondere die **GEMA**, zum Zwecke der Wahrnehmung übertragen wird.

310 Die **Verwertungshandlung** der Aufführung ist, wie beim Vortragsrecht, das durch **persönliche Darbietung öffentliche Zugehörbringen** eines Werkes. Das Singen und Musizieren Einzelner ist kein öffentliches Zugehörbringen, wenn es dem eigenen Werkgenuss dient. Der Gesang der Kirchengemeinde ist keine Werknutzung, denn er ist eine Kulthandlung der Gemeindemitglieder.

311 Das **musikalische Aufführungsrecht** ist das Recht, ein Werk der Musik durch persönliche Darbietung **ohne bewegtes Spiel** öffentlich zu Gehör zu bringen. Dieses Recht bezieht sich nur auf Werke der Musik, nicht jedoch auf Werke anderer Werkkategorien. Gleichgültig ist aber, wie die Darbietung geschieht, ob mit Hilfe von Instrumenten und/oder der menschlichen Stimme. Der Gesang eines Liedes ist damit bezüglich der Musik eine Aufführung im Sinne von § 19 Abs. 2 1. Alt. UrhG und ein Vortrag des Textes im Sinne von § 19 Abs. 1 UrhG.

312 Vom musikalischen Aufführungsrecht ist die **bühnenmäßige Aufführung** zu unterscheiden. Das Recht der bühnenmäßigen Aufführung nach § 19 Abs. 2 2. Alt. UrhG bezieht sich auf alle Werkarten, die eine bühnenmäßige Darstellung erfahren, also bei denen der **Sinngehalt** eines Werkes durch **ein für das Auge oder für das Auge und Ohr bestimmtes bewegtes Spiel dargeboten** wird[476]. Einer bühnenmäßigen Aufführung sind damit Sprachwerke (§ 2 Abs. 1 Nr. 1 UrhG), Werke der Musik (§ 2 Abs. 1 Nr. 2 UrhG) und pantomimische Werke einschließlich Werke der Tanzkunst (§ 2 Abs. 1 Nr. 3 UrhG) zugänglich. Eine bühnenmäßige Aufführung bedarf nicht unbedingt eines persönlichen Auftretens der Künstler, es genügt beispielsweise das Spiel mit Puppen oder Marionetten; ebenso wenig wie das bewegte Spiel auf einer Bühne oder in einem Raum vor Zuschauern stattfinden[477] muss, es kann auch beispielsweise die Projektionsfläche oder ein Schattenspiel dargeboten werden. Voraussetzung ist jedoch stets die Darbietung. Es genügt nicht die mechanische, filmische oder sonstige Darbietung eines solchen Spieles[478]. Wesensmäßig der bühnenmäßigen Aufführung ist das **bewegte Spiel** auf der Bühne **mit verteilten Rollen**. Darin unterscheidet sich die bühnenmäßige Aufführung von der musikalischen Aufführung, während die bühnenmäßige Darstellung stets auf das Auge wirkt, beziehen sich der Vortrag des Sprachwerkes und die musikalische Aufführung nur auf eine Wahrnehmbarmachung durch das Ohr.

---

475 *Schricker/Loewenheim/v. Ungern-Sternberg*, § 19 Rz. 27 ff.
476 BGH, GRUR 2000, 228, 230 – Musical Gala; GRUR 1960, 604 – Eisrevue I; GRUR 1960, 606, 608 – Eisrevue II; *Ulmer*, § 23 II.
477 *Ulmer*, § 23 II.
478 BGH, GRUR 1971, 35 – Maske in Blau.

Es bedarf der Zustimmung des Urhebers, wenn eine musikalische oder bühnenmäßige Aufführung mit technischen Mitteln in einen anderen Raum übertragen werden soll (§ 19 Abs. 3 UrhG).

▶ **Wiederholungsfragen**

1. *Was kennzeichnet eine musikalische/konzertante Aufführung?*
2. *Was kennzeichnet eine bühnenmäßige Aufführung?*
3. *Worauf wirkt die Darbietung einer bühnenmäßigen Aufführung und worauf wirkt die Darbietung einer konzertmäßigen Aufführung?*

11.8.4 Das Vorführungsrecht

Das Vorführungsrecht (§ 19 Abs. 4 UrhG) steht dem Urheber der Werke bildender Künste, eines Lichtbildwerkes, von Filmwerken und Darstellungen wissenschaftlicher oder technischer Art (§ 2 Abs. 2 Nr. 4–7 UrhG) sowie Lichtbildern (§ 72 Abs. 1 i.V.m. § 19 Abs. 4 UrhG) und dem Schöpfer urheberrechtlich nicht geschützter Laufbilder (§ 95 i.V.m. § 94 Abs. 1 UrhG) zu. Die **Vorführung** ist die **öffentliche Wiedergabe des Werkes** durch **technische Einrichtungen auf einer Fläche für das Auge oder für Auge und Ohr**[479]. Die Projektion von Bildern oder die Wiedergabe eines Filmes sind typische Beispiele für eine Vorführung. Die Vorführung setzt die **unmittelbare Wiedergabe** eines Werkes vor einem **gleichzeitig anwesenden Publikum** voraus; es findet also ein gemeinsamer Werkgenuss des Publikums statt. Wird erst aufgezeichnet, so liegt die Wiedergabe eines Bild-Tonträgers vor. Ist das Publikum nicht anwesend, so liegt eine Sendung oder öffentliche Zugänglichmachung vor.

313

Das Filmwerk ist ein einheitliches Werk. Damit steht das **Vorführungsrecht** dem **Urheber des Filmwerkes** zu. Das Recht zur Vorführung des Filmwerkes erstreckt sich nicht auf die vorbestehenden Werke, also das Drehbuch, die Stoffvorlage und/oder die Filmmusik. Deren Wiedergabe erfolgt also nicht als Vorführung, sondern als Ausübung des Rechtes der Wiedergabe durch Bild- oder Tonträger (§ 21 UrhG) bzw. der Wiedergabe von Funksendungen (§ 22 UrhG)[480]. Bei der Vorführung des Filmes im Kino verwertet der Kinobetreiber nicht das Recht der Vorführung (§ 19 Abs. 4 UrhG), sondern das Recht der öffentlichen Wiedergabe von Bild- und Tonträgern (§ 21 UrhG).

314

▶ **Wiederholungsfrage**

Was kennzeichnet die Vorführung eines Werkes?

---

479 *Ulmer*, § 52 I.
480 BGHZ 67, 56 – Schmalfilmrechte; *Schricker/Loewenheim/v. Ungern-Sternberg*, § 19 Rz. 36 f. m.w.N.

11.8.5 Das Recht der öffentlichen Zugänglichmachung

315 Das Recht der öffentlichen Zugänglichmachung wird definiert als das Recht, das Werk drahtgebunden oder drahtlos der **Öffentlichkeit** in einer Weise zugänglich zu machen, so dass es **Mitgliedern der Öffentlichkeit von Orten und zu Zeiten ihrer Wahl** zugänglich ist (§ 19a UrhG).

316 Das Recht der öffentlichen Zugänglichmachung wird dadurch ausgeübt, dass das geschützte Werk **für den Zugriff durch Dritte von Orten und zu Zeiten ihrer Wahl bereitgehalten** wird[481]. Der Schutz bezieht sich auf die Schaffung einer technischen Möglichkeit für den interaktiven Abruf.

317 Das Recht ist **technologieneutral**. Es kommt nicht darauf an, ob der Zugriff drahtgebunden oder drahtlos erfolgt, ob das Werk in ein Intranet oder LAN eingestellt ist, sofern der Zugriff durch Mitglieder der Öffentlichkeit[482] möglich ist. Dies bedeutet auch, dass das Einstellen von Werken auf privaten Websites ebenso wie die Bereitstellung auf **File-Sharing-Systemen** (z.B. Napster, Gnutella, KaZaA u.a.) jeweils eine öffentliche Zugänglichmachung darstellt.

318 Das Recht der öffentlichen Zugänglichmachung unterscheidet sich vom Senderecht dadurch, dass beim **Senderecht der Nutzer** nur die **Wahlfreiheit** hinsichtlich des **Ortes** hat, **nicht** hinsichtlich der **Zeiten**, weil ein einheitliches Sendesignal vorliegt. Demgegenüber bezieht sich das Recht der öffentlichen Zugänglichmachung auf die Möglichkeit, Werke und geschützte Leistungen unabhängig von Orten und Zeiten zu nutzen.

319 Das Recht der öffentlichen Zugänglichmachung unterliegt **nicht der Erschöpfung**, wie auch die anderen Verwertungsrechte[483] der öffentlichen Wiedergabe. Gestattet jedoch der Urheber dem Nutzer nicht nur den Zugriff auf das Werk, sondern gleichzeitig auch die Abspeicherung und den Ausdruck der übermittelten Daten, dann tritt die Erschöpfung des Verbreitungsrechtes in Bezug auf das ganz konkrete, erstellte Vervielfältigungsstück ein[484].

320 Das Recht der öffentlichen Zugänglichmachung wird **regelmäßig individuell durch die jeweiligen Urheber** wahrgenommen. Lediglich in einzelnen Randbereichen sind die digitalen Verwertungsrechte den Verwertungsgesellschaften übertragen worden. Die Verwertungsgesellschaften haben gemeinsam die »**Clearingstelle Multi Media** für Verwertungsgesellschaften von Urheber- und Leistungsschutzrechten GmbH«, CMMV, http://www. cmmv.de, errichtet. Diese teilt dem Nutzungsinteressierten den jeweili-

---

481 BGH, GRUR 2009, 845 – Internet-Videorekorder; BGH, ZUM 2010, 580 – Vorschaubilder I; *Schricker/Loewenheim/v. Ungern-Sternberg*, § 19a, Rz. 42 f.; a.A. *Dreier/Schulze*, § 19a Rz. 6.
482 Vgl. oben Rz. 241 ff.
483 EuGH Rs. 62/79, Slg. 1980, 881 – Coditel I; RS 262/81, Slg. 1982, 3381 – Coditel II; *Reinbothe*, GRUR Int. 2001, 733.
484 *Hoeren*, MMR 2000, 515, 517; *Spindler*, GRUR 2002, 105; *Koch*, GRUR 1997, 417, 425.

gen Rechteinhaber mit, so dass direkt die Lizenzverträge zwischen dem Rechteinhaber einerseits und dem Nutzer andererseits über die digitalen Nutzungsrechte geschlossen werden können.

▶ **Wiederholungsfrage**

Welche Verwertungshandlungen werden durch das Recht der öffentlichen Zugänglichmachung beschrieben?

11.8.6 Senderecht

Das Senderecht (§ 15 Abs. 2 Nr. 3 UrhG) ist das **Recht**, das **Werk durch Funk**, wie Ton- und Fernsehrundfunk, Satellitenrundfunk, Kabelfunk oder ähnliche technische Mittel, **der Öffentlichkeit zugänglich** zu machen (§ 20 UrhG). Funk ist »jede Übertragung von Zeichen, Tönen oder Bildern durch elektromagnetische Wellen, die von einer Sendestelle ausgesandt werden und an anderen Orten von einer beliebigen Zahl von Empfangsanlagen aufgefangen und wieder in Zeichen, Töne oder Bilder zurückverwandelt werden können«[485]. Das Gesetz nennt hierzu als Beispiel den Ton- oder Fernsehrundfunk, Satellitenrundfunk, Kabelfunk[486] oder ähnliche technische Mittel. Dies bedeutet, dass sogenannte **terrestrische Sendungen**, also eine Sendung, die mit Hilfe eines Fernmelde- oder Direktstrahlsatelliten stattfindet, ebenso wie die **leitergebundene Sendung** dazu zählen.

321

Der Funkbegriff umfasst allerdings nur das **klassische Fernsehen** und den **Rundfunk**, **nicht** jedoch **Webradio** und **Web-TV**[487]. Dort bedarf es eines Abrufens des Nutzers, um sich in das laufende Programm einzuschalten. Über die Übertragung der Programmsignale entscheidet also der Empfänger durch seinen Abruf.

322

Entscheidender urheberrechtlicher Verwertungsvorgang ist die **Sendung**, also die **Ausstrahlung** des Werkes, nicht jedoch der Empfang[488]. Der Empfang muss dabei für Mitglieder der Öffentlichkeit (§ 15 Abs. 3 UrhG) unmittelbar zugänglich sein[489]. Ob die Programmsignale verschlüsselt übermittelt werden, wie bei Pay-TV, spielt keine Rolle, wenn mehrere Personen die Sendung dekodieren und wahrnehmbar machen können. Sendung in diesem Sinne ist sowohl die **Live-Sendung** als auch die **aufgezeichnete Sendung**, die **Erstsendung** ebenso wie die **Wiederholungssendung** und auch die **Weitersendung**. Es spielt keine Rolle, ob analoge oder digitale Programme gesendet wer-

323

---

485 BGH, GRUR 1982, 727 – Altverträge.
486 BGH, GRUR 1988, 206 – Kabelfernsehen II; *Schricker/Loewenheim/v. Ungern-Sternberg*, § 20 Rz. 23 ff.
487 *Bortloff*, GRUR Int. 2003, 669.
488 BGHZ 123, 149 – Verteilanlagen.
489 *Ulmer*, § 53 IV.

den, auch kommt es **nicht** auf die **geschäftliche Organisation** des Senders an (Free-TV, Pay-TV, pay per channel oder pay per view).

324 Zur Sendung zählen auch die Übertragungen von **Near-on-Demand-Diensten**[490], weil auch bei dieser Art der Übertragung die Mitglieder der Öffentlichkeit annähernd zeitgleich die Übertragung nutzen können und müssen. Demgegenüber handelt es sich bei den **On-Demand-Diensten**, z.B. podcasts, nicht um eine Sendung, da regelmäßig die Werke auf Anforderung aus einem elektronischen Speicher zur Nutzung übermittelt werden. Es handelt sich bei der diesbezüglichen Verwertung um die Ausübung des **Abrufübertragungsrechtes**, einem unbenannten Recht der öffentlichen Wiedergabe[491].

325 Die Sendung unterscheidet sich durch Vortrag, Aufführung und Vorführung (§ 19 UrhG), dadurch, dass sie zwar gleichzeitig an Mitglieder der Öffentlichkeit erfolgt, diese sich jedoch nicht am selben Ort befinden. Im Unterschied zum Zugänglichmachen (§ 19a UrhG) können die Mitglieder der Öffentlichkeit die Signale nur gleichzeitig empfangen, während der Werkgenuss durch Zugänglichmachung sowohl zu unterschiedlichen Zeitpunkten als auch an unterschiedlichen Orten stattfinden kann.

326 Der urheberrechtlich relevante Vorgang ist nicht der Empfang der Sendung, sondern die Ausstrahlung der Sendung. Ist jedoch der **Empfang der Sendung** wiederum **der Öffentlichkeit** zugänglich, wie in einer Gaststätte, so liegt eine öffentliche **Wiedergabe der Sendung** im Sinne von § 15 Abs. 2 Ziff. 5 UrhG vor.

Die Beteiligung des Urhebers an der Nutzung des Werkes wird dadurch sichergestellt, dass der Rundfunkteilnehmer eine Rundfunkgebühr an die öffentlich-rechtlichen Rundfunkanstalten abführen muss, die wiederum ihrerseits dem Urheber für die Erteilung der Sendererlaubnis eine Vergütung zu zahlen haben. Damit entlohnen alle Rundfunkteilnehmer den Urheber für den möglichen Werkgenuss. Beim Pay-TV zahlt der private Empfänger der Sendung kraft Vertrages an den Veranstalter der Sendung, beim Privatsender zahlt der Empfänger durch das »Absitzen« der aufgedrängten Werbung.

▶ **Wiederholungsfragen**

1. *Was kennzeichnet den Verwertungsvorgang »Sendung«?*
2. *Welches Recht wird durch On-Demand-Dienste in Anspruch genommen?*
3. *Worin unterscheiden sich die beiden Rechte?*

---

490 *Kröger*, CR 2001, 318; a.A. *Wandtke/Bullinger/Bullinger*, § 19a Rz. 19 ff.
491 *Schricker/Loewenheim/v. Ungern-Sternberg*, § 19a Rz. 33; § 20 Rz. 9; *Sasse/Waldhausen*, ZUM 2000, 837.

11.8.7 Europäische Satellitensendung

Das **Senderecht** (§ 20 UrhG) umfasst auch Funksendungen mit bestimmten technischen Einrichtungen, wie **Satellitenrundfunk** und Kabelfunk. Für **europäische Satellitensendungen** hat der Gesetzgeber in § 20a UrhG eine Sondervorschrift vorgesehen: Eine Satellitensendung ist eine unter der Kontrolle und Verantwortung des Sendeunternehmens stattfindende Eingabe der für den öffentlichen Empfang bestimmten programmtragenden Signale in eine ununterbrochene Übertragungskette, die zum Satelliten und zur Erde führt (§ 20a Abs. 3 UrhG). Wird der Sendeakt unterbrochen und die Sendung, sei es unverschlüsselt oder verschlüsselt, der Öffentlichkeit zugänglich gemacht, liegt ein eigener Sendevorgang vor[492]. 327

Sendungen mit Hilfe des **Satellitenfunks** werden für den Empfang durch die **Allgemeinheit** freigegeben (direct broadcasting satellites, dbs). Da deren Ausleuchtzone (sog. footprint) mehrere Staaten erfassen kann, ist zu bestimmen, ob sich die Rechte nur nach dem Staat richten, von dem die Sendesignale ausgestrahlt werden (**Sendeland-Theorie**), oder ob eine Sendung auch in sämtlichen Ländern stattfindet, in denen über die Satelliten ausgesandte Signale von Mitgliedern der Öffentlichkeit empfangen werden können (sog. **Empfangsland-Theorie** oder auch Bogsch-Theorie, nach dem damaligen Generaldirektor der WIPO benannt). 328

Zur Begründung eines gemeinsamen Schutzniveaus der EU und zur Förderung der Satellitenprogramme sowie zur Verbesserung der grenzüberschreitenden Versorgung mit Direktempfang legt eine EU-Richtlinie grundsätzlich das **Sendelandprinzip für Sendungen**, die innerhalb des Gebietes eines Mitgliedstaates der EU oder EWG ausgeführt werden, fest. Damit ist eine räumliche Beschränkung des Satellitensenderechtes innerhalb der Gemeinschaft mit dinglicher Wirkung nicht mehr möglich. Es können allenfalls schuldrechtliche Absprachen zwischen den Parteien getroffen werden[493]. 329

Der Ausgleich der Ansprüche der beteiligten Rechtsinhaber in den einzelnen Empfangsländern erfolgt durch Verrechnung der Verwertungsgesellschaften untereinander, wobei den tatsächlichen und potenziellen Einschaltquoten und der sprachlichen Fassung Rechnung zu tragen ist[494]. 330

▶ Wiederholungsfragen

1. *An welchen Vorgang knüpft das Verwertungsrecht des Satellitenfunks an?*
2. *Was gilt für europäische Satellitensendungen?*

---

492 EuGH, GRUR 2006, 50 – Lagardère/SPRE.
493 BGH, GRUR 2005, 48 – Man spricht deutsch; *Loewenheim/Castendyk*, § 75 Rz. 64.
494 Erwägungsgrund 17 der Richtlinie 93/83/EWG.

11.8.8 Kabelweitersendung

331 Die öffentliche Wiedergabe von Werken durch **Kabelfunk** (früher: Drahtfunk[495]) wird **auch vom Senderecht** umfasst. Beim Kabelfunk wird das Werk über Draht- oder Glasfaserleitungen, z.B. über das Telefonnetz oder Breitbandkabelnetz, einer Mehrzahl von Empfangsanlagen zugeleitet. Eine **Sendung durch Kabelfunk** ist jede **zeitgleiche**, **unveränderte** und **vollständige Weiterübertragung** eines gesendeten Werkes (§ 20b Abs. 1 UrhG). Die Kabelsendung und Kabelweitersendung ist demnach kein eigenes, gesondertes Verwertungsrecht, sondern ein selbständiges Nutzungsrecht[496]. Die Sendung mit Kabelfunk ist von einer **Gemeinschaftsantennenanlage** abzugrenzen. Die Gemeinschaftsantennenanlage beschränkt sich auf die Funktion als **einheitliche Empfangsstation** für mehrere angeschlossene Nutzer. Voraussetzung für die erlaubnis- und vergütungsfreie Weiterübertragung in Gemeinschaftsantennenanlagen ist die zeitgleiche und integrale Übertragung, die auf die **Nachbarschaft beschränkt** ist.

332 Streitig[497] ist die Erlaubnis- und Vergütungsfreiheit von **Kabelweiterleitungen in Abschattungsgebieten**, also solchen Gebieten, in denen durch die geografischen und örtlichen Besonderheiten, wie Hochhäuser oder Gebirgstäler, der gesetzliche Versorgungsbereich eines Senders von dem Sender selbst nicht erreicht wird. In diesen Gebieten werden Kabelweiterleitungsanlagen betrieben, um den dortigen Bewohnern den Genuss der Sendungen zu vermitteln.

333 Die Vergütung für die Nutzung der Rechte durch die Kabelweitersendung kann der Urheber nicht selbst, sondern **nur** eine **Verwertungsgesellschaft** geltend machen. Das Unternehmen, das die Kabelweitersendung betreibt, kann in einem einheitlichen Vorgang die erforderlichen Rechte erwerben können. Damit soll auch ausgeschlossen werden, dass ein Außenseiter das Gesamtunternehmen blockiert[498].

334 In Ergänzung hierfür sieht das Gesetz einen Anspruch auf angemessene Vergütung für die Kabelweitersendung vor. Dieser Vergütungsanspruch ist nicht verzichtbar und kann nur an Verwertungsgesellschaften abgetreten.

11.9 Das Recht der Zweitverwertung

335 Ist ein Werk bereits einmal durch Vortrag oder Aufführung, aber auch durch eine Funksendung oder durch öffentliche Zugänglichmachung verwertet worden, so kann der

---

495 BGHZ 79, 350 – Kabelfernsehen in Abschattungsgebieten.
496 *Dreier/Schulze*, § 20b Rz. 1; *Wandtke/Bullinger/Erhardt*, §§ 20–20b, Rz. 17 ff.
497 BGHZ 79, 350, 360 – Kabelfernsehen in Abschattungsgebieten; BGH, ZUM 1988, 35 – Kabelfernsehen II.
498 *Dreier*, GRUR Int. 1991, 13.

Werkgenuss durch eine weitere technische Maßnahme einem größeren, erweiterten Personenkreis ermöglicht werden. So kann der Vortrag oder die Aufführung eines Werkes auf Bild- und Tonträger aufgezeichnet und anschließend öffentlich wahrnehmbar gemacht werden oder die Funksendung oder das durch öffentliche Zugänglichmachung verwertete Werk durch Bildschirm, Lautsprecher oder durch ähnliche technische Einrichtungen einem erweiterten Personenkreis öffentlich wahrnehmbar gemacht werden. Es findet also **nach der ersten unkörperlichen Nutzungshandlung eine weitere Nutzungshandlung** statt, die einem erweiterten Personenkreis den Werkgenuss ermöglicht.

Das **Recht der Wiedergabe durch Bild- oder Tonträger** ist das Recht, Vorträge oder Aufführungen des Werkes mittels Bild- oder Tonträger öffentlich wahrnehmbar zu machen (§ 21 UrhG). Die Rechte beziehen sich darauf, dass der **Vortrag** von Sprachwerken, die **konzertmäßige Aufführung** von Musik oder die **bühnenmäßige Darstellung** anderer Werke bei erstmaliger Wiedergabe auf **Bild- oder Tonträger** aufgenommen werden und unter Verwendung dieser Bild- oder Tonträger **wieder öffentlich wahrnehmbar** gemacht werden. Das Werk muss **unmittelbar** für die menschlichen Sinne **wahrnehmbar** sein und für einen an einem **Ort versammelten Empfängerkreis** stattfinden. Daneben ist der Urheber berechtigt, darüber zu entscheiden, dass diese Nutzung durch Bildschirme, Lautsprecher oder ähnliche technische Einrichtungen an einem anderen Ort wahrnehmbar werden (§ 21 S. 2 UrhG). In der Praxis spielt das Recht für die Wiedergabe auf Schallplatten, CDs, Band und ähnlichen Tonträgern aufgezeichneter Musik oder Filme in Hotellobbys, Diskotheken, Plattenläden usw. eine besondere Rolle. 336

In ähnlicher Form steht dem Urheber das **Recht der öffentlichen Wiedergabe von Funksendungen und der öffentlichen Zugänglichmachung** (§ 22 UrhG) zu. Der Urheber hat darüber zu entscheiden, ob **Funksendungen** und die Wiedergabe von **öffentlicher Zugänglichmachung** durch **Bildschirme**, Lautsprecher oder ähnliche technische Einrichtungen **öffentlich wahrnehmbar** werden (§ 22 UrhG). Der praktisch wichtigste Fall ist die Wiedergabe von Funksendungen in Gaststätten, Hotels, Kaufhäusern o.ä. 337

Räumt der Urheber das Nutzungsrecht der öffentlichen Wiedergabe ein, so ist im Zweifel das Recht zur Wiedergabe in weiteren Räumen mit Bildschirmen, Lautsprechern oder ähnlichen technischen Einrichtungen nicht eingeräumt worden (§ 37 Abs. 3 UrhG). 338

▶ **Wiederholungsfragen**

1. *Welcher Verwertungsvorgang wird durch das Recht der Wiedergabe durch Bild- oder Tonträger gekennzeichnet?*
2. *Welcher Verwertungsvorgang wird durch das Recht der Wiedergabe von Funksendungen gekennzeichnet?*

11.10 Sonstige Rechte des Urhebers

339 Unter dem Titel »Sonstige Rechte des Urhebers« sind weitere Befugnisse, wie das Recht auf Zugang zu Werkstücken[499], das Folgerecht und die Vergütungsansprüche für Vermietung und Verleihen, zusammengefasst. Sie verleihen dem Urheber keine Ausschließlichkeitsrechte. Das Folgerecht und die Vergütungsansprüche für Vermietung und Verleihen sichern die Beteiligung an der wirtschaftlichen Verwertung[500] des Werkes, ähnlich wie die Vergütungsansprüche für die private Vervielfältigung oder die Vergütungsansprüche bei gesetzlichen Lizenzen, ab.

11.10.1 Das Folgerecht

340 Wird ein **Original** eines Werkes der **bildenden Künste weiterveräußert** und ist daran ein Kunsthändler oder Versteigerer als Erwerber, Veräußerer oder Vermittler beteiligt, so hat der Veräußerer dem **Urheber einen Anteil** in Höhe von 5 % **des Veräußerungserlöses** zu entrichten (§ 26 UrhG). Durch das Folgerecht soll der Urheber an den späteren Verkaufsvorgängen und Wertsteigerungen teilhaben.

341 Das Folgerecht dient zur Wahrung der vermögensrechtlichen Interessen des Urhebers[501] und stellt sich als **urheberrechtlicher Beteiligungsanspruch eigener Art** dar.

342 Voraussetzung für die Entstehung des Anspruches ist die Weiterveräußerung eines Originals oder eines diesem gleichgestellten Unikats. Nicht der erste, sondern jeder weitere Veräußerungsvorgang löst den Anspruch aus. Er bezieht sich nur auf **entgeltliche** Veräußerungsvorgänge, wobei eine wirtschaftliche Betrachtungsweise gilt, so dass auch gemischte Schenkungen, Tausch o.ä. den Folgerechtsanspruch begründen. Es setzt einen Mindestveräußerungserlös von 50,– € voraus[502]. Die Entstehung des Anspruches knüpft an den **Eigentumsübergang** an.

343 Weitere Voraussetzung ist die **Beteiligung** eines **Kunsthändlers** oder **Versteigerers** am Veräußerungsvorgang. Die Höhe des Anspruchs errechnet sich nach dem tatsächlich bezahlten **Bruttopreis**. Im Fall der Versteigerung bleibt das zu zahlende Aufgeld unberücksichtigt[503].

344 Zur Durchsetzung des Beteiligungsanspruches steht nicht dem Urheber, sondern nur einer **Verwertungsgesellschaft ein Anspruch auf Auskunft**, welche Werke innerhalb des letzten Kalenderjahres vor dem Auskunftsersuchen unter Beteiligung eines Kunsthänd-

---

499 Vgl. oben Rz. 251 ff.
500 *Ulmer*, § 60 III; BGH, GRUR 1994, 798 – Folgerecht für Auslandsbezug.
501 BGH, GRUR 1994, 798, 799 – Folgerecht bei Auslandsbezug.
502 Nach Art. 3 der EU-Richtlinie zum Folgerecht kann der Mindestbetrag unterschiedlich festgesetzt werden.
503 *Dreier/Schulze*, § 26, Rz. 17.

lers oder Versteigerers weiterveräußert worden sind, zu (§ 26 Abs. 3–5 UrhG). Das Folgerecht ist **nicht übertragbar**, lediglich vererblich (§§ 28, 29 UrhG). Es ist nicht verzichtbar.

In der Regel schließen die bildenden Künstler mit der VG-Bildkunst einen Wahrnehmungsvertrag ab, in dem sie die Auskunfts- und Vergütungsansprüche treuhänderisch zur Wahrnehmung der VG-Bildkunst einräumen. Die VG-Bildkunst hat mit dem »Arbeitskreis Deutscher Kunsthandelsverbände« einen Rahmenvertrag geschlossen, wonach sie eine »Ausgleichsvereinigung Kunst« gebildet hat, die die Beteiligung der angeschlossenen Künstler sicherstellt.

345

▶ **Wiederholungsfragen**

1. *Wem steht das Folgerecht zu?*
2. *An welchen Rechtsvorgang knüpft das Folgerecht an?*
3. *Welcher urheberrechtliche Nutzungsvorgang wird durch das Vermietrecht geregelt?*
4. *Was wird unter Vermietung im urheberrechtlichen Sinne verstanden?*

11.10.2 Das Vermietrecht

§ 27 UrhG regelt unter der Überschrift »Vergütung für Vermietung und Verleihen« zwei rechtlich unterschiedlich zu behandelnde Vorgänge.

346

Zunächst gilt der Grundsatz, dass sich das Verbreitungsrecht bezüglich der Originale und jener Vervielfältigungsstücke eines Werkes, die mit Zustimmung des Urhebers veräußert werden, verbraucht (§§ 17 Abs. 2, 69c Nr. 3 UrhG). Bücher, Zeitschriften, Videogramme und andere Werkstücke werden aber auch in Bibliotheken, Leihbüchereien, Lesezirkeln, Videotheken, Artotheken und ähnlichen Einrichtungen an zahlreiche Interessenten **vermietet oder verliehen**, die **sonst das betreffende Werk kaufen müssten, wenn** sie in den **Werkgenuss gelangen wollen**. Da der Urheber tunlichst an sämtlichen Nutzungen seines Werkes beteiligt ist, ist für eine angemessene Vergütung des Urhebers Sorge zu tragen. Durch die EG-Richtlinie zum Vermiet- und Verleihrecht[504] wird dem Urheber ein **ausschließliches Vermietrecht** zugebilligt. Ihm steht also ein Verbotsrecht zu. Dieses Verbotsrecht wird bezüglich der Bild- und Tonträger durch einen unverzichtbaren Vergütungsanspruch gestärkt. Demgegenüber verblieb es hinsichtlich des **Verleihens** bei der **Erschöpfung**, jedoch erhielten die Urheber eine **angemessene Vergütung**, die sogenannte »Bibliothekstantieme« oder den »Bibliotheksgroschen«. Die Vergütungsansprüche können jeweils nur durch eine Verwertungsgesellschaft geltend gemacht werden (§ 24 Abs. 3 UrhG).

347

---

504 95/100/EWG; GRUR Int. 1993, 144.

348 Das Vermietrecht stellt **kein Verwertungsrecht** im Sinne des § 15 UrhG dar, sondern einen aus dem Urheberrecht fließenden vermögensrechtlichen Anspruch eigener Art[505]. Die Vermietung im Sinne von §§ 17 Abs. 3, 69c Nr. 3 UrhG ist die **zeitlich begrenzte, unmittelbar** oder **mittelbar Erwerbszwecken** dienende **Gebrauchsüberlassung**.

349 Der urheberrechtliche Vermietungsbegriff unterscheidet sich daher von dem bürgerlich-rechtlichen Mietbegriff gemäß §§ 535 ff. BGB. Beim Urheberrecht soll jede Nutzung, die bei **wirtschaftlicher Betrachtung** der Vermietung entspricht, der Zustimmung des Urhebers vorbehalten bleiben. Dies bedeutet, dass ein Kauf mit Rückgabe oder Kauf auf Probe[506] ebenso wie andere Formen der **zeitlich beschränkten Nutzungsüberlassung** eine Vermietung darstellen.

350 Das Vermietrecht ist ein **Verbotsrecht**, das der Urheber gegenüber jedem Dritten ausüben kann. Der Urheber kann das Vermietrecht entweder selbst ausüben oder zur treuhänderischen Wahrnehmung auf Verwertungsgesellschaften übertragen oder Verwertern einräumen. Das Vermieten, insbesondere von Filmen in Videotheken, hat eine große wirtschaftliche Bedeutung. Regelmäßig erwirbt der Produzent der Tonträger oder Filme auch das Vermietrecht von dem beteiligten Urheber. Im Bereich des Films entspricht ein derartiger Erwerb der gesetzlichen Auslegungsregel der §§ 88, 89, 92 UrhG, wonach sich die Rechtseinräumung auf alle bekannten Nutzungsarten, also grundsätzlich auch auf das Mietrecht, erstreckt[507].

351 Da die Urheber im Vergleich zum Produzenten regelmäßig als schwächere Vertragspartei gelten, sieht das Gesetz zusätzlich einen unverzichtbaren **Anspruch auf angemessene Vergütung**, der durch Verwertungsgesellschaften geltend gemacht werden kann, vor. Er ist ein **vermögensrechtlicher Anspruch eigener Art**[508].

11.10.3 Das Verleihrecht

352 Bis zum **erstmaligen Inverkehrbringen** eines Vervielfältigungsstückes besteht das **Verleihrecht** als ausschließliches Recht, mit dem erstmaligen Inverkehrbringen ist es **jedoch verbraucht**. Gemäß § 27 Abs. 2 UrhG verbleibt dem Urheber aber ein Anspruch auf eine **angemessene Vergütung**.

Durch den Verleih einzelner Exemplare kommen die Entleiher in den jeweiligen Werkgenuss, ohne jedoch dafür eine Vergütung bezahlt zu haben. Dieser Vorgang rechtfertigt einen Vergütungsanspruch gegen die öffentliche Einrichtung.

---

505 *Schricker/Loewenheim/Loewenheim*, § 27 Rz. 7 m.w.N.
506 BGH, GRUR 1989, 417 – Kauf mit Rückgaberecht; BGH, GRUR 2001, 1036 – Kauf auf Probe.
507 *Dreier/Schulze*, § 88 Rz. 48.
508 BGH, GRUR 1986, 736, 738 – Schallplattenvermietung; LG Oldenburg, GRUR 1996, 448, 488 – Videothek-Treffpunkt.

Der Vergütungsanspruch bezieht sich auf das **Verleihen** von Originalen oder Vervielfältigungsstücken **durch** eine der **Öffentlichkeit zugängliche Einrichtung**, wie eine Bücherei, eine Sammlung von Bild- oder Tonträgern oder anderer Originale oder Vervielfältigungsstücke. Ein Verleihen in diesem Sinne ist die **zeitlich begrenzte, weder unmittelbar noch mittelbar Erwerbszwecken dienende Gebrauchsüberlassung**. Leihe in diesem Sinne ist nicht nur die Leihe im Sinne von §§ 598 ff. BGB, sondern **jeder Vorgang** der **unentgeltlichen Gebrauchsüberlassung** auf Zeit, die keinen unmittelbaren oder mittelbaren Erwerbszwecken dient. Dient die Gebrauchsüberlassung unmittelbar oder mittelbar Erwerbszwecken, so liegt kein Verleih, sondern eine Vermietung vor. Kein Erwerbszweck wird verfolgt, wenn eine Entleihgebühr, die die Verwaltungskosten gerade deckt, zu bezahlen ist[509]. 353

Die Vergütungspflicht setzt das Verleihen durch eine **öffentlich zugängliche Einrichtung** voraus, also durch die dem allgemeinen Publikum zugänglichen Bibliotheken des Bundes, der Länder, der Kommunen und anderer öffentlicher Körperschaften, wie Staatsbibliotheken, Universitätsbibliotheken, Volksbüchereien, aber auch kirchliche Bibliotheken und öffentlich zugängliche Behördenbibliotheken. 354

Die **Vergütungspflicht** wird durch das **Ausleihen** von **Originalen** und **Vervielfältigungsstücken jeder Art**, also nicht nur von Büchern, sondern auch von Noten, Kunstgegenständen, wie Bilder, Fotografien, Skulpturen und Videogramme aller Art. Für Computerprogramme gibt es eine Selbstverpflichtung der Bibliotheken, nach der bestimmte Arten von Computerprogrammen nur mit Zustimmung der Rechteinhaber verliehen werden dürfen und bei der Präsenznutzung unerlaubtes Kopieren verhindert werden soll. Eine gesetzliche Regelung ist nicht entstanden[510]. 355

Einen Anspruch auf eine angemessene Vergütung für das Verleihen haben die **Urheber**, einschließlich der Verfasser wissenschaftlicher Ausgaben, der Herausgeber nachgelassener Werke und der Lichtbildner, die ausübenden Künstler (§ 77 Abs. 2 UrhG), die Tonträgerhersteller (§ 85 Abs. 4 UrhG) und die Filmhersteller (§ 94 Abs. 4 UrhG). 356

Der Vergütungsanspruch ist jedoch **verwertungsgesellschaftspflichtig**.

▶ Wiederholungsfragen

1. *Welcher Vorgang wird durch das Verleihrecht beschrieben?*
2. *Worin unterscheidet er sich vom Vermietrecht?*

---

509 Erwägungsgrund 14 der EU-Vermietrechtslinie, GRUR Int. 1993, 144
510 Amtl. Begr. UFITA 129, 1995, S. 140–144, 129.

12. Die Schranken des Urheberrechts

12.1 Die Arten der Schranken

357 Das Urheberrecht weist dem Urheber das **allumfassende Verwertungsrecht** zu. Damit steht der Grundsatz fest, dass es allein Sache des Urhebers ist, über die Verwertung seiner Rechte zu entscheiden.

358 Der Urheber steht aber nicht allein, er ist eingebunden in eine Gesellschaft und eine geschichtliche Entwicklung. Die Zuerkennung des Schutzes des Urheberrechtes als geistiges Eigentum, und damit echtes Eigentum im Sinne von Art. 14 GG, schützt das Eigentum in seiner **sozialen Gebundenheit**. Demgemäß müssen die Interessen des Urhebers im Hinblick auf schutzwürdige Belange der Allgemeinheit zurücktreten. Solche Interessen sind unter anderem die Erfordernisse der Informationsgesellschaft (§ 44a UrhG)[511], die Interessen der Rechtspflege und der öffentlichen Sicherheit (§ 45 UrhG), die Unterstützung Behinderter (§ 45a UrhG), Erleichterungen für den Kirchen-, Schul- und Unterrichtsgebrauch (§§ 46, 47, 53 Nr. 3 UrhG), die Interessen der Lehre und der Wissenschaft (§§ 60a ff. UrhG) und des geistigen Schaffens (§ 51 UrhG) sowie Interessen an der freien Abbildung (§§ 57 ff. UrhG).

359 Daneben verfolgen die Schrankenbestimmungen auch den Zweck, das **Marktversagen** in einzelnen Bereichen **auszugleichen**. So ist es kaum möglich, dass jeder Urheber mit jedem möglichen Interessenten Vereinbarungen über die Nutzung eines Werkes im Rahmen einer Privatkopie trifft. Anstelle solch unmöglicher Absprachen mit allen Beteiligten treten die gesetzlichen Schrankenbestimmungen, die den Ausgleich zwischen den Interessenten an der Kopie eines Werkes einerseits und den wirtschaftlichen Interessen des Urhebers andererseits schaffen. Mag auch mit der Zunahme des digitalen Rechtsmanagements eine Reduktion der Transaktionskosten eintreten und damit ein Bedürfnis für zustimmungsfreie Privatkopien nicht mehr in diesem Maße vorliegen, so besteht jedoch nach wie vor ein Bedürfnis für die zustimmungsfreie Privatkopie, bis sich das Digitale Rechtsmanagement (DRM) entsprechend entwickelt hat[512].

360 Die **verfassungsrechtliche Zulässigkeit der Schranken** des Urheberrechtes ist wiederholt Gegenstand der Überprüfung gewesen[513]. Es ist Aufgabe des Gesetzgebers, Inhalt und Schranken des Urheberrechtes zu bestimmen, wobei er dabei die grundsätzliche Zuordnung des Urheberrechtes zu dem Schöpfer und der Verfügungsbefugnis zu res-

---

511 Amtliche Begründung UFITA 2004 II, 187/217.
512 BGH, GRUR 1997, 459, 462 – CB-Infobank I; Amtl. Begr. zum Gesetz zur Regelung des Urheberrechts in der Informationsgesellschaft vom 10.9.2003, BT-Drucks. 15/38, S. 1.
513 BVerfG, GRUR 1972, 481 – Kirchen- und Schulgebrauch; BVerfG, GRUR 1980, 44 – Kirchenmusik; *Badura*, ZUM 1984, 552; BVerfG, ZUM 2000, 867 – Germania 3; GRUR 1989, 193 – Vollzugsanstalten; BVerfGE 31, 255 – Tonbandvervielfältigung; BVerfG, NJW 1997, 247 – Kopierladen I.

pektieren hat, aber auch sachgerechte Maßstäbe für eine dem Urheberrecht und seiner Nutzung entsprechende Abgrenzung finden muss[514]. Die **Schrankenbestimmung** selbst ist keine Enteignung, sondern eine **Inhaltsbestimmung**. Bei der **Schrankenziehung** muss der Gesetzgeber die Prinzipien der **Verhältnismäßigkeit** beachten und eine **Abwägung** der betroffenen Güter vornehmen. Die Gründe, die einen Eingriff in die Rechte rechtfertigen, müssen umso schwerwiegender sein, je stärker in den grundrechtlich geschützten Bereich eingegriffen wird[515]. Soll dem Urheber für die Aufhebung seiner Herrschaftsrechte nicht einmal ein Vergütungsanspruch eingeräumt werden, so ist hierfür ein gesteigertes öffentliches Interesse notwendig, wenn gerade das Interesse am ver-gütungsfreien Zugang besteht.

Die Schrankenbestimmungen müssen darüber hinaus dem sogenannten »**Dreistufentest**«[516] genügen. Danach ist die Beschränkung von ausschließlichen Rechten nur zulässig, wenn es sich um bestimmte »**Sonderfälle**« handelt (1), die »weder die normale Auswertung **des Werkes** (2) noch die **berechtigten Interessen** des Rechtsinhabers **unzumutbar verletzen** (3)«.

361

Der Gesetzgeber unterscheidet **vier** verschiedene **Arten** der Beschränkung. Die gesetzlichen Schranken des Urheberrechtes reichen von der Zwangslizenz bis hin zur gänzlichen Aufhebung auch der Vergütungsansprüche des Urhebers.

362

Die geringste Beschränkung ist die gesetzliche **Verpflichtung** des Inhabers, eine **Zustimmung** zur Verwertung **zu angemessenen Bedingungen** zu erteilen, die sogenannte »**Zwangslizenz**«. Zwangslizenzen kennt das Urheberrechtsgesetz in § 42 a UrhG zugunsten der Tonträgerhersteller und zugunsten von Verlegern in § 5 Abs. 3 UrhG[517].

363

Eine weitergehende Einschränkung der Herrschaftsmacht des Urhebers liegt dann vor, wenn der Einzelne nicht mehr individuell, sondern zwingend durch eine Verwertungsgesellschaft seine Rechte ausüben muss, die sogenannte »**Verwertungsgesellschaftspflichtigkeit** der Ausschließlichkeitsrechte«. Der Urheber bleibt zwar Inhaber des Ausschließlichkeitsrechtes, er kann es nur nicht selbst ausüben, sondern es nur einer Verwertungsgesellschaft zur Wahrnehmung übertragen. Eine solche Verwertungsgesellschaftspflichtigkeit sieht das Gesetz vor für die zeitgleiche und unveränderte Kabelweiterleitung (§ 22b UrhG), das Folgerecht (§ 26 Abs. 5 UrhG) und, das Vermieten und Verleihen (§ 27 Abs. 3 UrhG.

364

Eine weitere Beschränkung der Herrschaftsrechte des Urhebers stellt die sogenannte »**gesetzliche Lizenz**« dar. Bei den gesetzlichen Lizenzen ist die Nutzung auf die betreffende Art durch das Gesetz gestattet; der Lizenznehmer muss jedoch eine Vergütung

365

---

514 BVerfG, GRUR 1972, 481 – Kirchen- und Schulgebrauch; BVerfG, GRUR 1980, 44 – Kirchenmusik.
515 BVerfG, GRUR 1980, 44 – Kirchenmusik.
516 Art. 9 Abs. 2 RBÜ; Art. 13 TRIPS.
517 Das OLG Dresden (ZUM 2003, 40) sieht in § 87 Abs. 4 UrhG ebenso eine Zwangslizenz.

entrichten. Der Nutzer kann mit der Nutzung bereits vor Zahlung beginnen, wobei die Vergütung von den Verwertungsgesellschaften festgesetzt wird. Gesetzliche Lizenzen sieht das Gesetz beispielsweise für die Fotokopierabgabe (§§ 53 ff. UrhG) und für die gesetzlich erlaubten Nutzungen für Unterricht, Wissenschaften und Institutionen (§§ 60a ff. UrhG) vor.

366 Die stärkste Einschränkung der Rechte des Urhebers ist die zustimmungs- und vergütungsfreie Nutzung, also die ersatzlose Aufhebung des ausschließlichen Nutzungsrechtes; sie wird vom Gesetz ausnahmsweise dort vorgesehen, wo die Interessen des Urhebers, an der Verwertung seines Werkes zu partizipieren, hinter den schützenswerten Belangen der Allgemeinheit zurücktreten. Beispiele dazu sind das Zitat (§ 51 UrhG) oder die Panoramafreiheit (§ 59 UrhG).

▶ **Wiederholungsfragen**

1. *Wodurch ist eine Beschränkung des umfassenden Verwertungsrechtes gerechtfertigt?*
2. *Was versteht man unter dem sogenannten »Dreistufentest«?*
3. *Was ist eine Zwangslizenz?*
4. *Was bedeutet die Verwertungsgesellschaftspflichtigkeit eines Rechtes?*
5. *Was ist eine gesetzliche Lizenz?*

12.2 Auslegung der Schrankenregelungen

367 Die zivilrechtliche Methodenlehre kennt keinen allgemeinen Grundsatz über die Auslegung von Ausnahmebestimmungen, insbesondere gebietet sie nicht die enge Auslegung von Ausnahmebestimmungen[518]. Gleichwohl gingen lange Zeit Rechtsprechung und Literatur davon aus, dass die **Schrankenbestimmungen** des Urheberrechtes **als Ausnahmebestimmungen** zu dem urheberrechtlichen Ausschließlichkeitsrecht grundsätzlich **eng auszulegen** sind[519], unter Berücksichtigung der Zielsetzung und praktischen Wirksamkeit[520]. Die enge Auslegung wird auch durch den in Art. 13 TRIPS und Art. 5 Abs. 5 InfoSoc-RL vorgesehenen Drei-Stufen-Test gefordert[521]. Daher besteht grundsätzlich für die analoge Anwendung einzelner Schrankenbestimmungen ein enger Raum[522]. Beim

---

518 *Larenz/Canaris*, Methodenlehre der Rechtswissenschaft, 3. Aufl., 1995, S. 175 und 243.
519 EuGH, GRUR 2014, 546-ACI Adam ua/ Thuiskopie ua; BGH, GRUR 2012, 819, -Blühende Landschaften; *Schricker/Loewenheim/Melichar*, Vor §§ 44a ff. Rz. 18.
520 EuGH, GRUR 2016, 1266-VOB/Stichting; BGH, GRUR 2012, 974-Porträtkunst.
521 BGH, GRUR 2015, 1101-Elektronische Leseplätze II.
522 BGH, GRUR 2015, 1101-Elektronische Leseplätze II.

»Filmzitat« hat der BGH jedoch die Schrankenbestimmung des § 51 UrhG erweiternd ausgelegt[523] und in anderen Entscheidungen die analoge Anwendung diskutiert[524].

▶ **Wiederholungsfrage**
Wie sind urheberrechtliche Schrankenbestimmungen auszulegen?

12.3 Allgemeine Regeln für alle Schranken

12.3.1 Änderungsverbot

Zur Sicherung der Werkintegrität sieht das Gesetz das **Änderungsverbot** (§ 39 UrhG) vor. Das Änderungsverbot gilt **auch** für den Fall, dass die **Benutzung eines Werkes aufgrund der Schrankenbestimmung** zulässig ist (§ 62 UrhG).

368

Nur diejenigen Änderungen am Werk und Werktitel dürfen vorgenommen werden, zu denen der Urheber seine Einwilligung nach Treu und Glauben nicht versagen kann (§§ 62, 39 UrhG). Nach dem Benutzungszweck sind die erforderlichen Übersetzungen und Änderungen der Tonlagen (§ 62 Abs. 2 UrhG) und bei Werken der bildenden Kunst und Lichtbildwerken die für eine Vervielfältigung erforderlichen Änderungen zulässig (§ 62 Abs. 3 UrhG). Bei Sammlungen für den religiösen Gebrauch (§ 46 UrhG), für Unterricht und Lehre (§ 60a UrhG) und Unterrichts- und Lehrmedien (§ 60b UrhG) sind bei Sprachwerken die für den jeweiligen Zweck erforderlichen Änderungen zulässig (§ 62 Abs. 4 S. 1 UrhG). Das **Änderungsverbot** wird also durch den **Benutzungszweck** und den **Zweck** der jeweiligen **Schrankenbestimmung eingeschränkt**. Bei Nutzungen für Unterricht und Lehre (§ 60a UrhG), sowie bei Nutzungen für Unterrichts- und Lehrmedien (§ 60b UrhG) bedarf es keiner Einwilligung, wenn die Änderung deutlich gekennzeichnet ist (§ 62 Abs. 4 S. 4 UrhG).

369

Ergänzend sind diejenigen Änderungen zulässig, bei denen der Urheber seine Einwilligung nach Treu und Glauben nicht versagen kann. Nach den einzelnen Schrankenregelungen werden bestimmte Nutzungshandlungen als gesetzlich zulässige Benutzungen betrachtet. Die jeweilige Nutzungshandlung hat einen bestimmten Nutzungszweck[525]. Es muss also jeweils geprüft werden, welchen Zweck eine einzelne Schrankenregelung verfolgt und welche konkrete Maßnahme im Hinblick auf den Zweck der Schrankenregelung erforderlich und dem Urheber zumutbar ist. Ist die konkrete Maßnahme sowohl nach dem **Zweck erforderlich** als auch dem **Urheber zumutbar**, kann eine ent-

370

---

523 BGH, GRUR 1987, 362, 363 – Filmzitat.
524 BGH, GRUR 1994, 45, 47 – Verteileranlagen; GRUR 1983, 562, 564 – Zoll- und Finanzschulen.
525 *Dreier/Schulze*, § 62 Rz. 12 nennt sie »Schrankenzweck«.

sprechende Änderung erfolgen. Im Zweifelsfall ist stets zugunsten des Urhebers und gegen eine Änderungsbefugnis des Nutzers zu entscheiden[526].

371 Das Änderungsverbot gilt für **alle Werkarten** und für die Leistungsschutzrechte, bei denen der 6. Abschnitt für anwendbar erklärt wird. Es gilt jedoch **nicht** für **Computerprogramme** (§§ 69a ff. UrhG) und für den Leistungsschutz des **Datenbankherstellers**, dessen Schutzrecht in §§ 87a ff. UrhG eine gesonderte Regelung erfahren hat. Das Änderungsverbot gilt allerdings auch bei amtlichen Werken.

▶ **Wiederholungsfrage**

Welche Besonderheiten sind hinsichtlich des Änderungsverbotes bei der Nutzung eines Werkes im Rahmen einer durch die Schrankenbestimmung freigestellten Nutzung zu beachten?

12.3.2 Quellenangabe

372 Dem Urheber steht das Recht auf **Anerkennung seiner Urheberschaft** zu (§ 13 UrhG). Zur Sicherung dieses Urheberpersönlichkeitsrechts bestimmt § 63 UrhG, dass bei der Nutzung eines Werkes ohne die ausdrückliche Zustimmung des Urhebers im Rahmen der Schrankenbestimmungen **grundsätzlich die Quelle deutlich** anzugeben ist. Mit der Quelle wird nicht nur der **Name des Urhebers**, sondern auch die **Fundstelle** angegeben. Derjenige, der in den Genuss des Werkes kommt, soll die Möglichkeit haben, nicht nur festzustellen, wer der Urheber ist, sondern auch, wo er das Werk finden oder auch kaufen kann. Damit hat § 63 UrhG nicht nur die **Funktion**, das Recht auf **Anerkennung** der Urheberschaft zu schützen, sondern auch eine **Werbefunktion**[527].

373 § 63 UrhG unterscheidet die erforderlichen Quellenangaben zwischen den Vervielfältigungen (§ 63 Abs. 1 UrhG) und den öffentlichen Wiedergaben (§ 63 Abs. 2 UrhG). Er legt fest, **anlässlich welcher Vervielfältigungen** eine **Quelle anzugeben** ist und bei welchen Vorgängen keine Pflicht zur Quellenangabe besteht. Das Gesetz zählt die einzelnen Fälle enumerativ auf. Ist der Fall nicht ausdrücklich genannt, bedarf es keiner Quellenangabe[528]. Die Angaben müssen so deutlich sein, dass sie dem Nutzer in der Regel ermöglichen, **ohne** weiteres **die tatsächliche Quelle ausfindig**[529] zu machen.

374 Bei der **öffentlichen** Wiedergabe verpflichtet § 63 Abs. 2 UrhG denjenigen, der ein Werk öffentlich wiedergeben darf, die **Quelle deutlich** anzugeben, wenn und soweit es die **Verkehrssitte** erfordert. Hinsichtlich einzelner ausdrücklich genannter Nutzer ist aber eine Verpflichtung zur Angabe der Quelle und des Namens vorgesehen. Wei-

---
526 *Schricker/Loewenheim/Dietz/Peukert*, § 62 Rz. 14.
527 *Dreier/Schulze*, § 63 Rz. 1.
528 *Schricker/Loewenheim/Dietz/Peuker*, § 63 Rz. 6.
529 OLG Brandenburg, ZUM 1997, 483 – Brecht-Texte.

tergehende Nennungspflichten sind für die Übernahme aus Zeitungen und lediglich Tagesinteressen dienenden Informationsblättern sowie für Rundfunkkommentare vorgesehen (§ 63 Abs. 3 UrhG).

▶ **Wiederholungsfrage**
Wozu dient die Verpflichtung zur Quellenangabe?

12.3.3 Abtretung von gesetzlichen Vergütungsansprüche

Die gesetzlichen Vergütungsansprüche sollen dem Urheber verbleiben. Um den Urheber vor einer Übervorteilung zu schützen, sieht § 63a UrhG vor, dass der Urheber auf seine Vergütungsansprüche nicht verzichten kann und diese nur im Voraus an eine Verwertungsgesellschaft abtreten darf oder zusammen mit dem Verlagsrecht an den Verleger, wenn dieser die Rechte durch eine Verwertungsgesellschaft wahrnehmen lässt, die Rechte von Urhebern und Verlegern gemeinsam wahrnimmt[530].

12.4 Die erlaubnis- und vergütungsfreie Nutzung

Als stärkste Einschränkung des Urheberrechts sieht das Gesetz die Möglichkeit zur erlaubnis- und vergütungsfreien Nutzung von Werken oder Werkteilen vor.

12.4.1 Vorübergehende Vervielfältigungshandlungen

Zulässig sind vorübergehende Vervielfältigungshandlungen, die flüchtig oder begleitend sind und einen integralen und wesentlichen Teil eines technischen Verfahrens darstellen, deren alleiniger Zweck es ist, entweder eine Übertragung in einem Netz zwischen Dritten bzw. einem Vermittler oder eine rechtmäßige Nutzung eines Werkes oder sonstigen Schutzgegenstandes zu ermöglichen, die keine eigenständige, wirtschaftliche Bedeutung haben (§ 44a UrhG).

Diese Regelung ist notwendig, weil der Vervielfältigungsbegriff (§ 16 Abs. 1 UrhG) **auch die vorübergehende Vervielfältigungshandlung** erfasst, die technisch notwendig ist. Sie beabsichtigt, damit die zweckmäßige **Online-Nutzung** von Werken und ihre technische Abwicklung zu ermöglichen, soweit diese **keine eigenständige, wirtschaftliche Bedeutung** haben. Voraussetzung ist, dass die Speicherung nur zeitlich vorübergehend vorgenommen wird, keine eigenständige wirtschaftliche Bedeutung hat sowie integraler und wesentlicher Bestandteil eines technischen Verfahrens ist[531]. Beim **Brow-**

---

530 EuGH, GRUR 2012, 489 – Luksan/van der Let; BGH, GRUR 2016, 596-Verlegeranteil.
531 EuGH, GRUR Int 2012, 336- Infopaq II.

12. Die Schranken des Urheberrechts

sing[532], **Caching**[533] **und Streaming** findet eine zeitlich begrenzte Zwischenspeicherung der bereits aufgerufenen Netzinhalte auf dem Server des Anbieters, um einen schnelleren Zugriff der Nutzer zu ermöglichen, statt[534].

379 Diese Schranke gilt jedoch **nicht für Computerprogramme**. Für Computerprogramme sieht § 69d Abs. 1 UrhG vor, dass für eine Vervielfältigungshandlung die Zustimmung des Rechtsinhabers nicht erforderlich ist, wenn sie für eine bestimmungsgemäße Benutzung des Computerprogramms notwendig sind. Die vorübergehende Vervielfältigung, die begleitender, integraler und wesentlicher Bestandteil des Ablaufs des Computerprogramms ist, ist also ohne ausdrückliche Einwilligung des Rechtsinhabers an dem Computerprogramm zulässig, so dass es auf die Schranke nicht ankommt.

380 Die Schrankenbestimmung über die Zulässigkeit von ephemeren Vervielfältigungshandlungen ist auch für Datenbankwerke anwendbar. Für **Datenbanken** sieht das Gesetz in § 87c UrhG besondere Schrankenvorschriften vor, die jedoch keine vergleichbare Regelung für ephemere Vervielfältigungshandlungen enthalten. Da aber Datenbankwerke und Datenbank insofern nicht unterschiedlich behandelt werden sollen, gebietet es die Interessenlage, die Schrankenbestimmung, zumindest **analog**, auf die Datenbanken anzuwenden[535].

▶ **Wiederholungsfrage**

Unter welchen Voraussetzungen sind ephemere Vervielfältigungshandlungen zulässig?

12.4.2 Rechtspflege und öffentliche Sicherheit

381 Für Verwaltungs- und Gerichtsverfahren werden häufig zu Beweiszwecken oder aus anderen Gründen Vervielfältigungsstücke geschützter Werke benötigt. Sie werden nicht um ihrer selbst willen, sondern als Beweis- und sonstiges Hilfsmittel für die Entscheidungsfindung benutzt. Daher ist es zulässig, **einzelne Vervielfältigungsstücke** von Werken zur Verwendung in **Verfahren vor Gericht**, einem Schiedsgericht oder einer Behörde herzustellen oder herstellen zu lassen. Unter den gleichen Voraussetzungen wie die Vervielfältigung ist auch die Verbreitung, öffentliche Ausstellung und die öffentliche Wiedergabe der Werke zulässig. Gleiches gilt für die Vervielfältigung, Verbreitung und öffentliche Wiedergabe eines nach Art oder Umfang wesentlichen Teils einer Datenbank (§§ 45 Abs. 1, 87c Abs. 2 UrhG).

---

532 Richtlinie 2001/29/EG Erwägungsgrund 33; BT-Drucks. 15/38, S. 18.
533 EuGH, GRUR 2014, 654-PRCA/NLA.
534 *Busch*, GRUR 2011, 496
535 *Schricker/Loewenheim/Loewenheim*, § 44a Rz. 3; *Dreier/Schulze*, § 87c Rz. 13.

Durch diese Schrankenbestimmung werden also im **Interesse der Rechtspflege** und der **öffentlichen Sicherheit** nicht nur das Vervielfältigungsrecht, sondern auch das Verbreitungsrecht, Ausstellungsrecht und das Recht der öffentlichen Wiedergabe **eingeschränkt**. Die Rechte der Urheber werden dadurch gewahrt, dass sich der Umfang der Nutzungsmöglichkeiten jeweils auf die Zwecke des jeweiligen Verfahrens beschränkt. Es dürfen also beispielsweise nicht mehr Vervielfältigungsstücke hergestellt werden, als für das Verfahren benötigt werden. Die Nutzung von Datenbanken und die Verwendung von Bildnissen sind darüber hinaus durch die Zwecke der Rechtspflege und der öffentlichen Sicherheit beschränkt.

382

Damit Bildnisse auch tatsächlich für die Zwecke der Rechtspflege und öffentlichen Sicherheit Verwendung finden können, bedarf es wegen der Einschränkung der Rechte der Urheber ebenso einer entsprechenden Einschränkung des Rechts am eigenen Bild. Daher sieht § 24 KUG auch insofern eine Einschränkung vor. Ohne diese Einschränkung wäre die Vervielfältigung und Verbreitung von Fahndungsfotos nicht zulässig.

383

▶ **Wiederholungsfrage**

In welchem Umfang und auf welche Art dürfen Werke in Verwaltungs- und Gerichtsverfahren genutzt werden?

12.4.3 Öffentliche Reden

Das Urheberecht schränkt die Rechte der Urheber im Interesse an einer schnellen Unterrichtung der Öffentlichkeit[536], das Vervielfältigungs-, Verbreitungsrecht und das Recht der öffentlichen Wiedergabe an bestimmten Reden, die in der Öffentlichkeit gehalten wurden, ein (§ 48 UrhG).

384

Das Gesetz unterscheidet **Reden über Tagesfragen** bei öffentlichen Versammlungen und **Reden**, die bei **öffentlichen Verhandlungen** vor staatlichen, kommunalen oder kirchlichen Organen gehalten wurden. Während die Reden über Tagesfragen in Zeitungen und Zeitschriften sowie in anderen Druckschriften oder sonstigen Datenträgern, die im Wesentlichen Tagesinteressen Rechnung tragen, vervielfältigt und verbreitet werden dürfen, dürfen die Reden, die bei öffentlichen Verhandlungen vor staatlichen, kommunalen oder kirchlichen Organen gehalten worden sind, unbeschränkt hinsichtlich des Zwecks des Mediums, vervielfältigt, verbreitet und öffentlich wiedergegeben werden.

Die Privilegierung der Nutzung von **Reden über Tagesfragen** hat als **erste** Voraussetzung eine **inhaltliche Beschränkung** der Rede. Reden über Tagesfragen sind solche Reden[537], die sich mit Themen, die anlässlich eines Tagesereignisses virulent werden,

385

---

536 Amtl. Begr. BT-Drucksache IV/270.
537 Amtl. Begr. BT-Drucksache IV/270.

auseinandersetzen, also nicht literarische oder wissenschaftliche Fragen von grundsätzlicher Bedeutung[538].

386 Als **zweite** Voraussetzung müssen diese Reden bei öffentlichen Versammlungen gehalten werden, das heißt Versammlungen, die der Allgemeinheit zugänglich sind, also nicht auf Vereins- oder Aktionärsversammlungen[539], oder auf sonstige Weise der Öffentlichkeit wiedergegeben werden.

387 Die **dritte** Voraussetzung ist die **Zielgruppe** der Rede. Es muss sich um einen sehr weiten Kreis der Allgemeinheit handeln, der angesprochen werden soll. Es wird wohl eine freie Zugänglichkeit zur Versammlung für eine theoretisch unbegrenzte Anzahl von Personen zu fordern sein, z.B. politische Kundgebungen, Gottesdienste.

388 Die **vierte** Voraussetzung bezieht sich auf das **Publikationsmediums**. Die Nutzung ist nur in Zeitungen, Zeitschriften und anderen Druckschriften oder sonstigen Datenträgern, also digitalen Offline-Medien, gestattet, wenn auch diese Medien wieder im Wesentlichen Tagesinteressen Rechnung tragen.

Beispiel: Reden über Tagesfragen dürfen damit in Zeitungen, Zeitschriften und Zeitungsbeilagen, Sonderdrucken sowie auch auf sonstigen Datenträgern, also z.B. digitale Offline-Medien, wie CD-Rom oder DVD, vervielfältigt und verbreitet werden.

389 Werden die Reden allerdings bei **öffentlichen Verhandlungen** (§ 48 Abs. 2 UrhG), vor staatlichen, kommunalen oder kirchlichen Organen gehalten, also bei Gerichtsverhandlungen, im Landes-/Bundesparlament oder anlässlich der Bundesratssitzungen, Stadtratssitzungen, dürfen sie vervielfältigt, verbreitet und öffentlich wiedergegeben werden, ohne dass es auf deren **Inhalt** ankommt. Es können also auch Reden über wissenschaftliche, künstlerische oder politische Fragen, die über Tagesereignisse hinausgehen, von der Privilegierung Gebrauch machen. Sie können in allen **Publikationsformen** genutzt werden, also auch als Buchpublikation.

390 Der Privilegierungszweck, nämlich die Unterrichtung, wird durch die Einschränkung des § 48 Abs. 2 UrhG deutlich, denn solche Reden dürfen nicht in Sammlungen, die überwiegend Reden desselben Urhebers enthalten, aufgenommen werden.

Beispiel: Es dürfen Reden, die während öffentlicher Sitzungen in den Parlamenten und Kommunalparlamenten gehalten wurden, vervielfältigt, verbreitet und öffentlich wiedergegeben werden., allerdings darf daraus keine Sammlung von Reden eines einzelnen Urhebers entstehen. Es können also die Parlamentsreden von Franz Josef Strauß nicht im Rahmen eines Sammelbandes publiziert werden; wohl aber die Rededebatten im Deutschen Bundestag anlässlich der Einführung der allgemeinen Wehrpflicht oder der Wiedervereinigung.

---

538 *Ulmer*, § 70 I 1.
539 *Schricker/Loewenheim/Melichar*, § 48 Rz. 5 m.w.N.

▶ **Wiederholungsfragen**

1. *Unter welchen Voraussetzungen dürfen Reden über Tagesfragen ohne Zustimmung anderweit vervielfältigt, verbreitet oder öffentlich wiedergegeben werden?*

2. *Unter welchen Voraussetzungen sind Reden, die sich mit Grundsatzfragen auseinandersetzen, privilegiert?*

12.4.4 Berichterstattung über Tagesereignisse

In § 50 UrhG findet sich eine weitere Privilegierung, die dem **Informationsinteresse** der Allgemeinheit dient. Im Zuge einer aktuellen Berichterstattung ist es häufig unmöglich, die erforderlichen Rechte aller Beteiligter rechtzeitig vor dem Erscheinen der Berichterstattung einzuholen. Es ist daher zulässig, **zur Berichterstattung über Tagesereignisse** durch Funk, ähnliche technische Mittel, in Zeitungen und Zeitschriften und in anderen Druckschriften oder sonstigen Datenträgern, die den **wesentlichen Tagesereignissen Rechnung** tragen, sowie in Filmen **Werke**, die im **Verlauf dieser Ereignisse wahrnehmbar** werden, in einem für **diesen Zweck gebotenen Umfang** zu vervielfältigen, zu verbreiten oder öffentlich wiederzugeben, wenn die Einholung der Zustimmung des Berechtigten weder möglich noch zumutbar war[540].

391

Die Privilegierung bezieht sich nur auf die **Berichterstattung** selbst, nicht aber auf die vollständige Übertragung, Darstellung oder subjektive Dokumentation[541]. Der Bericht ist die durch die subjektive Wahrnehmung eines Ereignisses geprägte Schilderung von tatsächlichen Vorgängen. Ein Bericht wird daher häufig die Hintergründe oder Voraussetzungen eines tatsächlichen Geschehens, deren Folgen und Bewertungen umfassen[542].

392

Tagesereignisse sind solche, die für die Öffentlichkeit von Interesse sind und als Gegenwartsberichterstattung empfunden werden[543]. Sie zeichnen sich zum einen durch ihre **Aktualität** aus und zum anderen durch das **öffentliche Interesse** hieran[544]. Sie können sich auf alle Bereiche des täglichen Lebens beziehen.

393

Die **Privilegierung** gilt für die Wiedergabe in **Printmedien** (Zeitungen und Zeitschriften und ähnlichen Druckschriften), durch **audiovisuellen Medien** (Funk oder durch ähnliche technische Mittel, also auch für digitale Online-Medien[545], solange die Tagesaktualität gegeben ist) sowie für den Film.

394

---

540 BGH, GRUR 2016, 368-Exklusivinterview; BGH, GRUR 2012, 1062-Elektronischer Programmführer.
541 OLG Frankfurt, GRUR 1985, 380, 382 – Operneröffnung; BGH, GRUR 1983, 28 – Presseberichterstattung und Kunstwerkwiedergabe II.
542 BGH, GRUR 2002, 1050 – Zeitungsbericht als Tagesereignis.
543 BGH, GRUR 2002, 1050, 1051 – Zeitungsbericht als Tagesereignis.
544 BGH, GRUR 2005, 670 – Wirtschaftswoche.
545 BGH, GRUR 2011, 4415-Kunstaustellung im Online-Archiv.

395 Zulässig ist die **Wiedergabe aller Werke, gleich welcher Werkkategorie** sie zuzuordnen sind, die im Verlauf der Ereignisse wahrnehmbar wurden. Die Werke müssen aber tatsächlich wahrnehmbar werden, es genügt nicht ein Bezug zu dem Ereignis selbst; so können etwa Kunstwerke oder -sammlungen nicht abgebildet werden, wenn über deren testamentarische Schenkung berichtet wird, ohne dass die Werke aus diesem Anlass selbst wahrnehmbar wurden[546]. Der Zweck der Erleichterung einer anschaulichen Berichterstattung würde nicht erreicht werden können, wenn nicht die Schranke auch für die **verwandten Schutzrechte** gelten würde.

396 Die Wiedergabe muss schließlich durch den **Berichterstattungszweck geboten** sein. Nur wenn die Wiedergabe den Bericht anschaulicher macht, ohne dass die Werke zur Ausschmückung führen, wird der Zweck beachtet.

Beispiel: Berichtet eine Zeitung über die Eröffnung einer Ausstellung oder über die Neuerscheinung eines Kunsthandbuches, so darf die Zeitung im Zusammenhang mit der Berichterstattung Kunstwerke, die in der Ausstellung präsentiert werden oder in dem Band abgebildet sind, wiedergeben[547]. Anderes gilt für die vollständige Wiedergabe einer Oper anlässlich der Eröffnung eines Opernhauses[548].

▶ **Wiederholungsfragen**

1. Welche Nutzung wird durch die Berichterstattung über Tagesereignisse privilegiert?
2. Welche Voraussetzungen müssen erfüllt sein?

12.4.5 Zitate

397 Im Interesse der **kulturellen Entwicklung,** geistigen **Auseinandersetzung**, des Dialogs und der Kritik[549] gestattet das Zitatrecht die Vervielfältigung, Verbreitung und öffentliche Wiedergabe von Werken und Werkteilen einschließlich der damit verbunden Abbildungen in einem selbständigen, aufnehmenden Werk, wenn dies durch den Zweck der Darstellung geboten ist. Das Zitatrecht ist also gleichsam ein »Nutzungsrecht« des Nutzers[550].

398 Die entscheidende Voraussetzung für die Rechtmäßigkeit eines Zitats ist eine Nutzung, die in ihrem Umfang durch den **besonderen Zitatzweck** (§ 51 S. 1 UrhG)[551] gerechtfertigt ist. Lediglich für das Großzitat (§ 51 S. 2 Nr. 1 UrhG) bestimmt das Gesetz den Zweck

---

546 BGH, GRUR 1983, 25 – Presseberichterstattung und Kunstwerkwiedergabe I.
547 BGH, GRUR 1983, 25 – Presseberichterstattung und Kunstwerkwiedergabe II.
548 OLG Frankfurt, GRUR 1985, 380 – Operneröffnung.
549 *Schricker/Loewenheim/Spindler*, § 51 Rz. 6 m.w.N.
550 BGH, GRUR-RR 2002, 313 – Übernahme nicht genehmigter Zitate aus Tagebüchern.
551 BGH, GRUR-RR 2002, 313 – Übernahme nicht genehmigter Zitate aus Tagebüchern.

näher, in dem es diesen als zur Erläuterung des Inhalts näher beschreibt. Das Zitat ist eine Ergänzung des eigenen selbständigen Werkes und muss daher erkennbar als fremdes Werk bzw. fremdes Werkteil **unterscheidbar** beigefügt werden[552]. Der Zitatzweck ist ein subjektiver Vorgang des Urhebers, der, wenn er objektiv nachvollzogen werden kann, von der Rechtsordnung anerkannt wird[553].

Der **Zitatzweck** kann als **Beleg** für die eigene Ausführung[554], als **beispielhafte** Erläuterung des eigenen Gedankenganges, aber auch als **kritische Auseinandersetzung** mit dem fremden Werk[555] verfolgt werden. Die Aufnahme eines fremden Werkes oder Werkteiles verfolgt nur dann einen Zitatzweck, wenn eine **innere Verbindung** zwischen dem **eigenen Gedankengut**, also dem eigenen Werk, mit dem fremden entsteht[556]. Sie entsteht beispielsweise, wenn das fremde Werk als Beleg für die eigene Meinung, eine Gegenmeinung oder auch als weiterführender Hinweis dient oder durch die referierende, zusammenfassende Darstellung eines Sachverhaltes, die Visualisierung eines im Text bereits beschriebenen Vorganges oder Zustandes. Der Zitatzweck kann über die bloße Belegfunktion hinaus auch als Mittel künstlerischen Ausdrucks und künstlerischer Gestaltung anzuerkennen sein[557]

Demgegenüber wird der Zitatzweck **überschritten**, wenn die Aufnahme des fremden Werkes zur **Ausschmückung** des eigenen Werkes dient[558]. Bei dem wissenschaftlichen Großzitat, das die Aufnahme eines vollständigen Werkes für zulässig erachtet, ist größere Zurückhaltung geboten, weil dort das eigene Verwertungsinteresse des Urhebers gegenüber dem Interesse an der künstlerischen Auseinandersetzung eher zurückzutreten hat[559] als bei Klein- oder Musikzitaten. In jedem Fall ist der Zitatzweck überschritten, wenn ideelle Interessen des Urhebers verletzt oder die Verwertung des Originals behindert wird[560].

Beispiel: Der Zitatzweck ist überschritten, wenn in einem Band über eine Künstlergruppe 69 Werke eines Künstlers wiedergegeben werden, wovon die ganz überwiegende Mehrzahl nicht im Text einzeln angesprochen ist, 13 Abbildungen außerhalb des Teiles über den betroffenen Künstler wiedergegeben werden und 9 Abbildungen im besonderen Abbildungsteil an späterer Stelle zu finden sind. Bei dieser Anordnung fehlt es an der für den Zitatzweck erforderlichen Verbindung zwischen Text und Abbildung sowie an der erläuternden Funktion der Abbildungen zum Text, es steht der Schmuckzweck im Vordergrund[561].

---

552 OLG München, NJW 1999, 1975 – Stimme Brechts.
553 *Loewenheim/Götting*, § 31 Rz. 164.
554 BGH, GRUR 1987, 34 – Liedtextwiedergabe I.
555 BGH, GRUR-RR 2002, 313, 315 – Übernahme nicht genehmigter Zitate aus Tagebüchern.
556 BGH, GRUR 2016, 368-Exklusivinterview; BGH, GRUR 1986, 59 – Geistchristentum.
557 BGH GRUR 2012, 819 – Blühende Landschaften.
558 BGH, ZUM 2003, 156, 158 – Spiegel-TV – ARD-Exklusivinterview.
559 BVerwG, NJW 2001, 598 – Grenzen der Zitierfreiheit.
560 BGH, GRUR 1968, 607 – Kandinsky.
561 BGH GRUR, 1968, 607 – Kandinsky.

399 Die zweite Voraussetzung ist, dass das **übernehmende Werk selbständig urheberrechtsfähig** ist[562]. Es muss also eine selbständige, eigene geistige Leistung darstellen. Eine Zitatensammlung genügt nicht[563]. Auch ein Werk, das aus sich heraus nicht verständlich ist[564], ist nicht selbständig im Sinne des Zitatrechts. Das aufnehmende Werk muss eine **eigene Aussage** enthalten, denn nur dann, wenn eine eigene Aussage vorliegt, kann das aufgenommene, zitierte Werk als Beleg, Erläuterung dienen.

400 Gemeinsame Voraussetzung für alle Fälle der Zitierfreiheit ist, dass das aufzunehmende Werk oder Teile desselben **veröffentlicht** sind.

401 Das Zitatrecht unterscheidet das Großzitat (§ 51 Nr. 1 UrhG), das Kleinzitat (§ 51 Nr. 2 UrhG) und das Musikzitat (§ 51 Nr. 3 UrhG). Die drei Zitatformen sind gesetzliche Beispiele und damit Grundlage für die erweiternde Auslegung. So können künftig neue Formen des Zitatrechts, wie etwa im Bereich der Multimediawerke, aber auch im Bereich der Bildwerke, der Ausnahmevorschrift des § 51 UrhG zugeordnet werden.

402 Das Zitatrecht nennt zunächst das Großzitat. Danach können **ganze Werke** nach ihrer Veröffentlichung zur **Erläuterung** des Inhalts **in wissenschaftlichen Werken** aufgenommen werden. Wissenschaftliche Werke sind alle Werke, die nach einem methodischen Erkenntnisgewinn streben. Das wissenschaftliche Großzitat ist nicht auf universitäre Werke beschränkt, sondern auch für populäre wissenschaftliche Werke zugänglich.

Beispiel: Ein Großzitat ist die Abbildung eines Werkes der bildenden Kunst in einem kunstwissenschaftlichen Beitrag. Es kann sich dabei auch um einen Beitrag in einer Boulevardzeitung handeln.

403 Das **Kleinzitat** ist in allen Werken zulässig, gleichgültig, ob es sich um wissenschaftliche **Werke, Filmwerke oder sonstige Werke handelt.** Danach dürfen **Stellen eines Werkes**, also Abschnitte, Auszüge und sonstige Teile, in einem anderen Werk wiedergegeben werden. Der Zitatzweck kann hier auch in der Verwendung als Devise, Motto, Hommage, zur Verdeutlichung einer Stimmung oder als künstlerisches Stilmittel erfüllt werden[565].

404 Das **Musikzitat** gestattet schließlich, einzelne Stellen eines Musikwerkes in einem anderen Musikwerk aufzunehmen, wobei der Zitatzweck über die Erläuterung des Inhalts und die kritische Auseinandersetzung hinausgeht und als Stilmittel o.ä. zulässig ist. Der strenge Melodienschutz (§ 24 Abs. 2 UrhG) verbietet jedoch die erkennbare Entnahme einer Melodie eines fremden Werkes für das eigene Werk. Die fremde Melodie kann also nicht zur Grundlage von selbständigen Variationen gemacht werden. Die fremde Melodie kann im fremden Werk also allenfalls anklingen.

---

562 BGH, ZUM 2003, 77 – TV Total (oder »Zitiergebot im Fernsehen«).
563 BGH, GRUR 1973, 216 – Handbuch moderner Zitate; *Schricker/Loewenheim/Spindler*, § 51 Rz. 22 m.w.N.
564 BGH, GRUR 1994, 800, 803 – Museumskatalog.
565 *Dreier/Schulze*, § 51 Rz. 15 m.w.N., *Schricker/Loewenheim/Spindler*, § 51 Rz. 17; BVerfG, GRUR 2001, 149 – Germania 3; BGH, GRUR 2012, 819-Blühende Landschaften.

Beispiel: Die Wiedergabe des »Walhall-Motives« von Richard Wagner in »Feuersnot« von Richard Strauß[566].

▶ **Wiederholungsfragen**

1. Was versteht man unter dem Zitatzweck?
2. Welche Voraussetzungen muss das aufnehmende Werk erfüllen?
3. Welche Besonderheiten sind beim Melodienschutz zu beachten?

12.4.6 Öffentliche Wiedergaben

Die Schrankenbestimmung des § 52 UrhG zur **öffentlichen Wiedergabe** privilegiert im Interesse der Allgemeinheit den Werkgenuss durch die öffentliche Wiedergabe des Werkes, wenn eine Wiedergabe keinem Erwerbszweck des Veranstalters dient. 405

Stets bedürfen **öffentliche bühnenmäßige Aufführungen**, die **öffentliche Zugänglichmachung** und die **Funksendung** eines Werkes sowie die **öffentliche Vorführung eines Filmwerkes** der Einwilligung des Berechtigten (§ 52 Abs. 3 UrhG). Solche Nutzungen haben erhebliche wirtschaftliche Bedeutung, so dass es gerechtfertigt ist, den Veranstalter jeweils zur Einholung der Einwilligung zu verpflichten. Hinzu kommt, dass die Organisation solcher Veranstaltungen ohnehin einen hohen Aufwand erfordert, so dass die Einholung der Erlaubnis und die Zahlung einer Vergütung zu keiner ungerechtfertigten Belastung führt[567]. 406

Beispiel: Die öffentliche Ankündigung einer Theateraufführung durch eine Jugendgruppe.

Von besonderer Bedeutung ist die weitere Einschränkung der Schrankenbestimmungen auch für die öffentliche Zugänglichmachung. Würde die öffentliche Zugänglichmachung von der Zustimmungs- und Vergütungspflicht befreit werden, könnten auf privaten Homepages ebenso wie in Diskussionsforen[568], aber auch in File-Sharing-Systemen[569], urheberrechtlich geschützte Werke öffentlich zugänglich gemacht werden. 407

Unter Ausschluss der Nutzungen, die stets der Zustimmung bedürfen (§ 52 Abs. 3 UrhG), ist die öffentliche Wiedergabe von veröffentlichten Werken **ohne Einwilligung** zulässig, wenn die Nutzung **keinem Erwerbszweck** des Veranstalters dient, die **Teilnahme ohne Entgelt** zugelassen ist und die ausübenden **Künstler keine besondere** 408

---

566 *Ulmer*, § 67 II 3.
567 Amtl. Begr. UFITA 45 (1965) 240/286.
568 AG Charlottenburg, GRUR-RR 2004, 132 – Internet-Leseforum.
569 *Kreutzer*, GRUR 2001, 193.

Vergütung erhalten. Der Veranstalter muss jedoch für die Wiedergabe eine **angemessene Vergütung** bezahlen (§ 52 Abs. 1 S. 2 UrhG).

409 Die öffentliche Wiedergabe ist nicht nur erlaubnisfrei, sondern zusätzlich auch vergütungsfrei, wenn es sich um eine Veranstaltung der Jugendhilfe, der Sozialhilfe, der Alten- und Wohlfahrtspflege, der Gefangenenbetreuung sowie um eine Schulveranstaltung handelt, sofern die Veranstaltung nach ihrer sozialen oder erzieherischen Zweckbestimmung nur einem bestimmten abgegrenzten Kreis von Personen zugänglich ist und die Veranstaltung auch keinem Erwerbszweck eines Dritten dient.

Beispiel: Die Wiedergabe einer bestimmten einzelnen Sendung, z.B. eines Krimis, in den Gemeinschaftsräumen eines Altenheims.

410 Dient die Veranstaltung aber unmittelbar oder mittelbar der Förderung[570] eines eigenen Erwerbszweckes des Veranstalters[571], so bedarf die öffentliche Wiedergabe nicht nur der Zahlung der angemessenen Vergütung, sondern auch der ausdrücklichen Einwilligung des Urheberberechtigten. Da Schrankenbestimmungen eng auszulegen sind, ist der Begriff des Erwerbszweckes eher weit zu fassen, um den Ausnahmecharakter zu betonen.

▶ Wiederholungsfragen

1. Welche öffentlichen Wiedergaben bedürfen stets der Einwilligung des Berechtigten?
2. Bei welchen öffentlichen Wiedergaben bedarf es keiner ausdrücklichen Einwilligung des Berechtigten, jedoch der Zahlung einer angemessenen Vergütung?
3. Unter welchen Voraussetzungen ist eine öffentliche Wiedergabe sowohl erlaubnis- als auch vergütungsfrei?

12.4.7 Vervielfältigung durch Sendeunternehmen zu Sendezwecken

411 § 55 UrhG gestattet es Sendeunternehmen, die zur **Funksendung eines Werkes** berechtigt sind, das Werk mit **eigenen Mitteln** auf Bild- oder Tonträger aufzuzeichnen, um diese Aufnahme zur **einmaligen Sendung** zu nutzen. Diese Bild- und Tonträger sind spätestens **einen Monat nach** der **ersten** Funksendung zu **löschen**, es **sei denn**, dass es sich um Aufzeichnungen von außergewöhnlichem **dokumentarischen** Wert handelt, die in ein **amtliches Archiv** aufgenommen werden, worüber der Urheber unverzüglich zu benachrichtigen ist.

412 Zweck dieser Vorschrift ist die Erleichterung der Produktion und des Sendebetriebs der Sendeanstalten durch die Gestattung der sogenannten »ephemeren« Aufzeichnung,

---

570 Amtl. Begr. BT-Drucksache IV/270.
571 LG Leipzig, GRUR 1999, 92.

also der nicht auf Dauer angelegten Vervielfältigung. Diese Aufnahmen sind damit lediglich ein »sachentsprechendes Hilfsmittel«[572] des Sendebetriebes. Die Sender fertigen für die Sendung häufig ein gesondertes **Sendeband** an.

Die Sendeunternehmen erwerben allerdings regelmäßig das Recht zur Vervielfältigung im Umfang des Senderechts[573], da die einmonatige Frist für die Sendepraxis zu kurz ist.

413

▸ **Wiederholungsfrage**

Welche Besonderheiten sind bei der Aufzeichnung von Funksendungen zu beachten?

12.4.8 Benutzung eines Datenbankwerkes

§ 55a UrhG stellt die **Benutzerfreiheit** bei der Benutzung von Datenbanken sicher. Dem berechtigten Benutzer eines Datenbankwerkes soll zum einen der **Zugang** zum Inhalt der Datenbank ermöglicht werden und zum anderen dessen normale **Benutzung**. Hierzu ist eine Beschränkung des Bearbeitungs- und Vervielfältigungsrechts des Datenbankurhebers erforderlich. Die Beschränkung der Rechte der Rechtsinhaber von Datenbankwerken ist **zwingend** vorgeschrieben, so dass sie vertraglich im Rahmen von Nutzungsverträgen nicht abbedungen werden können[574].

414

Der Nutzungsberechtigte von Datenbankwerken ist grundsätzlich nicht zur Vervielfältigung zum eigenen Gebrauch berechtigt, es sei denn, dass dies zum Zwecke einer nicht gewerblichen, wissenschaftlichen Nutzung erforderlich ist (§ 53 Abs. 5 UrhG). Regelmäßig dürften der Ausdruck, das Abspeichern auf Einzelplatzrechnern und die Ergänzung des Datenbestandes zulässig sein[575]. Was darüber hinaus erforderlich ist, wird von der Art des Datenbankwerkes und dem mit der Nutzung verfolgten Zweck zu bestimmen sein, wobei die vertragliche Zweckbestimmung bei der Ermittlung zu berücksichtigen ist[576]. Darüber hinaus darf er die schöpferische Struktur der Datenbank, also Auswahl und Anordnung der aufgenommenen Werke, nicht umgestalten (§ 23 S. 2 UrhG).

415

Der rechtmäßige **Benutzer** einer **Offline**-Datenbank wird durch § 55a UrhG als der Eigentümer eines mit Zustimmung des Urhebers durch Veräußerung in den Verkehr gebrachten Vervielfältigungsstückes des Datenbankwerkes oder als derjenige, der in sonstiger Weise, also z.B. durch Vermietung oder Verleih zu dessen Gebrauch berechtigt ist, definiert. Ferner ist rechtmäßiger Benutzer bei der **Online-Nutzung**, derjenige,

416

---

572 *Ulmer*, § 53 V.
573 *Ulmer*, § 53 V.
574 Ausgenommen Verträge, die vor dem 1.1.1998 geschlossen wurden, vgl. § 137g Abs. 3 UrhG.
575 *Dreier/Schulze*, § 55a Rz. 8; *Möhring/Nicolini/Decker*, § 55a Rz. 9; *Schricker/Loewenheim/Loewenheim*, § 55a Rz. 10.
576 *Möhring/Nicolini/Decker*, § 55a Rz. 9.

dem ein Datenbankwerk aufgrund eines mit dem Urheber oder eines mit dessen Zustimmung mit einem Dritten geschlossenen Vertrages zugänglich gemacht wird. Wird eine Datenbank frei zugänglich ins Netz gestellt (Freeware), so ist von einem konkludent eingeräumten Nutzungsrecht an jeden Interessierten auszugehen.

417 Der Inhaber der Rechte eines Datenbankwerkes kann die Beschränkung von Vervielfältigungs- und Bearbeitungsmaßnahmen durch technische Schutzmechanismen verhindern, weil § 55a UrhG nicht zu den in § 95b Abs. 1 UrhG genannten Schrankenbestimmungen zählt, die den Rechtsinhaber verpflichten, den Begünstigten, soweit diese einen rechtmäßigen Zugang zum Werk haben, die notwendigen Mittel zur Verfügung zu stellen und technische Schutzmechanismen aufzuheben.

Für das Leistungsschutzrecht des Datenbankherstellers sieht § 87e UrhG bestimmte Schranken des sui generis-Schutzes vor. Da nicht in gleicher Form die Freiheit für die erforderlichen Handlungen des berechtigten Nutzers zur vertragsgemäßen Nutzung gewährleistet ist, wird die Bestimmung des § 55a UrhG und diejenige des § 69d Abs. 1 UrhG analog herangezogen[577].

▶ Wiederholungsfragen

1. Was versteht man unter dem Begriff der Benutzungsfreiheit für Datenbanken?
2. Welche Maßnahmen fallen üblicherweise darunter?

12.4.9 Vervielfältigung und öffentliche Wiedergabe in Geschäftsbetrieben

418 Der Verkauf von Radio-, Fernseh-, Tonband- und Videogeräten, CD- oder DVD-Playern, Spielkonsolen oder Datenverarbeitungsgeräten und wohl auch Digitalkameras ist, ohne diese Geräte anlässlich des Verkaufsgespräches vorzuführen, kaum möglich. Ebenso ist die Reparatur dieser Geräte kaum möglich, ohne den Erfolg der Reparatur durch Inbetriebnahme zu überprüfen. **Um** die **Vorführung und Prüfung** dieser Geräte zu **ermöglichen**, werden in § 56 UrhG die **Rechte** der Übertragung geschützter Werke auf Bild- oder Tonträger (§ 16 Abs. 2 UrhG), der öffentlichen Wiedergabe mittels Bild-, Ton- oder Datenträgern (§ 21 UrhG), der öffentlichen Wahrnehmbarmachung von Funksendungen (§ 22 UrhG) sowie der öffentlichen Zugänglichmachung (§ 19a UrhG) **eingeschränkt**. Die Norm wird daher auch »**Ladenklausel**« genannt. Von einer Vergütung für die Urheber konnte abgesehen werden, weil es nicht um den Werkgenuss geht, sondern nur darum, die technische Wirkungsweise des Gerätes zu demonstrieren oder zu überprüfen. Nicht privilegiert ist die Vorführung und Demonstration der Funktionsweise von Geräten, die nur einzelne Bilder oder Töne vervielfältigen oder wiedergeben, wie Kopierer, Faxgeräte,

---

577 *Dreier/Schulze*, § 87c Rz. 1; *Raue/Bensinger*, MMR 1998, 507; *Möhring/Nicolini/Decker*, § 87b Rz. 3.

Readerprinter, Fotoapparate und Diaprojektoren[578], weil sich die Übertragung geschützter Werke auf Bild- oder Tonträger gemäß § 16 Abs. 2 UrhG nur auf die Übertragung von Bild- bzw. Tonfolgen und nicht einzelner Bilder oder Töne bezieht[579].

Die Einschränkung der Rechte des Urhebers geht jedoch nur so weit, soweit die Nutzung der Werke zur **individuellen Kundenberatung**, auch wenn insgesamt ein größerer Käuferkreis angesprochen wird, also zu Vorführzwecken, sowie bei Überprüfung der Instandsetzung tatsächlich notwendig ist[580]. Damit ist das allgemeine Laufenlassen von Fernsehern oder Radios zur allgemeinen Kundenwerbung nicht durch § 56 UrhG gedeckt. 419

▶ **Wiederholungsfrage**

Zu welchen Zwecken und in welchem Umfang können Geräte zur Aufnahme und Wiedergabe von Bild-, Ton- oder Datenträgern genutzt werden?

12.4.10 Unwesentliches Beiwerk

Zulässig ist die Vervielfältigung, Verbreitung und öffentliche Wiedergabe von Werken, wenn sie als **unwesentliches Beiwerk** neben **dem eigentlichen Gegenstand** der Vervielfältigung, Verbreitung oder öffentlichen Wiedergabe anzusehen sind (§ 57 UrhG). Es geht also darum, dass Werke, die nur **zufällig**[581] und **nebensächlich** in den Blick oder die Hörweite des eigentlichen Gegenstandes der Nutzung geraten, auch ohne Zustimmung des jeweiligen Urhebers verwertet werden dürfen. Mit dieser Schrankenregelung bezweckt das Gesetz in Ergänzung zur Privilegierung der Berichterstattung über Tagesereignisse (§ 50 UrhG), die Arbeit der Presse zu erleichtern. Diese Schranke gestattet die Nutzung auf **alle Verwertungsarten**, ausgenommen jedoch der Ausstellung (§ 18 UrhG)[582]. 420

Ein unwesentliches Beiwerk ist nach **objektivem Maßstab** aus der Sicht des Betrachters und nicht nach der Absicht des Verwerters zu ermitteln[583]. Die Schranke soll nicht ein bequemer Vorwand für Rechtsverletzungen[584] sein. Voraussetzung ist, dass keine Beziehung zum eigentlichen Gegenstand der Verwertung besteht und das betroffene Werk ausgetauscht werden könnte, ohne dass sich die Gesamtwirkung des eigentlichen Gegenstandes der Verwertung ändert. 421

---

578 *Schricker/Loewenheim/Melichar*, § 56 Rz. 6 a.A.; *Dreier/Schulze*, § 56 Rz. 6.
579 Zum Diskussionsstand: *Schricker/Loewenheim/Melichar*, § 56 Rz. 6 a.A.; *Möhring/Nicolini/Gass*, § 57 Rz. 12.
580 *Loewenheim*, GRUR 1987, 659.
581 Amtl. Begr. UFITA 45 (1965) 240/292.
582 *Ulmer*, § 75 II; *Möhring/Nicolini/Gass*, § 57 Rz. 2.
583 OLG München, NJW 1989, 404; *Schricker/Loewenheim/Vogel*, § 57 Rz. 10.
584 *Fromm/Nordemann/Nordemann*, § 57 Rz. 2.

Beispiel: Wird geschütztes Gemälde auf dem Werbeprospekt eines Möbelproduzenten wiedergegeben, so ist nicht mehr von einem unwesentlichen Beiwerk auszugehen[585]. Gleiches gilt, wenn die in einem Dokumentarfilm hörbar werdende Musik nachträglich aufgefrischt wird[586].

▶ **Wiederholungsfrage**

Unter welchen Voraussetzungen kann ein Werk, das nicht zum eigentlichen Gegenstand der Nutzung gehört, einwilligungsfrei genutzt werden?

12.4.11 Katalogbildfreiheit

422 § 58 UrhG gewährt im Hinblick auf die wirtschaftlichen Bedürfnisse bestimmte Erleichterungen zur Herausgabe **illustrierter Ausstellungs- und Versteigerungskataloge**[587]. Mit der Beschränkung der Rechte soll zunächst dem Veranstalter einer Ausstellung oder dem Kunsthandel die Möglichkeit eingeräumt werden, auf einfache und schnelle Weise **für die Veranstaltung zu werben**. Weiterhin dient die Schranke dem Unterrichtungsbedürfnis der interessierten Kreise und schließlich auch dem Urheber, der durch die Veranstaltung zusätzliche Publizität, die den Verkauf seiner Werke unterstützt, erlangt[588].

423
424 Die Privilegierung bezieht sich auf künstlerische Werke gemäß § 2 Abs. 1 Nr. 4 bis 6 UrhG, also auf **Werke der bildenden Kunst**, **Lichtbildwerke** und die gleichgestellten einfachen Lichtbilder sowie Filmwerke. Gestattet ist die Vervielfältigung, Verbreitung und öffentliche Zugänglichmachung von öffentlich ausgestellten oder zur Ausstellung oder zum Verkauf bestimmter Werke durch den Veranstalter **zur Werbung**, wenn dies zur Förderung der Veranstaltung erforderlich ist. Privilegiert ist nur der Veranstalter, also derjenige, der in organisatorischer und finanzieller Hinsicht das Risiko und die Verantwortung trägt. Freilich ist der Veranstalter nicht selbst verpflichtet, den entsprechenden Katalog herzustellen, es genügt, dass er einen Verleger mit der entsprechenden Dienstleistung beauftragt und dabei das wirtschaftliche Risiko trägt[589]. Nicht privilegiert ist der freie Verkauf eines Kataloges durch den Verleger im Buchhandel.

Beispiel: Die Verwendung eines Werkes der bildenden Kunst als Titelbild eines Katalogs ist von der Katalogbildfreiheit umfasst[590]. Überschritten ist die Grenze dann, wenn ein Werk auf Merchandising-Produkten, wie Kalender, Postkarten und ähnlichen Souvenir-Artikeln, genutzt wird[591].

---

585 OLG München, NJW 1989, 404.
586 LG Frankfurt, *Schulze* LGZ 106.
587 BGH, GRUR 1993, 822, 823 – Katalogbild.
588 Amtl. Begr. UFITA 45 (1965) 240/292.
589 *Dreier/Schulze*, § 58 Rz. 15; *Möhring/Nicolini/Gass*, § 58 Rz. 13.
590 BGH, GRUR 1993, 822 – Katalogbild.
591 *Dreier/Schulze*, § 58 Rz. 7; *Schricker/Loewenheim/Vogel*, § 58 Rz. 17 ff.

Die Katalogbildfreiheit lässt das Urheberpersönlichkeitsrecht, insbesondere das Entstellungsverbot, unberührt, wobei die Anpassung der Größe und solche Änderungen zulässig sind, die durch das angewandte Vervielfältigungsverfahren notwendig werden (§ 62 Abs. 3 UrhG).

425

▶ **Wiederholungsfragen**

1. *Unter welchen Voraussetzungen privilegiert die Katalogbildfreiheit an urheberrechtlich geschützten Werken?*
2. *Auf welche Werkkategorien bezieht sich die Privilegierung?*
3. *Unter welchen Voraussetzungen können Ausstellungs- und Bestandsdokumentationen ohne Einwilligung des Urheberberechtigten erstellt werden?*

12.4.12 Werke an öffentlichen Plätzen (Panoramafreiheit)

Die **Panoramafreiheit** (§ 59 UrhG) **gestattet** die Vervielfältigung, Verbreitung und öffentliche Wiedergabe von Werken, die sich **bleibend an öffentlichen Wegen**, Straßen oder Plätzen befinden, mit Mitteln der **Malerei oder Grafik**, durch **Lichtbild** oder durch **Film** zu vervielfältigen, verbreiten und öffentlich wiederzugeben. Der Gesetzgeber[592] war der Auffassung, »dass die Ausstellung eines Kunstwerkes an öffentlichen Orten zum Ausdruck bringt, dass damit das Werk der Allgemeinheit gewidmet wird«. Was ohnehin von jedermann ungehindert betrachtet werden kann, soll auch in zweidimensionaler Form weiteren Kreisen zugänglich werden.

426

Die Nutzung der Werke auf der Grundlage des § 59 UrhG bezieht sich auf alle Werke, welche **sich dauernd an öffentlichen Straßen und Plätzen** befinden können und mit **bildnerischen Mitteln**, also zweidimensional, vervielfältigt, verbreitet bzw. öffentlich wiedergegeben werden. Zu diesen Werken gehören Werke der bildenden Künste, wie Denkmäler, Skulpturen, Reliefs, Wandbilder o.ä., sowie Werke der Baukunst. Öffentliche Wege, Straßen oder Plätze, die die Privilegierung auslösen, sind alle Örtlichkeiten, die der Allgemeinheit gewidmet sind und von jedermann ungehindert genutzt werden können[593].

427

Die Vervielfältigung und Verbreitung muss von dem dortigen Standpunkt aus **ohne Hilfsmittel** erfolgen. Der Luftraum[594] ist nicht den öffentlichen Wegen zuzuordnen. Dagegen ist die Benutzung eines Teleobjektivs kein Hilfsmittel, sondern notwendige Apparatur zur Vervielfältigung[595].

428

---

592 § 60 BT-Drucksache IV/270.
593 *Ulmer*, § 74 III 1; *Schricker/Loewenheim/Vogel*, § 59 Rz. 9.
594 BGH, GRUR 2003, 1035 – Hundertwasserhaus
595 *Dreier/Schulze*, § 59 Rz. 4; a.A. *Fromm/Nordemann/Nordemann*, § 59 Rz. 2.

429 Die Werke müssen sich am öffentlich zugänglichen Ort **bleibend** befinden. Dies bedeutet, dass sie dort für die **Dauer ihrer Existenz** aufgestellt sein müssen. Vergängliche Werke, wie Schneeskulpturen, Pflastermalereien oder Sandskulpturen, zählen zu den bleibenden Werken, da sie für die Dauer ihrer Existenz aufgestellt sind. Ist jedoch ein Werk nach seiner anfänglichen Widmung nur zeitlich befristetet an einem öffentlichen Platz zu sehen, so befindet es sich dort nicht bleibend, so dass dessen Verwertung nicht ohne Einwilligung der Künstler zulässig ist.

Beispiel: Der von den Künstlern Christo und Jeanne-Claude »Verhüllte Reichstag« konnte von Dritten nicht unter Berufung auf die Panoramafreiheit vervielfältigt und verbreitet werden, weil hier das Werk in einer zeitlich befristeten Ausstellung präsentiert wurde[596].

430 Die Vervielfältigung, Verbreitung und öffentliche Wiedergabe darf jedoch nur mit **Mitteln der Malerei,** Grafik, Fotografie oder des Films erfolgen. Das Gesetz gestattet also die **zweidimensionale Wiedergabe.** Erlaubt ist damit die Vervielfältigung und Verbreitung in Bildbänden, Presseführern, Videos, Grußkarten, Katalogen, Filmen, Souvenirartikeln usw.

431 Die Privilegierung bezieht sich **nur** auf die **Außensicht** von Bauwerken, wie § 59 Abs. 1 Satz 2 UrhG klarstellt. Schließlich darf die Vervielfältigung nicht an einem Bauwerk erfolgen (§ 59 Abs. 2 UrhG). Es darf also beispielsweise nicht ein Fresko und/oder die Fassadengestaltung bei der Ausführung eines anderen Bauwerks gestaltet bzw. nachgebaut werden.

432 Das **Eigentumsrecht** (§ 903 BGB) und der **Besitz** (§ 854 BGB) umfassen weder das Recht zur Vervielfältigung und Verbreitung als Fotografie[597] noch zur gewerblichen Verwertung[598]. Damit kann sich der Eigentümer und/oder Besitzer eines Gebäudes allein auf sein Hausrecht berufen und mit Hilfe des Hausrechts das Betreten bestimmter Örtlichkeiten verbieten, die ein Fotograf aufsuchen muss, um eine Ablichtung herbeizuführen. Lediglich in ganz beschränkten Ausnahmefällen verbietet das allgemeine Persönlichkeitsrecht die Wiedergabe eines Hauses[599].

▶ **Wiederholungsfrage**

Unter welchen Voraussetzungen können Werke an öffentlichen Straßen und Plätzen zustimmungsfrei vervielfältigt, verbreitet oder öffentlich wiedergegeben werden?

---

596 BGH, GRUR 2002, 605 – Verhüllter Reichstag.
597 BGH, GRUR 2015, 578-Preußische Kunstwerke.
598 BGH, GRUR 1990, 390 – Friesenhaus.
599 BGH, GRUR 1971, 417 – Haus auf Teneriffa.

12.4.13 Bildnisse

Der **Besteller** eines Bildnisses ist berechtigt, ohne Einwilligung und vergütungsfrei das Bildnis zu vervielfältigen sowie **unentgeltlich** und **zu nicht gewerblichen Zwecken** zu verbreiten. Nach dem Tod des Bestellers sind dessen Angehörige berechtigt. Werke der bildenden Kunst dürfen nur als Lichtbild verwertet werden (§ 60 UrhG). 433

Voraussetzung dafür ist, dass es sich bei dem Bildnis um die **Abbildung** einer oder mehrerer **Personen** handelt, also deren individuelle Züge erkennbar sind[600]. Es handelt sich also um eine Privilegierung für den Besteller von Zeichnungen, Gemälden, Fotografien, Reliefs, Büsten, Skulpturen und auch Totenmasken[601] einer oder mehrerer Personen. 434

Die Abbildung muss **auf Bestellung** angefertigt worden sein. Erschafft sie der Künstler aus eigenem Interesse und Antrieb, ohne in vertraglichen Beziehungen mit einer dritten Person, die ihn zur Anfertigung des Bildnisses verpflichtet, zu stehen, so kann sich die abgebildete Person nicht auf die Privilegierung berufen. 435

Die Schranke des § 60 UrhG gilt zugunsten **des Bestellers** des Bildnisses, also des Auftraggebers eines Porträts und seines Rechtsnachfolgers, und, wenn das Bildnis auf Bestellung geschaffen wurde, auch zugunsten des oder der Abgebildeten und nach deren Tod deren Angehörigen. 436

Der Berechtigte darf das Bildnis **vervielfältigen** (§ 16 UrhG) und **verbreiten** (§ 17 UrhG), vorausgesetzt, die Verbreitung erfolgt unentgeltlich und nicht zu gewerblichen Zwecken, wobei jede wirtschaftliche Zielsetzung, die mit der Verbreitung verbunden ist, die Voraussetzung der Privilegierung entfallen lässt[602]. Zu beachten ist, dass Werke der bildenden Kunst nur durch Lichtbilder vervielfältigt (§ 60 Abs. 1 Satz 2 UrhG) werden dürfen. Handelt es sich jedoch selbst um ein Lichtbildwerk, so darf dieses durch ein Lichtbild, aber nicht durch Abmalen oder Abzeichnen vervielfältigt werden[603], weil dies das Integritätsinteresse des Urhebers verletzen würde. Weitere Rechte, insbesondere das Recht der öffentlichen Zugänglichmachung, stehen dem Besteller nicht zu. Er darf also nicht das vom Fotografen gefertigte Portrait auf seine private Homepage stellen. 437

Der **Besteller** erwirbt regelmäßig **nur das Eigentum** an dem Bildnis, wohingegen die **Urheberrechte beim Künstler** verbleiben (§ 44 UrhG). Der Erwerber eines Werkes der bildenden Künste oder eines Lichtbildwerkes ist ohne besondere Vereinbarung zur Ausstellung (§ 18 UrhG) berechtigt. Unabhängig davon ist das Recht am eigenen Bild der abgebildeten Person zu beachten (§§ 22–24 KUG). 438

---

600 OLG Karlsruhe, ZUM 1994, 737 – Musikgruppe.
601 KG, GRUR 1981, 742 – Totenmaske.
602 *Dreier/Schulze*, § 60 Rz. 8; *Schricker/Loewenheim/Vogel*, § 60 Rz. 29.
603 *Schricker/Loewenheim/Vogel*, § 60 Rz. 9.

▶ **Wiederholungsfragen**

1. *Unter welchen Voraussetzungen darf der Besteller eines Bildnisses dies ohne Zustimmung und ohne weitere Vergütung nutzen?*
2. *Auf welche Art und Weise darf der Besteller es nutzen?*

12.4.14 Unterricht, Wissenschaft und Information

439 Mit dem Inkrafttreten des Urheberrechts-Wissensgesellschaftsgesetzes[604] hat der Gesetzgeber die Schrankenbestimmungen für Wissenschaft, Forschung und Lehre in einem neuen Unterabschnitt unter §§ 60a ff. UrhG zusammengefasst. Für den Unterricht und die Lehre sowie für Bibliotheken sind dabei Schranken, die die vergütungs- und zustimmungsfreie Nutzung ermöglichen, zusammengefasst worden.

440 Zur Veranschaulichung des Unterrichts und der Lehre an Bildungseinrichtungen dürfen zu nichtkommerziellen Zwecken bis zu 15 % eines veröffentlichten Werkes öffentlich wiedergegeben, jedoch nicht öffentlich zugänglich gemacht werden, für die Angehörigen von Bildungseinrichtungen und deren Familien, soweit dies der Präsentation des Unterrichts, von Unterrichts- oder Lernergebnissen an der Bildungseinrichtung dient (§§ 60a Abs. 1 Nr. 1 und Nr. 3, 60h Abs. 2 Nr. 2 UrhG). Ferner dürfen Abbildungen, einzelne Beiträge aus derselben Fachzeitschrift oder wissenschaftliche Zeitschriften, sonstige Werke geringen Umfangs und vergriffene Werke unentgeltlich und ohne Zustimmung der Urheber öffentlich wiedergegeben werden (§§ 60a Abs. 2, 60h Abs. 2 Nr. 2 UrhG).

441 Begünstigt sind die Angehörigen von Bildungseinrichtungen für jeden Ausbildungs- und Weiterbildungsbedarf (§ 60 a Abs. 4 UrhG). Ob die Bildungseinrichtung unter öffentlicher oder privater Trägerschaft steht, ist gleichgültig. Ausgeschlossen sind kommerzielle Einrichtungen, also z.B. auf Gewinn ausgerichtete private Sprachinstitute.

442 Erlaubt sind alle Handlungen zur Veranschaulichung des Unterrichts im Wege der öffentlichen Wiedergabe. Dies kann vor, nach und während des Unterrichts erfolgen. Dies kann durch Fernunterricht oder elektronisch unterstütztes Lernen erfolgen. Auch Prüfungen und deren Nachbereitung fallen darunter. Ferner dürfen die Unterlagen an andere Lehrende und an Prüfer weitergegeben werden. Über den maximalen Anteil von 15 % eines Werkes hinaus dürfen auch Abbildungen, insbesondere Fotografien und Werke geringen Umfangs, wie Gedichte oder Liedtexte, vollständig genutzt werden. Als geringer Umfang gilt für Druckwerke 25 Seiten, für Noten 6 Seiten, für Filme und für Musik 5 Minuten[605].

---

604 BGBl. I, 2017, S. 3346
605 Begründung des Gesetzesentwurfs der Bundesregierung S. 37 vom 12.4.2017.

Ferner sind Vervielfältigungen zum Zweck der Indexierung, Katalogisierung, Erhaltung und Restaurierung durch öffentlich zugängliche Bibliotheken, die keine mittelbaren oder unmittelbaren kommerziellen Zwecke verfolgen, aus ihrem Bestand oder ihrer Ausstellung vergütungs- und zustimmungsfrei zulässig (§§ 60h Abs. 2 Nr. 2, 60e Abs. 1 UrhG). Gleiches gilt für Archive, Einrichtungen im Bereich des Film- und Tonerbes sowie öffentlich zugängliche Museen und Bildungseinrichtungen, die keine unmittelbaren oder mittelbaren kommerziellen Zwecke verfolgen (§§ 60h Abs. 2 Nr. 2, 60f Abs. 1 UrhG)

443

12.4.15 Besondere Ausnahmen für Computerprogramme

§ 69c UrhG weist dem Urheber von Computerprogrammen umfangreiche Ausschließlichkeitsbefugnisse zu, gegen die auch der berechtigte Nutzer beim bestimmungsgemäßen Gebrauch verstoßen würde. § 69d UrhG sieht hierzu gesetzliche Ausnahmen vor. Die allgemeinen Regelungen können ergänzend herangezogen werden, soweit sie nicht von der Richtlinie erfasst wurden[606].

444

Die Ausnahmevorschrift gestattet dem **berechtigten Benutzers** des Programms bestimmte zur Nutzung erforderliche Handlungen. Da der Rechtsinhaber den Umfang der Berechtigung bestimmen kann, hängt der Umfang der Ausnahmeberechtigung zum Teil auch von den vertraglichen Vereinbarungen ab, soweit nicht durch § 69g Abs. 2 UrhG die Schranken zur Erstellung der Sicherungskopie und zur Verwendung von Vervielfältigungsstücken als zwingende Bestimmungen ausgestaltet sind. Die Norm enthält neben einer gesetzlichen Lizenz für den Berechtigten auch Vorschriften über die Vertragsgestaltung.

445

Dem berechtigten Benutzer ist die ganze oder teilweise, dauerhafte oder vorübergehende Vervielfältigung zur **bestimmungsgemäßen Benutzung** des Programms (§ 69d Abs. 1 UrhG) gestattet. Damit stellt die Norm den Ausgleich zwischen den Nutzungsinteressen des berechtigten Nutzers einerseits und den Geheimhaltungs-, Kontroll- und Partizipationsinteressen des Rechtsinhabers andererseits dar[607]. Der berechtigte Nutzer darf das Programm zur bestimmungsgemäßen Benutzung laden, anzeigen, ablaufen, übertragen oder speichern. Die bestimmungsgemäße Benutzung ist auf der Grundlage der vertraglichen Vereinbarung[608] unter Berücksichtigung des wirtschaftlichen und technischen Nutzungszwecks des jeweiligen Computerprogramms und die gewöhnliche Benutzungsart[609] zu ermitteln. Dazu gehört auch die Fehlerbeseiti-

446

---

606 28. Erwägungsgrund der EU-Computerprogramm-Richtlinie; *Dreier/Schulze*, § 69d Rz. 3.
607 Amtl. Begr. BT-Drucksache 12/4022, S. 12.
608 *Marly*, Praxishandbuch Softwarerecht, 5. Aufl., Rz. 486; *Schricker/Loewenheim/Loewenheim*, § 69d Rz. 7.
609 OLG Düsseldorf, CR 1997, 337.

gung[610], nicht jedoch die Verbesserung oder Erweiterung. Ebenso wenig ist die Beseitigung von Kopierschutzmechanismen eine Fehlerbeseitigung[611].

447 § 69d Abs. 2 UrhG gestattet dem berechtigten Benutzer, eine **Sicherungskopie** anzufertigen, wenn und soweit dies erforderlich ist.

448 Dem berechtigten Benutzer ist die **Programmbeobachtung gestattet**, um diejenigen Informationen herauszufinden, die der Nutzer zum Zwecke der Kompatibilität, der Fortentwicklung des Programmschaffens, benötigt (§ 69 Abs. 3 UrhG). § 69a Abs. 2 Satz 2 UrhG stellt Ideen und Grundsätze, die einem Element eines Computerprogramms zugrunde liegen, einschließlich der den Schnittstellen zugrunde liegenden Ideen und Grundsätze, schutzfrei. Sie können also von jedermann zur eigenen Fortentwicklung benutzt werden. Demgemäß gestattet § 69d Abs. 3 UrhG dem Berechtigten, das Funktionieren des Programms zu beobachten[612], zu untersuchen oder zu testen, um die einem Programmelement zugrunde liegenden Ideen und Grundsätze zu ermitteln, wenn dies durch das Laden, Anzeigen, Laufen, Übertragen oder Speichern des Programmes im Rahmen seiner Beschäftigung erfolgt. Die Vorschrift scheint auf den ersten Blick überflüssig zu sein, da dem Nutzer nur die Ermittlung der ohnehin schutzfreien Elemente gestattet wird. Erst in Verbindung mit der Vorschrift des § 69g Abs. 2 UrhG wird deutlich, dass damit auch der vertragliche Ausschluss dieses Rechts der Erforschung der zugrunde liegenden Ideen und Grundsätze unwirksam ist.

449 Neben der Freiheit, ein Computerprogramm zu testen und zu beobachten, gestattet auch § 69e UrhG in eng begrenztem Umfang das **Dekompilieren**, um den Zugriff auf freie Informationen, insbesondere denen, die den Schnittstellen des geschützten Programms zugrunde liegen, zur Kenntnis zu erlangen. Zur Sicherung des Wettbewerbs sollen Schnittstellen ermittelt werden können, um die Entwicklung interoperabler Programme zu ermöglichen. Die Vorschrift bringt die Interessen der Rechtsinhaber an einem möglichst wirksamen und umfassenden Schutz ihrer Programme, einerseits mit den Interessen der Mitbewerber kompatible Produkte anbieten zu können, andererseits zum Ausgleich. Unter drei Voraussetzungen ist das Dekompilieren zulässig; zusätzlich müssen drei weitere Voraussetzungen für die Verwendung der so gewonnenen Informationen vorliegen. So setzt das **berechtigte Dekompilieren** zunächst voraus, dass die Dekompilierung **durch** eine zur Nutzung des Programms **berechtigte Person** vorgenommen wird, dass die für die **Interoperabilität notwendigen Informationen nicht anderweitig** ohne weiteres zugänglich sind und, dass das Dekompilieren auf die ursprünglichen Teile des Programms, die zur Herstellung der Interoperabilität **erforderlich** sind, beschränkt wird. Die so gewonnenen Informationen dürfen **nur zum Zwecke der Herstellung der Interoperabilität** des unabhängig geschaffenen Programms verwendet, nicht an Dritte weitergegeben werden, sofern dies

---

610 BGH, GRUR 2000, 866 – Programmfehlerbeseitigung.
611 *Schricker/Loewenheim/Loewenheim*, § 69d Rz. 11; *Dreier/Schulze*, § 69d Rz. 9, jeweils m.w.N.
612 BGH, GRUR 2017, 266-War of Warcraft I.

nicht zur Herstellung der Interoperabilität des unabhängig geschaffenen Programms notwendig ist und schließlich nicht zur Entwicklung, Herstellung oder Vermarktung eines Programms mit den wesentlichen ähnlichen Ausdrucksformen Verwendung findet.

▶ **Wiederholungsfragen**

1. *Sind neben den Schrankenregelungen der §§ 69d und 69e UrhG die allgemeinen Bestimmungen gemäß § 44a ff. UrhG anzuwenden?*
2. *Welche Gesichtspunkte sind bei der Festlegung der bestimmungsgemäßen Benutzung eines Programms zu berücksichtigen?*
3. *Welche Handlungen gehören zur bestimmungsgemäßen Programmbenutzung?*
4. *Zu welchen Zwecken ist die Programmbeobachtung gestattet?*
5. *Welche Voraussetzungen müssen gegeben sein, um ein Programm berechtigterweise zu dekompilieren?*
6. *Zu welchen Zwecken dürfen die so gewonnenen Informationen verwertet werden?*

12.5 Gesetzliche Lizenz

Durch die **gesetzliche Lizenz** wird in minderschwerer Form das Urheberrecht beschränkt. Die **Nutzung** kann **ohne entsprechende Einwilligung** des Berechtigten vorgenommen werden; mit der Nutzung entsteht aber kraft Gesetzes ein **Vergütungsanspruch des Urhebers**. Die Urheberinteressen werden durch einen wirtschaftlichen Ausgleich gewahrt. Der Vergütungsanspruch wird also durch einen Realakt, z.B. durch das Vervielfältigen und Verbreiten, ausgelöst. Der Vergütungsanspruch aus der gesetzlichen Lizenz ist »ein Relikt des positiven Nutzungsrechts«[613]. Es handelt sich um einen urheberrechtlichen Anspruch eigener Art. Die Vergütungsansprüche sind im Rahmen der Grenzen des § 63a UrhG gemäß §§ 398 ff. BGB übertragbar.

450

Die persönlichkeitsrechtlichen Interessen des Urhebers sind durch das auch für die gesetzlichen Lizenzen geltende Änderungsverbot (§ 62 UrhG) und durch die Verpflichtung zur Quellenangabe (§ 63 UrhG) gewahrt.

▶ **Wiederholungsfrage**

Was kennzeichnet eine gesetzliche Lizenz?

---

613 *Schricker*, GRUR Int. 1983, 446.

12.5.1 »Bibliothekstantiemen«

451 Mit der erstmaligen Veräußerung des Originals oder eines Vervielfältigungsstücks mit Zustimmung des Berechtigten erschöpft sich das Verbreitungsrecht. Davon ausgenommen ist jedoch das Vermietrecht (§ 17 Abs. 2 UrhG). Anders verhält es sich mit dem **Verleihrecht**; es erschöpft sich ebenso. Verleihen ist die **zeitbegrenzte Gebrauchsüberlassung**, die **weder unmittelbar noch mittelbar Erwerbszwecken** dient. Der Urheber erhält keine Beteiligung, wenn das Vervielfältigungsstück auch mehrfach an Dritte entliehen wird. Während der Dritte einen Werkgenuss erzielt, erhält der Urheber keine Beteiligung. Wenn aber letztlich der Urheber für den Werkgenuss des Dritten eine Vergütung erzielen soll, muss der Vorgang des Verleihens einen Vergütungsanspruch, die Bibliothekstantieme, auslösen.

452 Erfolgt der **Verleih** des Originals und/oder von Vervielfältigungsstücken durch eine **öffentlich zugängliche Einrichtung**, so steht dem Urheberberechtigten ein Vergütungsanspruch zu, der nur durch Verwertungsgesellschaften geltend gemacht werden (§ 27 Abs. 2 und 3 UrhG) kann. Dieser Vergütungsanspruch wird »**Bibliothekstantieme**« genannt.

453 **Vergütungspflichtig** ist das **Verleihen von Originalen und Vervielfältigungsstücken** (z.B. Bücher, Noten oder Kunstgegenstände, Tonträger und/oder Bildtonträger aller Art, Computerprogramme). Das Verleihrecht bezieht auch die Leistungsschutzberechtigten mit ein. Denn wenn sich (der Staat) dazu entschließt, die Erzeugnisse der Kulturschaffenden einem Bürger unentgeltlich oder gegen eine geringe Gebühr zur Verfügung zu stellen, so muss er konsequenterweise alle entlohnen, die zum Betrieb einer Bibliothek beitragen, also nicht nur z.B. das Bibliothekspersonal, sondern erst recht diejenigen, die den wesentlichen, nämlich schöpferischen Beitrag zum Funktionieren einer Bibliothek erbringen. Zur Zahlung verpflichtet ist der Verleiher.

454 Die Urheber und die Inhaber verwandter Schutzrechte haben einen Anspruch auf eine angemessene Vergütung[614]. Dabei ist der Begriff »angemessene Vergütung« in allen Mitgliedstaaten einheitlich auszulegen, wobei jeder Mitgliedstaat selbst festsetzen kann, welche Höhe zu berücksichtigen ist[615]. Als Richtmaß hat sich national und international ein Satz von 10 % der Bruttoeinnahmen durchgesetzt[616].

▶ **Wiederholungsfrage**

Welchen Vergütungsvorgang beschreibt das Stichwort »Bibliothekstantieme«?

---

614 8.4 Abs. 1 der EG-Richtlinie zum Vermiet- und Verleihrecht, Erwägungsgründe 15 ff. der Richtlinie, GRUR Int. 1993, 144.
615 EuGH, GRUR 2003, 325, 327 Sena/Nos.
616 Schiedsstelle, ZUM 1988, 471, 478; *Scheuermann/Strittmatter*, ZUM 1990, 338, 340; *E. Schricker*, GRUR 2002, 737.

12.5.2 »Pressespiegelvergütung«

§ 49 UrhG **beschränkt** das Urheberrecht an **Zeitungsartikeln** und **Rundfunkkommentaren** im Interesse einer umfassenden und raschen **Berichterstattung** über aktuelle Angelegenheiten[617]. Danach ist die zustimmungs-, jedoch nicht vergütungsfreie Vervielfältigung und Verbreitung einzelner Rundfunkkommentare und einzelner Artikel aus Zeitungen und anderen, lediglich Tagesinteressen dienenden Informationsblättern in anderen Zeitungen oder in anderen Informationsblättern zulässig, wenn sie politische, wirtschaftliche oder religiöse Tagesfragen betreffen und nicht mit einem Vorbehalt der Rechte versehen sind. Ebenso zulässig ist die öffentliche Wiedergabe (§§ 15 Abs. 2, 19 ff. UrhG) solcher Kommentare und Artikel. Die Vergütungspflicht entfällt, wenn es sich um kurze Auszüge aus mehreren Kommentaren oder Artikeln in Form einer Übersicht handelt. Unbeschränkt vergütungsfrei zulässig ist die Nutzung von vermischten Nachrichten tatsächlichen Inhalts, die durch Presse oder Funk veröffentlicht wurden (§ 49 Abs. 2 UrhG)[618].

455

Die Privilegierung der Pressespiegel enthält eine **Einschränkung** hinsichtlich des **Inhalts** der **privilegierten Berichte** und hinsichtlich deren **Herkunft**. Privilegiert sind Rundfunkkommentare und Artikel, einschließlich der damit verbundenen Abbildungen, also Sprachwerke, die Meinungsäußerungen enthalten und gesendet werden oder schriftlich niedergelegt wurden; Kommentare, die online gestellt werden, fallen auch darunter[619]. Nicht jeder Rundfunkkommentar oder Artikel darf übernommen werden, sondern, entsprechend dem Zweck der Vorschrift der umfassenden und schnellen Unterrichtung, nur solche, die politische, wirtschaftliche oder religiöse Tagesfragen betreffen. Daher fallen nicht unter die Privilegierung wissenschaftliche, kulturelle oder technische Erörterungen, die über das tagesaktuelle Interesse hinaus von allgemeinem Interesse sind. Schließlich darf die Übernahme nur aus Zeitungen, also täglich erscheinenden Publikationen, und anderen, lediglich Tagesinteressen dienenden Informationsblättern, Beiträge übernommen werden.

456

Zulässig ist die **Vervielfältigung und Verbreitung in Zeitungen**, die lediglich Tagesinteressen dienen, und die **öffentliche Wiedergabe**. Wobei kein periodisches Erscheinen erforderlich ist[620]. Auch die Zweckbindung entfällt. Die traditionellen betriebs- und behördeninternen Pressespiegel fallen ebenso darunter[621] wie einmalige Berichte aus aktuellem Anlass. Anderes gilt hinsichtlich kommerziell vertriebener Pressespiegel[622].

457

---

617 Amtl. Begr. BT-Drucksache IV, 270.
618 Die Einschränkung des Vervielfältigungs- und Verbreitungsrechts für Presseübersichten beruht im Übrigen auf Art. 10 Abs. 1 RBÜ sowie auf Art. 10 bis Abs. 1 RBÜ. Die Bestimmung korrespondiert mit Art. 5 Abs. 3 c der Multimediarichtlinie (BGH, GRUR 2002, 963 – Elektronischer Pressespiegel).
619 Vgl. Umsetzung der EU-Richtlinie 2001/29/EG; in amtlicher Begründung BT-Drucksache 15/38 S. 15.
620 *Schricker/Loewenheim/Melichar*, § 49 Rz. 8. a.A. *Ekurtt*, GRUR 1995, 358, 361.
621 BGH, GRUR 2002, 963 – Elektronischer Pressespiegel.
622 *Dreier/Schulze*, § 49 Rz. 18, 20.

Beispiel: Zulässig ist auch die elektronische Weiterleitung eines behörden- oder unternehmensinternen Pressespiegels, wenn lediglich graphische Dateien übermittelt werden, die analogen Dokumenten entsprechen und eine automatische Indizierung oder Erstellung einer Datenbank nicht ermöglichen[623].

458 Der **Anspruch** auf angemessene Vergütung kann nur **durch** eine Verwertungsgesellschaft geltend gemacht werden. Er ist weder verzichtbar noch im Voraus abtretbar[624]. In der Praxis wird die Pressespiegelvergütung durch die VG Wort wahrgenommen. Das Gesamtaufkommen wird aufgrund einer Einzelauswertung aller Belegexemplare, die an die VG Wort gesandt wurden, unter Berücksichtigung der Länge der Artikel und der Auflagenhöhe, an die jeweiligen Berechtigten ausgeschüttet.

▶ Wiederholungsfragen

1. Welchem Zweck dient die Urheberrechtsschranke der sogenannten »Pressespiegelvergütung«?
2. Welche Werke dürfen in einem Pressespiegel aufgenommen werden?
3. In welchen Medien dürfen diese Werke wiedergegeben werden?

12.5.3 Vervielfältigung für Behinderte

459 Die Einschränkung des Vervielfältigungs- oder Verbreitungsrechts zu Gunsten **behinderter Menschen** (§ 45a UrhG) soll die Diskriminierung behinderter Menschen bekämpfen[625].

460 Voraussetzung für die Inanspruchnahme der Privilegierung ist eine Vervielfältigung **ausschließlich zur Verbreitung** der hergestellten Vervielfältigungsstücke **an behinderte Menschen**, denen der Zugang zu einem Werk in einer bereits verfügbaren Art der sinnlichen Wahrnehmung aufgrund ihrer Behinderung nicht möglich oder erheblich erschwert ist. Typischer Fall ist die Aufnahme eines Werkes der Literatur auf Tonträger oder die Übertragung in Blindenschrift für Blinde oder Sehbehinderte[626]. Die Privilegierung kann für Werke aller Werkkategorien in Anspruch genommen werden.

461 Weitere Voraussetzung ist, dass die Vervielfältigung **zur Ermöglichung des Zugangs erforderlich** ist. Daran fehlt es, wenn Vervielfältigungsstücke in einer für die begünstigte Zielgruppe geeigneten Art zu einem der nicht geeigneten Art entsprechenden Preis verfügbar ist.

---

623 BGH, GRUR 2002, 963 – Elektronischer Pressespiegel.
624 OLG München, NJW-RR 1992, 749.
625 Amtl. Begr. BT-Drucksache 15/38 Seite 18.
626 Amtl. Begr. BT-Drucksache 15/38 Seite 18.

Beispiel: Liegt ein Werk als Hörbuch vor, das aber keine wissenschaftliche Zitierweise zulässt oder das Werk nur in einer gekürzten Fassung wiedergibt, ist kein Vervielfältigungsstück verfügbar, das dem konkreten Zweck der wissenschaftlichen Bearbeitung genügt.

Ein **Vergütungsanspruch** besteht allerdings nur dann, **wenn nicht nur einzelne Vervielfältigungsstücke hergestellt** werden. Falls nämlich nur einzelne Vervielfältigungsstücke hergestellt werden, erhalten die Urheber eine Vergütung durch die Nutzung der Geräte und Medien (§§ 54, 54a UrhG)[627]. Obwohl Blindenbüchereien wegen der hohen Kosten häufig nur ein oder wenige Exemplare herstellen, können sie sich nicht auf die Vergütungsfreiheit berufen, da sie regelmäßig durch das Vermieten oder Verleihen dieser Exemplare auch das Recht zur Verbreitung benötigen. Auf die Vergütungsfreiheit können sich daher regelmäßig nur einzelne Behinderte berufen[628].

462

Schließlich ist Voraussetzung, dass die Vervielfältigung und die Verbreitung **keinem Erwerbszweck**[629] dient. Die Vergütung kann nur durch eine Verwertungsgesellschaft geltend gemacht werden. Diese hat bei der Gestaltung des Tarifs den Zweck der Privilegierung zugunsten Behinderter angemessen zu berücksichtigen (§ 39 Abs. 3 VGG).

463

▶ **Wiederholungsfrage**

Unter welchen Voraussetzungen ist die Herstellung von Vervielfältigungsstücken für Behinderte vergütungspflichtig?

12.5.4 Sammlungen für den religiösen Gebrauch

Im Interesse der Allgemeinheit soll den Verlegern von Sammlungen für den religiösen Gebrauch Erleichterung gewährt werden. Zur gebührenden Berücksichtigung der Interessen der Urheber ist die Nutzung auf bestimmte Werkarten beschränkt, die ihrerseits nur in Sammlungen mit dem eng begrenzten Zweck aufgenommen werden dürfen. Die Aufnahme ist zustimmungsfrei, aber vergütungspflichtig. Der Urheber ist vor Beginn der beabsichtigten Nutzung in Kenntnis zu setzen, so dass er für den Fall, dass das Werk nicht mehr seiner Überzeugung entspricht, die Aufnahme verbieten kann.

464

Zunächst hat der Gesetzgeber den **Kreis der Werke**, die der Schranke unterliegen, **beschränkt**, auf Teile eines Werkes, auf Sprachwerke oder Werke der Musik von geringem Umfang, auf einzelne Werke der bildenden Künste oder einzelne Lichtbildwerke. Diese Werke dürfen ihrerseits **als Elemente einer Sammlung**, die Werke einer größeren Anzahl von Urhebern vereinigt, genutzt werden. So dürfen also Liedtexte und Gedichte

465

---

627 Amtl. Begr. BT-Drucksache 15/38 Seite 18.
628 *Schricker/Loewenheim/Melichar*, § 45a Rz. 11.
629 Allein die Vereinbarung einer Gebühr führt nicht zur Bejahung des Erwerbszwecks, weil mit Herstellung und Versand hohe Kosten verbunden sind.

wiedergegeben werden. Ferner dürfen einzelne Werke der bildenden Kunst und Lichtbildwerke aufgenommen werden, wenn deren Aufnahme in der Sammlung nach dem privilegierten Zweck notwendig ist.

466 Die aufzunehmenden Werke müssen veröffentlicht (§ 6 Abs. 1 UrhG) sein. Das Änderungsverbot (§ 62 UrhG) mit der besonderen Bestimmung des § 62 Abs. 4 UrhG, der die nach dem Zweck der Publikation erforderlichen Änderungen gestattet, und die Verpflichtung zur Quellenangabe gemäß § 63 UrhG sind zu beachten.

467 **Privilegiert** ist jede **Sammlung in Form** von Büchern, Bild- und Tonträgern[630], Diaserien oder elektronischen Publikationen (CDs, DVDs), sonstigen Offline- und Online-Formen[631], wenn sie **für Zwecke** des religiösen Gebrauchs erstellt wurde und die **subjektive Zweckbestimmung** auch zum einen **aus** der ausdrücklichen **Zweckbenennung** und zum anderen der **äußeren Ausgestaltung** und Aufbereitung des Stoffes erkennbar ist[632]. Ein Verleger kann sich also nur dann auf die Privilegierung berufen, wenn er seinerseits alles Zumutbare tut, um der Gefahr des Missbrauchs vorzubeugen.

468 Der **religiöse Gebrauch** wird durch den für die religiöse Feierlichkeit bestimmten Verwendungszweck dokumentiert. Dient eine Sammlung ebenso der häuslichen Erbauung oder dem Beten im Familienkreis, fällt sie nicht unter die privilegierten Sammlungen.

469 Zum Schutze des Urhebers ist die beabsichtigte Aufnahme eines Werkes in eine der privilegierten Sammlungen **zuvor** dem Urheber **mitzuteilen**. Der Urheber kann innerhalb von zwei Wochen prüfen, ob er einer Aufnahme widerspricht. Die Mitteilung ist an den Inhaber des ausschließlichen Nutzungsrechts oder an den Originalverleger zu richten. Wenn die Adressen nicht bekannt sind, kann sie im Bundesanzeiger veröffentlicht werden. Wird allerdings die Mitteilung unterlassen, so liegt eine Urheberrechtsverletzung vor.

470 Der Verleger hat für die Nutzung eine **angemessene Vergütung** zu bezahlen, welche **nicht verwertungsgesellschaftspflichtig** ist. Der Urheber kann auf die Ansprüche nicht im Voraus verzichten, sie allenfalls im Voraus einer Verwertungsgesellschaft übertragen (§ 63 UrhG).

▶ **Wiederholungsfragen**

1. Welche Voraussetzungen müssen Sammlungen für den religiösen Gebrauch entsprechen, um die Privilegierung des § 46 UrhG für sich in Anspruch nehmen zu können?

2. Welche Werke können in solchen Sammlungen aufgenommen werden?

---

630 LG Frankfurt, GRUR 1979, 155 – Tonbandkassette.
631 Nach dem Gesetz ist ausdrücklich die Vervielfältigung, Verbreitung und öffentliche Zugänglichmachung gestattet. *Schricker/Loewenheim/Melichar*, § 46 Rz. 8; *Dreier/Schulze*, § 46 Rz. 8.
632 BGH, GRUR 1991, 903 – Liedersammlung; BGH GRUR 1972, 432 – Schulbuch.

3. Wie dürfen solche Sammlungen genutzt werden?
4. Wie sind die Urheber vor der Nutzungsaufnahme zu unterrichten?

12.5.5 Öffentliche Wiedergabe bei Veranstaltungen

§ 52 UrhG privilegiert **Veranstaltungen**. Die Bestimmung ist **besonders eng** zu interpretieren. 471

Die öffentliche **Wiedergabe** eines veröffentlichten Werkes ist **zustimmungsfrei**, aber **vergütungspflichtig**, wenn die Wiedergabe **keinem Erwerbszweck** des Veranstalters dient, die Teilnehmer **ohne Entgelt zugelassen** werden und im Falle der Darbietung eines Werkes **keiner** der ausübenden **Künstler** eine besondere **Vergütung** erhält. Weiterhin ist die öffentliche Wiedergabe eines erschienenen Werkes in einem Gottesdienst oder während einer kirchlichen Feier einer Kirchen- oder einer Religionsgemeinschaft zulässig, wenn der Veranstalter den Urhebern eine angemessene Vergütung bezahlt. Der Gesang der Kirchengemeinde, das Orgelbegleiten oder das Orgelspiel sind allerdings nicht vergütungspflichtig, da es sich nicht um eine Darbietung für die Kirchengemeinde handelt, sondern um einen gemeinsamen Gesang der Gemeinde[633]. 472

§ 52 Abs. 1 privilegiert damit keine Betriebsfeiern, da sie den Erwerbszweck des Unternehmens fördern[634], ebenso wenig wie Kurkonzerte, da die Kurgäste eine Kurtaxe zu entrichten haben[635], oder die Wiedergabe in Sanatorien, Kurheimen, Heilanstalten, Heilstätten, da auch diese jeweils einen Erwerbszweck des Betreibers verfolgen. 473

Die Teilnehmer müssen **ohne Entgelt** bei der Veranstaltung zugelassen werden. Entgelt ist jede Leistung, die der Teilnehmer erbringen muss, um eingelassen zu werden. Wird der Teilnehmer nur aufgefordert, eine Spende zu geben, ohne dass dies zur Voraussetzung des Zugangs gemacht wird, hat er immer noch den Zutritt unentgeltlich erlangt[636]. Fordert der Veranstalter Eintrittsgebühren, so würde dies schon den Erwerbszweck dokumentieren.

Ferner darf dem ausübenden **Künstler keine besondere Vergütung** für seine Mitwirkung gewährt werden. Auch geldwerte Vorteile, wie Essen, Geschenke usw. sind eine Vergütung[637]. Lediglich die Übernahme von Kosten (z.B. Reisekosten, technische Ausstattung) anlässlich der Darbietung stellt keine Vergütung dar[638]. 474

---

633 Amtl. Begründung UFITA 45 (1965) 240, 286.
634 BGH, GRUR 1955, 549 – Betriebsfeiern.
635 RGSt. 43, 149.
636 *Dreier/Schulze*, § 52 Rz. 7 m.w.N.
637 *Schricker/Loewenheim/Melichar*, § 52 Rz. 18.
638 *Ulmer*, § 69 II 1 c.

▶ **Wiederholungsfragen**

1. Welche besonderen Auslegungsgrundsätze sind bei den Bestimmungen über die einwilligungsfreien, aber vergütungspflichtigen öffentlichen Wiedergaben zu beachten?
2. Für welche Art von Veranstaltungen gilt die einwilligungsfreie, aber vergütungspflichtige öffentliche Wiedergabe?
3. Welche Voraussetzungen müssen hinsichtlich der Zulassung der Teilnehmer gegeben sein?
4. Welche Voraussetzung muss hinsichtlich der Interpreten gegeben sein?

12.5.6 Vervielfältigungen zum privaten und sonstigen eigenen Gebrauch

475 Das Urheberrecht gewährt den Eigentümern eines Vervielfältigungsstückes einen **weiten Raum für den freien Werkgenuss**. Der Käufer eines Buches darf es lesen, so oft er will, er darf es weiterverkaufen, verschenken oder auf sonstige Art und Weise im engen Freundes- und Verwandtenkreis verbreiten. Der Eigentümer von Noten darf das Werk so lange und so oft spielen, wie er mag. Er ist auch berechtigt, innerhalb seines persönlichen Umfeldes das Werk aufzuführen. Allerdings rechtfertigt allein die Tatsache, dass ein Werk in der Privatsphäre genutzt wird, nicht die völlige Freistellung von den schutzwürdigen Belangen des Urhebers[639].

476 Das Gesetz versucht, die wirtschaftlichen **Auswirkungen** der technischen Neuerungen, die durch die **Kopier- und Vervielfältigungsmöglichkeiten** entstanden sind, auszugleichen.

477 In § 53 UrhG sind die Fälle, in denen die **Vervielfältigung ohne die Erlaubnis** des Urhebers zulässig ist, festgehalten. In den Vorschriften der §§ 54 ff. UrhG erfolgt eine zusammenhängende Regelung über die **Vergütungspflicht von Privatkopien** (§§ 54, 54c UrhG), die **Vergütungshöhe** (§ 54a UrhG) und über spezifische Hinweis-, Melde-, Auskunftspflichten (§§ 54d ff. UrhG) und die Durchsetzung der Ansprüche durch die Verwertungsgesellschaften (§ 54h UrhG).

478 Die Vergütungsfreiheit bestimmt § 53 UrhG zunächst für den **privaten Gebrauch** (§ 53 Abs. 1 UrhG), und für den **eigenen Gebrauch** (§ 53 Abs. 2 UrhG), der auch erwerbswirtschaftliche Zwecke umfasst. Die Vervielfältigungsfreiheit wird allerdings für Musiknoten, ganze Bücher oder Zeitschriften (§ 53 Abs. 4 UrhG) eingeschränkt. Für elektronisch zugängliche Datenbankwerke und Datenbanken gelten bestimmte Schranken nicht oder sind ihrerseits nur unter Ausschluss der gewerblichen Zwecke anwendbar (§ 53 Abs. 5 UrhG). Schließlich dürfen die zulässigerweise hergestellten Vervielfältigungs-

---

639 BGHZ 17, 277 ff. – Grundig-Entscheidung.

stücke weder verbreitet noch zu öffentlichen Wiedergaben benutzt werden. Die Aufnahme öffentlicher Vorträge, Aufführungen oder Vorführungen eines Werkes auf Bild- oder Tonträger, die Ausführung von Entwürfen zu Werken der bildenden Kunst oder der Nachbau von Werken der Baukunst bedürfen stets der Einwilligung des Urheberberechtigten (§ 53 Abs. 7 UrhG). Ergänzend ist noch auf das Verbot der Vervielfältigung von Computerprogrammen (§§ 69c Abs. 1 S. 1 Nr. 1 i.V.m. 69a Abs. 4 UrhG) zu verweisen.

▶ **Wiederholungsfragen**

1. *Welche Interessen sind durch die Regelung zur Vervielfältigung zum privaten und sonstigen eigenen Gebrauch betroffen?*
2. *Wer setzt die Vergütung der Urheber fest und wie wird sie realisiert?*

12.5.6.1 Privater Gebrauch

Das Gesetz gestattet zunächst die **Vervielfältigung zum eigenen Gebrauch** (§ 53 Abs. 1 UrhG). Der Begriff des eigenen Gebrauchs ist der Oberbegriff, der sich am Zweck der Vervielfältigung, nämlich der eigenen Verwendung, orientiert. Das Gesetz unterscheidet nach dem **Zweck der Vervielfältigung**; und zwar zum einen „zum privaten Gebrauch", der mit keinem Erwerbszweck verbunden ist, zum anderen „zum sonstigen eigenen Gebrauch", der auch Erwerbszwecke umfassen kann.

479

Natürliche Personen dürfen **einzelne Vervielfältigungsstücke** eines Werkes zum **privaten Gebrauch** auf **beliebigen Trägern**, sofern sie **weder** unmittelbar noch mittelbar **Erwerbszwecken** dienen und zur Vervielfältigung **nicht** eine **offensichtlich rechtswidrig**[640] **hergestellte Vorlage** verwendet wird, herstellen. Entscheidend kommt es auf den **Zweck**, nämlich den privaten Gebrauch an. Darunter versteht man einen Gebrauch in der Privatsphäre zur **Befriedigung rein persönlicher Bedürfnisse** durch die eigene Person oder die mit ihm durch ein persönliches Band verbundenen Personen[641]. Die Familie und der enge Freundeskreis sollen in die Privilegierung einbezogen werden, nicht aber beliebige Dritte.

480

Das Gesetz gestattet die Vervielfältigung **aller Werkarten, außer** elektronischer **Datenbankwerke** (§ 53 Abs. 5 S. 1 UrhG) **und Computerprogramme** (§ 69a Abs. 4 i.V.m. 69a Abs. 1 Nr. 1 UrhG). Die Vervielfältigung ist grundsätzlich auf jeder technischen Form, also **beliebigen Datenträgern**[642] (DVD, Papier, USB-Stick usw.) möglich. Ausgenommen

---

640 EuGH, GRUR 2014, 546-ACI Adam ua/Thuiskopie ua.
641 BGH, GRUR 1978, 474, 475 – Vervielfältigungsstücke; *Dreier/Schulze*, § 53 Rz. 7; *Flechsig*, GRUR 1993, 532.
642 *Schack*, ZUM 2002, 497.

sind jedoch Musiknoten und vollständige Bücher und Zeitschriften, sofern es sich nicht um ein seit mindestens zwei Jahren vergriffenes Werk handelt (§ 53 Abs. 4 UrhG) oder die Kopie durch Abschreiben erstellt wird.

481 Es dürfen nur **einzelne Vervielfältigungsstücke hergestellt werden,** die zur Deckung des persönlichen Bedarfs erforderlich sind[643]. Meist wird die Anzahl auf sieben Kopien beschränkt[644].

482 Die Herstellung der einzelnen Vervielfältigungsstücke darf **weder unmittelbar oder mittelbar einem Erwerbszweck dienen**. Berufliche oder erwerbswirtschaftliche Zwecke schließen den privaten Gebrauch aus[645]. Das gilt auch für die von Studenten zu Studienzwecken, Anwälten, Hochschullehrern oder Journalisten angefertigte Kopien. Ein mittelbarer Erwerbszweck setzt einen Zweckzusammenhang zwischen dem beruflichen Fortkommen, einerseits und der Anfertigung der Vervielfältigungsstücke andererseits voraus[646].

483 Die Vervielfältigung zum privaten Gebrauch ist nur zulässig, wenn **keine offensichtlich rechtswidrig hergestellte Vorlage** Verwendung findet. Was allerdings »offensichtlich« in diesem Sinne ist, ist nicht näher bestimmt. Insbesondere wird kaum ein Nutzer eines File-Sharing-Systems sein Kopierverhalten ändern[647]. Eine Vorlage ist dann als offensichtlich rechtswidrig hergestellt zu werten, wenn sich aus den objektiven Begleitumständen ergibt, dass nach aller Wahrscheinlichkeit das Vorliegen der Erlaubnis des Rechtsinhabers oder eine Privilegierung der Nutzung ausgeschlossen erscheint. Der Verkauf einer CD ohne Booklet und ohne Labelaufkleber dürfte regelmäßig für eine rechtswidrig hergestellte Kopie sprechen.

Beispiel: Zulässig ist es, auf dem privaten Computer Musiktitel aus Radiosendungen zu speichern oder für einen Verwandten daraus eine CD mit den Lieblingstiteln als Geburtstagsgeschenk zu brennen.

484 Ist die Herstellung von Vervielfältigungsstücken zum privaten Gebrauch zulässig, so kann der Berechtigte das Vervielfältigungsstück **auch durch einen Dritten herstellen** lassen, sofern die Vervielfältigung auf Papier oder einem ähnlichen Träger mittels fotomechanischer Verfahren oder Verfahren mit ähnlicher Wirkung erfolgt. Damit ist das Betreiben von Copyshops zulässig. Die Vervielfältigung auf Bild- oder Tonträgern oder in digitaler Form darf durch einen Dritten nur dann vorgenommen werden, wenn sie unentgeltlich allenfalls gegen Kostenerstattung oder durch einen Angestellten erfolgt.

---

643 *Dreier/Schulze*, § 53 Rz. 9.
644 BGH, GRUR 1978, 474 – Vervielfältigungsstücke.
645 BGH, GRUR 1993, 899, 900 – Dia-Duplikate.
646 *Dreier/Schulze*, § 53 Rz. 10; *Schricker/Loewenheim/Loewenheim*, § 53 Rz. 15.
647 *Dreier/Schulze*, § 53 Rz. 11.

Die unter Inanspruchnahme der Privilegierung hergestellten Vervielfältigungsstücke dürfen weder verbreitet noch zur öffentlichen Wiedergabe benutzt werden (§ 53 Abs. 6 S. 1 UrhG), weil dies nicht vom privatem Zweck umfasst ist.

▶ **Wiederholungsfragen**

1. *Unter welchen Voraussetzungen ist die Herstellung einzelner Vervielfältigungsstücke durch natürliche Personen zulässig?*
2. *Was versteht man unter Erwerbszwecken?*
3. *Was sind offensichtlich rechtswidrig hergestellte Vorlagen?*

12.5.6.2 Eigener Gebrauch

§ 53 Abs. 2 UrhG regelt die Schrankenfälle des »**eigenen Gebrauchs**«, zu dem ebenso erlaubnisfreie Vervielfältigungen zulässig sind. Entscheidend kommt es auf die **eigene Verwendung** durch den Herstellenden an, also darauf, dass er das Vervielfältigungsstück **selbst nutzen will**. Der eigene Gebrauch kann auch berufliche, erwerbswirtschaftliche Zwecke umfassen[648]. Anders als für den Privatgebrauch sieht diese Privilegierung keine Beschränkung auf natürliche Personen vor. Werden in Behörden, Unternehmen oder sonstigen Büros Vervielfältigungsstücke zum internen Gebrauch erstellt, so nehmen diese die Privilegierung des eigenen Gebrauchs in Anspruch. 485

Das Gesetz gestattet die Herstellung einzelner Vervielfältigungsstücke zur **Aufnahme in ein eigenes Archiv**, wenn zur Vervielfältigung ein eigenes Werkstück benutzt wird. So sollen beispielsweise Bibliotheken ihre Bestände zum Zwecke der raumsparenden Aufbewahrung auf Mikrofilm verfilmen können. Sie dürfen aber nicht fremde Exemplare zur Erweiterung des eigenen Bestands vervielfältigen[649]. Das Archiv darf keinen unmittelbaren oder mittelbaren wirtschaftlichen oder Erwerbszweck und nur öffentliche Interesse verfolgen und die Vervielfältigung nur in analoger Form auf Papier oder ähnlichem Träger stattfinden. 486

Voraussetzung ist ein **eigenes Archiv**, also eine nach sachlichen Gesichtspunkten geordnete Sammelstelle von Geistesgut jeglicher Art[650]. 487

Ein durch **Funk gesendetes Werk** darf zur **eigenen** behörden- oder betriebsinternen **Unterrichtung über Tagesfragen** ausschließlich auf Papier oder einem ähnlichen Träger mit **fotomechanischem Verfahren** oder Verfahren mit ähnlicher Wirkung vervielfäl- 488

---

648 BGH, GRUR 1978, 474, 475 – Vervielfältigungsstücke; GRUR 1993, 899, 900 – Dia-Duplikate; BGH, GRUR 1997, 459, 461 – CB-Info Bank I.
649 Amtl. Begründung, BT-Drucks. IV/270, S. 72.
650 BGH, GRUR 1997, 459 – CB-Infobank I.

tigt oder ausschließlich **analog genutzt** werden. Die Schranke ergänzt die zum privaten Gebrauch zulässige Vervielfältigung und die zulässige Vervielfältigung, Verbreitung und öffentliche Wiedergabe von vermischten Nachrichten tatsächlichen Inhalts gemäß § 49 Abs. 2 UrhG. Sie zeigt den hohen Stellenwert, den der Gesetzgeber dem freien Zugang zu Informationen als Voraussetzung für ein verantwortliches wissenschaftliches, politisches und wirtschaftliches Verhalten beimisst.

489 Schließlich ist der **sonstige eigene Gebrauch** gestattet (§ 53 Abs. 2 Nr. 4 UrhG), wenn es sich um **kleine Teile** eines erschienenen Werkes oder um **einzelne Beiträge** handelt, die in Zeitungen oder Zeitschriften erschienen sind. Der Gesetzgeber wollte damit den Nutzer nicht zwingen, eine ganze Zeitung oder Zeitschrift zu erwerben, wenn er nur einen kleinen Teil daraus benötigt[651]. Die Schranke ist unabhängig von dem Zweck, der mit der Nutzung verfolgt wird. Gestattet sind damit nicht nur die Nutzungshandlungen im privaten Bereich, sondern auch jene, die Erwerbszwecken dienen. Der Gesetzgeber hatte eine Arbeitserleichterung im Auge, die vor allem auch für berufliche Zwecke, beispielsweise durch Ärzte, Rechtsanwälte, Ingenieure oder Steuerberater, in Anspruch genommen werden kann.

490 Schließlich gestattet das Gesetz, Werke, die seit mindestens **zwei Jahren vergriffen** sind, zu vervielfältigen. Damit sollen wissenschaftliche Einrichtungen und Bibliotheken ihren Sammlungsbestand vervollständigen können. Die Vervielfältigung muss also nicht am eigenen Werkstück vorgenommen werden, sondern kann auch an dem aus einer anderen Bibliothek entliehenen erfolgen. Auch diese Vervielfältigungen dürfen nur auf Papier oder ähnlichen Trägern mittels fotomechanischer oder ähnlicher Verfahren vorgenommen werden bzw. die Nutzung nur auf analoge Art und Weise stattfinden.

▶ Wiederholungsfragen

1. *Unter welchen Voraussetzungen können Vervielfältigungsstücke zum eigenen wissenschaftlichen Gebrauch hergestellt werden?*

2. *Unter welchen Voraussetzungen ist die Herstellung eines Vervielfältigungsstückes zur Aufnahme im eigenen Archiv zulässig?*

3. *Darf das Archiv auch zu Erwerbszwecken unterhalten werden?*

4. *Zu welchem Zweck und in welcher Form darf ein durch Funk gesendetes Werk vervielfältigt werden?*

5. *Wie dürfen kleine Teile eines erschienenen Werkes oder Beiträge aus Zeitungen und Zeitschriften kopiert werden?*

---

651 Amtl. Begründung, BT-Drucks. IV 1270, S. 73.

12.5.6.3 Vergütungspflicht

Der Gesetzgeber hat die gesetzliche Lizenz für bestimmte Fälle der Vervielfältigung eingeführt, um den rechtlichen Rahmen für die im Wesentlichen im nichtöffentlichen Bereich stattfindenden Vervielfältigungen abzustecken. Tatsächlich würde niemand aus dem privaten Bereich den Rechteinhaber um eine Einwilligung für die Vervielfältigung ersuchen. Ähnlich ist die Situation im betrieblichen Bereich und in der Wissenschaft und Lehre. Damit erhielten die Rechteinhaber für die diesbezüglichen Vervielfältigungen keine Vergütung, wenn nicht für die in §§ 53, 60a bis 60f UrhG zustimmungsfrei gestellten Vervielfältigungen in §§ 54, 60h UrhG die entsprechenden Anspruchsgrundlagen für eine angemessene Vergütung[652] geschaffen worden wären.   **491**

In den Vorschriften der §§ 54a bis 54h UrhG sieht das Gesetz Bestimmungen über die **Festlegung der Vergütungshöhe** sowie zur **Durchsetzung der Vergütungsansprüche** vor. Die Vergütungshöhe wird durch die Verwertungsgesellschaften im Rahmen der Vorgaben des §§ 54a, 60h Abs. 3 UrhG festgelegt[653]. Das Gesetz legt darüber hinaus fest, wer zur Zahlung einer Vergütung verpflichtet ist (§§ 54b, 54 c UrhG), eine Verpflichtung zum Hinweis auf die Urhebervergütung, auf Rechnungen im geschäftlichen Verkehr (§ 54d UrhG). Zur Feststellung der Zahlungsverpflichtungen müssen die zur Zahlung Verpflichteten Meldungen (§ 54e UrhG) abgeben, Auskünfte erteilen (§ 54f UrhG) sowie Kontrollbesuche der Verwertungsgesellschaften gestatten (§ 54g UrhG). Schließlich wird die Geltendmachung der Vergütungsansprüche den Verwertungsgesellschaften übertragen und an bestimmte Vorgaben geknüpft (§§ 54h, 60h Abs. 4 UrhG).   **492**

Da das Gesetz mittelbar denjenigen, der in den Werkgenuss gelangt, mit der Zahlung einer Vergütung belasten will, wird der **Hersteller** (§ 54 UrhG) von Geräten und von Speichermedien, die nach ihrem Typ alleine oder in Verbindung mit anderen Geräten, Speichermedien oder Zubehör zur Vornahme der Vervielfältigungen benutzt werden, zur Zahlung einer Vergütung verpflichtet.   **493**

Dem Hersteller ist der **Importeur** gleichgestellt (§ 54b UrhG).

Die **Vergütungspflicht** knüpft nicht an bestimmte Vervielfältigungsmethoden, wie Aufnahme oder Ablichtung, an, sondern bezieht sich unterschiedslos auf **alle Vervielfältigungsverfahren**. Es kommt auch nicht auf die Speichermedien an. Unter dem Begriff »Speichermedien« sollen alle physikalischen Informations- und Datenträger mit Ausnahme von Papier oder ähnlichen Trägern zusammengefasst werden. Das sind alle elektronischen (z.B. Smartcard, USB-Stick), magnetischen (z.B. Magnetband, Fest-   **494**

---

652 EuGH, GRUR 2014, 546-ACI Adam ua/Thuiskopie ua.
653 Zu den Grundlagen der angemessenen Vergütung: *Riesenhuber*, GRUR 2013, 582

platte) oder optischen (z.B. Film, DVD,) Speicher. Die offene Formulierung der betroffenen Geräte trägt der schnellen technologischen Entwicklung Rechnung, so dass jeweils neue Gerätetypen problemlos den vergütungspflichtigen Geräten[654] zugeordnet werden können. Nur dann, wenn nach den Umständen nicht erwartet werden kann, dass Geräte oder Speichermedien nicht zur Vervielfältigung benutzt werden, entfällt eine Vergütungspflicht (§ 54 Abs. 2 UrhG).

495 Die **Vergütungshöhe** wird durch die jeweils zuständigen **Verwertungsgesellschaften** bestimmt. Der Urheber ist in angemessener Weise an den Früchten seines Schaffens zu beteiligen (§ 60h Abs. 1 S. 1 UrhG). Entscheidend ist, in welchem **Maße die Geräte und Speichermedien nach ihrem Typ** tatsächlich **für Vervielfältigungen genutzt** werden. Bei der Bestimmung der **Vergütungshöhe** ist zu berücksichtigen, dass die Summe der Vergütungspflicht für die Geräte einerseits und die Speichermedien andererseits insgesamt **angemessen** sein muss und dadurch die Hersteller nicht unzumutbar beeinträchtigt werden bzw. ein wirtschaftlich angemessenes Preisniveau der Geräte nicht verhindert wird. Hinsichtlich der **Fotokopierabgabe** (§ 54c UrhG) verbleibt es bei der Vergütungspflicht der Betreiber von Ablichtungsgeräten. Wer also Fotokopiergeräte in Bildung- oder Forschungseinrichtungen oder öffentlichen Bibliotheken aufstellt oder einen Copyshop betreibt, muss eine Vergütung, die Art und Umfang der Nutzung des Gerätes und den Umständen, insbesondere dem Standort und der üblichen Verwendung, entspricht, bezahlen.

496 Der Unternehmer ist verpflichtet, darauf hinzuweisen, dass eine Urhebervergütung beim Verkauf von Geräten oder Speichermedien bezahlt wurde. Der Betreiber eines Copyshops oder die Bildungseinrichtung, die Kopiergeräte aufstellt, kann sich dem Wunsch einer Verwertungsgesellschaft, die Fotokopiergeräte durch einen Kontrollbesuch zu erfassen und zu kontrollieren, nicht widersetzen (§ 54g UrhG).

▶ **Wiederholungsfragen**

1. *Wer ist verpflichtet, eine Vergütung für die Anfertigung von Vervielfältigungsstücken zu bezahlen?*
2. *Wer bestimmt die Vergütungshöhe?*
3. *Welche Rechte sind bei der Festlegung der Vergütungshöhe zu berücksichtigen?*
4. *Wie werden die Vergütungsansprüche durchgesetzt?*

---

654 BGH, GRUR 2014, 984-PC III; BGH, GRUR 2014, 979-Drucker und Plotter III.

12.5.7 Nutzungen für Unterricht und Lehre

Die Privilegierungen hat der Gesetzgeber in § 60a UrhG zusammengefasst. 497

Danach dürfen zur **Veranschaulichung des Unterrichts und der Lehre** an Bildungseinrichtungen zu nicht kommerziellen Zwecken bis zu 15 Prozent eines veröffentlichten Werkes vervielfältigt, verbreitet, öffentlich zugänglich gemacht und in sonstiger Weise öffentlich wiedergegeben werden für Lehrende und Teilnehmer der jeweiligen Veranstaltung, für Lehrende und Prüfer an derselben Bildungseinrichtung sowie für Dritte, soweit dies der Präsentation des Unterrichts, von Unterrichts- oder Lernergebnissen an der Bildungseinrichtung dient. Über den 15 Prozent Anteil hinaus dürfen auch Abbildungen, einzelne Beiträge aus derselben Fachzeitschrift oder wissenschaftlichen Zeitschrift, sonstige Werke geringen Umfangs und vergriffene Werke vollständig genutzt werden.

Nicht erlaubt sind die Vervielfältigung durch Aufnahme auf Bild- oder Tonträger und 498
öffentliche Wiedergabe eines Werkes, während es öffentlich vorgetragen, aufgeführt oder vorgeführt wird und die Vervielfältigung, Verbreitung und öffentliche Wiedergabe eines Werkes, das ausschließlich für den Unterricht an Schulen geeignet, bestimmt und entsprechend gekennzeichnet ist, an Schulen sowie die Vervielfältigung von grafischen Aufzeichnungen von Werken der Musik, soweit sie nicht für die öffentliche Zugänglichmachung den erforderlich ist.

Privilegiert sind **Bildungseinrichtungen,** also frühkindliche Bildungseinrichtungen, 499
Schulen, Hochschulen sowie Einrichtungen der Berufsbildung oder der sonstigen Aus- und Weiterbildung. Die Privilegierung gilt auch für E-Learning und Distance Learning, einschließlich der Vor- und Nachbereitung des Unterrichts und von Prüfungen. Nur die nichtkommerziellen Einrichtungen, gleich welcher Trägerschaft, können die Ausnahme für sich in Anspruch nehmen. Nicht bevorzugt werden Privatschulen mit Gewinnerzielungsabsicht, wie beispielsweise Sprachschulen.

Für diese Nutzungen ist eine angemessene Vergütung an die betroffene Verwertungs- 500
gesellschaft zu bezahlen Ausgenommen sind die Nutzungen der öffentlichen Wiedergabe, soweit keine öffentliche Zugänglichmachung erfolgt, für Angehörige von Bildungseinrichtungen und deren Familien (§ 60h UrhG).

▶ Wiederholungsfragen

1. Was ist zur Veranschaulichung des Unterrichts zulässig?
2. Zu welchem Zeitpunkt, bezogen auf den Unterricht, können die Handlungen vorgenommen werden?
3. Wer ist begünstigt?
4. Welche Bildungseinrichtungen können sich auf diese Schranke berufen?

12.5.8 Unterrichts- und Lehrmedien

501 § 60b UrhG fasst die Privilegierung für die **Herstellung von Schulbüchern** zusammen.

Die Hersteller von Unterrichts- und Lehrmedien dürfen für solche Sammlungen bis zu zehn Prozent eines veröffentlichten Werkes vervielfältigen, verbreiten und öffentlich zugänglich machen. Über den Zehn-Prozent-Anteil hinaus dürfen auch Abbildungen, einzelne Beiträge aus derselben Fachzeitschrift oder wissenschaftlichen Zeitschrift, sonstige Werke geringen Umfangs und vergriffene Werke vollständig genutzt werden.

502 Die Nutzungen, die auch für Unterricht und Lehre nicht erlaubt sind, sind auch für Unterrichts- und Lehrmedien nicht erlaubt.

503 **Unterrichts- und Lehrmedien** sind Sammlungen, die Werke einer größeren Anzahl von Urhebern vereinigen und ausschließlich zur Veranschaulichung des Unterrichts und der Lehre an Bildungseinrichtungen (§ 60a Abs. 4 UrhG) zu nicht kommerziellen Zwecken geeignet, bestimmt und entsprechend gekennzeichnet sind.

Für die Nutzungen ist eine angemessene Vergütung an die betroffenen Verwertungsgesellschaften zu bezahlen (§ 60h UrhG).

▶ **Wiederholungsfragen**

1. *Was sind Unterrichts- und Lehrmedien?*
2. *In welchem Umfang dürfen Werke aufgenommen werden?*

12.5.9 Wissenschaftliche Forschung

504 Auch die **wissenschaftliche Forschung** kommt in den Genuss von Erleichterungen.

Zum Zwecke der nicht kommerziellen wissenschaftlichen Forschung dürfen bis zu 15 Prozent eines Werkes vervielfältigt, verbreitet und öffentlich zugänglich gemacht werden für einen bestimmt abgegrenzten Kreis von Personen für deren eigene wissenschaftliche Forschung sowie für einzelne Dritte, soweit dies der Überprüfung der Qualität wissenschaftlicher Forschung dient. Darüber hinaus dürfen für die eigene wissenschaftliche Forschung bis zu 75 Prozent eines Werkes vervielfältigt werden. Abbildungen, einzelne Beiträge aus derselben Fachzeitschrift oder wissenschaftlichen Zeitschrift, sonstige Werke geringen Umfangs und vergriffene Werke dürfen ergänzend vollständig genutzt werden. Nicht erlaubt ist es, während öffentlicher Vorträge, Aufführungen oder Vorführungen eines Werkes diese auf Bild- oder Tonträger aufzunehmen und später öffentlich zugänglich zu machen.

Auf diese Privilegierung darf sich **jedermann** berufen; die Universitätsmitarbeiter genauso wie die Privatgelehrten. Die Nutzungshandlungen dürfen auch von Dritten im Auftrag des Forschenden vorgenommen werden.

▶ **Wiederholungsfragen**

1. *In welchem Umfang dürfen, jeweils zu welchem Zweck, Werke zu Forschungszwecken genutzt werden?*
2. *Wer kann sich auf die Privilegierung berufen?*

12.5.10 Text und Data Mining

Durch die Privilegierung des **Text und Data Minings** soll die Möglichkeit geschaffen werden, Werke mit **Inhalten aller Art automatisiert auszuwerten.**

Es ist daher zulässig, eine Vielzahl von Werken (**Ursprungsmaterial**) für die wissenschaftliche Forschung automatisiert auszuwerten Das Ursprungsmaterial darf auch automatisiert und systematisch vervielfältigt werden, um daraus insbesondere durch Normalisierung, Strukturierung und Kategorisierung ein auszuwertendes Korpus zu erstellen. Dieser Korpus kann einem bestimmt abgegrenzten Kreis von Personen für die gemeinsame wissenschaftliche Forschung sowie einzelnen Dritten zur Überprüfung der Qualität wissenschaftlicher Forschung öffentlich zugänglich gemacht werden, wenn keine kommerzielle Zwecke verfolgt werden.

Werden **Datenbankwerke** so genutzt, gilt dies als übliche Benutzung (§ 55a Satz 1 UrhG). Werden unwesentliche Teile von **Datenbanken** genutzt, gilt dies mit der normalen Auswertung der Datenbank sowie mit den berechtigten Interessen des Datenbankherstellers (§§ 87b Absatz 1 Satz 2, 87e UrhG) als vereinbar.

Das **Korpus** und die Vervielfältigungen des Ursprungsmaterials sind nach Abschluss der Forschungsarbeiten zu löschen; die öffentliche Zugänglichmachung ist zu beenden. Zulässig ist es jedoch, das Korpus und die Vervielfältigungen des Ursprungsmaterials den in den §§ 60e, 60f UrhG genannten Institutionen zur dauerhaften Aufbewahrung zu übermitteln.

Für die Nutzung ist eine **angemessene Vergütung** zu bezahlen, die von den Verwertungsgesellschaften eingezogen wird (§ 60h UrhG).

▶ **Wiederholungsfragen**

1. *Was versteht man unter Text und Data Mining?*
2. *Was versteht man unter Ursprungsmaterial?*
3. *Was hat mit dem Korpus nach Abschluss der Forschungsarbeit zu erfolgen?*

12.5.11 Bibliotheken, Archive, Museen und Bildungseinrichtungen

508 § 60e UrhG verdeutlicht die zentrale Rolle der Bibliotheken im Wissens und Bildungssystem.

509 Öffentlich zugängliche **Bibliotheken**, die keine unmittelbaren oder mittelbaren kommerziellen Zwecke verfolgen (Bibliotheken), dürfen ein Werk aus ihrem Bestand oder ihrer Ausstellung für Zwecke der Zugänglichmachung, Indexierung, Katalogisierung, Erhaltung und Restaurierung vervielfältigen oder vervielfältigen lassen, auch mehrfach und mit technisch bedingten Änderungen. Diese Nutzungen sind vergütungsfrei, weil sie für den Rechtsinhaber die Auffindbarkeit und die dauernde Verfügbarkeit in öffentlich zugänglichen Bibliotheken gewährleisten. Die Bibliotheken können durch die mehrfachen formatumwandelnde Kopien die **Langzeitarchivierung** von analogen und digitalen Beständen sicherstellen (§ 60 Abs. 1 UrhG).

Verbreiten dürfen Bibliotheken Vervielfältigungen eines Werkes aus ihrem Bestand an andere Bibliotheken oder an Archive, Museen und Bildungseinrichtungen für **Zwecke der Restaurierung**. **Verleihen** dürfen sie restaurierte Werke sowie Vervielfältigungsstücke von Zeitungen, vergriffenen oder zerstörten Werken aus ihrem Bestand (§ 60 Abs. 2 UrhG).

510 Verbreiten dürfen Bibliotheken Vervielfältigungen von Werke der bildenden Kunst, Lichtbildwerke, Filmwerke und Darstellungen wissenschaftlicher oder technischer Art, sofern dies in Zusammenhang mit dessen öffentlicher Ausstellung oder zur Dokumentation des Bestandes der Bibliothek erfolgt. Damit erweitert sich die **Katalogbildfreiheit** des § 58 UrhG um weitere Werkarten, nämlich Filmwerke und Darstellungen wissenschaftlicher und technischer Art (§ 60 Abs. 3 UrhG).

511 Die sog. „**Terminalschranke**" gestattet es Bibliotheken, an Terminals in ihren Räumen ein Werk aus ihrem Bestand ihren Nutzern für deren Forschung oder private Studien zugänglich zu machen. Sie dürfen den Nutzern je Sitzung **Anschlusskopien** an den Terminals von bis zu 10 Prozent eines Werkes sowie von einzelnen Abbildungen, Beiträgen aus derselben Fachzeitschrift oder wissenschaftlichen Zeitschrift, sonstigen Werken geringen Umfangs und vergriffenen Werken zu nicht kommerziellen Zwecken ermöglichen (§ 60e Abs. 4 UrhG). Soweit Vereinbarungen bestehen, die über diese Recht hinausgehen, haben diese Vorrang (§ 60 g UrhG)

512 Schließlich ist den Bibliotheken der **Kopienversand** auf Einzelbestellung an Nutzer zu nicht kommerziellen Zwecken gestattet, wenn bis zu 10 Prozent eines erschienenen Werkes sowie einzelne Beiträge, die in Fachzeitschriften oder wissenschaftlichen Zeitschriften erschienen sind, versandt werden (§ 60e Abs. 5 UrhG). Soweit Vereinbarungen bestehen, die über diese Recht hinausgehen, haben diese Vorrang (§ 60 g UrhG).

513 Für **Archive, Einrichtungen** im Bereich des **Film-** oder **Tonerbes** sowie öffentlich zugängliche Museen und Bildungseinrichtungen (§ 60a Absatz 4UrhG), die keine unmittelbaren oder mittelbaren kommerziellen Zwecke verfolgen, gelten die gleichen Privile-

gierungen, ausgenommen das Recht des Kopienversandes und der Terminalschranke, entsprechend (§ 60f UrhG).

Alle Nutzungen, ausgenommen die Nutzung zur Erhaltung und Restaurierung, Katalogisierung und Indexierung, sind nur gegen Zahlung eines **angemessenen Vergütung** welche von den Verwertungsgesellschaften geltend gemacht werden zulässig (§ 60h UrhG).

514

▶ **Wiederholungsfragen**

1. *Was versteht man unter Langzeitarchivierung, und welche Rechte sind dazu erforderlich?*
2. *Was bedeutet der Begriff Terminalschranke, und welche Rechte sind damit verbunden?*
3. *Was versteht man unter „Anschlusskopien"?*
4. *Wer ist zum Kopienversand berechtigt?*

12.5.12 verwaiste Werke

Verwaiste Werke sind veröffentlichte oder mit Zustimmung des Urhebers ausgestellte oder verliehene Werke und sonstige Schutzgegenstände, die in Printmedien verbreitet werden, Filmwerke, die auf Bild- und Tonträger aufgenommen sind, sowie Tonträger, die sich im Bestand öffentlich zugänglicher Bibliotheken, Museen oder Archiven befinden und deren **Rechteinhaber trotz sorgfältiger Suche nicht festgestellt** oder ausfindig gemacht werden konnten.

515

Öffentlich zugängliche Bibliotheken, Museen und ähnliche Einrichtungen dürfen **verwaiste Werke öffentlich zugänglich** machen, wenn sie zur Erfüllung der im Gemeinwohl liegenden Aufgaben handeln, insbesondere, wenn sie Bestandsinhalte bewahren, restaurieren und den Zugang zu ihren Sammlungen eröffnen. Wird der Rechtsinhaber nachträglich festgestellt, so ist die Nutzung sofort einzustellen und dem Rechtsinhaber eine angemessenen Vergütung für die Nutzung zu bezahlen.

Voraussetzung ist allerdings die **sorgfältige Suche** nach dem Rechteinhaber für jeden Bestandsinhalt und für die in diesem enthaltenen Schutzgegenstände in dem Land der EU, in dem das Werk zuerst veröffentlicht wurde und zwar in den in der Anlage genannten Datenbeständen. Diese Suche muss dokumentiert und dem DPMA mitgeteilt werden. Will eine **Gedächtnisinstitution** allerdings ohne sorgfältige Suche verwaiste Printwerke, die vor dem 1. Januar 1966 erschienen sind, nutzen, so kann es mit der zuständigen Verwertungsgesellschaft einen Lizenzvertrag schließen. Die Wahrnehmungsbefugnis wird vermutet, soweit kein Widerspruch in einem dafür eingerichteten Register beim DPMA eingetragen wurde.

▶ **Wiederholungsfragen**

1. Was versteht man unter verwaisten Werken?
2. Wer darf verwaiste Werke nutzen? Auf welche Nutzungsart?
3. Unter welchen Voraussetzungen dürfen verwaiste Werke genutzt werden?

12.6 Zwangslizenzen

516 Die geringste Einschränkung der Rechte des Urhebers erfolgt durch eine **Zwangslizenz**. Durch die Zwangslizenz wird das Ausschließlichkeitsrecht des Urhebers zwar erhalten, er ist jedoch verpflichtet, seine **Zustimmung zur Nutzung des Werkes zu angemessenen Bedingungen** zu erteilen. Es besteht also Kontrahierungszwang. Eine Zwangslizenz erscheint immer dann als angemessene Beschränkung des Urheberrechts, wenn angenommen werden kann, dass sich die Beteiligten auf angemessene Nutzungsbedingungen einigen können. Das Gesetz sieht eine Zwangslizenz zugunsten der Verleger für amtliche Werke (§ 5 Abs. 3 UrhG) und für Tonträgerhersteller (§ 42a UrhG) vor.

12.6.1 Zwangslizenz für amtliche Werke

517 Der Gesetzgeber hat in § 5 UrhG **amtliche Werke** als urheberrechtsfrei erklärt. Sie können von jedermann frei genutzt werden. Die Vorschrift trägt dem Interesse der Allgemeinheit, von diesen Werken möglichst weitgehend Kenntnis nehmen zu können, Rechnung. Neben diesen Werken existieren private Normwerke, wie die vom Deutschen Institut für Normungen e.V. (DIN) herausgegebenen. Der BGH[655] ist der Auffassung, dass solche privaten Normwerke dann den amtlichen Werken gleichzustellen sind, wenn sie in Gesetze, Verordnungen oder Erlasse aufgenommen sind.

518 Zum Ausgleich der beiderseitigen Interessen unterscheidet der Gesetzgeber zwischen Normwerken, die in dem Wortlaut eines Gesetzes, einer Verordnung, eines Erlasses oder einer amtlichen Bekanntmachung wiedergegeben werden, und solchen Normwerken, auf die in Gesetzen, Verordnungen verwiesen wird, ohne sie dem Wortlaut nach wiederzugeben. Hinsichtlich derjenigen privaten Normwerke, die im Wortlaut in Gesetzen und ähnlichen Normen wiedergegeben werden, bleibt es bei der Gemeinfreiheit gemäß § 5 Abs. 1 und 2 UrhG. Jedoch hinsichtlich derjenigen privaten Normwerke, auf die lediglich verwiesen wird, sieht das Gesetz eine Zwangslizenz vor (§ 5 Abs. 3 S. 1 UrhG). Danach ist jeder Urheber und neben dem Urheber auch der Inhaber des ausschließlichen Rechts zur Vervielfältigung und Verbreitung verpflichtet, jedem Verleger

---

655 GRUR 1990, 103 – DIN-Normen.

zu angemessenen Bedingungen ein Recht zur Vervielfältigung und Verbreitung einzuräumen (§ 5 Abs. 3 S. 2 u. 3 UrhG).

12.6.2 Tonträgerherstellungsrecht

Die Zwangslizenz zur Herstellung von **Tonträgern** (§ 42a UrhG) beschränkt die Abschlussfreiheit des Urhebers bei der Vergabe von Lizenzen zur Herstellung von Tonträgern. Hat ein Urheber einem Tonträgerhersteller ein Recht zur Vervielfältigung und Verbreitung eines Werkes der Musik eingeräumt, so ist er verpflichtet, jedem anderen Tonträgerhersteller nach Erscheinen des Werkes gleichfalls ein Nutzungsrecht mit diesem Inhalt zu angemessenen Bedingungen einzuräumen (§ 42a Abs. 1 1. HS UrhG).

519

Die Bedeutung der Vorschrift ist allerdings gering, weil die GEMA im Rahmen ihres Berechtigungsvertrages die sogenannten »mechanischen Rechte« von den meisten Komponisten, Textdichtern und Musikverlegern erworben hat und aufgrund des Abschlusszwangs (§ 11 Abs. 1 WahrnG) ohnehin jedem Interessenten die mechanischen Nutzungsrechte zu angemessenen Bedingungen einräumen muss.

520

▶ Wiederholungsfragen

1. *Was versteht man unter dem Begriff »Zwangslizenz«?*
2. *Welche privaten Normwerke sind urheberrechtsfrei?*
3. *Unter welchen Voraussetzungen sind Komponisten und Textdichter zur Einräumung eines Rechts zur Vervielfältigung und Verbreitung eines Werkes auf Tonträgern verpflichtet?*

13. Besondere Bestimmungen für Computerprogramme

13.1 Allgemeines

521 Zur Umsetzung der Richtlinie 91/250/EWG vom 14.5.1991 über den Rechtsschutz von Computerprogrammen, sind die Regelungen der §§ 69a ff. UrhG im Gesetz aufgenommen worden. Durch die vollständige Übernahme des Wortlauts werden die Besonderheiten des Urheberrechtsschutzes für Computerprogramme betont und »Ausstrahlungen, Sonderregelungen für Computerprogramme auf das ‚klassische' Urheberrecht« vermieden[656]. Zweck der Computerprogrammrichtlinie war die Beseitigung der bis dahin entstandenen Unsicherheiten und die Schaffung der erforderlichen Sicherheit für Investitionen sowie einheitlicher Wettbewerbsbedingungen in Europa[657].

13.2 Besondere Auslegungsgrundsätze

522 Die Vorschriften über Computerprogramme sind **lex specialis**. Die Bestimmungen über Sprachwerke, denen Computerprogramme zuzuordnen sind, finden ergänzend Anwendung (§ 69a Abs. 4 UrhG)[658].

523 **Geschützt** werden durch die Vorschriften der §§ 69a ff. UrhG in erster Linie die **Investition** und der **faire Wettbewerb**, so dass die Anforderungen an die durch die Form gegebene schöpferische Eigentümlichkeit nicht so hoch angesetzt werden dürfen. Vorrang hat im Hinblick auf die industrielle Entwicklung der **wirtschaftliche Schutz**, so dass die ideellen und persönlichkeitsrechtlichen Interessen der an der Schöpfung beteiligten Ingenieure zurückzutreten haben.

▶ **Wiederholungsfragen**

1. *In welchem Verhältnis stehen die Sondervorschriften der §§ 69a ff. UrhG zu den übrigen Teilen des Urheberrechts?*
2. *Welche Schutzinteressen stehen für den Schutz der Computerprogramme im Vordergrund?*

---

656 Begr. Regierungsentwurf BT-Drucks. XII/4022, 8.
657 *Dreier*, GRUR 1993, 781.
658 *Dreier*, GRUR 1993, 781.

13.3 Gegenstand des Schutzes

13.3.1 Computerprogramme

Computerprogramme im Sinne des Urheberrechtsgesetzes sind **Programme in jeder Gestalt**, einschließlich des **Entwurfsmaterials** (§ 69a Abs. 1 UrhG). Das Gesetz definiert den Schutzgegenstand nicht. Die dem Urheberechtsschutz unterliegenden Computerprogramme werden allerdings in § 1 (i) der Mustervorschriften der WIPO[659] definiert als »eine Folge von Befehlen, die nach Aufnahme in einen maschinenlesbaren Träger fähig sind, zu bewirken, dass eine Maschine mit informationsverarbeitenden Fähigkeiten eine bestimmte Funktion oder Aufgabe oder ein bestimmtes Ergebnis anzeigt, ausführt oder erzielt«. Der Begriff des Computerprogramms ist im Hinblick auf die zu schützenden Interessen **weit auszulegen**. Es sind **Computerprogramme aller Art** geschützt, wie **Betriebssysteme**, also die Software, die die innere Steuerung des Computers übernimmt, **Anwendungsprogramme**, wie Textverarbeitungs-, Tabellenkalkulations- oder Datenbankprogramme, Hilfsprogramme und Makros ebenso wie E-Mail-Software, Softwareagenten und Routersoftware. Es kommt weder auf die Programmsprache noch auf den Datenträger an. Auch die in Hardware integrierten Programme sind grundsätzlich schutzfähig. Dem Schutz unterliegt der **Quellcode**[660] der Programme ebenso wie der **Objektcode**[661] oder dessen grafische Aufzeichnung. Der Urheberrechtsschutz kann für Standard- ebenso wie für Individualsoftware, aber auch für einzelne Programmteile[662] erlangt werden. Dem Schutz unterliegt auch das **Entwurfsmaterial**, wie der Datenflussplan, der den Lösungsweg des Programms grafisch als Ablauf von Informationen und Befehlen wiedergibt, ebenso wie der Programmablaufplan für die Dokumentation von sonstigen Vor- und Zwischenstufen des Programms. Nicht zum Entwurfsmaterial gehört allerdings das Pflichtenheft, das nur die zu lösende Aufgabe beschreibt.

524

Nicht schutzfähig sind die Funktionalität eines Programms, die Programmiersprache oder das Dateiformat, da sie keine Ausdrucksform des Programms sind[663]. Auch **Dongles** genießen keinen Schutz, da sie als mechanischer Stecker nur das Laufenlassen des Programms ermöglichen.

525

Die **Benutzeroberflächen** und **Bildschirmmasken** können nicht den Schutz als Computerprogramm für sich in Anspruch nehmen, da sie das Ergebnis des Computerpro-

526

---

659 GRUR 1979, 306; ähnlich DIN-Norm 44300; EuGH, GRUR 2011, 220 – BSA/Kulturministerium; GRUR 2012, 814 – SAS Institute.
660 BGH, GRUR 1985, 1041 – Inkassoprogramm.
661 BGH, GRUR 1985, 1041 – Inkassoprogramm.
662 OLG Hamburg, ZUM 2001, 519, 521 – Faxkarte.
663 EuGH, GRUR 2012, 814 – SAS Institute.

gramms sind und nicht die Programme selbst[664]; sie können aber einen Schutz als Sprachwerk[665] oder als wissenschaftlich-technische Darstellung[666] erlangen.

527 Auch **Websites** sind regelmäßig keine Computerprogramme, sofern sie nicht ablauffähige Steuerbefehle wie Java-Applets enthalten. Unabhängig davon können die Bestandteile der Websites, wie Grafiken, Abbildungen, Texte und Musik, nach den Bedingungen der jeweiligen Werkkategorie Urheberrechtsschutz erlangen. Ferner können auch Daten, Datensammlungen keinen Urheberrechtsschutz für sich in Anspruch nehmen, sie können allerdings unter den Voraussetzungen des § 87a ff. UrhG als Datenbank bzw. als Datenbankwerk gemäß § 4 Abs. 2 UrhG geschützt sein.

528 Auch **Multimediaprodukte** sind regelmäßig keine Computerprogramme im Sinne von § 69a UrhG, da sie die verschiedensten Werke unterschiedlichster Werkarten zu einer Einheit verbinden, wobei die aufgenommenen Bestandteile selbst urheberrechtlich geschützt sein können und das Ergebnis des Multimediawerkes, wenn es eine persönlich geistige Schöpfung darstellt, als sonstiges Werk urheberrechtlich geschützt sein kann.

529 Schließlich sind **Handbücher** und sonstige Bedienungsanleitungen keine Bestandteile des Computerprogramms, sondern können als Sprachwerke (§ 2 Abs. 1 Nr. 1 UrhG) oder wissenschaftlich-technische Darstellungen (§ 2 Abs. 1 Nr. 7 UrhG) urheberrechtlich geschützt sein, wenn sie eine persönlich geistige Schöpfung (§ 2 Abs. 2 UrhG) sind.

▶ **Wiederholungsfragen**

1. *Welche Schöpfungen können als Computerprogramme im Sinne des Urheberrechtsgesetzes geschützt sein?*
2. *Welchen Schutz können Bildschirmmasken, Websites, Multimediaprodukte erlangen?*

13.3.2 Schutzfähige Elemente

530 Geschützt sind **alle Ausdrucksformen** eines Computerprogramms, nicht geschützt sind hingegen Ideen und Grundsätze, die einem Element eines Computerprogramms zugrunde liegen, einschließlich der den Schnittstellen zugrunde liegenden Ideen und Grundsätze (§ 69a Abs. 2 UrhG). Urheberrechtsschutz bezieht sich also nur auf die Ausdrucksform[667] des einzelnen Computerprogramms, nicht auf die dahinter stehenden

---

664 So die herrschende Meinung; vgl. zum Streitstand *Wandtke/Bullinger/Grützmacher*, § 69a Rz. 14 m.w.N.
665 *Schricker/Loewenheim/Loewenheim*, § 2 Rz. 114; *Dreier/Schulze*, § 2 Rz. 101.
666 *Schricker/Loewenheim/Loewenheim*, § 2 Rz. 217; *Dreier/Schulze*, § 2 Rz. 234.
667 *Wandtke/Bullinger/Grützmacher*, § 69a Rz. 23 ff.

abstrakten Ideen und Grundsätze, die gemeinfrei und für jedermann zugänglich und nutzbar bleiben müssen. Es ist schwierig, die ungeschützten Ideen und Grundsätze von den geschützten Ausdrucksformen abzugrenzen. Der Übergang ist fließend[668]. Die Ausdrucksform eines Computerprogramms kann der maschinenlesbare Objekt- oder auch Quellcode[669], deren Vorstufen und Entwurfsmaterialien ebenso wie die innere Struktur und Organisation[670] des Programms sein.

531 Demgegenüber bleiben die **Ideen und Grundsätze frei**. Hierzu zählen die Algorithmen[671], also die einzelnen Bearbeitungsvorschriften, die zur schrittweisen Lösung des Problems führen und sich zur Lösung bestimmter Aufgaben bewährt haben. Dabei handelt es sich um »Spielregeln«, die für sich nicht urheberrechtlich geschützt sind[672]. Ebenso bleiben Rechenregeln, mathematische Formeln und abstrakte Lehrsätze, die dem Programm zugrunde liegen, ungeschützt. Gleiches gilt für die Programmiersprachen.

532 Auch die den **Schnittstellen** zugrunde **liegenden Ideen** und Grundsätze sind vom Urheberrechtsschutz ausgeschlossen. Hierzu zählen Software- und Programmierschnittstellen, die den Datenaustausch zwischen den Programmen und Modulen ermöglichen bzw. die Programmierschnittstellen, die einen standardisierten Zugriff auf Betriebssysteme oder andere Programme erlauben[673].

▶ **Wiederholungsfrage**

Welche Elemente eines Computerprogrammes sind dem Urheberrechtsschutz zugänglich?

13.3.3 Schutzvoraussetzungen

533 Computerprogramme werden geschützt, wenn sie individuelle Werke, also **das Ergebnis** einer **eigenen geistigen Schöpfung** ihres Urhebers sind (§ 69a Abs. 3 UrhG). Die Schutzvoraussetzungen für Computerprogramme werden mit einer anderen Formulierung als die allgemeine Regelung des § 2 Abs. 2 UrhG beschrieben.

534 Die gesetzliche Formulierung nimmt den Wortlaut von Art. 1 Abs. 3 der Computerrichtlinie auf. Dem Richtliniengeber war daran gelegen, einen möglichst weitgehenden Schutz der Programme sicherzustellen. Die Schutzanforderungen stellen auf das Vorliegen von »individuellen Werken«, die das Ergebnis der eigenen geistigen Schöpfung

---

668 *Schricker/Loewenheim/Loewenheim/Spindler*, § 69a Rz. 9.
669 *Lehmann/v. Tucher*, CR 1999, 700.
670 BGH, GRUR 1991, 449 – Betriebssystem.
671 *Wandtke/Bullinger/Grützmacher*, § 69a Rz. 10, 12 m.w.N.
672 *Wandtke/Bullinger/Bullinger*, § 2 Rz. 51.
673 *Wandtke/Bullinger/Grützmacher*, § 69a Rz. 31.

ihres Urhebers sind (§ 69 Abs. 3 S. 1 UrhG), ab. Damit bleibt es aber bei den sonstigen Voraussetzungen des Urheberrechtsschutzes, nämlich insbesondere, dass urheberrechtlich geschützte Werke nur solche sein können, die das Ergebnis eines **individuellen menschlichen**, schöpferischen Schaffensprozesses sind. Es genügt die Individualität, die auch ein bescheidenes Maß an Gestaltertätigkeit erfordert, es genügt, dass es nicht als trivial oder völlig banal[674], oder von der Sachlogik her zwingend vorgegeben erscheint. Die Individualität beurteilt sich danach, ob das Programm das **Ergebnis individueller analytisch-konzeptioneller Fähigkeiten, Geschick, Einfallsreichtum und planerisch-konstruktiven Denkens**[675] ist. Auch die »kleine Münze« des Programmschaffens ist dem Schutz zugänglich.

An der Individualität fehlt es mithin, wenn das Programm durch die Gestaltungszwänge des jeweiligen Sachgebietes geprägt ist[676], oder, wenn die Problemstellung die Lösung vorgibt[677].

535   Soweit das Gesetz bestimmt, dass **keine weiteren Kriterien für den Schutz** zur Voraussetzung gemacht werden können (§ 69 Abs. 3 S. 2 UrhG), wiederholt das Gesetz das, was ohnehin gilt. Auf die Beurteilung der Schutzfähigkeit von Computerprogrammen darf daher auf weitere Kriterien, wie Quantität, Umfang des Programms, Kosten und Mühen der Programmschöpfung, objektive Neuheit, gewerbliche Verwertbarkeit oder Effizienz und Funktionalität nicht abgestellt werden. Gleiches gilt für ästhetische Gesichtspunkte oder technische und wirtschaftliche Eigenschaften. Das schließt aber nicht aus, dass diese Merkmale im Einzelfall als Indiz für die Schutzfähigkeit betrachtet werden. Im Hinblick auf die Anforderungen an die Schutzvoraussetzung, geht die Rechtsprechung davon aus, dass eine tatsächliche Vermutung für den Urheberrechtsschutz vorliegt, wenn ein Programm keine völlig banale Programmgestaltung aufweist und nicht die bloße Kopie oder Nachahmung eines fremden Programms ist[678].

▶ **Wiederholungsfragen**

1. *Welche Voraussetzungen sieht das Gesetz für den Schutz von Computerprogrammen vor?*

2. *Worin unterscheiden sich diese Voraussetzungen von jenen, die für alle Werke gelten?*

3. *Unter welchen Voraussetzungen spricht man von einer tatsächlichen Vermutung für die Schutzfähigkeit eines Computerprogramms?*

---

674 OLG München, CR 2000, 429, 430; OLG Düsseldorf, CR 1997, 337 – Dongle-Umgehung.
675 *Schricker/Loewenheim/Loewenheim/Spindler*, § 69a Rz. 19; *Wandtke/Bullinger/Grützmacher*, § 69a Rz. 34.
676 *Link*, GRUR 1986, 141, 143.
677 OLG Karlsruhe, GRUR 1994, 728, 729 – Bildschirmmasken.
678 *Schricker/Loewenheim/Loewenheim/Spindler*, § 69a Rz. 20 m.w.N.; *Erdmann/Bornkamm*, GRUR 1991, 877, 879; BGH, GRUR 2001, 153 – OEM-Version.

13.4 Anzuwendende Vorschriften[679]

Die Bestimmungen für Sprachwerke sind auf Computerprogramme anzuwenden, sofern in §§ 69a ff. UrhG, keine besonderen Regelungen enthalten sind.

536

Dies bedeutet zunächst, dass die Regelungen über den Urheber und die Urheberschaft gemäß §§ 7 bis 10 UrhG zur Anwendung kommen. **Urheber** des Programms ist also immer der **Schöpfer des Computerprogramms**, der die »eigene geistige Schöpfung« erbrachte. Erfolgt die Programmentwicklung durch ein Team, so entsteht die Miturheberschaft (§ 8 UrhG) durch die Unterordnung der einzelnen schöpferischen Beiträge unter eine Gesamtidee, welche zur Programmgestaltung erforderlich ist[680]. Die durch die gesamthänderische Bindung der Miturheber entstehenden Verwertungsprobleme werden meist durch den Verzicht der einzelnen Miturheber (§ 8 Abs. 4 UrhG) gelöst. Der Verzicht umfasst regelmäßig auch das Bearbeitungsrecht (§ 69c Nr. 2 UrhG).

537

Die **Urhebervermutung** (§ 10 Abs. 2 UrhG) ist seinem Wortlaut nach nicht anzuwenden, jedoch könnte die Vermutungsregel zugunsten desjenigen, der auf einer Verpackung oder einem Aufkleber mit dem Copyright-Vermerk (©) als Rechtsinhaber ausgewiesen ist, angewendet werden[681].

Die **Urheberpersönlichkeitsrechte** (§§ 12ff. UrhG) schützen auch den Schöpfer von Computerprogrammen. Allerdings ist der Schutz nur beschränkt anzuerkennen, weil Computerprogramme häufig nur Schöpfungen der »kleinen Münze« sind und daher die ideellen Interessen weniger schutzbedürftig sind[682]. Auch steht der Schutz der wirtschaftlich-organisatorischen Leistung und wirtschaftlichen Interessen stärker im Vordergrund. Dem Schöpfer des Computerprogramms ist es daher eher zuzumuten, mit seinen Interessen zurückzustehen[683].

538

Auf die Ausübung des **Veröffentlichungsrechtes** verzichtet der Mitwirkende mit der Fertigstellung und Übergabe konkludent[684] zugunsten des Auftraggebers. Auf das Recht auf Anerkennung der Urheberschaft (§ 13 UrhG) kann der Urheber dagegen nicht verzichten. Der Mitwirkende wird keine Namensnennung auf der Benutzerebene fordern können, da die dortige Nennung die Verwertung erheblich erschweren würde, aber die Nennung im Handbuch dürfte ausreichend sein, weil die Zusammengehörigkeit offensichtlich ist. Ein stillschweigender Verzicht hat sich als Branchenübung heute wohl für kommerzielle Programme entwickelt[685].

539

---

679 Vgl. auch die vorzügliche Darstellung bei *Wandtke/Bullinger/Grützmacher*, § 69a Rz. 43–79.
680 BGH, GRUR 1984, 39, 40f. – Buchhaltungsprogramm.
681 OLG Köln, GRUR 1992, 312, 313 – Amiga-Club; *Dreier/Schulze*, § 10 Rz. 13.
682 *Bielenberg*, GRUR 1974; *Wandtke/Bullinger/Grützmacher*, § 69a Rz. 48 m.w.N.
683 *Dreier*, GRUR 1993, 781, 783; *Schricker/Loewenheim/Loewenheim/Spindler*, § 69a Rz. 24; *Lehmann*, FS Schricker, 543, 562f.; *Chorzciel*, CR 1988, 381; *Wandtke/Bullinger/Grützmacher*, § 69a Rz. 48 m.w.N.
684 *Wandtke/Bullinger/Grützmacher*, § 69a Rz. 49.
685 *Wandtke/Bullinger/Grützmacher*, § 69 Rz. 51; OLG Hamm GRUR-RR 2008, 154.

540 Ob das **Entstellungsverbot** (§ 14 UrhG) überhaupt im Bereich der Computerprogramme anzuwenden ist, ist zweifelhaft[686], weil Änderungen der Natur von Computerprogrammen entsprechen. Die Abgrenzung zwischen einer nach Treu und Glauben hinzunehmenden Änderung (§ 39 UrhG) und der Entstellung (§ 14 UrhG) ist im Einzelfall ohnehin sehr schwer. In jedem Fall ist die Weiterentwicklung der Programme und deren Anpassung an den allgemeinen Stand der Technik oder neue wirtschaftliche Entwicklungen zulässig.

541 Die **Verwertungs-** und **sonstigen Rechte** (§§ 15 ff. UrhG) sind weitgehend durch die **Spezialregelung** des § 69c UrhG verdrängt. Ausgenommen hiervon sind das Verleihrecht (§ 27 UrhG) und das Recht der Onlineübertragung und -bereithaltung (§ 15 Abs. 2 und 3 UrhG). Das Zugangsrecht gemäß § 25 UrhG bleibt zwar anwendbar, dürfte aber nur schwer durchsetzbar sein, weil der Schutz des Betriebsgeheimnisses regelmäßig ein berechtigtes Interesse des Auftraggebers darstellt, um den Zugang zu verweigern.

542 Die Vorschriften über die Rechtsnachfolge im Urheberrecht (§§ 28–30 UrhG) finden ebenso Anwendung wie die **urhebervertragsrechtlichen Vorschriften** der §§ 31 ff. UrhG[687], sofern nicht die speziellen Regelungen des § 69a ff. UrhG, u.a. § 69d UrhG, abweichende Regeln vorsehen. Insbesondere haben die nutzerschützenden Regelungen des § 69d UrhG bei der Anwendung der allgemeinen Regeln Berücksichtigung zu finden[688].

543 Neben der zeitlichen und räumlichen sowie der zahlenmäßigen Beschränkung kommen als **inhaltliche Beschränkungen** des **Nutzungsrechtes** in Betracht[689]: die Integration von Software in Hardware anstelle der Speicherung auf selbständigen Datenträgern mit dem entsprechenden Vertrieb, die Vervielfältigung des Programmlistings im Quellcode und deren Verbreitung in entsprechenden Fachzeitschriften, die Einräumung der Rechte als Einzelplatz gegenüber der Einräumung als Mehrplatzversion oder die Erstellung einer Programmsammlung auf Datenträgern im Vergleich zum Einzelvertrieb. Ebenso dürften die Nutzungsmöglichkeiten als Vertriebs- oder Run-Time-Lizenzen anstelle von Entwicklerlizenzen und Embedded-Versionen eines Programmes im Vergleich zur Normalversion eine gesonderte Nutzung sein. Die Übermittlung der Software im Wege der Datenfernübertragung ist eine gesonderte Nutzungsart im Vergleich zum Vertrieb mittels eines Datenträgers. Der BGH[690] scheint der Auffassung zu sein, dass sich die gewerbliche Nutzung zu eigenen Zwecken nicht von derjenigen für Dritte als gesonderter Nutzungsart unterscheidet.

544 Die Schutzvorschriften für Verträge über **unbekannte Nutzungsarten** (§§ 31a, 32c UrhG) kommen einschränkungslos zur Anwendung. Gerade die Möglichkeit der unentgeltli-

---

686 *Lehmann*, FS Schricker, S. 543, 563; *Dreier*, GRUR 1983, 781, 783.
687 Begr. RegE BT-Drucks. XIV/6433, 15.
688 *Dreier*, GRUR 1993, 781, 785.
689 *Wandtke/Bullinger/Grützmacher*, § 69a Rz. 60 m.w.N.
690 GRUR 1997, 464 – CB-Infobank II.

chen Einräumung eines einfachen Nutzungsrechtes an unbekannten Nutzungsarten für jedermann, zielt (§ 31a Abs. 1 S. 2 UrhG) auf die Besonderheiten der Open Source-Software ab. Dort sind »öffentliche Lizenzen« mit dem jeweiligen Werk verbunden. Es bedarf keines direkten Kontakts zwischen dem Lizenznehmer und dem Urheber, der häufig angesichts der typischerweise kollaborativ erstellten Werke[691] gar nicht möglich wäre.

Die Vorschriften der §§ 32 bis 44 UrhG finden Anwendung. Im Hinblick auf den Übergang aller vermögensrechtlicher Befugnisse auf den Arbeitgeber (§ 69b UrhG), unter Betonung des wirtschaftlichen Interessenschutzes kann der Arbeitgeber, entgegen dem Wortlaut der §§ 34, 35 UrhG, **Dritten Nutzungsbefugnisse** oder Nutzungsrechte einräumen, **ohne die Zustimmung** des Urhebers einzuholen[692]. Im Zweifel verbleibt bei der Übertragung von Rechten das Bearbeitungsrecht beim Urheber (§ 37 UrhG). Im Rahmen der Interessenabwägung zur Ermittlung der Zulässigkeit von Änderungen gemäß § 39 UrhG ist durch § 69d Abs. 1 UrhG für die Interessenabwägung vorgegeben, dass die dauerhafte und vorübergehende Vervielfältigung sowie die Übersetzung, Bearbeitung, das Arrangement und die Umarbeitung nicht der Zustimmung des Rechtsinhabers bedürfen, wenn sie zur bestimmungsgemäßen Benutzung des Computerprogramms, einschließlich der Fehlerberichtigung, notwendig sind. Das Rückrufsrecht wegen Nichtausübung (§ 41 UrhG) ist anwendbar Von den in §§ 44a ff. UrhG geregelten Schranken wird allein § 44a UrhG entsprechend anwendbar sein[693].

545

Die Ansprüche im Zusammenhang mit der Verletzung der Urheberrechte (§§ 96 ff. UrhG) sind auch auf Computerprogramme anwendbar. Die Zwangsvollstreckungsvorschriften der §§ 112 ff. UrhG sind rechtspolitisch kaum zu rechtfertigen und bedürfen daher zur Ermöglichung der Zwangsvollstreckung einer teleologischen Reduktion[694].

546

▶ **Wiederholungsfragen**

1. Wie hat der Gesetzgeber die Anwendung der allgemeinen Vorschriften auf Computerprogramme geregelt?
2. Warum ist der urheberpersönlichkeitsrechtliche Schutz von Computerprogrammen nur beschränkt anzuerkennen?
3. In welchem Umfang ist das Entstellungsverbot auf Computerprogramme anwendbar?
4. Welche inhaltlichen Beschränkungen des Nutzungsrechtes kommen bei Computerprogrammen in Betracht?

---

691 Stellungnahme des Bundesrats: vgl. *Hucko*, Zweiter Korb, S. 85.
692 OLG Frankfurt, CR 1998, 225 – Nutzungsrechte an Software; OLG Frankfurt, NJW-RR 1997, 494; *Wandtke/Bullinger/Grützmacher*, § 69a Rz. 70 m.w.N.
693 *Dreier*, GRUR 1993, 781, 784.
694 *Paulus*, in: Lehmann Kap. XVII, Rz. 20; a.A. *Möhring/Nicolini/Lütje*, § 113 Rz. 20.

13.5 Die Rechte der Schöpfer von Computerprogrammen

13.5.1 Allgemeines

547 § 69c UrhG regelt **als lex specialis** zu den Vorschriften der §§ 16, 17, 19a und 23 UrhG die dem Urheber von Computerprogrammen zustehenden **Verwertungsrechte**. Soweit § 69c UrhG keine abweichende Regelung vorsieht, verbleibt es bei den allgemeinen Vorschriften. Beim Vervielfältigungsbegriff zielte der Gesetzgeber auf den unionsrechtlichen Begriff ab. Es werden dort sowohl die positive Benutzung als auch die negativen Verbietungsrechte geregelt. Will der Softwareschöpfer die Nutzung seines Computerprogramms gestatten, so bedarf es hierzu der vertraglichen Einräumung der entsprechenden Nutzungsrechte. Für die Einräumung der Nutzungsrechte gelten die allgemeinen Vorschriften der §§ 31ff. UrhG.

▶ **Wiederholungsfrage**

In welchem Verhältnis steht die Vorschrift des § 69c UrhG zu den allgemeinen Vorschriften über Verwertungsrechte?

13.5.2 Vervielfältigung

548 Dem Urheber steht das **Recht der Vervielfältigung** (§§ 69c Nr. 1, 16 UrhG) zu. Dazu gehören auch das Laden, Anzeigen, Ablaufen, Übertragen oder Speichern eines Computerprogramms, wenn es eine Vervielfältigung erfordert. Eine Vervielfältigung ist immer dann anzunehmen, wenn der Vorgang zu einer **weiteren Programmnutzung** führt. Da der Urheber weitestgehend an den Früchten seines Schaffens zu beteiligen ist, ist gerade die weitere Nutzungsmöglichkeit ein Zeichen der Vervielfältigung. Demgemäß ist das Laden eines Programms oder Programmteils in den Arbeitsspeicher zustimmungspflichtig[695]. Allerdings darf der berechtigte Nutzer die Vervielfältigungshandlungen, die zur bestimmungsgemäßen Benutzung des Computerprogramms erforderlich sind, vornehmen (§ 69d UrhG).

549 Jede **körperliche Festlegung**, z.B. ein Papierausdruck ist eine Vervielfältigung, ebenso die digitale Speicherung, gleichgültig auf welchen Datenträgern (Festplatte oder Diskette, Streamer-Band, CD-ROM, DVD)[696]. Auch die Erstellung einer Sicherungskopie, die ohne Zustimmung (§ 69d UrhG) zulässig ist, ist eine Vervielfältigung. Gleiches gilt

---

695 *Wandtke/Bullinger/Grützmacher*, § 69c Rz. 5 m.w.N.
696 BGH, GRUR 1994, 363 – Holzhandelsprogramm.

für das vorübergehende Laden der Software in dem Arbeitsspeicher des Computers (RAM)[697]. Demgegenüber ist der reine Programmlauf keine Vervielfältigung[698].

Eine Vervielfältigung ist auch die unerlaubte **Nachahmung oder Übernahme einer geschützten Programmstruktur**.

550

▶ **Wiederholungsfrage**

Was kennzeichnet die Vervielfältigung eines Computerprogramms?

13.5.3 Umarbeitung

Dem Urheber steht das Recht zur **Umarbeitung** eines Computerprogramms sowie zur Vervielfältigung der erzielten Ergebnisse zu (§ 69c Nr. 2 UrhG). Zur Umarbeitung des Computerprogramms zählen die Übersetzung, die Bearbeitung und das Arrangement. Das Recht zur Umarbeitung ist damit im Vergleich zu den allgemeinen Regeln des Bearbeitungs- und Änderungsrechts (§§ 23, 39 UrhG) eine **Spezialvorschrift**. Bereits die Herstellung einer Umarbeitung ist zustimmungspflichtig. Dadurch wird das Interesse des Programmschöpfers, künftig an Wartung und Pflege beteiligt zu werden, geschützt[699].

551

Der Begriff der Umarbeitung wurde als **weiter Oberbegriff** der zustimmungsbedürftigen Handlungen verwandt. Unter Umarbeitung ist **jede Änderung des Programms** zu verstehen, gleichgültig, ob sie eine schöpferische Leistung voraussetzt oder nicht[700]. Zu den Umarbeitungen zählen die Übersetzung des Programms, also die Übertragung eines Programms in eine andere Programmiersprache oder vom Quellcode in den Objektcode und umgekehrt[701]. Das Arrangement eines Programms, also die Neuanordnung einzelner Programmmodule oder einzelner Elemente der Benutzeroberfläche, ebenso wie die Portierung auf ein anderes Betriebssystem oder andere Hardware, Updates, Upgrades zur Berücksichtigung neuer technischer, gesetzlicher, wissenschaftlicher oder wirtschaftlicher Entwicklungen, aber auch Wartungsarbeiten[702].

552

Das Gesetz (§ 69c Nr. 2 S. 2 UrhG) stellt weiterhin klar, dass derjenige, der ein Computerprogramm in eigenschöpferischer Weise umarbeitet, ein eigenes **Bearbeiterurheberrecht** (§ 3 UrhG) erwirbt. Voraussetzung ist, dass die Bearbeitung das **Ergebnis einer**

553

---

697 OLG Köln, CR 2001, 708; offen gelassen: BGH, GRUR 1999, 325 – elektronische Pressearchive; *Dreier/Schulze*, § 69c Rz. 8.
698 BGH, GRUR 1991, 449 – Betriebssystem.
699 *Lehmann*, GRUR Int. 1991, 327.
700 *Schricker/Loewenheim/Loewenheim/Spindler*, § 69c Rz. 14.
701 BGH, GRUR 2002, 149, 151 – Wetterführungspläne.
702 *Lehmann*, NJW 1991, 2112, 2114.

eigenen geistigen Schöpfung ist. Für das abhängige Bearbeiterurheberrecht können keine höheren Schutzanforderungen gestellt werden als für das bearbeitete Original[703].

Ist demgegenüber die Umarbeitung so weitgehend, dass die individuellen Züge des zuerst geschaffenen Programms im Vergleich zum späteren Programm verblassen, so stellt sich das spätere Programmschaffen als **freie Benutzung** des ursprünglichen Programmschaffens dar (§ 24 UrhG).

▶ **Wiederholungsfragen**

1. Worin unterscheidet sich der Begriff der Umarbeitung von dem Begriff der Bearbeitung?
2. Unter welchen Voraussetzungen ist die Umarbeitung eines Computerprogramms zulässig?
3. Unter welchen Voraussetzungen kann das Bearbeiterurheberrecht an einem Computerprogramm erworben werden?

13.5.4 Verbreitung

554 Weiterhin steht dem Urheber das **Recht der Verbreitung** (§ 69c Nr. 3 S. 1 UrhG) einschließlich der Vermietung zu. Der Urheber kann allein über alle Verbreitungsmaßnahmen entscheiden. Die Formulierung beabsichtigt keine Abweichung zum Verbreitungsbegriff gemäß § 17 Abs. 1 UrhG[704].

555 Schließlich regelt § 69c Ziff. 3 S. 2 UrhG das Prinzip der **europaweiten Erschöpfung**. Wird ein Vervielfältigungsstück eines Computerprogrammes mit Zustimmung des Rechtsinhabers im Gebiet der europäischen Union oder eines anderen Vertragsstaates des Abkommens über den europäischen Wirtschaftsraum im Wege der Veräußerung in Verkehr gebracht, so erschöpft sich das Verbreitungsrecht in Bezug auf dieses Vervielfältigungsstück, mit Ausnahme des Vermietrechts. Auch jene Programme, die online übermittelt wurden, unterliegen der Erschöpfung[705].

▶ **Wiederholungsfragen**

1. Was versteht man unter dem Begriff der Verbreitung von Computerprogrammen?
2. Unterscheidet sich das Verbreitungsrecht für Computerprogramme von dem allgemeinen Verbreitungsrecht?
3. Gibt es eine Erschöpfung der online übermittelten Computerprogramme?

---

703 A.A. *Schricker/Loewenheim/Loewenheim/Spindler*, § 69c Rz. 19.
704 Amtl. Begr., BT-Drucks. 12/4022, S. 11.
705 EuGH GRUR 2012, 904 – Used Soft.

13.5.5 Öffentliche Wiedergabe

Schließlich steht dem Urheber eines Computerprogrammes auch das Recht der **öffentlichen Wiedergabe** (§§ 69c Nr. 4, 15 Abs. 2 UrhG) zu, also der drahtgebundenen oder drahtlosen öffentlichen Wiedergabe eines Computerprogrammes, einschließlich der öffentlichen Zugänglichmachung. Damit ist es auch allein Sache des Rechtsinhabers des Computerprogrammes, über die Formen der öffentlichen Wiedergabe zu entscheiden. Auch insofern hat der Gesetzgeber keine Abweichung von den Bestimmungen der §§ 19 ff. UrhG beabsichtigt. Das Recht der öffentlichen Wiedergabe spielt vor allen Dingen eine Rolle bei der Datenübertragung im Internet und in sonstigen Netzwerken sowie bei den On-Demand-Services.

556

▶ **Wiederholungsfrage**

In welchen Bereichen spielt das Recht der öffentlichen Wiedergabe von Computerprogrammen eine besondere Rolle?

13.6 Computerprogramme im Rechtsverkehr

Im Bereich des Softwarevertriebs haben sich bestimmte Standardformen entwickelt. So werden Computerprogramme als **Public-Domain-Software** vertrieben. Hierunter wird regelmäßig die unentgeltlich frei nutz-, vervielfältig- und verbreitbare Software verstanden[706]. Rechtlich betrachtet handelt es sich dabei um die Einräumung eines einfachen Rechtes zur unentgeltlichen Vervielfältigung und Verbreitung von Software, wobei die Weiterverbreitung daran geknüpft ist, dass diese allenfalls gegen eine kostendeckende Gebühr erfolgt[707]. Darüber hinaus ist der Nutzer der Public-Domain-Software zur Umarbeitung und zur entgeltlichen Verbreitung dieser Umarbeitung berechtigt.

557

Bei **Freeware** besteht regelmäßig nicht das Recht zur Umarbeitung, aber auch sie kann unentgeltlich vervielfältigt und verbreitet werden. Bei **Shareware**[708] ist schließlich der Dritte zur Herstellung von Vervielfältigungsstücken und zu deren Verbreitung berechtigt, sofern er dabei lediglich kostendeckende Vergütungen vereinbart[709]. Voraussetzung ist allerdings die Registrierung regelmäßig gegen eine Gebühr. Manchmal handelt es sich um eine beschränkt nutzbare Testversion.

558

Bei **Open Source-Software**, deren bekanntestes Beispiel die Vermarktung des Betriebssystem Linux ist, erfolgt die Verbreitung grundsätzlich auf der Grundlage besonderer

559

---

706 OLG Stuttgart, CR 1994, 773 m.w.N.
707 *Wandtke/Bullinger/Grützmacher*, § 69c Rz. 68 f.
708 OLG Hamburg, CR 1994, 616, 617.
709 *Wandtke/Bullinger/Grützmacher*, § 69c Rz. 71.

Lizenzbedingungen, der General Public Licence (GPL)[710]. Aufgrund dieser Lizenzbedingungen wird regelmäßig dem Nutzer ein einfaches Vervielfältigungs- und Verbreitungsrecht eingeräumt, einschließlich der Erlaubnis zur Dekompilierung und Kompilierung, unter der Bedingung, dass die Weiterentwicklungen selbst wieder jedem anderen Interessenten zur Nutzung, aber auch zur weiteren Bearbeitung unentgeltlich zugänglich gemacht werden.

560 Ob **Upgrade**- und **Update-Versionen**[711] eigenständige Nutzungsarten sind, ist umstritten, wohingegen bei Demo- bzw. Testversionen die eigenständige Nutzungsart[712] anerkannt ist, weil die Nutzungsmöglichkeiten begrenzt sind und sie sich dadurch von einer Volllizenz unterscheiden.

▶ **Wiederholungsfragen**

1. Was versteht man unter dem Begriff »Public-Domain-Software«?
2. Was versteht man unter dem Begriff »Open Source-Software«?

13.7 Besonderer Schutz von Computerprogrammen gegen Rechtsverletzungen

561 Für Computerprogramme sieht der Gesetzgeber eine besondere Verschärfung des allgemeinen Vernichtungsanspruchs gemäß §§ 98, 99 UrhG vor (§§ 69c f. UrhG). So kommt es **weder** auf ein **Verschulden** an **noch** darauf, ob der **Eigentümer oder Besitzer** eines rechtswidrig hergestellten Vervielfältigungsstückes selbst Verletzer ist. Dem Urheber des Computerprogrammes soll vielmehr die Gelegenheit gegeben werden, alle rechtswidrig hergestellten, verbreiteten oder zur rechtswidrigen Verbreitung bestimmten Vervielfältigungsstücke aus dem Verkehr zu ziehen und damit jede weitere rechtswidrige Nutzung zu unterbinden[713].

562 Der gleiche **verschuldensunabhängige Vernichtungsanspruch** steht dem Urheber eines Computerprogramms gegen **Mittel** zu, die allein dazu bestimmt sind, die **unerlaubte Beseitigung** oder Umgehung **technischer Programmschutzmechanismen** zu erleichtern.

▶ **Wiederholungsfrage**

Worin unterscheiden sich die Voraussetzungen des Vernichtungsanspruches für Computerprogramme von denjenigen für andere Werke?

---

710 *Metzger/Jaeger*, GRUR-Int. 1999, 839 ff.; *Wandtke/Bullinger/Grützmacher*, § 69c Rz. 60 ff. m.w.N.
711 LG München, CR 1998, 141; OLG Frankfurt/M., CR 1999, 7.
712 KG, ZUM 2000, 1089 f.
713 Amtl. Begr. BT-Drucks. XII/4022, S. 14.

14. Leistungsschutzrechte

14.1 Allgemeines

Während durch das Urheberrecht die persönlich geistige Schöpfung, also das Leistungsergebnis, einen besonderen Schutz erfährt, werden durch die Leistungsschutzrechte die **individuellen Leistungen**, die im Zusammenhang mit der **Darbietung** und **sonstigen Werkvermittlung** erbracht werden, geschützt sowie **kaufmännische, organisatorische Leistungen** bei der Werkvermittlung als besonders schutzwürdiges Ergebnis angesehen. In allen Fällen soll für denjenigen, der die Leistung erbracht hat, eine angemessene Gegenleistung sichergestellt werden.

563

Die Regelung dieses Schutzes im Urheberrechtsgesetz bedeutet nicht, dass es sich bei diesen Leistungsschutzrechten um Rechte handelt, die ebenso wie das Urheberrecht geschützt werden müssen. Der **Schutz** ist **dem des Urheberrechts** stark **angenähert**, aber nicht gleich. Aus diesem Grunde werden die Leistungsschutzrechte auch **verwandte Schutzrechte** genannt. Der Teil 2 des Urheberrechts ist auch mit „verwandte Schutzrechte" überschrieben. Die urheberrechtlichen Regelungen können nicht analog herangezogen werden, da die Leistungsschutzrechte und die sich daraus ergebenden Rechte abschließend im Gesetz aufgeführt werden. Ergänzender Schutz können das allgemeine Persönlichkeitsrecht und wettbewerbsrechtlicher Leistungsschutz sein.

564

▶ **Wiederholungsfrage**

Was rechtfertigt einen besonderen Schutz der individuellen Leistungen im Zusammenhang mit der Darbietung und sonstigen Werkvermittlung?

14.2 Schutz kreativer Leistungen

Das Gesetz gewährt Leistungen, die das **Ergebnis der Ausnutzung eines kreativen Gestaltungsspielraumes,** unter gleichzeitiger Anwendung von wissenschaftlich-methodischen oder technischen Kenntnissen und Finessen sind, Schutz. Dazu zählen die wissenschaftlichen Ausgaben (§ 70 UrhG) und die Lichtbilder (§ 72 UrhG).

565

14.2.1 Wissenschaftliche Ausgaben

Die **wissenschaftliche Herausgabe** urheberrechtlich nicht mehr geschützter, verschollener oder schwer zugänglicher Werke oder Texte, wie Manuskripte, Inschriften, Musiknoten, Briefe, aber auch Gerichtsprotokolle[714], ist häufig keine schöpferische

566

---

714 BGH, GRUR 1975, 667, 668 – Reichswehrprozess.

Leistung, sondern eine »bedeutende, wissenschaftliche Arbeit«, die mit großen Mühen und hohen Kosten verbunden ist[715]. Das Urheberrechtsgesetz gewährt daher dem Verfasser, der eine solche wissenschaftlich sichtende Tätigkeit erbracht hat, ein besonderes Leistungsschutzrecht (§ 70 UrhG).

567 Der Schutz setzt voraus, dass die Ausgabe das **Ergebnis** einer **wissenschaftlich sichtenden Tätigkeit** darstellt und sich wesentlich **von** den **bisher bekannten Ausgaben** der Werke oder Texte **unterscheidet** (§ 70 UrhG). Entscheidend ist, dass die Texte nach einer sichtenden, ordnenden und abwägenden **wissenschaftlichen Methode**[716] herausgegeben werden. Häufig handelt es sich dabei um eine text- und quellenkritische Arbeit zur Rekonstruktion einer verloren gegangenen Originalfassung. Die Tätigkeit kann die Modernisierung der Orthografie und Interpunktion, die Einfügung von sprachlichen Übersetzungen und deren Berichtigung, die Anordnung von Schriften in einer editorisch »richtigen« Reihenfolge sowie die Schaffung eines Personen- und Begriffsregisters sein[717]. Das Ergebnis der Tätigkeit muss einen ausreichenden Grad an Besonderheiten aufweisen.

568 Das dadurch erworbene Leistungsschutzrecht des Verfassers **entspricht den Rechten des Urhebers** (§ 70 Abs. 1 UrhG). Er erwirbt damit Persönlichkeitsrechte (§§ 12 ff. UrhG) und die Verwertungsrechte hieran (§§ 31 ff. UrhG). Die wissenschaftlichen Ausgaben unterliegen den Schranken gemäß §§ 44a ff. UrhG.

569 Der Schutz der wissenschaftlichen Ausgabe dauert **25 Jahre ab Herstellung** bzw. ab **Erscheinen an**. Er beginnt mit der Herstellung und endet 25 Jahre danach, es sei denn die Ausgabe erscheint innerhalb dieser Frist erstmals; dann ist die wissenschaftliche Ausgabe 25 Jahre lang ab Erscheinen geschützt.

Erstellt der Verfasser der wissenschaftlichen Ausgabe darüber hinaus einen wissenschaftlichen Apparat, wie Anmerkungen, Kommentierungen usw., oder erarbeitet er Ergänzungen von verloren gegangenen Stellen, so kann er hieran selbst Urheberrechte (§ 2 UrhG) erwerben[718].

▶ **Wiederholungsfragen**

1. *Was kennzeichnet eine wissenschaftliche Ausgabe?*
2. *Wer erwirbt das Leistungsschutzrecht an einer wissenschaftlichen Ausgabe?*
3. *Welche Rechte stehen dem Inhaber des Leistungsschutzrechtes zu?*
4. *Wie lange dauern die Rechte an?*

---

715 Amtl. Begr. zu § 80 BT-Drucks. IV/270, S. 267.
716 BGH, GRUR 1975, 667, 668 – Reichswehrprozess.
717 KG, GRUR 1991, 596 – Schoppenhauer-Ausgabe.
718 KG, GRUR 1991, 596 – Schoppenhauer-Ausgabe; *Ulmer*, § 22 I 2.

14.2.2 Lichtbilder

Das Urheberrechtsgesetz schützt Lichtbildwerke (§ 2 Abs. 1 Nr. 5 UrhG), einschließlich der Werke, die ähnlich wie Lichtbildwerke geschaffen werden, wenn es sich dabei um eigene geistige Schöpfungen[719] handelt. Daneben gewährt das Gesetz gemäß § 72 UrhG **einen gleichwertigen Schutz** demjenigen, der **Lichtbilder** anfertigt. Das Gesetz unterscheidet also gestaltete Lichtbilder von abbildenden Lichtbildern (A. Nordemann), je nach dem individuellen Einfluss des Lichtbildners. Das Leistungsschutzrecht bezieht sich damit auf alle **nicht künstlerischen Fotografien**, also insbesondere auf solche Aufnahmen wie durchschnittliche Amateuraufnahmen[720] oder die routinemäßig erstellten Lichtbilder[721]. Das Leistungsschutzrecht will die **rein technische** Leistung schützen. Es kommt nicht auf die Aufnahmetechnik an. Aufnahmen mit Röntgenstrahlen und Infrarottechnik fallen als Erzeugnisse, die ähnlich wie Lichtbilder hergestellt werden, unter den Lichtbildschutz.

570

Die rein **technische** Leistung ist geschützt. Es bedarf keiner schöpferischen Tätigkeit. Erforderlich ist vielmehr, dass aus einem Lichtbild **ein originäres, ursprüngliches Urbild** geschaffen wird[722]. Es bedarf keines handwerklichen Könnens, das im Bild zum Ausdruck kommt, aber einer geistigen Leistung, die in der Wahl des Motivs, des Zeitpunkts oder der Anwendung der Technik bestehen kann. Alle technischen Vorgänge, beispielsweise im Rahmen der Druckvorlagenherstellung, fallen aber nicht darunter.

571

Geschützt ist jeweils die konkrete **Wiedergabe eines bestimmten Motivs** unter einer bestimmten Formgebung und Gestaltung (z.B. Beleuchtung, bestimmte Blendeneinstellungen o.ä.). Der Schutzbereich ist eng, so dass Dritte ein identisches oder nahezu identisches Foto mit der gleichen Perspektive und mit dem gleichen fotografischen, technischen Einsatz anfertigen können. Ebenso wenig ist das Motiv geschützt. Wer selbst ein in der Natur vorhandenes Motiv nachstellt, das einem anderen Lichtbild nahezu identisch ist, schafft selbst ein Urbild, ohne dabei die Rechte der älteren Aufnahme zu verletzen[723].

572

Beispiel: So darf die berühmte Aufnahme, die Marilyn Monroe auf dem New Yorker U-Bahn-Schacht zeigt, nachgestellt und nachfotografiert werden.

Inhaber des Leistungsschutzrechts ist der **Lichtbildner**, also der Fotograf. Es kommt darauf an, dass er die Aufnahme nach seinen Vorstellungen fertigt, also die Kamera hinstellt, den Aufnahmeort wählt und den Auslöser betätigt. Dabei kann er sich auch der Mitwirkung von Gehilfen bedienen. Der Auftraggeber muss die Rechte vom Fotografen erwerben.

573

---

719 Art. 6 der Schutzdauerrichtlinie (93/88/EWG).
720 OLG Köln, AfP 17, 1972, 144 – Urlaubsfoto.
721 BGH, ZUM 1992, 427 – Bedienungsanweisung.
722 BGH, GRUR 1990, 669, 673 – Bibelreproduktion.
723 BGH, GRUR 1967, 315, 316 ff. – Skai Cubana.

574 Dem Fotografen stehen die gleichen Rechte wie dem Schöpfer von Lichtbildwerken zu. Er wird also weitgehend genauso **behandelt wie ein Urheber (§ 72 Abs. 1 UrhG).**

575 Die Rechte des Lichtbildners unterscheiden sich allerdings im Hinblick auf die Schutzdauer (§ 72 Abs. 3 UrhG) von denen des Schöpfers eines Lichtbildwerkes. Danach sind Lichtbilder **50 Jahre ab Erscheinen** oder der erlaubterweise vorgenommenen öffentlichen Wiedergabe geschützt und, wenn sie nicht erschienen oder erlaubterweise öffentlich wiedergegeben werden, 50 Jahre nach deren Herstellung.

▶ **Wiederholungsfragen**

1. *Welche Leistung wird als Lichtbild geschützt?*
2. *Wie ist die Leistung von ungeschützten Lichtbildern und Lichtbildwerken abzugrenzen?*
3. *Welche Rechte stehen dem Lichtbildner zu?*
4. *Wie lange dauert der Lichtbildschutz an?*

14.3 Darbietungen ausübender Künstler

576 Dogmatisch betrachtet ist das Leistungsschutzrecht des ausübenden Künstlers als **selbständiges Immaterialgüterrecht** einzuordnen, da das umfassende Verwertungsrecht ausschließlich dem ausübenden Künstler zusteht. Die ideellen Interessen der ausübenden Künstler sind als besonderes »Künstlerpersönlichkeitsrecht« zu betrachten. Im Unterschied zum Urheberrecht sind die Rechte und Ansprüche der §§ 77ff. UrhG unter Lebenden frei übertragbar, es verbleibt also kein persönlichkeitsrechtlicher Kern bei dem ausübenden Künstler.

14.3.1 Der geschützte Personenkreis

577 Ausübender Künstler ist, **wer ein Werk** oder eine Ausdrucksform der Volkskunst aufführt, singt, spielt oder auf eine andere Weise **darbietet oder** an einer solchen Leistung der Werkvermittlung **künstlerisch mitwirkt** (§ 73 UrhG). Der ausübende Künstler erbringt also eine Leistung, die anderen den Genuss eines Werkes ermöglicht. Voraussetzung ist die Darbietung eines seiner Art nach urheberrechtsschutzfähigen Werkes im Sinne von § 2 UrhG, wobei es nicht darauf ankommt, dass die erforderliche Gestaltungshöhe[724] erreicht wird oder, dass der Schutz noch besteht.[725] Neben der Darbietung urheberrechtlich geschützter Werke zählt auch derjenige, der eine Ausdrucksform der Volkskunst, also

---

724 *Dreier/Schulze*, § 73 Rz. 8.
725 *Dreier/Schulze*, § 73 Rz. 8.

14.3 Darbietungen ausübender Künstler

Folklore, vermittelt, zu den ausübenden Künstlern. Die Abhängigkeit der Interpreten von der Darbietung eines Werkes wird als **Werkakzessorietät** bezeichnet.

578 Nur derjenige, der ein **vorhandenes Werk** oder Volkskunst interpretiert, kann den Schutz für sich in Anspruch nehmen. Die Darstellung muss also wesensgemäß eine künstlerische Ausgestaltung haben, wobei keine künstlerische Gestaltungshöhe erforderlich ist. Die **künstlerische Werkinterpretation** ist dem **ausübenden Künstler wesensimmanent**[726].

Auch derjenige, der an einer **solchen Darbietung mitwirkt**, kann ein Leistungsschutzrecht erwerben. **Wann** die Mitwirkung stattfindet, **ob vor** der eigentlichen Darbietung, **während** oder **im Anschluss**, ist dabei gleichgültig. So können der Bühnenregisseur, der Ballettmeister oder der Tonmeister ein Leistungsschutzrecht erwerben.[727].

579 Der ausübende Künstler erwirbt das Leistungsrecht für seine **künstlerische Mitwirkung bei** der Darbietung eines Werkes. Derjenige, der keine künstlerische Leistung erbringt und erbringen soll, erwirbt daher kein Recht. Der Nachrichtensprecher, der den Text nur vorliest, erwirbt kein Recht, wohingegen der Quizmaster, der dem Betrachter einen Eindruck vermittelt, der »seine Stimmung, sein Empfinden, sein Gefühl oder seine Phantasie anregen soll«[728], künstlerisch gestaltet. Fußball-, Basketballspieler oder andere Sportler erwerben ebenso wenig ein Leistungsschutzrecht, weil sie kein vorbestehendes Werk darbieten. Gleiches gilt für den Zirkus- oder Varietékünstler. Anders mag dies beim Eiskunstläufer oder im Turniertanz sein, wenn eine vorher festgelegte Choreografie dargelegt wird[729].

580 Gelegentlich kann der Mitwirkende anlässlich der Darbietung seiner Leistung **gleichzeitig** ein **Leistungsschutzrecht** für seine Darbietung erwerben und ein **Urheberrecht** für seine gestalterische Einflussnahme.

Beispiel: Der Jazzmusiker, der eine neue Variation bei seinem Spiel entstehen lässt und gleichzeitig interpretiert, ist sowohl Künstler als auch Urheber. Auch der Bühnenregisseur, der ein Werk über die aufführungsbedingten Anpassungen hinaus umgestaltet, kann ein Bearbeiterurheberrecht neben seinem Leistungsschutzrecht erwerben[730].

▶ Wiederholungsfragen

1. *Wer ist ausübender Künstler?*
2. *Haben die ausübenden Künstler ein Interesse daran, den Begriff des Leistungsschutzberechtigten auszudehnen?*

---

726 BGH, GRUR 1981, 419 – Quizmaster.
727 BGH, GRUR 1983, 22, 24 – Tonmeister I; *Dreier/Schulze*, § 73 Rz. 14.
728 BGH, GRUR 1981, 419, 421 – Quizmaster.
729 *Möhring/Nicolini/Kroitzsch*, § 73 Rz. 10.
730 BGH, GRUR 1984, 730 – Filmregisseur.

14.3.2 Das Künstlerpersönlichkeitsrecht

581 Die umfassenden Verwertungsmöglichkeiten der Leistungen eines Interpreten erfordern den **Schutz** seiner **ideellen Interpreteninteressen**, also seines »Künstlerpersönlichkeitsrechtes«, ebenso wie den Schutz seiner **wirtschaftlichen Interessen**. Die ideellen und wirtschaftlichen Interessen bedingen sich gegenseitig und sind voneinander abhängig. So ist die Benennung des ausübenden Künstlers gleichzeitig eine Werbemaßnahme für seine Leistung; so kann er durch das Verbot der Beeinträchtigung der von ihm erbrachten Leistung die Art und Weise und Qualität seiner interpretatorischen Fähigkeiten sicherstellen.

Gilt für das Urheberrecht die monistische Auffassung als weitgehend herrschende Lehre, ist es für die Leistungsschutzrechte streitig, ob es sich um ein einheitliches Recht mit unterschiedlichen Ausprägungen der Persönlichkeitsrechte einerseits und Verwertungsrechte andererseits oder ob es sich um jeweils unterschiedliche Befugnisse handelt. Das Gesetz spricht für die monistische Auffassung[731]. Aber §§ 74ff. UrhG enthalten eine abschließende Aufzählung der Rechte, § 79 Abs. 1 UrhG lässt die translative Abtretung der Verwertungsrechte zu, so dass verwertungsrechtliche Befugnisse einerseits und persönlichkeitsrechtliche Befugnisse andererseits unterschiedliche Wege gehen können (§§ 76, 78 UrhG). Man wird also eher von einem **Bündel von Rechten**[732] ausgehen müssen.

582 Der Künstler hat Anspruch auf **Würdigung seiner künstlerischen Leistung**. Er hat Anspruch auf **Anerkennung seiner Leistungen** in Bezug auf seine Darbietung (§ 74 Abs. 1 S. 1 UrhG). Diesem **positiven Anspruch auf Nennung** im Zusammenhang mit seiner Darbietung steht das Recht gegenüber, die **Anmaßung der Künstlerschaft** durch Dritte ebenso wie das **Bestreiten der Interpretation** oder die **Unterlassung der Künstlerbezeichnung zu verhindern**.

583 Dem ausübenden Künstler steht das **Benennungsrecht** zu. Demgemäß kann er bestimmen, **ob** und **mit welchem Namen** er genannt wird (§ 74 Abs. 1 S. 2 UrhG).

584 **Künstlergruppen**[733], die gemeinsam eine Darbietung erbrachten, können, wenn die Nennung jedes einzelnen von ihnen einen **unverhältnismäßigen Aufwand erfordert**, nur verlangen, **als Künstlergruppe** genannt zu werden (§ 74 Abs. 2 S. 1 UrhG). Die Bestimmung will nur die Benennung selbst einer gesonderten Regelung unterwerfen, das Anerkennungsrecht bleibt davon unberührt.

---

731 Dazu *Bünte*, Die künstlerische Darbietung als persönliches und immaterielles Rechtsgut. Diss. Würzburg 1999; *Dünnwald*, ZUM 2004, 161ff.
732 *Peukert*, UFITA 138 (1999) 63.
733 Zur Definition einer Künstlergruppe: BGH, GRUR 1993, 550 – The Doors.

Beispiel: Mitglieder eines Orchesters können zwar im Programmheft eines Konzertes oder im Booklet einer CD genannt werden, selten jedoch bei der Ankündigung des Konzertes oder auf der CD selbst.

Das Benennungsrecht für Künstlergruppen wird durch deren **gesetzlichen Vertreter**, also dem **Vorstand**, allein ausgeübt[734].

585

▶ **Wiederholungsfragen**

1. Sind die Künstlerpersönlichkeitsrechte und -verwertungsrechte Ausdruck eines einheitlichen Rechtes oder ein Bündel von Rechten?
2. Welche Ansprüche stehen dem Künstler zur Würdigung seiner künstlerischen Leistungen zu?
3. Unter welchen Umständen haben die Interessen des Künstlers auf Namensnennung im Verhältnis zu den Interessen des Verwerters der Darbietung zurückzutreten?

Der Interpret hat ein Recht auf **Integrität seiner Leistung** (§ 75 UrhG). Er hat das Recht, eine **Entstellung** oder eine andere **Beeinträchtigung seiner Darbietung** zu verbieten, die geeignet ist, sein **Ansehen** oder seinen **Ruf als ausübender Künstler zu gefährden**. Hat er an der Verfilmung eines Werkes mitgewirkt, kann er sich gegen gröbliche Entstellungen oder andere gröbliche Beeinträchtigungen wehren (§ 93 Abs. 1 UrhG). Vereinbarungen über die Änderung der Darbietung sind dagegen zulässig[735].

586

Der Interpret kann nur solche Entstellungen oder andere Beeinträchtigungen seiner Darbietung verbieten, die geeignet sind, sein **Ansehen** oder seinen **Ruf als ausübender Künstler** zu gefährden. Bei der Feststellung, ob das Integritätsinteresse des ausübenden Künstlers in relevanter Weise gefährdet wird, ist **zunächst** zu prüfen, ob eine **Beeinträchtigung** oder eine **Entstellung** der Interpretation des ausübenden Künstlers vorliegt. **Anschließend** ist zu überprüfen, ob dadurch eine **Gefährdung** des künstlerischen **Rufes** oder **Ansehens** des betroffenen Interpreten zu gewärtigen ist. Schließlich ist **abzuwägen**, ob den gefährdeten Interessen des Künstlers gewichtige Gegeninteressen entgegenstehen, die ausnahmsweise dem Integritätsinteresse des Interpreten vorangehen[736].

Wird eine Leistung durch **mehrere ausübende Künstler gemeinsam** erbracht, so haben diese bei der Ausübung ihres Persönlichkeitsrechtes aufeinander **angemessen Rücksicht** zu nehmen (§ 76 Abs. 2 UrhG). Im Rahmen der Interessenabwägung sind die

587

---

734 Er verfügt über ein gesetzliches Prozessstandschaftsrecht (BGH, GRUR 2005, 502 – Götterdämmerung).
735 BGH, GRUR 1989, 198 – Künstlerverträge.
736 Zur Prüfungsfolge OLG Dresden, ZUM 2000, 955 – Csárdás-Fürsten.

14. Leistungsschutzrechte

Schwere der Beeinträchtigung der Interpretation und die damit verbundene Beeinträchtigung der Persönlichkeitsrechte des Künstlers einerseits von den Verwertungsinteressen der übrigen beteiligten Künstler andererseits abzuwägen.

▶ **Wiederholungsfragen**

1. *Wie schützt das Gesetz die Integrität der Leistungen des ausübenden Künstlers gegen Entstellungen?*
2. *Wie ist zu ermitteln, ob eine relevante Beeinträchtigung der Leistung des ausübenden Künstlers vorliegt?*

588 **Das Recht** auf **Anerkennung der Darbietung**, einschließlich der Benennung, ebenso wie das Recht, **Beeinträchtigungen der Darbietungen zu verbieten**, **erlischt** mit dem **Tod** des ausübenden Künstlers, jedoch erst **50 Jahre** nach der Darbietung, wenn der ausübende Künstler vor Ablauf dieser Frist verstirbt (§ 76 S. 1 UrhG). Die Rechte erlöschen jedenfalls nicht vor Ablauf der vermögenswerten Rechte der Künstler (§ 82 UrhG). Erbringen mehrere gemeinsam eine Darbietung, so ist der Tod des Letzten der beteiligten ausübenden Künstler maßgeblich (§ 76 S. 3 UrhG). Die **Persönlichkeitsrechte** aus den §§ 74 und 75 UrhG fallen nicht in den Nachlass des ausübenden Künstlers und gehen damit nicht auf dessen Erben über. Ausübungsberechtigt bleiben nach dessen Tod dessen **nahe Angehörige**, also insbesondere dessen Ehegatten, Lebenspartner und Kinder und, falls diese nicht vorhanden oder vorverstorben sind, die Eltern des ausübenden Künstlers (§ 60 Abs. 2 UrhG). Damit können die Inhaberschaft von Verwertungsrechten und Persönlichkeitsrechten auseinander fallen.

▶ **Wiederholungsfrage**

Wann erlischt das Recht auf Anerkennung einer Darbietung oder das Recht, eine Beeinträchtigung der Darbietung zu verbieten?

14.3.3 Verwertungsrechte des Künstlers

589 Das Gesetz gewährt dem ausübenden Künstler in §§ 77, 78 UrhG eine Reihe von **abschließend genannten Verwertungsrechten**. Das Recht der **Aufnahme einer Darbietung** sowie das Recht, die aufgenommene Darbietung zu **vervielfältigen** und zu **verbreiten** gewährt § 77 UrhG und darüber hinaus auch einen Vergütungsanspruch aus dem Vermieten und Verleihen gemäß § 27 UrhG. § 78 UrhG weist dem ausübenden Künstler die ausschließlichen Rechte zur **unkörperlichen Verwertung** seiner Darbietung zu.

590 Es ist allein Sache des ausübenden Künstlers, darüber zu entscheiden, ob seine Darbietung als solche **aufgenommen** wird. Dieses Recht enthält persönlichkeitsrechtliche

Elemente[737], weil es damit dem Künstler überlassen wird, wann und welche seiner Darbietungen aufgrund der Fixierung wiederholbar gemacht wird (§ 77 Abs. 1 UrhG). Ihm steht auch das **Vervielfältigungs- und Verbreitungsrecht** (§ 77 Abs. 2 UrhG) zu. Er entscheidet darüber, ob er die Aufzeichnung und anschließende Vervielfältigung und Verbreitung seines Liveauftrittes gestattet oder ob er mögliche Schwächen hinter der Flüchtigkeit des gesprochenen Wortes oder der musikalischen Darbietung verbergen möchte. Dieses Recht hat eine bedeutende vermögensmäßige Auswirkung für den Interpreten, da ihm der wirtschaftliche Ertrag seiner Darbietung zugewiesen wird.

591 Dem Künstler steht das Recht der öffentlichen Wiedergabe (§ 78 UrhG)zu; er allein kann darüber entscheiden, ob seine Darbietung **öffentlich zugänglich gemacht** (§ 19a UrhG) oder live gesendet wird und, ob die erlaubterweise aufgezeichnete Darbietung, die noch nicht erschienen ist oder noch nicht erlaubterweise öffentlich zugänglich gemacht wurde, **gesendet** werden darf. Ferner steht ihm das Recht der Bildschirm- und Lautsprecherübertragung zu. Aus der Zweitverwertung der Nutzung der Aufzeichnung erhält der Künstler **Vergütungsansprüche** (§ 78 Abs. 2 UrhG). Daran ist der Tonträgerhersteller beteiligt (§ 86 UrhG). Schließlich stehen dem Künstler verwertungsgesellschaftspflichtige Vergütungsansprüche aus den Schranken der Rechte (§§ 83, 44a UrhG) zu. Der ausübende Künstler kann auf seine Vergütungsansprüche nicht im Voraus verzichten; er kann sie nur an eine Verwertungsgesellschaft abtreten (§§ 83, 63a UrhG).

592 Mit Ausnahme der Vergütungsansprüche für die Zweitverwertung (§ 78 Abs. 2 UrhG) können die Interpreten die Ausschließlichkeitsrechte frei übertragen. Sie können auch einzelne **Nutzungsrechte** hieran **einräumen** (§ 79 Abs. 2 UrhG). So können die Produzenten einfache oder ausschließliche Nutzungsrechte, räumlich, zeitlich oder inhaltlich beschränkte Nutzungsrechte jeweils mit dinglicher Wirkung[738] von den ausübenden Künstlern erwerben. Die Einräumung der Nutzungsrechte folgt dabei weitgehend den Vorschriften des Urhebervertragsrechtes (§ 79 Abs. 2 S. 2 UrhG). Insbesondere finden auch die Übertragungszwecklehre (§ 31 Abs. 5 UrhG), der Anspruch auf angemessene Vergütung (§ 32 UrhG) und weitere Beteiligung, die Vorschriften über das Änderungsverbot (§ 39 UrhG), Rückrufsrechte wegen Nichtausübung (§ 41 UrhG) und wegen gewandelter Überzeugung (§ 42 UrhG) sowie schließlich die Vorschriften über Arbeits- und Dienstverhältnisse (§ 43 UrhG) entsprechende Anwendung (§ 79 Abs. 2 S. 2 UrhG).

593 Im Interesse der Filmindustrie und der Sicherheit im Rechtsverkehr kann der ausübende Künstler seine Rechte nur vorbehaltlich einer späteren Filmherstellung übertragen (§ 92 Abs. 2 UrhG). Damit ist sichergestellt, dass der Filmproduzent auch dann alle erforderlichen Rechte der Mitwirkenden erwerben kann, wenn die ausübenden Künstler sie zuvor abgetreten haben.

---

737 OLG Hamburg, ZUM 1985, 371 – Karajan.
738 *Dreier/Schulze*, § 79 Rz. 5.

▶ **Wiederholungsfragen**

1. Welche Ausschließlichkeitsrechte stehen den ausübenden Künstlern zu?
2. Für welche Nutzungen stehen dem ausübenden Künstler Vergütungsansprüche zu?
3. Welchen Charakter haben die Ausschließlichkeitsrechte?
4. Welche Regelungen sind für die Übertragung von Nutzungsrechten anwendbar?

14.3.4 Inhaber der Rechte

594 Die Rechte des ausübenden Künstlers stehen demjenigen zu, **der die Darbietung erbringt. Erbringt die Leistung eine Gruppe, so erwirbt jedes Mitglied der Gruppe ein eigenes Leistungsschutzrecht.**

Zum Ausgleich der Interessen der Mitglieder und zum praktikablen Umgang im Rechtsverkehr wird die Künstlergruppe der Urhebergemeinschaft weitgehend angenähert (§§ 80, 8 UrhG).

595 Erbringen mehrere gemeinschaftlich eine Darbietung, bei denen eine gesonderte Verwertung der einzelnen Darbietungen nicht möglich ist, so entsteht zugunsten der Gruppe das **Recht zur Verwertung zur gesamten Hand** (§ 80 Abs. 1 S. 1 UrhG)[739].

Interpreten können ihre gemeinsame Darbietung nur **gemeinsam verwerten**. Keiner der Beteiligten darf seine Einwilligung wider Treu und Glauben verweigern. Verweigert eines der Mitglieder seine Einwilligung, so muss die Einwilligung durch ein gerichtliches Verfahren ersetzt werden (§ 794 ZPO). Verletzt jemand die Rechte der Künstlergruppe, so können einzelne Mitglieder die Verletzung des Verwertungsrechts gerichtlich geltend machen, müssen aber die Leistung an die gesamte Gruppe fordern (§§ 80 Abs. 1 Satz 3, 8 Abs. 3 S. 3 UrhG)[740]. Der Gesetzgeber geht vom **Einstimmigkeitsprinzip** (§§ 709, 714 BGB) aus. Im Interesse der Vermeidung von Konflikten will er damit über einen Zwang eine Einigung im Vorfeld herbeiführen[741]. Freilich können die Mitglieder der Künstlergruppe ihre Willensbildung und die Verwertung der Rechte durch Vereinssatzungen oder Gesellschaftsverträge festlegen und regeln.

596 Zur Erleichterung im Rechtsverkehr werden die Verwertungsrechte ebenso wie die Persönlichkeitsrechte durch einen **gewählten Vertreter** (§§ 80 Abs. 2, 74 Abs. 2 S. 2 UrhG) oder durch ein für eine bestimmte Aufgabe bestimmtes Mitglied der Gruppe verwaltet. Der gewählte Vertreter repräsentiert dann die Künstlergruppe als sol-

---

739 *Schricker/Loewenheim/Grünberger*, § 80 Rz. 2.
740 BGHZ 121, 319 – The Doors.
741 *Flechsig/Kuhn*, ZUM 2004, 14; *Flechsig*, NJW 2004, 575.

Auch hinsichtlich der **Verteilung der Erträgnisse** aus der gemeinsamen Verwertung oder der Vergütungsansprüche gilt, sofern die Künstler nichts anderes vereinbart haben, die Regelung des § 8 Abs. 3 UrhG entsprechend (§ 80 Abs. 2 UrhG). Die Erträgnisse gehören den Mitgliedern der Künstlergruppe, nach dem **Umfang ihrer Mitwirkung** an der Darbietung des Werkes, es sei denn, dass eine andere, abweichende Vereinbarung ausdrücklich getroffen wurde. Ein herausragendes Mitglied einer Gruppe kann einen höheren Anteil an den Erträgnissen fordern[743].

597

Die Mitglieder der Gruppe sind darüber hinaus berechtigt, auf ihre Anteile zu **verzichten**, so dass die Anteile den anderen Mitgliedern der Gruppe zuwachsen (§§ 80 Abs. 1 S. 3, 8 Abs. 4 UrhG).

598

▶ **Wiederholungsfragen**

1. Nach welchen Regeln bestimmen sich die Rechte und Pflichten der Mitglieder einer Künstlergruppe?
2. Wer vertritt ein Ensemble?
3. Wie sind die Einnahmen aus der Verwertung der gemeinschaftlichen Leistungsgruppe zu verteilen?

14.3.5 Schranken der Rechte

Die Verwertungsrechte und Vergütungsansprüche der ausübenden Künstler sind weitgehend den Rechten der Urheber angeglichen. Das Recht des ausübenden Künstlers kann aber nicht weitergehen als das Recht des Urhebers. § 83 UrhG sieht daher vor, dass die **Schranken des Urheberrechtes** gemäß dem 6. Abschnitt des Gesetzes (§§ 44a ff. UrhG) **entsprechend** gelten.

599

▶ **Wiederholungsfrage**

Welche Schranken sieht das Gesetz für Leistungsschutzrechte vor?

---

742 BGH, GRUR 2005, 502 – Götterdämmerung.
743 BGH, NJW 1999, 139 – Bruce Springsteen and his band.

14.3.6 Schutzdauer der Verwertungsrechte

600 Wird die Darbietung der ausübenden Künstler auf Bild- und Tonträgern aufgezeichnet, so erlöschen die Verwertungsrechte **70 Jahre nach Aufzeichnung**, **wenn** sie innerhalb dieser Frist **erscheinen** oder erlaubterweise zur öffentlichen Wiedergabe benutzt werden. Ist die Darbietung nicht auf einem Tonträger aufgezeichnet worden, so erlöschen die Verwertungsrechte 50 Jahre nach dem Erscheinen der Aufzeichnung, oder, wenn deren erste erlaubte Benutzung zur öffentlichen Wiedergabe früher erfolgt ist, 50 Jahre nach dieser. Die Rechte des ausübenden Künstlers erlöschen jedoch bereits 50 Jahre nach der Darbietung, wenn eine Aufzeichnung innerhalb dieser Frist nicht erschienen oder nicht erlaubterweise zur öffentlichen Wiedergabe benutzt worden ist. (§ 82 UrhG).

601 Die Verwertungsrechte und die Vergütungsansprüche fallen in den Nachlass des ausübenden Künstlers und werden gemäß § 1922 BGB vererbt. Es kann also sein, dass nach dem Tod des ausübenden Künstlers die finanziellen Ansprüche aus der Darbietung anderen Personen zustehen, als die Künstlerpersönlichkeitsrechte, die von den Angehörigen wahrgenommen werden (§ 76 S. 4 UrhG).

▶ **Wiederholungsfrage**

Wann endet die Schutzdauer der Verwertungsrechte an Aufzeichnungen einer Darbietung?

14.4 Der Schutz unternehmerischer Leistungen

602 Das Urheberrecht gewährt denjenigen, die im Zusammenhang mit der Werkvermittlung **organisatorische Leistungen** und **wirtschaftliche Investitionen** erbringen, einen Schutz für deren Ergebnisse. So erwerben Leistungsschutzrechte oder verwandte Schutzrechte der Herausgeber des nachgelassenen Werkes (§ 71 UrhG), der Veranstalter (§ 81 UrhG), der Hersteller von Tonträgern (§ 85 UrhG), der Sendeunternehmer (§ 87 UrhG), der Hersteller von Datenbanken (§ 87a UrhG), der Presseverleger (§ 87f UrhG) und der Filmhersteller (§§ 94, 95 UrhG).

14.4.1 Nachgelassene Werke

603 Wer ein nicht erschienenes Werk nach Erlöschen des Urheberrechtes erlaubterweise, also ohne Verletzung der Rechte Dritter, erstmals erscheinen lässt (so genannte »**Editio Princeps**«) oder erstmals öffentlich wiedergibt (**Uraufführung**), erwirbt das ausschließliche Recht, das Werk zu verwerten (§ 71 Abs. 1 S. 1 UrhG).

Das Auffinden, Sammeln und die Herausgabe eines bislang noch unbekannt gebliebenen Werkes kann mit einem erheblichen finanziellen Aufwand verbunden sein. Daher ist es gerechtfertigt, dem Herausgeber ein zeitlich beschränktes Monopolrecht zur

Auswertung seiner Leistung einzuräumen. Damit verfolgt das Leistungsschutzrecht an nachgelassenen Werken den Zweck, die Leistung des Findens und Publizierens zu prämieren sowie den Herausgeber für die Übernahme des Risikos der Publikation zu entschädigen[744].

604 Voraussetzung ist daher, dass **ein Werk**, das den Anforderungen des § 2 Abs. 2 UrhG entspricht, **erstmals erscheint**. Jedes schutzfähige Werk im Sinne von § 2 Abs. 2 UrhG kann Gegenstand des Leistungsschutzrechtes sein. Es können also Bücher und sonstige Schriften und Aufzeichnungen, Musiknoten, Bilder, Skulpturen und Kunstwerke aller Art, Landkarten, Choreografien oder auch Fotografien sein. Es darf weder im Inland noch im Ausland erschienen sein (§ 6 Abs. 2 UrhG)[745]. Das Urheberrecht an dem Werk muss erloschen oder das Werk nie im Geltungsbereich des Urheberrechtes geschützt gewesen und der Urheber mindestens 70 Jahre tot sein (§ 71 Abs. 1 S. 2 UrhG).

Das Leistungsschutzrecht entsteht, wenn das Werk erstmalig erscheint oder erstmalig öffentlich wiedergegeben wird.

605 Die **Rechte erwirbt** derjenige, **der** das Werk **erscheinen lässt** bzw. **öffentlich wiedergibt**. Dies sind diejenigen Personen, auf deren Willensentschließung die Verwertung zurückgeht, also **der Herausgeber**[746].

606 Der Rechtsinhaber erwirbt die **vermögensrechtlichen Befugnisse**, die ansonsten dem Urheber des Werkes zustehen (§§ 71, 15 bis 27, 45 ff. UrhG). Der Herausgeber erwirbt keine urheberpersönlichkeitsrechtlichen Befugnisse.

607 Das so erworbene Recht kann der Leistungsschutzberechtigte **frei übertragen** und vollständig **abtreten** (§ 398 BGB), wobei zu dessen Schutz die Übertragungszwecklehre gemäß § 31 Abs. 5 UrhG entsprechend Anwendung findet[747].

608 Der Schutz beginnt mit dem Erscheinen des nachgelassenen Werkes bzw. der erstmaligen öffentlichen Wiedergabe, je nachdem, welches der Ereignisse früher stattfindet, und dauert dann **25 Jahre** an.

▶ **Wiederholungsfragen**

1. *Unter welchen Voraussetzungen sind nachgelassene Werke geschützt?*
2. *Wer kann das Leistungsschutzrecht erwerben?*
3. *Welche Befugnisse stehen diesem zu?*
4. *Wie lange dauert der Schutz an?*

---

744 LG Magdeburg, NJW 2004, 2988 – Himmelsscheibe von Nebra.
745 BGH, GRUR 2009, 942 – Montezuma; *Schricker/Loewenheim/Loewenheim*, § 71 Rz. 7.
746 *Dreier/Schulze*, § 71 Rz. 9.
747 *Schricker/Loewenheim/Loewenheim*, § 71 Rz. 13; *Dreier/Schulze*, § 71 Rz. 9.

14.4.2 Der Schutz des Veranstalters

609 § 81 UrhG gewährt dem **Veranstalter** von **Darbietungen ausübender Künstler**, also insbesondere dem Theater- oder Konzertveranstalter, aber auch der Rundfunk- oder Fernsehanstalt, die eine Livesendung veranstaltet oder aufzeichnet, einen besonderen Schutz für ihre organisatorische Leistung. Die Rechte des Veranstalters nach § 81 UrhG schützen dessen **organisatorische – wirtschaftliche – Leistung auf dem kulturellen Gebiet**. Dem Veranstalter stehen nicht nur wettbewerbsrechtlich geprägte Schutzansprüche, sondern darüber hinausgehende Ausschließlichkeitsrechte und Vergütungsansprüche zu. Der Künstler benötigt daher zur Verwertung seiner Darbietung auch die Zustimmung des Veranstalters, die dieser freilich nicht wider Treu und Glauben versagen darf[748].

610 **Voraussetzung** für das Entstehen des Leistungsschutzrechtes ist allerdings die **Darbietung eines ausübenden Künstlers**, der seinerseits ein geschütztes oder gemeinfreies Werk oder Folklore öffentlich (§ 15 Abs. 2 UrhG) darbietet. Damit können die Veranstalter von Sportereignissen oder Zirkus- bzw. Varietéaufführungen keinen Schutz für sich in Anspruch nehmen.

611 Das Recht entsteht bei dem **Inhaber des Unternehmens**, das die Darbietung vorbereitet und durchführt[749]. Also demjenigen, der die Verträge mit Künstlern, dem Publikum, dem Eigentümer der Veranstaltungsräume usw. schließt und die wirtschaftliche und organisatorische **Oberhoheit** für die Erbringung aller im Zusammenhang mit der Veranstaltung erforderlichen Einzelleistungen übernommen hat und das **Auswertungsrisiko** trägt. Es kann sowohl eine natürliche als auch eine juristische Person sein.

612 Der Veranstalter erwirbt das Recht zur **Aufnahme** der Darbietung auf Bild- oder Tonträger sowie deren **Vervielfältigung und Verbreitung,** und die »**Erstverwertungsrechte**«, also die Rechte der öffentlichen Zugänglichmachung, Sendung der Livedarbietung sowie Bildschirm- und Lautsprecherübertragung (§ 77 Abs. 1 und 2 S. 1 UrhG). Der Veranstalter hat keinen Anspruch auf Beteiligung an den weitergehenden Vergütungsansprüchen der ausübenden Künstler aus der Zweitverwertung (§ 78 Abs. 2 UrhG).

613 Der Veranstalter kann sein Recht frei weiterübertragen. Er kann Dritten gestatten, seine Rechte auf einzelne oder alle Nutzungsarten zu nutzen. Er kann ausschließliche und nicht ausschließliche Rechte sowie inhaltlich, zeitlich und räumlich beschränkte Rechte vergeben. Auf Vereinbarungen über die Rechtseinräumung ist die Übertragungszwecklehre anwendbar. Ferner gelten der Sukzessionsschutz gemäß § 33 UrhG und die vereinfachten Zustimmungsrechte für Beiträge von Sammlungen gemäß § 38 UrhG entsprechend.

---

748 *Schricker/Loewenheim/Vogel*, § 81 Rz. 10 ff. und 30 jeweils m.w.N.
749 OLG München, GRUR 1979, 152 – Transvestitenshow.

Das Recht **erlischt 25 Jahre nach** dem **Erscheinen** des Bild- oder Tonträgers oder 25 Jahre nach der öffentlichen Wiedergabe, je nachdem, was zuerst stattfindet (§ 82 S. 1 UrhG). Erscheint jedoch kein Bild- oder Tonträger oder erfolgt keine öffentliche Wiedergabe, dann erlischt das Recht des Veranstalters 25 Jahre nach der Durchführung der Veranstaltung.

614

▶ Wiederholungsfragen

1. *Für welche Art von Veranstaltungen gewährt das Gesetz ein Leistungsschutzrecht?*
2. *Wer erwirbt dieses Recht?*
3. *Welche Rechte gewährt das Leistungsschutzrecht des Veranstalters?*
4. *Wie lange dauert das Leistungsschutzrecht des Veranstalters?*

14.4.3 Der Schutz des Tonträgerherstellers

Die Herstellung eines Tonträgers erfordert umfangreiche, organisatorische, technische Vorkehrungen und finanzielle Vorleistungen. Da das Vervielfältigen von Tonträgern durch Nachpressen, Brennen usw. technisch besonders einfach ist, besteht für diese Leistung die Gefahr der rechtswidrigen Ausbeutung. Es geht in erster Linie um den **Schutz einer kulturwirtschaftlichen Leistung**, nicht um den Schutz einer künstlerischen Darbietung[750]. Schutzgegenstand ist die zur Festlegung der Tonfolge auf dem Tonträger erforderliche wirtschaftliche, organisatorische und technische Leistung des Tonträgerherstellers[751].

615

Der Tonträgerhersteller ist derjenige, der die **organisatorische** und **wirtschaftliche Leistung** erbringt, wodurch die **Darbietung** (das gesprochene Wort) oder das sonstige Tonmaterial (Geräusche jeder Art) **erstmals aufgezeichnet**[752] wird, so dass die gleiche wiederholbare Wiedergabe möglich ist. Er übernimmt das finanzielle Risiko, organisiert die Aufnahmen, schließt die Verträge mit Musikern, Sprechern und allen anderen Beteiligten ab, bezahlt die Miete für die Gerätschaften, Studios usw. Das **Tonträgerherstellungsrecht** entsteht mit **erstmaliger Fixierung des Masters**. Die später im Herstellungsprozess entstehenden Matrizen oder Disketten, die ihrerseits das Werkzeug zur Herstellung von DVDs und sonstigen Tonträgern sind, sind Vervielfältigungsstücke. Der Musikproduzent, der für eine Schallplattenfirma ein Masterband erstellt und gleichzeitig das wirtschaftliche Risiko der Produktion trägt sowie durch den Bandübernahmevertrag an den Erlösen wirtschaftlich beteiligt ist, ist Tonträgerhersteller[753].

616

---

750 *Ulmer*, § 3.
751 BGH, GRUR 2013, 614- Metall auf Metall II, Tz. 18.
752 BGH, GRUR 1999, 577, 578 – Sendeunternehmen als Tonträgerhersteller.
753 OLG Hamburg, GRUR 1987, 826 – Erkennungsmelodie; *Wandtke/Bullinger/Schaefer*, § 85 Rz. 9.

14. Leistungsschutzrechte

617 Die Tonträgerherstellungsrechte können **gleichzeitig neben anderen Leistungsschutzrechten** entstehen.

Beispiel: So erwirbt ein Sendeunternehmen, das eine Aufzeichnung zum Zwecke der Produktion weiterer Vervielfältigungsstücke oder zu Sendezwecken anfertigt, zum einen das Leistungsschutzrecht des Sendeunternehmens und zum anderen das Leistungsschutzrecht des Tonträgerherstellers[754].

618 Dem Tonträgerhersteller steht das **ausschließliche Recht** zur **Vervielfältigung, Verbreitung** und **öffentlichen Zugänglichmachung** des Tonträgers zu. Das **Vervielfältigungsrecht** umfasst nicht nur die **Herstellung einer identischen Kopie**, sondern auch die Herstellung von leicht abgewandelten Kopien, bei denen beispielsweise die Lautstärke, das Tempo der Einspielung oder die Klangfarbe bzw. auch nur das Trägermaterial geändert wurde. Ob das Soundsampling, also das Zusammenstellen kleinster Tonausschnitte (Licks), eine Vervielfältigung oder Bearbeitung des Tonträgers ist, hängt davon ab, ob ein durchschnittlich ausgestatteter und befähigter Musikproduzent in der Lage gewesen wäre, eine dem Original gleichwertige Tonaufnahme herzustellen[755]

619 Das **Verbreitungsrecht** des Tonträgerherstellers entspricht demjenigen des Urhebers. Es gilt auch der Grundsatz der **gemeinschaftsweiten Erschöpfung**. Die Erschöpfungswirkung tritt jedoch nicht hinsichtlich der Vermietung ein. Insofern besteht für den Tonträgerhersteller ein Vergütungsanspruch (§§ 85 Abs. 4, 27 Abs. 2, 3 UrhG). Schließlich steht dem Tonträgerhersteller das Recht der **öffentlichen Zugänglichmachung** zu (§ 19a UrhG). Das Recht ist die Grundlage für die Onlinenutzung. Mehrkanaldienste[756], Spartenprogramme, Music-On-Demand und Onlinevertrieb haben zu deutlichen Einbußen der körperlichen Verbreitung auf den Tonträgermärkten geführt.

Beispiel: Das Verbreitungsrecht des Tonträgerherstellers hat besondere Bedeutung im Zusammenhang mit den »Musiktauschbörsen« und deren Filesharing-Systemen. Interessenten an einem bestimmten Musikstück werden entweder mit Hilfe eines zentralen Servers (z.B. Napster) oder durch ein dezentrales System (z.B. Gnutella, KaZaA) mit anderen Interessenten in Verbindung gebracht, die das Musikstück auf ihrem Rechner gespeichert haben und von dem sich der Interessent die Datei herunterladen kann. Zwar ist das Herunterladen zu privaten Zwecken im Rahmen des § 53 Abs. 1 UrhG zulässig, jedoch das Anbieten des Musiktitels gegenüber einem unbekannten Interessentenkreis betrifft das Recht der öffentlichen Zugänglichmachung (§ 19a UrhG). Gegen die Verletzung dieses Rechts können Musikproduzenten gegen den Teilnehmer an den Tauschbörsen vorgehen.

---

754 BGH, GRUR 1999, 577 – Sendeunternehmen als Tonträgerhersteller.
755 BGH, GRUR 2013, 614 – Metall auf Metall II.
756 BGH, GRUR 2004, 669 – Musik-Mehrkanaldienst.

Das Tonträgerherstellungsrecht kann Gegenstand des Rechtsverkehrs sein. Da es als Leistungsschutzrecht rein vermögensrechtlicher Natur, ohne persönlichkeitsrechtlichen Kern, ist, kann es **als Ganzes übertragen** werden (§§ 398 ff., 413 BGB)[757]. Der Tonträgerhersteller kann einem anderen das Recht einräumen, den Tonträger auf einzelne oder alle der ihm vorbehaltenen Nutzungsarten zu nutzen. Die urhebervertragsrechtlichen Vorschriften nach § 31 UrhG sowie der §§ 33, 38 UrhG gelten entsprechend[758].

620

Das Tonträgerherstellungsrecht unterliegt den **Schranken des Urheberrechts** (§§ 44a ff. UrhG). Anstelle des Senderechtes gewährt das Gesetz eine besondere Form der Beteiligung. Es sieht einen Anspruch auf Beteiligung des Tonträgerherstellers gegenüber dem ausübenden Künstler an dessen Vergütungen gemäß § 78 Abs. 2 UrhG vor, wenn der Gegenstand der Aufzeichnung eine Darbietung eines ausübenden Künstlers ist und, wenn ein Tonträger zur öffentlichen Wiedergabe der Darbietung benutzt wird.

621

Das Recht erlischt **70 Jahre** nach dem Erscheinen des Tonträgers. Ist der Tonträger innerhalb von 50 Jahren nach der Herstellung nicht erschienen, aber erlaubterweise zur öffentlichen Wiedergabe benutzt worden, so erlischt das Recht 70 Jahre nach dieser. Ist der Tonträger innerhalb dieser Frist nicht erschienen oder erlaubterweise zur öffentlichen Wiedergabe benutzt worden, so erlischt das Recht 50 Jahre nach der Herstellung des Tonträgers (§ 85 Abs. 3 UrhG).

622

▶ **Wiederholungsfragen**

1. *Welche Leistungen werden durch das Tonträgerherstellungsrecht geschützt?*
2. *Welche Rechte stehen dem Tonträgerhersteller zu?*
3. *Wie erzielt der Tonträgerhersteller eine Beteiligung an der öffentlichen Wiedergabe?*

14.4.4 Der Schutz des Sendeunternehmens

Die **Veranstaltung von Radio- und Fernsehsendungen** erfordert einen erheblichen technischen und organisatorischen sowie finanziellen Aufwand. Ohne diese Leistungen wäre das kulturelle Leben, vor allem die Teilhabe an Information, Unterhaltung und Fortbildung, wesentlich eingeschränkt. Es ist daher gerechtfertigt, diese Leistungen gegen die unbefugte weitere Verwertung, insbesondere durch die Übernahme und Weitersendung, durch öffentliche Wiedergabe der Sendungen, aber auch durch deren Aufzeichnung, Vervielfältigung und Verbreitung auf Bild-/Tonträgern, geschützt werden. Das Gesetz hat daher dem Sendeunternehmen ein eigenes Leistungsschutzrecht

623

---

757 BGH, GRUR 1994, 210 – Beatles.
758 BGH, GRUR 2003, 234 – EROC III.

in § 87 UrhG gewährt. Geschützt ist die unternehmerischen Leistung. Das Schutzrecht ist nur **vermögensrechtlicher Natur**.

624 Der Schutzgegenstand ist die Funksendung. Sie ist die **drahtlose Ausstrahlung**, sei es terrestrisch oder via Satelliten oder die drahtgebundene **Übermittlung von programmtragenden Signalen**[759] (§ 87 UrhG). Geschützt sind sowohl die Radio- als auch die Fernsehsendung, gleichgültig, ob diese über Kabel, Satellit oder ähnliche technische Mittel der Öffentlichkeit zum gleichzeitigen Empfang an unterschiedlichsten Orten angeboten wird. Geschützt ist der Inhalt der Sendung, also das **Sendegut** im Zusammenhang mit einer bestimmten Ausstrahlung. Inhaber des Leistungsschutzrechtes an der Sendung ist das **Sendeunternehmen**, also derjenige, der die Übertragung als Sendung an die Öffentlichkeit kontrolliert und verantwortet, wobei es nicht darauf ankommt, wer die technische Sendeanlage unterhält und betreibt[760] oder wer den Inhalt der Sendung produziert hat. Auch bei Funksendungen, die keinen urheberrechtlich geschützten Inhalt haben, erwirbt das Sendeunternehmen ein Leistungsschutzrecht, da es in gleicher Form die organisatorische und wirtschaftliche Leistung der Sendung erbringt. Auch die Ausstrahlung von Lottozahlen, Nachrichten mit Tagesneuigkeiten und ähnlicher nicht geschützter Inhalte, bedarf eines organisatorischen und wirtschaftlichen Einsatzes. Gleichgültig ist dabei auch, ob der Sender Livesendungen ausstrahlt oder Aufzeichnungen durch selbst hergestellte Tonträger oder Tonträger Dritter als Grundlage seiner Sendung nimmt.

625 Produziert das Sendeunternehmen selbst eine Sendung, so kann es in dieser Eigenschaft sowohl das Leistungsschutzrecht des Tonträgerherstellers (§ 85 UrhG) als auch den Schutz des Filmherstellers (§ 94 UrhG) sowie schließlich auch den Schutz als Veranstalter (§ 81 UrhG) erwerben. Die Rechte aus diesen **weiteren verwandten Schutzrechten** kann das Sendeunternehmen unabhängig von und neben dem Leistungsschutzrecht des Sendeunternehmers geltend machen und durchsetzen.

626 **Kein eigenes Recht** als Sendeunternehmer erwirbt derjenige, der eine fremde Sendung zeitgleich und unverändert **weitersendet**. Gleiches gilt für die zeitversetzte erneute Ausstrahlung. Der Gesetzgeber will nämlich **nur** die **erstmalige Ausstrahlung** eines eigenen Programmes durch ein besonderes Schutzrecht schützen.

627 Dem Sendeunternehmer steht das ausschließliche **Recht** zu, seine Funksendung **weiterzusenden** und **öffentlich zugänglich**[761] zu machen (§ 87 Abs. 1 Nr. 1 UrhG). Der Sendeunternehmer entscheidet darüber, ob seine Funksendung drahtlos, beispielsweise mit Hilfe von Satelliten, oder auch drahtgebunden, z.B. per Kabel, zur gleichzeitigen Weitersendung benutzt wird. Die Verwertungsgesellschaftspflichtigkeit (§ 20b UrhG)

---

759 Vgl. Art. 1 Ziff. 1 b) Straßburger-Fernsehabkommen.
760 BGHZ 123, 154 – Verteileranlagen.
761 EuGH, GRUR 2015, 477-C More Entertainment/Sandberg.

des Rechtes der Kabelweitersendung gilt für Sendeunternehmen nicht, jedoch sind diese **verpflichtet, Verträge über die Kabelweitersendung** zu angemessenen Bedingungen abzuschließen, sofern für die Ablehnung eines Vertragsschlusses kein sachlich rechtfertigender Grund besteht (§ 87 Abs. 5 UrhG)[762]. Dem Sendeunternehmer steht weiterhin das ausschließliche Recht zu, Funksendungen auf **Bild- oder Tonträger aufzunehmen**, Lichtbilder von seinen Funksendungen herzustellen sowie die Bild- oder Tonträger oder Lichtbilder zu **vervielfältigen** (§ 16 UrhG) und zu **verbreiten** (§ 17 UrhG); ausgenommen ist jedoch das Vermietrecht. Schließlich ist es allein Sache des Sendeunternehmers, über die öffentliche Wahrnehmbarmachung seiner Funksendungen an Stellen, die der Öffentlichkeit nur gegen Zahlung eines Eintrittsgeldes zugänglich sind, zu entscheiden. Das Leistungsschutzrecht des Sendeunternehmers unterliegt auch den **Schranken des Urheberrechts** (§§ 44a ff. UrhG).

Beispiel: Der Gesetzgeber dachte an die sog. »Fernsehstuben«, heute Gaststätten, Diskotheken und ähnliche Betriebe, die anlässlich des Public Viewing ein Eintrittsgeld fordern könnten.

Das Leistungsschutzrecht entsteht mit der **ersten Ausstrahlung** einer Sendung. Das noch nicht gesendete Sendegut ist folglich noch nicht Schutzgegenstand des Rechtes nach § 87 UrhG. Der Schutz des Senderechtes **erlischt 50 Jahre** nach der ersten Funksendung (§ 87 Abs. 3 UrhG)[763].

628

Das Leistungsschutzrecht der Sendeunternehmer hat keinen persönlichkeitsrechtlichen Gehalt, es ist **rein vermögensrechtlicher Natur**. Im Hinblick darauf kann der Sendeunternehmer das Recht auch vollständig übertragen, ebenso wie er Dritten Nutzungsrechte daran einräumen kann (§ 87 Abs. 2 UrhG). Für die Übertragung und Einräumung von Nutzungsrechten gelten die allgemeinen Vorschriften des § 31 UrhG. Daneben gilt zugunsten des Rechtserwerbers der Sukzessionsschutz gemäß § 33 UrhG und die Einwilligungsvermutung des Herausgebers im Falle der Zurverfügungstellung von Sammelwerken (§ 38 UrhG).

629

▶ **Wiederholungsfragen**

1. Welche Leistung wird durch das Leistungsschutzrecht des Sendeunternehmers geschützt?

2. Welche Rechte stehen dem Sendeunternehmer zu?

3. Wie lange gewährt das Gesetz das Schutzrecht?

---

762 BGH, GRUR 2013, 618- Internet-Videorecorder II.
763 Zur Verlängerung der Schutzdauer vgl. Richtlinie 93/98/EWG – Schutzdauerrichtlinie und die Übergangsvorschrift in §§ 137f. UrhG.

14.4.5 Datenbankhersteller

630 Wissenschaft und Wirtschaft sind heute nicht mehr ohne die Sammlung von Daten im weitesten Sinne, deren Pflege und Aufbereitung denkbar. Mit der Entwicklung digitaler Techniken für die Informationsgewinnung, Aufbereitung und Weitergabe entstanden globale Informationsmärkte von großer wirtschaftlicher Bedeutung. Die Herstellung und Aktualisierung von Datenbanken erfordert erhebliche Investitionen und damit die Übernahme bedeutender wirtschaftlicher Risiken. § 87b UrhG gewährt daher dem **Hersteller einer Datenbank** ein Leistungsschutzrecht zum **Schutze der Investition** in die **Sammlung, Aufbereitung und Darbietung von Daten**[764].

Datenbanken können als Sammlungen im Sinne von § 4 UrhG grundsätzlich schutzfähig sein[765]. Die Anforderungen an die Gestaltungshöhe sind hoch, sodass Datenbanken häufig nicht in den Genuss des Urheberrechtsschutzes gelangen[766]. Datenbanken sind jedoch nicht nur von einer individuellen Auswahl oder Anordnung des Inhaltes geprägt, sondern entstehen unter dem Gesichtspunkt der Vollständigkeit und unter Anwendung einfacher, logisch zwingender Ordnungskriterien, wie des Alphabets, der Zeitabfolge, also ohne phantasievolle Prägung.

631 Das verwandte Schutzrecht ist ein **unternehmensbezogenes Schutzrecht** zugunsten des Datenbankherstellers und weist Parallelen für den Investitionsschutz der kulturwirtschaftlichen Leistungen des Tonträgerherstellers (§§ 85 f. UrhG), des Sendeunternehmers (§ 87 UrhG) und des Filmherstellers (§§ 94 f. UrhG) auf.

632 Der Schutz des Datenbankherstellers ist **unabhängig vom urheberrechtlichen Schutz** der Datenbankwerke. Dort ist die schöpferische Auswahl und Anordnung des Datenbankinhaltes, also die Datenbankstruktur, geschützt, während sich hier der Schutz in erster Linie auf die Investitionen bezieht. **Unabhängig** vom Schutz der Datenbank selbst ist der **Schutz der Elemente** der Datenbank.

633 **Datenbanken** im Sinne des verwandten Schutzrechtes sind **Sammlungen von Werken, Daten oder anderen unabhängigen Elementen, die systematisch oder methodisch angeordnet und einzeln, mit Hilfe elektronischer Mittel oder auf andere Weise zugänglich sind und deren Beschaffung, Überprüfung oder Darstellung eine nach Art oder Umfang wesentliche Investition erfordert** (§ 87a Abs. 1 S. 1 UrhG). Der Begriff der Datenbank entspricht daher im Wesentlichen dem Begriff des Datenbankwerkes (§ 4 Abs. 2 UrhG). Das Datenbankrecht erfordert eine **wesentliche Investition**, während das Datenbankwerk eine Datenbankstruktur mit einer Gestaltungshöhe voraussetzt. Gemeinsames Merkmal ist die Sammlung von Werken, Daten und anderen unab-

---

764 Zur Entstehungsgeschichte *Schricker/Loewenheim/Vogel*, Vor §§ 87a ff. Rz. 8.
765 *Ulmer*, § 29 I 1.
766 BGH, GRUR 1992, 382 – Leitsätze; BGH, GRUR 1991, 130 – Themenkatalog.

hängigen Elementen, deren systematische oder methodische Anordnung und deren Zugänglichkeit mit elektronischen Mitteln oder auf andere Weise[767].

Inhalte von Datenbanken können geschützte Werke, nicht schutzfähige einzelne Daten und sonstige Elemente sein. Ausgeschlossen bleibt aber ausdrücklich das Computerprogramm, das für die Erstellung und/oder für den Zugriff innerhalb der Datenbank erforderlich ist[768]. Die in der Datenbank aufgenommenen **Elemente** müssen **unabhängig** voneinander sein. Eine Sammlung unabhängiger Elemente können Gebührentabellen, Fahrpläne, private Register, Telefonbücher, Kataloge von Briefmarken, oder von Münzen, oder topografische Landkarten sein. 634

Eine Datenbank setzt die **systematische oder methodische Anordnung** der Elemente voraus. Das bedeutet, dass die Ordnung nach vordefinierten, logischen und sachlichen Kriterien erfolgt, verbunden mit einer planmäßigen Strukturierung zur Verwirklichung eines bestimmten Zweckes[769]. Für analoge Datenbanken kann dies beispielsweise die alphabetische, numerische oder chronologische Anordnung sein. Bei elektronischen Datenbanken erfolgt die Gliederung häufig durch semantische Kriterien. Keine systematische Anordnung in diesem Sinne stellt ein reiner Datenhaufen dar, also die ungeordnete Ansammlung sogenannter »Rohdaten«[770]. Geschützt ist nämlich nur der durch die Aufbereitung und Darbietung des Inhaltes entstehende Mehrwert mit der Wiedergewinnbarkeit der einzelnen Elemente[771]. 635

Die Wiedergewinnung der einzelnen Elemente führt zum dritten Merkmal der Datenbank, dem des »gesonderten Zugriffes«. Voraussetzung ist nämlich weiter, dass mit Hilfe elektronischer Mittel oder auf andere Art und Weise auf einzelne Elemente **gesondert zugegriffen** werden kann. Dieses Merkmal erfüllen herkömmliche, analoge Datenbanken wie Karteikästen ebenso wie Datenbanken, deren Zugriff auf elektronischem oder sonstigem Wege erfolgt. 636

Die Beschaffung, Überprüfung und Darstellung einer Datenbank erfordert eine nach Art und Umfang **wesentliche Investition**[772]. Diese kann sowohl finanzieller Art sein als auch der Einsatz von Zeit, Arbeit und Energie. Ob eine **wesentliche Investition** vorliegt, hängt von der Abwägung des Investitionsschutzzwecks einerseits und der Einschränkung der Informationsfreiheit (Art. 5 GG) andererseits ab. Je größer eine Investition ist, desto eher sind Einschränkungen des Grundrechtes der Informationsfreiheit zugunsten desjenigen, der die Investition tätigt, gerechtfertigt. 637

---

767 *Schricker/Loewenheim/Vogel*, § 87a Rz. 5; *Dreier/Schulze*, §§ 87a Rz. 3 ff.
768 Solche Bestandteile können als Computerprogramm gemäß §§ 69a ff. UrhG geschützt sein.
769 *Fromm/Nordemann/Czychowski*, § 87a Rz. 7; *Dreier/Schulze*, § 87a Rz. 7.
770 *Haberstumpf*, GRUR 2003, 14.
771 EuGH, GRUR 2005, 254 – Fixtures-Fußballspielpläne II.
772 BGH, GRUR 2011, 724 – Zweite Zahnarztmeinung II.

Beispiel: Eine wesentliche Investition ist der jährliche Pflege- und Aktualisierungsaufwand des Online-Fahrplanes über Bahnverbindungen mit € 2,3 Mio[773] oder auch die Online-Version von Tageszeitungen[774].

638 Das Leistungsschutzrecht entsteht jeweils neu, wenn die Änderungen, Ergänzungen oder Überprüfungen einer vorhandenen Datenbank nach **Art und Umfang eine wesentliche Investition** erfordert (§ 87a Abs. 1 S. 2 UrhG). Da das Ziel des Schutzes ist, Anreiz für die Erstellung von Datenbanken zu schaffen, kann die Schutzschwelle nicht hoch angesetzt werden. Es genügt, wenn bei objektiver Betrachtung keine ganz unbedeutende, von jedermann leicht zu erbringende, Aufwendungen erforderlich waren, um die Datenbank zu erstellen[775]. Entsteht dadurch jeweils ein neues Leistungsschutzrecht, so ergibt sich im Zusammenhang mit der 15-jährigen Schutzdauer (§ 87d UrhG) theoretisch ein zeitlich unbegrenzter Schutz einer Datenbank.

639 **Inhaber** des Rechts an einer Datenbank ist deren **Hersteller** (§ 87 Abs. 2 UrhG) also derjenige, der die Finanzierung übernimmt und das Amortisationsrisiko[776] trägt, nicht dagegen derjenige, der die Datenbank strukturiert. Demgemäß können Inhaber des Datenbankrechtes sowohl natürliche als auch juristische Personen sein.

640 Dem Datenbankhersteller ist das ausschließliche Recht, die Datenbank insgesamt[777] oder einen nach Art und Umfang wesentlichen Teil derselben zu **vervielfältigen**, zu **verbreiten** und **öffentlich wiederzugeben**, vorbehalten (§ 87b Abs. 1 S. 1 UrhG). Diesem Recht steht die wiederholte und systematische Vervielfältigung, Verbreitung oder öffentliche Wiedergabe von nach Art und Umfang unwesentlichen Teilen der Datenbank gleich, sofern diese Handlungen einer normalen Auswertung der Datenbank zuwiderlaufen oder die berechtigten Interessen des Datenbankherstellers unzumutbar beeinträchtigen (§ 87b Abs. 1 S. 2 UrhG). Im Interesse eines freien Zuganges zu Informationen unterliegen unwesentliche Teile einer Datenbank nicht dem Verbotsrecht des Datenbankherstellers.

641 Da der Schutz in erster Linie dem Amortisationsinteresse des Datenbankherstellers dient, ist zur Bestimmung des wesentlichen Teiles darauf abzustellen, was im Hinblick auf Art und Umfang der Datenbank in qualitativer und quantitativer Hinsicht wesentlich ist. Ersteres richtet sich nach dem Umfang der Investition des Teils der Datenbank und letzteres nach dem Verhältnis des Datenvolumens des Teils der Datenbank zum Volumen der gesamten[778]. Es geht um die objektive Proportionalität, nicht um subjektive Vorstellungen des Herstellers oder dessen, der die Entnahme vornimmt.

---

773 LG Köln, MMR 2002, 869.
774 OLG Köln, ZR 2001, 708 – Paperboy.
775 BGH, GRUR 2011, 724 – Zweite Zahnarztmeinung II Tz. 23.
776 Erwägungsgrund 41, S. 2 der Datenbank-Richtlinie; *Schricker/Loewenheim/Vogel*, § 87a Rz. 72.
777 EuGH, GRUR 2014, 166-Innoweb/Wegener; EuGH, GRUR 2012, 1245-Football Dataco/Sportradar.
778 *Schricker/Loewenheim/Vogel*, § 87b Rz. 12 ff.; EuGH, GRUR 2005, 244 – BHB-Pferdewetten; BGH GRUR 2011, 1018-Automobilonlinebörse Tz. 42.

Es beeinträchtigt die berechtigen **Interessen des Datenbankherstellers unzumutbar,** wenn durch die kumulative Wirkung von Entnahmehandlungen die Gesamtheit oder wesentliche Teile des Inhalts der Datenbank entnommen werden und dadurch die Investition des Datenbankherstellers, beispielsweise durch konkurrierende Datenbanken, schwerwiegend beeinträchtigt wird.

642

Beispiel: Zur Schaffung einer vollständigen und korrekten Adressdatenbank könnten andere öffentlich zugängliche Datenbanken systematisch nach Orten, Ortsteilen, Straßen oder Namen durchsucht und abgeglichen werden.

Die Rechte des Datenbankherstellers sind nicht unbeschränkt. Das Gesetz sieht besondere **Schrankenregelungen** in § 87c UrhG, die abschließende Sonderregelungen im Vergleich zu §§ 44a ff. UrhG darstellen, vor[779].

643

So ist die **Vervielfältigung**, also nicht die Verbreitung oder öffentliche Wiedergabe, eines wesentlichen Teiles einer Datenbank zum **privaten Gebrauch zulässig**, sofern die Elemente der Datenbank nicht einzeln mit elektronischen Mitteln zugänglich sind. Von dieser Schranke sind daher nur analoge Datenbanken betroffen.

644

Ebenso ist die Vervielfältigung eines wesentlichen Teils einer Datenbank zu Zwecken **wissenschaftlicher Forschung gemäß §§ 60c, 60d UrhG** zulässig, sofern die Quelle angegeben wird (§ 87c Abs. 1 Nr. 2 UrhG). Eine vertragliche Beschränkung ist unwirksam (§§ 87c Abs. 1 S. 2, 60g UrhG).

645

Die Vervielfältigung eines wesentlichen Teiles einer Datenbank zu Zwecken der Veranschaulichung des Unterrichts und der Lehre ist zulässig (§§ 60a, 60b UrhG). Hierbei ist eine Quellenangabe erforderlich (§ 87c Abs. 1 Nr. 3 UrhG). Eine vertragliche Beschränkung ist unwirksam (§§ 87c Abs. 1 S. 2, 60g UrhG).

646

Schließlich dürfen Datenbanken sowohl vervielfältigt als auch verbreitet und öffentlich wiedergegeben werden, wenn dies in einem **Verfahren vor einem Gericht**, Schiedsgericht oder einer Behörde sowie für Zwecke der öffentlichen Sicherheit erfolgt (§ 87c Abs. 2 UrhG)[780].

647

Die Rechte des Datenbankherstellers **erlöschen 15 Jahre nach Veröffentlichung** der Datenbank, jedoch bereits 15 Jahre nach ihrer Herstellung, wenn die Datenbank nicht innerhalb dieser Frist veröffentlicht wurde (§ 87d UrhG).

648

Das Leistungsschutzrecht des Datenbankherstellers ist frei **abtret- und übertragbar** (§§ 398, 413 BGB) und vererblich (§ 1922 BGB). Das Recht kann vollständig übertragen werden, es können allerdings auch **Nutzungsrechte** zur Nutzung der Datenbank für einzelne Nutzungsarten eingeräumt werden.

649

---

779 *Dreier/Schulze*, § 87c Rz. 1; *Schricker/Loewenheim/Vogel*, § 87c Rz. 1.
780 Diese Regelung entspricht § 45 UrhG.

▶ **Wiederholungsfragen**

1. Wie definiert das Gesetz eine Datenbank?
2. Worin unterscheidet sich eine Datenbank von einem Datenbankwerk?
3. Welche Rechte stehen dem Datenbankhersteller zu?
4. Wie lange dauert das Datenbankrecht an?

14.4.6 Der Presseverleger[781]

650 Zur Verbesserung des **Schutzes von Presseerzeugnissen** im Internet und zur Gleichstellung mit anderen Werkvermittlern erwerben Presseverleger eine Leistungsschutzrecht. Es soll den **Schutz vor systematischen Zugriffen** auf die verlegerische Leistung durch die gewerblichen Anbieter vom Suchmaschinen sicherstellen, nicht jedoch diejenigen, die verlegerische Leistungen auf andere Weise nutzen, z.B. indem sie aufgrund eigener Wertung eine Auswahl von Presseerzeugnissen anzeigen, behindern[782].

651 Schutzgegenstand sind **Presseerzeugnisse**. Ein Presseerzeugnis ist die redaktionell-technische Festlegung journalistischer Beiträge im Rahmen einer unter einem Titel auf beliebigen Trägern periodisch veröffentlichten Sammlung, die bei Würdigung der Gesamtumstände als überwiegend verlagstypisch anzusehen ist und die nicht überwiegend der Eigenwerbung dient (§ 87f Abs. 2 UrhG). Dazu zählen auch Blogs, die das Ergebnis einer redaktionellen Auswahl einzelner Beiträge sind. Es genügt, dass journalistische Beiträge fortlaufend unter einem Titel erscheinen, wobei es auf die Art der Veröffentlichung nicht ankommt. Der Schutz bezieht sich nicht auf die im Presseerzeugnis enthaltenen Beiträge, sondern nur auf das Presseerzeugnis in seiner konkreten Festlegung[783].

652 Der **Presseverleger** als Inhaber des **Leistungsschutzrechts** hat das ausschließliche Recht, das Presseerzeugnis oder Teile davon zu gewerblichen Zwecken öffentlich zugänglich zu machen, es sei denn, es handelt sich um einzelne Wörter oder kleinste Textausschnitte (§ 87f Abs. 1 UrhG). Gewerbliche Zwecke sind jede Zugänglichmachung, die mittelbar oder unmittelbar die Erzielung von Einnahmen bezweckt. Einzelne Wörter oder kleine Textausschnitte sind von dem Schutz ausgenommen. Das Leistungsschutzrecht ist übertragbar (§§ 87g, 31, 33 UrhG). Es erlischt ein Jahr nach dem Erscheinen des Presseerzeugnisses. Die Rechte der Urheber oder anderer Leistungsschutzberechtigter dürfen durch die Ausübung dieses Rechts nicht benachteiligt werden. Die Urheber sind an der Vergütung angemessen zu beteiligen (§ 87h UrhG).

---

781 Zu den Bedenken zur Wirksamkeit: *Schricker/Loewenheim/v. Ungern Sternberg*, § 15 Rz. 203 m.w.N.
782 BT-Dr. 17/11470 S. 6.
783 BT-Dr. 17/ 11470 S. 8f.

▶ **Wiederholungsfragen**

1. *Wie definiert das Gesetz ein Presseerzeugnis?*
2. *Welche Rechte stehen dem Presseverleger zu?*
4. *Wie lange dauert das Schutzrecht an?*

14.4.7 Der Filmhersteller

Die Herstellung eines Filmes erfordert regelmäßig einen erheblichen finanziellen Aufwand. Die mit der Herstellung eines Filmes verbundene **organisatorische** und **wirtschaftliche Leistung** ist ebenso schutzwürdig wie diejenige des Tonträgerherstellers oder des Sendeunternehmers. Demgemäß räumt das Gesetz demjenigen, der tatsächlich die organisatorische Verantwortung und das wirtschaftliche Risiko der Filmproduktion übernimmt, ein Leistungsschutzrecht, nämlich das des **Filmherstellers**, ein (§ 94 UrhG). 653

Das verwandte Schutzrecht des Filmherstellers ist unabhängig von den anderen im Zusammenhang mit der Filmproduktion entstehenden und verwendeten Rechten. Es gewährt dem Filmhersteller ein ausschließliches Recht gegen die unbefugte Vervielfältigung und Verbreitung sowie öffentliche Wiedergabe, sowie zum Schutz der berechtigten Interessen des Herstellers (§ 94 Abs. 1 S. 2 UrhG). Damit erweitert sich dieser Schutz um persönlichkeitsrechtliche Elemente, allerdings beschränkt auf die berechtigten wirtschaftlichen Interessen[784]. Die Rechte des Filmherstellers können daher juristische Personen erwerben; sie können insgesamt übertragen werden. 654

Der **Schutzgegenstand** des Filmherstellerrechts ist der **Filmträger**, also der Bild-/Tonträger, auf den das Filmwerk aufgenommen wird, weil sich darin die Leistung des Filmherstellers verkörpert. Der Schutz bezieht sich auf das immaterielle Gut des auf den Träger fixierten Filmes. Die **Entstehung** des Rechtes knüpft an die **erstmalige Fixierung** des Filmes an[785]. Auch ein Filmausschnitt genießt den Schutz des Filmherstellerrechtes[786]. 655

Filmhersteller ist derjenige, der tatsächlich **die unternehmerische Leistung** erbringt (§ 94 UrhG), also diejenige Person, die die Finanzierung des Filmes sicherstellt, die Verträge über die Einräumung der erforderlichen Rechte sowie mit den mitwirkenden Personen abschließt und die sonstigen persönlichen und sachlichen Voraussetzungen für die Filmherstellung schafft[787]. Erbringt ein Angestellter die Leistung, so erwirbt der **Inhaber des Unternehmens** das Filmherstellungsrecht. Wird die Leistung gemein- 656

---

784 *Ulmer*, § 126 I 2.
785 OLG Düsseldorf, GRUR 1979, 53, 54 – Laufbilder.
786 *Schricker/Loewenheim/Katzenberger/N.Reber*, § 94 Rz. 25 m.w.N.
787 BGH, GRUR 1993, 472 f. – Filmhersteller.

schaftlich erbracht, so sind die Beteiligten Mithersteller oder Co-Produzenten. Deren Rechte unterliegen der gesamthänderischen Bindung (§§ 705 ff. BGB)[788].

657 Übernimmt ein Produzent im Auftrag eines Dritten die Herstellung des Filmes und trägt er dabei das finanzielle Risiko, erwirbt er das Leistungsschutzrecht (**echte Auftragsproduktion**). Trägt das finanzielle Risiko jedoch der Auftraggeber und ist der Produzent von den Weisungen des Auftraggebers abhängig, so wird der Auftraggeber Filmhersteller (**unechte Auftragsproduktion**)[789].

658 Dem Filmhersteller steht das **ausschließliche Recht** zu, den Bildträger oder Bild- und Tonträger, auf dem das Filmwerk aufgenommen wurde, zu **vervielfältigen**, zu **verbreiten** und durch **öffentliche Vorführung**, **Funksendung** oder **öffentliche Zugänglichmachung** zu verwerten (§ 94 Abs. 1 S. 1 UrhG). Demgemäß stehen dem Filmhersteller an dem Filmträger Verwertungsrechte zu, die denjenigen des Urhebers gemäß §§ 16 ff. UrhG gleichen[790]. Der Filmhersteller kann auch dann gegen die unberechtigte Benutzung des Filmes durch Dritte vorgehen, wenn er selbst nicht über die Nutzungsrechte zur Nutzung auf diese Weise verfügen würde[791]. Neben diesen Verwertungsrechten stehen dem Filmhersteller auch **Rechte zum Schutz** seiner **berechtigten Interessen** zu, insbesondere das Recht, eine **Entstellung** oder **Kürzung** des Bildträgers oder Bildtonträgers zu verbieten, wenn dadurch seine berechtigten Interessen gefährdet würden (§ 94 Abs. 1 S. 2 UrhG). Der Schutz gegen Entstellungen und Kürzungen ist dem persönlichkeitsrechtlichen Schutz des ausübenden Künstlers nachgebildet. Er schützt jedoch nur die **wirtschaftlichen Interessen** des Filmherstellers, da die Entstellung und Kürzung die wirtschaftliche Auswertung des Filmes beeinträchtigen können.

659 Das Filmherstellungsrecht ist ein **reines Vermögensrecht** und als solches **vollständig übertragbar** und **abtretbar** (§§ 398 ff., 413 BGB). Der Filmhersteller kann aber auch Dritten das Recht einräumen, den Bildträger auf einzelne oder alle **Nutzungsarten** zu nutzen. Für diese Vereinbarung gelten die Regelungen über die Nutzungsrechte (§ 31 UrhG), insbesondere die Übertragungszwecklehre, sowie die Regelungen über den Sukzessionsschutz (§ 33 UrhG) und der vermuteten Zustimmung bei Sammelwerken (§ 39 UrhG) entsprechend.

660 Auf das Filmherstellungsrecht sind die **Schranken des Urheberrechts** (§§ 44a ff. UrhG) sinngemäß anzuwenden. Der Filmhersteller hat daher auch die gesetzlichen Vergütungsansprüche.

---

788 KG, UFITA 34/1961, 92, 96 – Das Totenschiff; *Schricker/Loewenheim/Katzenberger/N.Reber*, Vor §§ 88 ff. Rz. 36.
789 *Schricker/Loewenheim/Katzenberger/N.Reber*, Vor §§ 88 ff. Rz. 33 ff.; OLG München, ZUM-RD 1997, 290 – Box-Classics.
790 BGH, GRUR 2005, 48 – Man spricht deutsch; *Dreier/Schulze*, § 94 Rz. 32; *Ulmer*, § 126 I 1.
791 *Ulmer*, § 126 II, BGH, GRUR 1986, 742 – Videofilmvorführung; *Schricker/Loewenheim/Katzenberger/N. Reber*, § 94 Rz. 23.

Das Filmherstellungsrecht hat eine **Schutzdauer von 50 Jahren** ab dem erstmaligen Erscheinen oder der erstmaligen erlaubten öffentlichen Wiedergabe, es sei denn, dass die Erstfixierung bereits 50 Jahre zurückliegt.

661

§ 95 UrhG gewährt dem Filmhersteller, dessen Leistungen nicht den Voraussetzungen eines Filmwerkes im Sinne von §§ 2 Abs. 1 Nr. 6, 2 Abs. 2 UrhG genügen, den **Laufbildern** ein Leistungsschutzrecht.

662

Beispiel: Der Laufbilderschutz kann erlangt werden für die Live-Übertragung von Theater- und Opernaufführungen, Dokumentarfilmen, die Wiedergabe von Sportveranstaltungen u.ä., soweit keine aktive Verfilmung durch Wechsel von Groß- und Teilaufnahmen, Übersichts- und Nahaufnahmen und verschiedene Blickwinkel stattfindet.

Auf Laufbilder sind einzelne Vorschriften, die für Filmwerke gelten, anzuwenden. So ist die Vermutung über das Verfilmungsrecht (§ 88 UrhG) ebenso anwendbar wie die Einschränkung der Rechte (§ 90 UrhG) und die Vermutung der Übertragung der Rechte des Lichtbildners an den Filmhersteller (§ 89 Abs. 4 UrhG) sowie die Einschränkung der Persönlichkeitsrechte gegen Entstellung und hinsichtlich der Namensnennung (§ 93 UrhG). Schließlich wird ausdrücklich verwiesen auf die ausschließlichen Rechte des Filmherstellers, Bild- und Tonträger, auf denen die Laufbilder aufgenommen wurden, zu vervielfältigen, zu verbreiten, öffentlich vorzuführen oder zugänglich zu machen (§ 94 UrhG). Die Vermutung der Rechtseinräumung ausübenden Künstler (§ 92 UrhG) ist nicht anwendbar.

663

▸ Wiederholungsfragen

1. *Wer ist Inhaber des Filmherstellungsrechtes?*
2. *Was ist der Schutzgegenstand des Filmherstellungsrechtes?*
3. *Worin unterscheidet sich eine echte von einer unechten Auftragsproduktion?*
4. *Welche Rechte stehen dem Filmhersteller zu?*
5. *Was versteht man unter Laufbildern?*

15. Ergänzende Schutzbestimmung – Schutz technischer Maßnahmen

15.1 Einführung

664 Immer schon wurden geschützte Werke kopiert. Die Digitalisierung ermöglicht, Kopien, die identisch zum Original sind, herzustellen. Ein Qualitätsverlust tritt nicht mehr ein. Hinzu kommt die einfache Übermittlung der Werke im Internet.

Der herkömmliche urheberrechtliche Schutz hat hier versagt. Tatsächlich ist es kaum möglich, jeden, der Urheberrechte, beispielsweise durch das Anbieten des Downloads, verletzt, zivil- oder strafrechtlich zu verfolgen. In vielen Bevölkerungskreisen besteht kaum ein Unrechtsbewusstsein für die Verletzung von Urheberrechten, weil die allgemeine aber falsche Meinung vorherrscht, dass alles, was im Internet zugänglich gemacht wird, frei sei.

Die Rechtsinhaber sind daher dazu übergegangen, **technische Maßnahmen** zu entwickeln, die dem **Schutz der Ausschließlichkeitsrechte** dienen.

665 Der Gesetzgeber hat in §§ 95a ff. UrhG ergänzende Regelungen eingeführt, die die technischen Maßnahmen ebenso schützen sollen wie elektronische Informationen zur Rechtewahrnehmung.

666 Das Gesetz sieht einen **Umgehungsschutz** für wirksame, technische Maßnahmen vor (§ 95a UrhG). Es untersagt die **unberechtigte Entfernung** und Änderung der zur Rechtewahrnehmung erforderlichen Informationen (§§ 95b und c UrhG). Derjenige, der die technischen Maßnahmen ergreift, ist verpflichtet, **Name und zustellungsfähige Anschrift anzugeben**, und die von ihm mit solchen technischen Maßnahmen versehenen Werke und Leistungsschutzrechte **deutlich sichtbar** mit Angaben über die Eigenschaften der technischen Maßnahmen zu **kennzeichnen**.

15.2 Schutzmaßnahmen

667 Wirksame technische Maßnahmen dürfen ohne Zustimmung des Rechtsinhabers nicht umgangen werden, wenn den Handelnden bekannt ist, oder den Umständen nach bekannt sein muss, dass die Umgehung erfolgt, um den Zugang zu einem solchen Werk oder Schutzgegenstand oder zur Nutzung zu ermöglichen (§ 95a Abs. 1 UrhG).

668 Die Schutzbestimmungen des § 95a UrhG dienen dem **Schutz von allen geschützten Werken** sowie dem Schutz der sonstigen, nach dem Urheberrechtsgesetz geschützten Gegenstände, also den verwandten Schutzrechten; **nicht** jedoch **Computerprogrammen** (§ 69a Abs. 5 UrhG).

Voraussetzung ist, dass eine **technische Maßnahme** besteht, also **Technologien**, Vorrichtungen und Bestandteile, die im normalen Betrieb dazu bestimmt sind, die nach dem Urheberrecht geschützte Schutzgegenstände betreffenden **Handlungen**, die vom Rechtsinhaber **nicht genehmigt** sind, **zu verhindern** oder einzuschränken (§ 95a Abs. 1 S.1 UrhG)[792]. Darunter fallen Hardware-Lösungen und Software-Lösungen und schließlich auch Technologien, die selbst Bestandteil des Schutzgegenstandes sind. Die Einschränkung auf »technische« Maßnahmen verdeutlicht dabei lediglich die Abgrenzung zu vertraglichen Verboten[793].

669

Beispiel: Zugangs-, Nutzungs- und Integritätskontrollmechanismen[794].

Die technischen Maßnahmen sind geschützt, wenn es sich um **wirksame Maßnahmen** handelt. Wirksam ist eine Maßnahme, wenn der Rechtsinhaber durch eine Zugangskontrolle oder einen Schutzmechanismus (z.B. Verschlüsselung, Verzerrung oder sonstige Umwandlung) die Kontrolle der Vervielfältigung sicherstellt. Entscheidend ist also, dass die Kontrolle einen bestimmten Mindeststandard erreicht und der Schutzmechanismus **nicht ohne weiteres von einem durchschnittlichen Benutzer** zum Zeitpunkt der Implementierung **umgangen** werden kann[795].

670

Dieser Schutz alleine ist allerdings nicht ausreichend. Es bedarf auch der **Untersagung** entsprechender **Vorbereitungshandlungen**. Daher verbietet das Gesetz (§ 95a Abs. 3 UrhG) die Herstellung, Einfuhr, Verbreitung, den Verkauf, die Vermietung, Werbung für den Verkauf oder die Vermietung und den gewerblichen Zwecken dienenden Besitz von Vorrichtungen, Erzeugnissen oder Bestandteilen sowie die Erbringung von Dienstleistungen, die die Umgehung wirksamer technischer Maßnahmen ermöglichen oder erleichtern sollen. Der Gesetzgeber will damit erreichen, dass nicht die Umgehungshandlung im Privaten alleine verboten wird, sondern auch die Unterstützungs- oder Vorbereitungshandlung durch industrielle Herstellung von entsprechenden Werkzeugen, die zur Überwindung technischer Schutzmaßnahmen bestimmt und geeignet sind, verboten sind. Ausgenommen sind lediglich öffentliche Stellen, deren Aufgaben und Befugnisse den Zwecken des Schutzes der öffentlichen Sicherheit und Strafrechtspflege dienen.

671

15.3 Sicherstellung des Zuganges

Wirksame technische Schutzmaßnahmen können dazu führen, dass die Begünstigten aufgrund urheberrechtlicher Schrankenbestimmungen von der Begünstigung keinen

672

---

792 EuGH, GRUR 2014, 255-Nintendo/PC Box; BGH GRUR 2015, 672-Videospiel-Konsole II.
793 *Wandtke/Bullinger/Wandtke/Ohst*, § 95a Rz. 12.
794 *Wandtke/Bullinger/Wandtke/Ohst*, § 95a Rz. 14 ff. m.w.N.
795 *Wandtke/Bullinger/Wandtke/Ohst*, § 95a Rz. 50; *Dreier/Schulze*, § 95a Rz. 15; *Schricker/Loewenheim/Götting*, § 95a Rz. 22.

Gebrauch machen können. Die geschützten Rechtsinhaber würden also einen deutlich größeren Schutzumfang für ihre Werke erlangen, als er ihnen nach der Konzeption des Gesetzes zustünde. Da dies mit den Intentionen des Gesetzes nicht in Einklang steht, sind die Rechtsinhaber verpflichtet, für den in § 95b Abs. 1 UrhG ausdrücklich **aufgeführten Schrankenkatalog die notwendigen Mittel zur Verfügung** zu stellen, dass die **Begünstigten den rechtmäßigen Zugang zu dem Werk** oder sonstigen urheberrechtlichen Schutzgegenstand **erlangen** können. Diese Mittel kann der Verpflichtete dann verweigern, wenn der Schutzgegenstand der Öffentlichkeit aufgrund einer vertraglichen Vereinbarung so zugänglich gemacht wird, dass er den Mitgliedern der Öffentlichkeit an Orten und Zeiten ihrer Wahl zugänglich ist. Das Gesetz fördert die Entwicklung von Nutzungstechnologien, die die Nutzung in einem System »Pay per view« ermöglichen.

15.4 Schutz der zur Rechtewahrnehmung erforderlichen Informationen

673 Auch die zur Rechtewahrnehmung erforderlichen Informationen sind geschützt. § 95c UrhG soll den **Schutz der »Rights-Management-Systeme«** sowie von Daten im Zusammenhang mit der Pirateriebekämpfung und des elektronischen Geschäftsverkehrs sicherstellen.

674 Schutzgegenstand sind die **Informationen für die Rechtewahrnehmung** zur Identifizierung der Rechtsinhaber sowie über die Modalitäten und Bedingungen für die Nutzung der Werke, einschließlich Zahlen und Codes, durch die solche Informationen ausgedruckt werden. Es kommt nicht auf die technischen Verfahren[796] oder die Art der Verbindung zu den Werken und die Art der Speicherung an.

675 Geschützt ist der **Rechtsinhaber gegen** die **Entfernung** und **Veränderung der Informationen**, wenn die Informationen mit dem Werk oder einem Vervielfältigungsstück oder im Zusammenhang mit der öffentlichen Wiedergabe des Werkes erscheint.

15.5 Kennzeichnungspflichten

676 Schließlich hat der Gesetzgeber den Rechtsinhaber verpflichtet, Name oder Firma sowie zustellungsfähige Anschrift anzubringen, damit der Umgehungsschlüssel im Fall der Berechtigung gemäß § 95b UrhG eingeholt werden kann. Die Kennzeichnungspflicht ist eine Maßnahme sowohl des Verbraucherschutzes als auch des Schutzes der Lauterkeit des Wettbewerbs.

---

796 *Wandtke/Bullinger, Wandtke/Ohst*, § 95a Rz. 10f.

Der **Verbraucher** muss darüber informiert werden, **ob** ein bestimmtes Angebot digitalisierter Schutzgegenstände im Vergleich zu den üblichen Standards **durch technische Schutzmaßnahmen geschützt ist** und dadurch der Werkzugang vom Zugangsschlüssel oder von Zugangsmechanismen abhängig ist.

677

▶ **Wiederholungsfragen**

1. *Was versteht man unter technischen Schutzmaßnahmen?*
2. *Unter welchen Voraussetzungen sind technische Schutzmaßnahmen ihrerseits geschützt?*
3. *Wie ist der Zugang zu den durch technische Maßnahmen geschützten Werken für diejenigen möglich, die sich auf Schranken des Urheberrechts berufen können?*
4. *Welche Informationen zur Rechtewahrnehmung nehmen am Schutz teil?*
5. *Wie sind Vervielfältigungsstücke mit technischen Schutzmaßnahmen zu kennzeichnen?*

16. Rechtsverletzungen

678 In der analogen Welt waren der Herstellung und Nutzung von widerrechtlichen Kopien durch die Qualitätseinbußen Grenzen gesetzt, diese Grenzen sind durch die Digitalisierung aufgehoben. Das Unrechtsbewusstsein ist stark unterentwickelt. Unter Berufung auf die Informationsfreiheit wird die Freiheit im Netz propagiert und die Herstellung von Raubkopien als Kavaliersdelikt[797] betrachtet. Zur Verhinderung von Rechtsverletzungen dienen zivilrechtliche Abwehr- und Ersatzansprüche, ferner ist die Verletzung der nach dem Urheberrechtsgesetz geschützten Gegenstände unter Strafe gestellt.

679 In § 96 UrhG sieht das Gesetz ein **Verwertungsverbot** für rechtswidrig hergestellte Vervielfältigungsstücke oder rechtswidrig veranstaltete Funksendungen vor.

680 Unter §§ 97 ff. UrhG hat der Gesetzgeber die **zivilrechtlichen Ansprüche** zusammengefasst. Die bedeutendsten Ansprüche sind die Ansprüche auf Beseitigung der Beeinträchtigung, Unterlassung und Schadensersatz (§ 97 UrhG) sowie die zur Durchsetzung dieser Ansprüche erforderlichen Ansprüche auf Auskunft, Rechnungslegung und Besichtigung. Gegen künftige Rechtsverletzungen sichert der Anspruch auf Vernichtung oder Überlassung der Vervielfältigungsstücke und Vorrichtungen zur Herstellung der Vervielfältigungsstücke und schließlich auch der Anspruch auf Bekanntmachung des Urteils.

681 Neben den zivilrechtlichen Maßnahmen bewehren §§ 106 ff. UrhG Verletzungen dieser Rechte mit **straf- und bußgeldrechtliche Bestimmungen**. Zur Verhinderung der Verbreitung von widerrechtlich hergestellten Vervielfältigungsstücken dient die Grenzbeschlagnahme (§ 111b UrhG).

16.1 Verwertungsverbote

682 Ein ausdrückliches **Verwertungsverbot** besteht für die Verwertung **rechtswidrig hergestellter Vervielfältigungsstücke**[798] und rechtswidrig veranstalteter Funksendungen (§ 96 UrhG). Bedeutung kommt dem Verwertungsverbot dann zu, wenn der Hersteller der Vervielfältigungsstücke nicht berechtigt war, aber derjenige, der sie nutzt, zur Nutzung berechtigt ist; das rechtswidrig hergestellte Vervielfältigungsstück darf nicht zur öffentlichen Wiedergabe benutzt werden.

Beispiel: Das vom Musikverleger rechtswidrig hergestellte und vermietete Material, darf nicht zur Aufführung benutzt werden, selbst wenn das Aufführungsrecht erworben wurde.

---

797 *Herrenleben*, MMR 2004, 505.
798 BGH, NJW 2007, 679 – Alpensinfonie.

16.2 Zivilrechtliche Ansprüche

16.2.1 Schutzgegenstände

Voraussetzung für zivilrechtliche Ansprüche (§§ 97ff. UrhG) ist die Verletzung eines durch das Urheberrechtsgesetz geschützten **absoluten Rechtes**. Zu den Schutzgegenständen gehören sowohl die aus dem **Urheberpersönlichkeitsrecht** (§§ 12ff. UrhG) fließenden Berechtigungen als auch das umfassende **Verwertungsrecht** (§§ 15ff. UrhG) des Urhebers. Auch die Rechte der **Inhaber verwandter Schutzrechte** sind geschützt. Ferner sind die **Inhaber ausschließlicher Nutzungsrechte** (§ 31 Abs. 3 UrhG) in ihren Rechten geschützt. 683

Keine Urheberrechtsverletzung ist jedoch die Verletzung von vertraglichen Verpflichtungen. 684

Beispiel: Übermittelt der Werknutzer eine fehlerhafte Abrechnung, so ist dies ebenso wenig eine Urheberrechtsverletzung wie die nicht ordnungsgemäße Erfüllung der Verbreitungsverpflichtung.

▶ **Wiederholungsfragen**

Welches sind die Schutzgegenstände der zivilrechtlichen Ansprüche?

16.2.2 Aktivlegitimation

Die Aktivlegitimation gibt darüber Auskunft, wer **Inhaber eines Klagerechtes** oder Inhaber der entsprechenden Ansprüche sein kann. 685

Der **Urheber**, der **Leistungsschutzberechtigte**, aber auch der **Inhaber eines ausschließlichen Urhebernutzungsrechtes** kann bei der Verletzung oder bei der drohenden Gefährdung seiner Rechte Ansprüche auf Beseitigung der Beeinträchtigungen sowie einen Anspruch auf Unterlassung künftiger Beeinträchtigungen geltend machen (§ 97 Abs. 1 S. 1 UrhG). Der Anspruch besteht schon dann, wenn die Zuwiderhandlung erstmalig droht, also **Erstbegehungsgefahr** besteht. Der Unterlassungsanspruch ist zum Schutze der Rechtsinhaber der wichtigste Anspruch. 686

Nach deren Tod sind die Erben berechtigt, ausgenommen sind jedoch die Nennungsrechte aus einer Beeinträchtigung der Rechte der ausübenden Künstler, für die die Angehörigen Rechtsinhaber werden. Daneben sind die Inhaber ausschließlicher Nutzungsrechte befugt, gegen Verstöße ihrer Rechte vorzugehen. Neben ihnen bleibt der Urheber selbst noch berechtigt, die Ansprüche geltend zu machen, wenn er ein schutzwürdiges Interesse hieran hat[799].

---

799 BGH, GRUR 2017, 266- World of Warcraft I; BGH, GRUR 1992, 697 – Alf.

687 Der Inhaber eines **einfachen Nutzungsrechtes** ist **nicht berechtigt**, die Beseitigungs- und Unterlassungsansprüche durchzusetzen. Er kann sich jedoch, sofern er ein eigenes berechtigtes Interesse an der Rechtsverfolgung hat, im Wege der gewillkürten Prozessstandschaft mit Zustimmung des Rechtsinhabers gegen die Verletzung der Rechte zur Wehr setzen[800].

688 Für die **Verwertungsgesellschaften** enthält § 48VGG eine **Vermutung der Sachbefugnis** bezogen auf die Auskunftsansprüche und gesetzlichen Vergütungsansprüche, die allein durch die Verwertungsgesellschaften geltend gemacht werden können. Eine besondere Stellung nimmt die GEMA ein. Da die GEMA umfassend die Rechte in- und ausländischer Musikschaffender wahrnimmt, vermutet die Rechtsprechung eine Wahrnehmungsbefugnis der GEMA für die Aufführungsrechte an in- und ausländischer Tanz- und Unterhaltungsmusik und für die mechanischen Rechte[801].

▶ **Wiederholungsfrage**

Wer ist zur Durchsetzung zivilrechtlicher Ansprüche berechtigt?

16.2.3 Passivlegitimation

689 Passivlegitimiert ist der **Täter einer Urheberrechtsverletzung**. Täter ist, wer die Voraussetzungen einer Urheberrechtsverletzung entweder selbst oder in mittelbarer Täterschaft oder als Mittäter erfüllt[802]. Der Täter ist also Werknutzer.

690 Die urheberrechtlichen Beseitigungs- und Unterlassungsansprüche wenden sich gegen den **Verletzer der Urheberrechte** oder **verwandter Schutzrechte** oder der daraus abgeleiteten Rechte. Wer Täter ist, richtet sich nach Unionsrecht; es genügt, dass dem Täter das Handeln nach Unionsrecht zugerechnet wird[803]. Als **Störer** haftet jeder, der in irgendeiner Weise willentlich und adäquat kausal zu einer Rechtsverletzung beiträgt ohne selbst Täter oder Teilnehmer zu sein und der die rechtliche und tatsächliche Möglichkeit hat, die Rechtsverletzung durch zumutbare Maßnahmen zu verhindern[804]. Der Betreiber von Internetauktionen ist Täter, weil er über die Aufnahme eines Produkts entscheidet[805]. Schließlich hat der **Betriebsinhaber** für die von seinen Mitarbeitern oder Beschäftigten begangenen Rechtsverletzungen (§ 99 UrhG) einzustehen, unabhängig von der Haftungszurechnung gemäß §§ 278, 830, 831 BGB.

---

800 BGH, GRUR 1998, 376 – Coverversion.
801 BGH, GRUR 1955, 549 – Betriebsferien; BGH, GRUR 1986, 62 – GEMA-Vermutung I; BGH, GRUR 1986, 66 – GEMA-Vermutung II; BGH, ZUM 1986, 199 – GEMA-Vermutung III; BGH, GRUR 1988, 296 – GEMA-Vermutung IV.
802 BGH, GRUR 2016, 493-Al Di Meola.
803 BGH, GRUR 2016, 487-Wagenfeldleuchte II; BGH, GRUR 2016, 1280-Everytime we touch.
804 BGH, GRUR 2016, 936-Angebotsmanipulation bei Amazon; BGH, GRUR 2016, 268- Störerhaftung des Acces-Providers; BGH, MMR 2013, 185 – Alone in the Dark.
805 BGH, GRUR 2016, 493-Al Di Meola.

▶ **Wiederholungsfrage**

Wer haftet für Urheberrechtsverletzungen?

16.2.4 Rechtswidrigkeit

Voraussetzung für die zivilrechtlichen Ansprüche ist weiterhin die **Rechtswidrigkeit**. 691

Die tatbestandsmäßige **Verletzung** eines fremden Urheberrechtes oder verwandten Schutzrechtes **indiziert die Rechtswidrigkeit**. Nutzt jemand ein fremdes geschütztes Werk oder eine fremde geschützte Leistung auf die nur dem Rechtsinhaber vorbehaltene Art, ohne sich dabei auf eine Schrankenbestimmung oder die Einräumung bzw. Übertragung entsprechender Nutzungsrechte oder schuldrechtliche Gestattungen des Rechtsinhabers berufen zu können, ist die Handlung rechtswidrig, es sei denn, dass ein rechtfertigender Grund vorliegt. Rechtfertigungsgründe in dieser Form sind, neben der oben erwähnten Einwilligung oder Genehmigung[806], die allgemeinen Rechtfertigungsgründe, wie das Schikaneverbot (§ 226 BGB), Notwehr (§ 227 BGB), Notstand (§ 228 BGB) und erlaubte Selbsthilfe (§§ 229 ff. BGB) sowie der übergesetzliche Notstand. Schließlich können sich bestimmte Grenzen aus der verfassungsrechtlichen Rechtslage, insbesondere der Meinungs-, Informations-, Presse- und Kunstfreiheit gemäß Art. 5 GG, ergeben.

▶ **Wiederholungsfrage**

Welche Rechtfertigungsgründe kann es für Urheberrechtsverletzungen geben?

16.2.5 Beseitigungsanspruch

Durch den Beseitigungsanspruch wird die fortbestehende **Rechtseinwirkung** beseitigt (§ 97 Abs. 1 S. 1 UrhG). Der Beseitigungs- und Unterlassungsanspruch liegen häufig nahe beieinander. Manche[807] betrachten den Unterlassungsanspruch als eine besondere Art des Beseitigungsanspruches, denn in der Gefährdung des Rechtsgutes liegt eine Beeinträchtigung, die durch die Unterlassung der gefährdenden Handlung beseitigt werden kann; andere[808] betrachten den Beseitigungsanspruch als Ergänzung des Unterlassungsanspruches, wenn die fortdauernde Gefährdung nicht durch das bloße Unterlassen beseitigt werden kann. 692

Voraussetzung des Beseitigungsanspruches ist, dass die Aufhebung der Beeinträchtigung nur durch ein positives Tun erlangt werden kann. Demgemäß kann der Verletzte 693

---

806 BGH, GRUR 1959, 147 – Bad auf der Tenne.
807 *Fromm/Nordemann/Nordemann*, § 97 Rz. 55.
808 *Möhring/Nicolini/Lütje*, § 97 Rz. 12.

diejenigen **Maßnahmen fordern**, die notwendig und geeignet sind, um **weitere Beeinträchtigungen der Rechte zu verhindern**. Hierzu ist eine umfassende Güterabwägung vorzunehmen[809]. So kann beispielsweise die Entfernung einer gefälschten Signatur bei einem untergeschobenen Gemälde gefordert werden[810] oder die Entfernung einer eigenmächtigen Übermalung eines Werkes[811].

694 Der Beseitigungsanspruch setzt **kein Verschulden** voraus. Er darf nicht mit dem deliktischen Schadensersatzanspruch verwechselt werden, der Verschulden voraussetzt und im Rahmen des Wiederherstellungsanspruches (§ 249 BGB) auch dazu führen kann, dass der Schädiger einen Zustand beseitigen muss, der zu dauerndem Schaden führt.

▶ **Wiederholungsfrage**
Was ist der Inhalt des Beseitigungsanspruches?

16.2.6 Unterlassungsanspruch

695 **Zur Verhinderung künftiger** Rechtsbeeinträchtigungen steht dem Rechtsinhaber der Unterlassungsanspruch zu (§ 97 Abs. 1 S. 1 UrhG). Dieser sogenannte »vorbeugende« Unterlassungsanspruch setzt entweder **Wiederholungsgefahr** voraus, also die Gefahr, dass eine bereits einmal stattgefundene Verletzung erneut erfolgt, oder die drohende, hinreichend konkretisierte Gefahr, dass eine Verletzung stattfinden wird (**Erstbegehungsgefahr**[812]). Die Rechtsverletzung indiziert die Wiederholungsgefahr[813]. Zur **Beseitigung** der Wiederholungsgefahr genügt nicht die einfache Erklärung, keine Verletzung mehr in Zukunft zu begehen, sondern es ist eine ernsthafte, vorbehaltslose, **strafbewehrte Unterlassungsverpflichtungserklärung** abzugeben, die von dem Verletzten angenommen werden muss (Unterlassungsvertrag). Die dabei zu vereinbarende Vertragsstrafe (§ 339 BGB) muss angemessen sein, sodass sie geeignet ist, den Versprechenden von künftigen gleichartige Verletzungshandlungen abzuhalten. Die Erstbegehungsgefahr ist zu bejahen, wenn vorbereitende Maßnahmen ergriffen wurden, die einen künftigen Eingriff in die Rechte nahe legen. Sie kann darin bestehen, dass sich ein Dritter der Rechtsinhaberschaft berühmt[814]. Für deren Beseitigung bedarf es der **eindeutigen Aufgabe** der Berühmung, nicht jedoch einer vertragsstrafebewehrten Unterlassungsverpflichtungserklärung.

Der Unterlassungsanspruch setzt **kein Verschulden** voraus.

---

809 BGH, GRUR 1984, 54 – Kopierläden.
810 BGH, GRUR 1995, 668 – Emil Nolde.
811 RGZ 79, 397 – Felseneiland mit Sirenen; BGH, GRUR 1982, 107 – Kirchen-Innenraumgestaltung.
812 BGH, GRUR 2003, 958 – Paperboy.
813 BGH, GRUR 1955, 97 – Constanze-Entscheidung II.
814 BGH, GRUR 1987, 185 – Rabattkarte.

Der Verletzte soll den Verletzer vor der Einleitung eines gerichtlichen Verfahrens auf Unterlassung **abmahnen** und ihm die Gelegenheit geben, eine vertragsstrafebewehrte Unterlassungsverpflichtungserklärung abzugeben (§ 97a Abs. 1 S. 1 UrhG). Es besteht keine Verpflichtung zur Abmahnung. Unterlässt der Verletzer eine mögliche und zumutbare Abmahnung, riskiert er, die Kosten des gerichtlichen Verfahrens tragen zu müssen, wenn der Verletzer die Ansprüche sofort anerkennt (§ 93 ZPO). Der Verletzte kann dann auf eine Abmahnung verzichten, wenn er befürchten muss, dass durch die Abmahnung die Durchsetzung seiner Rechte wesentlich erschwert wird. Muss der Verletzte befürchten, dass der Verletzer die Plagiate beiseite schafft oder an Dritte veräußert, bevor die Unterlassungsverfügung und die Verfügung über die Sequestration der Plagiate zugestellt wird, kann er auf die Abmahnung verzichten.

696

Soweit die Abmahnung berechtigt ist, kann der Verletzte Ersatz der erforderlichen Aufwendungen, also insbesondere die Kosten der Rechtsverfolgung, verlangen (§ 97a UrhG). Bei Filesharing-Fällen, soweit es nach den besonderen Umständen des Falles nicht unbillig ist, können die Rechtsanwaltsgebühren aus einem Gegenstandswert von € 1.000,- berechnet werden.

▶ Wiederholungsfragen

1. *Welchem Zweck dient der Unterlassungsanspruch?*
2. *Welchem Zweck dient eine vertragsstrafebewehrte Unterlassungsverpflichtungserklärung?*
3. *Unter welchen Umständen bedarf es keiner Abmahnung vor einem gerichtlichen Verfahren?*
4. *Wer hat die Kosten einer Abmahnung zu tragen?*

16.2.7 Ablösebefugnis

Im Ausnahmefall ist es denkbar, dass eine **Rechtsverletzung** nur **versehentlich** erfolgt und die Unterlassung bzw. Beseitigung für den Verpflichteten einen unverhältnismäßig großen Schaden zur Folge hätte, so dass auf **unbillige Weise Werte vernichtet** würden.

697

Richten sich die Ansprüche auf Beseitigung oder Unterlassung gegen eine Person, die weder vorsätzlich noch fahrlässig handelte, so kann diese Person **zur Abwendung der Ansprüche** den Verletzten in **Geld entschädigen**, wenn ihr durch die Erfüllung der Ansprüche auf Unterlassung und Beseitigung ein unverhältnismäßig großer Schaden entstehen würde und wenn dem Verletzten die Abfindung in Geld **zuzumuten** ist (§ 100 UrhG). In diesem Fall ist derjenige Betrag zu zahlen, der im Falle einer vertraglichen Einräumung des Rechtes angemessen gewesen wäre. Nach erfolgter Zahlung der Entschädigung gilt die Einwilligung des Verletzten in die Verwertung im üblichen Umfang als erteilt.

Beispiel: Wird dem Sachbuchverleger ein Manuskript in Form einer elektronischen Datei übergeben, das unberechtigterweise Texte aus einem anderen Werk enthält, ohne dass die Texte gesondert gekennzeichnet sind, so wirkt der Verleger schuldlos an der Rechtsverletzung mit. Dem Verleger kann nicht zugemutet werden, die gesamte einschlägige Fach- und Sachbuchliteratur zu vergleichen oder zu kennen, um etwaige Rechtsverletzungen zu verhindern.

▶ **Wiederholungsfrage**

Unter welchen Voraussetzungen besteht eine Ablösebefugnis im Falle einer Rechtsverletzung?

16.2.8 Schadensersatzanspruch

698 Greift jemand schuldhaft rechtswidrig in die geschützten Rechte anderer ein, so hat er dem Rechtsinhaber **Schadensersatz** zu leisten (§ 97 Abs. 1 S. 1 UrhG oder §§ 102 UrhG, 823 Abs. 1 BGB oder §§ 102 UrhG, 823 Abs. 2 BGB i.V.m. §§ 106 bis 108 UrhG). Für den Schadensersatzanspruch gibt es also eine dreifache Anspruchsgrundlage, die einzeln und unabhängig voneinander geltend gemacht werden können.

699 Voraussetzung aller drei Anspruchsgrundlagen ist zunächst ein **rechtswidriger Eingriff** in eines der geschützten Rechte. Im Unterschied zum Unterlassungs- und Beseitigungsanspruch setzt der Schadensersatzanspruch ein **Verschulden** des Verletzers, also Vorsatz oder Fahrlässigkeit (§ 276 BGB), voraus.

700 **Fahrlässig** handelt derjenige, der die im Verkehr **erforderliche Sorgfalt** außer Acht lässt. Wer also bei der Anwendung der erforderlichen Sorgfalt hätte erkennen können, dass er fremde Rechte verletzt (§ 276 Abs. 2 BGB), handelt fahrlässig. Maßstab ist nicht die übliche, sondern die jeweils erforderliche Sorgfalt. Die allgemeine Schlamperei kann also den Verletzer nicht entlasten; er muss vielmehr das objektiv Erforderliche tun. An das Maß der Sorgfalt stellt die Rechtsprechung regelmäßig ganz **besondere Anforderungen**[815]. Wer fremde geschützte Gegenstände nutzen will, muss sich über den **Bestand des Schutzes** und den **Umfang der Nutzungsberechtigung Gewissheit** verschaffen und gegebenenfalls den Sachverhalt prüfen und besondere Erkundigungen einholen. Hierzu zählt die Überprüfung der Rechtekette[816].

701 **Alle** am urheberrechtlichen Verwertungsprozess Beteiligten unterliegen der **Prüfungspflicht**. Sie kann allerdings unterschiedlich sein, je nach Sachkunde und eigener Verantwortlichkeit. Fachkreise unterliegen einer gesteigerten Sorgfaltspflicht[817]. Hierzu zählen vor allem Produzenten, Verleger, Sendeunternehmer, Herausgeber und verant-

---

815 BGH, GRUR 1999, 49, 51 – Bruce Springsteen and his band.
816 BGH, GRUR 1988, 375 – Schallplattenimport III.
817 BGH, GRUR 1991, 332, 333 – Lizenzmangel.

wortliche Redakteure. Geringer sind die Anforderungen bei der Sorgfaltspflicht bei Druckern, Copyshops oder Einzelhändlern, Importeuren ausländischer Zeitschriften[818]. Bibliothekaren oder Kioskbesitzern ist dagegen eine eingehende Prüfungspflicht der Druckerzeugnisse auf Rechtsverletzungen hin nicht zuzumuten.

Der Verletzte hat Anspruch auf **Naturalrestitution** (§ 249 BGB) und Geldersatz für Vermögensschäden (§§ 250 f. BGB). Der Urheber, der Verfasser wissenschaftlicher Ausgaben (§ 70 UrhG), der Lichtbildner (§ 72 UrhG) und der ausübende Künstler (§ 73 UrhG) haben auch einen Anspruch auf eine Entschädigung des Schadens, der **nicht** ein **Vermögensschaden** ist, soweit es der Billigkeit entspricht, also Schmerzensgeld[819] (§ 97 Abs. 2 UrhG). 702

Für die Berechnung des Schadens finden die allgemeinen Vorschriften gemäß §§ 249 ff. BGB Anwendung. So kann der Verletzte die Wiederherstellung des beeinträchtigten Rechtes verlangen (§ 249 BGB) und, sofern dies nicht möglich ist, Geldersatz gemäß (§ 241 Abs. 1 BGB). Ersatzfähig ist danach der **konkret entstandene Schaden,** einschließlich des entgangenen Gewinns (§ 252 BGB). Dies setzt voraus, dass er die konkreten Umsatzeinbußen oder entgangenen Gewinne nachweisen kann. Dies ist in der Praxis kaum zu ermitteln, da kaum ein Unternehmer verlässlich nachweisen kann, welchen Umsatz er ohne die Rechtsverletzung erzielt hätte. Da der Verletzer nicht aufgrund der Nachweisschwierigkeiten des Verletzten besser gestellt werden soll als derjenige, der sich rechtmäßig verhalten hat, hat die Rechtsprechung für die Schadensermittlung alternativ zum konkret entstandenen Schaden die Berechnung auf Grundlage der sogenannten »**Lizenzanalogie**« und auf **Herausgabe des Verletzergewinns** entwickelt. (§ 97 Abs. 2 S. 2 u. 3 UrhG). Der Verletzte kann seinen Schaden auf drei unterschiedliche Methoden berechnen[820]. 703

Die Schwierigkeiten der Berechnung des konkreten Schadens werden durch die Berechnung nach der **angemessenen Lizenzgebühr** umgangen. Der Schaden entspricht derjenigen Vergütung, die vereinbart worden wäre, wenn vor Beginn der Nutzung zwischen einem vernünftigen Lizenzgeber und einem vernünftigen Lizenznehmer eine Lizenzvergütung vereinbart worden wäre[821]. Ob der Lizenzgeber grundsätzlich eine Lizenz erteilt hätte und ob der Verletzer nach einer Lizenz angefragt hätte, bleibt dabei außer Betracht. Durch diese Berechnungsmethode wird der Rechtsverletzer nicht mehr besser gestellt, als derjenige, der sich rechtskonform verhält. 704

Der Verletzte kann auch die Herausgabe des **Gewinns verlangen** (§ 97 Abs. 2 S. 2 UrhG). Herauszugeben hat der Verletzer den kausal auf seine verletzende Tätigkeit beruhenden Gewinn. Zu seiner Ermittlung sind die Kosten des Verletzers vom Erlös abzuziehen. 705

---

818 BGH, GRUR 1977, 114 – VUS.
819 BGH, GRUR 1974, 800 – Fiete *Schulze*.
820 BGH, GRUR 2016, 176-Tauschbörse I.
821 BGH, GRUR 1990, 1008, 1009 – Lizenzanalogie; EuGH, GRUR 2017, 264-OTK/SFG.

16. Rechtsverletzungen

Es sind allerdings nicht sämtliche Kosten zu berücksichtigen, sondern nur diejenigen[822], die der Schutzrechtsverletzung unmittelbar zugerechnet werden können, Gemeinkosten hingegen nicht. Damit kann letztlich der Verletzte den Umsatz abzüglich der variablen Kosten vom Verletzer herausverlangen. Anschließend ist der Anteil, der auf die Verletzung des Rechts zurückzuführen ist, zu bestimmen[823].

706 Der Verletzte hat ein **Wahlrecht** nach welcher Methode er den Schaden berechnen will. Er kann es bis zur Erfüllung oder rechtskräftigen Verurteilung ausüben, aber auch ändern[824].

707 Die GEMA kann zum Ausgleich der Kosten und Schwierigkeiten der Überwachung der Musikrechte einen pauschalen **Kontrollzuschlag** in Höhe von 100 % des normalen Tarifes fordern[825].

708 Zur Durchsetzung der Schadensersatzansprüche hat der Geschädigte Anspruch auf Vorlage von Bank-, Finanz- oder Handelsunterlagen oder auf einen geeigneten Zugang zu den entsprechenden Unterlagen, wenn es sich bei der Rechtsverletzung um eine gewerbsmäßige Verletzung handelt und die Realisierung des Schadensersatzanspruches ohne diese Auskünfte und Unterlagen fraglich ist (§ 101b UrhG). Das Gericht kann allerdings geeignete Maßnahmen ergreifen, um vertrauliche Informationen des Verletzers zu schützen. Der Anspruch ist dann ausgeschlossen, wenn er im Einzelfall unverhältnismäßig ist. Schließlich kann der Verletzte den Vorlageanspruch auch im Wege der einstweiligen Verfügung durchsetzen, um zu verhindern, dass der Verletzer Vermögenswerte beiseite schafft und damit die Zwangsvollstreckung von Vornherein erfolglos macht. Die einstweilige Verfügung ist auch dann möglich, wenn dadurch die Hauptsache vorweggenommen wird.

▶ Wiederholungsfragen

1. Unter welchen Voraussetzungen kann der Verletzte Schadensersatz fordern?
2. Welche Maßnahmen muss der Nutzer eines Werkes ergreifen, um den Anforderungen an die Sorgfaltspflicht Genüge zu tun?
3. Welche Berechnungsmethoden zur Ermittlung des Schadensersatzanspruches gibt es?
4. Wie wird der Schadensersatzanspruch nach der Methode der Lizenzanalogie ermittelt?
5. Wie wird der Schadensersatz nach der Methode der Gewinnherausgabe festgestellt?
6. Was versteht man unter einem Kontrollzuschlag?

---

822 BGH, GRUR 2001, 329 – Gemeinkostenanteil; OLG Köln, GRUR 2005, 249 – Loseblattwerk; OLG Düsseldorf, GRUR 2004, 53 – Gewinnherausgabeanspruch.
823 BGH, GRUR 2015, 269-K-Theory; BGH, GRUR 2012, 1226 – Flaschenträger.
824 BGH, GRUR 1993, 55, Tchibo-Rolex II; BGH, GRUR 2008, 93 – Zerkleinerungsvorrichtung.
825 EuGH, GRUR 2017, 264-OTK/SFG; BGH, GRUR 2015, 987-Terrassenfieber; BGH, GRUR 1973, 379 – Doppelte Tarifgebühr.

16.2.9 Bereicherungsanspruch

Neben dem Schadensersatzanspruch kann der Verletzte unter dem Gesichtspunkt der **Eingriffskondition** (§§ 812 Abs. 1 S. 1, 2. Alt. BGB, 102a UrhG) die **Herausgabe der Bereicherung** verlangen, da der Verletzer durch die unberechtigte Verwertung in den Zuweisungsgehalt des Rechtes eingreift, dessen wirtschaftliche Verwertung dem Rechtsinhaber vorbehalten ist[826]. Der Anspruch auf Herausgabe der Bereicherung setzt kein Verschulden voraus. Er ist darauf gerichtet, die durch die Verletzung entstandene vorteilhafte Vermögenssituation des Verletzers wieder rückgängig zu machen[827].

709

Der Bereicherungsanspruch richtet sich auf das, was der Verletzte durch den Gebrauch erlangt hat. Erlangt hat er regelmäßig die **Nutzung**. Da diese selbst nicht mehr herausgegeben werden kann, ist der **Wert zu ersetzen** (§ 818 Abs. 2 BGB). Der Wert ist damit der objektive Verkehrswert. Herauszugeben ist daher die übliche Lizenzgebühr[828]. Insofern überschneiden sich die Schadensersatzberechnungsmethoden der fiktiven Lizenzgebühr mit der Herausgabeverpflichtung aufgrund der Bereicherungshaftung.

710

Regelmäßig kann sich der Verletzer jedoch nicht auf die Entreicherung (§ 818 Abs. 3 BGB) berufen[829], weil er als Verletzer verschärft haftet (§§ 818 Abs. 4, 819 Abs. 1 BGB).

▶ **Wiederholungsfrage**

Was kann der Verletzte unter dem Gesichtspunkt der Eingriffskondition herausverlangen?

16.2.10 Immaterieller Schaden

Der Urheber, der Verfasser wissenschaftlicher Ausgaben, der Lichtbildner und die ausübenden Künstler haben zusätzlich Anspruch auf Ersatz des **immateriellen Schadens** bei einer Verletzung des Urheberpersönlichkeitsrechtes (§ 97 Abs. 2 i.V.m. §§ 70, 72, 73, 75 UrhG). Voraussetzung für einen solchen Ersatz ist, dass es nach den Umständen des Falles der **Billigkeit entspricht**, dem Berechtigten für den immateriell erlittenen Schaden Ersatz zu gewähren. Dies ist z.B. dann der Fall, wenn Kunstdrucke im Rahmen von Dritten bemalt wurden und vertrieben werden[830].

711

---

826 BGH, GRUR 2012, 715-Bochumer Weihnachtsmarkt; BGH, GRUR 1995, 673, 676 – Mauerbilder.
827 BGH, GRUR 1977, 250, 253 – Kunststoffhohlprofil I.
828 BGH, GRUR 2015, 780-Motorradteile; BGH, GRUR 1982, 301, 303 – Kunststoffhohlprofil II.
829 BGH, GRUR 1971, 522 – Gasperone II.
830 EuGH, GRUR 2016, 485-Liffers/Mandarina ua; BGH, GRUR 2002, 532 – Unikatrahmen.

16.2.11 Auskunftsanspruch

712 Häufig ist der Verletzte nicht in der Lage, seine Schadensersatzansprüche zu berechnen, da er die erforderlichen Daten und Fakten aus der Sphäre des Verletzers nicht kennt. Das gilt besonders für den Gewinn, den er eigentlich herausverlangen könnte.

713 Der Verletzte **hat** einen **Anspruch auf Auskunft und Rechnungslegung**, der gewohnheitsrechtlich zur Vorbereitung eines bezifferten Anspruches (§§ 242, 259 ff. BGB) anerkannt ist[831]. Der Verletzte kann diejenigen Auskünfte fordern, die er zur Schadensberechnung benötigt.

714 Der Verletzte kann nicht nur über die **Angaben**, die er zur **Schadensberechnung** benötigt, Auskunft verlangen, sondern auch über sogenannte »**Kontrolltatsachen**«, die dazu dienen, die Richtigkeit der Haupttatsachen zu überprüfen und möglicherweise einen Anspruch auf eine eidesstattliche Versicherung (§§ 259f UrhG) durchzusetzen[832]. Ob darüber hinaus ein Anspruch auf Rechnungslegung begründet ist, ist anhand der Zumutbarkeit einerseits und der Verhältnismäßigkeit andererseits zu entscheiden.

715 Gegebenenfalls kann der Verletzer zum Schutze seiner Geschäfts- und Betriebsgeheimnisse den sogenannten »**Wirtschaftsprüfervorbehalt**« geltend machen[833]. Danach wird die Auskunft gegenüber einem Wirtschaftsprüfer erteilt, der dann die Berechnung des Schadensersatzanspruches für den Verletzten übernimmt.

716 Weiß der möglicherweise Verletzte nicht, dass und ob seine Rechte verletzt wurden, so kann er, wenn eine hinreichende Wahrscheinlichkeit für das Vorliegen einer Urheberrechtsverletzung besteht, die **Vorlage des Verletzungsgegenstandes** sowie dessen Untersuchung fordern, die Vorlage von Urkunden oder die Zulassung zur Besichtigung einer Sache fordern (§ 101a UrhG). Durch die Vorlage der Urkunde bzw. Besichtigung der Sache kann er dann Informationen zur weiteren Substantiierung seines Vortrages gewinnen. Der Anspruch ist an den Grundsatz der Verhältnismäßigkeit (§ 101a Abs. 2 UrhG) gebunden. Unverhältnismäßigkeit kann dann vorliegen, wenn das Geheimhaltungsinteresse des angeblichen Verletzers das Interesse des Rechtsinhabers an der Vorlage oder Besichtigung überwiegt und dem Geheimhaltungsinteresse auch nicht durch gerichtliche Maßnahmen angemessen Rechnung getragen werden kann. Das Gericht kann die erforderlichen Maßnahmen ergreifen, um im Einzelfall vertrauliche Informationen zu schützen (§ 101a Abs. 1 S. 3 UrhG). So kann das Gericht anordnen, dass die Offenbarung gegenüber einem zur Verschwiegenheit verpflichteten Dritten zu erfolgen hat, der sodann Auskunft geben kann, ob und gegebenenfalls in welchem

---

831 BGH, GRUR 1980, 227 – Monumenta Germaniae Historica.
832 BGH GRUR 1980, 227 – Monumenta Germaniae Historica; zur Vorlage von Belegen *Stjerna*, GRUR 2011, 789.
833 OLG Frankfurt/Main, ZUM 1989, 355 – Hängender Panther.

Umfang die behauptete Rechtsverletzung vorliegt. Daneben kann im Übrigen das Gericht die Öffentlichkeit ausschließen (§ 172 GVG).

Der Auskunftsanspruch bezieht sich auch auf die Vorlage der Bank-, Finanz- oder Handelsunterlagen, wenn eine Verletzung in gewerblichem Ausmaße vorliegt. 717

Die Effektivität der Maßnahme wird dadurch sichergestellt, dass der Anspruch auch im Wege der einstweiligen Verfügung durchgesetzt werden kann, die auch ohne vorherige Anhörung des Gegners erlassen werden kann. 718

Die Interessen des Verletzers werden dadurch geschützt, dass er Anspruch auf Schadensersatz hat, wenn keine Rechtsverletzung vorlag (§ 101a UrhG). 719

Weiter stehen dem Verletzten verschuldensunabhängige Auskunftsansprüche gegenüber gewerbsmäßigen Herstellern und Verbreitern verletzender Vervielfältigungsstücke zu (§ 101 UrhG), und zwar über den **Vertriebsweg** und die **Herkunft** der Ware. Der Verletzer hat unverzüglich die entsprechende Auskunft zu erteilen, es sei denn, dass diese im Einzelfall unverhältnismäßig (§ 101 Abs. 4 UrhG) wäre. 720

Neben dem Anspruch auf Auskunft über Herkunft und Vertriebswege (§ 101 Abs. 3 UrhG) steht dem Verletzten dann, wenn er eine Klage erhoben hat, auch ein Anspruch auf Auskunft gegenüber jedermann zu, wenn die Verletzung in gewerblichem Ausmaß erfolgt ist, sofern die rechtswidrigen Vervielfältigungsstücke im Besitz der Person waren oder diese eine rechtsverletzende Dienstleistung in Anspruch nahm oder die Person in irgendeiner Form an der Rechtsverletzung (§ 101 Abs. 2 UrhG) beteiligt war. Dieser Auskunftsanspruch richtet sich insbesondere gegen Internetprovider und soll damit dem Rechtsinhaber die Ermittlung des Rechtsverletzers ermöglichen. Muss der Internetprovider in diesem Zusammenhang Auskunft über die Verwertung der Verkehrsdaten (§ 3 Nr. 30 TKG) erteilen, so bedarf es einer gerichtlichen Anordnung für die Zulässigkeit der Verwendung der Verkehrsdaten. Der Verletzte muss eine entsprechende Anordnung beim Landgericht, in dessen Bezirk der zur Auskunft Verpflichtete seinen Wohnsitz oder seine Niederlassung hat, beantragen. Die Anordnung erfolgt auf der Grundlage des FamFG-Verfahrens (§ 101 Abs. 9 UrhG). 721

Dieser Auskunftsanspruch geht über den unselbständigen akzessorischen Auskunftsanspruch auf der Grundlage des § 242 BGB hinaus und gibt so dem Verletzten einen selbständigen, nicht akzessorischen Anspruch auf **Drittauskunft**, um in Erfahrung zu bringen, von wem und von welcher Quelle die rechtsverletzenden Gegenstände stammen und auf welche Art und Weise sie verbreitet wurden[834]. Er umfasst die Auskunft nach Namen und Anschrift des Herstellers, Lieferanten und anderer Vorbesitzer sowie 722

---

[834] Auf die weitergehenden Auskunfts-, Beweisvorlage- und Beweissicherungsmaßnahmen gem. Richtlinie 2004/48/EG zur Durchsetzung der Rechte des geistigen Eigentums sei hier verwiesen, dazu *Knaak*, GRUR Int. 2004, 745.

nach gewerblichen Abnehmern, Auftraggebern und der Menge der hergestellten, ausgelieferten, erhaltenen und bestellten Vervielfältigungsstücke.

Auch dieser Anspruch kann im Wege der einstweiligen Verfügung durchgesetzt werden (§ 101 Abs. 7 UrhG), wenn eine offensichtliche Rechtsverletzung vorliegt. Zum Schutze des Verletzers ist die erteilte Auskunft nur mit Zustimmung des Verpflichteten im Rahmen eines Straf- oder Ordnungswidrigkeitsverfahrens verwertbar (§ 101 Abs. 8 UrhG), weil niemand zu Aussagen gezwungen werden darf, die strafrechtlich gegen ihn verwendet werden könnten[835].

▶ **Wiederholungsfragen**

1. *Unter welchen Voraussetzungen kann der verletzte Urheber Auskunft vom Verletzer fordern?*
2. *Über welche Tatsachen hat der Verletzer Auskunft zu erteilen?*
3. *Wie kann der Urheber feststellen, ob tatsächlich eine Verletzung seines Rechtes vorliegt?*
4. *Unter welchen Voraussetzungen kann der Urheber Auskunft über die Herkunft und die Vertriebswege fordern?*

16.2.12 Öffentliche Bekanntmachung

723   Der Verletzte kann die Befugnis zugesprochen werden, **auf Kosten** des Verletzers das **Urteil öffentlich** bekannt zu machen (§ 103 UrhG)[836].

Der Zweck dieser Vorschrift ist die **Beseitigung der Beeinträchtigung** des Urheberrechtes, die durch die Verletzung des Rechtes auf Anerkennung der Urheberschaft oder eines unzutreffenden Plagiatvorwurfes eingetreten sind. Ob ein entsprechendes berechtigtes Interesse vorliegt, bedarf einer Interessenabwägung im Einzelfall[837]. Zu berücksichtigen ist dabei die Schwere der Beeinträchtigung, das Ausmaß, in dem die Öffentlichkeit davon Kenntnis erhalten hat, und die Zumutbarkeit der Veröffentlichung für den Verletzer.

16.2.13 Vernichtung oder Überlassung

724   Als besondere Ausprägung des Beseitigungsanspruchs gewährt das Urheberrecht dem Verletzten einen Anspruch auf **Vernichtung** bzw. **Überlassung widerrechtlich hergestellter Vervielfältigungsstücke** und der hierzu bestimmten Vorrichtungen (§ 98

---

835 BVerfGE 56, 37, 41 ff.
836 OLG Celle, GRUR-RR 2001, 125 – EXPO.
837 BGH, GRUR 1998, 568, 570 – Beatles-Doppel-CD.

UrhG)[838]. Für Computerprogramme sieht § 69f UrhG eine Sondervorschrift vor, die der Regelung als lex specialis vorgeht.

Ohne dass es auf ein **Verschulden** des Verletzers ankommt, kann der Verletzte verlangen, dass alle rechtswidrig hergestellten, verbreiteten oder zur rechtswidrigen Verbreitung bestimmten Vervielfältigungsstücke, die im Besitz oder Eigentum des Verletzers stehen, **vernichtet** werden. Gleiches gilt für Vorrichtungen, die im Eigentum des Verletzers stehen und ausschließlich oder nahezu ausschließlich zur rechtswidrigen Herstellung von Vervielfältigungsstücken oder bestimmten Vorrichtungen benutzt werden. 725

Der Vernichtungsanspruch richtet sich gegen **Vervielfältigungsstücke**, **Werkzeuge** und sonstigen Vorrichtungen, die zu deren Herstellung verwendet werden. Vorrichtungen sind Formen, Platten, Steine, Druckstücke, Matrizen und Negative, also all jene zur Vervielfältigung erforderlichen Vorlagen, die zwar das geschützte Werk verkörpern, nicht aber selbst den Werkgenuss vermitteln[839], sofern sie ausschließlich oder nahezu ausschließlich zur rechtswidrigen Herstellung von Vervielfältigungsstücken bestimmt sind und im Eigentum des Verletzers stehen. 726

Der Anspruch ist von einem **Verschulden unabhängig**. 727

Anstelle der Vernichtung kann der Verletzte verlangen, dass ihm die Vervielfältigungsstücke, auch die Vorrichtungen, die im Eigentum des Verletzers stehen, gegen eine **angemessene Vergütung,** die die Herstellungskosten nicht übersteigen darf, **überlassen** werden (§ 98 Abs. 3 UrhG). Der Verletzte kann darüber entscheiden, ob er selbst durch eigene Vertriebsmaßnahmen die Vervielfältigungsstücke zu rechtmäßig hergestellten Vervielfältigungsstücken macht. Die Interessen des Verletzten werden dadurch gewahrt, dass er eine angemessene Vergütung hierfür erhält. 728

Derjenige, der ein Recht widerrechtlich verletzt, ist verpflichtet, die rechtswidrig hergestellten, verbreiteten oder zur rechtswidrigen Verbreitung bestimmten Vervielfältigungsstücke zurückzurufen **(Rückrufsanspruch** § 98 Abs. 2 UrhG). 729

Sowohl der **Vernichtungs-** als auch der **Rückrufanspruch** unterliegen dem **Verhältnismäßigkeitsgrundsatz** (§ 98 Abs. 4 UrhG). Danach ist grundsätzlich das mildeste Mittel anzuwenden, das geeignet ist, um den durch die Rechtsverletzung verursachten Zustand zu beseitigen. Andere Maßnahmen als die Vernichtung kann die Schwärzung der rechtsverletzenden Textpassagen oder die Entfernung oder Ersetzung entsprechender Seiten sein, aber auch das Anbringen von Aufklebern und Retuschen, sofern all diese Maßnahmen durch Dritte nicht mehr rückgängig gemacht werden können. 730

---

838 BGH, GRUR 2015, 672-Videospiel-Konsolen II.
839 *Dreier/Schulze*, § 98 Rz. 4.

731 Zur Sicherstellung der entsprechenden Maßnahmen kann im Wege der einstweiligen Verfügung eine **Sequestrierung** der betreffenden Vervielfältigungsstücke angeordnet werden.

▶ **Wiederholungsfragen**

1. Welche Bestandteile unterliegen infolge der Urheberrechtsverletzung der Vernichtung?
2. Unter welchen Voraussetzungen kann der Rechtsinhaber die Überlassung rechtswidrig hergestellter Vervielfältigungsstücke und die Vorrichtungen zu deren Herstellung fordern?

16.2.14 Durchsetzung der Ansprüche

732 Die Ansprüche wegen der Verletzung der Urheber- und Leistungsschutzrechte **verjähren** innerhalb von **3 Jahren** ab Kenntnis oder grob fahrlässiger Unkenntnis der Verletzung und der Person des Verpflichteten, längstens aber 10 Jahre nach der Verletzung[840] (§§ 102 S. 1 UrhG, 195, 199 BGB). Der Bereicherungsanspruch verjährt ebenso 3 Jahre nach seiner Entstehung und spätestens 30 Jahre nach Kenntnis (§§ 195, 199 BGB).

733 Für Streitigkeiten über Ansprüche nach dem Urheberrechtsgesetz oder über Rechtsverhältnisse im Zusammenhang mit dem Urheberrecht, also den **Urheberrechtsstreitsachen**[841] ist der ordentliche Rechtsweg gegeben (§ 104 S. 1 UrhG). Ausnahmen hiervon sind ausschließlich Ansprüche aus Arbeits- oder Dienstverhältnissen über eine vereinbarte Vergütung, für die das Arbeitsgericht[842] oder Verwaltungsgericht zuständig ist.

734 Die Landesregierungen sind gemäß § 105 UrhG ermächtigt worden, durch Rechtsverordnung Urheberstreitsachen einzelnen Amts- und Landgerichten, die für die erste Instanz oder als Berufungsgericht zuständig sind, zuzuweisen, wenn dies der Rechtspflege dienlich ist. Insofern liegt eine ausschließliche sachliche Zuständigkeit vor. Dies ist in fast allen Ländern so geschehen.

16.3 Die Zwangsvollstreckung

735 Das Urheberrechtsgesetz sieht in §§ 112 ff. UrhG besondere Vorschriften für die Zwangsvollstreckung vor. Das Urheberrechtsgesetz unterscheidet im Wesentlichen, ob sich die **Zwangsvollstreckung** gegen den **Urheber** oder seinen **Rechtsnachfolger** richtet.

---

840 BGH, GRUR 2016, 1275-Tannöd; BGH, GRUR 2015, 780-Motorradteile.
841 BGH, GRUR 2016, 636-Gestörter Musikvertrieb.
842 BGH, GRUR 1983, 22, 23 – Tonmeister.

16.3.1 Die Zwangsvollstreckung gegen den Urheber

Für die **Zwangsvollstreckung** gegen den Urheber **in das Urheberrecht** wegen Geldforderungen setzt die Zwangsvollstreckung die **Einwilligung**[843] voraus (§ 113 UrhG) und gestattet die Zwangsvollstreckung nur, soweit Nutzungsrechte eingeräumt werden können (§ 31 UrhG). Damit wertet das Gesetz den höchstpersönlichen Charakter des Urheberrechtes höher als die Interessen des Gläubigers an der Erfüllung seiner Verbindlichkeiten. Die Gläubiger können in die **entstandenen Vergütungsansprüche** nach den allgemeinen Regeln uneingeschränkt vollstrecken.

736

Nicht nur die Nutzungsrechte, sondern auch die dem Urheber gehörenden **Originale** sollen nicht in die Zwangsvollstreckung miteinbezogen werden, wenn die **Einwilligung** des Urhebers nicht vorliegt (§ 114 UrhG). Originale in dieser Hinsicht sind die Gegenstände der Werke der bildenden Kunst, aber auch die Originale von Schriftwerken, Musikwerken und anderen Werken, wie Manuskript, Partituren, Filmnegative, ebenso wie Abzüge, soweit sie jeweils im Eigentum des Urhebers stehen. Die Einwilligung ist nicht erforderlich, wenn der Urheber bereits die Einwilligung in die Zwangsvollstreckung eines Nutzungsrechtes gemäß § 113 UrhG erteilt hat, denn der Urheber soll nicht einerseits die Zwangsvollstreckung in ein Nutzungsrecht gestatten, um dann andererseits die Ausübung dieses Nutzungsrechtes durch das Vorhalten der Originale zu verhindern. Ebensowenig bedarf es der Einwilligung bei Werken der Baukunst. Schließlich bedarf es der Einwilligung nicht, wenn ein Werk der bildenden Kunst veröffentlicht wurde. Diese Werke stehen dem Kunstmarkt zur Verfügung, so dass der Urheber nicht mehr so schutzwürdig, wie beim nichtveröffentlichten Werk ist.

737

▶ **Wiederholungsfrage**

Unter welchen Voraussetzungen ist die Zwangsvollstreckung in das Urheberrecht oder die dem Urheber gehörenden Originale zulässig?

16.3.2 Die Zwangsvollstreckung gegen den Rechtsnachfolger

Die Zwangsvollstreckung wegen einer Geldforderung gegen den **Rechtsnachfolger des Urhebers** in das Urheberrecht bedarf seiner **Einwilligung nur** dann, wenn ein Werk noch nicht erschienen ist (§ 115 UrhG). Ist nämlich ein Werk erschienen, so sind urheberpersönlichkeitsrechtliche Interessen, die einer weiteren Verwertung des Werkes entgegenstehen könnten, wohl nicht mehr gegeben.

738

---

843 Die Verwertung bedarf der Zustimmung: *Fromm/Nordemann/Boddien*, § 113 Rz. 1; anders: bereits die Pfändung bedarf der Zustimmung: *Ulmer*, § 109 II; *Dreier/Schulze*, § 113 Rz. 16; *Schricker/Loewenheim/Wimmers*, § 112 Rz. 14.

16.3.3 Zwangsvollstreckung gegen Leistungsschutzberechtigte

739 Der Verfasser wissenschaftlicher Ausgaben und seine Nachfolger sowie der Lichtbildner haben die gleichen Rechte wie der Urheber und dessen Rechtsnachfolger (§ 118 UrhG). Da die weiteren verwandten Schutzrechte vermögensrechtlicher Natur sind, bedarf es keiner Beschränkung der Zwangsvollstreckung aus persönlichkeitsrechtlichen Überlegungen.

16.3.4 Zwangsvollstreckung in Vervielfältigungsvorrichtungen

740 Schließlich ist die Zwangsvollstreckung wegen einer Geldforderung **in Vorrichtungen**, die **ausschließlich der Vervielfältigung** oder **Funksendung** eines Werkes **dienen**, wie Formen, Platten, Steine, Druckstücke, Matrizen und Negative, nur dann zulässig, wenn der **Gläubiger** zur Nutzung des Werkes mittels dieser Vorrichtungen **berechtigt** ist. Gleiches gilt für Vorrichtungen, die ausschließlich zur Vorführung eines Filmwerkes bestimmt sind, wie Filmstreifen und dergleichen (§ 119 UrhG). Damit wird nicht der besondere Materialwert geschützt, sondern der Nutzwert zum Schutz des nutzungsberechtigten Gläubigers. Er allein soll in die entsprechenden Vorrichtungen vollstrecken können, die er benötigt, um das entsprechende Nutzungsrecht auszuüben.

16.4 Der strafrechtliche Schutz

741 Die strafrechtlichen Schutzbestimmungen (§§ 106 ff. UrhG) spielen in der Praxis eine eher untergeordnete Rolle. Sie sind jedoch zur Bekämpfung der Produktpiraterie, insbesondere, wenn diese mit dem organisierten Verbrechen einhergeht, unbedingt erforderlich.

742 Die Straftatbestände sind überwiegend **Antragsdelikte** (§ 109 UrhG), die nur, wenn die Staatsanwaltschaft das besondere öffentliche Interesse an der Strafverfolgung[844] bejaht (§ 376 StPO), von Amts wegen verfolgt werden. Nur die gewerbsmäßige, unerlaubte Verwertung ist ein Offizialdelikt. Liegen Anhaltspunkte dafür vor, müssen sie von der Staatsanwaltschaft zum Anlass eines Ermittlungsverfahrens genommen werden (§ 108a UrhG).

743 Die **Vervielfältigungsstücke**, die Gegenstand einer urheberrechtlichen Straftat gewesen sind, können **eingezogen** werden (§ 110 UrhG). Die strafprozessuale Möglichkeit der Einziehung steht neben den zivilrechtlichen Ansprüchen auf Überlassung der Vervielfältigungsstücke und der Werkzeuge zur Herstellung der Vervielfältigungsstücke (§ 99 UrhG). Werden diese zivilrechtlichen Ansprüche im Adhäsionsverfahren (§§ 403 ff. StPO) geltend gemacht, so hat dieses Vorrang vor der strafprozessualen Einziehung.

---

844 Vgl. Nr. 86 RiStBV.

Schließlich kann der Verletzte, der ein berechtigtes Interesse hat, im Falle einer Verurteilung beantragen, dass das **Urteil öffentlich bekannt** gemacht wird (§ 111 UrhG). Die Urteilsbekanntmachung dient vorrangig dem Zweck, den Verletzten zu rehabilitieren und ihm eine Genugtuung zu verschaffen sowie eine möglicherweise eingetretene Marktverwirrung zu beseitigen[845]; dies kann aber nur auf einen besonderen Antrag des Verletzten hin erfolgen.

744

Die Straftatbestände des Urheberrechtsgesetzes sind **ausfüllungsbedürftige Tatbestände**, da die Strafbarkeitsvoraussetzung jeweils unter der Anwendung anderer Normen, insbesondere der Normen des Urheberrechtsgesetzes, festgelegt sind. Voraussetzung der Strafbarkeit ist eine Verletzung der Rechte nach dem Urheberrechtsgesetz.

745

§ 106 UrhG verbietet die **Verletzung von Verwertungsrechten**. Er bestimmt, dass derjenige, der ohne Einwilligung des Berechtigten ein Werk, eine Bearbeitung oder Umgestaltung eines Werkes vervielfältigt, verbreitet oder öffentlich wiedergibt, mit einer Freiheitsstrafe von bis zu 3 Jahren oder einer Geldstrafe bestraft werden kann. Die Verletzung von Leistungsschutzrechten ist hingegen nicht strafbedroht.

746

Der subjektive Tatbestand setzt ein vorsätzliches Verhalten voraus, es genügt also Eventualvorsatz (§ 15 StGB). Der Täter muss also mit Wissen und Wollen die objektiven Tatbestandsmerkmale erfüllen. Dabei genügt es, dass er die normativen Merkmale hinsichtlich ihres Bedeutungsinhaltes (»Parallelwertung in der Laiensphäre«) erfasst.

747

Auch der Versuch ist strafbar.

748

Auch das **unzulässige Anbringen der Urheberbezeichnung** ist strafbedroht (§ 107 UrhG).

749

Die Vorschrift schützt das **Urheberpersönlichkeitsrecht** und die sich daraus ableitende Befugnis, darüber zu bestimmen, ob ein Werk und, wenn ja, mit welcher Urheberbezeichnung zu versehen ist. Neben den Individualinteressen wird auch die Allgemeinheit vor einer Täuschung durch die unzulässige Signierung geschützt.

750

Auch die Erfüllung dieses Straftatbestandes setzt vorsätzliches Handeln unter Einschluss des Eventualvorsatzes voraus.

751

Ein gesonderter strafrechtlicher Schutz wird den **verwandten Schutzrechten** wegen unerlaubter Eingriffe in § 108 UrhG zuteil. Die Inhaber von Leistungsschutzrechten erfahren einen Schutz ihrer Leistungen vor einer Verwertung, die die jeweiligen gesetzlichen Bestimmungen missachtet. Lediglich die Leistungen des Veranstalters haben keinen Anteil an diesem strafrechtlichen Schutz. Auch insofern setzt die Strafbarkeit Vorsatz oder zumindest Eventualvorsatz voraus.

752

---

845 *Schricker/Loewenheim/Kudlich*, § 111 Rz. 1.

753 Schließlich hat der Gesetzgeber dem unerlaubten Eingriff in **technische Schutzmaßnahmen** und den für die Rechtewahrnehmung erforderlichen Informationen ebenso den strafrechtlichen Schutz zugebilligt (§ 108b UrhG).

754 Daneben droht § 111 UrhG demjenigen ein Bußgeld an, der Handlungen, die der Umgehung von Schutzmaßnahmen (§ 95a Abs. 3 UrhG) dienen, begeht. Gleiches gilt für Verstöße gegen die Verpflichtung des Rechtsinhabers, die die Durchsetzung der Schrankenbestimmungen ermöglichen sollen (§ 95b Abs. 1 UrhG), und schließlich für Verstöße gegen die Kennzeichnungspflichten (§ 95d UrhG).

▶ **Wiederholungsfragen**

1. *Welche Straftatbestände des Urheberrechtes sind als Antragsdelikte konstruiert?*
2. *Unter welchen Voraussetzungen besteht eine Ermittlungsverpflichtung?*

16.5 Sicherungsmaßnahmen

755 Zur Sicherung der Rechte der Urheber und der Inhaber von Leistungsschutzrechten besteht die Möglichkeit der **Grenzbeschlagnahme** von rechtswidrig hergestellten Vervielfältigungsstücken. Die Beschlagnahme führen die deutschen **Zollbehörden** an den deutschen Grenzen aus, sofern nicht der Warenverkehr zwischen den Mitgliedstaaten der EU oder der EWR stattfindet (§ 111b Abs. 1 S. 2 UrhG). An Außengrenzen der EU können vergleichbare Maßnahmen auf der Grundlage der Verordnung EG Nr. 3295/94 stattfinden.

Die Zollbeschlagnahme soll, zusammen mit den strafrechtlichen Sanktionen (§§ 106 ff. UrhG), den Auskunftsansprüchen (§ 101a UrhG) und den Vernichtungs- und Einziehungsmöglichkeiten (§§ 98, 99, 110 UrhG) einen wirksamen **Schutz gegen die Produktpiraterie** ermöglichen. Die konstant steigenden Beschlagnahmezahlen machen die wachsende Bedeutung dieser Maßnahmen im Zusammenhang mit der Pirateriebekämpfung deutlich.

▶ **Wiederholungsfrage**

Wozu dient die Grenzbeschlagnahme?

17. Internationales Urheberrecht

17.1 Räumlicher Geltungsbereich

Will man feststellen, ob ein Werk urheberrechtlich geschützt ist oder eine Darbietung den Voraussetzungen des Leistungsschutzrechtes genügt, wer der jeweilige erste Rechtsinhaber ist und wie weit die Rechte gehen, gibt es dafür zwei unterschiedliche Ansatzpunkte. Zum einen kann auf die Rechtslage im jeweiligen Land, in dem der Schutz nachgesucht wird, abgestellt werden (**Territorialitätsprinzip**) und zum anderen könnte auf das Ursprungsland für die weltweite Geltung des Urheberrechtes zurückgegriffen werden (**Universalitätsprinzip**). Nach fast einhelliger Meinung wird auf dem Gebiet des Urheberrechts und der verwandten Schutzrechte das Territorialitätsprinzip angewendet.

756

Beispiel: Würde unter der Geltung des Universalitätsprinzips der Produzent eines Filmes ein Ursprungsland wählen, dass die erste Inhaberschaft des Urheberrechts mit der amerikanischen Regel der »works made fire« verbindet, würden die beteiligten Filmurheber selbst keine Rechte erwerben können.

Das Territorialitätsprinzip führt dazu, dass dem Urheber nicht ein einheitliches, weltweit geltendes Urheberrecht zusteht, sondern dass der **Urheber ein ganzes Bündel an nationalen Urheberrechten** besitzt. Dieses Bündel von Rechten **unterscheidet** sich jeweils nach nationalem Recht hinsichtlich **Inhalt, Umfang und Schutzdauer** und **Rechtsinhaberschaft**.

Der Schutz des **deutschen Urheberrechts** und der verwandten Schutzrechte ist räumlich auf die **Grenzen der Bundesrepublik Deutschland** beschränkt. Die Regelungen anderer Staaten haben keine Auswirkungen auf das für das deutsche Gebiet gewährte Schutzrecht. Problematisch ist allerdings, welches Anknüpfungsmerkmal für die örtliche Abgrenzung in den jeweiligen Rechtsordnungen vorzunehmen ist[846]. So, wie nur inländische Handlungen das deutsche Urheberrecht verletzen können, können solche Handlungen, die im Ausland begangen wurden, nur jeweils das ausländische Urheberrecht verletzen.

757

Wenn jemand Urheberrechtsschutz in einem Land für sich in Anspruch nimmt, so sind die Rechte im **jeweiligen Schutzland maßgeblich**. Die Maßgeblichkeit des Rechtsschutzlandes zeigt, dass das Territorialitätsprinzip gleichzeitig eine kollisionsrechtliche Regelung darstellt[847].

758

---

846 BGH, GRUR 2016, 487-Wagenfeldleuchte II; BGHZ 126, 252 – Folgerecht bei Auslandsbesuch.
847 *Ulmer*, § 13 II.

759 Das Recht des Schutzlandes entscheidet über alle im Zusammenhang mit dem Urheberrecht und den verwandten Schutzrechten zusammenhängenden Fragen. Hierzu gehört die Entstehung der Rechte, einschließlich der Schutzvoraussetzungen, die Urheberschaft bzw. die erste Inhaberschaft des Leistungsschutzrechtes, die Übertragbarkeit der Rechte, das Recht zur Verfügung über die Rechte durch vertragliche Absprachen, Inhalt und Umfang des Schutzes einschließlich der jeweiligen Schranken der Rechte, die Rechtsfolgen einer Rechtsverletzung über die Schutzdauer und das Erlöschen[848].

760 Urheberrechtlich geschützte Werke entfalten ihre Wirkung grenzüberschreitend. Das internationale Urheberrecht bestimmt, ob sich ausländische Staatsangehörige auf die inländischen Rechte berufen können. Diese Frage beantwortet das sogenannte »**Fremdenrecht**«, unabhängig davon welches **Recht** auf einen Sachverhalt **anwendbar** ist.

▶ **Wiederholungsfragen**

1. Was versteht man unter dem Begriff »Territorialitätsprinzip«?
2. Was versteht man unter dem Begriff »Universalitätsprinzip«?
3. Welche Folge hat die Anwendung des Territorialitätsprinzips?
4. Welche Frage beantwortet das »Fremdenrecht«?

17.2 Das Fremdenrecht

17.2.1 Die deutsche Regelung

761 Das Fremdenrecht ist in §§ 120 ff. UrhG sowie den dazu ergangenen Staatsverträgen geregelt.

762 § 120 UrhG bestimmt, dass **deutsche Staatsangehörige** den **urheberrechtlichen Schutz** für **alle ihre Werke** genießen. Der deutsche Staatsangehörige, der in Südafrika lebt und sein Werk erstmals in den USA publiziert, kann urheberrechtlichen Schutz in Deutschland nach deutschem Urheberrecht für seine Werke in Anspruch nehmen. Gleiches gilt für die Werke von Miturhebern, wenn einer von ihnen deutscher Staatsangehöriger ist. Bei Werkverbindungen (§ 9 UrhG) wird jedes verbundene Werk gesondert betrachtet und hält seine urheberrechtliche Selbständigkeit aufrecht. Auch für Bearbeitungen (§ 3 UrhG), bei denen das Original und die Bearbeitung jeweils selbständige Schutzgegenstände sind, gilt das gleiche. Auch für Sammelwerke (§ 4 UrhG) gilt dies, da das Sammelwerk einerseits und die in der Sammlung aufgenommen Werke andererseits jeweils gesonderte Schutzgegenstände darstellen.

---

848 Ulmer, § 13 II; Schricker/Loewenheim/Katzenberger/N.Reber, Vor §§ 120 ff. Rz. 129 m.w.N.

Den deutschen Staatsangehörigen sind **gleichgestellt** die Deutschen im Sinne des Art. 116 Abs. 2 GG sowie die **Staatsangehörigen** der **anderen Mitgliedstaaten** der **Europäischen Union** und der Vertragsstaaten des Abkommens über den Europäischen Wirtschaftsraum und ferner die **Staatenlosen**, die ihren gewöhnlichen Aufenthalt im Geltungsbereich des Urheberrechtsgesetzes haben, mit ihren Werken (§ 122 Abs. 1 UrhG). Staatenlose, die ihren gewöhnlichen Aufenthalt in einem anderen Staat haben, können einen Schutz für ihre Werke nach dem gleichen urheberrechtlichen Schutz wie die Angehörigen des ausländischen Staates erhalten (§ 122 Abs. 2 UrhG). Gleiches gilt für Flüchtlinge (§ 123 UrhG).

763

Für **ausländische Staatsangehörige** sieht § 121 UrhG vor, dass die in der **Bundesrepublik Deutschland erschienenen Werke** und deren Übersetzungen urheberrechtlichen Schutz genießen, **es sei** denn, dass das Werk oder eine Übersetzung **früher als 30 Tage** vor dem Ersterscheinen in der Bundesrepublik Deutschland **im Ausland** erschienen ist.

764

Im Übrigen genießen ausländische Staatsangehörige den urheberrechtlichen Schutz nach dem **Inhalt der Staatsverträge** (§ 121 Abs. 4 S. 1 UrhG). Zu diesen Staatsverträgen gehören insbesondere die Revidierte Berner Übereinkunft, das Welturheberrechtsabkommen, das Übereinkommen über handelsbezogene Aspekte der Rechte des geistigen Eigentums (TRIPS), das WIPO Copyright Treaty (WCT) sowie eine Reihe weiterer multi- und bilateraler Abkommen. Sollte im Einzelfall kein Staatsvertrag bestehen, so wird der Schutz der deutschen Urheber in dem Staat, dem der Urheber angehört, den deutschen Staatsangehörigen für ihre Werke in entsprechender Form eingeräumt (§ 121 Abs. 4 S. 2 UrhG).

765

▶ **Wiederholungsfrage**

Wer genießt in der Bundesrepublik Deutschland urheberrechtlichen Schutz für seine Werke?

17.2.2 Die Revidierte Berner Übereinkunft

Die »**Revidierte Berner Übereinkunft**« ist im Bereich des Urheberrechts der älteste Staatsvertrag, der den internationalen Schutz des Urheberrechts sicherstellt. Die Mitglieder der Revidierten Berner Übereinkunft haben einen Staatenverbund mit eigener Rechtspersönlichkeit gegründet (Art. 1 RBÜ), nämlich die **Berner Union**, die als eigenes Verwaltungsorgan die **Weltorganisation für geistiges Eigentum** (World Intellectual Property Organisation = WIPO/ organisation mondial de la properité intellectuelle = OMPI) wahrnimmt.

766

Die Revidierte Berner Übereinkunft wurde am 9. September 1886 abgeschlossen. In Revisionskonferenzen wurden Verbesserungen des internationalen Urheberrechtsschutzes vereinbart. Seit der Revision in Berlin führt dieser Vertrag die Bezeichnung »Revidierte

767

Berner Übereinkunft« (RBÜ). Weitere Revisionen wurden anlässlich der Konferenzen in Rom (1928), Brüssel (1948), Stockholm (1967) und zuletzt in Paris (1971) vereinbart.

768 Der RBÜ gehören zwischenzeitlich **alle Kulturstaaten an.** Zwischen den einzelnen Mitgliedstaaten gilt die jeweils **zeitlich jüngste Fassung** der Berner Übereinkunft, der die **beiden** Vertragsstaaten **beigetreten** sind.

769 Unter die RBÜ fallen »Werke der Literatur und Kunst«, die in Art. 2 Abs. 1, 3 und 5 RBÜ[849] beispielhaft aufgezählt werden. Schutz genießen nur Urheber aus einem Verbandsland (**verbandseigene Werke**)(Art. 3 RBÜ). Der Schutz erstreckt sich auch auf die Werke derjenigen Urheber, die keinem Verbandsland angehören, wenn sie zum ersten Mal in einem Verbandsland, oder gleichzeitig in einem verbandsfremden und in einem nicht Verbandsland veröffentlicht werden (Art. 3 Abs. 1 RBÜ) oder ihren gewöhnlichen Aufenthalt in einem Verbandsland haben (Art. 3 Abs. 2 RBÜ). Der Konventionsschutz ist darüber hinaus zugänglich für Filmwerke, Werke der Baukunst, die in einem Verbandsland errichtet worden sind, und für Werke der grafischen und plastischen Künste, die Bestandteil eines Grundstückes in einem Verbandsland sind (Art. 4 RBÜ). Schutz genießen alle Werke, die beim Inkrafttreten bzw. zum Zeitpunkt des Beitrittes des neuen Verbandslandes schon existierten und noch nicht im Ursprungsland oder Schutzland gemeinfrei wurden (Art. 18 RBÜ). Der Schutz der Werke folgt drei wichtigen Grundsätzen: der Formfreiheit, der Inländerbehandlung und den spezifischen Regeln der RBÜ.

770 Um Schutz nach der RBÜ zu erlangen, braucht der Urheber in **keinem** der Verbandsländer, mit Ausnahme des Ursprungslandes, irgendwelche **Förmlichkeiten** erfüllen, um den Schutz zu erreichen (Art. 5 Abs. 2, 3 RBÜ).

771 Die der RBÜ unterfallenden Urheber genießen für ihre nach der RBÜ geschützten Werke in allen Verbandsländern, mit Ausnahme des Ursprungslandes des Werkes, die Rechte, die die einschlägigen Gesetze dem inländischen Urheber gegenwärtig oder in Zukunft gewähren werden (Art. 5 Abs. 1 RBÜ) – **Prinzip der Inländerbehandlung**.

772 Die RBÜ beschränkt die **Dauer des Schutzes** auf **50 Jahre** nach dem Tod des Urhebers. Jedoch sind die Verbandsländer berechtigt, längere Schutzdauern zu gewähren (Art. 7 Abs. 6 RBÜ), die nach den Grundsätzen der Inländerbehandlung auch Angehörigen der verbandsangehörigen Länder eingeräumt werden müssen. Überschreitet allerdings die Schutzdauer die im Ursprungsland der Werke geltende, so gilt diese kürzere Schutzfrist (Prinzip des Schutzfristenvergleiches). Als **Mindestdauer** steht dem Urheber aber die **50-jährige** Frist in jedem Fall zu.

---

849 Im Folgenden beziehen sich die Angaben jeweils auf die Pariser Fassung.

▶ **Wiederholungsfragen**

1. *Was versteht man unter »Berner Union«?*
2. *Auf welcher Grundlage entstand sie?*
3. *Wer verwaltet sie?*
4. *Wer ist Mitglied?*
5. *Welche Fassung der Revidierten Berner Übereinkunft findet zwischen zwei Vertragsstaaten Anwendung?*
6. *Was versteht man unter »verbandseigene Werke«?*
7. *Nach welchem Prinzip gewährt die Revidierte Berner Übereinkunft Schutz?*
8. *An welche Voraussetzungen wird der Schutz nach der Revidierten Berner Übereinkunft geknüpft?*

17.2.3 TRIPS-Übereinkommen

Gleichzeitig mit der Errichtung der World Trade Organisation (WTO) in Genf im Jahre **1994** wurde das **Übereinkommen über handelsbezogene Aspekte der Rechte des geistigen Eigentums**[850] (Trade-related Aspects of Intellectual Property Rights), kurz **TRIPS**, abgeschlossen. Für Deutschland und die Europäische Gemeinschaft trat das TRIPS-Übereinkommen am 1.1.1995 in Kraft[851]. Das TRIPS-Übereinkommen ist neben der Berner Übereinkunft das bedeutendste internationale Abkommen über den Schutz von Urheberrechten und verwandten Schutzrechten. Dem Abkommen sind zwischenzeitlich mehr als 140 Mitglieder beigetreten.

773

Das Bedeutsame am TRIPS ist dessen enge Anknüpfung an das auf die Liberalisierung des Handels abzielende allgemeine Zoll- und Handelsübereinkommen (GATT), und das Verständnis, dass der Schutz des geistigen Eigentums, nicht als Behinderung für den freien Handel verstanden wird, sondern dass der wirksame Schutz des geistigen Eigentums zum Schutze von Investitionen, zur Verhinderung der Verfälschung von Handelsströmen und des Missbrauches unternehmerischer Leistungen als erforderlich erkannt wurde.

774

Im Rahmen des TRIPS haben sich die **Vertragsstaaten verpflichtet**, einen **bestimmten Schutz für Werke zu gewährleisten**. Im Gegensatz zur RBÜ, die den Angehörigen der Verbandsländer eigene Rechte verleihen, verpflichtet sich durch das TRIPS- das Mitgliedsland, eine geeignete gesetzliche Regelung zur Umsetzung der Anforderungen

775

---

850 BGBl. 1994 II, 1730.
851 BGBl. 1995 II, 456.

zu erlassen (Art. 1 Abs. 1 TRIPS). Das TRIPS-Übereinkommen gilt unabhängig von den Bestimmungen in der Revidierten Berner Übereinkunft sowie des Rom-Abkommens (Art. 2 Abs. 2 TRIPS). Das TRIPS-Übereinkommen geht also von dem sogenannten »**Bern-Plus-Aproache**« aus.

Das TRIPS-Übereinkommen beruht im Wesentlichen auf zwei Grundprinzipien, nämlich der **Inländerbehandlung** (Art. 3 TRIPS) und der **Meistbegünstigung** (Art. 4 TRIPS).

776 Das Prinzip der **Inländerbehandlung** verpflichtet die Mitgliedstaaten, den Angehörigen anderer Mitgliedstaaten **einen Schutz zu gewähren**, der nicht weniger günstig ist als derjenige, **den sie ihren eigenen Angehörigen gewähren**. Dieser Schutz darf nur insofern eingeschränkt werden, als es die Revidierte Berner Übereinkunft in ihrer Pariser Fassung oder das Rom-Abkommen zulassen.

777 Das zweite Grundprinzip, die **Meistbegünstigung,** besagt, dass bezüglich des Schutzes des geistigen Eigentums, **Vorteile**, Vergünstigungen, Sonderrechte und Befreiungen, die von einem Mitgliedstaat **den Angehörigen eines anderen Landes** gewährt werden, sofort und **bedingungslos den Angehörigen aller anderen Mitglieder** gewährt werden sollen (Art. 4 S. 1 TRIPS).

778 Schließlich enthält TRIPS auch **Bestimmungen über die Durchsetzung der Rechte** (Art. 41ff. TRIPS). Gerichte sind befugt, anzuordnen, dass bestimmte **Beweismittel vom Gegner vorgelegt** werden müssen (Art. 43 TRIPS).

▶ Wiederholungsfragen

1. *In welchem Zusammenhang wurde das TRIPS-Übereinkommen geschlossen?*
2. *Worin unterscheidet sich der Regelungsmechanismus des TRIPS-Übereinkommens von demjenigen des Revidierten Berner Übereinkommens?*
3. *Welches sind die beiden Grundprinzipien des TRIPS-Übereinkommens?*

17.2.4 WIPO Copyright Treaty (WCT)

779 Am 20.12.1996 schlossen in Genf mehr als 120 Staaten zwei Verträge über das Urheberrecht und über die verwandten Schutzrechte: Den **WIPO-Urheberrechtsvertrag** (WIPO Copyright Treaty, WCT) und den **WIPO-Vertrag über Darbietungen und Tonträger** (WIPO Performances and Phonogramms treaty, WPPT)[852]. Beide Verträge traten im Jahr 2002 in Kraft. Mitglieder sind unter anderem sämtliche Staaten der EU und die Vereinigten Staaten von Amerika sowie die Europäische Gemeinschaft selbst.

---

852 GRUR Int. 2004, 112.

Der WCT ist ein **Sonderabkommen** im Sinne von Art. 20 RBÜ, da es den Urhebern Rechte verleihen soll, die über jene, die in der RBÜ gewährt werden, hinausgehen, und/oder andere Bestimmungen enthalten, die der RBÜ nicht zuwiderlaufen. Art. 1 Abs. 2 WCT verpflichtet die Unterzeichner zur Umsetzung von Art. 1ff. RBÜ. Damit beanspruchen Regelungen der Revidierten Berner Übereinkunft auch aufgrund der Verweisung im WCT Geltung. Dies gilt besonders für die Gegenstände des Schutzes, den Anwendungsbereich, die Inländerbehandlung, die Mindestrechte und die Formlosigkeit des Schutzes. Ergänzend hierzu enthält das WCT Klarstellungen zum Werkbegriff, zu Computerprogrammen und Datensammlungen. Von besonderer Bedeutung ist Art. 8 WCT, der das Recht der **öffentlichen Zugänglichmachung** als Bestandteil des Rechtes der öffentlichen Wiedergabe erstmals regelte und definierte.

780

▶ **Wiederholungsfragen**

1. *Welche Gegenstände betreffen die WIPO-Verträge?*
2. *Wie definiert Art. 8 WCT das Recht der öffentlichen Zugänglichmachung?*

17.2.5 Welturheberrechtsabkommen

Das **Welturheberrechtsabkommen** vom 6. September 1952[853], zuletzt 1971 in Paris revidiert[854], hat nach dem Beitritt der USA und der Russischen Föderation sowie China zur RBÜ bzw. zu TRIPS **kaum noch Bedeutung**. Gemäß Art. XVII WUA genießt nämlich das Verhältnis der Mitgliedstaaten der Revidierten Berner Übereinkunft Vorrang vor den Regelungen des Welturheberrechtes. In dem Welturheberrechtsabkommen verpflichten sich die Mitgliedstaaten zur Inländerbehandlung, unter Einbeziehung eines Schutzfristenvergleiches, und dazu, die Mindestrechte den Angehörigen eines Vertragsstaates einzuräumen.

781

17.2.6 Rom-Abkommen

Das Internationale Abkommen über den Schutz der ausübenden Künstler, der Hersteller von Tonträgern und der Sendeunternehmer (**Rom-Abkommen**) von 1961 ist das wichtigste internationale Abkommen zum **Schutze der Leistungsschutzberechtigten**. Dem Rom-Abkommen sind mehr als 80 Staaten beigetreten. Bedeutsam ist, dass die USA nicht dem Rom-Abkommen beigetreten sind[855].

782

---

853 BGBl. 1955 II, 102.
854 BGBl. 1973 II, 1111.
855 OLG Hamburg, ZUM 2004, 133, 136.

783 In dem Rom-Abkommen haben sich die Mitgliedstaaten **verpflichtet**, einen bestimmten **Mindestschutz** den begünstigten Leistungsschutzberechtigten einzuräumen.

784 Das Rom-Abkommen hat den Schutz der ausübenden Künstler, die Werke darbieten, der Hersteller von Tonträgern und den Schutz der Sendeunternehmer im Auge (Art. 3 RA).

785 Das Rom-Abkommen **knüpft** nicht **an** die Staatsangehörigkeit der Interpreten, sondern an den **Ort der Darbietung**,[856] oder der erstmaligen Festlegung oder der Sendung (Art. 4, Art. 6 RA) an.

786 Inhaltlich folgt das Rom-Abkommen dem Grundsatz der **Inländerbehandlung**. **Es gewährt** den Ausländern jeweils **den gleichen Schutz wie den Staatsangehörigen** bzw. den Unternehmen **mit Sitz im Inland**. Die Inländerbehandlung beschränkt sich **auf die** durch das **Rom-Abkommen selbst gewährleisteten Rechte**, nicht auf die dort nicht gegebenen Rechte (Art. 2. Abs. 2 RA)[857].

787 Das Rom-Abkommen sieht einen bestimmten **Mindestschutz** vor. So muss der Interpret die Möglichkeit haben, bestimmte Verwertungen, sei es mit Hilfe zivilrechtlicher oder strafrechtlicher Schutzmechanismen[858], zu verhindern. Hierzu gehört, dass der **ausübende Künstler** die Sendung und öffentliche Wiedergabe seiner Darbietung ohne seine Zustimmung verhindern können muss (Art. 7 RA). Den **Tonträgerherstellern** muss das ausschließliche Recht eingeräumt werden, unmittelbare oder mittelbare Vervielfältigungen ihrer Tonträger zu erlauben oder zu verbieten (Art. 10 RA). Den **Sendeunternehmern** steht das ausschließliche Recht zu, die Weitersendung, Festlegung und öffentliche Wiedergabe ihrer Sendungen, wenn sie an Orten stattfindet, die der Öffentlichkeit gegen Zahlung eines Eintrittsgeldes zugänglich sind, zu gestatten oder zu verhindern (Art. 13 RA). Schließlich sieht das Rom-Abkommen (Art. 12 RA) einen **Vergütungsanspruch für die Zweitverwertung** von Tonträgern zugunsten der Interpreten und/oder der Hersteller von Tonträgern vor, der allerdings von der Gewährleistung der Gegenseitigkeit abhängig gemacht werden kann (Art. 16 RA).

Das Rom-Abkommen sieht **nur eingeschränkt ein Verbot von Formalitäten** vor. So sind die Voraussetzungen nationaler Gesetzgebung jedenfalls dann als erfüllt zu betrachten, wenn die Tonträger oder ihre Umhüllung einen Vermerk tragen, der als Kennzeichen »℗« mit der Angabe des Jahres der ersten Veröffentlichung so angebracht ist, dass sich klar erkennen lässt, dass sich der Schutz vorbehalten wird und wer der Hersteller des Tonträgers bzw. der Inhaber des Nutzungsrechtes ist (Art. 11 RA).

---

856 BGH, GRUR 1987, 814 – Zauberflöte.
857 *Loewenheim/von Lewinski*, § 57 Rz. 49; *Reinbothe*, GRUR-Int. 1992, 707; a.A. BGHZ 121, 390 – The Doors.
858 *Ulmer*, § 121 I 1 a.

▶ **Wiederholungsfragen**

1. *Welchem Schutz dient das Rom-Abkommen?*
2. *An welchen Sachverhalt knüpft das Rom-Abkommen die Schutzgewährung an?*
3. *Welchen Prinzipien folgt das Rom-Abkommen?*
4. *Sieht das Rom-Abkommen Formalitäten vor?*

17.2.7 WIPO-Vertrag über Darbietungen von Tonträgern (WPPT)

Der **WIPO-Vertrag über Darbietungen und Tonträger** (WIPO Performances and Phonogramms Treaty = WPPT) wurde am 20.12.1996 unterzeichnet. Das Abkommen steht weder in einer Verbindung zu anderen Verträgen noch berührt es die Rechte oder Pflichten aus anderen Verträgen, insbesondere werden die Pflichten aus dem Rom-Abkommen nicht beeinträchtigt (Art. 1 Abs. 1 und Abs. 3 **WPPT).** 788

Schutzberechtigt nach WPPT sind die ausübenden Künstler und die **Hersteller von Tonträgern** (Art. 3 Abs. 2 WPPT), nicht jedoch die **Sendeunternehmer**. Auch das WPPT folgt dem Prinzip der **Inländerbehandlung** (Art. 4 Abs. 1 WPPT) und beschränkt den Schutz auf die ausdrücklich vom WPPT gewährten Rechte, ohne dass irgendwelchen Formvorschriften Genüge getan werden müsste. 789

Zu den vom WPPT gewährten **Mindestrechten** gehören die den ausübenden Künstlern gewährten Persönlichkeitsrechte auf Namensnennung und Schutz gegen die Entstellung ihrer Darbietung, und zwar sowohl der Livedarbietung als auch der auf Tonträgern festgelegten (Art. 5 WPPT). Den Interpreten werden für ihre nicht festgelegten Darbietungen wirtschaftliche Rechte eingeräumt, insbesondere über eine Sendung und die öffentliche Wiedergabe zu entscheiden. 790

Zur Verwertung der Darbietungen auf Tonträgern steht den **Interpreten** das ausschließliche Recht zur Vervielfältigung und Verbreitung sowie das Recht der öffentlichen Zugänglichmachung (Art. 8 ff. WPPT) zu. 791

Dem **Tonträgerhersteller** räumt das WPPT ein ausschließliches Vervielfältigungs- und Verbreitungsrecht sowie ein ausschließliches Recht zur gewerbsmäßigen Vermietung und öffentlichen Zugänglichmachung von Tonträgern ein (Art. 11 ff. WPPT). 792

Das WPPT gewährt dem ausübenden Künstler und Tonträgerhersteller einen Vergütungsanspruch, wenn der veröffentlichte Tonträger für eine Sendung oder öffentliche Wiedergabe benutzt wurde (Art. 15 WPPT).

▶ **Wiederholungsfragen**

1. Wer kann Schutz auf der Grundlage des WIPO-Vertrages über Darbietungen und Tonträger begehren?
2. In welchem Verhältnis steht der WIPO-Vertrag über Darbietungen und Tonträger zum Rom-Abkommen?
3. Nach welchen Prinzipien gewährt der WIPO-Vertrag über Darbietungen und Tonträgern Schutz?

17.2.8 Sonstige Übereinkommen zum Schutze von Urhebern und Leistungsschutzberechtigten

793 Neben diesen Übereinkommen zum Schutze der Rechte von Leistungsschutzberechtigten und Urhebern existieren noch eine ganze Reihe unterschiedlicher Verträge, die im Einzelnen dem Schutz des Urheberrechts und verwandter Schutzrechte dienen.

794 Zusätzlich zu dem Schutz durch diese Spezialabkommen ist auf den ergänzenden wettbewerbsrechtlichen Leistungsschutz durch die **Pariser Verbandsübereinkunft** zum Schutze des gewerblichen Eigentums vom 20.3.1883, die mehrfach revidiert worden ist und der weit mehr als 160 Staaten angehören, zu verweisen. Die PVÜ hat sich die Bekämpfung des unlauteren Wettbewerbs zum Ziel gesetzt.

18. Die Verwertungsgesellschaften

Nach dem Urheberrechtsgesetz stehen den Urhebern und Leistungsschutzberechtigen Nutzungsrechte, Einwilligungsrechte und Vergütungsansprüche zu. Vielfach sind die Urheber und Leistungsschutzberechtigten nicht in der Lage, selbst ihre Rechte effektiv wahrzunehmen. Die **massenhafte Werknutzung** macht eine **schlagkräftige Organisation erforderlich**, die sowohl zum Abschluss der erforderlichen **Lizenzverträge** in der Lage und bereit ist, als auch über ausreichende **Kontrollmöglichkeiten** verfügt und Rechtsverletzungen verfolgen kann.

795

Um die den Urhebern und Leistungsschutzberechtigten eingeräumten Rechte bei **geringen Transaktionskosten** und **hoher Rechtssicherheit** effektiv wahrzunehmen, entstanden unterschiedliche Zusammenschlüsse von Rechtsinhabern, also Verwertungsgesellschaften. Verwertungsgesellschaften sind **Vereine** oder Unternehmen, **die Nutzungsrechte**, Einwilligungsrechte oder Vergütungsansprüche, die sich aus dem Urheberrechtsgesetz ergeben, **für Rechnungen mehrerer Urheber oder Inhaber verwandter Schutzrechte zur gemeinsamen Auswertung wahrnehmen** (§ 2 VGG).

796

In der Bundesrepublik Deutschland gibt es mehrere Verwertungsgesellschaften. Zu den bekanntesten gehört die GEMA[859], die die Rechte von Komponisten, Textdichtern und Musikverlegern wahrnimmt, die VG-Wort[860], die die Rechte von Wortautoren und Verlegern wahrnimmt, die GVL, Gesellschaft zur Verwertung von Leistungsschutzrechten[861], die die Rechte der ausübenden Künstler, der Veranstalter, Tonträgerhersteller und Hersteller von Videoclips wahrnimmt, sowie schließlich die VG-Bildkunst[862], die die Rechte der Urheber von Lichtbildwerken, Filmwerken und Darstellungen wissenschaftlicher oder technischer Art, wie Zeichnungen, Karten, Skizzen, Pläne und plastische Darstellungen, wie auch Werke der bildenden Künste, einschließlich der Werke der Baukunst und angewandten Kunst sowie Entwürfe solcher Werke, betreut. Neben diesen existieren noch weitere Verwertungsgesellschaften für andere Bereiche sowie Zusammenschlüsse einzelner Verwertungsgesellschaften zur Wahrnehmung bestimmter Rechte[863].

797

Die Verwertungsgesellschaften versuchen mit Hilfe von **Gegenseitigkeitsverträgen** die **weltweite Wahrnehmung** der Rechte zu organisieren. So hat beispielsweise die GEMA mit den meisten Musikverwertungsgesellschaften der Welt Gegenseitigkeitsverträge abgeschlossen, aufgrund derer sie die Rechte der anderer Verwertungsge-

798

---

859 Gesellschaft für musikalische Aufführungs- und mechanische Vervielfältigungsrechte, Bayreuther Str. 37, 10787 Berlin; Rosenheimer Str. 11, 81667 München, http://www.gema.de.
860 Verwertungsgesellschaft Wort, Goethestr. 49, 80336 München, http://www.vgwort.de.
861 GVL Gesellschaft zur Verwertung von Leistungsschutzrechten mbH, Heimhuder Straße 5, 20148 Hamburg, http://www.gvl.de.
862 VG-Bildkunst, Weberstr. 61, 53113 Bonn, http:/www.bildkunst.de.
863 *Loewenheim/Melichar*, § 46 Rz. 4ff.

sellschaften in der Bundesrepublik Deutschland wahrnimmt und hierüber abrechnet, während die jeweils anderen Verwertungsgesellschaften in deren Gebiet die Rechte der Wahrnehmungsberechtigten der GEMA wahrnehmen und hierüber mit der GEMA abrechnen. Damit verfügt die GEMA über ein weltweites Repertoire.

Darüber hinaus existieren Dachverbände der Verwertungsgesellschaften[864], die die Aufgabe der Verwertungsgesellschaften koordinieren, die gemeinsamen Interessen vertreten und Gegenseitigkeitsverträge entwerfen.

18.1 Rechtsform und Organisation

799   Verwertungsgesellschaften müssen Organisationen sein, deren Anteile von ihren Mitgliedern gehalten werden, oder die von ihren Mitglieder beherrscht wird, die nicht auf Gewinnerzielung ausgerichtet sind (§ 2 Abs. 2 VGG). Tatsächlich sind die großen Verwertungsgesellschaften, insbesondere die GEMA, VG-Wort und VG-Bildkunst, als eingetragener wirtschaftlicher Verein (§ 22 BGB) oder als GmbH, wie die GVL, Gesellschaft zur Verwertung von Leistungsschutzrechten, organisiert.

800   Die Organisationen der Verwertungsgesellschaften müssen durch wirksame Verfahren die Mitwirkung der Mitglieder und der Berechtigten sicherstellen (§ 16 VGG).

801   Zur angemessenen Repräsentation der in der Verwertungsgesellschaft vertretenen Berechtigten haben die meisten Verwertungsgesellschaften **Berufsgruppen** für die einzelnen **Berechtigten** gebildet. So hat die GEMA beispielsweise drei Berufsgruppen, nämlich Komponisten, Textdichter oder Verleger, bzw. die VG-Wort sechs verschiedene Berufsgruppen gebildet. Diese Berufsgruppen wählen jeweils eine bestimmte Anzahl von Delegierten, die ihrerseits die Berufsgruppen repräsentieren und nach den jeweiligen Satzungsbestimmungen bei der Willensbildung zur Wahrung ihrer Interessen mitwirken können (Kurien-System).

802   In den Verwertungsgesellschaften, die in der Form einer GmbH geführt werden, wird ein Aufsichtsrat gebildet, dem über § 52 GmbHG hinausgehende, weitergehende Kompetenzen und Funktionen zugewiesen werden.

▶ **Wiederholungsfragen**

1. *In welchen Rechtsformen können Verwertungsgesellschaften organisiert werden?*

2. *Welche spezifischen Merkmale muss die Organisation einer Verwertungsgesellschaft zur angemessenen Wahrung der Belange der Wahrnehmungsberechtigten aufweisen?*

---

864 CISAC (Confederation International de Sociétés d'Auterus et Compositeurs), BIEM (Bureau International del'Edition Mélonique), IFIRO (International Federation of Reproduction Rights Organisations).

18.2 Gründung einer Verwertungsgesellschaft

Verwertungsgesellschaften nehmen **treuhänderisch die Rechte der Urheber** wahr, die einer umfassenden **staatlichen Aufsicht** bedarf. Die Aufsicht wurde dem **Deutschen Patent- und Markenamt** (§ 75 VGG) übertragen. Da die Verwertungsgesellschaften gleichzeitig für die von ihnen wahrgenommenen Rechte zumindest marktbeherrschende Unternehmen, wenn nicht sogar Monopolunternehmen, sind, unterliegen sie auch der allgemeinen **kartellrechtlichen Missbrauchsaufsicht** (§§ 19, 20 GWB)[865] sowie der europäischen Kartellaufsicht[866]. Neben dieser Aufsicht unterliegen die Verwertungsgesellschaften zudem der **vereinsrechtlichen Aufsicht** (§§ 23, 33 Abs. 2, 55 ff. BGB), soweit es sich um rechtsfähige wirtschaftliche Vereine handelt, sowie schließlich auch der allgemeinen **Gewerbeaufsicht**.

803

Die Gründung einer Verwertungsgesellschaft setzt die Erteilung einer entsprechenden **Erlaubnis durch die Aufsichtsbehörde** voraus (§ 77 VGG). Die Erlaubnis darf nur versagt werden (§ 79 VGG), wenn die Satzung nicht den Vorschriften des VGG entspricht, die Annahme gerechtfertigt ist, dass die zur Vertretung berechtigten Personen nicht die erforderliche Zuverlässigkeit besitzen, oder die wirtschaftliche Grundlage eine wirksame Wahrnehmung der anvertrauten Rechte nicht erwarten lässt. Ebenso darf es die Erlaubnis nur widerrufen (§ 80 VGG), wenn Versagungsgründe für die Erteilung der Erlaubnis nicht bekannt waren oder nachträglich eingetreten sind und dem Mangel nicht innerhalb einer angemessenen Frist abgeholfen wurde, oder wenn die Verwertungsgesellschaft trotz Abmahnung den gesetzlichen Verpflichtungen zuwiderhandelt. Die Erlaubnis und deren Widerruf hat allerdings das Deutsche Patent- und Markenamt nur im Einvernehmen mit dem Bundeskartellamt zu erteilen (§ 81 VGG).

804

▶ Wiederholungsfragen

1. *Welche spezifische Erlaubnis ist für die Gründung einer Verwertungsgesellschaft erforderlich?*
2. *Unter welchen Voraussetzungen kann die Erlaubnis zur Gründung einer Verwertungsgesellschaft versagt werden?*
3. *Unter welchen Voraussetzungen kann die Erlaubnis widerrufen werden?*

---

865 BGH, GRUR 1988, 782 – GEMA-Wertungsverfahren.
866 EuGH 1983, 483 – GVL.

18.3 Überwachung der Tätigkeit

805 Das **Deutsche Patent- und Markenamt überwacht die Geschäftstätigkeit** der Verwertungsgesellschaften, ob die Vorschriften nach dem VGG beachtet werden (§ 76 VGG). Es kann alle **erforderlichen Maßnahmen** ergreifen, um die ordnungsgemäße **Erfüllung** der Verpflichtungen **sicherzustellen,** kann zur Überprüfung Auskunft über alle Angelegenheiten und die Vorlage der Geschäftsbücher und sonstiger Unterlagen fordern sowie durch einen Beauftragten an den Sitzungen teilnehmen. Das Deutsche Patent- und Markenamt hat schließlich auch zu prüfen, ob die zur Vertretung der Verwertungsgesellschaften Berechtigten die erforderliche Zuverlässigkeit besitzen und kann gegebenenfalls eine Frist zur Abberufung setzen (§ 85 VGG).

806 Die Überwachung der Geschäftstätigkeit wäre nicht vollständig, wenn die Verwertungsgesellschaft nicht ihrerseits **verpflichtet** wäre, die **Aufsichtsbehörde** über Satzungsänderungen, Tarife und Tarifänderungen, vereinbarte Gesamtverträge mit ausländischen Verwertungsgesellschaften, Beschlüsse der Mitgliederversammlung und anderer Organe, Jahresabschluss, Lagebericht, Prüfungsbericht sowie über Entscheidungen in gerichtlichen und behördlichen Verfahren unverzüglich **zu unterrichten** (§ 88 VGG).

▶ Wiederholungsfragen

1. Wer überwacht die Geschäftstätigkeit der Verwertungsgesellschaften?
2. Welche Maßnahmen können hierzu ergriffen werden?
3. Über welche Sachverhalte hat die Verwertungsgesellschaft zu unterrichten?

18.4 Die Wahrnehmung der Rechte

807 Einzelne gesetzliche **Vergütungsansprüche können nur** durch Verwertungsgesellschaften geltend gemacht werden[867]. Darüber hinaus besteht ein faktischer Zwang aufgrund der massenhaften Nutzung der Rechte, insbesondere bei den Einwilligungsrechten im Zusammenhang mit der öffentlichen Wiedergabe[868], weil der einzelne Urheber alleine gar nicht mehr zur Verwaltung seiner Rechte in der Lage ist. Daher bestimmt § 9 VGG, dass die Verwertungsgesellschaft verpflichtet ist, auf Verlangen des Rechtsinhabers Rechte seiner Wahl an Arten von Werken und sonstigen Schutzgegenständen seiner Wahl in Gebieten seiner Wahl wahrzunehmen, wenn die Rechte, die Werke und sonstige Schutzgegenstände sowie die Gebiete zum Tätigkeitsbereich

---

867 Vgl. §§ 27 Abs. 3, 49 Abs. 1 S. 3, 52a Abs. 4 S. 2, 54h Abs. 1, 60h Abs. 4 UrhG.
868 Vgl. insbesondere §§ 19 Abs. 4, 21, 22 UrhG.

der Verwertungsgesellschaft gehören und, wenn der Wahrnehmung keine objektiven Gründe entgegenstehen.[869] (**Wahrnehmungszwang**).

Die Verwertungsgesellschaften legen ihren **Tätigkeitsbereich** und die dazu gehörenden Rechte und Ansprüche in ihrer Satzung fest. Dabei benennen sie die Werkarten bzw. die Leistungsschutzrechte und die Nutzungsarten, für die sie tätig werden wollen. Die Verwertungsgesellschaft selbst ist frei in der Bestimmung, welche Rechte sie wahrnehmen will. Sie wird jedoch diejenigen Rechte und Ansprüche, die zu ihrem Tätigkeitsbereich gehören und die der Gesetzgeber als verwertungsgesellschaftspflichtig bezeichnet hat, wahrnehmen müssen.

808

Die Verwertungsgesellschaften sind verpflichtet, die Ansprüche und Rechte der Berechtigten zu **angemessenen Bedingungen wahrzunehmen** (§ 9 S. 2 VGG). Den Begriff der Angemessenheit definiert das Wahrnehmungsgesetz nicht. Allein auf den Ausgleich der Interessen zwischen dem Berechtigten einerseits und der Verwertungsgesellschaft andererseits kann nicht abgestellt werden. Es sind die Verhältnisse der Berechtigten untereinander, die verwaltungsmäßige Abwicklung[870], Zurechnung und Ausschüttung der Erträge zu berücksichtigen.

809

Die Verwertungsgesellschaft schließt mit den Berechtigten einen **Wahrnehmungsvertrag** (§ 10 VGG)[871]. Dabei handelt es sich um einen gesetzlich nicht geregelten, **urheberrechtlichen Nutzungsvertrag eigener Art**[872], der »vor allem Elemente des Auftrages, insbesondere bezüglich der treuhänderischen Rechtsübertragung, sowie des Gesellschafts-, des Dienst- und des Geschäftsführungsvertrages« enthält[873] (§§ 662 ff., 679 BGB). Der Verwertungsgesellschaft werden ausschließliche Nutzungsrechte zur treuhänderischen Wahrnehmung mit dem Zweck der Weiterübertragung an einzelne Verwerter und des Inkassos eingeräumt sowie die im Gesetz genannten Vergütungsansprüche zum Zwecke des Inkassos abgetreten. Da der Zweck der Rechtseinräumung die Weiterübertragung an Nutzer ist, bedarf es jeweils **keiner gesonderten Zustimmung für die Weiterübertragung** (§ 35 UrhG). Die Verwertungsgesellschaft ihrerseits kann dabei nur **nicht ausschließliche Rechte weiterübertragen**, da sie dem Abschlusszwang (§ 34 VGG) unterliegt.

810

Endet der Wahrnehmungsvertrag, **erlöschen** die von der Verwertungsgesellschaft eingeräumten **Nutzungsrechte**, ohne dass es einer Rückübertragung bedarf[874].

811

---

869 Beachte daneben den Aufnahmeanspruch nach § 826 BGB, wenn die Verweigerung eine sittenwidrige Ausnutzung der Monopolstellung wäre oder nach § 823 Abs. 1 BGB, wenn sie sich als Diskriminierung darstellen würde.
870 OLG München, ZUM 1998, 1031; BGH, NJW 2002, 3549 – Mischtonmeister.
871 Die GEMA nennt ihn Berechtigungsvertrag.
872 BGH, GRUR 1982, 308, 309 – Kunsthändler.
873 BGH, GRUR 1982, 308 – Kunsthändler.
874 BGH, GRUR 1982, 308, 309 – Kunsthändler.

18. Die Verwertungsgesellschaften

812 Im Hinblick auf die Vielzahl der von den Verwertungsgesellschaften vertretenen Berechtigten sind diese darauf angewiesen, die Rechte auf der Grundlage von einheitlich **vorformulierten Vertragsbedingungen** zu erwerben. Es handelt sich also um Formularverträge, die der AGB-Kontrolle unterliegen. Dies ergibt sich im Übrigen auch aus einem Umkehrschluss aus § 309 Ziff. 9 BGB, der nur hinsichtlich der Unwirksamkeit der Bestimmung über die Vertragsdauer eine Ausnahme für Wahrnehmungsverträge vorsieht[875].

813 Die Verwertungsgesellschaft muss die von ihr eingenommenen Gelder nach festen Regeln, dem **Verteilungsplan**, unmittelbar oder mittelbar unter den ursprünglichen Rechtsinhaber[876] diskriminierungsfrei aufteilen. (§ 27 VGG).

814 Der Verteilungsplan stellt feste Regeln zur Aufteilung der Einnahmen aus der Tätigkeit der Verwertungsgesellschaft dar und soll insbesondere ein willkürliches Vorgehen bei der Verteilung ausschließen. Der Verteilungsplan soll dabei dem Grundsatz entsprechen, dass kulturell bedeutende Werke und Leistungen zu fördern sind. Ferner soll die Verwertungsgesellschaft Vorsorge- und Unterstützungseinrichtungen für die Inhaber der von ihr wahrgenommenen Rechte und Ansprüche einrichten und diese Einrichtungen durch Zuweisungen nach festen Regeln aufgrund fairer Kriterien aus den eingenommenen Geldern dotieren (§ 32 VGG).

815 Grundsätzlich sollen die eingezogenen Vergütungen nach der individuellen Nutzung der Rechte aufgeteilt werden, sofern dies mit einem zumutbaren Aufwand möglich ist. Soweit dies nicht möglich ist, muss die Verteilung willkürfrei erfolgen. Es sollen dabei stets Art und Umfang der eingebrachten Rechte sowie eine ausgewogene und leistungsgerechte Gegenleistung sichergestellt werden[877].

816 Die Wahrnehmungsberechtigten haben Anspruch darauf, dass die Verwertungsgesellschaften jeweils nach Schluss des Geschäftsjahres über ihre Tätigkeit Rechnung legen nach den für große Kapitalgesellschaften geltenden Bestimmungen und jährlich einen Transparenzbericht öffentlich zugänglich machen. Der Jahresabschluss ist vom Abschlussprüfer zu prüfen und offenzulegen. (§§ 57, 58 VGG).

▶ Wiederholungsfragen

1. *Welche Rechte müssen die Verwertungsgesellschaften wahrnehmen?*
2. *Zu welchen Bedingungen müssen die Ansprüche und Rechte der Berechtigten wahrgenommen werden?*
3. *Welchen Rechtscharakter hat ein Wahrnehmungsvertrag?*

---

875 BGH, GRUR 2016, 606-Allgemeine Marktnachfrage; BGH, GRUR 2013, 375-Delcantos Hits; BGH, GRUR 2016, 1048-Verlegeranteil; BGH, GRUR 2013- Missbrauch des Verteilungsplans.
876 EuGH, GRUR 2012, 489-Luksan/van der Let; EuGH, GRUR 2013, 1025-Amazon/Austro Mechana;
877 BVerfG, ZUM 1997, 555 – Bandübernahmeverträge.

4. Bedarf die Weiterübertragung der Rechte der gesonderten Zustimmung des Urheberberechtigten?

5. Was ist ein Verteilungsplan?

6. Nach welchen Regeln sind die Einnahmen zu verteilen?

18.5 Die Rechtseinräumung durch die Verwertungsgesellschaft

Die Verwertungsgesellschaften sind verpflichtet, die Rechte derjenigen Urheber, die auf ihrem Gebiete tätig sind, wahrzunehmen. Damit sind sie Monopolisten hinsichtlich dieser Rechte. Diese Monopolstellung korrespondiert mit einem **Abschlusszwang**. Danach sind die Verwertungsgesellschaften verpflichtet, jedermann auf Verlangen die von ihnen wahrgenommenen Rechte zu angemessenen Bedingungen zur Nutzung einzuräumen (§ 34 VGG).

Der Zwang zur Rechtseinräumung entbindet allerdings nicht diejenigen, die ein Recht nutzen wollen, sich zuvor um die Rechtseinräumung bemühen zu müssen. Der Erwerber handelt jedenfalls rechtswidrig, wenn er mit der Nutzung beginnt, ohne zuvor die erforderlichen Rechte erworben zu haben[878].

Die Nutzer können nur einfache Rechte erwerben, weil die Verwertungsgesellschaft verpflichtet ist, jedem Nutzungsinteressierten ein entsprechendes Recht einzuräumen.

Die Verwertungsgesellschaften haben dem Nutzer die Rechte zu **angemessenen Bedingungen** einzuräumen. Die Bedingungen müssen objektiv und nicht diskriminierend sein und eine angemessenen Vergütung vorsehen, wobei der Grundsatz, dass der Urheber angemessen an den Früchten seines Schaffens zu beteiligen ist, stets zu berücksichtigen ist (§ 11 S. 2 UrhG).

Es ist Sache der Verwertungsgesellschaften, den **Tarif** aufzustellen und im Zweifelsfall die Angemessenheit der Vertragsbedingungen darzulegen und zu beweisen[879]. Bei der Aufstellung der Tarife haben die Verwertungsgesellschaften die geldwerten Vorteile aus der Nutzung der Werke jeweils zu berücksichtigen. Dabei soll die Höhe der Beteiligung für die Urheberrechtsinhaber etwa 10 % der Bruttoeinnahmen[880] betragen. Dieser Satz ist keine fixe Größe, er ist vielmehr anhand der besonderen Umstände der einzelnen Verwertung anzupassen[881].

---

878 BGH, GRUR 2002, 248 – Spiegel-CD-ROM.
879 BGH, GRUR 2013, 1037-Weitergeltung als Tarif; BGH, GRUR 1986, 376 – Filmmusik.
880 Schiedsstelle, ZUM 1987, 183; ZUM 1988, 471; ZUM 1989, 426; OLG München, ZUM 1996, 424.
881 BGH, GRUR 2015, 61-Gesamtvertrag Tanzschulkurse; BGH, GRUR 1988, 373 – Schallplattenimport III.

822 Die Verwertungsgesellschaften sind darüber hinaus verpflichtet, mit Vereinigungen, deren Mitglieder nach dem Urheberrechtsgesetz geschützte Werke oder Leistungen nutzen oder zur Zahlung von Vergütungen nach dem Urheberrechtsgesetz verpflichtet sind, über die von ihr wahrgenommenen Rechte und Ansprüche **Gesamtverträge** zu angemessenen Bedingungen abzuschließen, es sei denn, dass der Verwertungsgesellschaft der Abschluss eines Gesamtvertrages nicht zuzumuten ist, insbesondere weil die Vereinigung eine zu geringe Mitgliederzahl hat (§ 35 VGG)[882].

823 Solche Gesamtverträge sehen regelmäßig eine **Vergünstigung** im Vergleich zum allgemeinen Tarif vor, der die Unterstützung der Verwertungsgesellschaften durch **Vertragshilfe** zum kostengünstigem Inkasso[883] gegenübersteht. Häufig verpflichten sich die Vereinigungen, ein Verzeichnis ihrer Mitglieder vorzulegen sowie die Mitglieder zur Erfüllung ihrer Auskunfts- und Zahlungsverpflichtung gegenüber der Verwertungsgesellschaft anzuhalten.

824 Daneben sind die Verwertungsgesellschaften berechtigt, **Pauschalverträge** mit einzelnen Nutzern über eine bestimmte Anzahl oder eine bestimmte Art von gleichartigen Nutzungen abzuschließen.

825 Entsteht Streit mit einer Verwertungsgesellschaft über die Nutzung von Werken und Leistungen und die dazu aufgestellten Tarife oder über den Abschluss oder die Änderung von Gesamtverträgen, so ist vor dem gerichtlichen Verfahren stets die **Schiedsstelle** anzurufen[884]. Sofern ein Streit über die Angemessenheit eines Tarifes oder Gesamtvertrages im Laufe eines Rechtsstreits entsteht, so ist das Verfahren auszusetzen und ein Schiedsstellenverfahren zunächst durchzuführen (§ 128 VGG).

▶ **Wiederholungsfragen**

1. *Was versteht man unter dem Begriff »Abschlusszwang«?*
2. *Welchen Anforderungen haben die Tarife der Verwertungsgesellschaften zu entsprechen?*
3. *Was versteht man unter dem Begriff »Gesamtvertrag«?*
4. *In welchen Fällen hat zunächst die Schiedsstelle nach dem Verwertungsgesellschaftengesetz (VGG) zu entscheiden?*

---

882 BGH, GRUR 2015, 61-Gesamtvertrag Tanzschulkurse.
883 OLG München, GRUR 1990, 358 – Doppelmitgliedschaft.
884 BGH, GRUR 2016, 71- Ramses; BGH, GRUR 2015, 1251-Schiedstellenanrufung II.

19. Das Recht am eigenen Bild

19.1 Einführung

Die Verwertung von Personenbildnissen, sei es als Fotografie, sei es im Film, nimmt immer weitere Bereiche in der Medien- und Presseberichterstattung in Anspruch. Auch das Interesse an der gewerblichen Vermarktung der Bildnisse bekannter Personen steigt. Es stehen sich also die Interessen an der **Abwehr von Persönlichkeitsrechtsverletzungen** einerseits und die Interessen der **kommerziellen Verwertung der Abbildung** und die Interessen der **Bericht erstattenden Presse** andererseits gegenüber.

826

Das Recht am eigenen Bild ist »das ausschließliche Recht des Menschen, über die Verbreitung und öffentliche Schaustellung seines Bildnisses zu entscheiden«[885]. Es handelt sich damit seinem Wesen nach um ein Persönlichkeitsrecht. Das Recht am eigenen Bild ist eine gesonderte gesetzliche Normierung des allgemeinen Persönlichkeitsrechts (Art. 1, 2 GG)[886]. Die Regelungen des allgemeinen Persönlichkeitsrechts sind dann zu berücksichtigen, wenn die sondergesetzlichen Regelungen keine Lösung anbieten[887]. Dies gilt insbesondere für den Fall der Anfertigung von Nacktaufnahmen sowie für die Übernahme anderer Persönlichkeitsmerkmale, wie Stil, Erscheinungsbild, Stimme oder Lebens- und Charakterbild eines Menschen[888], aber auch, wenn durch die Sachfotografie der persönliche Lebensbereich dargestellt wird[889].

827

▶ Wiederholungsfrage
Welche Rechtsnatur hat das Recht am eigenen Bild?

19.2 Bildnis

Dem Recht am eigenen Bild unterliegt die **Abbildung einer Person**, also das **äußere Erscheinungsbild** eines Lebenden, wie auch eines Toten[890]. Die abgebildete **Person muss** als solche **erkennbar** sein. Ob es sich insofern um eine Portrait- oder eine Ganzkörperaufnahme handelt, ob auf der Aufnahme eine oder mehrere Personen abgebildet sind, ist ebenso unerheblich wie die Art der Darstellung, sei es als Foto, Film, Zeich-

828

---

885 *Ulmer*, § 6 II 3.
886 BGH, GRUR 1955, 197 – Schachtbriefe; BGH, GRUR 1957, 494 – Spätheimkehrer; BGH, NJW-RR 1987, 231 – Nena; *Schricker/Loewenheim/Götting*, 22 KUG Rz. 7.
887 BGHZ 30, 7 – Caterina Valente.
888 BGH, GRUR 2000, 715 – Der blaue Engel.
889 BGH, GRUR 2004, 438 – Feriendomizil I; GRUR 2004, 442 – Feriendomizil II.
890 BGH, GRUR 2000, 715 – Der blaue Engel.

nung, Gemälde, Skulptur, Totenmaske, Abbildung auf einer Medaille[891], Karikatur oder Zeichentrickfilm. Ob das Bildnis dauernd oder nur vorübergehend, als statisches Bild oder als bewegtes Bild eine Person zeigt, ist ebenso unerheblich.

829 Entscheidend kommt es darauf an, dass die abgebildete Person als solche erkennbar ist[892]. Es kommt auf die **objektive Erkennbarkeit** und nicht auf die subjektive Absicht des Abgebildeten oder des Abbildenden an. Die Erkennbarkeit ergibt sich durch die erkennbaren Gesichtszüge oder sonstige Merkmale[893]. Der Abgebildete muss **von Dritten identifiziert** werden können. Es genügt, dass eine Erkennbarkeit im mehr oder minder großen Bekanntenkreis des Abgebildeten besteht[894].

830 § 22 S. 1 KUG gestattet die **Verbreitung** oder **öffentliche Zur-Schau-Stellung** von Bildnissen nur mit **Einwilligung**. Für die **vorbereitende** Maßnahme, nämlich die **Anfertigung des Bildnisses**, gewährt das Recht am eigenen Bild **kein Verbotsrecht**[895]. Das Verbreiten ist jede Art der **Verbreitung** körperlicher Exemplare, sie kann durch einzelne Fotos, Fotokopien, Zeitungen, Zeitschriften, Büchern oder Postkarten erfolgen. Es kommt nicht darauf an, ob die Verbreitung in der Öffentlichkeit stattfindet. Keine Bedeutung haben der Zwecken oder die Gewinnerzielungsabsicht.

831 Neben der Verbreitung bedarf das **öffentliche Zur-Schau-Stellen der Einwilligung des Abgebildeten.** Hierunter fallen die Darstellung in Film und Fernsehen ebenso wie die Ausstellung im Schaufenster eines Geschäftes und/oder im Museum und auch die Einstellung ins Internet.

832 Der **Inhaber des Rechts** am eigenen Bild und des Persönlichkeitsrechts ist die **abgebildete Person**. Nach dessen Tode können die Angehörigen bis zum Ablauf von 10 Jahren danach sich auf die Wahrnehmung der Rechte des Abgebildeten berufen (§ 20 S. 3, 4 KUG). Das Recht am eigenen Bild fällt damit nicht in den Nachlass.

▶ **Wiederholungsfragen**

1. *Was ist das Bildnis einer Person?*

2. *Unter welchen Voraussetzungen ist eine Person erkennbar?*

3. *Verstößt die Anfertigung oder Vervielfältigung eines Bildnisses gegen Rechte?*

4. *Wer ist Inhaber des Rechts am eigenen Bild?*

---

891 BGH, GRUR 1996, 195 – Abschiedsmedaille.
892 BGH, GRUR 1958, 408 – Herrenreiter; BGH, GRUR 2011, 647 – Markt und Leute, Tz. 13.
893 BGH, GRUR 2000, 715 – Der blaue Engel (nachgestellte Pose Marlene Dietrichs aus dem gleichnamigen Film); OLG München, *Schulze*, OLGZ 270 – Paul Breitner (Erkennbarkeit trotz verdeckten Gesichts anhand typischer Haartracht).
894 BGH, GRUR 1979, 732 – Fußballtor.
895 BVerfG, GRUR 2016, 311-Maßnahmen zur Identitätsfeststellung.

19.3 Einwilligungsfreie Nutzung

Das Recht am eigenen Bild gewährt dem Abgebildeten ein umfassendes Verbotsrecht, sofern sich nicht der Nutzer auf Ausnahmen stützen kann (§§ 23, 24 KUG). Durch die Ausnahmen soll der Informations-, Presse- und Kunstfreiheit der Vorrang vor den persönlichkeitsrechtlichen Interessen eingeräumt werden, wobei zu bedenken ist, dass die berechtigten Interessen des Abgebildeten, und nach seinem Tod auch diejenigen der Angehörigen, eine Berufung auf die Ausnahmen von der Einwilligung verhindern können (§ 23 Abs. 2 KUG)[896]. 833

19.3.1 Bildnis aus dem Bereich der Zeitgeschichte

Bildnisse aus dem **Bereich der Zeitgeschichte dürfen** ohne Einwilligung des Abgebildeten verbreitet und zur Schau gestellt werden (§ 23 Abs. 1 Nr. 1 KUG). Der Begriff der Zeitgeschichte ist nach dem Zweck der Vorschriften unter Berücksichtigung der Informations-, Meinungs- und Pressefreiheit (Art. 5 Abs. 1 GG) auszulegen. Zur **Zeitgeschichte** gehört das **gesamte politische, soziale, wirtschaftliche und kulturelle Leben, das Gegenstand der Aufmerksamkeit**, Wissbegier und Anteilnahme der Öffentlichkeit ist. Zum **Informationsinteresse** muss auch der erkennbare **Informationszweck** der Bildpublikation hinzukommen. Die reine Sensationslust und Neugierde[897] genügen nicht. Es spricht eine Vermutung für die Zulässigkeit der Darstellung, wenn es sich um eine Meinungsäußerung in einer geistigen Auseinandersetzung handelt, es sei denn die betroffene Person wird geschmäht oder durch die Abbildung werden berechtigte Interessen des Betroffenen beeinträchtigt[898]. 834

Bei Feststellung des Informationsinteresses hat die Presse einen weiten Beurteilungsspielraum, doch sind die berechtigten **Belange der Abgebildeten** im Wege einer **Interessenabwägung** zu berücksichtigen. Der BGH hat hierzu ein **abgestuftes Schutzkonzept**[899] entwickelt. Zwischen dem legitimen Informationsinteresse der Allgemeinheit und der bloßen Sensationslust ist zu unterscheiden. Dient eine Veröffentlichung in erster Linie einem Werbezweck oder der Sensationslust, so kann die Wiedergabe der Abbildung nicht privilegiert werden. Nur die Berichterstattung über ein Zeitgeschehen, das zur Meinungsbildung beiträgt, ist privilegiert. 835

Beispiel: Der Werbezweck steht bei der Abbildung einer berühmten Persönlichkeit auf dem Titelblatt einer Zeitschrift nicht im Vordergrund, wenn die Abbildung in ein thematisches Konzept mit informativem Gehalt einbezogen ist[900]. 836

---

896 EGMR, GRUR 2004, 1051 – Caroline von Monaco; BGH, GRUR 1979, 425 – Fußballspieler.
897 BVerfG, NJW 2000, 1021 – Caroline von Monaco; BVerfG, NJW 2001, 1921 – Prinz Ernst August von Hannover.
898 BGH, GRUR 2007, 899 – Grönemeyer.
899 BGH, GRUR 2007, 902 – Abgestuftes Schutzkonzept II; BGH, GRUR 2007, 523 – Abgestuftes Schutzkonzept; BGH, GRUR 2007, 527-Winterurlaub.
900 BGH, GRUR 1979, 425 – Fußballspieler.

837 Die Rechtsprechung unterscheidet zwischen **absoluten Personen der Zeitgeschichte** und **relativen Personen der Zeitgeschichte**. Personen der Zeitgeschichte sind Persönlichkeiten, die Zeitgeschichte machen und die über ihren Tod hinaus Personen der Zeitgeschichte bleiben, also alle, die durch Geburt, Stellung, Leistung, Taten oder Untaten unter den Mitmenschen außergewöhnlich hervortreten und deshalb im Blickfeld der Öffentlichkeit stehen[901].

838 Zu den **absoluten Personen der Zeitgeschichte** zählen Politiker und Staatsoberhäupter, Angehörige regierender Königs- und Fürstenhäuser und Repräsentanten der Wirtschaft, Wissenschaft, Forschung sowie Künstler, Schauspieler und Entertainer. Auch herausragende Sportler, ihre Trainer und Manager zählen dazu. Die Grenze der Abbildungsfreiheit wird allerdings durch die **zeitgeschichtliche Funktion** der Abgebildeten gezogen. Nur dort, wo sich die Abgebildeten nicht selbst an die Öffentlichkeit durch ihre Funktion und ihr Auftreten wenden, ist ihnen ihre Privat- und Intimsphäre vorbehalten[902].

839 **Relative Personen** der Zeitgeschichte sind Personen, die nur **vorübergehend in den Blickpunkt des öffentlichen Interesses** geraten. Die zeitgeschichtliche Funktion und die Abbildungsfreiheit bestehen nur im Zusammenhang mit dem jeweils konkreten Anlass. Es führt zu einer **zeitlichen und sachlichen Begrenzung** der Abbildungsfreiheit[903]. Stets sind das **Informationsinteresse** der Öffentlichkeit und der Eingriff in das **Persönlichkeitsrecht** gegeneinander **abzuwägen**.

▶ **Wiederholungsfragen**

1. *Welche Erscheinungen zählen zu dem Bereich der Zeitgeschichte?*
2. *Welche Interessen sind bei Abbildungen aus dem Bereich der Zeitgeschichte gegeneinander abzuwägen?*
3. *Was sind absolute Personen der Zeitgeschichte?*
4. *Was ist die Grenze der Abbildungsfreiheit von absoluten Personen der Zeitgeschichte?*
5. *Was sind relative Personen der Zeitgeschichte?*
6. *Wodurch ist die Abbildungsfreiheit dieses Personenkreises eingeschränkt?*

19.3.2 Personen als Beiwerk

840 Eine weitere Ausnahme für die in § 22 KUG normierte Einwilligungsverpflichtung ist die **Abbildung einer Person als Beiwerk** (§ 23 Abs. 1 Nr. 2 KUG). Das Bildnis einer Person

---

901 *Dreier/Schulze*, § 23 KUG, Rz. 5; EGMR, GRUR 2004, 1051 – Caroline von Monaco; BGH, ZUM 2005, 157, 159.
902 BVerfG, NJW 2000, 1021 – Caroline von Monaco; BGH GRUR 2017, 302-Klaus Wowereit.
903 BVerfG, NJW 2001, 1921 – Prinz Ernst August von Hannover.

tritt im Vergleich zur sonstigen Abbildung der Landschaft oder Umgebung in den Hintergrund, ist also **völlig untergeordnet**[904]. Würde das Bild ohne das Personenbildnis verbreitet oder zur Schau gestellt werden, würde sich am Charakter der Darstellung nichts ändern[905]. Der Gesamteindruck solcher Aufnahmen wird durch die abgebildete Umwelt, wie eine Landschaft, Straße, Gebäude, Innenraum usw., bestimmt. Die betroffene Person ist mehr oder weniger zufällig dort. Der Gesamteindruck der Aufnahme ist nicht von dieser Person geprägt[906].

▶ **Wiederholungsfrage**

Wann ist die Abbildung einer Person als Beiwerk zu betrachten?

19.3.3 Bilder von Versammlungen

Keiner Einwilligung bedarf es bei Bildern von Versammlungen, Aufzügen und ähnlichen Vorgängen, an denen die dargestellten Personen teilgenommen haben (§ 23 Abs. 1 Nr. 3 KUG). Im Informationsinteresse und im **Interesse der Pressefreiheit** werden **Bilder von Versammlungen privilegiert**. Wer an einer Versammlung teilnimmt, muss damit rechnen, dass er dabei abgebildet wird. **Zweck der Berichterstattung** ist nicht eine Person, sondern ein **Geschehnis**. Voraussetzung ist die **Darstellung des Geschehens**, nicht die Abbildung einzelner Individuen. Es ist bei der Darstellung des Geschehens gerade relevant, dass eine Vielzahl von Personen teilgenommen hat, ohne dass es konkret auf die Individualität der einzelnen teilnehmenden Personen ankäme.

841

▶ **Wiederholungsfrage**

Unter welchen Voraussetzungen können Bilder von Versammlungen ohne Einwilligung der darauf wiedergegebenen Personen veröffentlicht oder öffentlich zur Schau gestellt werden?

19.3.4 Bildnisse im Interesse der Kunst

Keiner Einwilligung bedarf die Verbreitung und Zur-Schau-Stellung von Bildnissen, die **nicht auf Bestellung** angefertigt sind, sofern deren Verbreitung oder Zur-Schau-Stellung einem **höheren Interesse der Kunst** dient (§ 23 Abs. 1 Nr. 4 KUG). Voraussetzung dafür ist, dass die Abbildung nur diesen künstlerischen Zwecken und nicht weiteren, darüber hinausgehenden, Zwecken dient[907]. Die Einschränkung hat wenig praktische Bedeutung.

842

---

904 BGH, NJW 2015, 2500-Strandliege am Ballermann.
905 OLG Karlsruhe, GRUR 1989, 823 – Unfallfoto.
906 OLG Oldenburg, NJW 1989, 400 – Oben-Ohne-Badende am Strand; LG Düsseldorf, GRUR 1970, 618 – Schleppjagd.
907 OLG Hamburg, ZUM 2004, 309; *Schertz*, GRUR 2007, 558.

19.3.5 Öffentliche Sicherheit

843 Schließlich besteht eine Ausnahme zur Vervielfältigung, Verbreitung und öffentlichen Zur-Schau-Stellung für Bildnisse zum **Zwecke der Rechtspflege** und der öffentlichen Sicherheit (§ 24 KUG). Danach ist die Verwendung von Fotos auf Steckbriefen oder vermisster Personen zulässig.

19.3.6 Das berechtigte Interesse des Abgebildeten

844 Alle vorgenannten **Rechte** zur Nutzung einer Abbildung ohne Einwilligung des Abgebildeten werden **durch** die **Interessenabwägung** gemäß § 23 Abs. 2 KUG wiederum **eingeschränkt**. Sie ist ein wichtiges Korrektiv zum Schutze des Persönlichkeitsrechts der Abgebildeten.

Voraussetzung ist, dass ohne die Interessenverletzung die Abbildungsfreiheit gemäß § 23 Abs. 1 KUG gegeben wäre[908] und, dass die berechtigten Interessen des Abgebildeten der Abbildung entgegenstehen. Zur Feststellung ist eine **umfassende Abwägung** der **widerstreitenden Interessen** und der **konkreten Umstände** vorzunehmen. Eine Rolle kann in diesem Zusammenhang spielen, aus welcher **Sphäre** die Abbildung stammt. So ist der Schutz der Intimsphäre deutlich ausgeprägter als derjenige der Privatsphäre oder des öffentlichen Wirkens einer Person. Zu berücksichtigen sind auch etwaige Gefährdungen des Abgebildeten oder Bildnisse mit negativer Tendenz. Schließlich spielt die Art der vorgesehenen Verwendung der Aufnahme eine Rolle. Danach wird die redaktionelle Verwendung der Aufnahme eher zulässig sein als die Verwendung der Aufnahme im Bereich der Werbung[909]. Mitunter wird die abgebildete Person eine Satire hinzunehmen haben, jedoch eine Schmähkritik nicht dulden müssen.

▶ **Wiederholungsfrage**

Welche Interessen sind bei der Verwendung einer Abbildung ohne Einwilligung des Abgebildeten miteinander abzuwägen?

19.4 Einwilligung des Abgebildeten

845 Sofern nicht ausnahmsweise das Bildnis ohne die Einwilligung des Abgebildeten verbreitet werden darf, bedarf es der Einwilligung des Abgebildeten (§ 22 S. 1 KUG). Die Einwilligung ist eine **Willenserklärung**[910]. Andere sind der Auffassung, dass es sich bei der Einwilligung um einen **Realakt**[911], also eine rechtsgeschäftsähnliche Erklärung handelt.

---

908 BGH, GRUR 1962, 211 – Hochzeitsbild.
909 BGH, GRUR 2011, 647 – Markt und Leute.
910 *Dreier/Schulze*, § 22 KUG Rz. 17 m.w.N.
911 BGH, NJW 1974, 1947.

19.4 Einwilligung des Abgebildeten

Die Zuordnung hat Auswirkungen auf die Frage, ob die Einwilligung **unwiderruflich** ist und, ob bei **nicht voll Geschäftsfähigen** die Einwilligung des gesetzlichen Vertreters erforderlich ist[912].

Wird die Einwilligung zur Nutzung eines Bildnisses erteilt, so trifft der Erklärungsempfänger wirtschaftliche und organisatorische Dispositionen im Vertrauen auf die Verbindlichkeit der Erklärung. Dieser Aspekte rechtfertiget es, davon auszugehen, dass die **Einwilligung unwiderruflich** ist. Allerdings gebieten der persönlichkeitsrechtliche Gehalt des Rechts am eigenen Bild und das Selbstbestimmungsrecht des Abgebildeten bei Vorliegen eines **wichtigen Grundes** ein **Widerrufsrecht**[913]. Derjenige, der auf den Bestand der Einwilligung vertraut hat, ist zu **entschädigen**.

Umstritten ist weiterhin, ob bei **nicht voll Geschäftsfähigen** die Einwilligung des gesetzlichen Vertreters erforderlich ist oder ob es genügt, dass die Einsicht in die Tragweite einer Entscheidung vorliegt, wie häufig beim älteren Minderjährigen zu erwarten ist. Im Interesse des Minderjährigenschutzes, der Vorrang vor einer schnellen wirtschaftlichen Entscheidung zu haben hat, bedarf es bei der Abbildung Geschäftsunfähiger **stets der Einwilligung der gesetzlichen Vertreter**[914]. Anders ist dies bei einsichtsfähigen beschränkt geschäftsfähigen Minderjährigen; in diesen Fällen kann der Minderjährige nicht gegen den Willen des gesetzlichen Vertreters, aber auch dieser nicht gegen den Willen des Minderjährigen die Einwilligung erklären. Nur durch diese **doppelte Zustimmung** wird dem Selbstbestimmungsrecht des Minderjährigen und dem Sorgerecht des gesetzlichen Vertreters Rechnung getragen[915].

846

Die Einwilligung kann sowohl **ausdrücklich** als auch **stillschweigend** erteilt werden[916]. Die Einwilligung kann räumlich, zeitlich und vor allen Dingen inhaltlich **beschränkt** erteilt werden. Die Einwilligung ist der Auslegung zugänglich (§§ 133, 137 BGB)[917]. Die abgebildete Person bestimmt die Verwendung des Bildnisses nach Zweck, Art und Umfang. Der **Zweckübertragungsgedanke**, wie er in § 31 Abs. 5 UrhG gesetzlich niedergelegt wurde, gilt auch als **Auslegungsgrundsatz** für das Recht am eigenen Bild[918].

847

Beispiel: Die Einwilligung zur Nutzung eines Fotos durch Presse umfasst nicht die Einwilligung zu Werbezwecken[919]. Die Einwilligung zur Nutzung eines Fotos, auf dem der Schauspieler die

---

912 BGH; GRUR 2016, 315-Intime Fotos.
913 BGH; GRUR 2016, 315-Intime Fotos; OLG München, NJW-RR 1990, 999.
914 BGH, GRUR 1975, 561 – Nacktaufnahmen.
915 *Schricker/Loewenheim/Götting*, § 22 KUG, Rz. 42.
916 BGH, GRUR 2015, 295-Hostess auf Eventportal; BGH, GRUR 2005, 74, 75 – Charlotte Casiraghi II.
917 BGHZ 1956, 427 – Paul Dahlke.
918 *Dreier/Schulze*, § 22 KUG Rz. 21 m.w.N.; *Schricker/Loewenheim/Götting*, § 22 KUG, Rz. 44; BGH, GRUR 1985, 398 – Nacktfoto.
919 BGH, GRUR 1992, 557 – Talkmasterfoto.

Brille eines Modehauses trägt, umfasst nicht die Einwilligung zur Verwertung des Bildes zur Werbung für eine Optikerkette[920].

Die Einwilligung umfasst auch **branchenübliche Nebenabreden**. So ist mit der Einwilligung, zur Nutzung eines Fotos einer Modenschau auch die Wiedergabe der Aufnahme zum Zwecke der aktuellen Berichterstattung oder von Jahresrückblicken umfasst[921].

848 Die Einwilligung wird **vermutet**, wenn die abgebildete Person für die Aufnahme eine **Vergütung erhalten** hat (§ 22 S. 2 KUG). Diese Vermutung setzt voraus, dass die abgebildete Person ein Entgelt für das Modellstehen zum Zwecke der Anfertigung des Bildnisses und dessen Veröffentlichung erhalten hat. Die Einwilligung ist aber ebenso nach Umfang und Zweck beschränkt[922].

849 **Nach dem Tod** der abgebildeten Person müssen die **Angehörigen** in die Bildveröffentlichung einwilligen. Damit fallen die Rechtsinhaber des Rechtes am Bild einerseits und die Erben andererseits möglicherweise auseinander.

850 Einer Einwilligung der abgebildeten Person bedarf es grundsätzlich dann **nicht**, wenn diese **länger als 10 Jahre tot** ist (§ 22 S. 3 KUG). Zwischenzeitlich wird auch den postmortalen Schutz des allgemeinen Persönlichkeitsrechts anerkannt. Dieser Schutz dauert zum Teil über die zehnjährige Schutzfrist des Rechts am eigenen Bild hinaus. Stellt sich damit ein Handeln zugleich als eine Verletzung des allgemeinen Persönlichkeitsrechts dar, so ist von einer deutlich längeren Schutzdauer als zehn Jahre auszugehen. Allerdings ist die Schutzdauer der vermögenswerten Bestandteile des postmortalen Persönlichkeitsrechts auf zehn Jahre nach dem Tod der Person begrenzt. Der postmortale Schutz des allgemeinen Persönlichkeitsrechts endet nicht nach Ablauf von zehn Jahren, der ideelle Schutz des postmortalen Persönlichkeitsrechts kann darüber hinaus fortdauern[923].

▶ **Wiederholungsfragen**

1. *Welchen Rechtscharakter hat die Einwilligung des Abgebildeten?*
2. *Ist die Einwilligung des Abgebildeten widerruflich?*
3. *Welche Gründe sind erforderlich?*
4. *Bedarf es bei der Abbildung eines nicht voll Geschäftsfähigen der Einwilligung des gesetzlichen Vertreters und der Einwilligung der abgebildeten Person?*
5. *Ist die Einwilligung der abgebildeten Person beschränkt?*

---

920 BGH, GRUR 1956, 427 – Paul Dahlke.
921 OLG Koblenz, GRUR 1995, 771 – Werbefoto.
922 BGH, GRUR 1965, 495 – Wie uns die Anderen sehen.
923 BGH, GRUR 2007, 168 – kinski.klaus.de.

6. Unter welchen Voraussetzungen wird eine Einwilligung vermutet?
7. Wer erteilt die Einwilligung nach dem Tod?
8. Wie lange bedarf es einer Einwilligung?

19.5 Folgen der Rechtsverletzung

Für den Fall der Verletzung der Rechte am eigenen Bild sehen §§ 33 bis 50 KUG zivil- und strafrechtliche Vorschriften vor. 851

So stellt § 33 KUG, in Ergänzung zu § 201 a StGB, die widerrechtliche Verbreitung oder öffentliche Zur-Schau-Stellung eines Bildnisses unter **Strafe**. Diese wird jedoch nur auf **Antrag** verfolgt. 852

Die zivilrechtlichen Rechtsfolgen einer Verletzung des Rechts am eigenen Bild **entsprechen den Ansprüchen**, die der **Verletzte einer Urheberrechtsverletzung** geltend machen kann. So steht dem Verletzten ein Unterlassungsanspruch für den Fall der Wiederholungs- bzw. Erstbegehungsgefahr gemäß §§ 823 Abs. 1, 1004 Abs. 1 S. 2 BGB oder in analoger Anwendung gemäß § 97 Abs. 1 S. 1 UrhG zu. Daneben kann er, in analoger Anwendung von § 1004 Abs. 1 S. 1 BGB bzw. § 97 Abs. 1 S. 1 UrhG, die Beseitigung fordern und in diesem Zusammenhang sogar einen Rückrufsanspruch geltend machen. § 37 KUG gewährt dem Verletzten einen Vernichtungsanspruch hinsichtlich der widerrechtlich hergestellten, verbreiteten oder vorgeführten Exemplare und der zur widerrechtlichen Vervielfältigung oder Vorführung ausschließlich bestimmten Vorrichtungen, wie Formen, Platten, Steine. Anstelle der Vernichtung kann der Verletzte fordern, dass ihm die Vervielfältigungsstücke oder die Vorrichtungen ganz oder teilweise gegen die Zahlung der Herstellungskosten übergeben werden (§ 38 KUG). Ebenso kann der Verletzte die Vernichtung dieser Exemplare und Vorrichtungen fordern (§§ 42 ff. KUG). 853

Daneben stehen dem Verletzten Schadensersatz- (§§ 823 Abs. 1 BGB und 823 Abs. 2 BGB i.V.m. 22, 23 KUG) und Bereicherungsansprüche[924] (§ 812 BGB) sowie Schmerzensgeldansprüche (§§ 823 Abs. 1 BGB und 823 Abs. 2 BGB i.V.m. 22, 23 KUG, Art. 1, 2 GG) zu, einschließlich der zur Durchsetzung erforderlichen Hilfsansprüche auf Auskunft und Rechnungslegung.

▶ **Wiederholungsfrage**

Welche Rechte stehen der abgebildeten Person im Fall der Rechtsverletzung zu?

---

924 BGH, GRUR 2013, 196 – Playboy am Sonntag; BGH, GRUR 1979, 732 – Fußballtor; BGH, GRUR 1992, 557 – Talkmaster.

20. Die vertragsrechtlichen Bestimmungen des Urheberrechts

20.1 Einleitung

854 Die Rechte am urheberrechtlich geschützten Werk sind Gegenstand des Rechtsverkehrs. Mag der Urheber im Einzelfall auch selbst in der Lage sein, sein Werk zu verwerten, so sind die Chancen, Anerkennung in der Fachwelt und ein wirtschaftliches Äquivalent für die Leistung zu erzielen, größer, wenn sich professionelle Vermarkter um die wirtschaftliche Auswertung eines Werkes bemühen.

20.2 Vererbung des Urheberrechts

855 Das Urheberrecht ist **vererblich** (§ 28 Abs. 1 UrhG). Der Rechtsnachfolger des Urhebers erwirbt mit dem Tod sämtliche Rechte des Urhebers (§ 30 UrhG). Der **Erbe** wird damit **Inhaber des Urheberpersönlichkeitsrechts** ebenso wie Inhaber der **Verwertungsrechte** und aller **sonstigen vermögensrechtlichen Positionen**, bezogen auf die ihm zugedachten Werke. Das Urheberpersönlichkeitsrecht geht auf den Erben über, während die Rechte zur Ausübung des postmortalen Persönlichkeitsschutzes auf die nahen Angehörigen übergehen (§ 22 KUG)[925].

856 Hat ein Urheber zu Lebzeiten Verfügungen über seine Rechte getroffen, so sind hieran seine Erben gebunden. Die vom **Urheber selbst eingeräumten dinglichen Nutzungsrechte verbleiben** bei dem **Erwerber**, ebenso wie der jeweilige Vertragspartner eines schuldrechtlichen Vertrages seine Rechtsposition weiterhin behält. Deren Vererbung richtet sich nach den allgemeinen Vorschriften. Lediglich das Rückrufsrecht wegen gewandelter Überzeugungen (§ 42 UrhG) und Gestattungen der Zwangsvollstreckung (§§ 115, 116 UrhG) binden den Erben an die Entscheidung des Urhebers. Ansonsten kann der Erbe das Urheberrecht und das Urheberpersönlichkeitsrecht nach eigenen Interessen und Vorstellungen ausüben[926].

Beispiel: Der Erbe kann in Ausübung des Veröffentlichungsrechts (§ 12 UrhG) bestimmen, dass ein Werk nicht veröffentlicht wird. Der Erbe kann auch bestimmen, ob das Werk mit einer Urheberbezeichnung versehen und welche Bezeichnung zu verwenden ist (§ 13 UrhG).

857 Wer **Erbe des Urhebers** wird, richtet sich nach den allgemeinen **Regeln des Erbrechts** (§ 1922 BGB). Das Urheberrecht kann während seiner Schutzdauer mehrfach vererbt

---

925 MünchKomm/*Rixecker* BGB, Anhang zu § 12 Rz. 32 ff., BGH, GRUR 2000, 709 – Marlene Dietrich.
926 *Ulmer*, § 82 III; Zum Streitstand z.B. *Schricker/Loewenheim/Dietz/Peukert*, Vor §§ 12 f. Rz. 30.

werden. Sind mehrere Personen zu Erben berufen, so bilden sie eine **Miterbengemeinschaft** (§§ 2032 ff. BGB) als Inhaber des Urheberrechts, nicht aber eine Miturheberschaft, da die Erben das Werk nicht gemeinsam geschaffen haben, sondern nur Inhaber der Rechte werden. Bei der Auslegung der letztwilligen Verfügung sind urheberrechtliche Grundsätze, insbesondere die Übertragungszwecklehre, zu beachten[927]. Der Urheber kann Bestimmungen treffen, die seiner Auffassung nach seinem Werk am besten gerecht wird[928]. Ob diese sinnvoll, zweckmäßig oder notwendig sind, spielt keine Rolle. Zur Sicherung der Vorstellungen des Urhebers kann dieser die Rechte einem **Treuhänder anvertrauen**, der über die Verwertung der Rechte entscheiden kann[929] oder die Testamentsvollstreckung anordnen (§§ 2210 BGB, 28 Abs. 2 UrhG).

Beispiel: Die Erben Cosima Wagners waren an die Entscheidungen der Tochter über die Publikation der Tagebücher Cosima Wagners gebunden, da Cosima Wagner zu Lebzeiten ihre Tagebücher und Briefe in die Obhut ihrer Tochter zur Wahrung ihrer ideellen Interessen übertrug[930].

Erben mehrere gemeinschaftlich, so sind sie berechtigt, im Rahmen der **Erbauseinandersetzung** die **Rechte vollständig** auf einen oder mehrere Miterben zu **übertragen** (§ 29 Abs. 1 UrhG). Andere Übertragungen des Urheberrechts, außer im Rahmen einer Verfügung von Todes wegen oder unter Miterben, schließt das Gesetz aus. 858

Die **Leistungsschutzrechte** an wissenschaftlichen Ausgaben (§ 70 Abs. 1 UrhG), an Lichtbildern und Erzeugnissen, die ähnlich wie Lichtbilder hergestellt werden (§ 72 Abs. 1 UrhG), sind ebenso wie das Urheberrecht vererblich. Die sonstigen **verwandten Schutzrechte**, d.h. Rechte an Ausgaben nachgelassener Werke (§ 71 UrhG), des Filmherstellers (§ 94 Abs. 2 UrhG), des Herstellers von Laufbildern (§ 95 UrhG), des Tonträgerherstellers (§ 85 Abs. 2 UrhG), des Sendeunternehmers (§ 87 Abs. 2 UrhG), des Veranstalters (§ 81 UrhG), des Datenbankherstellers (§ 87a UrhG) und des Presseverlegers (§ 87f UrhG), unterliegen den **erbrechtlichen Bestimmungen** des Bürgerlichen Gesetzbuches, sofern der Inhaber eine natürliche Person ist. Die Verwertungsrechte des **ausübenden Künstlers** (§§ 73 ff. UrhG) gehen im Falle des Todes des Künstlers nach den erbrechtlichen Vorschriften über. Lediglich hinsichtlich des Anspruches auf Anerkennung der Leistung (§ 74 UrhG) und des Entstellungsschutzes (§ 75 UrhG) gehen die Rechte, soweit sie nicht ohnehin mit dem Tod erlöschen, nicht auf die Erben, sondern auf die Angehörigen über (§ 76 UrhG). 859

---

927 *Dreier/Schulze*, § 28 Rz. 9.
928 *Ulmer*, § 81 II 1.
929 BGH, GRUR 1955, 201– Cosima Wagner.
930 BGH, GRUR 1955, 201 – Cosima Wagner.

▶ **Wiederholungsfragen**

1. Nach welchen Vorschriften richtet sich die Vererbung des Urheberrechts?
2. Ändert sich durch den Tod des Urhebers etwas an der Rechtsinhaberschaft der Vertragspartner des Urhebers?
3. Wie kann der Urheber die Beachtung seiner testamentarischen Anordnungen sicherstellen?
4. Nach welchen Vorschriften richtet sich die Vererbung von Leistungsschutzrechten?
5. Wem stehen die Rechte eines verstorbenen ausübenden Künstlers zu?

20.3 Allgemeine Bestimmungen zur Rechtseinräumung

20.3.1 Unübertragbarkeit des Urheberrechts

860 Das Urheberrecht ist grundsätzlich **nicht übertragbar** (§ 29 Abs. 1 UrhG). Es kann also weder als Ganzes noch in seinen Teilen auf Dritte übertragen werden.

861 Das Urheberrecht ist ein **einheitliches Recht** mit einer **doppelten Funktion**, das auf der einen Seite die **persönlichkeitsrechtlichen Interessen** des Urhebers und auf der anderen Seite das Interesse an der **wirtschaftlichen Verwertung** schützt. Wegen der gegenseitigen Verklammerung der vermögens- und persönlichkeitsrechtlichen Sphären ist das Urheberrecht insgesamt **nicht vollständig übertragbar** (§ 29 Abs. 1 UrhG). Es verbleibt der **Kern einzelner Verwertungsrechte beim Urheber**. Nicht übertragbar sind auch wissenschaftliche Ausgaben und Lichtbilder. Anderes gilt jedoch für die Leistungsschutzrechte der ausübenden Künstler und andere verwandte Schutzrechte, die keine persönlichkeitsrechtliche Komponente aufweisen, also für die Ausgaben nachgelassener Werke, den Schutz des Veranstalters, die Rechte des Tonträgerherstellers, des Sendeunternehmers, des Datenbankherstellers, des Presseverlegers, des Filmherstellers und des Herstellers von Laufbildern.

862 Da die Verwertungsrechte beim Urheber verbleiben, kann er Dritten die **aus den jeweiligen Verwertungsrechten abgeleiteten Nutzungsrechte einräumen**. Mit der Rechtseinräumung gestattet der Urheber den Berechtigten, das Werk auf einzelne oder mehrere Nutzungsarten zu nutzen. Die Nutzungsrechte sind gegenüber den Verwertungsrechten selbständig, haben aber einen von den Verwertungsrechten abgeleiteten Inhalt. Das Nutzungsrecht entsteht mit der konstitutiven Rechtseinräumung. So kann der Urheber Dritten das Recht zur Vervielfältigung und Verbreitung in Buchform oder zur Vervielfältigung und Verbreitung als Hörbuch oder einem Theater das Aufführungsrecht, einer Rundfunkanstalt das Senderecht einräumen. Die Einräumung der Nutzungsrechte ist eine Beschränkung oder Belastung des Verwertungsrechts.

20.3 Allgemeine Bestimmungen zur Rechtseinräumung

Dem Urheber verbleibt immer ein persönlichkeitsrechtlicher und/oder verwertungsrechtlicher **Kern**, der ihn berechtigt, gegen die Verletzung seiner Rechte vorzugehen.

Beispiel: Der Kläger hatte vom Schöpfer Paul Fusco das weltweite ausschließliche Recht zur Herstellung und zum Vertrieb der Figur des »Alf« erworben. Er hatte für das Gebiet der Bundesrepublik Deutschland einem dritten Unternehmen das ausschließliche Vertriebsrecht eingeräumt. Gleichwohl war der Kläger berechtigt, gegen den Vertrieb eines Plagiates vorzugehen, da er ein eigenes schützenswertes Interesse an der Verfolgung von Rechtsverletzungen Dritter im Hinblick auf seine finanzielle Beteiligung an der Auswertung hat[931].

▶ **Wiederholungsfragen**

1. *Welche Rechtsfolge ergibt sich aus der Unübertragbarkeit des Urheberrechts?*
2. *Wie verhalten sich Verwertungs- und Nutzungsrechte zueinander?*

20.3.2 Nutzungsrechte

»Der Urheber kann einem anderen das Recht einräumen, das Werk auf einzelne oder alle Nutzungsarten zu nutzen (**Nutzungsrechte**)« (§ 31 Abs. 1 Satz 1 UrhG). Die Verwertungsrechte (§§ 15 ff. UrhG) entstehen in der Person des Urhebers. Das Gesetz nennt in §§ 15 ff. UrhG einzelne Verwertungsrechte, die Ausprägungen des **umfassenden wirtschaftlichen Verwertungsrechts** des Urhebers sind. Dies bedeutet, dass dem Urheber auch weitere – nicht benannte – Verwertungsrechte zustehen. Die **Nutzungsrechte** haben einen von den Verwertungsrechten abgeleiteten Inhalt. Sie sind **Gegenstand des Rechtsverkehrs**. Nutzungsrecht ist das Recht zur Nutzung des Werkes auf jeweils eine konkrete Nutzungsart, wie die Vervielfältigung und Verbreitung in Buchform, auf DVD, als Element eines Sammelwerkes usw. Nutzungsrechte können sowohl vom Urheber selbst als auch von Dritten ausgeübt werden. Regelmäßig ist der Urheber selbst nicht in der Lage, alle oder einen Großteil seiner Rechte zu nutzen; sie sind daher **übertragbar** – im Gegensatz zu den Verwertungsrechten.

863

Mit der **Übertragung des Nutzungsrechts**, also mit der **Gestattung, das Werk** auf eine konkret beschriebene **Art zu nutzen**, entsteht in der Person des dadurch Berechtigten das Nutzungsrecht. **Endet** diese Berechtigung, beispielsweise aufgrund des Ablaufs der vereinbarten Zeit oder aufgrund einer Kündigung, so bedarf es keiner eigenen Vereinbarung über die Rückübertragung des Nutzungsrechts zwischen Nutzer und Urheber mehr, das **Recht fällt** ohne weiteres an den Urheber **zurück**[932].

864

---

931 BGH, GRUR 1992, 697 – Alf.
932 BGH, GRUR 2012, 916 – M2Trade, Tz. 17 ff.

865 Der Urheber entscheidet alleine darüber, welche Nutzungsrechte er einräumt. Er kann sie als **einfache** oder **ausschließliche** Rechte sowie **räumlich, zeitlich** oder **inhaltlich beschränkt** einräumen. Der Urheber kann also **aus dem umfassenden Verwertungsrecht einzelne Nutzungsrechte »herausschneiden«** und diese gesondert einzelnen Nutzern einräumen.

Beispiel: – das Recht zur Vervielfältigung und Verbreitung eines Werkes als Hardcover- oder Taschenbuchausgabe[933], – als Buchgemeinschaftsausgabe[934] – die Verwendung eines Musikwerkes in der Werbesendung[935] – Videozweitauswertung eines Spielfilmes[936]

866 Dem Urheber steht damit ein **Bündel an Nutzungsrechten** zur Verfügung. Die Anzahl der möglichen Nutzungsarten ist nur abhängig von der Natur eines Werkes. So lässt sich ein Roman nicht nur als Buch vervielfältigen und verbreiten, er lässt sich auch übersetzen, verfilmen, vorlesen o.ä., während die Verfilmung einer technischen Zeichnung oder einer Landkarte schwer vorstellbar erscheint. Die technische und wirtschaftliche Entwicklung wurde und wird auch in Zukunft dazu führen, dass neue Nutzungsarten entstehen.

867 Nutzungsrechte können als **einfaches oder ausschließliches Recht** eingeräumt werden (§ 31 Abs. 1 UrhG). Das **einfache** Nutzungsrecht berechtigt den Inhaber, das Werk **auf die erlaubte Art** zu nutzen, ohne dass eine Nutzung durch andere ausgeschlossen ist (§ 31 Abs. 2 UrhG). Es können also **mehrere nebeneinander** das Werk auf die erlaubte Art nutzen. Dem Inhaber eines einfachen Rechtes steht ein **positives Benutzungsrecht** zu, das auch gegenüber Dritten wirksam ist. Dem Inhaber eines einfachen Nutzungsrechts wird **Bestandsschutz** für den Fall der späteren Einräumung eines ausschließlichen Rechts gewährt (§ 33 UrhG). Das einfache Recht ist ein gegenständliches Recht[937]. Der Schutz stellt zudem sicher, dass derjenige, der zunächst ein einfaches Nutzungsrecht erworben hat, Inhaber dieses einfachen Nutzungsrechtes bleibt, wenn später das ausschließliche Nutzungsrecht an einen anderen vergeben wird (**Sukzessionsschutz**)[938].

Beispiel: Erwirbt ein Verleger ein nicht ausschließliches Abdruckrecht an einem Werk für eine Anthologie, so bleibt er auch dann berechtigt, das Nutzungsrecht auszuüben, wenn der Autor später anderen Verlegern ein ausschließliches Recht einräumt.

---

933 BGH, GRUR 1992, 310 – Taschenbuchlizenz.
934 BGH, GRUR 1959, 200 – Der heilige Hof.
935 OLG Hamburg, GRUR 1991, 599 – Rundfunkwerbung.
936 BGH, GRUR 1994, 48 – Videozweitauswertung II.
937 *Ulmer*, § 85 III; *Dreier/Schulze*, § 31 Rz. 16.
938 BGH, GRUR 2012, 916 – M2Trade, Tz. 34.

868 Der Inhaber eines einfachen Nutzungsrechts ist nur zur positiven Nutzung befugt. Ihm steht **keine Abwehrbefugnis** (negatives Verbotsrecht) gegen die unberechtigte Nutzung durch Dritte zu.

869 Der Urheber kann Dritten ein **ausschließliches Nutzungsrecht** einräumen. Das ausschließliche Nutzungsrecht berechtigt den Inhaber, **das Werk unter Ausschluss aller anderen Personen auf die ihm erlaubte Art zu nutzen** und Nutzungsrechte einzuräumen (§§ 31 Abs. 1 S. 2, 31 Abs. 3 S. 1 UrhG). **Weder der Urheber noch sonstige Dritte** dürfen dann das Werk auf diese Art und Weise nutzen. Damit gewährt das ausschließliche Nutzungsrecht seinem Inhaber ein **positives Benutzungsrecht** und ein **negatives Verbotsrecht**. Das Verbotsrecht umfasst nicht nur die Nutzung Dritter in der vereinbarten Form, sondern auch das Recht, gegen Dritte vorzugehen, die das Werk in geänderter oder bearbeiteter Form nutzen, wenn und soweit dadurch dessen Auswertung beeinträchtigt wird. Dies gilt selbst dann, wenn der Rechtsinhaber selbst nicht zur entsprechenden Änderung oder Bearbeitung berechtigt ist[939].

870 Auch der Inhaber eines ausschließlichen Nutzungsrechts genießt **Sukzessionsschutz**. Veräußert der Inhaber eines ausschließlichen Rechtes, von dem ein anderer ein ausschließliches Recht abgeleitet hat, dieses Recht, so bleibt der Inhaber des Tochter- oder Enkelrechts weiterhin Berechtigter.

Beispiel: Ist ein Verleger Inhaber des Verlagsrechts für Hardcover- und Taschenbuchausgaben, kann er einen Lizenzvertrag über eine Taschenbuchausgabe schließen. Der Inhaber des Rechts an der Taschenbuchausgabe verliert das Recht aber nicht, wenn der Verlagsvertrag mit seinem Lizenzgeber vorzeitig beendet wird[940]. Anstelle des Lizenzgebers tritt dann der Autor in die Vertragsbeziehung ein.

871 Damit zeigt sich aber auch, dass das ausschließliche Nutzungsrecht den Charakter eines **gegenständlichen Rechtes** hat[941].

Das ausschließliche Nutzungsrecht kann auch in der Form der **eingeschränkten Ausschließlichkeit** vergeben werden, und zwar dadurch, dass sich der Urheber neben dem Rechtsinhaber die Nutzung des Werkes vorbehält (§ 31 Abs. 3 S. 2 UrhG).

872 Der Inhaber des ausschließlichen Nutzungsrechts ist berechtigt, **weitere Nutzungsrechte** mit Zustimmung des Urhebers Dritten **einzuräumen**. Insofern liegt eine konstitutive Rechtseinräumung vor. Darüber hinaus kann der Inhaber des ausschließlichen Rechts das Recht auch **vollständig**, also translativ, an andere unter den Voraussetzungen des § 34 UrhG **übertragen**.

---

939 BGH, GRUR 1957, 214, 616 – Ferien vom Ich; BGH, ZUM 1999, 644, 645 – Laras Tochter; *Ulmer*, § 85 II.
940 BGH, GRUR 1986, 91 – Preisabstandsklausel.
941 *Ulmer*, § 87.

Auch wenn der Urheber einem Dritten das ausschließliche Recht eingeräumt hat, bleibt er selbst daneben berechtigt, Dritte, die das Urheberrecht verletzen, nach §§ 97ff. UrhG in Anspruch zu nehmen, wenn durch die Rechtsverletzung seine eigenen Interessen beeinträchtigt werden. Dies kann beispielsweise durch die Reduktion des ihm zustehenden Absatzhonorars der Fall sein[942].

873 Neben der oben bereits erwähnten eingeschränkten Ausschließlichkeit kann das Exklusivrecht mit **schuldrechtlicher Wirkung beschränkt** werden.

Beispiel: Das Recht zum Vertrieb eines Buches über Kaffeefilialgeschäfte ist keine gesonderte Nutzungsart im Vergleich zum Vertrieb über die sog. Nebenmärkte (Kaufhäuser, Verbrauchermärkte usw.). Die Vertriebsbeschränkung schränkt daher das ausschließliche Verbreitungsrecht nur mit schuldrechtlicher Wirkung[943] ein.

874 Die **Nutzungsrechte** können schließlich **räumlich**, **zeitlich** oder **inhaltlich beschränkt** eingeräumt werden. Durch die räumliche, zeitliche und inhaltliche Beschränkung wird konstitutiv der Teilausschnitt eines oder mehrerer Verwertungsrechte als Nutzungsrecht festgelegt. Die Beschränkung ist aber nur insoweit möglich, als die sich durch die Beschränkungen ergebende **Nutzungsart** nach der **Verkehrsauffassung** hinreichend **klar abgrenzbar** ist sowie **wirtschaftlich-technisch** als **einheitlich** und **selbständig** angesehen wird[944]. Im Interesse der **Rechtssicherheit** und -**klarheit** ist eine beliebige Aufspaltung mit dinglicher Wirkung nicht möglich. Die Offenheit dieses Begriffs der Nutzungsart, die auf die Verkehrsauffassung abstellt, ermöglicht weiterhin, dass die wirtschaftlich-technische Entwicklung zu neuen Nutzungsarten führt.

875 Ist im Einzelfall eine gegenständliche Aufspaltung nicht möglich, will aber ein Nutzer lediglich einen Ausschnitt erwerben, so können **schuldrechtliche Gestattungen** oder eine schuldrechtliche Beschränkungen des **eingeräumten Nutzungsrechts** vereinbart werden. Die Grenzen der schuldrechtlichen Aufspaltung sind die Sittenwidrigkeit (§ 138 BGB), das Diskriminierungsverbot (§ 20 GWB) und die sonstigen kartellrechtlichen Beschränkungen (§ 14, 15 GWB[945]).

876 Nutzungsrechte können **zeitlich beschränkt,** jedoch nicht für die Vergangenheit[946], eingeräumt werden[947].

---

942 BGH, GRUR 1992, 697, 698 – Alf; BGH, ZUM 1998, 934, 936 – Bruce Springsteen and his band; Dreier/Schulze, § 31 Rz. 59.
943 BGH, GRUR 1990, 669 – Bibelreproduktion.
944 BGH, GRUR 1992, 310, 311 – Taschenbuchlizenz; BGH, GRUR 2001, 153, 154 – OEM-Version; BGH, GRUR 2003, 416, 418 – CPU-Klausel; Ulmer, § 84 I; § 108 IV; Dreier/Schulze, § 31 Rz. 9.
945 BGH, GRUR 2003, 416, 416 – CPU-Klausel.
946 OLG Köln, ZUM 2010, 536.
947 BGHZ 5, 116, 121 – Parkstraße 13 für das Verfilmungsrecht; Dreier/Schulze, § 31 Rz. 34ff.

20.3 Allgemeine Bestimmungen zur Rechtseinräumung

Beispiel: Im Bereich der Schallplattenherstellung entspricht die räumlich auf das Territorium eines Staates beschränkte Lizenzvergabe dem Regelfall[948].

Die zeitliche Beschränkung ist nicht nur die ausdrückliche Beschränkung auf eine bestimmte Zahl von Jahren, Monaten oder Wochen, sie kann sich auch indirekt durch die Beschränkung auf eine bestimmte Anzahl von Vervielfältigungsstücken, Erst- und Wiederholungssendungen[949], Aufführungen eines Bühnenstückes oder durch die Einräumung eines Kündigungsrechtes ergeben. Gemäß § 38 Abs. 1 UrhG erwirbt der Verleger einer periodisch erscheinenden Sammlung im Zweifel das ausschließliche Abdruckrecht an einem Beitrag nur für ein Jahr. Danach darf der Urheber sein Werk anderweitig publizieren. Der Urheber eines wissenschaftlichen Beitrages, der im Rahmen einer mindestens zur Hälfte geförderten wissenschaftlichen Tätigkeit entstanden und in einer periodisch mindestens zweimal jährlich erscheinenden Sammlung erschienen ist, kann den Beitrag zwölf Monate nach dem Erscheinen öffentlich zugänglich machen, sofern keine gewerblichen Zwecke damit verbunden sind (§ 38 Abs. 4 UrhG). Hat ein Urheber ein ausschließliches Nutzungsrecht gegen eine pauschale Vergütung eingeräumt, kann er nach zehn Jahren das Werk anderweitig verwerten (§ 40a UrhG). Der Urheber, der einem anderen das Verfilmungsrecht eingeräumt hat, ist im Zweifel zehn Jahre nach dieser Einräumung zur Wiederverfilmung berechtigt (§ 88 Abs. 2 UrhG).

Neben der zeitlichen Beschränkung kann der Urheber das Nutzungsrecht auch **räumlich** beschränkt einräumen. Nutzungsrechte werden grundsätzlich räumlich beschränkt für die Geltung des **jeweiligen Landes** eingeräumt. Dies bedeutet, dass die Rechtseinräumung mangels anderer Absprachen auf das Gebiet der Bundesrepublik Deutschland beschränkt ist. 877

Beispiel: Das Bühnenaufführungsrecht oder das Filmvorführungsrecht können auf eine bestimmte Stadt beschränkt werden. Auch das Senderecht kann räumlich beschränkt für den Versorgungsbereich des Senders erworben werden.

Jede weitere Nutzung in anderen Ländern bedarf der ausdrücklichen Benennung. Die Einräumung von Nutzungsrechten örtlich beschränkt, beispielsweise durch ausdrückliche Bezeichnung der Länder oder Ländergruppen oder auch der Sprachräume, ist im internationalen Lizenzverkehr üblich.

Eine Beschränkung des **Verbreitungsrechts innerhalb der Bundesrepublik Deutschland** ist indessen im Interesse der Rechtsklarheit und -sicherheit **nicht möglich**, weil eine solche Beschränkung in jedem Fall durch den Erschöpfungsgrundsatz (§ 17 Abs. 2 UrhG) umgangen werden könnte[950]. Die **europaweite Erschöpfung** führt dazu, dass alle ein- 878

---

948 BGH, GRUR 1988, 373 – Schallplattenimport III.
949 KG, GRUR 1986, 536 – Kinderoper.
950 *Ulmer*, § 103 II 2; *Dreier/Schulze*, § 31 Rz. 9.

mal mit Zustimmung des Urheberberechtigten in einem Staat der EU in den Verkehr gebrachten Vervielfältigungsstücke unbeschränkt in allen anderen EU-Ländern weiterverbreitet werden können. Eine Begrenzung des Verbreitungsrechts auf bestimmte EU-Länder lässt sich damit nicht durchsetzen[951]. Eine Beschränkung des Verbreitungsrechts auf einzelne Mitgliedstaaten ist rechtlich wirksam und führt dazu, dass nur in diesen Ländern Vervielfältigungstücke erstmalig in den Verkehr gesetzt werden dürfen.

879 Demgegenüber ist die **räumliche Beschränkung anderer Nutzungsrechte** als dem Verbreitungsrecht sowohl auf bestimmte Bereiche in der Bundesrepublik Deutschland als auch auf bestimmte sonstige Gebiete zulässig[952]. Das Vervielfältigungsrecht kann örtlich beschränkt vergeben werden, wobei es nicht auf den Ort der körperlichen Vervielfältigung ankommt, sondern darauf, wo der Auftraggeber seinen Sitz hat. Lässt also der Tonträgerhersteller die DVD in einem Presswerk außerhalb des räumlichen Bereichs des Vervielfältigungsrechts herstellen, so erfolgt dies gleichwohl ohne Verletzung der Urheberrechte.

880 Auch eine **inhaltliche Beschränkung** des Nutzungsrechts ist möglich. Eigenständige Nutzungsarten können sich aus unterschiedlichen **Vertriebswegen**, aus den unterschiedlichen **Arten der Werkvermittlung** und aus der unterschiedlichen Art und Aufmachung sowie **Ausstattung** der Werkexemplare ergeben. Im Verlagswesen wird der Vertriebsweg über den Sortimentsbuchhandel einerseits und die Buchclubausgabe andererseits voneinander getrennt[953]. Auch die Ausstattung der Vervielfältigungsstücke kann unterschiedliche Nutzungsrechte begründen, beispielsweise Taschenbuchausgaben einerseits und Hardcoverausgaben andererseits[954]. Der Vertrieb über Kaffeefilialgeschäfte ist keine selbständige Nutzungsart im Vergleich zu den sonstigen Nebenmärkten (Kaufhäuser, Discounter, Zeitungsverlage o.ä.[955]). Die Nutzung von Büchern als sogenannte E-Books ist eine eigenständige Nutzungsart im Vergleich zur Printversion[956]. Der Vertrieb eines Computerprogramms kann nicht in eine Fachhandelsversion, die ohne PC verkauft wird, und in eine billigere Version, die ausdrücklich nur zusammen mit einem PC verkauft wird, aufgespalten werden[957].

881 Auch die **Art der Werkvermittlung** führt zu unterschiedlichen inhaltlichen Beschränkungen. So ist die Auswertung als Kinofilm eine andere Nutzungsart als die des Fernsehfilms[958]. Die Wiederverfilmung unterscheidet sich von der Erstverfilmung[959]

---

951 BGH, GRUR 2003, 699, 702 – Eterna.
952 *von Albrecht/Mutschler-Siebert/Bosch*, ZUM 2012, 93.
953 BGH, GRUR 1959, 200, 202 – Der Heiligenhof.
954 BGH, GRUR 1992, 310, 311 – Taschenbuchlizenz.
955 BGH, GRUR 1990, 669, 672 – Bibelreduktion.
956 *G. Schulze*, ZUM 2000, 432, 439; *Schmaus*, ZUM 2002, 167, 170.
957 BGH, GRUR 2001, 153, 154 – OEM-Version.
958 BGH, GRUR 1976, 382, 384 – Kaviar; BGH GRUR 1969, 364, 366 – Fernsehauswertung.
959 BGH, GRUR 1957, 614, 616 – Ferien vom Ich.

ebenso wie die Videozweitauswertung[960] und die Vermietung von Videokassetten[961], aber auch die Nutzung des Fernsehfilms zu Werbezwecken[962].

Ebenso sind die Ausstrahlung über den Direktsatelliten sowie die Kabelweitersendung andere Nutzungsarten im Vergleich zur Fernsehsendung[963]. Demgegenüber ist die Nutzung alter Filme auf DVD keine eigenständige (und auch keine neue) Nutzungsart[964] im Vergleich zur Videokassette.

Die Nutzung einer CD-ROM ist eine selbständige Nutzungsart[965], wohingegen das DVD-Recht auch die Nutzung als Blue-Ray-Disc oder als HD-DVD umfasst[966] Auch die verschiedensten Online-Nutzungen sind jeweils gesonderte Nutzungsarten, da sie dem Recht der öffentlichen Zugänglichmachung als gesondertes Verwertungsrecht gemäß § 19a UrhG zuzuordnen sind. Demgemäß sind Video-on-Demand- und sonstige On-Demand-Dienste eigenständige (und neue) Nutzungsarten[967]. Ferner ist die Digitalisierung eines Fernsehmagazinbeitrags und dessen öffentliche Zugänglichmachung im Internet als gesonderte Nutzungsart betrachtet worden[968].

882

Eine selbständige Nutzungsart stellt auch die Verwertung in multimedialer Form dar, wenn und soweit sich dadurch der Gesamteindruck des Werkes ändert und eine Werkverbindung stattfindet oder ähnliche Maßnahmen[969] erfolgen. Wird ein im Internet aufscheinendes Werk mit Hilfe eines Suchdienstes und dessen Deeplink auffindbar gemacht, so ist dies keine gesonderte Nutzungsart[970].

883

▶ Wiederholungsfragen

1. *Was versteht man unter dem Begriff »Nutzungsart«?*

2. *Welche Rechte gewährt ein einfaches Nutzungsrecht, welche ein ausschließliches Nutzungsrecht?*

3. *Was versteht man unter dem Begriff »Sukzessionsschutz bei Nutzungsrechten«?*

4. *Können die Verwertungsrechte in beliebig viele Nutzungsrechte aufgespalten werden?*

---

960 BGH, GRUR 1991, 133, 136 – Videozweitauswertung.
961 BGH, GRUR 1987, 37, 39 – Videolizenzvertrag.
962 OLG Frankfurt, GRUR 1989, 1007 – Wüstenflug.
963 BGH, GRUR 1997, 215, 217 – Klimbim; BGH, GRUR 2005, 48, 50 – Man spricht Deutsh; BGH, ZUM 2005, 317, 320 – Kehraus.
964 OLG München; ZUM 2002, 922, 927 – Zauberberg.
965 BGH, GRUR 2002, 248, 251 – Spiegel-CD-ROM.
966 OLG München, ZUM 2011, 868.
967 OLG München, ZUM 1998, 413, 415; OLG München, GRUR 2001, 499, 502 – MIDI-Files; *G. Schulze*, ZUM 2000, 432, 442 ff.
968 LG München I, ZUM 2003, 964, 968 – Pumuckl; OLG Hamburg, ZUM 2002, 833, 835.
969 *Hoeren*, CR 1995, 710, 714; J. *Kreile/Westphal*, GRUR 1996, 254.
970 BGH, GRUR 2003, 958, 963 – Paperboy.

5. Wodurch kann ein Nutzungsrecht zeitlich beschränkt werden?
6. Welche Grenzen der räumlichen Beschränkung eines Nutzungsrechtes bestehen?
7. Worin unterscheidet sich bei der räumlichen Begrenzung das Verbreitungsrecht von den anderen Verwertungsrechten?
8. Was versteht man unter einer inhaltlichen Beschränkung eines Nutzungsrechtes?

20.3.3 Vergütungsansprüche

Neben den Nutzungsrechten können auch die Vergütungsansprüche Gegenstand des Rechtsverkehrs sein.

884 Die urheberrechtlichen **Befugnisse** sind z.T. **beschränkt** auf gesetzlich festgesetzte **Vergütungsansprüche**, wie das beispielsweise für das Folgerecht (§ 26 UrhG) oder für das Vermieten und Verleihen (§ 27 UrhG) der Fall ist. Daneben steht dem Urheber im Bereich der Schranken des Urheberrechts eine Vergütung für die erlaubnisfreie zulässige Nutzung zu. Bei diesen Vergütungsansprüchen handelt es sich um schuldrechtliche Forderungen[971].

885 Auf diese Vergütungsansprüche kann der Urheber **nicht verzichten**; er kann sie im Voraus **nur an Verwertungsgesellschaften** oder **Verleger**, die sie durch eine Verwertungsgesellschaft wahrnehmen lassen[972], abtreten (§ 63a UrhG, §§ 398 ff. BGB).

▶ **Wiederholungsfrage**

An wen können Vergütungsansprüche abgetreten werden?

20.3.4 Persönlichkeitsrechtliche Befugnisse

886 Auch die urheberpersönlichkeitsrechtlichen Befugnisse können Gegenstand des Rechtsverkehrs sein[973], obwohl sie unübertragbar und unverzichtbar sind. Das **Urheberpersönlichkeitsrecht** selbst ist und die sich daraus ergebenden Befugnisse sind wegen der persönlichen konkreten Ausgestaltung **kein geeigneter Gegenstand** des **Rechtsverkehrs**. Der Urheber kann die **Ausübung der persönlichkeitsrechtlichen Befugnisse** anderen übertragen. Im Zusammenhang mit der Einräumung von Nutzungsrechten

---

971 *Ulmer*, § 88 I.
972 *Dreier/Schulze*, § 63a Rz. 13; *Hucko*, Zweiter Korb, 2007, S. 131f.
973 Bei dem Hinweis auf die zulässigen Rechtsgeschäfte in § 29 Abs. 2 UrhG handelt es sich um ein Redaktionsversehen aus der Entstehungsgeschichte der Norm. § 29 Abs. 2 UrhG ist so zu verstehen, dass die nach § 39 UrhG zulässigen Rechtsgeschäfte und die nach der Rechtsprechung zulässigen weiterhin möglich bleiben.

kann es erforderlich sein, dem Werknutzer die Ausübung von Urheberpersönlichkeitsrechten zu überlassen oder persönlichkeitsrechtliche Befugnisse des Urhebers zu beschränken[974]. Dies gilt beispielsweise für die Ausübung des Erstveröffentlichungsrechts (§ 12 UrhG), die mancher Urheber seinem Verwerter mit der erstmaligen Einräumung eines Nutzungsrechts überlässt.

Da das Urheberpersönlichkeitsrecht in erster Linie dem Schutze des Urhebers dient, muss er die Möglichkeit haben, die Wahrnehmung in seinem Interesse und zu seinem Schutz Dritten einzuräumen. Der Urheber kann Dritte (§ 185 Abs. 2 BGB) widerruflich ermächtigen, Verfügungen über persönlichkeitsrechtliche Befugnisse im eigenen Namen vorzunehmen oder Dritten auch im Wege der gewillkürten Prozessstandschaft eine gerichtliche Durchsetzung der Rechte übertragen. Ferner kann der Urheber auf etwaige Ansprüche aus Schadensersatz, Schmerzensgeld im Zusammenhang mit der Verletzung des Urheberpersönlichkeitsrechts verzichten oder diese auch erlassen (§ 397 BGB). Schließlich kann der Urheber Dritten einzelne Maßnahmen gestatten oder sich verpflichten, keine Einwendungen zu erheben (pactum de non petendo). 887

So sieht § 39 Abs. 1 UrhG vor, dass der **Nutzer** eines Werkes die dem Urheber nach **Treu und Glauben zumutbaren Änderungen** am Werk vornehmen darf. Das kann **auch vertraglich** festgelegt werden. Einem Verleger kann gestattet werden, anlässlich der Neuauflage eines Werkes selbst Änderungen am Werk vorzunehmen oder Dritte damit zu beauftragen und dadurch das Werk dem neuesten Stand anzupassen. Der Autor kann dem Bühnenverleger das Recht gewähren, Zusätze, Kürzungen und sonstige Änderungen vorzunehmen. Gerade das Änderungsverbot bedarf in der modernen Medienproduktion einer differenzierten Betrachtungsweise. Ist der Schöpfungsprozess von der Person des Schöpfers geprägt, wie bei literarischen oder musikalischen Schöpfungen, muss der Schöpfer Eingriffe in sein Werk kaum dulden. Tritt die Handschrift des einzelnen Schöpfers bei den ergebnis- und funktionsorientierten Produkten, wie modernen audiovisuellen Produktionen oder bei Softwareprogrammen, zurück, sind Änderungen eher hinnehmbar. Vertragliche Einschränkungen des Änderungsrechts können im ersteren Fall eher nicht vereinbart werden, während sie im zweiten Fall eher zulässig sind. In jedem Fall verbleibt aber dem Urheber das Recht, Entstellungen eines Werkes zu verbieten[975]. 888

Soweit in **Vereinbarungen urheberpersönlichkeitsrechtliche Befugnisse** betroffen sind, ist zu gewährleisten, dass der Urheber den **Umfang der Befugnisse,** die er anderen einräumt, auch **erkennt**. Er muss die Tragweite einer Vereinbarung über Urheberpersönlichkeitsrechte erkennen können. Dabei sind natürlich Art, Zweck und Niveau 889

---

974 *Ulmer*, § 89 I; *Forkel*, Gebundene Rechtsübertragungen 1999, S. 178 ff.; *Schricker*, Verlagsrecht, § 8 Rz. 3; *Wandtke/Bullinger/Wandtke/Grunert*, Vor §§ 31 ff. Rz. 36 ff.
975 BGH, UFITA 62 (1971) 259 – Das zweite Mal.

des betroffenen Werkes[976], aber auch die Branchenüblichkeit, insbesondere der Vertragszweck, zu berücksichtigen.

890   Neben Vereinbarungen über die Änderung eines Werkes sind auch **Vereinbarungen über das Nennungsrecht** möglich[977].

891   **Gestattungen** sind inhaltlich an die **Grenzen der Sittenwidrigkeit** (§ 138 BGB) gebunden. Durch sie darf der Kernbereich der Urheberpersönlichkeitsrechte nicht verletzt werden, wie z.B. durch den Ausschluss der Ausübung des Rückrufsrechts wegen gewandelter Überzeugung.

▶ **Wiederholungsfragen**

1. *In welchem Umfang und auf welche Art können urheberpersönlichkeitsrechtliche Befugnisse Gegenstand des Rechtsverkehrs sein?*

2. *Welchen Anforderungen müssen Vereinbarungen über urheberpersönlichkeitsrechtliche Befugnisse genügen?*

3. *Über welche urheberpersönlichkeitsrechtlichen Befugnisse wird häufig anlässlich von Nutzungsverträgen eine Vereinbarung geschlossen?*

20.4 Allgemeine Regelungen des Urhebervertragsrechts

20.4.1 Einleitung

892   Das Urheberrechtsgesetz enthält zwar einzelne Vorschriften, die beim Abschluss einer Vereinbarung für die Nutzung von Werken zu beachten sind. Neben den zu erörternden speziellen Regelungen des Urhebervertragsrechts kommen die Vorschriften des BGB und HGB zur Anwendung.

893   Als Verpflichtungsgeschäft kommen in Frage: Kauf, Miete, Pacht, Dienst- oder Werkvertrag, Schenkung, aber auch der Gesellschafts- oder Geschäftsbesorgungsvertrag sowie Verträge eigener Art. Das Gesetz regelt nur einen typischen Urheberrechtsvertrag, nämlich den Verlagsvertrag, im Verlagsgesetz.

Die im BGB geregelten Vertragstypen werden im Urheberrechtsverkehr modifiziert, soweit der spezifisch urheberrechtliche Vertragsgegenstand, also die persönlich, geistige Schöpfung und nicht deren Verkörperung Vertragsgegenstand ist oder die besondere Interessenlage, insbesondere die Urheberpersönlichkeitsrechte, eine Änderung erforderlich machen.

---

976   *Ulmer*, § 89 III 3.
977   BGH, UFITA 38 (1862) 340 – Straßengäste am Morgen.

20.4.2 Das Abstraktionsprinzip

Im Urheberrecht gilt das **Abstraktionsprinzip** nach den allgemeinen Grundsätzen **nicht** im Verhältnis **zwischen** dem **Urheber** und dem **Verwerter**. Im deutschen Privatrecht wird zwischen dem **Verpflichtungsgeschäft** einerseits und dem **Verfügungsgeschäft** andererseits unterschieden. Durch das **Verpflichtungsgeschäft** legen die Partner eines Vertrages ihre **gegenseitigen Rechte** fest. Durch das **Verfügungsgeschäft ändert** sich die **Rechtszuständigkeit**, also die Inhaberschaft eines bestimmten Rechtes. Würde man von der Geltung des Abstraktionsprinzips ausgehen, so würde jeder urheberrechtliche Vertrag in zwei Geschäfte aufzuspalten sein, mit der Folge, dass immer dann, wenn ein der Verfügung zugrunde liegendes Verpflichtungsgeschäft unwirksam wird, ein gesondertes Verfügungsgeschäft zur Rückübertragung der Rechte zustande kommen müsste. Hierauf hätte der Urheberberechtigte einen Anspruch aus § 812 Abs. 1 BGB. Weigerte sich der Rechtsinhaber, die Vereinbarung abzuschließen, wäre der Urheber genötigt, einen Rechtsstreit zu führen. Mit Rechtskraft des Urteils würde er wieder Inhaber des Rechtes werden (§ 794 ZPO). Das Urhebervertragsrecht sieht in § 9 Abs. 1 VerlG eine Verbindung der Rechtseinräumung mit dem schuldrechtlichen Verlagsvertrag vor, und in ähnlicher Form sieht auch § 40 Abs. 3 UrhG für den Fall der Beendigung des Kausalgeschäfts die Unwirksamkeit des Verfügungsgeschäfts vor. Im Unterschied zu dem Allgemeinen Sachenrecht, das hinsichtlich der Verfügungsgeschäfte einen numerus clausus der Rechte vorsieht, erlangen urheberrechtliche Verfügungen erst durch die Feststellungen im Verpflichtungsvertrag ihre spezifischen Konturen. Schließlich liegt dem Urheberrecht der Gedanke zugrunde, dass die Rechte tendenziell beim Urheber verbleiben (§ 34 Abs. 5 UrhG). Es ist damit von einer kausalen Bindung des Verfügungsgeschäfts an das Verpflichtungsgeschäft auszugehen. Erlischt das Verpflichtungsgeschäft, aus welchen Gründen auch immer, so fallen automatisch die davon betroffenen Rechte auf den Urheber zurück[978].

894

Abweichend davon verbleibt das Enkelrecht bei seinem Erwerber, wenn das Tochterrecht an den Rechtsinhaber zurückfällt. Es gilt also der sogenannte **Sukzessionsschutz.** Bei Abwägung der Interessen des Hauptlizenznehmers mit jenen des Unterlizenznehmers, soll die Interesse des Rechtsinhaber und sein Vertrauen in den Bestand sowie der Schutz seiner Investitionen dem vorgehen. Dies entspricht auch dem Rechtsgedanken des § 33 UrhG, der den Fortbestand des Nutzungsrechtes bei der Vergabe eines ausschließlichen Rechtes vorsieht[979].

895

Von dem urheberrechtlichen Verfügungsgeschäft über die Rechte ist das **Verfügungsgeschäft über das Original** oder das Vervielfältigungsstück zu unterscheiden. Will der Verleger das Eigentum am Manuskript erwerben, der Sammler das Bild des Malers oder der

896

---

978 BGH, GRUR 2012, 916-M2Trade; *Fromm/Nordemann*, § 31 Rz. 30 ff; *Schricker/Loewenheim/Ohly*, § 31, Rz. 13 ff.; *Dreier/Schulze*, § 31 Rz. 18 jeweils m.w.N.
979 BGH, GRUR 2012, 916-Take Five; BGH, GRUR 2016, 916-M2Trade; *Wente/Härle*, GRUR 1997, 96.

Filmliebhaber die DVD ausleihen, so müssen sich der Verfasser des Manuskripts, der Urheber des Bildes mit dem Verleger oder auch der Filmverleiher mit dem Filmliebhaber über den Eigentums- bzw. Besitzübergang einigen. Hier gelten die allgemeinen Vorschriften des Privatrechts. Damit ist keine Berechtigung zur urheberrechtlichen Nutzung des Werkes verbunden. Der Inhaber ist allerdings berechtigt, das Buch sooft er will zu lesen, den Film sooft er will abzuspielen und sich solange er will an dem Bild zu erfreuen (§ 44 Abs. 1 UrhG).

▶ **Wiederholungsfragen**

1. *In welchem Rechtsverhältnis ist das Abstraktionsprinzip anwendbar?*
2. *In welchem Rechtsverhältnis findet das Abstraktionsprinzip keine Anwendung?*

20.4.3 Übertragungszwecklehre

897 Bei der Auslegung von Vereinbarungen kann zweifelhaft sein, **welche Rechte übertragen werden** sollen. Es steht das Interesse des Urhebers, möglichst wenige Rechte aus der Hand zu geben, dem Interesse des Verwerters, möglichst umfangreiche Rechte zu erwerben gegenüber. Diesen Interessenkonflikt löst die von der Lehre und Rechtsprechung[980] entwickelte Übertragungszwecklehre (§ 31 Abs. 5 UrhG)[981].

898 Die **Übertragungszwecklehre** geht von dem **Leitgedanken** aus, dass das **Urheberrecht die Tendenz hat, so weit wie möglich beim Urheber zu verbleiben**. Der Urheber überträgt im Zweifel nur diejenigen Rechte, die zur Erreichung des angestrebten Zwecks erforderlich sind. Auf diese Weise wird sichergestellt, dass der Urheber so weit wie möglich **an den wirtschaftlichen Früchten seines Werkes beteiligt** wird (§ 11 S. 2 UrhG). Die nach dem Zweck nicht erforderlichen Rechte müssen einzeln genannt werden; durch diese **Spezifizierungslast** des Verwerters wird sichergestellt, dass der Urheber Umfang und Tragweite der von ihm getroffenen Verfügung erkennt.

899 Die Übertragungszwecklehre ist die wichtigste Regelung zur **Auslegung** des Inhalts und Umfangs einer Rechtseinräumung. Sind bei der Einräumung eines Nutzungsrechts die **Nutzungsarten nicht ausdrücklich** bezeichnet, bestimmt sich der **Umfang der eingeräumten Nutzungsarten** nachdem **Vertragszweck, den** die Vertragspartner zugrunde gelegt haben (§ 31 Abs. 5 Satz 1 UrhG). Das gleiche gilt für die Frage, ob ein Nutzungsrecht eingeräumt wird, ob es sich um ein einfaches oder ausschließliches Nutzungsrecht handelt, wie weit Verbots- und Nutzungsrecht reichen sowie, welchen Einschränkungen das Nutzungsrecht unterliegt (§ 31 Abs. 5 S. 2 UrhG).

---

980 RGZ 118, 282; BGH, GRUR 2002, 248 – Spiegel-CD-ROM; *Goldbaum*, Urheberrecht und Urhebervertragsrecht, 1927, S. 75ff.; *Ulmer*, § 84 IV.
981 BGH, GRUR 2012, 1031 – Honorarbedingungen Freie Journalisten.

20.4 Allgemeine Regelungen des Urhebervertragsrechts

Ergänzt wird die Übertragungszwecklehre durch die Auslegungsregeln in §§ 37f, 44 und 88 ff. UrhG.

Die Übertragungszwecklehre führt zu einer **Spezifizierungslast** für den Erwerber von Nutzungsrechten. Will der Erwerber von Nutzungsrechten mehr Rechte erwerben, als nach dem Vertragszweck erforderlich, so muss er die weiteren zu erwerbenden Nutzungsrechte im Einzelnen bezeichnen. Im Hinblick auf die Beweislast des Verwerters[982] führt dies zu einem quasi Schriftformerfordernis, da der Beweis meist durch die Vorlage einer Urkunde zu erbringen ist. Man spricht daher von einer »Formvorschrift mit abgeschwächter Sanktionierung«. 900

Die **Übertragungszwecklehre** ist eine **Auslegungsregel**[983]. Zum Teil wird sie auch als eine Norm mit eigenem Regelungsgehalt betrachtet[984]. Danach wäre sie eine Inhaltsnorm, nach der Umfang und Inhalt der Nutzungsrechte zu bestimmen sind und abweichende vertragliche Vereinbarungen nur unter besonderen Voraussetzungen wirksam wären[985]. Die Einräumung von Nutzungsrechten, die mit dem Vertragszweck nichts zu tun haben, wäre möglicherweise unwirksam[986]. 901

Die Übertragungszwecklehre ist sowohl für den **Rechtsverkehr zwischen Urhebern und Verwertern** als auch für den **Rechtsverkehr zwischen Verwertern untereinander** anwendbar[987]. Sie gilt auch für Verträge über verwandte Schutzrechte[988], für die Auslegung von Wahrnehmungsverträgen[989], die Abtretung von Vergütungsansprüchen[990], die Einräumung urheberpersönlichkeitsrechtlicher Befugnisse[991], die Bestimmung des Umfangs eines negativen Verbotsrechts und schließlich auch für die mit der Eigentumsübertragung verbundenen Nutzungsrechtseinräumung[992]. 902

Zur **Bestimmung des Vertragszwecks** kommt es auf den **Wortlaut der Vereinbarung** und den erkennbaren, gegebenenfalls von einem Vertragspartner verfolgten und vom anderen akzeptierten Vertragszweck an[993]. Auch die **Begleitumstände** und das Verhalten der Parteien können eine Rolle spielen, ebenso wie die Höhe der Vergütung ein 903

---

982 BGH, GRUR 1996, 121, 123 – Pauschale Rechtseinräumung.
983 BGH, ZUM 1998, 497, 500 – Comic-Übersetzungen.
984 *Götting*, FS, *Schricker*, 1995, S. 53, 72; *Donle*, die Bedeutung des § 31 Abs. 5 UrhG für das Urhebervertragsrecht, 1993, S. 90 ff.
985 *Donle*, S. 98.
986 *Donle*, a.a.O., S. 270 f.; *Haberstumpf*., Rz. 404; a.A. BGH, GRUR 1984, 45, 48 – Honorarbedingungen: Sendevertrag.
987 BGH, GRUR 1960, 197, 199 – Keine Ferien für den lieben Gott.
988 BGH, GRUR 1984, 119, 121 – Synchronisationssprecher.
989 BGH, GRUR 2000, 128, 129 – Musicalgala.
990 OLG Köln, GRUR 1980, 913, 915 – Presseschau CN.
991 BGH, GRUR 1977, 551, 554 – Textdichteranmeldung.
992 OLG München, GRUR 1984, 516, 517 – Tierabbildungen.
993 BGH, GRUR 1974, 786, 787 – Kassettenfilm; *Dreier/Schulze*, § 31 Rz. 121.

Indiz sein kann[994]. Besondere Bedeutung hat die **Branchenübung**[995]. Im Hinblick auf den Schutzzweck ist die Rechtseinräumung eher eingeschränkt auszulegen[996].

904 Die Auslegungsregel des § 37 UrhG geht der allgemeinen Auslegung des Vertrages und der Übertragungszwecklehre vor. Ergibt der Vertragszweck, dass die Einräumung des Bearbeitungsrechts erforderlich ist, so ist für die Anwendung der Auslegungsregel des § 37 UrhG kein Raum mehr[997]. § 37 UrhG bestimmt zunächst, dass derjenige, der einem anderen **ein Nutzungsrecht** an einem **Werk einräumt, sich im Zweifel das Recht** zur Einwilligung zur **Veröffentlichung oder Verwertung einer Bearbeitung vorbehält**. Wird einem Dritten ein Bearbeitungsrecht eingeräumt, so ist dieser zur einmaligen Bearbeitung, also zur Herstellung einer Bearbeitungsfassung, berechtigt, nicht aber zu mehreren Bearbeitungen[998].

905 Räumt der Urheber einem anderen das **Vervielfältigungsrecht** ein, ist davon **im Zweifel nicht das Recht, das Werk auf Bild- oder Tonträgern zu vervielfältigen**, umfasst (§ 37 Abs. 2 UrhG). Der vorrangig zu berücksichtigende Vertragszweck kann zu anderen Ergebnissen führen, wenn – wie bei der Unterhaltungsmusik – regelmäßig nur die Vervielfältigung auf Tonträgern stattfindet, nicht jedoch der Noten auf Papier. Schließlich

906 sieht § 37 Abs. 3 UrhG eine Beschränkung des positiven Nutzungsrechtes für denjenigen vor, der das Recht zur öffentlichen Wiedergabe (§ 19 UrhG) hat. Dieser benötigt nämlich im Zweifel das besondere Nutzungsrecht zur Wiedergabe eines Werkes außerhalb der Veranstaltung durch Bildschirmlautsprecher und ähnliche technische Einrichtungen.

907 Auch für **Beiträge in Sammlungen** bestehen besondere Auslegungsregeln als Ergänzung zur Übertragungszwecklehre[999]. § 38 UrhG dient zuerst der Klärung des **Umfangs der Rechtseinräumung im Zeitungs- und Zeitschriftenbereich**. Soweit nicht in Tarifverträgen abweichende Vereinbarungen getroffen wurden, hat die Norm große praktische Bedeutung bei der Bestimmung des Inhalts des Nutzungsrechts und der Verträge.

908 Bei **Zeitungen, Zeitschriften** und anderen vergleichbaren **periodisch** erscheinenden **Sammlungen**, wie Kalender, Almanache, erwirbt der Verleger oder Herausgeber **im Zweifelsfall das ausschließliche Nutzungsrecht** zur Vervielfältigung und Verbreitung, wobei der Urheber das Werk, sofern nichts anderes vereinbart ist, nach Ablauf **eines**

---

994 BGH, GRUR 1986, 885, 886 – METAXA.
995 BGH, GRUR 1996, 121, 122 – Pauschale Rechtseinräumung; BGH, GRUR 1984, 528, 529 – Bestellvertrag.
996 Eine Fülle von Einzelfällen und Beispielen aus der Rechtsprechung findet sich beispielsweise bei *Dreier/Schulze*, § 31 Rz. 128 ff.
997 BGH, GRUR 1986, 458, 459 – Oberammergauer Passionsspiele; *Schricker/Loewenheim/Peukert*, § 37 Rz. 4.
998 *Dreier/Schulze*, § 37 Rz. 12.
999 § 38 UrhG ist z.T. die spezielle Vorschrift zur Bestimmung, ob ein ausschließliches oder nicht ausschließliches Recht vorliegt, wohingegen sich der Inhalt des Rechts unter Anwendung von § 31 Abs. 5 UrhG ergibt. Ferner sind §§ 41, 43 ff. VerlG anzuwenden.

20.4 Allgemeine Regelungen des Urhebervertragsrechts

Jahres seit dem Erscheinen anderweitig vervielfältigen und verbreiten darf. Da häufig die Rechtseinräumung stillschweigend mit der Druckfreigabeerklärung[1000] oder durch die kommentarlose Übermittlung eines Beitrages an die Redaktion erfolgt, stellt § 38 Abs. 1 UrhG sicher, dass der Verwerter zunächst für die Dauer eines Jahres ein Exklusivrecht hat und anschließend, nach Ablauf eines Jahres seit Erscheinen, ein nicht ausschließliches Recht. Nach Ablauf von zwölf Monaten steht dem Verfasser eines wissenschaftlichen Beitrages, der im Rahmen eines mindestens zur Hälfte geförderten Forschungsprojekts entstand und in einer periodisch mindestens zweimal jährlich erscheinenden Sammlung erschien, das Recht zur öffentlichen Zugänglichmachung zu, soweit dadurch kein gewerblicher Zweck verfolgt wird (§ 38 Abs. 4 UrhG).

Für **nicht periodische Sammlungen**, beispielsweise Festschriften, Kunstmappen und Ausstellungskataloge oder Sammlungen von Musik-CDs oder Film-DVDs, wandelt, sich das ausschließliche Recht wenn die Rechtseinräumung unentgeltlich erfolgt, mit Ablauf eines **Jahres** nach Erscheinen sich zu einem **nicht ausschließlichen Recht**. | 909

Der Verleger und Herausgeber einer Zeitung erwirbt an den ihm überlassenen Beiträgen im Zweifelsfall nur ein einfaches Nutzungsrecht. Wird ein ausschließliches Nutzungsrecht eingeräumt, so ist, wenn keine andere ausdrückliche Vereinbarung geschlossen wurde, der Urheber unverzüglich nach Erscheinen der jeweiligen Zeitung zur anderen Nutzung berechtigt (§ 38 Abs. 3 UrhG). | 910

Das Eigentum an einem Original oder einem Vervielfältigungsstück eines Werkes gewährt seinem Inhaber umfassende Rechte, soweit er nicht die Rechte anderer verletzt (§§ 903 ff. BGB). Diese Rechte kollidieren zum Teil mit den Urheberrechten. Der Interessenausgleich wird durch verschiedene Vorschriften[1001] geschaffen. Für den Bereich des Urhebervertragsrechts soll § 44 UrhG das Spannungsverhältnis auflösen. Das Gesetz bekräftigt zunächst den Unterschied zwischen dem **Sacheigentum einerseits** und dem **geistigen Eigentum andererseits**, indem es als Auslegungsregel bestimmt, dass die **Veräußerung des Originals** eines Werkes im Einzelnen **nicht gleichzeitig die Einräumung eines Nutzungsrechts bedeutet**. Freilich bestimmt diese Auslegungsregel im Kern nichts anderes als die Übertragungszwecklehre (§ 31 Abs. 5 UrhG)[1002]. | 911

Nur wenn sich aus der Vereinbarung oder aus dem Zweck des Vertrages die Einräumung eines Nutzungsrechts ergibt, darf der Erwerber das Werk nutzen. So darf der Tonträgerhersteller, der Masterbänder von Musikaufnahmen herstellt, diese im Zwei-

---

1000 OLG Köln, GRUR 2000, 414, 416 – GRUR/GRUR-Int.
1001 Das Integritätsinteresse wird durch die änderungsrechtlichen Vorschriften der §§ 14, 39 62 UrhG, das persönlichkeitsrechtliche Interesse durch das Zugangsrecht (§ 25 UrhG), die vermögensrechtlichen Interessen werden durch die Vergütungsansprüche gemäß §§ 26, 27 UrhG geschützt.
1002 BGH, GRUR 1996, 121 – Pauschale Rechtseinräumung m.w.N.; BGH, WRP 2007, 986 – Archivfotos.

fel auch zur Herstellung von Tonträgern benutzen, da dies der Zweck der Masterbänder ist[1003]. Der Besitzer einer Filmkopie ist zur öffentlichen Vorführung des Films nicht berechtigt[1004], ohne Zustimmung des Bildhauers des Originals darf niemand Abgüsse herstellen[1005]. Mit der Ablieferung von Fotoabzügen verbleiben dem Fotografen die urheberrechtlichen Ansprüche[1006], ebenso wie die letztwillige Zuwendung von Zeichnungen, Entwürfen und Skizzen sowie Modellen keine Einräumung eines Nutzungsrechts[1007] darstellt.

912   Umgekehrt bedeutet aber auch die **Rechtseinräumung im Zweifel keine Übertragung des Eigentums**. Räumt der Illustrator dem Verleger die Rechte zur Vervielfältigung und Verbreitung ein und überlässt er ihm zur Vervielfältigung den Besitz an den Originalen, so wird der Verleger damit nicht der Eigentümer der Originale[1008]. Will ein Nachrichtenmagazin Fotoauszüge in ein eigenes Archiv aufnehmen, um sie später erneut zu verwenden, so hat der Fotograf sowohl Anspruch auf ein Entgelt für die weitere Nutzung als auch für die Einstellung in das Archiv[1009]. Der Verleger hat spätestens nach Beendigung des Verlagsvertrages das Originalmanuskript herauszugeben, sofern er sich das Eigentum nicht vorbehalten hat (§ 27 VerlG)[1010].

913   § 44 Abs. Abs. 2 UrhG ist von höherer praktischer Bedeutung. Mit dem **Erwerb des Eigentums am Original** eines Werkes der bildenden Künste oder eines Lichtbildwerkes ist der Erwerber berechtigt, das **Werk öffentlich auszustellen**, selbst dann, wenn es noch nicht veröffentlicht ist, sofern dies nicht beim Erwerb ausgeschlossen wurde. Dieses Ausstellungsrecht hängt vom Eigentum (§ 903 BGB) ab. Da es sich um eine Ausnahmevorschrift handelt, ist sie eng auszulegen und bezieht sich nur auf die Originale von Werken der bildenden Künste und Lichtbildwerke, nicht auf andere Werke, wie Notenhandschriften oder handschriftliche Manuskripte. Zu den **Originalen** gehören alle Werke, die in den beteiligten Kunstkreisen als Originale gelten[1011]. Darunter zählen Unikate, Skizzen und Entwürfe, also Werke in den unterschiedlichsten Bearbeitungs- und Entwicklungsstufen, ebenso wie Abzüge von Druckgrafiken und Abgüsse von Plastiken[1012].

Zu den besonderen Regelungen der Übertragungszwecklehre für die Filmwerke vgl. §§ 88 ff. UrhG.

1003 BGH, *Schulze* BGHZ 430, 5 – The Beatles.
1004 BGH, GRUR 1971, 481, 483 – Filmverleih.
1005 KG, ZUM 1987, 293, 295.
1006 OLG Hamburg, GRUR 1989, 912, 914 – Spiegelfotos.
1007 OLG Frankfurt, ZUM-RD 1997, 486, 489 – Macintosh-Entwürfe.
1008 OLG München, GRUR 1984, 516, 517 – Tierabbildungen; OLG Hamburg, GRUR 1980, 909, 911f. – Gebrauchsgrafik für Werbezwecke.
1009 OLG Hamburg, GRUR 1989, 912, 914 – Spiegelfotos.
1010 GRUR 1999, 579, 580 – Hunger und Durst; OLG München, ZUM 2000, 66, 68.
1011 *Schricker/Loewenheim/Vogel*, § 44 Rz. 21.
1012 *Dreier/Schulze*, § 44 Rz. 17.

▶ Wiederholungsfragen

1. Was besagt die allgemeine Übertragungszwecklehre?
2. Was folgt aus der Übertragungszwecklehre für die Vertragsgestaltung?
3. In welchem Rechtsverhältnis ist die Übertragungszwecklehre anwendbar?
4. Erwirbt man mit einem Nutzungsrecht gleichzeitig das Recht zur Veröffentlichung oder Verwertung einer Bearbeitung?
5. Umfasst die Einräumung eines Vervielfältigungsrechtes auch, das Werk auf Bild- oder Tonträger zu vervielfältigen?
6. Folgt aus der Einräumung eines Nutzungsrechtes ein Recht auf Besitz oder auf Eigentumsverschaffung?
7. Was darf der Erwerber eines Originals eines Werkes der bildenden Kunst?

20.4.4 Weiterübertragung von Nutzungsrechten

Hat der Urheber einem anderen ein Nutzungsrecht eingeräumt, kann der Erwerber diese Berechtigung unter bestimmten Voraussetzungen abtreten (§§ 398 ff. BGB). Der Nutzer kann ein Interesse daran haben, den wirtschaftlichen Wert des Rechtes dadurch zu realisieren, dass er anderen ganz oder teilweise die Nutzung dieses Rechtes ermöglicht. So kann der Filmproduzent das ihm eingeräumte Verfilmungsrecht auf einen anderen Filmproduzenten weiterübertragen. Der Verleger erwirbt im Rahmen des Verlagsvertrages nicht nur das Verlagsrecht für die Hardcoverausgabe, sondern auch das Recht, andere Buchausgaben zu veranstalten oder Abdrucke zu genehmigen, das Werk als Hörbuch zu bearbeiten, zu vervielfältigen, zu verbreiten usw. Meist ist der Verleger nicht in der Lage, alle Rechte selbst wahrzunehmen, so dass er sie Dritten einräumen muss. 914

Durch die Weiterübertragung der Rechte können wesentliche Interessen der Urheber beeinträchtigt werden, so könnte sein guter Ruf beeinträchtigt werden oder s Vergütungsansprüche nicht sichergestellt sein oder spätere Nutzungen erschwert werden.

Zur Sicherstellung der Interessen des Urhebers ist daher die (translative) **Weiterübertragung** und die (konstitutive) **Einräumung** eines **Nutzungsrechts von der Zustimmung des Urhebers abhängig** (§§ 34, 35 UrhG). Der Urheber hat damit die Möglichkeit, auf die Auswahl derjenigen Personen, die Rechte an dem Werk nutzen, Einfluss zu nehmen. **Zustimmungsbedürftig** ist das **Verfügungsgeschäft**, nicht jedoch das Kausalgeschäft. Da es bei einem Zustimmungserfordernis zum Schutz der Urheberpersönlichkeitsrechte dient, ist die Vorschrift nur auf diejenigen verwandten Schutzrechte anzuwenden, die persönlichkeitsrechtliche Züge tragen, also wissenschaftlichen Ausgaben (§ 70 UrhG), Lichtbilder (§ 72 UrhG) und ausübende Künstler (§ 79 UrhG), aber auch Computerprogramme (§ 69a Abs. 4 UrhG). Das Zustimmungserfordernis gilt auch für die 915

Weiterübertragung urheberpersönlichkeitsrechtlicher Befugnisse, soweit dieses überhaupt zulässig ist, also beispielsweise für die Werkänderung, Bearbeitung, Werkverbindung sowie auszugsweise Nutzung des Werkes.

916 Die Zustimmung ist eine **empfangsbedürftige Willenserklärung**[1013] und kann vor dem Geschäft als Einwilligung (§ 183 BGB) oder nachträglich als Genehmigung (§ 185 BGB) erklärt werden. Sie kann ausdrücklich oder stillschweigend erklärt werden. So ist die Übersendung des korrigierten Manuskripts an den Lizenznehmer des Verlegers als Zustimmung zur Nutzung durch den Lizenznehmer zu werten. Häufig erklärt der Urheber seine Einwilligung zur Abtretung im Verwertungsvertrag. Diese Erklärung ist dann wirksam, wenn sie unzweideutig in der Vertragsformulierung zum Ausdruck kommt. Die Einwilligung ist bis zur Ausführung des Geschäftes jederzeit widerruflich, da sie dem Schutz der persönlichkeitsrechtlichen Interessen des Urhebers dient. Der Urheber kann jedoch auch die Abtretung der Rechte ausschließen (§ 137 BGB). Damit wäre jede entgegenstehende Verfügung unwirksam[1014].

917 Der Urheber darf seine **Zustimmung nicht wider Treu und Glauben verweigern**. Bei der Feststellung der Zustimmungspflicht sind die einander gegenüberstehenden Interessen abzuwägen[1015], wobei davon auszugehen ist, dass der Urheber in der Regel nicht zuzustimmen braucht. Der Urheber wird, um den Vorwurf der Willkür abzuwenden, begründete Bedenken gegenüber dem Erwerber erheben müssen, zum Beispiel gegen dessen weltanschauliche Tendenz, seine Reputation im Geschäftsleben, seine Erfahrungen, seinen Geschäftszuschnitt, seinen Ruf und sein Wesen[1016].

918 **Leitbild des Urheberrechts ist**, dass eine Weiterübertragung von Rechten oder eine Rechtseinräumung **nur mit Zustimmung** des Urhebers[1017] wirksam ist. Erfolgt die Weiterübertragung ohne Zustimmung des Urhebers, ist die Verfügung schwebend unwirksam, und die fehlende Zustimmung wird durch die nachträgliche Genehmigung des Urhebers rückwirkend geheilt (§§ 182 ff. BGB).

919 Für **Sammelwerke** genügt allerdings die Zustimmung des Urhebers des Sammelwerkes (§ 34 Abs. 2 UrhG). Es ist nämlich dem Herausgeber oder dessen Verleger nicht zuzumuten, sämtliche Urheber der im Sammelwerk aufgenommenen Werke gesondert um die Zustimmung zu bitten. Der Urheber des Sammelwerkes kann nur insoweit über die Rechte der Beitragsverfasser verfügen, als er sie selbst von den Beitragsverfassern erworben hat[1018]. Waren diese nur mit der Vervielfältigung und Verbreitung in der Printversion einer Zeitschrift einverstanden, so kann der Urheber des Sammelwerkes

---

1013 BGH, GRUR 1984, 528 – Bestellvertrag.
1014 BGH, GRUR 1987, 39 – Videolizenzvertrag.
1015 *Fromm/Nordemann/Nordemann*, § 34 Rz. 18.
1016 *Schricker*, VerlR, § 28 Rz. 13.
1017 BGH, GRUR 1984, 45 – Honorarbedingungen: Sendevertrag.
1018 *Ulmer*, § 86 I 3 b.

insgesamt nicht seine Zustimmung zu einer Vervielfältigung und Verbreitung auf CD-ROM bzw. DVD oder in Form einer Online-Version erteilen.

Auch die Abtretung des **Verfilmungsrechtes** (§ 88 UrhG) oder der Rechte am **Filmwerk** (§ 89 UrhG) bedarf keiner Zustimmung der jeweiligen Rechtsinhaber und ihrer Nachfolger (§ 90 UrhG)[1019]. 920

Ähnlich stellt sich die Interessenlage bei der **Veräußerung** oder der **Teilveräußerung eines Unternehmens** dar. Beabsichtigt ein Verleger, sein gesamtes Verlagsgeschäft zu verkaufen oder einen objektiv abgrenzbaren Bereich seines Unternehmens, beispielsweise eine Ratgeberreihe oder den Reiseführerbereich, zu veräußern, so bedarf es **nicht der Zustimmung** der Urheber (§ 34 Abs. 3 S. 1 UrhG). Die Interessen der Urheber werden durch das **Rückrufsrecht** gewahrt; Ist dem **Urheber** nach Treu und Glauben die Ausübung des Nutzungsrechts durch den Erwerber **nicht zuzumuten,** so kann er seine Rechte zurückrufen. Das gleiche gilt, wenn sich eine **wesentliche Änderung** in den **Beteiligungsverhältnissen** ergibt. 921

Für die Ausübung des Rückrufsrechts ist dem Urheber **keine Frist** gesetzt. Veräußerer und Erwerber wollen bald über die endgültige Einstellung des Urhebers informiert sein. Der Urheber muss daher nach einer angemessenen Überlegungsfrist den Rückruf erklären (§ 314 BGB). Eine Überlegungsfrist von einem Monat nach Kenntnis der relevanten Umstände, wie sie auch dem Dienstverpflichteten bei einem Betriebsübergang eingeräumt wird (§ 613a Abs. 5 BGB), scheint angemessen zu sein. Im Übrigen ist natürlich die Verjährungsfrist (§§ 195, 199 BGB) zu beachten. 922

Der **Zustimmung** bedarf es **nicht**, wenn das ausschließliche Nutzungsrecht zur **Wahrnehmung der Belange** des Urhebers eingeräumt wird (§ 35 Abs. 1 S. 2 UrhG). Dies betrifft vor allen Dingen die Zusammenarbeit mit den Verwertungsgesellschaften[1020], die im Hinblick auf den Kontrahierungszwang (§ 34 VGG) jedermann gegenüber zu angemessenen Bedingungen Nutzungsrechte einräumen müssen. 923

Eine vergleichbare Wahrnehmung erfolgt durch Bühnenverlage durch die Vergabe von ausschließlichen Aufführungsrechten. Soweit die Musikverlage, zur Verwertung der Werke im Ausland ausländische Verleger einschalten, ist die Einräumung von ausschließlichen Rechten an diese Subverleger ohne Zustimmung des Urhebers zulässig[1021]. Im Buchverlagswesen kann die Wahrnehmung der sogenannten Nebenrechte durch den Verleger ohne Zustimmung erfolgen, wenn der Verleger insofern in fremdnützigem Interesse tätig wird. 924

Als Ausgleich für die Möglichkeit der Weiterübertragung der Rechte der Beitragsverfasser eines Sammelwerkes oder im Rahmen der Gesamt- bzw. Teilveräußerung eines 925

1019   *Ulmer,* § 86 I 3 c.
1020   LG Köln, ZUM 1998, 168, 169.
1021   BGH, GRUR 1964, 326 – Subverleger.

Unternehmens steht die kumulative **Haftung des Erwerbers** der Rechte **neben** derjenigen des **Veräußerers**, wenn der Urheber der Weiterübertragung nicht ausdrücklich zugestimmt hat. Zum Schutze der Interessen des Urhebers sind der vertragliche Ausschluss und/oder die Beschränkung des Rückrufrechtes bzw. der gesamtschuldnerischen Haftung nicht wirksam (§ 34 Abs. 5 S. 1 UrhG).

▶ **Wiederholungsfragen**

1. *Bedarf die Abtretung von Nutzungsrechten der Zustimmung des Urhebers?*
2. *Unter welchen Umständen muss der Urheber seine Zustimmung erteilen?*
3. *In welchen Fällen bedarf es keiner Zustimmung des Urhebers zur Abtretung von Nutzungsrechten?*

20.4.5 Gutgläubiger Erwerb

§§ 929 ff. BGB sehen die Möglichkeit des gutgläubigen Erwerbs von Eigentum vor, weil der Besitz einer Sache (§ 903 BGB) eine Gutglaubenswirkung entfalten kann; gleiches gilt für Grundstücksgeschäfte und dem Grundbuchbestand (§ 892 BGB). Ein solch einfacher, für jedermann ohne weiteres nachvollziehbarer Tatbestand, auf den sich ein guter Glaube berufen kann, existiert für das Urheberrecht nicht. Demgemäß gibt es **keinen gutgläubigen Rechtserwerb**[1022].

▶ **Wiederholungsfrage**

Warum gibt es keinen gutgläubigen Rechtserwerb im Urheberrecht?

20.4.6 Verträge über künftige Werke

Häufig möchte sich ein Verwerter die **Rechte an künftigen Werken** eines Urhebers sichern. So kann ein Verleger einen Autor aufbauen und weiß, dass sich die erforderlichen Investitionen in die Bekanntmachung des Autors und seiner Werke nur dann lohnen, wenn er nicht nur eines der Werke, sondern mehrere Werke dieses Autors verlegt.

Die Vertragspartner können zur langfristigen Bindung einen **Vorvertrag**[1023] schließen, durch den sich die Vertragspartner verpflichten, zu einem späteren Zeitpunkt, einen Hauptvertrag über die Nutzung künftiger Werke zu festgelegten Bedingungen zu schließen. Anstelle eines Vorvertrages ist auch ein **Optionsvertrag möglich**, bei dem ein Ver-

---

1022 BGHZ 5, 119 – Parkstraße 13; KG, ZUM 1997, 397 – Franz Hessel.
1023 *Ulmer*, § 94 I.

20.4 Allgemeine Regelungen des Urhebervertragsrechts

tragspartner das Recht erhält, durch einseitige Erklärung ein vollständig ausgehandeltes Vertragsverhältnis zum Entstehen zu bringen. Denkbar ist die Pflicht des Rechtsinhabers, vor Vertragsverhandlungen oder dem Vertragsschluss mit einem anderen Verwerter, über die Nutzungsrechtseinräumung und einen Vertrag zu verhandeln. Durch solche Verträge verpflichtet sich der Urheber, möglicherweise die Rechte an seinem gesamten künftigen Schaffen vollständig einem Verwerter einzuräumen. Wegen der Gefahr dass der Urheber sein Schaffen zu günstig aus der Hand gibt, und der damit begründeten Bindung seiner gesamten künftigen Arbeitskraft ist ein besonderer Schutz erforderlich[1024].

929 Die Wirksamkeit dieser **Verpflichtungsgeschäfte** des Urhebers hat das Gesetz daher an die **Schriftform** gebunden (§ 40 Abs. 1 S. 1 UrhG). Demgegenüber bleibt die Verfügung über Rechte formfrei möglich (§§ 398 ff. BGB). Da Verpflichtungs- und Verfügungsgeschäftes innerhalb einer Urkunde vereinbart werden, führt dies mittelbar zum Schriftformerfordernis für die Verfügung[1025].

Zu den **künftigen Werken** zählen alle Werke, die der Urheber für noch **nicht druckreif** hält[1026]. Das Schriftformerfordernis besteht allerdings nur hinsichtlich derjenigen künftigen Werke, die entweder nicht näher bestimmt sind oder nur der Gattung nach festliegen. Ein Werk ist individualisiert, wenn eine Skizze oder sonstige Beschreibungen vorliegen[1027].

930 Die Vertragspartner können **nach Ablauf von fünf Jahren** diese Vereinbarungen kündigen (§ 40 Abs. 1 UrhG). Auf dieses Kündigungsrecht können sie nicht verzichten. Andere Kündigungsrechte, insbesondere das Recht zur Kündigung aus wichtigem Grund (§ 314 BGB), bleiben von diesem Kündigungsrecht unberührt[1028].

931 Mit der Beendigung des Vertrages fallen die gegenseitigen Verpflichtungen mit ex nunc-Wirkung weg. Hat der Verwerter eine Optionsvergütung bezahlt, so verbleibt diese dem Urheber. Hat er jedoch Vorschüsse für die Nutzung des künftigen Werkes geleistet, so sind diese zurückzuzahlen.

▶ Wiederholungsfragen

1. *Welche Art von Verträgen kann eine Verpflichtung zur Einräumung von Rechten an künftigen Werken begründen?*
2. *Welche Formvorschriften für solche Werke sieht das Gesetz vor?*
3. *Unter welchen Voraussetzungen und wie kann eine solche Rechtseinräumung gekündigt werden?*

1024 Gemäß § 311b Abs. 2 BGB sind Verfügungen über das künftige Vermögen nichtig.
1025 *Ulmer*, § 94 III 1.
1026 BGHZ 9, 237, 241 – Gaunerroman.
1027 OLG Schleswig, ZUM 1995, 867, 874 – Werner.
1028 *Ulmer*, § 94 II 2.

20.4.7 Rechte an unbekannten Nutzungsarten

932 Die Einräumung der Rechte an noch nicht bekannten Nutzungsarten ist seit Beginn des Jahres 2008 in Schriftform wirksam (§ 31a Abs. 1 S. 1 UrhG).

933 Eine **Nutzungsart** ist die nach der **Verkehrsauffassung hinreichend klar abgrenzbare, wirtschaftlich-technisch** als **einheitlich** und **selbständig erscheinende Nutzungsmöglichkeit eines Werkes**[1029]. Bekannt sind Nutzungsarten, wenn sie zur Zeit des Vertragsschlusses nicht nur hinsichtlich ihrer **technischen Möglichkeiten** bekannt sind, sondern auch **wirtschaftlich bedeutsam verwertet** werden[1030]. Da die Vorschrift den Schutz des Urhebers im Auge hat, muss die wirtschaftliche Tragweite der technischen neuen Nutzungsart aus der Sicht des durchschnittlichen Urhebers[1031], nicht aber aus der Sicht der konkreten Vertragspartner, die besonders technikaffin oder -avers sein können, erkennbar und einschätzbar sein[1032].

Die Bestimmung über die Unwirksamkeit der Einräumung von Nutzungsrechten unbekannter Nutzungsarten soll nicht dem technischen Fortschritt und der Substitution der Technik durch neue Techniken entgegenstehen. Keine neue Nutzungsart liegt vor, wenn sich die **Nutzungsmöglichkeit lediglich technisch ändert** und sich aus der **Sicht des Endverbrauchers nichts verändert hat**. Der Ersatz alter Techniken durch neue Techniken führt nicht zu einer neuen Nutzungsart.

Beispiel: Aus der Sicht des Verbrauchers haben DVD und CD Vinylplatte und Videokassette ersetzt[1033]. Pay-TV und Pay-Preview sind seit den 90er-Jahren bekannt und als selbständige Nutzungsart anzusehen[1034]. Die Videozweitauswertung von Kinofilmen ist seit 1968 als selbständige Nutzungsart bekannt[1035].

934 Zum Schutz des Urhebers fordert das Gesetz **Schriftform** für solche Vereinbarungen (§ 31a Abs. 1 S. 1 UrhG). Der Urheber soll gewarnt werden und sich Gedanken über die Tragweite seiner Entscheidung machen. Der Warnfunktion bedarf es nicht, wenn der Urheber ein einfaches Nutzungsrecht für jedermann unentgeltlich einräumt. In der open-source- und open-content-Bewegung will gerade der Urheber jedermann die Nutzung und zum Teil auch die Bearbeitung seiner Werke gestatten.

1029 BGH, GRUR 1992, 310, 311 – Taschenbuchlizenz; BGH, GRUR 1997, 215, 217 – Klimbim.
1030 BGH, GRUR 1986, 62, 65 – GEMA-Vermutung I; BGH, GRUR 1991, 133, 136 – Videozweitauswertung.
1031 *Dreier/Schulze*, § 31 Rz. 66 und § 31a Rz. 29 jeweils m.w.N.; a.A. *von Gamm*, UrhR, § 31 Rz. 15, der auf objektive Umstände abstellt.
1032 BGH, GRUR 1986, 62 – GEMA-Vermutung I; BGH, MMR 2005, 839 – Der Zauberberg.
1033 BGH, MMR 2005, 839 – Der Zauberberg; u.a.; *Katzenberger*, GRUR Int. 2003, 889.
1034 *Ernst*, GRUR 1997, 592; a.A. KG, ZUM-RD 2000, 348.
1035 BGH, GRUR 1991, 133 – Videozweitauswertung.

Beispiel: Die Nutzung von Wikipedia oder Linux ist jedermann freigestellt, es bedarf daher keiner Schriftform (§ 31a Abs. 1 Satz 2 UrhG).

Unbekannten Nutzungsarten können von der Natur der Sache her nicht einzelnen bezeichnet werden, daher ist eine **pauschale Rechtseinräumung** dahingehend, dass der Urheber auch die Rechte an unbekannten Nutzungsarten einräumt oder, dass die Vereinbarung auch Nutzungsrechte an erst künftig entstehenden Technologien erfasst[1036], als solche wirksam.

Zur Wahrung seiner Interessen steht dem Urheber ein **Widerrufsrecht** bis zum Ablauf von drei Monaten, nachdem der Nutzer die beabsichtigte Aufnahme der neuen Nutzungsart dem Urheber an die ihm zuletzt bekannte Anschrift mitteilte (§ 31a Abs. 1 S. 4 UrhG) zu. 935

Das **Widerrufsrecht** des Urhebers **entfällt**, wenn sich die Vertragspartner über eine **Vergütung geeinigt** haben (§ 31a Abs. 2 UrhG). 936

Der Interessenausgleich wäre unvollständig, könnten bei Werken, die von mehreren erstellt oder zu einer Gesamtheit zusammengefasst wurden, einzelne Urheber willkürlich das Widerrufsrecht ausüben und so die Verwertung insgesamt behindern. In diesen Fällen darf das **Widerrufsrecht nicht wider Treu und Glauben** ausgeübt werden (§ 31 Abs. 3 UrhG). 937

Beim Erwerb der Rechte an unbekannten Nutzungsarten für die **Verfilmung** und für **Rechte am Filmwerk** steht den Urhebern kein Widerrufsrecht zu (§§ 88 Abs. 1 S. 2, 89 Abs. 1 S. 2 UrhG). Der Anspruch auf eine **angemessene Vergütung** bleibt aber bestehen. Damit wird den Interessen der Filmwirtschaft, die die Rechte von einer Vielzahl von Beteiligten berücksichtigen muss, ebenso wie den Interessen der Konsumenten, Filme auch auf den möglichst neuen Nutzungsarten verfügbar zu haben, Rechnung getragen. 938

▶ **Wiederholungsfragen**

1. *Was versteht man unter »unbekannte Nutzungsarten«?*
2. *Unter welchen Voraussetzungen kann ein Verwerter das Recht zur Nutzung eines Werkes auf eine unbekannte Nutzungsart erwerben?*
3. *Wodurch sind die Interessen des Urhebers im Falle der beabsichtigten Verwertung eines Werkes auf eine unbekannte Nutzungsart geschützt?*
4. *Welche Regelung gilt für Verträge, welche zwischen dem 1.1.2006 und dem 1.1.2008 abgeschlossen wurden?*

1036 Begründung Regierungsentwurf, nach *Hucko*, Zweiter Korb, S. 82.

20.5 Die Vergütung der Urheber

20.5.1 Einleitung

939 Die Urheber und Inhaber verwandter Schutzrechte sind nicht nur kreativ tätig, um durch die Publikation ihrer Werke Bekanntheit zu erlangen, oder um ihre Ideen, Vorstellungen zu verbreiten bzw. um wissenschaftliche Ergebnisse bekannt zu machen, sondern meistens auch, um durch ihr Schaffen ganz oder teilweise ihren Lebensunterhalt zu verdienen. Daher geht die Rechtsprechung seit dem Reichsgericht[1037] und die Gesetzgebung von dem Grundsatz aus, **den Urheber »tunlichst an dem wirtschaftlichen Nutzen zu beteiligen, der aus seinem Werk gezogen wird«**[1038]. Der in diesem Gedanken zum Ausdruck kommende **Beteiligungsgrundsatz** ist maßgeblich für die Auslegung des Urheberrechts.

940 **Mit der Urheberrechtsnovelle** des Jahres 2002 wurde zum Schutze der kreativ Schaffenden der **Anspruch auf eine angemessene Vergütung** (§ 32 UrhG), einschließlich entsprechender Nachforderungsrechte (§ 32a UrhG), in das Gesetz aufgenommen.

941 Der Schutz des Urhebers in der Verwertung seiner Rechte, also die **Teilhabe am wirtschaftlichen Erfolg**, gehört zum **gesetzlichen Leitbild** des Urheberrechtsgesetzes (§ 11 S. 2 UrhG).

942 Der Gesetzgeber nahm den Anspruch auf **angemessene Vergütung** in den §§ 32, 32a, 32b, 36, 36a, UrhG auf. Der Gesetzgeber hat in §§ 32, 75 UrhG den Anspruch auf eine angemessene Vergütung einer näheren Regelung unterzogen. In Ergänzung hierzu sieht § 32a UrhG einen Anspruch auf eine **weitere Beteiligung** an den Erlösen des Werkes vor. § 32b UrhG stellt die Vergütung für die Nutzung unbekannter Nutzungsarten sicher. Diesen Ansprüchen stellt der Gesetzgeber die kollektivrechtlichen Regelungen der gemeinsamen Vergütungsregeln zur Feststellung der angemessenen Vergütung gegenüber.

943 Die individualvertragliche Regelung ist eine **objektive Inhaltskontrolle**[1039]. In § 32 Abs. 1 S. 1 UrhG hält das Gesetz eine Selbstverständlichkeit fest und bestimmt, dass der Urheber Anspruch auf die vertraglich vereinbarte Vergütung hat. In Satz 2 dieser Norm hat der Gesetzgeber wortgleich § 22 VerlG wiederholt und festgelegt, dass der Urheber dann, wenn keine Vergütung vereinbart ist, einen Anspruch auf eine angemessene Vergütung hat. Satz 3 gewährt dem Urheber einen Anspruch auf Vertragsanpassung, so

---

1037 RGZ 118, 282 – Musikantenmädel; RGZ 123, 312 – Wilhelm Busch; RGZ 153, 1 – Schallplattensendung; BGHZ 11, 135, 143 – Lautsprecherübertragung; BGH, GRUR 1974, 786 – Kassettenfilm; BGH, GRUR 1995, 673 – Mauerbilder.
1038 *Erdmann*, GRUR 2002, 923 m.w.N.; Richtlinie 93/98/EWG zur Schutzdauer sowie bestimmten verwandten Schutzrechten, Erwägungsgrund 10; Richtlinie 2001/29/EG zur Harmonisierung bestimmter Aspekte des Urheberrechts und der verwandten Schutzrechte in der Informationsgesellschaft, Erwägungsgrund 10.
1039 *Erdmann*, GRUR 2002, 923, 925.

dass er einen Anspruch auf die angemessene Vergütung hat. In § 32a UrhG findet sich ergänzend hierzu ein weiterer Anspruch auf Vertragsanpassung, wenn die Bedingungen der Nutzungsrechtseinräumung zu einem auffälligen Missverhältnis von Gegenleistung und Erträgnissen führen.

20.5.2 Anwendbarkeit der Regelung

Der **Anspruch** auf eine **angemessene Vergütung** entsteht bei **jeder Art von Einräumung von Nutzungsrechten** an einem Werk und **sonstigen** urheberrechtlich relevanten **Gestattung der Nutzungen**. Der Anspruch auf eine angemessene Vergütung ist nicht auf Wahrnehmungsverträge mit den Verwertungsgesellschaften anzuwenden, da die Tarife und Verteilungspläne zu genehmigen sind und gegebenenfalls der schiedsrichterlichen Angemessenheitskontrolle unterliegen. 944

Der Anspruch auf eine angemessene Vergütung steht **jedem Urheber**, also auch dem Bearbeiter[1040] und dem Herausgeber von Sammelwerken, den Miturhebern[1041], dem Drehbuchautor[1042] und dem Schöpfer von Computerprogrammen[1043], zu. Auch der Urheber im Rahmen eines Arbeits- oder Dienstverhältnisses[1044] kann grundsätzlich den Anspruch gemäß § 32 UrhG geltend machen. Bei einem Leistungsschutzberechtigten können sich die **Verfasser wissenschaftlicher Ausgaben** (§ 70 Abs. 1 UrhG), **Lichtbildner** (§ 72 UrhG) und die **ausübenden Künstler** (§ 79 Abs. 2 UrhG) auf die entsprechenden Ansprüche berufen. Gleiches gilt auch für die Rechtsnachfolger (§ 30 UrhG). Die Inhaber abgeleiteter Rechte können sich nicht auf diese Ansprüche beziehen, da es an der Schutzbedürftigkeit der Verwerter, die ihre Rechte weiterübertragen, fehlt. 945

Der **Anspruch** richtet sich **gegen den Vertragspartner** des Urhebers. Der dritte Nutzer des Werkes, beispielsweise der Subverleger oder sonstige Lizenznehmer, kann wegen eines Anspruchs auf weitere Beteiligung (§ 32a UrhG) in Anspruch genommen werden, nicht aber im Zusammenhang mit einem Anspruch auf angemessene Vergütung. Sollte die im Rahmen des Vertrages oder mit dem Lizenznehmer vereinbarte Vergütung unangemessen niedrig sein, um so die Beteiligung des Urhebers gering zu halten, ist die ein Umgehungsgeschäft (§ 32 Abs. 3 S. 1 UrhG)[1045] und begründet einen Anspruch auf höhere Vergütung gegenüber dem Vertragspartner des Urhebers. Unabhängig davon kann ein solches Verhalten das Vertrauensverhältnis so schwerwiegend beeinträchtigen, dass eine Kündigung aus wichtigem Grund (§ 314 BGB) gerechtfertigt sein kann. 946

1040 BGH, ZUM 2011, 316 – Destructive Emotions.
1041 BGH, GRUR 2012, 1022.
1042 KG Berlin, ZUM 2010, 346.
1043 *Dreier/Schulze*, § 69b Rz. 10.
1044 *Schricker/Loewenheim/Schricker/Haedicke*, § 32 Rz. 4 m.w.N.
1045 *Loewenheim/von Becker*, § 29 Rz. 53; *Dreier/Schulze*, § 32 Rz. 78 f.

▶ **Wiederholungsfragen**

1. *Welche Art der Rechtseinräumung, -übertragung oder -gestattung löst einen Anspruch auf angemessene Vergütung aus?*
2. *Wer sind die Anspruchsberechtigten für eine angemessene Vergütung?*
3. *Wer ist der Anspruchsverpflichtete für die Vergütung?*

20.5.3 Die angemessene Vergütung

947 Der Urheber hat einen **Anspruch auf eine angemessene Vergütung**. Wenn die vereinbarte Vergütung nicht angemessen ist, kann der Urheber die Einwilligung in die Änderung des Vertrages verlangen, durch die dem Urheber die angemessene Vergütung versprochen wird (§ 32 Abs. 1 UrhG), es sei denn, dass die Vergütung tarifvertraglich geregelt ist.

948 Große **Schwierigkeiten** bereiten die **Feststellungen** dessen, was eine **angemessene Vergütung** ist. Der Gesetzgeber knüpft bei dem Begriff der angemessenen Vergütung an § 22 Abs. 2 VerlG an. Trotz der Anknüpfung an diese gesetzlichen Vorschriften erhellt sich jedoch der Begriff nicht weiter.

949 Zunächst bestimmen **vorrangig** die **tarifvertraglichen Regelungen** gemäß § 32 Abs. 4 UrhG und § 36 Abs. 1 S. 3 UrhG die Höhe der Vergütung, wenn der Sachverhalt in den sachlichen und persönlichen Geltungsbereich eines Tarifvertrages fällt. Wenn keine tarifvertragliche Regelung vorliegt, ist zu prüfen, ob **gemeinsame Vergütungsregeln** (§ 32 Abs. 2 S. 1 UrhG) vorliegen, die die Geltung für die vertragsgegenständliche Nutzungsrechtseinräumung beanspruchen könnten. Auch wenn dieses nicht gegeben ist, ist im Einzelfall **individuell** die Höhe der angemessenen Vergütung zu bestimmen.

950 Für **gemeinsame Vergütungsregeln** wird **unwiderleglich vermutet** (§ 32 Abs. 2 S. 1 UrhG), dass die **Vergütung angemessen** ist. Die Anwendung der gemeinsamen Vergütungsregel setzt voraus, dass diese wirksam, insbesondere durch repräsentative, unabhängige und hierzu ermächtigte Verbände auf Seiten der Urheber und der Werknutzer, zustande gekommen ist und die Werknutzung in den Regelungsbereich der gemeinsamen Vergütungsregeln fällt. Existieren unterschiedliche Vergütungsregeln, so hat diejenige gemeinsame Vergütungsregel den Vorrang, die von einem Verband abgeschlossen wurde, deren Mitglieder sowohl der Urheber als auch der Werknutzer sind. Fehlt es an einer Mitgliedschaft eines oder beider der Vertragspartner, gilt die gemeinsame Vergütungsregel als angemessener Rahmen für die Findung der individuell angemessenen Vergütung. Fraglich ist, ob Außenseiter in Vergütungsregeln Dritter ohne weiteres mit einbezogen werden können[1046]. Bislang sind nur wenige gemeinsame Vergütungsregeln vereinbart worden[1047].

[1046] *Schricker/Loewenheim/Schricker/Haedicke*, § 32 Rz. 28; a.A. *Erdmann*, GRUR 2002, 923 jeweils m.w.N.
[1047] *Dreier/Schulze*, § 32 Rz. 38 ff.

20.5 Die Vergütung der Urheber

Lässt sich nicht durch gemeinsame Vergütungsregeln bestimmen, was eine angemessene Vergütung im Sinne von § 32 UrhG ist, muss diese für den Einzelfall ermittelt werden. Es ist dabei Sache des Urhebers, konkret darzulegen und zu beweisen, welche Vergütung angemessen ist. Tarifvertragliche Regelungen für vergleichbare Bereiche können dabei indizielle Bedeutung haben[1048]; gleiches gilt für gemeinsame Vergütungsregeln, deren Voraussetzungen nicht vollständig vorliegen[1049]. Das Gericht kann bei Berücksichtigung aller Umstände und nach freier Überzeugung die angemessene Vergütung schätzen (§ 287 Abs. 1 ZPO) oder im Einzelfall hierzu Sachverständigenbeweis erheben.

951

Bei der Feststellung der angemessenen Vergütung im Einzelfall ist auf den **Zeitpunkt des Vertragsschlusses**[1050] abzustellen und eine **Prognose**[1051] **über die Entwicklung** für die Vertragsdauer einzubeziehen. Zu berücksichtigen ist das, was im Geschäftsverkehr nach **Art** und **Umfang der eingeräumten Nutzungsmöglichkeit**, insbesondere nach **Dauer und Zeitpunkt** der Nutzung, unter Berücksichtigung aller Umstände **üblicher- und redlicherweise** zu leisten ist (§ 32 Abs. 2 S. 2 UrhG).

952

Ausgangspunkt ist die **Branchenübung**, die dann auf **Redlichkeit** hin zu untersuchen ist. Damit ist also die Verkehrssitte zu ermitteln[1052].

Zur Feststellungen der Branchenübung kann auf Branchenpublikationen, wie die Bildhonorare der Mittelstandsgemeinschaft Fotomarketing oder die Regelsammlung Verlage (Vertriebe/Bühnen) abgestellt werden. Im Übrigen muss wohl auf Sachverständigengutachten zurückgegriffen werden.

953

Die **Redlichkeit** ist ein **rechtlich normatives Kriterium**[1053]. Dieses Kriterium geht der Branchenübung vor. Die festgestellte Branchenübung ist unbeachtlich, wenn sie missbräuchlich ist, insbesondere wenn die Werknutzer die schwächere Position der Urheber ausnutzten, um unangemessen niedrige Honorare durchzusetzen[1054]. Die Branchenübung ist redlich, wenn die **einander gegenüberstehenden Interessen gleichberechtigt berücksichtigt** werden[1055] und der objektiven Marktlage sowie den objektivierbaren Verwertungserwartungen entsprechen.

954

Als Vergleichsmaßstab können Werte aus anderen Nutzungen, aber auch die Berechnungsgrundlagen für die Ermittlung der Tarife von Verwertungsgesellschaften zugrunde gelegt werden. Schließlich ist die Art des Honorars zu berücksichtigen. Denkbar ist das

---

1048 BGH; GRUR 2016, 62-GVR Tageszeitungen I.
1049 BGH, GRU 2016, 1296-GRV Tageszeitungen III.
1050 *Schack*, GRUR 2002, 853; *Erdmann*, GRUR 2002, 923; *Dreier/Schulze*, § 32 Rz. 44 m.w.N.
1051 *Jacobs*, NJW 2002, 1905.
1052 *Erdmann*, GRUR 2002, 923.
1053 *Erdmann*, GRUR 2002, 923.
1054 Zu § 36 UrhG a.F.: BGH, GRUR 2002, 602, 604 – Musikfragmente.
1055 BT-Drucksache 14/8058, S. 43.

Absatzhonorar, also die prozentuale Beteiligung an den Erlösen des Verwerters, ebenso wie Pauschalhonorierungen.

Ergebnis der Interessenabwägung kann auch sein, dass **kein Honorar angemessen** ist, beispielsweise bei Dissertationen[1056] oder sonstigen wissenschaftlichen Werken oder auch ehrenamtlichen Leistungen für wohltätige Zwecke. Bei der Interessenabwägung sind zu berücksichtigen Art und der Umfang der Nutzung, Zeitdauer und räumlicher Umfang, Marktverhältnisse, wie die Akzeptanz des Werkes, dessen Qualität, der Preis der Werkexemplare, die erforderlichen Investitionen des Verwerters, die besonderen Organisationen des Verwerters, die Risikotragung und die erzielbaren Einnahmen[1057]. Von einer Erfolgsbeteiligung ist auszugehen, da die Urhebervergütung in Beziehungen zum Ertrag des Verwerters gesetzt werden, und damit dem Grundsatz, den Urheber tunlichst an den Früchten seines Schaffens zu beteiligen, am besten gerecht wird. Vielfach wird die Beteiligung als Anteil an den Bruttoerlösen des Verwerters, also am Umsatz, nicht am Gewinn, ermittelt. Der Umsatz ist eine einfach zu bestimmende Größe, während der Gewinn regelmäßig schwieriger festgestellt werden kann. In der Praxis hat sich eine Beteiligung von 10 % an den Umsatzerlösen der Umsätze mit dem Letztverbraucher als brauchbarer Anknüpfungspunkt herausgebildet. Ausgangspunkt hierfür war die Beteiligung der deutschsprachigen belletristischen Autoren an den Verkaufserfolgen von Hardcovern. Zieht man von den Umsätzen zu Ladenpreisen den üblichen Buchhandelsrabatt ab, so ergibt sich ein Anteil dieser Autorengruppe von ca. 20 % an den Verlagserlösen. Dieser Satz kann als Grundlage und Ausgangspunkt einer Redlichkeitsüberlegung dienen[1058].

955 Die Vergütungsansprüche sind unabdingbar und unverzichtbar (§ 32 Abs. 3 UrhG). Darüber hinaus erklärt das Gesetz ausdrücklich, dass Umgehungsgeschäfte unwirksam sind. Demgegenüber ist es ausdrücklich zulässig, unentgeltlich einfache Nutzungsrechte einzuräumen (§§ 32 Abs. 3 S. 3, 32a Abs. 3 S. 3 UrhG).

▶ **Wiederholungsfragen**

1. *Ergibt sich aus einem Tarifvertrag die angemessene Vergütung?*
2. *Ergibt sich aus gemeinsamen Vergütungsregeln die angemessene Vergütung?*
3. *Welche gemeinsame Vergütungsregel kommt zur Anwendung, wenn für einen Bereich mehrere existieren?*

1056 *Schricker/Loewenheim/Schricker/Haedicke*, § 32 Rz. 34.
1057 *Dreier/Schulze*, § 32 Rz. 52, 63 ff.
1058 Vgl. *Schricker/Loewenheim/Schricker/Haedicke*, § 32 Rz. 33 m.w.N.; *Dreier/Schulze*, § 32 Rz. 48 m.w.N.

4. *Kommt eine gemeinsame Vergütungsregel auch dann zur Anwendung, wenn weder der Anspruchsteller noch der Zahlungspflichtige Mitglied eines Verbandes sind, der mit einem anderen Verband eine gemeinsame Vergütungsregel vereinbarte?*
5. *Welche Kriterien sind anzuwenden, wenn die angemessene Vergütung anderweitig ermittelt wird?*

20.5.4 Weitere Beteiligung (»Fairnessausgleich«)

In den meisten Fällen können weder der Urheber noch der Erwerber eines Nutzungsrechts den künftigen Erfolg des Werkes bei Abschluss des Vertrages einschätzen. Manchmal überlässt der junge, unbekannte Urheber einem Verwerter seine Werke, sei es aus wirtschaftlicher Not, sei es aus rechtlicher Unerfahrenheit, gegen eine geringe, möglicherweise gleichwohl angemessene, Vergütung im Vergleich zu den später daraus erzielten Vorteilen. Nachträglich stellt sich also ein Missverhältnis zwischen der Vergütung und den Vorteilen heraus. Um den Urheber so weit wie möglich an den Früchten seines Schaffens zu beteiligen, muss ihm in diesen Fällen ein Nachvergütungsanspruch eingeräumt werden.

956

Der sogenannte »**Fairnessausgleich**« oder Anspruch auf **weitere Beteiligung** ist als **Inhaltskontrolle des Vertrages** ausgestaltet[1059]. Es soll eine Äquivalenzstörung ausgeräumt werden und dem Urheber eine angemessene Beteiligung an den Erträgen zukommen, unabhängig davon, ob das Missverhältnis zu erwarten war oder nicht[1060].

957

Der Anspruch auf Fairnessausgleich gewährt dem **Urheber**, einschließlich der Urheber vorbestehender Werke, nicht hingegen dem Filmurheber, ebenso wie dem **Lichtbildner** und dem **Verfasser wissenschaftlicher Ausgaben** sowie den **ausübenden Künstlern**, einen Anspruch auf nachträgliche Vertragsanpassung. Auf die **Art der vertraglichen Beziehungen** zwischen schöpferisch Tätigen und Verwertern kommt es nicht an; es kann ein besonderer urheberrechtlicher Nutzungsvertrag, ein Arbeitsverhältnis[1061], Auftragswerk[1062] oder ein Bestellvertrag[1063] Grundlage sein.

958

Voraussetzung ist ein **Missverhältnis** zwischen **Gegenleistung** und **Ertrag**[1064]. Es werden also die Leistungen des Nutzungsberechtigten seinen Erträgen gegenübergestellt. Honorare und alle sonstigen Leistungen, wie die Erstattung von Reise- und Recherchekosten, eine besonders hohe Anzahl an Freiexemplaren oder auch die Gewährung

959

1059 *Dreier/Schulze*, § 32a Rz. 8 m.w.N.; *Schwab*, ZUM 2005, 212.
1060 *Dreier/Schulze*, § 32a Rz. 4, 8; a.A. *Schricker/Loewenheim/Schricker/Haedicke*, § 32a Rz. 6.
1061 BGH, GRUR 2002, 149, 152 – Wetterführungspläne.
1062 OLG Nürnberg, OLGZ 130.
1063 BGH, ZUM 1998, 497, 51 – Comic-Übersetzung.
1064 BGH, GRUR 2012, 496 – Das Boot; BGH GRUR 2012, 1248 – Fluch der Karibik.

eines Arbeitsraumes, werden berücksichtigt. Diesen Leistungen werden die Vorteile und Erträge aus der Nutzung des Werkes gegenübergestellt, also die Bruttoeinnahmen des Verwerters und alle anderen wirtschaftliche Vorteile, wie die innerbetriebliche Nutzung eines Werkes oder die Werbung. Ergibt sich ein auffälliges Missverhältnis zwischen den Vorteile und Erträge einerseits und der Gegenleistung andererseits, besteht ein Anspruch auf Fairnessausgleich.

960 Bei der Gegenüberstellung der jeweiligen Leistungen ist festzustellen, ob ein **auffälliges Missverhältnis** vorliegt. Ein auffälliges Missverhältnis wird angenommen, wenn die tatsächlich bezahlte Vergütung die Hälfte oder weniger desjenigen Honorars beträgt, das als angemessene Vergütung zu bezahlen gewesen wäre.

961 Ist ein auffälliges Missverhältnis festgestellt worden, hat der Urheber **Anspruch** auf eine **angemessene weitere Beteiligung**; der Urheber ist so zu stellen, dass nicht nur das Missverhältnis entfällt, sondern er eine angemessene Beteiligung erhält[1065].

962 Es ist denkbar, dass der besondere Erfolg eines Werkes nicht bei dem Erwerber eines Nutzungsrechts entsteht, sondern bei demjenigen, dem ein Nutzungsrecht übertragen wurde. In diesem Fall kann der **Urheber direkt den Lizenznehmer** nach der Weiterübertragung oder Einräumung eines Nutzungsrechts auf den Abschluss eines entsprechenden Vertrages **in Anspruch** nehmen[1066] (§ 32a Abs. 2 UrhG) und auf Zahlung klagen[1067]. Voraussetzung dafür ist, dass das auffällige **Missverhältnis** zwischen der **Erlösbeteiligung des Urhebers und** den **Vorteilen und Erfolgen** des Dritten besteht. Die vertraglichen Beziehungen in der Lizenzkette und die Umstände der jeweiligen Vertragsverhältnisse, insbesondere die geleisteten Lizenzzahlungen, sind im Einzelnen zu berücksichtigen. Damit können sich aus Lizenzketten mehrere Teilansprüche ergeben[1068].

963 Die Ansprüche auf weitere Beteiligung sind **im Voraus nicht verzichtbar (§ 32a Abs. 3 UrhG)**. Die Anwartschaften daraus unterliegen nicht der Zwangsvollstreckung; eine Verfügung über die Anwartschaften ist unwirksam. Damit ist der Anspruch sowohl unverzichtbar als auch unpfändbar. Nur, wenn ein Tarifvertrag oder gemeinsame Vergütungsregeln bestehen, die ausdrücklich eine weitere Beteiligung vorsehen, kann der Anspruch aus dem Fairnessparagrafen (§ 32a Abs. 4 UrhG) entfallen.

▶ **Wiederholungsfragen**

1. Wer hat Anspruch auf eine weitere Beteiligung?

1065 BGH, GRUR 2002, 153, 155 – Kinderhörspiele; OLG München, ZUM 2003, 970, 972.
1066 *Erdmann*, GRUR 2002, 923, 927; Dreier/*Schulze*, § 32a Rz. 48 m.w.N.
1067 BGH GRUR 2009, 939 Tz 35 – Mambo No. 5.
1068 Zum Ganzen: *Dreier/Schulze*, § 32a Rz. 50 ff.

2. Unter welchen Voraussetzungen besteht ein Anspruch auf weitere Beteiligung?
3. Hat der Urheber auch gegenüber dem Lizenznehmer seines Vertragspartners Anspruch auf eine weitere Beteiligung?

20.5.5 Auslandsberührung

Die Ansprüche auf **angemessene Vergütung** (§ 32 UrhG) und auf eine **weitere Beteiligung** (§ 32a UrhG) sind **zwingendes** Recht, können also von den Vertragspartnern nicht abbedungen werden. § 32b Nr. 1 UrhG, sorgt dafür, dass auf Verträge mit Inlandsbezug stets §§ 32, 32a UrhG anwendbar bleiben. Ist nach Art. 1 Rom-I-VO[1069] eine Rechtswahl möglich, so werden hiervon die Ansprüche auf eine angemessene Vergütung und weitere Beteiligung gemäß §§ 32, 32a UrhG nicht berührt.

964

Findet die **maßgebliche Nutzungshandlung** in der Bundesrepublik Deutschland statt, kann der jeweilige Urheber den Anspruch auf angemessene Vergütung und auf weitere Beteiligung geltend machen auch wenn der Rechteinhaber nicht in der Bundesrepublik Deutschland ansässig ist.

965

▶ **Wiederholungsfragen**

Wie stellt das Gesetz sicher, dass die Beteiligungsansprüche des Urhebers bei Auslandsbezug nicht umgangen werden?

20.6 vorbereitende Auskunftsansprüche

Die Berechtigten haben meistens keine Kenntnis über die Vorteile und Erfolge der Nutzer. Sie könnten ohne entsprechende Auskunftsansprüche ihre Ansprüche nicht durchsetzen.

966

20.6.1 Anspruch auf Auskunft und Rechenschaft über Erträge

Bei entgeltlicher Einräumung oder Übertragung eines Nutzungsrechts kann der Urheber von seinem Vertragspartner einmal jährlich Auskunft und Rechenschaft über den Umfang der Werknutzung und die hieraus gezogenen Erträge und Vorteile auf Grundlage der im Rahmen eines ordnungsgemäßen Geschäftsbetriebes üblicherweise vorhandenen Informationen verlangen (§ 32d Abs. 1 UrhG). Der Urheber kann sich also jährlich darüber versichern, dass kein auffälliges Missverhältnis zwischen der erhaltenen Vergütung und den Vorteilen und Erträgen aus der Nutzung seines Werkes entstanden sind.

967

1069 ABl. 309, S. 87

Der Anspruch ist ausgeschlossen, soweit der Urheber einen lediglich nachrangigen Beitrag zu einem Werk, einem Produkt oder einer Dienstleistung erbracht hat. Nachrangig ist ein Beitrag insbesondere dann, wenn er den Gesamteindruck eines Werkes oder die Beschaffenheit eines Produktes oder einer Dienstleistung wenig prägt, etwa weil er nicht zum typischen Inhalt eines Werkes, eines Produktes oder einer Dienstleistung gehört, oder die Inanspruchnahme des Vertragspartners aus anderen Gründen unverhältnismäßig ist.

Zum Nachteil des Urhebers kann nur durch eine Vereinbarung abgewichen werden, die auf einer gemeinsamen Vergütungsregel (§ 36) oder einem Tarifvertrag beruht

20.6.2 Anspruch auf Auskunft und Rechenschaft über Erträge in der Lizenzkette

968 Hat der Vertragspartner des Urhebers das Nutzungsrecht übertragen oder weitere Nutzungsrechte eingeräumt, so kann der Urheber Auskunft und Rechenschaft nach § 32d Absatz 1 und 2 UrhG auch von denjenigen Dritten verlangen, die die Nutzungsvorgänge in der Lizenzkette wirtschaftlich wesentlich bestimmen oder aus deren Erträgnissen oder Vorteilen sich das auffällige Missverhältnis gemäß § 32a Absatz 2 ergibt. Voraussetzung ist nur, dass aufgrund nachprüfbarer Tatsachen klare Anhaltspunkte für deren Voraussetzungen vorliegen.

Zum Nachteil des Urhebers kann nur durch eine Vereinbarung abgewichen werden, die auf einer gemeinsamen Vergütungsregel (§ 36) oder einem Tarifvertrag beruht (§ 32e UrhG).

20.7 Kollektive Vereinbarungen zur Vergütung

20.7.1 Normverträge

969 In der urheberrechtlichen Vertragspraxis haben sich für bestimmte Bereiche sogenannte »**Normverträge**« entwickelt. Diese existieren beispielsweise zwischen dem Börsenverein des Deutschen Buchhandels e.V. einerseits und dem Verband deutscher Schriftsteller (VS) in den IG-Medien (heute: Ver.di) andererseits als ausgehandelte »Normverträge für den Abschluss von **Verlagsverträgen** für belletristische Werke«[1070] und als »Normvertrag für den Abschluss von **Übersetzerverträgen**«[1071] für die Vereinbarung zur Übersetzung belletristischer Werke. Daneben hat der Börsenverein des Deutschen Buchhandels mit dem Hochschulverband die »Vertragsnormen bei **wissenschaftlichen Verlagswerken**«[1072] vereinbart.

1070 *Hillig*, Urheber- und Verlagsrecht, S. 99.
1071 *Hillig*, Urheber- und Verlagsrecht, S. 1109.
1072 http://www.boersenverein.de/sixcms/media.php/976/wiss_vertragsnormen.pdf, Abruf vom 29.1.2018.

Normverträge haben grundsätzlich den Charakter eines Vertragsmusters oder von Empfehlungen, so dass sie erst aufgrund eines Individualvertrages Rechtswirksamkeit erlangen. Die Vereinbarungen können aber auch Verkehrssitten wiedergeben (§ 157 BGB). Die Normverträge weisen keine Absprachen über die Vergütungshöhe auf.

20.7.2 Tarifverträge

Neben den oben erwähnten Normverträgen werden auch urheberrechtliche Fragen in **Tarifverträgen für Arbeitnehmer und arbeitnehmerähnliche Personen** (§ 12a TVG) geregelt. So existieren beispielsweise Tarifverträge für arbeitnehmerähnliche freie Journalisten und Journalistinnen an Tageszeitungen[1073] oder ein Tarifvertrag über die Urheberrechte arbeitnehmerähnlicher Personen des WDR[1074]. Tarifverträge sind **kollektive Vereinbarungen** zwischen den Tarifvertragsparteien, also zwischen **Arbeitgeberverband** oder einem **einzelnen Arbeitgeber** auf der einen Seite und einer **Gewerkschaft** auf der anderen Seite. Die darin aufgestellten Regelungen gelten grundsätzlich unmittelbar und zwingend (§§ 3 Abs. 1, 4 Abs. 2 TVG), so dass eine Abweichung zum Nachteil des Arbeitnehmers unwirksam wäre, nur für die **tarifgebundenen Personen** also die Mitglieder der Tarifvertragsparteien, es sei denn, dass im Einzelfall der Tarifvertrag für allgemein verbindlich erklärt wurde.

970

In den Tarifverträgen werden Mindestbestimmungen verbindlich festgelegt. Es besteht kein Bedarf, die angemessene Vergütung in gemeinsamen Vergütungsregeln zu erarbeiten. Die Vergütungsregeln der Tarifverträge beziehen sich zumeist auf die Arbeitsleistung und nicht auf die Werkverwertung; sie sind zeitraumbezogen, z.B. durch die Vereinbarung eines Monatsbetrages. Sie haben also in erster Linie die Tätigkeit im Auge, nicht die Vergütung für die Werknutzung.

20.7.3 Gemeinsame Vergütungsregeln

Der Gesetzgeber der Urheberrechtsreform des Jahres 2002 hat eine neue Art kollektivvertraglicher Regelungen[1075], die einem Tarifvertrag nachgebildet sind, geschaffen: Die **gemeinsamen Vergütungsregeln**.[1076]

971

In gemeinsamen Vergütungsregeln soll von den **Vereinigungen von Urhebern** einerseits und **Vereinigungen der Werknutzer** oder **einzelner Werknutzer** andererseits

972

1073 *Hillig*, Urheber- und Verlagsrecht, S. 165.
1074 *Hillig*, Urheber- und Verlagsrecht, S. 199.
1075 *Schricker/Loewenheim//Dietz/Haedicke*, § 36 Rz. 19 ff. m.w.N.; *Schricker*, MMR 2000, 713, 714 – »die geplante Neuregelung verlässt eingefahrene Gleise«; *Schack*, GRUR 2002, 853 – »Systemsprengende Neuerung«.
1076 Das Gesetz war im Vorfeld stark umstritten. Gegner und Befürworter des Konzepts führten eine intensive, z.T. auch ideologisch geprägte Auseinandersetzung (vgl. *Schricker/Loewenheim/ Dietz/Haedicke*, § 36 Rz. 1 ff. m.w.N.).

die angemessene Vergütung, allgemein festgelegt werden. Sind gemeinsame Vergütungsregeln wirksam vereinbart worden, gilt in ihrem Geltungsbereich ihr Inhalt **unwiderleglich** als angemessene Vergütung (§ 32 Abs. 2 S. 1 UrhG).

Gemeinsame Vergütungsregeln **dienen** der **Auslegung des unbestimmten Rechtsbegriffs** der »angemessenen Vergütung«[1077]. Die gemeinsamen Vergütungsregeln entfalten nur für die Vertragspartner, die an deren Aufstellung beteiligt waren Verpflichtungen. Sie können sich nicht auf abweichende Absprachen berufen und müssen einen Wunsch des Urhebers auf Vertragsanpassung Folge leisten (§ 36c UrhG). Ferner binden sie die Mitglieder von Vereinigungen der Werknutzer, die an deren Aufstellung mitwirkten (§ 36b UrhG). Gemeinsame Vergütungsregeln haben, anders als Tarifverträge, keinen normativen[1078], sondern einen **normausfüllenden Charakter**. Im Hinblick darauf sind sie keiner AGB-Kontrolle zugänglich[1079]. Kartellrechtlich betrachtet sind sie weder eine Vergütungsvereinbarung noch stellen sie abgestimmte Verhaltensweisen oder Preisempfehlungen dar (§§ 1, 2 Abs. 2, 22 GWB, Art. 101 AEUV)[1080].

973 Gemeinsame Vergütungsregeln legen unwiderleglich nicht nur die angemessene Vergütung der beteiligten Parteien fest, sondern **allgemein für andere Werke**, die von den gemeinsamen Vergütungsregeln betroffen sind[1081]. Damit haben wirksam vereinbarte gemeinsame Vergütungsregelungen eine **Drittwirkung**[1082].

974 Die gemeinsamen Vergütungsregeln werden auf **Seiten Kreativer** durch **Vereinigungen** von **Urhebern** oder **ausübenden Künstlern** (§ 79 Abs. 2 S. 2 UrhG) oder auch von **Verfassern wissenschaftlicher Ausgaben** (§ 70 Abs. 1 UrhG) oder **Lichtbildnern** (§ 72 Abs. 1 UrhG) erarbeitet, während auf Seiten der **Werknutzer Vereinigungen** der Werknutzer, aber auch **einzelne Werknutzer** beteiligt sein können. Auf die Rechtsform der beteiligten Vereinigungen kommt es nicht an. Entscheidend ist, dass eine mitgliedschaftliche Willensbildung im Rahmen der Vereinigung sichergestellt ist.

975 Die **Vereinigungen** müssen **repräsentativ**, **unabhängig** und **zur Aufstellung** gemeinsamer Vergütungsregeln **ermächtigt** sein (§ 36 Abs. 2 UrhG)[1083]. Nur dann, wenn Vereinigungen repräsentativ sind, können sie die jeweilige Branche darstellen, die Branche angemessen vertreten und Missbrauch verhindern. Die an der Verhandlung beteilig-

---

1077 *Schricker/Loewenheim/Dietz/Haedicke*, § 36 Rz. 29.
1078 a.A. *Hertin*, MMR 2003, 16.
1079 *Schmidt*, ZUM 2002, 781; a.A. *Tory*, AfP 2002, 93, 103.
1080 *Schricker/Loewenheim/Dietz/Haedicke*, § 36 Rz. 26; a.A. Begründung des Regierungsentwurfs in UFITA 2002, S. 507; *Schmidt*, ZUM 2002, 781; *Schack*, GRUR 2002, 853, die die Vorschrift als lex specialis betrachten; *Dreier/Schulze*, § 36 Rz. 3; *Wandtke/Bullinger/Wandtke/Grunert*, § 36 Rz. 3 sehen in § 36 eine ausdrückliche Freistellung vom Kartellverbot.
1081 *Dreier/Schulze*, § 32 Rz. 30 ff.
1082 *Erdmann*, GRUR 2002, 922; *Jakobs*, NJW 2002, 1905; *Schricker/Loewenheim/Dietz/Haedicke*, § 36 Rz. 45; *Dreier/Schulze*, § 36 Rz. 16 und § 32 Rz. 36.
1083 BGH, GRUR 2016, 1296-GVR Tageszeitung III.

ten Vereinigungen müssen **unabhängig**, also **gegnerfrei** sein[1084]. Dies bedeutet, dass die Unabhängigkeit dann fraglich ist, wenn in einer Vereinigung sowohl Urheber als auch Werknutzer gemeinsam vertreten sind. Schließlich müssen die Verbände **zum Abschluss** der gemeinsamen Vergütungsregeln **ermächtigt** sein. Eine solche Ermächtigung kann sich entweder aus der Satzung, dem Gesellschaftsvertrag oder auch aus einzelnen vereinsrechtlich wirksamen Beschlüssen ergeben.

Gegenstand der gemeinsamen Vergütungsregeln können **alle Fragen und Gesichtspunkte**, die bei der **Findung und Bestimmung der angemessenen Vergütung** für die Einräumung eines Nutzungsrechts, die Nutzung eines Werkes oder die Darbietung eines ausübenden Künstlers, eine Rolle spielen können, sein. In erster Linie ist die jeweilige konkrete Werkart und die konkrete Nutzung zu bestimmen. Ferner die Leistung und die Gegenleistung, also die Zahlungsart (Beteiligungs-, Pauschal-, Zusatz- oder Wiederholungshonorar, Auftrags- oder Grund- und Nutzungshonorar) oder Vergütungsrahmen, Zahlungsmodi (Vorschüsse, Garantien, Fälligkeit), Abrechnungs- und Auskunftsverpflichtungen und gegebenenfalls welche weitere Beteiligung (§ 32a Abs. 4 UrhG) den Urhebern zu gewähren ist.

976

Bei der Findung der Regelung sollen die Struktur und Größe der Verwerter, die Besonderheiten der jeweiligen Märkte und alle sonstigen branchenüblichen Umstände Berücksichtigung finden. Kein Gegenstand von gemeinsamen Vergütungsregeln sind urhebervertragsrechtliche Fragen, die nichts mit der Vergütung zu tun haben.

Den Vertragspartnern steht es grundsätzlich frei einen Verhandlungsweg zu suchen. Alternativ steht den Beteiligten ein **Schlichtungsverfahren** offen vor der speziell zu begründenden **Schlichtungsstelle** (§§ 36 Abs. 3 und 4, 36a UrhG). Sie soll branchenbezogene Kompetenz und Sachverstand in dem Einigungsvorschlag einfließen lassen. Das Gesetz hat hierzu ein neues Verfahren entwickelt, das Elemente des Schiedsstellenverfahrens nach §§ 92ff. VGG, des Schiedsgerichtsverfahrens nach §§ 1027ff. ZPO und des Verfahrens vor Einigungsstellen gemäß §§ 67f. BetrVG aufnimmt.

977

Das besondere Verfahren vor der Schlichtungsstelle ist im Einzelnen in § 36 a UrhG geregelt. Der Gesetzgeber kann über das Verfahren eine weitere Verordnung aufstellen. Die Schlichtungsstelle wird jeweils auf Antrag der Parteien für die Regelung und Erarbeitung eines einzelnen Einigungsvorschlages errichtet. Sie besteht grundsätzlich aus der gleichen Anzahl von Beisitzern, die jeweils von den beteiligten Parteien bestellt werden, und einem unparteiischem Vorsitzenden, auf dessen Person sich beide Parteien einigen sollen. Können sich die beiden Parteien nicht auf die Person des Vorsitzenden und/oder auf die Anzahl der Beteiligten einigen, so bestimmt das zuständige Oberlandesgericht (§ 1062 ZPO) die Anzahl der Beisitzer und den Vorsitzenden (§ 36a Abs. 3 UrhG) durch unanfechtbaren Beschluss. Das Verfahren wird

978

1084 *Thüsing*, GRUR 2002, 203.

durch das schriftliche Verlangen auf Durchführung des Schlichtungsverfahrens eingeleitet. Dieses Verlangen muss einen Vorschlag über die Aufstellung der gemeinsamen Vergütungsregeln enthalten (§ 36a Abs. 4 UrhG). Über die Durchführung des Verfahrens, ob mündlich oder schriftlich, enthält das Gesetz keine Angaben. Die Parteien können aber Einzelheiten des Verfahrens vereinbaren (§ 36a Abs. 7 UrhG). Es bestimmt lediglich, dass der Einigungsvorschlag nach mündlicher Beratung der beteiligten Schlichter mit Mehrheit der von den Parteien benannten Schlichter erfolgt. Können sich die von den Parteien benannten Schlichter nicht auf einen Einigungsvorschlag einigen, so wirkt der Vorsitzende an der Entscheidung und Stimmabgabe mit (§ 36a Abs. 5 UrhG).

Von den **Kosten des Schlichtungsverfahrens** tragen die Parteien jeweils ihre eigenen Kosten und die Kosten der von ihnen bestellten Beisitzer, während die sonstigen Kosten, also die des Vorsitzenden sowie etwaige Sachverständigenkosten und Zeugengebühren o.ä., von den Parteien gesamtschuldnerisch zu tragen sind (§ 36 Abs. 6 UrhG).

▶ Wiederholungsfragen

1. *Welche Formen der kollektiven Vereinbarungen gibt es im Urheberrecht?*
2. *Welche Rechtsqualität haben Normverträge?*
3. *Welche Rechtsnatur haben gemeinsame Vergütungsregeln?*
4. *Was ist Inhalt gemeinsamer Vergütungsregeln?*
5. *Wer kann Partei gemeinsamer Vergütungsregeln sein?*
6. *Was ist der Gegenstand gemeinsamer Vergütungsregeln?*
7. *Welches Verfahren findet statt, wenn sich die Parteien nicht auf gemeinsame Vergütungsregeln einigen können?*

20.8 Urheber in Arbeits- oder Dienstverhältnissen

20.8.1 Allgemeines

979 In der modernen, **arbeitsteiligen Wirtschaft** tritt die Person des freischaffenden Künstlers mehr und mehr zurück hinter angestellten Kreativen. Urheberrechtlich **geschützte Werke**, wie Computersoftware und -spiele oder Datenbanken entstehen regelmäßig in **Unternehmen**, die die organisatorischen und finanziellen Voraussetzungen für die Tätigkeit **in einer arbeitsteiligen Gruppe** schaffen. Gerade die vielfach der »kleinen Münze« zuzurechnende Massenware ist ein Schöpfungsergebnis, das überwiegend im Rahmen eines Anstellungsverhältnisses entsteht. Ist die sachenrechtliche Zuordnung des Arbeitsergebnisses zu dem jeweiligen Arbeitgeber durch §§ 950, 855 BGB geregelt,

bedarf es bei der **Zuordnung des urheberrechtlich geschützten Werkes besonderer Vorschriften**. Ausgehend von dem auch in Arbeits- und Dienstverhältnissen geltenden **Schöpferprinzip** (§ 7 UrhG), müssen dem Arbeitgeber oder Dienstherrn die jeweils erforderlichen **Nutzungsrechte eingeräumt** werden, und darüber hinaus muss er über alle sonstigen Rechtspositionen verfügen können, um das Arbeitsergebnis auch tatsächlich wirtschaftlich verwerten zu können.

Die Vorschriften über die Nutzungsrechtseinräumung (§§ 31ff. UrhG) sind auch dann anzuwenden, wenn der Urheber das Werk in Erfüllung seiner Verpflichtung aus einem Arbeits- oder Dienstverhältnis geschaffen hat, soweit sich aus dem Inhalt oder Wesen des Arbeits- oder Dienstverhältnisses nichts anderes ergibt. Bei Computersoftware ist ausschließlich der Arbeitgeber zur Ausübung der vermögensrechtlichen Befugnisse berechtigt, wenn keine entgegenstehenden Absprachen getroffen wurden (§ 69b UrhG). 980

Für Arbeits- oder Dienstverhältnisse ergeben sich Notwendigkeit und der Umfang der Rechtseinräumung »aus dem Inhalt oder dem Wesen des Arbeits- oder Dienstverhältnisses« (§ 43 UrhG).

Die Regelung lässt erkennen, dass der angestellte Urheber, der in sicheren Einkommensverhältnissen lebt, nicht in gleichem Maße schutzbedürftig ist wie der freie Urheber, der ein Mindestmaß an sozialem und wirtschaftlichem Schutz bedarf. Die Existenzsicherungsfunktion, die durch die Sicherung einer angemessenen Vergütung für die Nutzung des Werkes (§ 11 S. 2 UrhG) gewährleistet werden soll, kann, wenn die Urheber aufgrund Absicherung weniger schutzbedürftig sind, zurücktreten.

20.8.2 Arbeits- und Dienstverhältnisse

Die besondere Vorschrift für Arbeits- und Dienstverhältnisse ist auf **Arbeitsverhältnisse** im Sinne des **Arbeitsrechts** und Dienstverhältnisse im Sinne eines **öffentlich-rechtlichen Beschäftigungsverhältnisses** anzuwenden. 981

Nicht betroffen sind Personen, die als **Selbständige**, beispielsweise auf der Grundlage eines Werkvertrages (§ 631 BGB) oder auf der Grundlage eines Auftrages (§ 662 BGB), tätig sind. Das entscheidende Abgrenzungskriterium ist dabei die **abhängige** und **weisungsgebundene Tätigkeit** des Arbeitnehmers. Zur Ermittlung der persönlichen Abhängigkeit bezieht sich die Rechtsprechung auf **Indizien**, wie insbesondere die Weisungsabhängigkeit, die Bestimmung von Ort und Zeit der Arbeitsleistung, der Eingliederung in eine betriebliche Organisation, die Zurverfügungstellung von Arbeitsgeräten, Urlaubsregelungen und auch das Abführen von Lohnsteuer und Sozialversicherungsbeiträgen[1085]. Im Bereich der kreativen künstlerischen Leistung ist die Wei-

---

1085 *Schricker/Loewenheim/Rojahn*, § 43 Rz. 14; BAG, ZUM-RD 2000, 462; BAG, NJW 1998, 3661; BGH, NJW 1999, 649.

sungsgebundenheit stark eingeschränkt. Es ist Sache des Journalisten, einen Beitrag zu recherchieren und zu verfassen. Der Architekt oder Designer kann verschiedenste Lösungen für ein Problem finden[1086].

982 Die Vorschrift ist auf die Mitwirkung **arbeitnehmerähnlicher Personen** oder freier Mitarbeiter nicht anzuwenden. Arbeitnehmerähnliche Personen (§ 12a TVG) sind diejenigen, die zwar nicht weisungsgebunden, aber wirtschaftlich abhängig und, ähnlich wie Arbeitnehmer, schutzbedürftig sind[1087]. Freie Mitarbeiter sind arbeits- und sozialrechtlich als Selbständige einzustufen und fallen, trotz ihrer teilweise regelmäßigen Mitwirkung beim Auftraggeber, nicht unter diese Erleichterungen. Sie können die Schutzvorschriften der §§ 31ff. UrhG geltend machen.

983 Trotz ihrer organschaftlichen Funktion sind **Geschäftsführer** und Vorstände juristischer Personen als Arbeitnehmer im Sinne von §§ 43, 69b UrhG zu qualifizieren. Sie sind im Hinblick auf die von ihnen während der Dauer des Arbeitsverhältnisses geschaffenen Werke wie Arbeitnehmer zu behandeln.

984 Unter **Dienstverhältnissen** versteht das Gesetz die öffentlich-rechtlichen Dienstverhältnisse der **Beamten, die durch Ernennung begründet** werden (§ 5 Abs. 1 BRRG). Zu diesen Beamten zählen auch Professoren sowie wissenschaftliches und künstlerisches Personal von Hochschulen, Richter und Soldaten. Die Rechtseinräumung für diese Dienstverhältnisse wird erleichtert.

985 Wird ein Arbeitnehmer oder ein Dienstverpflichteter in seiner Freizeit, ohne einen Zusammenhang mit seinen arbeitsrechtlichen oder dienstrechtlichen Pflichten, kreativ tätig, so fallen die so entstandenen Werke nicht unter die Sondervorschriften der §§ 43, 69b UrhG. Schreibt ein Richter während seiner Freizeit Romane, so stehen ihm die Rechte zu, ebenso wie dem angestellten Arzt die Rechte an seiner Darbietung als Jazz-Musiker allein zustehen.

▶ **Wiederholungsfragen**

1. *Auf welche Arbeitsverhältnisse bezieht sich § 43 UrhG?*
2. *Auf welche Dienstverhältnisse bezieht sich § 43 UrhG?*

[1086] *Wandtke/Bullinger/Wandtke*, § 43 Rz. 7f.
[1087] *von Olenhusen*, GRUR 2002, 11; *Schricker/Loewenheim/Rojahn*, § 43 Rz. 13, 1116; *Fromm/Nordemann/Nordemann*, § 43 Rz. 9.

20.8.3 Werke der Arbeitnehmer und Dienstverpflichteten

Die erleichterte Einräumung von Rechten bezieht sich nur auf diejenigen Werke, die die **Arbeitnehmer** oder **Dienstverpflichteten** in **Erfüllung ihrer arbeits- oder dienstvertraglichen Verpflichtungen** erstellen. Damit gehören solche Schöpfungen, die vor Beginn des Arbeitsverhältnisses geschaffen wurden[1088], ebenso wenig dazu wie die nach Beendigung des Arbeits- bzw. Dienstverhältnisses entstanden. Auch die außervertraglichen, nichtdienstlichen Werke fallen nicht hierunter. Die arbeits- oder dienstvertragliche Verpflichtung ergibt sich aus der arbeitsrechtlichen Regelungen (Tarifvertrag, Anstellungsvertrag) oder aus der betrieblichen Funktion des Arbeitnehmers, seiner Berufsausbildung und dem ausgeübten Berufsbild und schließlich auch anhand der Verwendbarkeit des Werkes für den Arbeitgeber[1089]. Auch die Werke der Dienstverpflichteten fallen nur dann unter die Erleichterung des § 43 UrhG, wenn sie dem Aufgabenbereich des Beamten, also insbesondere der ihm konkret zugewiesenen Funktion, zuzurechnen sind[1090]. Da die Hochschulprofessoren in aller Regel frei und eigenverantwortlich hinsichtlich der von ihnen zu betreibenden Forschung sind, fehlt es insofern an einer dienstlich übertragenen Funktion. Hinsichtlich deren wissenschaftlicher Veröffentlichungen kommt die Erleichterung des § 43 UrhG also nicht zur Anwendung[1091].

986

Schafft ein **Arbeitnehmer** oder Dienstverpflichteter **während** seiner **Freizeit** unter Einsatz seiner privaten Mittel ein Werk, das in engem Zusammenhang mit seinen Pflichten aus dem Arbeits- oder Dienstverhältnis steht, so kann der **Arbeitgeber** oder Dienstberechtigte **nicht auf die Rechte** an diesem Werk **zugreifen**. Der Arbeitnehmer ist nicht verpflichtet, die Rechte zur Nutzung anzubieten[1092]. Allerdings soll der Arbeitnehmer und Dienstberechtigte aufgrund seiner Treuepflicht dann einem Verwertungsverbot unterliegen, wenn die Verwertung des Werkes in unmittelbarer Konkurrenz zu dem von seinem Arbeitgeber geschaffenen Werk treten könnte. Der angestellte Programmierer darf also das von ihm in der Freizeit entwickelte Konkurrenzprogramm zur Software des Arbeitgebers nicht anbieten. Eine Anbietungsverpflichtung wird allerdings dann anzunehmen sein, wenn der Arbeitnehmer oder Beamte freiwillig während seiner Arbeitszeit oder mit Mitteln des Arbeitgebers oder Dienstherrn ein Werk schafft, das im Bezug zu seinen arbeits- und dienstrechtlichen Pflichten steht. In diesem Fall wird er seinen Dienstherrn oder Arbeitgeber die Nutzung des Werkes anbieten müssen, weil er das Werk unter Einsatz der Mittel des Arbeitgebers geschaffen hat. Leer geht er nicht aus, weil er einen gesonderten Vergütungsanspruch hat[1093].

987

1088 BGH, GRUR 1985, 129 – Elektrodenfabrik.
1089 BGH, GRUR 1985, 129 – Elektrodenfabrik; GRUR 1974, 480, 482 – Hummelrechte.
1090 BGH, GRUR 1972, 713 – Im Rhythmus der Jahrhunderte; *Schricker/Loewenheim/Rojahn*, § 43 Rz. 28 f.
1091 BGH, NJW 1991, 1480 – Grabungsmaterialien.
1092 *Schricker/Loewenheim/Rojahn*, § 43 Rz. 100 ff.
1093 OLG München, ZUM-RD 2000, 8 – TESY-M 2.

▶ **Wiederholungsfrage**

Auf welche Werke bezieht sich § 43 UrhG?

20.8.4 Einschränkung der allgemeinen Regelungen

988 In Arbeits- und Dienstverhältnissen werden die allgemeinen urhebervertraglichen Regelungen insoweit **eingeschränkt**, als sich aus dem **Inhalt oder Wesen** des Arbeits- oder Dienstverhältnisses **etwas anderes** ergibt (§ 43 UrhG). Dies bedeutet, dass auf die individuellen arbeitsvertraglichen Vereinbarungen, die ergänzenden kollektivvertraglichen Regelungen und auf die allen Beschäftigungsverhältnissen inne wohnenden Eigenheiten abzustellen ist[1094]. Dem Wesen eines Arbeitsverhältnisses entspricht es, dass es sich um einen Vertrag handelt, aufgrund dessen der Arbeitnehmer Lohn für die geleistete Arbeit erhält und der Arbeitgeber das Arbeitsergebnis im eigenen Interesse verwerten kann. Hinsichtlich der Dienstverhältnisse ist insbesondere auf die hergebrachten Grundsätze des Berufsbeamtentums (Art. 33 Abs. 5 GG) und auf die damit verbundene Treue- und Fürsorgepflichten sowie die Alimentationspflicht abzustellen.

989 Sowohl dem Arbeitsverhältnis als auch dem Dienstverhältnis entspricht es, dass die Verwertung und Nutzung des Arbeitsergebnisses sowie das Ergebnis der Dienstleistung dem Arbeitgeber bzw. Dienstherrn zur Nutzung zusteht.

990 Ist über den Vertragszweck keine Regelung getroffen worden, so verbleiben die Nutzungsrechte beim Urheber, soweit sich nicht aus Inhalt und Wesen des Arbeits- oder Dienstverhältnisses etwas anderes ergibt (§ 31 Abs. 5 UrhG). Mit der Übergabe eines Werkes ist der Arbeitnehmer gleichzeitig damit einverstanden, dass der Arbeitgeber das Werk auf **alle diejenigen Nutzungsarten nutzt**, die seinen **betrieblichen Zwecken** entsprechen[1095]. Entscheidend kommt es also auf den Betriebszweck im Zeitpunkt des Rechtsübergangs an, weil dieser dem Arbeitnehmer bekannt ist und insoweit auf einen beiderseitigen Parteiwillen geschlossen werden kann[1096]. Verfasst ein Journalist Beiträge für eine Regionalzeitung, deren Beiträge in mehreren Mantelausgaben verwertet werden, ist er mit dieser Verwertung einverstanden.

Änderungen des Betriebszwecks, die sich durch technische und sonstige Entwicklung ergeben, fallen hierunter[1097]. Arbeitgeber oder Dienstherr sind im Übrigen auch nach Beendigung des Dienstverhältnisses noch zur Nutzung berechtigt.

[1094] *Schricker/Loewenheim/Rojahn*, § 43 Rz. 33 ff.
[1095] *Schricker/Loewenheim/Rojahn*, § 43 Rz. 51 ff.; BGH, GRUR 1978, 244 – Ratgeber für Tierheilkunde.
[1096] BGH, GRUR 1998, 680 – Comic-Übersetzung;.
[1097] *Schricker/Loewenheim/Rojahn*, § 43 Rz. 54.

Beispiel: Der Lektor eines Verlages, der ein Sachbuch in urheberrechtlich relevanter Form bearbeitet, räumt seinem Arbeitgeber all jene Rechte an der entstehenden Bearbeitung ein, die der Verleger benötigt, um das Werk entsprechend der Rechtseinräumung des Autors zu nutzen.

Der Zeichentrickfilmproduzent erwirbt das Recht, Originalzeichnungen weiterzuübertragen[1098]. Ebenso ist das Recht an Programmen der Rundfunkanstalten untereinander der Normalfall im Geschäftsbetrieb der öffentlich-rechtlichen Sender in Deutschland[1099].

Es bedarf **keiner Schriftform** bei der Einräumung von Nutzungsrechten an **künftigen Werken** (§ 40 UrhG). Die Verpflichtung zur Einräumung von Nutzungsrechten ist stillschweigend Bestandteil der arbeits- oder dienstrechtlichen Pflichten[1100]. Die Rechte gehen bei Übergabe des Werkes, also der Arbeitsleistung, auf den Arbeitgeber oder Dienstherrn über. Einer gesonderten Warnung des Arbeitnehmers oder Dienstverpflichteten durch das Schriftformerfordernis wird durch den Abschluss des Arbeitsvertrages bereits regelmäßig genüge getan. Im Hinblick auf die arbeitsvertraglichen Kündigungsrechte (§§ 621 ff. BGB) bedarf es auch nicht eines gesonderten Kündigungsrechts, wie es § 40 UrhG vorsieht.

991

Gehört die **Weiterübertragung** eingeräumter Nutzungsrechte oder die **Einräumung** einfacher Nutzungsrechte zum **Betriebszweck**, so bedürfen sie auch keiner Zustimmung[1101] (§§ 34, 35 UrhG). Umgekehrt hat aber der Arbeitnehmer oder Dienstverpflichtete, wenn er seinerseits die ihm **verbliebenen Rechte Dritten** einräumen möchte, die sich aus seiner **Treuepflicht** sowie gegebenenfalls aus einem Wettbewerbsverbot ergebenden Beschränkungen zu beachten.

992

Der Arbeitnehmer kann regelmäßig **keine gesonderte Vergütung** für die Rechtseinräumung fordern, da es ja zu seinen arbeitsvertraglichen Verpflichtungen zählt, gegebenenfalls auch urheberrechtlich geschützte Leistungsergebnisse zu erstellen[1102]. Allerdings hat er Anspruch auf eine angemessene Vergütung (§ 32 UrhG), wenn seine Vergütung nicht durch einen Tarifvertrag festgelegt ist (§ 32 Abs. 4 UrhG). Ein Anspruch auf weitere Beteiligung ist daneben denkbar, sofern diese Vergütung nicht tarifvertraglich geregelt ist (§ 32a Abs. 4 UrhG).

993

Zu beachten ist, dass dem Urheber die **urheberpersönlichkeitsrechtlichen Befugnisse** auch im Arbeits- oder Dienstverhältnis zustehen. Allerdings muss der Urheber Einschränkungen hinnehmen, wenn sich Beeinträchtigungen der Nutzung zu den betrieblichen oder dienstlichen Zwecken ergeben.

994

1098 *Loewenheim/A. Nordemann*, § 63 Rz. 34.
1099 OLG Hamburg, GRUR 1977, 556 – Zwischen Marx und Rothschild.
1100 BGH, GRUR 1974, 480 – Hummelfiguren.
1101 *Schricker/Loewenheim/Rojahn*, § 43 Rz. 37.
1102 *Dreier/Schulze*, § 43 Rz. 30; BGH, GRUR 2001, 155 – Wetterführungspläne I; GRUR 2002, 149 – Wetterführungspläne II.

995 Das **Erstveröffentlichungsrecht** (§ 12 UrhG) wird dem Arbeitgeber oder Dienstherrn zur Ausübung zu überlassen sein[1103]. Das **Nennungsrecht** (§ 13 UrhG) ist zu beachten[1104]. Wann und unter welchen Voraussetzungen auf die Namensnennung verzichtet werden kann, wird nach der Branchenüblichkeit zu bestimmt.

996 Der Urheber hat auch **Änderungen seines Werkes** (§§ 14, 39 UrhG) hinzunehmen, wenn dies zumutbar ist. Das Interesse des Urhebers an der Werkintegrität tritt hinter den Interessen des Arbeitgebers an der Erreichung des Betriebszwecks zurück. Der Arbeitgeber trägt das Betriebsrisiko und soll daher die erforderliche Änderung des Werkes in den Grenzen des Entstellungsverbotes veranlassen können.

997 Das **Rückrufsrecht wegen Nichtausübung** (§ 41 UrhG) wird nur zulässig sein, wenn der Arbeitgeber oder Dienstberechtigte **keinerlei Interesse an der Verwertung zeigt** und keine Konkurrenz droht[1105]. Demgegenüber ist das Rückrufsrecht wegen gewandelter Überzeugung gemäß § 42 UrhG bzw. wegen Unternehmensveräußerung (§ 34 Abs. 2 S. 2, 3 UrhG) nur bei einer schwerwiegenden Beeinträchtigung der Interessen des Urhebers nicht ausgeschlossen[1106]. Auch dem Angestellten oder verbeamteten Urheber steht das Zugangsrecht gemäß § 25 UrhG zu[1107].

▶ **Wiederholungsfragen**

1. *Inwiefern erfolgt eine Einschränkung der Übertragungszwecklehre durch Inhalt und Wesen des Arbeits- und Dienstverhältnisses?*

2. *Welche Bedeutung hat der Betriebszweck?*

3. *Welche Einschränkung der urheberpersönlichkeitsrechtlichen Befugnisse ergibt sich aus Arbeits- und Dienstverhältnissen?*

20.8.5 Besondere Bestimmungen für Software-Ingenieure

998 Für den Urheber, der im **Arbeits- oder Dienstverhältnis ein Computerprogramm** schafft, verbleibt es bei dem Schöpferprinzip, allerdings ist der **Arbeitgeber ausschließlich zur Ausübung aller vermögensrechtlichen Befugnisse** an den Computerprogrammen berechtigt, sofern nichts anderes vereinbart wurde (§ 69b UrhG)[1108]. Dieses Recht

---

[1103] *Dreier/Schulze,* § 43 Rz. 35.
[1104] BGH, GRUR 1978, 360 – Hegel-Archiv.
[1105] *Dreier/Schulze,* § 43 Rz. 38.
[1106] *Dreier/Schulze,* § 43 Rz. 38.
[1107] *Schricker/Loewenheim/Rojahn,* § 43 Rz. 967.
[1108] OLG München, CR 2000, 429; *Dreier/Schulze,* § 69b Rz. 8; *Schricker/Loewenheim/Loewenheim/Spindler,* § 69b Rz. 6.

20.8 Urheber in Arbeits- oder Dienstverhältnissen

ist sachlich, räumlich und zeitlich nicht beschränkt[1109]. Die Übertragungszwecklehre wird nicht mehr angewendet[1110]. Der Arbeitgeber ist auch zur Bearbeitung des Programms berechtigt und kann die Nutzungsrechte an Dritte weiterübertragen oder einräumen, ohne dass hierfür die Zustimmung des Urhebers (§§ 34, 35 UrhG) erforderlich ist. Diese Berechtigung dauert über die Beendigung des Arbeits- oder Dienstverhältnisses hinaus an.

Demgegenüber sind die **urheberpersönlichkeitsrechtlichen Befugnisse** am Computerprogramm nicht von der Übertragung betroffen. Unabhängig davon muss der Schöpfer des Computerprogramms Einschränkungen, die sich aus dem Zweck der Zuordnung zu dem Arbeitgeber ergeben, hinnehmen.

999

Der angestellte Softwareingenieur hat grundsätzlich **keinen Anspruch auf** eine **gesonderte Vergütung** für die Erstellung des Werkes. Er wird aber dann, wenn er keine angemessene Vergütung erhält, einen Korrekturanspruch nach § 32 UrhG geltend machen können[1111]. Auch ein Anspruch auf weitere Beteiligung nach § 32a UrhG besteht für den Urheber von Computerprogrammen in Arbeits- oder Dienstverhältnissen.

▶ **Wiederholungsfrage**

Welche besondere Regelung gilt für Softwareingenieure?

1109 *Sack*, UFITA, 121 (1993) 15.
1110 BGH, GRUR 2001, 155 – Wetterführungspläne; *Dreier/Schulze*, § 69b Rz. 9; *Schricker/Loewenheim/Loewenheim/Spindler*, § 69b Rz. 12.
1111 *Dreier/Schulze*, § 69b Rz. 10; *Schricker/Loewenheim/Loewenheim/Spindler*, § 69b Rz. 16 f. m.w.N.

21. Die Verwertung des Werkes

21.1 Wirtschaftliche Situation

1000 Natürlich ist der Urheber grundsätzlich berechtigt und meist auch in der Lage, seine Werke selbst zu verwerten. So hat gerade das Internet die Möglichkeiten, jedes einzelne seiner Werke zu verwerten, deutlich verbessert und vereinfacht. Ob damit gleichzeitig ein wirtschaftlicher Erfolg verbunden ist, ist fraglich. Auch Goethe hatte seinen »Werther« in der Hoffnung auf einen Erfolg im Selbstverlag publiziert. Er wurde in seinen Erwartungen enttäuscht.

Die Urheber werden daher in der Regel professionelle Vermarkter ihrer Werke suchen, um eine wirtschaftlich optimale Nutzung zu erzielen. Urheber und Leistungsschutzberechtigte einerseits und Werkverwerter anderseits haben dabei meist gleichgerichtete Interessen an einer möglichst weiten Verbreitung und einem damit verbundenen wirtschaftlichen Erfolg.

21.2 Anwendbares Recht

1001 Das internationale Urheberrecht folgt dem **Territorialitätsprinzip**. Dieses besagt, dass sich **Entstehung**, **Inhaberschaft**, **Übertragbarkeit**, **Wirkung und Erlöschen** des Urheberrechts nach dem Recht des jeweiligen Schutzlandes richten; das **Schutzlandprinzip**.

1002 Auf schuldrechtliche Verträge über die Einräumung von Nutzungsrechten, die zu mehreren Staaten Beziehungen haben, werden die Regeln einer bestimmten Rechtsordnung angewandt, das **Vertragsstatut**[1112]. Nach der **Einheitstheorie**[1113] wird das Vertragsstatut auch auf das Verfügungsgeschäft angewandt. Die Einheitstheorie trägt der besonders engen Verknüpfung von Verpflichtungs- und Verfügungsgeschäften, die zu einem Ausschluss des Abstraktionsgrundsatzes im Sinne einer kausalen Bindung der Rechtseinräumung an den schuldrechtlichen Vertrag[1114] führt, Rechnung. Durch die einheitliche Behandlung der Verträge ist die gleiche Auslegung hinsichtlich des Umfanges und Inhaltes der eingeräumten Rechte gewährleistet. Zudem wird eine einheitliche Behandlung eines Lebensvorganges erreicht sowie die Zersplitterung der Rechte[1115] vermieden. Demgegenüber folgt nach der **Spaltungstheorie** das Verpflichtungs- und

---

1112 *Schricker/Loewenheim/Katzenberger/Metzger*, Vor §§ 120 ff. Rz. 148 m.w.N.
1113 *Schricker/Loewenheim/Katzenberger/Metzger*, Vor §§ 120 ff. Rz. 148 f.; *Dreier/Schulze*, Vor §§ 120 ff. Rz. 50; *Loewenheim/Walther*, § 57 Rz. 200, jew. m.w.N.; BGH, GRUR 2001, 1134 – Leo Sumer; LG München I, ZUM-RD 2002, 41 – Just bei free.
1114 § 9 Abs. 1 VerlG; *Ulmer*, § 92 I; *Dreier/Schulze*, § 31 Rz. 18; *Möhring/Nicolini/Spautz*, § 31, Rz. 14; *Wandtke/Bullinger/Wandtke/Grunert*, Vor §§ 31 ff. Rz. 3, 44, jew. m.w.N.
1115 OLG Frankfurt, GRUR 1998, 141 – Macintosh-Entwürfe; *Loewenheim*, ZUM 1999, 923.

Verfügungsgeschäft gegebenenfalls unterschiedlichen Rechtsordnungen[1116]. Danach wird auf das Verfügungsgeschäft das Recht des Schutzlandes angewandt. Folge dieser Rechtsauffassung ist, dass bei der Übertragung von Rechten für mehrere Territorien alle jeweiligen Normen zu berücksichtigen sind. Die Spaltungstheorie trägt jedoch dem Abstraktionsgrundsatz Rechnung. Der Einheitstheorie ist jedoch für den Bereich des Urhebervertragsrechts der Vorzug einzuräumen. Sie wird von den deutschen Gerichten regelmäßig angewandt. Das Vertragstatut hat seine Grenzen dort, wo urheberrechtliche Normen zwingend im jeweiligen Schutzland gelten[1117]. Dies bedeutet, dass hinsichtlich dieser vertraglichen Elemente stets das Recht am jeweiligen Schutzland anknüpft und damit dem Vertragstatut vorgeht. Zu den zwingend nach dem Recht des **Schutzlandes** zu beurteilenden vertraglichen Elementen gehören die Voraussetzung der Übertragung des Urheberechts insgesamt, die **Möglichkeit der Einräumung** einfacher oder ausschließlicher **Nutzungsrechte** und der **Übertragung** von Nutzungsrechten sowie der Einräumung von Nutzungsrechten aus abgeleiteten Rechten. Ferner zählt hierunter die Frage, ob ein gutgläubiger Rechtserwerb möglich ist, ob **Sukzessionsschutz**besteht[1118].

Für die **Bestimmung des Vertragsstatuts** ist zunächst der **Parteiwille**, also insbesondere eine Rechtswahlvereinbarung, maßgebend. Der Parteiwille kann ausdrücklich erfolgen oder sich eindeutig aus den Bestimmungen des Vertrags oder aus den Umständen des Falles ergeben (Art. 3 Rom-I-VO). 1003

Fehlt es an einer Rechtswahl durch die Parteien, so ist das **Recht desjenigen Staates** anzuwenden, mit dem der Vertrag die **engsten Verbindungen aufweist** (Art. 4 Rom-I-VO). Dies wird für denjenigen Staat vermutet, in dem die Partei, die die rechtlich und wirtschaftlich **charakteristische Leistung** zu erbringen hat, im Zeitpunkt des Vertragsschlusses ihren gewöhnlichen Aufenthalt bzw. Sitz hat (Art. 4 Abs. 2 Rom-I-VO). Übernimmt der Werknutzer im **Lizenzvertrag** nur eine Vergütungspflicht, so erbringt der Urheber oder der Lizenzgeber die charakteristische Leistung[1119]. Dies ist beispielsweise der Fall, wenn der Lizenzgeber nur eine flat-fee – wie beim Sendelizenzvertrag[1120] oder bei der Einräumung eines einfachen Abdruckrechts für eine Anthologie – erhält. Bei **Verlagsverträgen** wird angenommen, dass die charakteristische Leistung dort erbracht wird, wo der Verleger seinen Sitz hat, denn er ist zur Vervielfältigung und Verbreitung des Werkes verpflichtet, wohingegen der Verfasser nur die Voraussetzung hierfür 1004

1116 MünchKomm/*Drexel*, BGB, Internationales Immaterialgüterrecht, Rz. 220
1117 *Schricker/Loewenheim/Katzenberger/Metzger,* Vor §§ 120 ff. Rz. 150 f.; *Hausmann*, FS für Schwarz, S. 47, 51, 62 f.; *v. Gamm*, Einf. Rz. 145.
1118 *Ulmer*, Die Immaterialgüterrechte im internationalen Privatrecht, S. 47 ff., 50 ff.; BGH, GRUR 1992, 697, 698 – Alf.
1119 *Katzenberger*, FS Schricker, S. 225.
1120 *Castendyk*, ZUM 1999, 934.

durch die Rechtseinräumung und Manuskriptablieferung schafft[1121]. Ähnliches gilt für sonstige Lizenzverträge, bei denen der Verwerter eine **Ausübungsverpflichtung**[1122] übernommen hat oder ein **ausschließliches Nutzungsrecht** erwirbt.

Zu beachten ist schließlich die allgemeine Regelung, dass das Vertragstatut **keine Anwendung** findet, wenn **gegen wesentliche Grundsätze** des deutschen Rechts offensichtlich **verstoßen** wird (ordre public, Art. 9 Rom-I-VO). Hierzu zählen insbesondere der Anspruch auf angemessene Vergütung (§§ 32, 32b UrhG), die Übertragungszwecklehre (§ 31 Abs. 5 UrhG), aber auch der Anspruch auf weitere Beteiligung des Urhebers (§ 32a UrhG) sowie schließlich das Rückrufsrecht wegen Nichtausübung (§ 41 UrhG) und gewandelter Überzeugung (§ 42 UrhG).

▶ Wiederholungsfragen

1. *Welches Recht wird auf schuldrechtliche Vereinbarungen über die Einräumung von Urhebernutzungsrechten, die Beziehungen zu mehreren Staaten haben, angewandt?*
2. *Welche Normen werden auf das Verfügungsgeschäft angewandt?*
3. *Welche Rechtsvorschriften finden zwingend im Urhebervertragsrecht Anwendung?*

21.3 Keine Vertragstypen

1005 Kennzeichnend ist für das Urhebervertragsrecht, dass es, ausgenommen der Regelungen im Verlagsgesetz, für den Verlagsvertrag **keine gesetzlichen Regeln für Vertragstypen** gibt. Lediglich einzelne Aspekte wurden im Urheberrecht geregelt. Das Urhebervertragsrecht ist daher geprägt von Vertragstypen, die das Ergebnis einer langjährigen Branchenübung und Praxis sind. Ein Rückgriff auf gesetzliche Vertragstypen zur Ausfüllung von Lücken ist demgegenüber selten möglich.

1006 Die Vertragspraxis wird im Übrigen von **Formularverträgen** der jeweiligen Verwerter geprägt. Häufig ist aus wirtschaftlichen und organisatorischen Gründen ein Abweichen von den Formularverträgen nicht möglich. Es kann eine Verwertungsgesellschaft ihre **Wahrnehmungsverträge** nicht individuell mit einzelnen Wahrnehmungsberechtigten aushandeln und abschließen. Die Verwertungsgesellschaft braucht Standardverträge, um Lizenzvereinbarungen für die massenweise Nutzung in kostengünstigen Verfahren abschließen zu können. Gleiches gilt für den Abschluss von Vereinbarungen

---

1121 *Schricker/Loewenheim/Katzenberger/Metzger*, Vor §§ 120 ff. Rz. 157; BGH, GRUR 1980, 227 – Monumenta Germaniae Historica.
1122 *Schricker*, Verlagsrecht, Einl. Rz. 44.

mit Beitragsverfassern für große lexigrafische Werke oder Datenbanken, aber auch für den Filmhersteller oder Multimediaproduzenten.

21.4 Vertragspflichten

21.4.1 Herstellungspflicht

Beabsichtigt ein Nutzer die Verwertung eines bereits vorhandenen Werkes, so steht der Vertragsgegenstand bereits fest. Häufig existiert aber der Vertragsgegenstand noch nicht. So plant etwa ein Verlag eine Ratgeberreihe und möchte hierüber mit geeigneten Verfassern Verlagsverträge abschließen, oder der Produzent benötigt ein Drehbuch für einen von ihm zu produzierenden Fernseh- oder Kinofilm, oder eine Musik soll für eine Verfilmung verfasst werden, oder ein Unternehmen benötigt eine Spezialsoftware für seine Produktionssteuerung. In diesen und in vergleichbaren Fällen bedarf es einer **Regelung** über die **Erstellung des Werkes** oder die **Erbringung der Leistung**.

1007

Ist ein Manuskript Gegenstand eines Vertrages, das später vervielfältigt und verbreitet werden soll, wird also ein **Verlagsvertrag** abgeschlossen, so ist es grundsätzlich Sache des Verfassers, welche Eigenschaften das Werk aufweist[1123], es sei denn, dass bestimmte Eigenschaften vereinbart wurden. Der **Urheber ist im Rahmen** des vertraglich vorgesehenen **Zweckes frei in der Gestaltung** des Werkes. Gleiches gilt für den Interpreten anlässlich der Aufführung seines Werkes und für den Leistungsschutzberechtigten bei der Erbringung einer Leistung.

1008

Es kommen **werkvertragliche** Vorschriften (§§ 631 ff. BGB) zur Anwendung, wenn der Urheber oder die Leistungsschutzberechtigten einen **bestimmten Erfolg** schulden[1124]. So schuldet der Architekt die Erstellung des Entwurfes für ein Werk der Baukunst sowie die Erstellung der Bauvorlagen, das Softwareunternehmen die Erstellung eines den Bedürfnissen des Anwenders entsprechenden Individualprogrammes oder die Anpassung eines Standardprogrammes an spezifische Notwendigkeiten des Unternehmens, usw. Haben die Werknutzer ein bestimmtes Konzept für das Werk im Auge, ist die Beschreibung des Werkes oder der zu erbringenden Leistung Vertragsgegenstand. Ist die zu erbringende Leistung **nicht detailliert beschrieben**, so verbleibt dem Urheber und Leistungsschutzberechtigten ein **weiter Gestaltungsspielraum**. Eine detaillierte **Beschaffenheitsvereinbarung** (§ 633 Abs. 2 Ziff. 1 BGB) sollte Bestandteil einer Vereinbarung sein. Die Beschreibung dieses Werkes kann sich sowohl auf die inhaltliche Gestaltung, die Anmutung des Werkes, beziehen, als auch auf die äußeren Merkmale

---

1123 *Kohler*, Urheberrecht an Schriftwerken und Verlagsrecht, S. 308; *Schricker*, Verlagsrecht, § 31 Rz. 9.
1124 *Palandt/Sprau*, Einf. § 631 Rz. 1; BGH, GRUR 1984, 754 – Gesamtdarstellung rheumatischer Krankheiten; BGH, GRUR 1986, 610 – Programmerstellung; OLG Hamm, GRUR 1988, 564 – Werbevertrag.

des abzuliefernden Werksurrogats. Der Werknutzer hat einen Anspruch auf Festlegung des Werkes in der Form, die ihm die weitere Nutzung ermöglicht. So wünscht der Verleger das Manuskript in einer maschinenschriftlichen Fassung oder als gespeicherte Datei, der Softwareentwickler hat eine Masterdiskette abzuliefern, der Musikproduzent erstellt ein Masterband usw.

1009 Entspricht trotz der Beschaffenheitsvereinbarung das Werk nicht den Vorstellungen des Werknutzers, so sind nach den allgemeinen Regeln des Leistungsstörungsrechts und Gewährleistungsrechts Ansprüche auf Herstellung eines mangelfreien Werkes oder Schadensersatz o.ä. gegeben (§§ 633 ff., 280 ff. BGB).

▶ **Wiederholungsfragen**

1. *Welche Rechtsvorschriften sind auf die Verpflichtung zur Herstellung eines Werkes anzuwenden?*
2. *Woraus ergibt sich ein Gestaltungsspielraum des zur Werkerstellung Verpflichteten?*

21.4.2 Rechtsverschaffungspflicht

1010 Verlags- und Lizenzverträge sowie sonstige Verträge über urheberrechtlich geschützte Werke oder verwandte Schutzrechte enthalten die Verpflichtung des Urhebers oder Leistungsschutzberechtigten, seinem jeweiligen Vertragspartner das **zur Verwertung erforderliche Recht zu verschaffen**[1125]. Auch dann, wenn die Rechtsverschaffungspflicht nicht ausdrücklich in der Vereinbarung genannt ist, ergibt sie sich die Rechtseinräumung aus dem **Vertragszweck (§ 31 Abs. 5 UrhG)**. Bestellt beispielsweise die Werbeagentur bei einem Fotografen für eine Werbekampagne eine Aufnahme, so ist der Fotograf auch ohne ausdrückliche Abrede verpflichtet, die zur Verwertung erforderlichen Rechte der Werbeagentur einzuräumen.

1011 Zur Rechtsverschaffungsverpflichtung gehören die **Haftung** des Urhebers und Leistungsschutzberechtigten **für den Bestand des Rechtes** und die **Verfügungsbefugnis** darüber. Kann dieser das Recht seinem Vertragspartner nicht verschaffen, so hat der Nutzer Anspruch auf Schadensersatz statt der Leistung (§§ 280 Abs. 1, 283, 325 BGB), gegebenenfalls haftet er auch für Rechtsmängel (§§ 437, 435 analog 453 Abs. 1, 633 Abs. 3 BGB). Hat der Urheber oder Leistungsschutzberechtigte das Recht bereits einem anderen eingeräumt oder fehlt es an einer Verfügungsbefugnis oder aber liefert er ein Plagiat ab, so haftet er aus §§ 311a Abs. 2, 276 Abs. 1 S. 1 BGB.

1125 Zur Wirksamkeit eines Vertrages trotz fehlenden Urheberrechtsschutz: BGH, GRUR 2012, 910 – Delcantos Hits.

▶ **Wiederholungsfragen**

1. Woraus ergibt sich eine Rechtsverschaffungspflicht?
2. Welche Pflichten umfasst die Rechtsverschaffungspflicht?

21.4.3 Enthaltungspflicht

Mit der Verpflichtung zur Rechtseinräumung korrespondiert **die Enthaltungspflicht** des Urhebers und Leistungsschutzberechtigten. Für das Verlagsgesetz sehen §§ 2 Abs. 1, 39 Abs. 3 VerlG eine Enthaltungspflicht für einzelne Nutzungsarten ausdrücklich vor. Die Enthaltungspflicht ist das Gegenstück zur Rechtseinräumung. In dem Umfang, wie der Urheber oder Leistungsschutzberechtigte einem Dritten ein Nutzungsrecht eingeräumt hat, muss er sich der entsprechenden Nutzungen enthalten. Die Enthaltungsverpflichtung bezieht sich nur auf die Einräumung eines ausschließlichen Nutzungsrechtes, da nur dem Inhaber eines ausschließlichen Nutzungsrechtes die Nutzung auf die betreffende Art vorbehalten ist, während der Inhaber eines nicht ausschließlichen Nutzungsrechtes dieses neben allen anderen Inhabern eines solchen Rechtes nutzen kann. Ein Verstoß gegen die schuldrechtliche Enthaltungspflicht ist gleichzeitig ein Verstoß gegen das dingliche Recht.

1012

Ob und inwieweit sich allgemein aus der Verpflichtung von Treu und Glauben (§ 242 BGB) ein stillschweigendes **Wettbewerbsverbot** zu Lasten des Urhebers oder Leistungsschutzberechtigten ergibt, ist zweifelhaft. Der jeweilige Verwertungsvertrag bestimmt den Umfang der Rechtspositionen des Nutzersund legt fest, ob dem Nutzer ein ausschließliches Recht zusteht. Der **Rechtegeber** hat alles zu **unterlassen, was den Rechtenehmer in der Auswertung des ihm eingeräumten Rechtes behindern könnte**[1126]. Ein darüber hinausgehendes Wettbewerbsverbot kann sich nur unter spezifischen, weitergehenden Voraussetzungen ergeben, z.B. aus einer ausdrücklichen Wettbewerbsklausel im Vertrag oder nach den Grundsätzen des UWG.

1013

Beispiel: Der Verleger hat die Verwertung eines Romans in einer preisgünstigen Hardcover-Sonderausgabe, deren Preis dem einer Taschenbuchausgabe entspricht, zu unterlassen, wenn dadurch der Absatz der Taschenbuchausgabe seines Lizenznehmers behindert wird[1127].

▶ **Wiederholungsfragen**

1. Was versteht man unter der Enthaltungspflicht?
2. Woraus ergibt sich ein Wettbewerbsverbot?

1126 BGH, NJW 1986, 58 – Preisabstandsklausel.
1127 BGH, GRUR 1986, 91 – Preisabstandsklausel.

21.4.4 Ausübungspflicht

1014 Das typische Kennzeichen des Verlagsvertrages ist die Verpflichtung zur zweckentsprechenden und üblichen Vervielfältigung und Verbreitung auf eigene Rechnung durch den Verleger (§§ 1, 14, 15 VerlG). Anderes sieht der Bestellvertrag (§ 47 VerlG) vor, durch den der Verleger zur Zahlung des Honorars, nicht jedoch zur Vervielfältigung und Verbreitung verpflichtet ist[1128].

1015 Eine vergleichbare **Ausübungsverpflichtung** besteht ohne ausdrücklich abweichende andere Bestimmung für andere Verträge **nicht**. Der Produzent eines Werbefilms ist verpflichtet, denselben zu erstellen, der Auftraggeber ist nicht verpflichtet, diesen auch zu nutzen. Der Designer mag verpflichtet sein, ein Logo oder die Gestaltung einer Maschine zu entwerfen, sein Auftraggeber ist allerdings nicht zur Umsetzung und Verwertung verpflichtet. Der Interpret muss am Konzertabend erscheinen und seine Leistung anbieten, jedoch kann der Konzertveranstalter die Aufführung auch absagen. Eine abweichende Bestimmung kann konkludent in der Einräumung eines ausschließlichen Rechts und der Vereinbarung einer Erfolgsvergütung liegen, da dann der Rechtsinhaber seine Gegenleistung nur dann erhält, wenn der Verwerter die Leistung auch tatsächlich nutzt.

1016 Eine mittelbare Ausübungsverpflichtung besteht dann, wenn der Rechteerwerber eine Garantiezahlung geleistet hat, da der Rechteinhaber ohne eigene Verwertungsmaßnahmen die Garantiezahlungen nicht verdienen kann. Die Nutzer unterliegen also einer **Ausübungslast**[1129]. Üben sie das ihnen ausschließlich eingeräumte Nutzungsrecht nicht aus, so hat der Urheber das Rückrufsrecht wegen Nichtausübung (§ 41 UrhG). Daneben existieren verlagsrechtliche Rücktritts- und Rückrufsrechte (§§ 17, 32 VerlG).

▶ Wiederholungsfragen

1. *Enthalten urheberrechtliche Nutzungsverträge regelmäßig eine Ausübungsverpflichtung?*
2. *Ergibt sich aus dem Verlagsrecht eine Ausübungspflicht?*

21.4.5 Vergütungspflicht

1017 Der Urheber hat Anspruch auf eine angemessene Vergütung (§ 32 UrhG). Dies Pflicht ist daher Bestandteil eines jeden Vertrages zwischen Urheber und Verwerter, nicht jedoch zwischen Lizenzgeber und Lizenznehmer.

1128 LG München I, GRUR 2007, 195 – Romane von Tom C. Boyle; BGH, GRUR, 1970, 40 – Musikverleger; Russ, § 47, Rz. 30.
1129 *Ulmer-Eilfort/Obergefell/Ulmer-Eilfort*, § 1 VerG, Rz. 54.

1018 Das Verlagsgesetz sieht eine Vergütung als stillschweigend vereinbart vor, wenn die Überlassung des Werkes den Umständen nach nur gegen eine Vergütung zu erwarten ist (§ 22 Abs. 1 Satz 2 VerlG). Urheber und ausübende Künstler haben **grundsätzlich ein Anspruch auf angemessene Vergütung** (§ 32 UrhG). Auf die allgemeinen Vorschriften (§§ 611, 612, 631, 632 BGB) kommt es regelmäßig nicht mehr an, da § 32 UrhG lex specialis ist.

Die Vergütung ist häufig eine **prozentuale Beteiligung** an den Erträgnissen, kann aber, auch eine Pauschale als **Buyoutzahlung** sein. Für alle Beitragsverfasser eines enzyklopädischen Werkes kann nur sehr schwer eine erfolgsabhängige Abrechnung erstellt werden; eine Pauschale kann daher angemessen sein. Bei der Verwertung eines Romans ist es hingegen die Mitteilung der Absatzzahlen und die prozentuale Beteiligung des Autors oder Übersetzers zumutbar. Gleiches gilt beim Vertrieb von Tonträgern oder der Aufführung von Theaterstücken. Der Maler nutzt jede Gelegenheit, seine Bilder in einer Galerie oder einem Museum zu präsentieren, ohne dafür eine Vergütung zu erwarten.

▶ **Wiederholungsfragen**

Woraus ergibt sich eine Vergütungsverpflichtung?

21.5 Allgemein zivilrechtliche Grundsätze

1019 Im Urhebervertragsrecht gelten die allgemeinen zivilrechtlichen Grundsätze. Insbesondere herrscht **Vertragsfreiheit**. Soweit für regelungsbedürftige Punkte eines Vertrages keine ausdrückliche Regelung vorhanden ist, sind die Vorschriften des BGB heranzuziehen. Dabei ist auf den konkreten Einzelfall abzustellen, welche gesetzlichen Vorschriften zur Anwendung kommen können. Denkbar sind sowohl dienstvertragliche Vorschriften (§§ 611 ff. BGB), als auch werkvertragliche Vorschriften (§§ 631 ff. BGB), wenn es um die Herstellung eines Werkes oder Darbietung einer Leistung geht[1130]. Auch die Vorschriften des Kaufvertrages (§§ 433 ff. BGB) können zur Anwendung kommen, wenn es sich um die Verschaffung von Nutzungsrechten handelt[1131]. Schließlich sind auch gesellschaftsrechtliche Elemente denkbar[1132]. Häufig sind die Nutzungsrechte Gegenstand der Verträge sui generis, auf die einzelne Vorschriften des Kauf-, Miet-, Pacht-, Dienst-, Werkvertrags- oder Auftragsrechtes anwendbar sind[1133]. Jedenfalls kommt es auf die Bezeichnung des Vertrages nicht an, sondern auf die Gesamtumstände und insbesondere den Regelungszweck der Parteien[1134].

[1130] BGH, GRUR 1984, 528, 529 – Bestellvertrag; BGH, ZUM 1989, 241, 243 – Präsentbücher.
[1131] BGH, GRUR 1966, 390 f. – Werbefilm.
[1132] BGHZ 13, 115, 119 – Platzzuschüsse.
[1133] BGHZ 2, 331, 335 – Zum Filmverwertungsvertrag; *Dreier/Schulze*, Vor § 31 Rz. 6.
[1134] OLG München, ZUM 2001, 427, 432 – Seide.

21.5.1 Allgemeine Geschäftsbedingungen

1020 Besondere Bedeutung hat die Frage, ob und inwieweit das Recht der allgemeinen Geschäftsbedingungen (§§ 305a ff. BGB) zur Anwendung kommt. Wie oben ausgeführt, bedienen sich die Werkverwerter überwiegend vorformulierter Vertragsmuster, Standardverträge, Branchenmuster oder sonstiger Empfehlungen.

Die von den Verwertern genutzten Formularverträge unterliegen der Kontrolle der AGB-Vorschriften[1135], weil es sich um eine »Vielzahl von vorformulierten Vertragsbedingungen, die eine Vertragspartei (Verwender) der anderen Vertragspartei bei Abschluss eines Vertrages stellt«, handelt. Voraussetzung ist, dass die Allgemeinen Geschäftsbedingungen wirksam einbezogen wurden (§ 305 Abs. 2 und 3 BGB), sie nicht überraschend sind (§ 305c Abs. 1 BGB) und im konkreten Fall keine individuelle Vereinbarung (§ 305 BGB) getroffen wurde. Da **Urheber häufig Unternehmer** (§ 14 BGB)[1136] sind, erleichtert sich die Einbeziehung der AGB in die vertraglichen Absprachen (§ 310 BGB).

1021 Die Klauselverbote der §§ 308, 309 BGB kommen nur in den wenigsten Ausnahmefällen, weil auch die nebenberufliche Tätigkeit unter den Unternehmerbegriff fällt (§ 310 Abs. 1 BGB), zur Anwendung. Im Wesentlichen sind die Vertragsformulierungen an der Generalklausel des § 307 BGB zu messen. Danach liegt eine unangemessene Benachteiligung vor, wenn in dem Regelungsvorschlag des Formularvertrages vom »wesentlichen Grundgedanken der gesetzlichen Regelung« abgewichen wird. Es kommt also auf die **Leitbildfunktion** des Gesetzes an. Sie ist mit dem Verlagsgesetz für Verlagsverträge gegeben. Für andere Nutzungsverträge kommt es darauf an, ob dem Urheberrecht eine Leitbildfunktion zuzubilligen ist. § 11 Satz 2 UrhG bestimmt, dass das Gesetz auch der »Sicherung einer angemessenen Vergütung für die Nutzung des Werkes« dient. Damit sind die **urhebervertragsrechtlichen Vorschriften** auch als **Leitbild** durch den Gesetzgeber anerkannt worden.

1022 Umstritten ist die Frage des Leitbilds, insbesondere für die **Übertragungszwecklehre** (§ 31 Abs. 5 UrhG). Die Übertragungszwecklehre ist eine **Auslegungsregel** und **keine Inhaltsnorm**. Die Rechtsprechung hat die Übertragungszwecklehre als Leitgedanke für die Auslegung anerkannt, nicht jedoch als Leitbild für die Inhaltskontrolle (§ 307 Abs. 2 BGB)[1137], weil es sich bei Auslegung der Rechtseinräumung regelmäßig um die Bestimmung der Hauptleistungspflicht handele, die der Inhaltskontrolle entzogen sei. Ob die vereinbarte Vergütung im Verhältnis zum Umfang der Rechtseinräumung angemessen ist, unterliegt der individuellen Kontrolle gem. §§ 32 ff. UrhG.

1135 OLG München, ZUM 2007, 751.
1136 *Palandt/Ellenberger*, § 14 Rz. 2.
1137 BGH, GRUR 2015, 556-Rechteeinräumung Synchronsprecher; BGH, GRUR 2012, 1031 – Honorarbedingungen Freie Journalisten; BGH, GRUR 1984, 45 – Honorarbedingungen: Sendevertrag.

Der AGB-Kontrolle unterliegen auch Arbeitsverträge (§ 310 Abs. 4 S. 2 BGB) und Verträge mit freien Mitarbeitern, sofern diese zu den arbeitnehmerähnlichen Personen zu zählen sind (§ 12a TVG). Auch auf die Wahrnehmungsverträge der Verwertungsgesellschaften findet die AGB-Kontrolle Anwendung (§ 309 Nr. 9 BGB)[1138].

1023

▶ **Wiederholungsfragen**

1. *Unter welchen Voraussetzungen findet die AGB-Kontrolle von urhebervertragsrechtlichen Absprachen statt?*
2. *Inwiefern ist die Übertragungszwecklehre als Leitbild zu berücksichtigen?*

21.5.2 Leistungsstörungen

Auf Leistungsstörungen sind die allgemeinen Vorschriften des BGB anzuwenden, soweit sie nicht durch spezielle Vorschriften verdrängt wurden. Die Leistungsstörungsvorschriften des VerlG finden neben jenen Leistungsstörungsvorschriften des BGB Anwendung.

1024

Es sind **Mängel** an dem jeweiligen **Werkträger** von den **inhaltlichen Mängeln** des Werkes zu unterscheiden. Sowohl auf Sachmängel als auch auf inhaltliche Mängel finden die Vorschriften der §§ 434 ff., 633 ff. BGB Anwendung. Üblicherweise lässt sich dann, wenn die Beschaffenheit eines Werkträgers nicht vereinbart ist, die dem Vertrag vorausgesetzte und zumindest für die gewöhnliche Verwendung notwendige oder übliche Beschaffenheit (§ 633 Abs. 2 BGB) ohne größere Probleme ermitteln. Demgegenüber ist die Feststellung der ideellen Sollbeschaffenheit schwierig. Es gilt daher, dass grundsätzlich der **Auftraggeber keine Qualitätsmängel** hinsichtlich der wissenschaftlichen, künstlerischen oder literarischen Güte erheben kann[1139]. Dem beauftragten Urheber steht insofern eine **große Gestaltungsfreiheit** zu[1140]. Es genügt, dass der **vereinbarte Zweckgedanke** und die tragende Idee durch das Werk zum Ausdruck gebracht werden. Es kommt nicht auf die Geschmacks- und Qualitätsvorstellungen des Auftraggebers an[1141]. Der Auftraggeber muss sich vor Erteilung des Auftrages über die Qualitäten, Leistungsfähigkeit und die sonstige voraussichtliche Ausführungen der Arbeit des Auftragnehmers Klarheit verschaffen. Will der Auftraggeber erreichen, dass das Werk bestimmte Eigenschaften aufweist, so muss er diese vertraglich bestimmen[1142]. Häufig werden daher Exposés oder andere Beschreibungen zur Vertragsgrundlage gemacht

1025

1138 BGH, GRUR 2013, 375 – Mißbrauch des Verteilungsplans.
1139 BGH, GRUR 1960, 642, 644 – Drogistenlexikon.
1140 BGHZ 19, 382, 384 – Kirchenfenster.
1141 KG, ZUM-RD 1999, 337, 339 zur Regieleistung bei einem Dokumentarfilm.
1142 OLG München, ZUM 1991, 598, 600.

oder die Anmutung eines Werkes im Rahmen eines Briefings im Auftrag näher verdeutlicht oder ein Pflichtenheft zur Grundlage der Softwareentwicklung gemacht. Wenn ein Werk inhaltlich falsch und damit der mit dem Werk verfolgte Zweck nicht erreichbar ist, fehlt es an einer zugesicherten Eigenschaft[1143].

1026 Es ist grundsätzlich Sache des Nutzers, **Mängel konkret anzugeben**, insbesondere dann, wenn der Urheber zur Nachbesserung bereit ist[1144]. Während die Beschreibung der Mängel am jeweiligen Werkträger keine besonderen Probleme mit sich bringt, ist die Beschreibung inhaltlicher Mängel häufig nur schwer zu bewerkstelligen. Denn im Rahmen des Nacherfüllungsverlangens muss der Mangel so konkret gefasst werden, dass er mit Hilfe von Zeugen und Sachverständigen feststellbar ist. Häufig ist eine solche Mangelbeschreibung nicht möglich, weil die abweichende Auffassung vom Inhalt des Werkes durch den Auftraggeber nicht hinreichend deutlich verbal geschildert werden kann. Die Praxis behilft sich in diesen Fällen mit einem vertraglichen Änderungsanspruch auch für den Fall, dass die Mangelhaftigkeit eines Werkes nicht eindeutig festgestellt werden kann.

1027 Will der Auftraggeber das **Selbstvornahmerecht** (§§ 634, 637 BGB) ausüben, so bedeutet dies gleichzeitig eine Änderung oder Bearbeitung des Originalwerkes. Der Berechtigte muss daher die Persönlichkeitsrechte des Urhebers oder Leistungsschutzberechtigten ebenso wie die Vorschriften des § 23 UrhG achten.

1028 Werden die Ansprüche, z.B. auf Ablieferung des Manuskripts und/oder der Vorlagen und/ oder auf gehörige Verwertung **nicht rechtzeitig erfüllt,** so richten sich die Ansprüche nach den allgemeinen Vorschriften des Schuldrechts (§§ 275 ff., 320 ff. BGB).

1029 Verstößt ein Werk gegen ein **gesetzliches Verbot**, ist der Nutzungsvertrag nur dann nichtig, wenn gerade die verbotene Nutzung der Zweck des Vertrages gewesen ist. Ist das Werk jedoch dem Nutzer bekannt, so zählt es zu seinem Risiko, dass die Nutzung des Werkes eingeschränkt wird[1145]. Ein Werk ist nicht mangelhaft, wenn Urheber und Nutzer sich darüber bewusst sind, dass es einen brisanten Stoff enthält und das Risiko der Persönlichkeitsrechtsverletzungen in sich trägt. In diesem Fall kann sich der Nutzer nicht auf Mängel des Manuskripts und auf Gewährleistungsansprüche berufen[1146]. In jedem Fall weiß der Theaterunternehmer, dass der Regisseur an den Nutzungsvertrag gebunden ist, auch wenn das Publikum protestiert[1147].

1143 BGH, GRUR 1974, 50, 52 – Nottestamentmappe bezüglich einer fehlerhaften Anleitung zur Errichtung von Nottestamenten.
1144 OLG München, ZUM 1992, 147, 150 – Biografien.
1145 BGH, GRUR 1960, 447, 448 – Comics.
1146 BGH, GRUR 1979, 396, 397 f. – Herren und Knechte; OLG München, ZUM 1992, 141 – Biografien.
1147 OLG Dresden, ZUM 2000, 955, 958 – Csárdás Fürstin.

▶ **Wiederholungsfragen**

1. Welche Mängel am Werk müssen voneinander unterschieden werden?
2. Kann der Auftrag-/Lizenznehmer inhaltliche Mängel oder Qualitätsmängel rügen?
3. Führt der Verstoß gegen ein gesetzliches Verbot stets zur Nichtigkeit des Nutzungsvertrages?
4. Wie sind die Mängel im Falle der Nachbesserung zu beschreiben?

21.5.3 Vertragsanpassung

Auch die Regeln über die **Störung der Geschäftsgrundlage** kommen im Rahmen von Urheberrechtsverträgen zur Anwendung (§ 313 BGB). Danach ist vom Wegfall der Geschäftsgrundlage auszugehen, wenn die nicht zum Vertragsinhalt erhobenen, bei Vertragsschluss aber zutage getretenen gemeinsamen Vorstellungen beider Vertragsparteien oder die von einem Geschäftspartner erkennbaren und von ihm nicht beanstandeten Vorstellungen des anderen Vertragspartners über das Vorhandensein oder den künftigen Eintritt gewisser Umstände, auf denen sich der Geschäftswille der Parteien aufbaut, nachträglich entfallen[1148]. Bloße Erwartungen an den wirtschaftlichen Erfolg oder die Umstände, die in den Risikobereich einer Partei fallen, gehören nicht zur Geschäftsgrundlage. Ändern sich die äußeren Umstände, so dass eine die Opfergrenze überschreitende Äquivalenzstörung eintritt, so ist der Vertrag nach der Lehre vom Wegfall der Geschäftsgrundlage anzupassen.

1030

Die Rechtsprechung ist äußerst zurückhaltend und wendet die Regeln nur dann an, wenn untragbare, mit der Gerechtigkeit nicht zu vereinbarende und damit für eine Vertragspartei nicht zumutbare Folgen unabweisbar erscheinen[1149]. Regelmäßig werden strenge Maßstäbe an die Opfergrenze gelegt[1150].

1031

▶ **Wiederholungsfrage**

Unter welchen Voraussetzungen finden die Regeln über die Störung der Geschäftsgrundlage Anwendung?

21.5.4 Vertragsbeendigung

Im Urhebervertragsrecht existieren spezielle Beendigungsgründe. Die Beendigungsgründe nach dem Verlagsgesetz werden dort behandelt. Es räumt dem Urheber ein

1032

1148   BGH, GRUR 1990, 1005, 1006 – Salome.
1149   BGH, GRUR 1997, 215, 219 – Klimbim; BGH, GRUR 1993, 595, 596 – Hemingway-Serie.
1150   BGH, GRUR 1996, 763, 764 – Salome II.

Rückrufsrecht seiner Nutzungsrechte ein, wenn ihm bei der Gesamtveräußerung eines Unternehmens die Ausübung des Nutzungsrechts durch den Erwerber nach Treu und Glauben nicht mehr zuzumuten ist (§ 34 Abs. 3 UrhG). Hat der Urheber die Rechte an künftigen Werken, die nicht näher oder nur der Gattung nach bestimmt waren, eingeräumt, so kann er nach Ablauf von fünf Jahren seit Vertragsschluss den Vertrag kündigen (§ 40 UrhG). Übt der Inhaber eines ausschließlichen Nutzungsrechtes dieses nicht zureichend aus, so kann der Urheber es wegen Nichtausübung zurückrufen (§ 41 UrhG). Entspricht das Werk nicht mehr den Überzeugungen des Urhebers, so kann er dieses wegen der gewandelten Überzeugungen zurückrufen (§ 42 UrhG).

1033 Haben die Vertragspartner ein **ordentliches Kündigungsrecht** vertraglich **vereinbart**[1151], so kann nach diesen Vorschriften gekündigt werden. Ein ordentliches Kündigungsrecht aufgrund der gesetzlichen Bestimmungen kann sich aus der Anwendung miet-, pacht-, oder dienstvertraglicher Regeln ergeben. Demgegenüber sind Nutzungsverträge regelmäßig Dauerschuldverhältnisse, die ein besonderes Vertrauensverhältnis zwischen dem Urheber und dem Verwerter voraussetzen. Sie sind bei Fortfall des Vertrauensverhältnisses aus **wichtigem Grund**, gegebenenfalls auch fristlos, **kündbar** (§ 314 BGB). Die fristlose Kündigung ist stets ultima ratio. Aufgrund der konkreten Umstände des Einzelfalles, darf es dem Kündigenden nicht mehr zumutbar sein, bis zur Beendigung der Vertragsdauer zu warten[1152].

1034 Ein solcher **Kündigungsgrund** kann sowohl aus **persönlichen** als auch aus **wirtschaftlichen** Gründen gegeben sein. Liegen nur wirtschaftliche Gründe zur Kündigung vor, ist es dem Vertragspartner zuzumuten, an dem Vertrag festzuhalten und zunächst den Vertragspartner zur Erfüllung seiner Pflichten aufzufordern, als sofort die Kündigung zu erklären[1153]. Im Rahmen der Interessenabwägung ist die Anzahl der Verstöße, die Schwere, die Auswirkung der Kündigung und auch die Frage, ob der Vertragspartner die Vertragsstörung beseitigen will und kann, zu berücksichtigen. Es ist anhand der zurückliegenden Vorgänge eine Prognose für die Zukunft zu erstellen[1154].

1035 Die Kündigung bedarf keiner Begründung und keiner Schriftform, obgleich diese regelmäßig aus Beweiszwecken zu empfehlen ist. Der Kündigung soll grundsätzlich eine Abmahnung vorausgehen (§ 314 Abs. 2 BGB). Die Kündigung eines Vertrages über ein Werk, das das Ergebnis einer Miturheberschaft oder einer Werkverbindung ist, hat durch alle Miturheber oder Urheber der verbundenen Werke zu erfolgen[1155]. Will der Urheber sein Kündigungsrecht nicht verlieren, so hat er die Kündigung innerhalb ange-

---

[1151] OLG München, ZUM-RD 2000, 117.
[1152] BGH, GRUR 1977, 551, 553 – Textdichteranmeldung; BGH ZUM 2011, 52- Concierto de Aranjuez.
[1153] BGH, GRUR 1974, 789, 793 – Hofbräuhauslied.
[1154] Beispiele für Kündigungsgründe: *Dreier/Schulze*, Vor § 31 Rz. 89 m.w.N.; *G. Schulze*, in: Moser/Scheuermann (Hrsg.), Handbuch der Musikwirtschaft, 4. Aufl., §§ 839, 847ff.
[1155] BGH, GRUR 1973, 328, 329 – Musikverleger II.

messener Frist ab Kenntnis des Kündigungsgrundes auszusprechen[1156]. Der zur Kündigung Berechtigte darf zunächst den Sachverhalt vollständig und ordnungsgemäß ermitteln, hat dann eine angemessene Überlegungszeit über das Ob und insbesondere die Folgen der Kündigung[1157], bevor er die Kündigung erklärt, ohne dadurch die Frist verstreichen zu lassen. Wird eine Handelsgesellschaft, die Inhaberin der Nutzungsrechte ist, aus dem Handelsregister gelöscht, so fallen zu diesem Zeitpunkt die Rechte an den Urheber zurück[1158].

Schließlich **endet** jeder urheberrechtliche Nutzungsvertrag auch mit der Zeit, für die er eingegangen wurde.[1159]

1036

▶ **Wiederholungsfragen**

1. Welche allgemein bürgerlich-rechtlichen Vorschriften über die Vertragsbeendigung können auch für Urheberrechtsverträge Anwendung finden?
2. Gibt es ein ordentliches Kündigungsrecht im Urhebervertragsrecht?
3. Unter welchen Voraussetzungen ist eine Kündigung aus wichtigem Grund wirksam?

1156 BGH, GRUR 1997, 236, 238 – Verlagsverträge.
1157 BGH, GRUR 1977, 551, 554 – Textdichteranmeldung; BGH, GRUR 1997, 236, 238 – Verlagsverträge.
1158 OLG Köln, ZUM 2010, 536.
1159 OLG Düsseldorf, ZUM 2004, 307.

22. Buch- und Zeitschriftenproduktion

22.1 Allgemeines

1037 Für den Verlagsvertrag findet sich eine gesetzliche Regelung in dem Gesetz über das Verlagsrecht vom 19. Juni 1901. Durch den Verlagsvertrag über ein Werk der Literatur oder Tonkunst wird der Verfasser verpflichtet, **dem Verleger ein Manuskript abzuliefern** und die **Rechte** zur Vervielfältigung und Verbreitung des Manuskripts **einzuräumen**, wohingegen der **Verleger** sich zur **Vervielfältigung** und **Verbreitung** auf eigene Rechnung verpflichtet (§ 1 VerlG).

1038 Das Verlagsrecht trennt das **Verlagsrecht im objektiven Sinne** von demjenigen im **subjektiven Sinne**. Das Verlagsrecht im objektiven Sinne sind die im Verlagsgesetz enthaltenen **Rechtsnormen**. Das **Verlagsrecht im subjektiven Sinne** ist das aus dem Urheberrecht abgeleitete **Nutzungsrecht des Verlegers** zur Vervielfältigung und Verbreitung[1160] des Werkes.

1039 Der Verlagsvertrag ist ein **Vertrag sui generis**. Für die Auslegung des Verlagsgesetzes sind in erster Linie die urhebervertragsrechtlichen Grundsätze und im Übrigen die Grundsätze des Schuldrechts anzuwenden. Mag der Verleger regelmäßig der geschäftserfahrenere, mitunter der wirtschaftlich stärkere Partner eines Verlagsvertrages sein, so führt dies **nicht** zu einer **Auslegungsregel** »**in dubio pro auctore**«. Nur dort, wo sich aus den Wertungen des Urheberrechtsgesetzes oder des Verlagsgesetzes eine Bevorzugung der Interessen des Urhebers ergibt, ist diese Regel anwendbar[1161].

1040 **Parteien** des Verlagsvertrages sind auf der einen Seite der **Verfasser**, also der Urheber eines Werkes, und auf der anderen Seite der **Verleger**. Aber auch dann, wenn der Vertragspartner des Verlegers nicht der Urheber ist, kann das Verlagsgesetz Anwendung (§ 48 VerlG) finden. Damit findet das Verlagsgesetz auf viele Verträge, die als »Lizenzverträge« überschrieben sind, Anwendung.

▶ **Wiederholungsfragen**

1. *Welche Pflichten kennzeichnen einen Verlagsvertrag?*
2. *Was versteht man unter Verlagsrecht im objektiven Sinne?*
3. *Was versteht man unter Verlagsrecht im subjektiven Sinne?*
4. *Wer sind die Parteien eines Verlagsvertrages?*

1160 BGHZ 19, 113.
1161 *Schricker*, Verlagsrecht, § 1 Rz. 6.

22.2 Kennzeichen eines Verlagsvertrages

Kennzeichnend für den Verlagsvertrag ist die **Verpflichtung des Verfassers, dem Verleger** ein Werk der Literatur und Tonkunst zur **Vervielfältigung und Verbreitung** zu überlassen, dem die **Auswertungspflicht** des Verlegers, also die Pflicht zur Vervielfältigung und Verbreitung auf eigene Rechnung, gegenübersteht[1162].

1041

Wenn diese Pflichten im synallagmatischen Verhältnis stehen, wird von einem Verlagsvertrag gesprochen. Nicht zum wesentlichen Inhalt eines Verlagsvertrages gehört der Vergütungsanspruch des Verfassers (§§ 22 Abs. 1 S. 2 VerlG, 32 UrhG). Zwar gilt ein Verfasserhonorar stillschweigend als vereinbart, wenn die Überlassung des Werkes nach den konkreten Umständen nur gegen eine Vergütung zu erwarten war, doch gehört dies nicht zu den Hauptleistungen, die einen Verlagsvertrag kennzeichnen und im Gegenseitigkeitsverhältnis (§§ 320 ff. BGB) stehen.

1042

Ob der **Verleger** tatsächlich eine **Verpflichtung** zur Vervielfältigung und Verbreitung übernommen hat, kann sich gegebenenfalls auch **anhand der Vertragsauslegung** nach der Verkehrssitte und nach Treu und Glauben ergeben (§§ 133, 157 BGB). Aus den Begleitumständen kann sich die stillschweigende Übernahme der Vervielfältigungs- und Verbreitungsverpflichtung durch den Verleger ergeben. So spricht für eine diesbezügliche Verpflichtung des Verlegers, wenn der Verfasser am Ergebnis durch eine Erfolgsbeteiligung teilnimmt[1163]. Gegen eine Auswertungsverpflichtung sprechen die geplante Aufnahme eines Beitrages in einem Reihenwerk oder einem lexigrafischen Werk oder einem sonstigen Sammelwerk. Die Pflicht zur Zahlung einer Vergütung ist Nebenleistungspflicht.

1043

Der Verlagsvertrag (§ 1 VerlG) unterscheidet sich vom **Bestellvertrag** (§ 47 VerlG) dadurch, dass dort der Verfasser die **Herstellung eines Werkes nach einem Plan**, in dem der Inhalt des Werkes sowie die Art und Weise der Behandlung genau vorgeschrieben ist, übernommen hat[1164]. Der Bestellvertrag ist demgemäß ein **Werkvertrag**, so dass darauf die werkvertragsrechtlichen Grundsätze (§§ 631 ff. BGB) Anwendung finden[1165]. Die Mitarbeit an einem enzyklopädischen Unternehmen oder sonstige Hilfs-, Nebenarbeiten für ein anderes Werk oder ein Sammelwerk sind Gegenstände eines Bestellvertrages. Ob der tatsächliche Verfasser beim Bestellvertrag nur Gehilfe des Bestellers ist oder ob der Besteller Miturheber ist, hängt insbesondere vom Umfang und der Intensität der Mitwirkung ab[1166].

1044

1162 *Schricker*, Verlagsrecht, § 1 Rz. 7; OLG Hamburg, *Schulze*, OLGZ 152; BGH, GRUR 1959, 384, 387 – Postkalender.
1163 BGHZ 113, 115, 119; BGH, GRUR 1961, 470, 471 – Mitarbeiter-Urkunde.
1164 *Ulmer-Eilfort/Obergefell/Ulmer-Eilfort*, § 47 VerG, Rz. 11 ff.
1165 *Ulmer-Eilfort/Obergefell/Ulmer-Eilfort*, § 47 VerG, Rz. 25 ff.
1166 *Schricker*, Verlagsrecht, § 47 Rz. 2 ff.

1045 Der Verlagsvertrag **unterscheidet** sich von dem reinen **Lizenzvertrag** dadurch, dass im reinen Lizenzvertrag der Rechteerwerber weder ausdrücklich noch mittelbar eine Auswertungsverpflichtung übernimmt. Übernimmt der Lizenznehmer ausdrücklich oder mittelbar eine Vervielfältigungs- und Verbreitungsverpflichtung auf eigene Rechnung, so handelt es sich im eigentlichen Sinne um einen Verlagsvertrag, auf den die Regelungen gemäß §§ 1 ff. VerlG Anwendung finden.

1046 Zielt eine Absprache darauf ab, dass der Rechteinhaber einem Dritten **seine Rechte vollständig überträgt**, beispielsweise im Rahmen der Gesamtveräußerung eines Verlagsgeschäftes oder der Veräußerung einzelner Teile eines Verlagsgeschäftes (§ 34 UrhG), so sind die kaufvertraglichen Grundsätze anzuwenden. In diesem Fall verbleiben nämlich bei dem Rechtsinhaber keine Rechte. Er überträgt seine Rechtsposition vielmehr vollständig auf den Erwerber.

1047 Im **Gesellschaftsvertrag** verpflichten sich mehrere gemeinschaftlich zur Leistung von Beiträgen zur Erreichung eines Gesellschaftszwecks (§§ 705 ff. BGB). Demgemäß kann die Bildung einer Miturhebergemeinschaft zur Erstellung eines gemeinsamen Werkes der Abschluss eines Gesellschaftsvertrages sein. Die Verpflichtungen der Beteiligten stehen nicht in einem do-ut-des-Verhältnis einander gegenüber, sondern sind gleichgerichtete Interessen und Verpflichtungen um ein gemeinsames Ziel zu erreichen.

▶ **Wiederholungsfragen**

1. *Welche Pflichten stehen im Verlagsvertrag im synallagmatischen Verhältnis?*
2. *Kann sich die Verpflichtung zur Vervielfältigung und Verbreitung auch anhand einer Vertragsauslegung ergeben?*
3. *Worin unterscheidet sich ein Bestellvertrag vom Verlagsvertrag?*
4. *Worin entscheidet sich ein Verlagsvertrag von einem Lizenzvertrag?*

22.3 Form des Verlagsvertrages

1048 Der Abschluss eines Verlagsvertrages bedarf **nicht** der Beachtung **einer bestimmten Form**. Freilich ist eine schriftliche Abfassung aus Beweisgründen zu empfehlen[1167]. Demgemäß kann ein Verlagsvertrag schriftlich, mündlich, ja sogar durch schlüssiges Verhalten abgeschlossen werden. Er kommt beispielsweise dadurch zustande, dass der Verfasser dem Verleger ein Manuskript übermittelt und der Verleger das eingesandte Manuskript vervielfältigt und verbreitet. Häufig werden den Verlagen Manuskripte eingesandt. Es besteht keine Verpflichtung, die **unverlangt eingesandten Manuskripte**

1167 OLG Karlsruhe, GRUR 1993, 992 f. – Husserl-Gesamtausgabe.

unverzüglich abzulehnen oder zurückzuschicken. Die Pflichten aus dem Verlagsvertrag sind nämlich keine Geschäftsbesorgungspflichten, die eine solche Ablehnung erfordern (§ 362 HGB). Der Verlag ist lediglich zur Aufbewahrung der Manuskripte in eigenüblicher Sorgfalt (§ 690 BGB) verpflichtet. Anderes kann sich nur dann ergeben, wenn eine ständige Geschäftsbeziehung besteht.

Ein Verlagsvertrag über ein **künftiges Werk**, das überhaupt nicht oder nur der Gattung nach bestimmt ist, bedarf allerdings der Schriftform (§ 40 Abs. 1 UrhG). 1049

▶ **Wiederholungsfrage**

Welche Form muss beim Abschluss eines Verlagsvertrages beachtet werden?

22.4 Gegenstände des Verlagsvertrages

Gegenstand des Verlagsvertrages sind Werke der Literatur oder Tonkunst, also Sprachwerke wie Schriftwerke, Reden und Computerprogramme (Gedichte, Romane, Novellen, Bühnenwerke aller Art, wissenschaftliche Abhandlungen, Vorträge, politische Reden, Predigten, Zeitschriften, Zeitungsartikel, Nachschlagewerke, Kochbücher und Rezeptsammlungen, Kataloge, Ratgeber usw.), Werke der Musik, pantomimische Werke, einschließlich Werke der Tanzkunst, sowie Darstellungen wissenschaftlicher oder technischer Art, wie Zeichnungen, Pläne, Skizzen und Tabellen. Damit gehören nicht zu den Gegenständen des Verlagsvertrages insbesondere Werke der bildenden Kunst, Lichtbildwerke und Lichtbilder. Aber Sprachwerke, die einen Bildanteil haben, gehören gleichwohl zu denjenigen, die Gegenstand eines Verlagsvertrages sein können, sofern der sprachliche Anteil dabei überwiegt[1168]. 1050

Fraglich ist, ob **CD-ROMs** Gegenstand von Verlagsverträgen sein können. CD-ROMs werden preisbindungsrechtlich wie Verlagserzeugnisse eingestuft (§ 15 GWB)[1169], weil sie Printerzeugnisse substituieren können, und ähnlich wie Druckschriften durch die Sehsinne wahrnehmbar werden, weil eine körperliche Festlegung vorliegt, sowie, weil die Regelungen über die Auflage (§ 5 VerlG), Neuauflage (§ 17 VerlG), Freiexemplare (§ 25 VerlG), Autorenrabatte (§ 26 VerlG) anwendbar sind. Die preisbindungsrechtliche und kartellrechtliche Einordnung der CD-ROMs als Verlagserzeugnisse sowie die Tatsache, dass CD-ROMs durch Substitution von Büchern geeignet sind und tatsächlich vergleichbar genutzt werden, spricht für die Anwendung des Verlagsvertragsgesetzes. Die Interessenlage der Urheber einerseits und der Verleger andererseits ist im Übrigen gleicht. 1051

1168 *Haberstumpf*, 9 II 2.
1169 BGH, GRUR 1997, 677 – NJW auf CD-ROM.

1052 Auch für die **E-Book-Nutzung** (electronic books) scheint die Anwendung des Verlagsgesetzes angemessen. Bei E-Books handelt es sich um ein geschlossenes System des Downloads von innerhalb einer Datenbank gespeicherten Buchinhalten, die unter Anwendung einer besonderen Hard- und Software lesbar gemacht werden. Regelmäßig wird der Buchinhalt im Wege der Datenfernübertragung entweder auf PCs, Laptops, aber auch spezifisch entwickelte E-Book-Reader heruntergeladen. Der Nutzer kann das elektronische Buch lesen, vor- und zurückblättern, Unterstreichungen und Notizen anbringen und gegebenenfalls auch mit Hilfe eines Betriebsprogramms der Volltextsuche unterziehen. Entscheidend ist, dass der Nutzer regelmäßig nicht in der Lage ist, die Daten auf andere Lesegeräte zu übertragen oder weiterzusenden, ebenso wenig wie er in der Lage ist, ein lesbares Vervielfältigungsstück durch Ausdruck herzustellen[1170]. Auch beim E-Book wird das gedruckte Erzeugnis durch die elektronische Nutzung ersetzt, insbesondere wird der einzelne Nutzungsvorgang vom Verleger kontrolliert. Die Anwendung des Verlagsgesetzes scheint angemessen zu sein.

1053 Demgegenüber ist das Verlagsgesetz **nicht** anzuwenden[1171] auf Formen der **unkörperlichen Verwertung**, wie der Fernseh- oder Rundfunksendung, der Aufführung oder Vorführung, oder auf Nutzungen, die nicht lesbar sind, sondern anderweitiger Wahrnehmung zugänglich, wie Hörbücher, Verfilmungen, Videokassetten, DVDs usw.[1172] Obwohl sich der Begriff »**Hörbücher**« für audiovisuelle Verwertungen literarischer und belletristischer Stoffe eingebürgert hat, ist das Verlagsgesetz auf diese Nutzungsarten nicht anzuwenden. Hörbücher unterscheiden sich gerade durch die Art des Werkgenusses entscheidend von all den Nutzungsarten, die Gegenstand des Verlagsgesetzes sein können. Jene vermitteln den Werkgenuss durch die Betrachtung, während diese ihn durch das Hören vermitteln. Demgegenüber ist das Verlagsgesetz auch auf den technischen Vorgang des »**Printing on Demand**« anwendbar[1173], da es sich nur um spezifische, technische Herstellung, jedoch nicht um Vorgänge am Werkgenuss handelt. Das Verfahren dient der Rationalisierung, insbesondere der Reduktion des Druckkostenrisikos, da erst gedruckt wird, wenn es verkauft ist.

▶ **Wiederholungsfragen**

1. *Was sind die Gegenstände des Verlagsvertrages?*
2. *Können auch CD-ROMs Gegenstand von Verlagsverträgen sein?*

1170 Zum Ganzen: *Kitz*, MMR 2001, 727, 728; *G. Schulze*, ZUM 2000, 432, 448; *Czychowski*, in: Bröcker/Czychowski/Schäfer (Hrsg.), Praxishandbuch geistiges Eigentum im Internet, 2003, § 13 Rz. 216 ff.
1171 *Schricker*, Verlagsrecht, § 1 Rz. 51.
1172 *Schricker*, Verlagsrecht, § 1 Rz. 51; *G. Schulze*, ZUM 2000, 432, 448.
1173 *G. Schulze*, ZUM 2000, 432, 448; *Schricker*, Verlagsrecht, § 1 Rz. 51.

3. *Ist das Verlagsgesetz auf E-Books anwendbar?*
4. *Fallen Hörbücher unter das Verlagsgesetz?*

22.5 Pflichten des Verfassers

22.5.1 Manuskriptablieferung

Eine der beiden **Kardinalpflichten** des Verfassers ist die **Ablieferung des Manuskripts**. Ist das Manuskript bereits vollendet, so hat der Verfasser es sofort abzuliefern. Kann das Manuskript aber erst nach Abschluss des Verlagsvertrages hergestellt werden, so richtet sich die Frist zur Ablieferung nach dem Zweck, dem das Werk dienen soll. Falls sich daraus jedoch nichts ergibt, richtet sich die Frist nach dem Zeitraum, innerhalb dessen der Verfasser das Werk bei einer seinen Verhältnissen entsprechenden Arbeitsleistung herstellen kann. Weitere Tätigkeiten des Verfassers bleiben bei der Bemessung der Frist nur dann außer Betracht, wenn der Verleger diese Tätigkeiten bei Abschluss des Vertrages weder kannte noch kennen musste (§ 11 VerlG). Ist das Werk erst herzustellen, so ist der Verfasser im Zweifel zur persönlichen Herstellung des Werkes verpflichtet, wobei er im üblichen und sachdienlichen Umfang Hilfskräfte hinzuziehen kann. 1054

Bei der Bemessung der **Ablieferungsfrist** sind zunächst **objektive Maßstäbe**, nämlich der **Zweck**, zu berücksichtigen. Damit ergibt sich der Ablieferungszeitpunkt nach demjenigen Termin, an dem mit der Vervielfältigung begonnen sein muss, damit das Werk rechtzeitig erscheinen und seinen Zweck erfüllen kann. Soll das Werk allerdings **nicht** zu einem bestimmten **Zweck** erscheinen, so ist ein **subjektiver Maßstab**, der auf die Verhältnisse des Verfassers abstellt, anzuwenden[1174]. 1055

Beispiel: Ist der Verfasser Sportlehrer, der keine weiteren Verpflichtungen übernommen hat, kann der Verleger ein vereinbartes Regelbuch zum Fußballspiel eher erwarten, als wenn der Verfasser Unfallchirurg ist und nur über eine deutlich geringere Freizeit verfügt.

Liefert der Verfasser sein Manuskript nicht rechtzeitig ab, so kann der Verleger dem Verfasser eine **angemessene Nachfrist zur Ablieferung** mit der Erklärung bestimmen, dass er die Annahme der Leistung nach Ablauf dieser Frist **ablehne**. Nach Ablauf der Frist kann der Verleger vom Vertrag **zurücktreten**, wenn das Werk nicht rechtzeitig abgeliefert worden ist. Einer Bestimmung der Frist bedarf es dann nicht, wenn die rechtzeitige Herstellung des Werkes unmöglich ist oder vom Verfasser verweigert wird; auch dann, wenn besondere Interessen des Verlegers einen sofortigen Rücktritt gerechtfertigt erscheinen lassen. Der Rücktritt ist nur dann ausgeschlossen, wenn die nicht rechtzei- 1056

1174 OLG Düsseldorf, GRUR 1978, 590 – Johannes Evangelium.

tige Ablieferung für den Verleger nur einen unerheblichen Nachteil bringt (§ 30 VerlG). Neben dem spezifischen Rücktrittsrecht des Verlegers wegen nicht rechtzeitiger Ablieferung gemäß § 30 VerlG gelten die allgemeinen Regeln des BGB über Verzug. So kann der Verleger die Rechte gemäß §§ 280 ff., 323 ff. BGB geltend machen.

1057 Üblicherweise **vereinbaren** Verfasser und Verleger eine **Ablieferungsfrist, um** ein gewisses Maß an Planungssicherheit zu erreichen. In der Vertragspraxis wird regelmäßig auch eine angemessene Nachfrist festgelegt[1175].

▶ **Wiederholungsfrage**

Wann ist ein Manuskript abzuliefern, wenn die Parteien keine Ablieferungsfrist vereinbarten?

1058 Der Verfasser hat das Werk dem Verleger in einem für die **Vervielfältigung geeigneten Zustand**, also **druckreif**, abzuliefern (§ 10 VerlG). Die Ablieferungsverpflichtung bezieht sich nur auf die äußere Beschaffenheit des Manuskripts, nicht auf die Qualität des Werkes. Das Manuskript ist **druckreif**, wenn der **Satz ohne große Rückfragen**, Recherchearbeiten o.ä. hergestellt werden kann. Ein maschinenschriftliches Manuskript erfüllt diese Voraussetzungen ebenso wie ein Notenstich, dessen Musiknoten gut leserlich sind, so dass ein durchschnittlicher Stecher einen Notenstich erstellen kann. Bei Sprachwerken genügt ein Computerausdruck. Ohne besondere vertragliche Vereinbarung ist der Verfasser nicht verpflichtet, neben einem Ausdruck seines Werkes auch eine elektronische Fixierung zu übergeben. Der vervielfältigungsreife Zustand erfordert, dass das Werk **inhaltlich vollständig** und **abgeschlossen** ist[1176]. Dazu gehören der Werktitel, gegebenenfalls Inhaltsübersicht oder Register, soweit dies bei Werken der fraglichen Art üblich ist. Auch Abbildungen sind beizufügen, sofern diese Vertragsbestandteil sind. In der Vertragspraxis wird vereinbart, dass eine maschinenschriftliche Vorlage mit den vom Autor zu beschaffenden Bildvorlagen abzuliefern ist[1177]. Gegebenenfalls wird auch die Verpflichtung zur Ablieferung eines maschinenlesbaren Trägers festgelegt.

1059 Weist das abgelieferte Manuskript Mängel auf, so kann der Verleger dem Verfasser eine angemessene Frist zur Mängelbeseitigung bestimmen und nach fruchtlosem Fristablauf vom Verlagsvertrag zurücktreten (§§ 31 Abs. 1, 30 VerlG) bzw. Schadensersatz (§ 31 Abs. 2 VerlG) fordern. Der Verleger verliert allerdings das Recht zur Rüge der Mangelhaftigkeit des Manuskripts, wenn er das Manuskript als druckfertig angenommen hat.

1175 Vgl. § 6 Abs. 1 des Normverlagsvertrages, § 9 Abs. 1, 2 des Normübersetzungsvertrages oder § 5 Abs. 1 des Verlagsvertrages über ein wissenschaftliches Werk gemäß den Vertragsnormen für wissenschaftliche Verlagswerke.
1176 BGHZ 9, 237, 241; *Schricker*, Verlagsrecht, § 10 Rz. 4.
1177 § 6 Abs. 1 des Normverlagsvertrages.

Üblicherweise werden jedoch Mängel an der äußeren Beschaffenheit des Manuskripts durch den Verleger selbst beseitigt, wobei der Urheber seine Einwilligung in die Änderungen nach Treu und Glauben nicht versagen kann (§ 39 Abs. 2 UrhG).

Mit der Ablieferung des Manuskripts erwirbt der Verleger nicht das Eigentum, sondern lediglich den **Besitz**[1178] an ihm. Der Verleger muss das Manuskript zurückgeben, sofern der Verfasser sich dieses vor Beginn der Vervielfältigungsarbeit vorbehalten hat (§ 27 VerlG). Absprachen über das Eigentum finden sich in den Vertragsformularen[1179]. Beim Musikverlagsvertrag wird häufig vereinbart, dass das Manuskript in das Eigentum des Verlages übergeht[1180]. Im Wege der ergänzenden Vertragsauslegung wird angenommen, dass der Verleger verpflichtet ist, das Manuskript zurückzugeben, wenn der Vertrag vorzeitig beendet wird. Dies folgt aus den technischen Bedingungen der Vervielfältigung von Musiknoten, die häufig nur eine Fotokopie der Originalnotenschrift des Komponisten sind.

1060

▶ **Wiederholungsfragen**

1. *Was versteht man unter einem druckreifen Manuskript?*
2. *Wer wird Eigentümer des Manuskripts bei dessen Ablieferung?*

Der **Erfüllungsort** für die Ablieferung des Manuskripts ist der **Geschäftssitz des Verlegers**, weil von dort aus die weiteren Maßnahmen zur Verwertung erfolgen (§ 269 BGB). Der Autor trägt das Risiko der Manuskriptübermittlung. Im Hinblick auf das Risiko des zufälligen Untergangs des Manuskripts wird üblicherweise der Verfasser verpflichtet, eine Kopie des Manuskripts aufzubewahren und dieses gegebenenfalls dem Verleger zur Vervielfältigung und Verbreitung zur Verfügung zu stellen. Angesichts der modernen und preisgünstigen Kopiermöglichkeiten und der Tatsache, dass überwiegend die Manuskripte mit Hilfe einer Computersoftware geschrieben werden, dürfte dies keine unzumutbare Belastung für die Autoren sein[1181].

1061

Allerdings gewährt § 31 VerlG dem Verleger ein **Rücktrittsrecht wegen nicht vertragsgemäßer Beschaffenheit** des Werkes (§§ 31, 30 VerlG). Ein Werk ist nicht vertragsgemäß, wenn es gegen ein gesetzliches Verbot oder gegen die guten Sitten verstößt (§§ 134, 138 BGB), es sei denn, dass es beim Vertragsschluss gerade auf die das gesetzliche Verbot oder die Sittenwidrigkeit begründenden Umstände ankam[1182]. Gleiches gilt,

1062

1178 BGH, GRUR 1969, 551, 552 – Der deutsche Selbstmord.
1179 Vgl. z.B. § 4 Abs. 7 des Verlagsvertrages über ein wissenschaftliches Werk gemäß den Vertragsnormen für wissenschaftliche Verlagswerke oder § 6 Abs. 3 des Normvertrages.
1180 *Schricker*, Verlagsrecht, § 27 Rz. 13.
1181 *Schricker*, Verlagsrecht, § 11 Rz. 11.
1182 BGH, GRUR 1981, 530, 532 – PAM-Kino; BGH, GRUR 1960, 447, 448 f. – Comics.

wenn der Verleger sich strafrechtlicher Verfolgung aussetzen würde, wenn er das Werk publizieren würde, oder zivilrechtliche Schadensersatzansprüche Dritter zu gewärtigen hätte[1183].

1063   Das Werk ist nicht in einem vertragsgemäßen Zustand, wenn es der im Verlagsvertrag **festgelegten Beschaffenheit** nicht entspricht. **Mängel in der Qualität**, also der wissenschaftlichen, künstlerischen oder literarischen Güte des Werkes, kann der **Verleger grundsätzlich nicht rügen**[1184]. Verleger und Verfasser können im Verlagsvertrag bestimmte Eigenschaften des Werkes festlegen. Es kann sich dabei um **äußere Eigenschaften**, wie Umfang des Werkes, Anzahl der Abbildungen, Grafiken o.ä., handeln aber auch um **inhaltliche Eigenschaften** des Werkes, so kann z.B. ein Schulbuch für ein bestimmtes Bundesland bestimmt werden. In diesem Fall muss das Manuskript grundsätzlich als Schulbuch in dem betroffenen Bundesland genehmigungsfähig sein. Eine Beschaffenheitsvereinbarung kann die Definition der Zielgruppe sein. So kann ein Lehrbuch des Urheberrechts für Einsteiger oder ein Handbuch für den Praktiker vereinbart werden. Will ein Verleger festlegen, welches Werk er von seinem Verfasser möchte, so ist er gehalten, die Eigenschaften des Werkes so genau wie möglich zu definieren. Dann lässt sich eine Abweichung des Ist- vom Sollzustand gegebenenfalls auch darlegen, beweisen und durchsetzen (§§ 30, 31 VerlG). Es wird immer mehr erforderlich sein, die inhaltliche Gestaltung eines Manuskripts zu bestimmen, da die Verlage bestimmte Reihen und Werke konzipieren und ihnen ganz bestimmte Eigenschaften aufgrund ihrer Zielgruppenüberlegung zuweisen.

1064   Schließlich muss das Werk **ausgabefähig** sein, also so beschaffen sein, dass der Verleger es, ohne damit seiner Persönlichkeit oder seinem Verlagsgeschäft Abbruch zu tun, in den Verkehr bringen kann[1185].

1065   Ist ein Werk von vertragswidriger Beschaffenheit, so kann der Verleger dem Verfasser eine angemessene Frist zur Beseitigung der beanstandeten Mängel setzen (§§ 31, 30 VerlG) und dabei erklären, dass er die Annahme der Leistung nach Ablauf der Frist ablehnt. Nach Fristablauf kann er vom Vertrag zurücktreten und Schadensersatz fordern. Dieselben Ansprüche kann der Verleger auch auf der Grundlage der §§ 323 f., 280 ff. BGB geltend machen.

▶ **Wiederholungsfragen**

1. *Ist der Verleger berechtigt, die Beschaffenheit oder Qualität des Werkes zu rügen?*
2. *Unter welchen Voraussetzungen kann der Verleger vom Verlagsvertrag wegen Qualitätsmängeln zurücktreten?*

1183   BGH, GRUR 1979, 396, 397 – Herren und Knechte.
1184   BGH, GRUR 1960, 642, 644 – Drogistenlexikon; *Schricker*, Verlagsrecht, § 31 Rz. 9.
1185   *Elster* in UFITA 1929, 48.

22.5.2 Rechtseinräumung

Die zweite **Kardinalpflicht** des Verfassers ist die Verpflichtung zur **Verschaffung des Verlagsrechts**. Der Verfasser hat dem Verleger das Recht zur Vervielfältigung und Verbreitung (Verlagsrecht) zu verschaffen, soweit sich aus dem Vertrag nichts anderes ergibt[1186] (§ 8 VerlG), er hat sich in diesem Umfang der eigenen Vervielfältigung und Verbreitung zu enthalten. Das Verlagsrecht **entsteht mit der Ablieferung des Werkes** an den Verleger und **erlischt** mit der Beendigung des schuldrechtlichen Vertragsverhältnisses (§ 9 Abs. 1 VerlG). Beim Verlagsvertrag fallen jedoch regelmäßig schuldrechtliches **Verpflichtungsgeschäft** und sachliches **Verfügungsgeschäft zusammen**[1187].

1066

Die Rechtseinräumung selbst erfolgt mit der **Einigung über den Rechtsübergang** sowie der **Ablieferung des Manuskripts**[1188]. Dies **bedeutet**, dass die Einigungen des schuldrechtlichen Verpflichtungsgeschäfts und des Verfügungsgeschäfts zusammenfallen. Ist das Verpflichtungsgeschäft unwirksam, ist damit gleichzeitig auch das Verfügungsgeschäft unwirksam. Das Verlagsrecht entsteht mit der Ablieferung des Manuskripts, und zwar in dem Umfang, in dem dem Verleger schuldrechtlich die Rechte eingeräumt wurden. Verpflichtungs- und Verfügungsgeschäft fallen hinsichtlich der Willenseinigung der Vertragspartner zusammen, wobei das Verfügungsgeschäft ein mehrgliedriges Rechtsgeschäft ist, das aus der Einigung und der Übergabe des Manuskripts besteht.

1067

Aufgrund des Verlagsvertrages ist der Verfasser verpflichtet, dem Verleger ein Nutzungsrecht einzuräumen (§ 31 Abs. 1 UrhG). Die Einräumung des Verlagsrechtes ist eine **konstitutive Rechtseinräumung**, da dem Urheber die anderen, nicht von der Rechtseinräumung betroffenen Rechte verbleiben. Hinsichtlich des Umfanges der Rechtseinräumung gelten die allgemeinen Regeln des Urhebervertragsrechts (§§ 31ff. UrhG); insbesondere die Übertragungszweckregel (§ 31 Abs. 5 UrhG) ist zu beachten.

1068

Der Verfasser erfüllt seine Verpflichtung, wenn er dem Verleger das Recht zur **drucktechnischen Vervielfältigung** und **Verbreitung** seines Werkes einräumt, aber im Übrigen die Rechte behält. In der Praxis ist jedoch eine umfangreiche Rechtseinräumung aller oder eines Großteils der Rechte vom Verfasser auf den Verleger üblich[1189]. Man bezeichnet häufig die weiteren, über das Recht zur Vervielfältigung und Verbreitung hinausgehenden Rechte als sogenannte »**Nebenrechte**«. In der Praxis wird auch zwischen sogenannten »**buchnahen**« und »**buchfernen**« **Nebenrechten** unterschieden, wobei die buchnahen Rechte diejenigen sind, die das Abdruckrecht oder Hardcover-,

1069

1186 BGH, ZUM 2011, 52 – Concierto de Aranjuez.
1187 *Ulmer* § 92 II.
1188 *Ulmer*, § 103 I 2; *Bappert*, GRUR 1959, 582, 586 f.
1189 Vgl. § 2 des Normverlagsvertrages bei *Hillig*, Urheber- und Verlagsrecht, S. 96 oder § 2 des Mustervertrages für einen Verlagsvertrag über wissenschaftliche Werke, *Hillig*, Urheber- und Verlagsrecht, S. 136 ff.

Taschenbuch-, Buchgemeinschafts- und sonstige Sonderausgaben betreffen, wohingegen die buchfernen Rechte diejenigen sind, die nichts mehr mit der drucktechnischen Vervielfältigung und Verbreitung zu tun haben, sondern das Recht zur Bearbeitung als Bühnenstück, das Verfilmungsrecht, das Recht zur Herstellung eines Hörspiels o.ä. umfassen.

1070 Da die Übertragungszwecklehre eine Schutzfunktion zugunsten des Urhebers hat, um Beteiligung des Urhebers an den Früchten seines Schaffens sicherzustellen und zum anderen den Urheber vor übereilter Weitergabe der Rechte zu bewahren, müssen die entsprechenden **Klauseln** in den Verträgen **verständlich** und **nachvollziehbar formuliert sein**. Es scheint dem Zweck des Schutzes des Urhebers am besten dadurch Rechnung getragen werden zu können, dass die einzelnen vom Urheber zu übertragenden Rechte zunächst mit einer treffenden Bezeichnung versehen werden, beispielsweise Buchrechte, Abdruckrechte, Übersetzungsrechte oder Verfilmungsrechte. Im Anschluss daran sollten die Rechte näher definiert werden, so dass aufgrund der abstrakten Definition für mögliche Verwertungshandlungen die Subsumtion möglich ist; und schließlich sollte als Verdeutlichung dessen, was gemeint ist, die Klausel jeweils durch eine beispielhafte Aufzählung der möglichen Verwertungsformen ergänzt werden.

1071 Die **Musikverleger** erwerben durch den Musikverlagsvertrag meist nicht nur die Rechte zur **Vervielfältigung und Verbreitung**, also für das »Papiergeschäft« (Notendruck, Notenverkauf o.ä.), **sondern auch** die Rechte zur **Wiedergabe in unkörperlicher Form** (Aufführungsrechte, Senderechte usw.) sowie die **Rechte zur Aufzeichnung** auf Bild- und Tonträger und deren Verwertung. Die Musikverleger verwerten diese Rechte dadurch, dass sie die sogenannten »**großen Rechte**« **selbst** vergeben, während sie weitere Rechte, die sogenannten »kleinen Rechte«, zur Wahrnehmung der **GEMA** als der zuständigen Verwertungsgesellschaft einräumen. Wirtschaftlich steht für den Musikverleger nicht das Notengeschäft im Vordergrund, sondern das Lizenzgeschäft.

1072 Durch den **Kunstverlagsvertrag**[1190] verpflichtet sich der Künstler und Urheber, dem Verleger das Recht zur zweidimensionalen Vervielfältigung in bestimmten Druckverfahren und zur Verbreitung[1191] einzuräumen bzw. zur Vervielfältigung von Skulpturen in unterschiedlichen Materialien und zu deren Verbreitung. Dabei ist der Urheber berechtigt, **mehrere Verlagsrechte** für das gleiche Kunstwerk für **unterschiedliche Reproduktionstechniken** einzuräumen[1192], weil die Herstellung in unterschiedlichen Reproduktionsverfahren jeweils ein eigenes Nutzungsrecht ist.

1190 Der Kunstverlagsvertrag unterliegt aber nicht den Regeln des Verlagsgesetzes, weil Werke der bildenden Kunst nicht zu den Gegenständen des Verlagsgesetzes zu rechnen sind. *Ulmer-Eilfort/Obergefell/Ulmer-Eilfort*, 1B, Rz. 11, 51 ff.
1191 *Schricker*, Verlagsrecht, § 8 Rz. 42 m.w.N.
1192 *D. Reimer*, GRUR 1962, 619, 627, 629; nach Treu und Glauben (§ 242 BGB) unterliegt der Künstler einem Wettbewerbsverbot insofern, als er selbst oder Dritte mit seiner Zustimmung keine

22.5 Pflichten des Verfassers

Die Verpflichtung, ein Recht zur Vervielfältigung und Verbreitung einzuräumen, korrespondiert mit einer **Enthaltungspflicht** des Verfassers. Der Verfasser hat nämlich während der Dauer des Vertragsverhältnisses sich jeder Vervielfältigung und Verbreitung des Werkes zu enthalten, die einem Dritten während der Dauer des Urheberrechts untersagt werden könnte (§ 2 Abs. 1 VerlG).

1073

Die Enthaltungspflicht des § 2 Abs. 1 VerlG ist ein Ausdruck der dem Verlagsvertrag **innewohnenden Treuepflicht** des Verfassers, dem Verleger die ungestörte Auswertung der Rechte zu überlassen. Die zeigt ihre Wirkungen auch dann, wenn das Manuskript noch nicht abgeliefert wurde, also das absolute Recht noch nicht beim Verleger entstanden ist (§§ 8, 9 VerlG)[1193]. Übergibt nämlich der Verfasser das Manuskript einem Dritten, so verletzt der Verfasser den Verlagsvertrag, so dass der Verleger sich beim Verfasser schadlos halten kann.

1074

Ergänzt wird die Enthaltungspflicht des Verfassers durch ein daneben bestehendes **Wettbewerbsverbot**. Der Urheber hat **all** das zu **unterlassen**, **was den Verleger in der Ausübung des ihm eingeräumten Rechts behindert**[1194]. Ein Wettbewerbsverbot, das so weit reicht, dem Autor all das zu verbieten, was den Verleger in der Auswertung seiner Rechte behindert, reicht aus, um das Geschäftsmodell des Verlegers zu schützen. Eines weitergehenden Wettbewerbsverbotes bedarf es daher nicht. Allerdings kann dieses als besondere Klausel im Verlagsvertrag vereinbart werden. Dies erfolgt auch in der Praxis üblicherweise. Danach verpflichtet sich der Verfasser, in keinem anderen Verlag ein Werk erscheinen zu lassen, das mit dem vertragsgegenständlichen Werk in Konkurrenz zu treten geeignet ist. Solche Klauseln sind wirksam, müssen jedoch einschränkend ausgelegt werden, um sicherzustellen, dass der Autor nicht in der Ausübung seiner Arbeitskraft in sittenwidriger Weise geknebelt wird (§ 138 Abs. 1 BGB). Es muss besonders dem Fachautor die Möglichkeit verbleiben, nicht nur eine Publikation in den Verlag zu geben, sondern darüber hinaus weitere Publikationen anderer Art zu demselben Thema zu erstellen[1195].

1075

Neben der Enthaltungsverpflichtung in § 2 Abs. 1 VerlG sieht im Übrigen § 2 Abs. 2 VerlG ausdrücklich eine Reihe von **Rechten** vor, **die dem Verfasser verbleiben**, auch wenn er das Recht zur Vervielfältigung und Verbreitung dem Verleger eingeräumt hat. So verbleibt dem Autor die Befugnis für die Übersetzung in eine andere Sprache oder in eine andere Mundart, für die Wiedergabe einer Erzählung in dramatischer Form oder eines Bühnenwerkes in der Form einer Erzählung, für die Bearbeitung eines Werkes der Tonkunst, soweit sie nicht bloß ein Auszug oder eine Übertragung in eine andere

1076

Rechte vergeben dürfen, die die Verwertung der bereits vergebenen behindern, so z.B. Holzschnitt, Linolschnitt oder Kupferstich, Stahlstich.
1193 *Haberstumpf/Hintermeier*, § 12 I.
1194 BGH, GRUR 1986, 91 – Preisabstandsklausel; OLG München, ZUM 2007, 751.
1195 *Schricker*, Verlagsrecht, § 2 Rz. 7 f.; § 7 des Verlagsvertrages über ein wissenschaftliches Werk.

Tonart oder Stimmlage ist, für die Benutzung eines Werkes zum Zwecke der mechanischen Wiedergabe für das Gehör und für die Benutzung eines Schriftwerkes oder einer Abbildung zu einer bildlichen Darstellung, welche das Originalwerk seinem Inhalt nach im Wege der Kinematografie oder eines ihr ähnlichen Verfahrens wiedergibt. Durch diese Aufzählung der Rechte bleiben dem Urheber einzelne Bearbeitungsrechte vorbehalten. In der Praxis werden diese Rechte allerdings im Rahmen der oben erwähnten sogenannten Nebenrechte häufig auf den Verleger übertragen.

1077 Ausdrücklich erwähnt § 2 Abs. 3 VerlG die **Gesamtausgabe**, zu der der Verfasser nach Ablauf von 20 Jahren befugt ist. Trotz der verschwundenen wirtschaftlichen Bedeutung dieses Rechtes, wird auch dieses häufig im Rahmen des sogenannten »Nebenrechtskatalogs« von den Verlegern erworben.

▶ **Wiederholungsfragen**

1. *Wie erfolgt die Rechtseinräumung im Rahmen des Verlagsvertrages?*
2. *Gilt für den Verlagsvertrag das Abstraktionsprinzip?*
3. *Wie ist das Recht zur Vervielfältigung und Verbreitung näher zu beschreiben?*
4. *Was versteht man unter »buchnahen« und unter »buchfernen« Nebenrechten?*
5. *Welche Rechte erwerben regelmäßig Musikverleger?*
6. *Welche Pflichten werden mit dem Begriff »Enthaltungspflicht« umschrieben?*
7. *Ergibt sich aus dem Verlagsvertrag ein Wettbewerbsverbot?*

22.6 Pflichten des Verlegers

22.6.1 Vervielfältigung

1078 Der Verleger ist zur **zweckentsprechenden und üblichen Vervielfältigung und Verbreitung** des Werkes verpflichtet (§ 14 Satz 1 VerlG). Innerhalb dieser Kardinalpflichten obliegt es dem Verleger, den Satz zu korrigieren sowie den Umbruch dem Verfasser zur Durchsicht vorzulegen (§ 20 Abs. 1 VerlG), das vereinbarte oder angemessene Honorar zu bezahlen (§§ 22 VerlG, 32 UrhG), hierüber abzurechnen (§ 24 VerlG) und dem Verfasser Frei- und Vorzugsexemplare zu überlassen (§ 25 VerlG).

1079 Der Verleger ist verpflichtet, das Werk in zweckentsprechender Weise zu vervielfältigen. Die **Form und Ausstattung der Abzüge** wird unter Beobachtung der im Verlagshandel herrschenden Übung sowie mit Rücksicht auf den Zweck und Inhalt des Werkes **vom Verleger bestimmt** (§ 14 VerlG).

1080 Dem Verleger räumt das Gesetz einen **weiten Ermessensspielraum** ein. Diesen kann der Verleger nach Treu und Glauben unter Berücksichtigung der Branchenübung ausüben[1196], und zwar für jede Auflage gesondert. Angesichts der Tatsache, dass der Verleger derjenige ist, der erhebliche Investitionen in die Vervielfältigung des Werkes steckt, muss es auch seiner Entscheidung obliegen, wie und in welcher Form er die besten Chancen zur Verwertung des Werkes sieht. So muss der Verleger darüber entscheiden, mit welcher Ausstattung, ob als Hardcover-, Taschenbuchausgabe oder etwa gebundene Lederausgabe, mit welchem Papier, mit welcher Drucktype, welcher Bindung o.ä. das Werk publiziert werden soll. Der Verleger kann indes nicht dem Werk ohne Zustimmung des Autors Illustrationen beifügen oder solche weglassen. Diese gehören zum Inhalt des Werkes. Zur Ausstattung gehören auch das Beilegen eines Prospekts und der Abdruck von Inseraten. Wobei das Beilegen von verlagseigenen Prospekten die Persönlichkeitsrechte des Autors nicht beeinträchtigt, denn diese können einfach aus dem Buch herausgenommen. Anderes gilt hinsichtlich der Inserate. Diese dürften zulässig sein, soweit es sich um Anzeigen für verlagseigene Werke handelt. Im Text selbst zwischendurch Werbung zu schalten, dürfte indes nicht zulässig sein.

▶ **Wiederholungsfrage**

Wie muss der Verleger vervielfältigen?

Der Verleger hat mit der Vervielfältigung **zu beginnen**, sobald ihm das **vollständige Werk vorliegt**. Falls das Werk in einzelnen Abteilungen erscheint, ist die Vervielfältigung schon bei Vorliegen einer Abteilung zu beginnen (§ 15 VerlG). Regelmäßig wird in Verlagsverträgen ein Termin vorgesehen, zu dem das Werk erscheinen soll, nicht jedoch muss. In diesem Fall ist der Verleger verpflichtet, mit der Vervielfältigung des ihm rechtzeitig vorliegenden Manuskripts so zu beginnen, dass der ins Auge gefasste Publikationstermin auch eingehalten werden kann. 1081

Aus der Verpflichtung, mit der Vervielfältigung zu beginnen, folgt jedoch nicht die Verpflichtung, unverzüglich mit der Verbreitung zu beginnen und diese rasch zu beenden. Hinsichtlich des **Verbreitungstermins** steht dem **Verleger ein Ermessen** zu. 1082

Verstößt der Verleger gegen diese Verpflichtung, so ist er dem Verfasser gegenüber zum Schadensersatz verpflichtet[1197]. Im Übrigen kann der Verfasser gemäß §§ 32, 30 VerlG vom Vertrag zurücktreten. 1083

Der Verleger ist verpflichtet, diejenige **Anzahl von Abzügen** herzustellen, die er nach dem Vertrag oder gemäß § 5 VerlG **herzustellen berechtigt** ist. Er hat rechtzeitig dafür Sorge zu tragen, dass der Bestand nicht vergriffen wird (§ 16 VerlG). Der **Umfang** der Vervielfältigungsverpflichtung **entspricht** also **dem Recht** des Verlegers. Es kommt in 1084

1196 BGH, GRUR 1988, 303, 305 – Sonnengesang.
1197 OLG München, GRUR 1956, 236.

erster Linie auf die Vereinbarung des Verfassers und des Verlegers über die Anzahl der herzustellenden Exemplare an. Existiert eine solche Vereinbarung nicht, gilt § 5 Abs. 2 S. 1 VerlG. In der Praxis erwirbt der Verleger häufig nicht das Recht für eine bestimmte Anzahl von Exemplaren oder für eine bestimmte Anzahl von Auflagen, sondern das Recht für **alle Auflagen oder Ausgaben**. Zu beachten ist aber, dass der Verleger dann, wenn er weniger als 1000 Exemplare herzustellen beabsichtigt, sich dies vor Beginn der Vervielfältigung dem Verfasser gegenüber vorbehalten muss.

Beispiel: Wissenschaftsverlage, die ihre Publikation für einen engen Interessentenkreis erstellen, müssen daher im Verlagsvertrag einen entsprechenden Vorbehalt aufnehmen.

1085 Der Verleger ist nicht zur Herstellung der gesamten Auflage in einem einzigen Druckvorgang verpflichtet. Der **Bestand darf nicht vergriffen** sein. Damit kann der Verleger auch die Druckmethode des »printing on demand« verwenden und nur auf jeweils konkrete Anforderungen ein Buchexemplar herstellen. Er hat den Verlagsvertrag erst dann erfüllt, wenn er 1000 Exemplare vervielfältigt und verbreitet hat, abgesehen von dem Fall, in dem er sich eine geringere Verbreitungszahl vorbehielt.

▶ **Wiederholungsfragen**

1. *Wann muss der Verleger mit der Vervielfältigung beginnen?*
2. *Wann muss der Verleger mit der Verbreitung beginnen?*
3. *Wie viele Abzüge muss der Verleger herstellen?*

1086 Der Verleger ist berechtigt, anlässlich der Vervielfältigung und Verbreitung des Werkes das **Werk selbst** und seinen **Titel zu ändern**, sofern der Urheber **seine Einwilligung** nicht **wider Treu und Glauben versagen** darf (§ 39 Abs. 2 UrhG). Zur Änderung der Urheberbezeichnung ist der Verleger allerdings nicht berechtigt (§ 39 Abs. 1 UrhG). In jedem Fall ist der Verleger berechtigt, die presserechtlich erforderlichen Angaben im Impressum zu machen sowie seinen Namen, die Firma, den Erscheinungszeitpunkt anzugeben. Der Verleger kann, sofern es sich dabei nicht um die besondere Ausdrucksform eines Verfassers handelt, Rechtschreibung, Zeichensetzung und Grammatik korrigieren und offensichtliche Fehler verbessern[1198].

1087 Für **periodische Sammelwerke** sieht § 44 VerlG ein **erweitertes Änderungsrecht** vor. Bei solchen Beiträgen, die ohne Namen des Verfassers erscheinen sollen, sind diejenigen Änderungen zulässig, die bei Sammelwerken dieser Art üblich sind. Bei **Zeitungsartikeln** geht die Änderungsbefugnis des Verlegers am weitesten. Die schnelllebige Zeitungsproduktion macht es häufig nicht möglich, den Verfasser zu den beabsich-

---

1198 *Schricker*, Verlagsrecht, § 13/§ 39 UrhG, Rz. 7.

tigten Änderungen zu befragen. Übermittelt ein Journalist einen Beitrag vorbehaltlos zur Veröffentlichung ohne Namensnennung, so ist er auch mit erheblichen Änderungen einverstanden. Üblich sind in diesem Zusammenhang insbesondere Kürzungen. Anders sind die Interessen bei **Zeitschriften** und Illustrierten, wenn diese nicht unter einem hohen Aktualitätsdruck stehen, weil ausreichend Zeit und Gelegenheit besteht, den Verfasser um seine Einwilligung zu den beabsichtigten Änderungen zu bitten[1199]. Bei **Musikwerken** sind Änderungen des Notensatzes, auch bezüglich der Bezeichnung des Zeitmaßes, der Tonstärke, des Fingersatzes, der Stricharten, der Vorträge, nicht zulässig. Auch hier ist der Verleger berechtigt, die Publikation mit den presserechtlich erforderlichen Angaben sowie darüber hinausgehenden Angaben zu seinem Verlagsgeschäft zu versehen, aber es besteht weder eine wirtschaftliche Notwendigkeit noch ein Bedarf zur Änderung des Werkes[1200]. Eine Anpassung des Notensatzes an ein verlagstypisches Erscheinungsbild ist dem Verleger gestattet. Ist der Verleger berechtigt, unterschiedliche Auszüge und Bearbeitungen eines populären Musikstückes herzustellen, die entsprechenden Noten zu vervielfältigen und zu verbreiten, so steht ihm auch das erforderliche Änderungsrecht zu.

Der Verleger ist verpflichtet, rechtzeitig dem Verfasser einen **Abzug zur Durchsicht** vorzulegen (§ 20 Abs. 1 S. 2 VerlG). Dieser Abzug gilt als genehmigt, wenn der Verfasser ihn nicht binnen einer angemessenen Frist dem Verleger gegenüber beanstandet (§ 20 Abs. 2 VerlG). In der Praxis vieler Buch- und Zeitschriftenverlage wird dem Verfasser nicht der Satz, sondern der **Umbruch zur Korrektur ausdrücklich zur Druckfreigabe** (»Imprimatur«) überlassen. Mit der Druckfreigabe genehmigt der Verfasser etwaige Abweichungen von seinem Originalmanuskript. Darüber hinaus genehmigt er damit aber auch alle anderen anhand des Korrekturabzuges zu beurteilenden Eigenschaften der Vervielfältigungsstücke[1201]. Im Hinblick auf die bedeutenden Investitionen in den Druck hat der Verleger ein erhebliches Interesse daran, dass der Autor die vom Verleger vorgenommene Vervielfältigung genehmigt.

1088

Anderes gilt im Kunstverlagswesen. Dort wird regelmäßig dem Verleger die Änderung des Werkes verboten. So darf der Verleger weder die Größenverhältnisse noch die Farben ändern, sofern sich dies nicht aus dem angewandten Reproduktionsverfahren ohnehin ergibt.

1089

Eine Überschreitung der Änderungsbefugnis des Verlegers führt zu einer Urheberrechtsverletzung, wegen derer der Verfasser Unterlassung und Schadensersatz fordern kann (§ 97 UrhG)[1202].

1199 OLG Köln, GRUR 1953, 499.
1200 *Ulmer*, § 105 II.
1201 *Schricker*, Verlagsrecht, § 20, Rz. 7.
1202 Gleichzeitig stellt sich dies auch als ein Verstoß gegen die vertraglichen Pflichten dar, so dass die gleichen Ansprüche auch aus Vertrag (§§ 280 ff. BGB) geltend gemacht werden können.

▶ **Wiederholungsfragen**

1. Welche Änderungen darf der Verleger anlässlich der Vervielfältigung eines Werkes vornehmen?

2. Muss der Verleger dem Verfasser einen Abzug zur Durchsicht vorlegen?

1090 Hat der Verleger das Recht zur **Veranstaltung neuer Auflagen** erworben, so ist er hierzu nicht verpflichtet[1203]. Es besteht also **keine Ausübungspflicht** des Verlegers. Der Verleger kann eine neue Auflage auch dadurch veranstalten, dass er eine eigene Taschenbuch- oder Sonderausgabe herausbringt oder eine solche Ausgabe in einem anderen Verlag veranlasst[1204].

Der **Verfasser kann** dem Verleger aber eine **angemessene Frist setzen**, eine neue Auflage zu veranstalten. Erklärt sich der Verleger mit der Veranstaltung einer neuen Auflage einverstanden, so ist er verpflichtet, diese auch auszuführen[1205]. Reagiert der Verleger indes nicht, so kann der Verfasser **nach Ablauf** einer angemessenen Frist **vom Vertrag zurücktreten**. Einer Fristbestimmung bedarf es nicht, wenn der Verleger die Veranstaltung einer neuen Auflage verweigert (§ 17 S. 4 VerlG). Mit der **Rücktrittserklärung erlischt das Recht** des Verlegers, neue Auflagen des Werkes herzustellen. Bezüglich der bisherigen Auflage bleibt das Vertragsverhältnis bestehen. Damit ist der Verfasser an seine einmal getroffene Entscheidung über den Abschluss seines Verlagsvertrages gebunden, während der Verleger nach dem Ausverkauf einer Auflage jeweils erneut prüfen kann, ob die Veranstaltung einer neuen Auflage wirtschaftlich Erfolg versprechend ist. Weichen die Beurteilungen über die Erfolgsaussichten von Verfasser und Verleger voneinander ab, so kann sich der Verfasser vom Verlagsvertrag lösen und sein Werk anderweitig publizieren. Den Verleger trifft also keine Ausübungspflicht, sondern eine **Ausübungslast**.

1091 Neben dem Rücktritt nach § 17 VerlG kann der Autor das Verlagsrecht aber auch wegen Nichtausübung zurückrufen (§ 41 UrhG).

1092 Anlässlich der Vervielfältigung einer neuen Auflage hat der Verleger aber dem Verfasser Gelegenheit einzuräumen, **Änderungen am Werk vorzunehmen** (§ 12 Abs. 1 S. 2 VerlG)[1206]. Der Verfasser ist nämlich berechtigt, bis zur Beendigung der Verviel-

---

1203 BGH, GRUR 1970, 40 – Musikverleger.
1204 BGH, ZUM 2011, 736 – World's End.
1205 Diese Erklärung des Verlegers als Antwort auf die Aufforderung des Verfassers ist als Abschluss eines Verlagsvertrages über die neue Auflage zu werten, so dass der Verleger zur Vervielfältigung und Verbreitung (§ 1 VerlG) verpflichtet ist; er kann sich nicht mehr einseitig von seiner Verpflichtung lossagen.
1206 Unabhängig von diesem Recht steht dem Verfasser auch das Recht des Rückrufes wegen gewandelter Überzeugung (§ 42 UrhG) zu. Auch dadurch kann der Verfasser seine Vorstellung über sein Werk durchsetzen.

fältigung Änderungen an seinem Werk vorzunehmen. Er darf nur solche Änderungen vornehmen, die mit dem **berechtigten Interesse des Verlegers nicht kollidieren**. Die Änderungen muss der Verfasser nicht höchst persönlich ausführen (§ 12 Abs. 2 VerlG). Damit werden die Interessen des Verfassers gewahrt, der sowohl seine neuesten Erkenntnisse über die Darstellung des Inhaltes seines Werkes, aber auch seine neuesten wissenschaftlichen und sachlichen Erkenntnisse in das Werk einfließen lassen kann.

Auch der **Verleger** eines wissenschaftlichen Werkes oder eines Sachbuches hat ein starkes **Interesse**, dass ein Werk für eine **neue Auflage** dem neuesten Stand der Wissenschaft angepasst wird. In vielen Verlagsverträgen wird **daher** der **Verfasser verpflichtet**, im Fall einer Neuauflage die **erforderlichen Änderungen** vorzunehmen[1207], um das Werk den neuesten Entwicklungen anzupassen. Eine Verpflichtung des Verfassers die erforderlichen Änderungen auszuführen, kann sich auch aus den Umständen und der allgemeinen Übung ergeben[1208]. Erfüllt der Verfasser seine Verpflichtung zur Überarbeitung des Werkes nicht, so ist der Verleger ohne Zustimmung des Urhebers jedoch nicht zur Beauftragung eines Dritten mit der entsprechenden Anpassung berechtigt.

1093

Bei Sachbüchern und wissenschaftlichen Werken korrespondieren die Interessen des Verfassers an einer aktuellen Publikation mit denen des Verlegers. Wohingegen kaum ein Verleger eines belletristischen, literarischen Werkes ein Interesse daran hat, dass das Werk angepasst wird, weil zum einen regelmäßig keine Notwendigkeit der Anpassung besteht und zum anderen dadurch zusätzliche Satzkosten entstehen. Auch bei einem Werk der Tonkunst ist kaum ein besonderes Interesse des Komponisten an der Überarbeitung seines Werkes für eine Neuauflage zu erkennen, wohingegen durch den gegebenenfalls notwendigen Neustich des Notensatzes für den Musikverleger ganz erhebliche Kosten entstehen können.

1094

Um dennoch eine aktualisierte Neuauflage des Werkes publizieren zu können, vereinbaren wissenschaftliche Verleger und Sachbuchverleger häufig sogenannte »**Fortsetzungsklauseln**«, die dann bestimmen, wer, wenn der bisherige Verfasser nicht mehr zur Neubearbeitung in der Lage oder willens sein sollte, die Neubearbeitung vornehmen darf und kann, und gegebenenfalls wie. In diesen Klauseln wird festgelegt, unter welchen Voraussetzungen ein Bearbeiter bestimmt werden kann, welche Mitwirkungsrechte dem ursprünglichen Verfasser oder seinen Erben zustehen und welche Honoraranteile die Erben an künftigen Auflagen noch erhalten sowie schließlich, wie lange der Name des Verfassers noch genannt werden darf oder muss.

1095

1207 OLG Köln, GRUR 1950, 579; *Ulmer*, § 107 III 2.
1208 *Ulmer*, § 107 III 2; OLG Köln, GRUR 1950, 579.

▶ **Wiederholungsfragen**

1. *Ist der Verleger zur Veranstaltung einer neuen Auflage verpflichtet?*
2. *Ist der Verfasser berechtigt, bei einer Neuauflage Änderungen am Werk vorzunehmen?*
3. *Unter welchen Voraussetzungen ist der Verfasser verpflichtet, Änderungen am Werk vorzunehmen?*

22.6.2 Verbreitung

1096 Neben der Verpflichtung des Verlegers, das Werk zu vervielfältigen, ist er auch zur **zweckentsprechenden und üblichen Verbreitung** verpflichtet. Beide Verpflichtungen stehen unabhängig nebeneinander. Die Verbreitungspflicht dient dem Interesse des Verfassers, sein Werk der Öffentlichkeit vorzustellen und zum Erwerb anzubieten. Zur Verpflichtung gehört auch die Pflicht zur **angemessenen Werbung,** wobei der Verlag darüber entscheidet, **welche Werbemaßnahmen** er ergreift[1209]. Der Verleger, der den Druck vorfinanziert, wird sich kaum selbst schädigen und Erfolg versprechende Werbemaßnahmen unterlassen.

1097 Zur Verbreitungspflicht im Buchverlag gehört die **Bekanntmachung** des Werkes in den einschlägigen **Buchhandels-** und sonstigen **Handelskreisen.** Hierzu zählt die Siegelung der Werke in den buchhändlerischen Nachschlagewerken, wie dem »Verzeichnis lieferbarer Bücher«. Auch die Pflicht, eine Homepage zu unterhalten und dort Neuerscheinungen, und Backlist vorzustellen zählt heute dazu. Keine Verpflichtung dürfte bestehen, Prospekte und ähnliche Werbedrucksachen, sei es gegenüber dem Handel oder dem Letztverbraucher, zu versenden oder gar Rundfunk oder Fernsehwerbung zu schalten. Welchen Vertriebsweg der Verlag wählt, sei es ausschließlich als Direktverkauf oder über die üblichen Buchhandelswege oder über Nebenmärkte ist ihm ebenso überlassen wie die Entscheidung, ob er Handelsvertreter beschäftigt oder sich auf die direkte Werbung mit Hilfe von E-Mails o.ä. verlässt. Werbemaßnahmen sind auch **PR-Maßnahmen.** Der Verleger entscheidet auch über den Versand von Leseexemplaren und Rezensionsexemplaren[1210], über eine Buchpräsentation vor der Presse oder Events, wie Lesereisen und den Besuch von Messen. Ausreichend ist, dass der Verleger tatsächlich aktiv wird und sich um den Absatz des Werkes bemüht.

1098 Verstößt der Verleger gegen seine Verpflichtung zur Verbreitung des Werkes, insbesondere weil er keinerlei Werbemaßnahmen betreibt oder überschreitet er das ihm

---

1209 OLG Celle, GRUR 1964, 333; Russ, § 14, Rz. 20; *Ulmer-Eilfort/Obergefell/Ulmer-Eilfort,* § 14 VerG, Rz. 17 ff.
1210 Diese Exemplare sind Zuschussexemplare (§ 6 VerlG).

eingeräumte Ermessen zur Bestimmung der Werbemaßnahmen, so verletzt er seine Verbreitungspflicht (§§ 280 ff. BGB).

Der Verleger muss beim Vertrieb der Bücher die **buchhändlerischen Sitten und Gebräuche** beachten. Hierzu zählt besonders die Beachtung der Verkehrsordnung für den Buchhandel[1211], die die Handelsbräuche zusammenfasst und die Wettbewerbsregeln[1212].

1099

▶ Wiederholungsfrage

Welche Werbemaßnahmen muss der Verleger ergreifen?

Eine der wichtigsten Maßnahmen des Vertriebes ist die **Bestimmung des Ladenpreises** (§ 21 VerlG). Der Verleger ist berechtigt und verpflichtet (§ 5 BuchPrG)[1213], den Ladenpreis, zu dem das Buch verkauft werden soll, zu bestimmen. Der Verleger kann eine sachgemäße Kalkulation seiner Bücher erstellen. Er hat auch die erforderliche Marktkenntnis, um den Preis den die Käufer zu zahlen bereit sind, zu bestimmen. Da der Verleger das mit der Finanzierung der Buchproduktion verbundene Risiko übernommen hat, muss er auch die Chance der optimalen Preisfestsetzung erhalten. Der Verleger wird einen möglichst hohen Absatz zu Preisen durch die er Gewinne realisieren kann, versuchen zu erreichen. Da zumeist das Honorar des Verfassers vom Absatzerfolg abhängt, haben Verfasser und Verleger gleichgerichtete Interessen.

1100

Der Verleger darf allerdings den Ladenpreis **nur ermäßigen**, soweit **nicht berechtigte Interessen des Verfassers verletzt werden**[1214], während er **zu einer Erhöhung stets** der **Zustimmung** des Verfassers bedarf (§ 21 VerlG)[1215]. In der Verlagspraxis vereinbaren jedoch Verleger und Verfasser, dass der Verleger den Ladenpreis und dessen Änderungen alleine bestimmt.

1101

Will der Verleger den **Ladenpreis aufheben**[1216] und die Restexemplare **verramschen**, so können dadurch die Interessen des Autors erheblich beeinträchtigt werden, weil Buchhändler und Dritte annehmen könnten, dass das Werk im Hinblick auf den schwindenden Absatzerfolg keine Käufer- und Leserinteressen befriedigen kann. Daher ist dem Verfasser vor Aufhebung des Ladenpreises die Gelegenheit einzuräumen, die Restbestände anzukaufen. Dabei darf der Preis den Ramschpreis nicht übersteigen (§ 26 VerlG)[1217].

1102

1211 www.boersenverein.de.
1212 www.boersenverein.de.
1213 Russ, § 21, Rz. 74 ff.
1214 Russ, § 21, Rz. 7 ff.
1215 Russ, § 21, Rz. 22 ff.
1216 Hierzu ist der Verleger frühestens 18 Monate nach Druck berechtigt (§ 8 BuchPrG).
1217 Russ, § 26, Rz. 12.

▶ **Wiederholungsfragen**

1. *Unter welchen Voraussetzungen darf der Verleger den Ladenpreis ändern?*
2. *Unter welcher Voraussetzung darf der Verleger den Ladenpreis aufheben?*
3. *Wann hat der Verleger mit der Verbreitung zu beginnen?*

22.6.3 Auswertung der Nebenrechte

1103 Häufig erwirbt der Verleger nicht nur das Verlagsrecht zur Veranstaltung einer Buchausgabe, sondern darüber hinaus die Rechte für unterschiedliche Buchausgaben (Hardcover-, Taschenbuch-, Luxus-, Sonder- oder Buchgemeinschaftsausgaben) sowie weitere Rechte an dem Werk, wie die Übersetzungsrechte, Verfilmungsrechte usw.[1218].

1104 Das Verlagsgesetz enthält keine Bestimmung, kraft derer der Verleger zur Verwertung der Nebenrechte verpflichtet ist. Da dem Urheber aber ein Rückrufsrecht wegen Nichtausübung zusteht (§ 41 UrhG), unterliegt der Verleger einer **Ausübungslast**. Der Verleger wird aus eigenem Interesse alles wirtschaftlich Richtige und Vernünftige unternehmen, um eine Verwertung dieser sogenannten Nebenrechte zu erlangen. Dabei wird er darauf achten, dass durch die Verwertung der Nebenrechte **nicht die Verwertung des Hauptrechts beeinträchtigt wird**.

1105 Der Verleger ist auf der Grundlage von Treu und Glauben (§ 242 BGB) gegenüber dem Verfasser verpflichtet, das Zumutbare und Übliche zu tun, um eine Verwertung der Nebenrechte zu erreichen.

▶ **Wiederholungsfrage**

Ist der Verleger aufgrund des Verlagsvertrages zur Auswertung der Nebenrechte verpflichtet?

22.6.4 Korrekturpflicht

1106 Der **Verleger** hat für die **Korrektur zu sorgen**. Einen Abzug hat er rechtzeitig dem Verfasser zur Durchsicht vorzulegen. Der Abzug gilt als genehmigt, wenn der Verfasser ihn nicht binnen einer angemessenen Frist dem Verleger gegenüber beanstandet (§ 20 VerlG). Nach der gesetzlichen Regelung ist es Sache des Verlegers, die Korrektur des Satzes vorzunehmen. Dem Autor ist allerdings der Korrekturabzug vorzulegen, der als genehmigt gilt, wenn er nicht binnen einer angemessenen Frist beanstandet wird.

1218 Ein Beispiel dieses Rechtekataloges befindet sich im Normvertrag über den Abschluss von Verlagsverträgen.

Üblicherweise verpflichtet sich allerdings der Verfasser zur Korrektur. Meist erhält der Verfasser den **Satz zur Korrektur** und, nach Ausführung der Korrektur, die **Revision zur erneuten Durchsicht** und gleichzeitigen **Druckfreigabe**. Der Verfasser kann dabei die Änderungen am Werk (§ 12 VerlG) ausführen. Der Verfasser hat allerdings für Änderungen, die er nach Beginn der Vervielfältigung vorgenommen hat, die das übliche Maß übersteigen, dem Verleger die hierfür entstandenen Kosten zu ersetzen, es sei denn, dass zwischenzeitlich eingetretene Umstände die Änderung rechtfertigen (§ 12 VerlG). In der Verlagspraxis vereinbaren Verleger und Verfasser, dass der Verfasser die Kosten der Änderung dann zu tragen hat, wenn diese 5 % bis 10 % der ursprünglichen Satzkosten übersteigen, sofern die Änderungen nicht durch fehlerhaften Druck oder durch andere Umstände, die der Verfasser nicht zu vertreten hat, bedingt waren[1219]. 1107

Regelmäßig erklärt der Verfasser nach Bogenrevision die Druckfreigabe »**Imprimatur**«. Mit der Erklärung der Druckfreigabe **genehmigt** der Verfasser gleichzeitig **etwaige Abweichungen** von seinem Manuskript. Druckfreigabeerklärung bedeutet aber gleichzeitig auch die **Ausübung des Erstveröffentlichungsrechts** als Urheber (§ 12 UrhG), da nun der Verleger berechtigt ist, das Werk in der vorliegenden Fassung zu veröffentlichen. 1108

▶ **Wiederholungsfragen**

1. *Wer hat die Korrektur von Satz und Umbruch durchzuführen?*
2. *Wer übernimmt die Korrekturverpflichtung nach der üblichen Vertragspraxis?*
3. *Welche Rechtsfolgen ergeben sich durch die Druckfreigabe?*

22.6.5 Honorarzahlungs-Abrechnungspflichten und Prüfungsrechte des Verfassers

Die **Verpflichtung zur Zahlung** einer Vergütung ist **keine** im **Gegenseitigkeitsverhältnis stehende Pflicht** des Verlegers aus dem Verlagsvertrag. Es handelt sich vielmehr um eine vertragliche Nebenpflicht. Die Vertragspartner können die Vergütungspflicht zu einer im Gegenseitigkeitsverhältnis stehenden Hauptpflicht des Verlagsvertrages machen. 1109

Ist eine Vergütung vereinbart, so ist der Verleger natürlich verpflichtet, diese dem Verfasser zu bezahlen (§ 22 Abs. 1 S. 1 VerlG). Die Vergütung gilt aber als stillschweigend vereinbart, wenn die Überlassung des Werkes den Umständen nach nur gegen eine Vergütung zu erwarten ist (§ 22 Abs. 1 S. 2 VerlG). Ist die Vergütung der Höhe nach nicht bestimmt, so hat der Verfasser Anspruch auf eine angemessene Vergütung (§ 22 Abs. 2 VerlG). Neben dieser Regelung des Verlagsgesetzes hat der Urheber einen Anspruch 1110

1219 § 8 Normverlagsvertrag in *Hillig*, Urheber- und Verlagsrecht, S. 96.; § 9 Verlagsvertrag über ein wissenschaftliches Werk in *Hillig*, Urheber- und Verlagsrecht, S. 140 f.

auf angemessene Vergütung (§ 32 UrhG). Dies ist zwingendes Recht, während § 22 VerlG nachgiebiges Recht ist.

1111 Die Vorschrift des § 22 VerlG einerseits und des § 32 UrhG andererseits sind nebeneinander **anwendbar**. Insbesondere § 32 Abs. 1 S. 3 UrhG, der den Anspruch des Urhebers auf Einwilligung in eine Vertragsänderung begründet, tritt neben § 22 VerlG. Ferner enthält § 32 Abs. 2 UrhG eine gesetzliche Formulierung zur Ermittlung der angemessenen Vergütung. Ein scheinbarer Widerspruch besteht nur zwischen § 22 Abs. 1 S. 2 VerlG, der vorsieht, dass eine Vergütung als stillschweigend vereinbart gilt, wenn die Überlassung des Werkes den Umständen nach nur gegen eine Vergütung zu erwarten war, im Vergleich zu § 32 Abs. 1 S. 2 UrhG, der festlegt, dass dann, wenn eine Vergütung nicht bestimmt ist, die angemessene Vergütung als vereinbart gilt. Diese Umstände entsprechen aber jenen, die unter Berücksichtigung der Bestimmungsregel des § 32 Abs. 2 S. 2 UrhG auch für eine Null-Vergütung sprechen können. Im Bereich der **Verlagsverträge** ergibt sich also aus der **Anwendbarkeit** des § 32 UrhG eine **Präzisierung und Ergänzung** des § 22 VerlG.

Ist die vereinbarte Vergütung im Einzelfall nicht angemessen, so kann der Verfasser unter Berufung auf § 32 UrhG die **Anpassung der Vergütung** verlangen, als ihm dann eine angemessene Vergütung zugesprochen wird. Erweist sich jedoch später die vereinbarte Vergütung als nicht angemessen, besteht insbesondere ein auffälliges Missverhältnis zwischen der Vergütung einerseits und den Erträgnissen andererseits, so steht dem Verfasser eine weitere Beteiligung zu (§ 32a UrhG).

▶ **Wiederholungsfrage**

Woraus ergibt sich ein Anspruch auf angemessene Vergütung für den Verfasser?

1112 Häufigste Vergütungsform ist die **erfolgsabhängige Honorierung**. Sie erscheint als die gerechteste Vergütung, da sie Verfasser und Verleger gleichermaßen am Erfolg eines Werkes teilhaben lässt. Sie wird häufig als bestimmter **Prozentsatz** des gebundenen **Ladenpreises für jedes verkaufte, bezahlte und nicht remittierte Exemplar** vereinbart. Im Hinblick auf den festen Ladenpreis g (§ 3 BuchPrG) ist eine solche Bestimmung möglich. Sofern im Einzelhandel keine Ladenpreisbindung besteht, kann an die unverbindliche Preisempfehlung des Herstellers, aber auch an einen pauschaliert zu berechnenden Händlerabgabepreis angeknüpft werden.

1113 Eine Art der erfolgsabhängigen Honorierung ist die **Honorierung nach Auflagen** durch einen Pauschalbetrag je Auflage. Dabei müssen allerdings die Auflagen ihrer Höhe nach bestimmt werden. Vereinbaren Verfasser und Verleger ein **Stückhonorar** je verkauften Exemplars, so ist der Verfasser ebenso am Erfolg des Werkes beteiligt. Denkbar ist auch eine **Erfolgsbeteiligung** des Verfassers am **Verlagserlös**, also am Umsatz des Verlegers.

1114 Neben der Erfolgshonorierung steht die **Pauschalhonorierung**. Ein Pauschalhonorar kann vereinbart werden für die Nutzung des Werkes insgesamt, also als **Buyout der**

Rechte, oder für einen bestimmten **Zeitraum** oder eine bestimmte **Auflagenhöhe**. Es kann auch als **Zeilen- oder Spaltenhonorars** (üblich bei Zeitungen und Zeitschriften) oder als **Bogenhonorar** bestimmt werden. Das Pauschalhonorar bietet sich an, wenn es sich um vergleichsweise geringe Honorarhöhen handelt und die Abrechnung über eine erfolgsabhängige Vergütung einen nicht zu rechtfertigenden Verwaltungsaufwand erfordern würde. In der Verlagspraxis werden Pauschalhonorare häufig für einzelne Beiträge zu Lexika, Wörterbüchern und ähnlichen Sammlungen, für Anthologien, für den Abdruck einzelner Abbildungen vereinbart.

In Ausnahmefällen verpflichtet sich der Verleger, dem Verfasser eine **Beteiligung** am **Reingewinn** zu gewähren. Da jedoch die Berechnung des Reingewinns häufig zu Streitigkeiten führen kann, sollte davon Abstand genommen werden. 1115

Der Autor hat regelmäßig auch einen Anspruch auf eine Vergütung aus der **Verwertung der Rechte durch die Vergabe an Dritte**. Verwertet der Verleger selbst die einzelnen Nebenrechte, so hat er eine gesonderte Honorarabsprache hierüber zu treffen, stets aber hat der Verfasser einen Anspruch auf die angemessene Vergütung. Verwertet der Verleger die Nebenrechte durch die Weiterübertragung der Rechte an Dritte, also im Lizenzgeschäft, so erhält der Autor eine **Beteiligung an den Lizenzerlösen**. Häufig werden die tatsächlich dem Verleger zufließenden Einnahmen nach einem prozentualen Schlüssel geteilt, wobei je nach Nutzungsart und damit verbundenen Aufwand und Ertrag unterschiedliche Anteile vereinbart werden. 1116

Dem Verfasser kann auch ein **Garantiehonorar** oder ein **Vorschuss** versprochen werden. Garantiehonorar bedeutet, dass dieser Honorarbetrag dem Verfasser in jedem verbleibt. Es kann so ausgestaltet werden, dass eine daneben vereinbarte Erfolgsvergütung auf die Garantiezahlung angerechnet wird, aber auch so, dass das Garantiehonorar neben der erfolgsabhängigen Vergütung bezahlt wird. Erstere Vergütungsform ist üblich. Wird ein Vorschuss vereinbart, so wird dieser mit der gleichzeitig vereinbarten Erfolgsvergütung verrechnet und bei Beendigung des Verlagsvertrages abgerechnet. Eine etwaige Überzahlung hat der Verfasser an den Verleger zurückzubezahlen (§§ 812 ff. BGB). 1117

Die Höhe der Vergütung bestimmt sich zunächst danach, was **tarifvertraglich** vereinbart wurde (§ 32 Abs. 4 UrhG). Eine solche Bestimmung befindet sich beispielsweise im Manteltarifvertrag für Redakteure von Tageszeitungen. Daneben existieren einige Haustarife des Verbandes deutscher Schriftsteller (VS) in der ver.di, deren praktische Bedeutung allerdings gering ist.[1220] Soweit kein Tarifvertrag für die entsprechende Werknutzung vorliegt, hat der Urheber Anspruch auf eine **angemessene Vergütung** (§ 32 Abs. 2 UrhG). 1118

1220 *Loewenheim/Nordemann-Schiffel/J. B. Nordemann*, § 64 Rz. 18 m.w.N.

22. Buch- und Zeitschriftenproduktion

1119 Für die angemessene Honorierung im Buchverlagsbereich gibt es »gemeinsame Vergütungsregeln für Autoren belletristischer Werke in deutscher Sprache«[1221], die zwischen dem Verband deutscher Schriftsteller (VS) in der Vereinigten Dienstleistungsgewerkschaft (ver.di) und dem Berlin-Verlag, Fischer-Verlag, Hanser-Verlag und anderen Verlagen abgeschlossen wurden[1222]. Diese Vergütungsregeln finden Anwendung auf Verlagsverträge und urheberrechtliche Nutzungsverträge von selbständigen, belletristischen Werken. Sie finden keine Anwendung auf andere Bereiche, wie insbesondere Sachbuch, Ratgeber, Lexika, Fachbuch, Kinder- und Jugendbuch, Schul- und Lehrbuch sowie Hörbuch. Sie finden auch keine Anwendung, wenn die Publikation nicht in erster Linie im verlegerischen Interesse, sondern vorrangig auf Wunsch des Urhebers erfolgt, wie bei Memoiren, privaten Familiengeschichten. Als **Richtwert** ist in diesen gemeinsamen Vergütungsregeln ein Honorar von **10 %** für **jedes verkaufte, bezahlte und nicht remittierte Exemplar**, bezogen auf den Nettoladenverkaufspreis, vereinbart worden, das im Einzelfall bei beachtlichen Gründen auf 8 % reduziert werden kann. Für die eigene Verwertung des Werkes als Taschenbuch oder als Sonderausgabe sind regelmäßig folgende Beteiligungssätze am Nettoladenverkaufspreis angemessen: bis 20 000 Exemplare 5 %, ab 20 000 Exemplare 6 %, ab 40 000 Exemplare 7 %, ab 100 000 Exemplare 8 %. Bei verlagseigenen Sonderausgaben, deren Verkaufspreis mindestens 1/3 unter dem Verkaufspreis der Normalausgabe liegt, ist ein Honorar von 5 % vom Nettoladenverkaufspreis angemessen, bei einer Auflage von 70 000 Exemplaren ein solches von 6 %. An den Nebenrechtserlösen sollen die Autoren mit 60 % bei sogenannten »buchfernen« Nebenrechten, insbesondere Medien- und Bühnenrechten, und mit 50 % bei sogenannten »buchnahen« Nebenrechten (z.B. Übersetzungen in andere Sprachen und Hörbücher) beteiligt werden. Darüber hinaus sehen die gemeinsamen Vergütungsregelungen Absprachen über die Abrechnung und Zahlung von Vorschüssen vor.

▶ Wiederholungsfragen

1. *Welche Formen der Vergütung sind im Verlagswesen üblich?*
2. *Wie ist die Höhe der Vergütung zu bestimmen?*

1120 Bestimmt sich die Vergütung des Verfassers nach dem **Absatz**, so hat der Verleger jährlich dem Verfasser für das vorangegangene Geschäftsjahr **Rechnung zu legen** (§ 24 VerlG). Die Verpflichtung zur Abrechnung über die Honorare ist eine vertragliche Nebenpflicht. Kommt der Verleger seiner Verpflichtung nicht ordnungsgemäß nach,

---

1221 Daneben existieren noch weitere gemeinsame Vergütungsregeln für die Buch- und Zeitschriftenproduktion z.B. gemeinsame Vergütungsregeln für Übersetzungen.
1222 Hillig, Urheber- und Verlagsrecht, S. 117.

so kann der Verfasser, neben den allgemeinen Rechten gemäß §§ 280 ff. BGB, insbesondere eine eidesstattliche Versicherung des Verlegers darüber fordern, dass er seine Angaben nach bestem Wissen so vollständig gemacht habe, als er dazu im Stande gewesen sei (§ 260 BGB).

Für alle Formen der Erfolgsbeteiligung hat der Verfasser Anspruch auf eine Abrechnung. Die Abrechnung ist **jährlich** nach Abschluss des jeweiligen Kalenderjahres ohne schuldhafte Verzögerung zu erstellen. Dabei ist die **Verkehrssitte**, die eine Abrechnung innerhalb von **60 bis 90 Tagen** vorsieht, zu beachten. 1121

Die Abrechnung hat all diejenigen Tatsachen anzuführen, die der Verfasser benötigt, um rechnerisch die **Richtigkeit der Abrechnung zu überprüfen**. Es gehören daher in die Abrechnung die Anzahl der verkauften Exemplare, der Brutto- und der Nettoladenpreis, der Honorarsatz und das sich danach ergebende Endhonorar. Für den Fall der Abrechnung über Lizenzgeschäfte hat die Abrechnung aufzuzeigen, aus welchem Vertrag und in welcher Höhe Lizenzeinnahmen dem Verleger zugeflossen sind. Hat der Autor eine verrechenbare Vorschusszahlung und/oder Garantieleistung erhalten, ist ferner aufzuführen, ob die Vorschusszahlung oder Garantieleistung reichen würde oder nicht. 1122

Naturgemäß hat eine Abrechnung **schriftlich** zu erfolgen. 1123

Steht das Honorar hinsichtlich seiner Höhe bei der Ablieferung des Werkes fest, beispielsweise bei **Pauschalhonoraren**, ist das Honorar **mit Ablieferung** des Werkes fällig (§ 23 S. 1 VerlG). Richtet sich die Höhe der Vergütung nach **dem Umfang** des Werkes, also bei Bogen-, Spalten-, Zeilen- oder Seitenhonorar, ist die Vergütung **nach der Vervielfältigung** fällig (§ 23 S. 2 VerlG), also wenn der Umfang des Werkes genau feststeht. Haben die Vertragspartner allerdings ein **Erfolgshonorar** vereinbart, so ist die Vergütung **jährlich** auszuzahlen und zwar gemäß der Verkehrssitte (§§ 242, 157 BGB) gleichzeitig mit Übermittlung der Abrechnung. Ist nichts Besonderes vereinbart, so hat der Verleger das Honorar auf Gefahr und Kosten des Verfassers an **dessen Wohnsitz** zu übermitteln (§§ 269, 270 BGB). 1124

Haben Verleger und Verfasser miteinander ein **Erfolgshonorar** vereinbart, so muss der **Verleger dem Verfasser die Einsicht in seine Geschäftsbücher gestatten**, soweit dies **zur Prüfung** erforderlich ist (§ 24 VerlG). Der Verfasser kann demgemäß die Einsicht selbst nehmen, er ist auch berechtigt, die Einsicht durch einen zur Berufsverschwiegenheit verpflichteten Wirtschaftsprüfer oder vereidigten Buchprüfer ausführen zu lassen. Erweist sich anlässlich der Überprüfung die Abrechnung als fehlerhaft, hat der Verleger seine Abrechnungsverpflichtung schuldhaft verletzt und daher dem Autor die durch die Prüfung entstandenen Kosten zu erstatten (§§ 280 ff. BGB). 1125

▶ **Wiederholungsfragen**

1. *Wann hat der Verleger über das Erfolgshonorar eine Abrechnung zu erteilen?*
2. *Welchen Inhalt muss die Abrechnung regelmäßig haben?*

3. Wann sind Abrechnung und Honorar zur Zahlung fällig?
4. Steht dem Verfasser ein Prüfungsrecht hinsichtlich der Abrechnung zu?

22.6.6 Freiexemplare, Vorzugsexemplare

1126 Der Verfasser eines Werkes der Literatur hat Anspruch auf **Freiexemplare**. Dies ist eine Nebenpflicht des Verlegers aus dem Verlagsvertrag. Freiexemplare stellen kein Entgelt dar[1223], wobei jedoch Verfasser und Verleger eine Vergütung durch Überlassung von Freiexemplaren vereinbaren können. Der Anspruch auf Freiexemplare entsteht **bei jeder neuen Auflage**. Der Verfasser hat Anspruch auf Freiexemplare in Höhe von 1% der Auflage, jedoch mindestens 5, maximal 15 Exemplare (§ 25 Abs. 1 S. 1 VerlG). Die Freiexemplare muss der Verleger dem Verfasser an dessen Wohnort kostenfrei übermitteln (§ 269 BGB). Der Verfasser eines Werkes der Tonkunst hat Anspruch auf die übliche Zahl der Freiexemplare. Der Verfasser eines Beitrages für ein Sammelwerk, also beispielsweise eine Zeitung oder Zeitschrift, kann die Freiexemplare in Form von Sonderabzügen erhalten. Regelmäßig vereinbaren Verleger und Verfasser die Zahl der Freiexemplare.

1127 Der Verfasser hat Anspruch darauf, dass ihm der Verleger die ihm zur Verfügung stehenden Abzüge des Werkes zu dem niedrigsten Preis, für den er das Werk abgibt, verkauft, die sogenannten »**Vorzugsexemplare**« (§ 26 VerlG). Der Verfasser kann also weitere Exemplare zum günstigsten Abgabepreis fordern. Aus diesem Ankaufsrecht folgt der Anspruch des Verfassers, im Fall der beabsichtigten Verramschung der Restexemplare diese zum Ramschpreis übernehmen zu können[1224].

1128 Der Verfasser verletzt das Verbreitungsrecht des Verlegers, wenn er diese Exemplare weitergibt, nicht (§ 17 Abs. 2 UrhG), weil das Verbreitungsrecht durch die Übermittlung an den Verfasser erschöpft ist. Bei einem weiteren gewerbsmäßigen Verkauf kann aber ein Verstoß gegen den verlagsvertraglichen Treuegrundsatz vorliegen[1225]. Wenn der Verfasser die Exemplare weiterverkauft, hat er den vom Verleger festgesetzten Preis zu beachten (§ 5 BuchPrG).

▶ **Wiederholungsfragen**

1. Was versteht man unter »Freiexemplare«?
2. Was versteht man unter »Vorzugsexemplare«?

1223 *Haberstumpf/Hintermeier*, S. 135.
1224 Russ, § 26, Rz. 12.
1225 *Ulmer*, § 106 II 2; *Haberstumpf/Hintermeier*, S. 137.

22.7 Sonstige Bestimmungen des Verlagsvertrages

22.7.1 Beendigung

Sieht der Verlagsvertrag eine **bestimmte Auflagenhöhe** vor und ist der Verleger nur zur Veranstaltung einer Auflage berechtigt (§ 5 VerlG), **endet der Verlagsvertrag mit Ausverkauf der Auflagen** (§ 29 VerlG). Die Auflage ist vergriffen[1226]. Mit dem Verkauf des letzten Exemplars fallen gleichzeitig die Rechte an den Verfasser zurück, ohne dass es einer weiteren Erklärung und/oder einer Vereinbarung bedarf (§ 9 Abs. 1 VerlG).

1129

Wenn der Verlagsvertrag für einen **bestimmten Zeitraum** abgeschlossen ist, fällt **mit Ablaufen** dieses Zeitraums das **Recht** ohne weiteres **auf den Verfasser zurück** (§§ 9 Abs. 1, 29 Abs. 3 VerlG). Der Verfasser ist frei, das Werk anderweitig zu verwerten. Hat der Verleger das Recht für die Dauer des gesetzlichen Urheberrechts erworben, endet das Vertragsverhältnis mit dem Ablauf der urheberrechtlichen Schutzfrist[1227].

1130

Der Verleger ist berechtigt, das Vertragsverhältnis zu **kündigen**, wenn nach Abschluss des Vertrages der **Zweck**, welchem das Werk **dienen sollte, fortfällt** oder die Vervielfältigung eines Sammelwerkes unterbleibt, für das ein Beitrag verfasst werden sollte (§ 18 VerlG). Die Vorschrift ist ein besonderer Fall des Wegfalls der objektiven Geschäftsgrundlage. Die allgemeinen Regeln über den Fortfall der Geschäftsgrundlage (§ 313 BGB) bleiben daneben weiter anwendbar[1228]. Ein solches Kündigungsrecht besteht beispielsweise, wenn ein Buch zum Besuch des Papstes erscheinen soll, aber dieser nicht stattfindet oder wenn der Gegenstand des Verlagsvertrages ein Gesetzeskommentar ist und das Gesetzgebungsvorhaben nicht realisiert wird. Der Zweckfortfall bezieht sich aber nicht auf die allgemein mit dem Abschluss eines Verlagsvertrages erfolgten materiellen und ideellen Zwecke des Verfassers und des Verlegers. Insbesondere dann, wenn der Verleger die **wirtschaftlichen Chancen** des Werkes **nachträglich abweichend** beurteilt, **liegt kein Fortfall des Zweckes** vor. Es gehört zur typischen Verpflichtung des Verlegers, das wirtschaftliche Risiko der Publikation zu übernehmen. Das Kündigungsrecht betrifft den Sonderfall, dass das **Werk seine Daseinsberechtigung** verlieren würde[1229]. Im Fall der Kündigung verbleibt dem Verfasser der Anspruch auf Vergütung (§ 18 Abs. 1 VerlG). Gegebenenfalls muss sich der Verfasser aber dasjenige anrechnen lassen, was er an eigenen Aufwendungen erspart oder durch anderweitige Verwendung seiner Arbeitskraft erwirbt bzw. zu erwerben böswillig unterlässt (§ 648 BGB)[1230].

1131

Bis zu Beginn der Vervielfältigung kann der **Verfasser vom Verlagsvertrag zurücktreten**, wenn sich **Umstände ergeben**, die bei Vertragsschluss **nicht vorauszusehen waren**

1132

1226 BGH, GRUR 1960, 636 – Kommentar.
1227 *Ulmer*, § 110 I 1; *Schricker*, Verlagsrecht, § 29 Rz. 7.
1228 *Ulmer*, § 110 II 2 b; *Schricker*, Verlagsrecht, § 18 Rz. 1.
1229 *Schricker*, Verlagsrecht, § 18 Rz. 2.
1230 *Ulmer*, § 110 II 2 b; *Schricker*, Verlagsrecht, § 18 Rz. 8.

und den Verfasser bei Kenntnis der Sachlage und verständiger Würdigung des Falles von der Herausgabe des Werkes zurückgehalten haben würden. Das gleiche Recht steht dem Verfasser zu, wenn der Verleger eine neue Auflage veranstalten will (§ 35 Abs. 1 VerlG). Der Verfasser muss sich allerdings verpflichten, dem Verleger die von ihm getätigten **Aufwendungen** zu erstatten. Darüber hinaus muss er dann, wenn er das Werk innerhalb eines Jahres seit dem Rücktritt anderweitig verlegt, dem Verleger Schadensersatz wegen Nichterfüllung leisten (§ 35 S. 2 VerlG). Auch dieses Rücktrittsrecht ist eine **Ausprägung der Lehre vom Wegfall der Geschäftsgrundlage** (§ 313 BGB).

1133　Geht ein Werk nach der Ablieferung an den Verleger durch Zufall unter, so behält der Verfasser den Anspruch auf Vergütung. Im Übrigen werden beide Teile von der Verpflichtung zur Leistung frei (§ 33 Abs. 1 VerlG). Der Verleger kann aber vom Verfasser verlangen, dass dieser gegen eine angemessene Vergütung ein wesentlich übereinstimmendes Werk abliefern muss, wenn er aufgrund der Vorarbeiten oder sonstigen Unterlagen dies mit geringer Mühe bewerkstelligen kann. Bietet der Verfasser an, dieses Werk innerhalb einer angemessenen Frist kostenfrei zu liefern, so bleibt der Verleger verpflichtet, dieses Werk anstelle des untergegangenen Werkes zu vervielfältigen und zu verbreiten. Die Vertragspartner können dieses Recht auch dann geltend machen, wenn das Werk nach der Ablieferung in Folge eines Umstandes untergegangen ist, den der andere Teil zu vertreten hat. Dabei steht der Verzug des Verlegers der Ablieferung gleich (§ 33 VerlG). Bei dieser Vorschrift handelt es sich um eine besondere Regelung für den **Fall der Unmöglichkeit der Vertragserfüllung**. Neben dieser Vorschrift finden die allgemeinen Vorschriften des BGB über die Befreiung der Leistungsverpflichtung (§ 275 BGB) und die sich daraus ergebenden Rechte des Gläubigers (§§ 275 Abs. 4, 280, 283 ff., 311a, 326 BGB) Anwendung. Ebenso finden die allgemeinen Vorschriften Anwendung, wenn der Verleger den Untergang des Werkes zu vertreten hat.

1134　Die praktische Bedeutung des § 33 VerlG ist gering. Regelmäßig ist nämlich der Verfasser eines Sprachwerkes verpflichtet, eine Kopie des von ihm erarbeiteten Werkes bei sich zu behalten und dieses unentgeltlich für den Fall des Untergangs beim Verleger diesem zur Verfügung zu stellen. Auch im Musikverlagswesen spielt die Vorschrift ebenso wenig eine Rolle, weil Musiknoten ohne weiteres kopiert werden können. Bedeutung kann § 33 VerlG im Bereich des Kunstverlages haben, wenn der Künstler sich verpflichtet hat, dem Verleger einen bestimmten Entwurf zur Vervielfältigung auszuhändigen.

1135　**Stirbt der Verfasser vor Vollendung** seines Werkes, so ist der Verleger berechtigt, wenn er einen Teil des Werkes bereits erhalten hat, den Vertrag durch eine gegenüber den Erben des Verfassers abzugebende Erklärung hinsichtlich des Teiles **aufrechtzuerhalten**. Die Erben können sich Klarheit über die Absichten des Verlegers dadurch verschaffen, dass sie diesem eine angemessene Frist zur Erklärung setzen. Stirbt also der Verfasser, so ist es Sache des Verlegers, darüber zu entscheiden, ob er einen Teil des Werkes publizieren will oder nicht. Gleiches gilt dann, wenn die Vollendung des Werkes infolge sonstiger, nicht vom Verfasser zu vertretender Umstände unmöglich wird (§ 34 VerlG). Der umgekehrte Fall, dass die Erben den Verleger verpflichten wollen, das teilweise erstellte Werk zu vervielfältigen und zu verbreiten, findet keine gesetzliche Grundlage. Hier ist allein der Verleger entscheidungsbefugt[1231], der dabei aber Treu und Glauben berücksichtigen muss. Im Ausnahmefall kann sich jedoch eine Verpflichtung zur Vervielfältigung und Verbreitung ergeben. So z.B. dann, wenn das Werk unschwer durch einen Dritten ohne Qualitätsverlust beendet werden könnte und der verstorbene Verfasser mutmaßlich mit der Fertigstellung durch den Dritten einverstanden wäre.

Neben dem Recht zum Rücktritt wegen veränderter Umstände stehen dem Verfasser die allgemein jedem Urheber zustehenden Rücktrittsrechte wegen Nichtausübung (§ 41 UrhG) und wegen gewandelter Überzeugung (§ 42 UrhG) zu. 1136

Regelmäßig sehen Verlagsverträge **kein ordentliches Kündigungsrecht** vor. Da Verlagsverträge jedoch Dauerschuldverhältnisse sind, gilt das Recht zur Kündigung aus wichtigem Grund (§ 314 BGB)[1232]. 1137

▶ **Wiederholungsfragen**

1. *Bei welchen Änderungen der Geschäftsgrundlage sieht das Gesetz ein Kündigungsrecht vor?*
2. *Welche besonderen Regelungen der Unmöglichkeit sieht das Verlagsgesetz vor?*

22.7.2 Insolvenz

Mit der Regelung der **Insolvenz des Verlegers** hat das Verlagsgesetz in § 36 die einzige zwingende Norm aufgenommen. 1138

Hat der Verleger zum Zeitpunkt der Eröffnung des Insolvenzverfahrens mit der **Vervielfältigung noch nicht begonnen**, so ist der **Verfasser** berechtigt, von dem Vertrag **zurückzutreten**. Der Verfasser kann darüber entscheiden, ob das Werk noch in dem in Insolvenz gegangenen Verlag publiziert werden soll, oder ob er über die Rechte anderweitig verfügen will. Daneben steht dem **Insolvenzverwalter das Wahlrecht gemäß § 103 InsO** zu. Der Insolvenzverwalter kann darüber entscheiden, ob er die Erfüllung des Verlagsvertrages verlangen will oder nicht. Dies gilt unabhängig davon, ob das Manuskript des betroffenen Werkes bereits vorliegt oder ob es später abzuliefern ist. 1139

Entscheidet sich der Insolvenzverwalter für die Erfüllung **des Vertrages**, so sind die Ansprüche des Verfassers aus dem Verlagsvertrag **Masseschulden** (§ 55 Abs. 1 Ziff. 2 1140

1231   *Ulmer*, § 110 V 1.
1232   Vgl. oben Rz. 1030 ff.

InsO). Der Insolvenzverwalter kann die Vervielfältigung und Verbreitung selbst im Rahmen des Unternehmens des Gemeinschuldners vornehmen, er kann die Rechte als Verleger aber auch veräußern. Für die Veräußerung gilt § 34 UrhG. An die Stelle der Insolvenzmasse tritt dann der Erwerber in das Vertragsverhältnis ein. In Abweichung zu § 34 Abs. 4 UrhG haftet die Insolvenzmasse jedoch für den Schaden wie ein Bürge, der auf die Einrede der Vorausklage verzichtet hat, wenn der Erwerber seine Verpflichtungen aus dem Vertragsverhältnis nicht erfüllen würde.

1141 **Lehnt** der **Insolvenzverwalter** die **Vertragserfüllung ab** oder gibt er keine Erklärung ab, so **erlischt das Vertragsverhältnis** und das Verlagsrecht fällt an den Verfasser zurück. Der Verfasser kann seine Schadensersatzforderung wegen Nichterfüllung des Vertrages zur Insolvenzmasse anmelden. Falls der Insolvenzverwalter nicht die Erfüllung des Vertrages wählt, ist er nicht berechtigt, die vorhandenen Vervielfältigungsstücke zu verbreiten. Ebenso wenig kann er die Nebenrechte verwerten. Die Erwerber von Nebenrechten bleiben Inhaber der Rechte, sofern der Gemeinschuldner seine Rechtsmacht nicht überschritten hat, wobei dem Verfasser anstelle des Lizenzgebers die Ansprüche auf Lizenzvergütung und Abrechnung zustehen (§§ 33 UrhG analog, 812 ff. BGB).

1142 Fällt der **Verfasser in Insolvenz**, so hat der Insolvenzverwalter hinsichtlich der nicht erfüllten Nutzungsrechtsverträge gemäß **§ 103 InsO** ein **Wahlrecht**. Er kann dieses Wahlrecht jedoch nur mit Einwilligung des Urhebers ausüben (§§ 113 ff. UrhG). Erklärt der Urheber seine Einwilligung, so fallen die vermögensrechtlichen Ansprüche des Verfassers ebenso wie Schadensersatzansprüche in die Masse[1233].

▶ **Wiederholungsfrage**

Welche Rechte stehen dem Verfasser im Fall der Insolvenz des Verlegers zu?

22.8 Der Bestellvertrag

1143 Ein Bestellvertrag liegt vor, wenn jemand die Herstellung eines Werkes nach einem Plan, in welchem ihm der Besteller den Inhalt des Werkes sowie die Art und Weise der Behandlung genau vorschreibt, übernimmt, oder wenn sich die Tätigkeit auf die Mitarbeit an einem enzyklopädischen Unternehmen oder auf Hilfs- oder Nebenarbeiten für ein Werk eines anderen oder für ein Sammelwerk beschränkt (§ 47 VerlG). Der Besteller ist im Zweifel nicht zur Vervielfältigung und Verbreitung verpflichtet.

1144 Der Bestellvertrag ist also ein Vertrag eigener Art. Der Verfasser schuldet einen bestimmten Arbeitserfolg. Damit ist der Bestellvertrag in erster Linie dem Werkvertrag (§§ 631 ff. BGB) zuzuordnen.

1233 *Schricker*, Verlagsrecht, § 36 Rz. 27 m.w.N.

Im Unterschied zum Verlagsvertrag kann der Besteller die Qualität des Werkes sehr wohl überprüfen und dann, wenn es nicht der vereinbarten Beschaffenheit entspricht, die Beseitigung des Mangels fordern. Der Besteller kann aber den Mangel nicht selbst nach erfolglosem Ablauf einer für die Nacherfüllung bestimmten Frist beseitigen (§ 637 BGB). Die Schranken der zulässigen Änderung (§ 39 UrhG) gelten für dieses Vertragsverhältnis ebenso. Das Entstellungsverbot (§ 14 UrhG) ist zudem zu beachten[1234]. Damit verbleibt dem Besteller nur das Recht, vom Vertrag zurückzutreten, die Vergütung zu mindern oder Schadensersatz zu fordern.

Liefert der Verfasser das vertragsgemäße Werk ab, so ist der Besteller verpflichtet, dieses Werk abzunehmen (§ 640 BGB) und die Vergütung zu **bezahlen** (§§ 632 BGB, 32 UrhG).

1145

Der Umfang der Rechte, die dem Verleger eingeräumt werden, sowie insbesondere die Anzahl[1235] der Vervielfältigungsstücke, die er herstellen darf, richten sich nach dem Zweck des Vertrages (§ 31 Abs. 5 UrhG).

▶ **Wiederholungsfragen**

1. *Was kennzeichnet einen Bestellvertrag gemäß § 47 VerlG?*
2. *Welcher Rechtsnorm ist der Bestellvertrag zuzuordnen?*

22.9 Der Herausgebervertrag

Für den Herausgebervertrag existiert **kein gesetzliches Modell**. Als Herausgeberverträge werden Absprachen bezeichnet, die die typischen Herausgeberpflichten zum Gegenstand haben. Zu diesen Pflichten zählen die Sammlung und Auswahl von Beiträgen, aber häufig auch organisatorische Maßnahmen zur Vorbereitung der Publikation.

1146

Herausgeberverträge werden häufig geschlossen. So gehört die **Auswahl und Anordnung** von Gedichten für eine Gedichtanthologie ebenso wie die Auswahl und Anordnung von Beiträgen für ein wissenschaftliches Handbuch, aber auch die Herausgabe einer Zeitung oder Zeitschrift zu den typischen Pflichten eines Herausgebers. Kennzeichnende Leistungspflicht des Herausgebers ist die **Einräumung der Rechte an dem Sammelwerk**. Der Herausgeber übernimmt darüber hinaus häufig noch **organisatorische**, ordnende, sammelnde und leitende **Arbeiten** im Zusammenhang mit der Publikation. Hierzu können zählen die Bestimmung der Zielgruppe, die mit der Zeitschrift angesprochen wird, und die inhaltliche Gestaltung der Zeitschrift, die Häufigkeit des

1147

1234 BGH, GRUR 1971, 269 – das zweite Mal; *Schricker*, Verlagsrecht, § 47 Rz. 16.
1235 § 5 VerlG ist nicht anwendbar, BGH, GRUR 1984, 528 – Bestellvertrag.

Erscheinens, der Umfang, die Anzahl der Abbildungen, der Umfang der darin aufzunehmenden Werbung. Zu den Herausgeberpflichten gehört die **inhaltliche Konzeption** jeder einzelnen Ausgabe der Zeitschrift, die Gewinnung der Autoren für die einzelnen Themenbeiträge sowie schließlich die Überprüfung der Richtigkeit und Stimmigkeit der einzelnen Beiträge. Darüber hinaus können dem Herausgeber auch herstellerische Aufgaben übertragen werden.

1148 Regelmäßig ist ein Herausgebervertrag ein Dauerschuldverhältnis[1236]. Auf das Vertragsverhältnis finden, je nach Schwerpunkt der Aufgaben, die Vorschriften über den Verlags-, den Werk-, den Geschäftsbesorgungs- oder Dienstvertrag Anwendung.

1149 Der Herausgeber ist verpflichtet, dem Verleger seine Rechte an dem von ihm geschaffenen Sammelwerk **einzuräumen** sowie darüber hinaus gegebenenfalls die erforderlichen Rechte zur Vervielfältigung und Verbreitung der Beitragsverfasser zu verschaffen. Demgegenüber hat der **Verleger** die vereinbarte **Vergütung** (§§ 632 BGB, 32 UrhG) zu bezahlen, wenn er das vertragsgemäß erstellte Werk abgenommen hat (§ 640 BGB). Häufig lassen sich Verleger ein umfassendes Informations- und Weisungsrecht einräumen, was unter Umständen zu einer Mitwirkungsverpflichtung des Verlegers (§ 642 BGB) führen kann. In jedem Fall scheiden aber Gewährleistungsansprüche insofern aus, als der Verleger von seinem Weisungsrecht Gebrauch macht.

1150 Im **Herausgebervertrag** kann sich der Verleger zur Vervielfältigung und Verbreitung des vom Herausgeber bearbeiteten Sammelwerkes verpflichten. In diesem Fall sind die Regelungen des **Verlagsgesetzes** (§§ 1 ff. VerlG) auf den Herausgebervertrag anwendbar. Soweit der Herausgeber weitere zusätzliche Leistungen für den Verleger dabei übernimmt, insbesondere organisatorische Arbeiten, erfüllt er einen **Auftrag** (§§ 662 ff. BGB) oder, sofern der Herausgeber hierfür eine Vergütung erhält, einen **Geschäftsbesorgungsvertrag** mit Dienst- oder Werkvertragscharakter (§§ 675, 611 ff. oder 631 ff. BGB).

1151 Der Herausgebervertrag kann auch als **Werkvertrag** konzipiert sein (§§ 631 ff. BGB). In diesem Fall verpflichtet sich der Herausgeber nicht nur, die Rechte an dem Sammelwerk dem Verleger einzuräumen, sondern er übernimmt es gleichzeitig, ein Sammelwerk zu erstellen, das bestimmten Anforderungen und Eigenschaften, welche Herausgeber und Verleger miteinander vereinbart haben, entspricht. Handelt es sich bei dem Sammelwerk um eine Zeitschrift, so vereinbaren die Institutionen mit dem Herausgeber regelmäßig bestimmte Eigenheiten, welche die Zeitschrift aufweisen muss.

1152 Will der Verleger ein **umfassendes Weisungsrecht** hinsichtlich der Leistungen des Herausgebers haben, so kann der Herausgebervertrag auch als **Dienstvertrag** konzipiert sein, insbesondere dann, wenn der Herausgeber in abhängiger Stellung als Angestellter oder freier Mitarbeiter lediglich zum Tätigwerden verpflichtet worden ist (§§ 611 ff. BGB).

1236 BGH, GRUR 1954, 129 – Besitz der Erde.

Ein solcher Vertrag dürfte häufig bei den Chefredakteursverträgen der Zeitungen und Zeitschriften vorliegen. In diesem Zusammenhang verpflichtet sich der Herausgeber, die bei ihm entstandenen Urhebernutzungsrechte dem Verleger im erforderlichen Umfang einzuräumen (§§ 43, 34 Abs. 5 UrhG) sowie darüber hinaus die bestimmten leitenden organisatorischen Tätigkeiten anlässlich der Herausgabe des Werkes zu erbringen.

▶ Wiederholungsfragen

1. *Welche Pflichten kann der Herausgeber im Herausgebervertrag übernehmen?*
2. *Welchen Rechtscharakter hat ein Herausgebervertrag?*

22.10 Mitarbeiterverträge

Häufig ist es Sache des Herausgebers, mit den Mitarbeitern des herauszugebenden Werkes **Mitarbeiterverträge** abzuschließen. Es kann sich dabei um **Dienstverträge** (§§ 611 ff. BGB) handeln, aber auch um **Werkverträge** für einzelne Beiträge für eine Publikation (§§ 631 ff. BGB). Sowohl Dauerschuldverhältnisse als auch Einzelverträge können vereinbart werden. Wird über den Umfang der Rechteinräumung nichts vereinbart, so finden §§ 38 f UrhG Anwendung. — 1153

Ist die Grundlage der Nutzung eines Beitrages für ein periodisches Sammelwerk ein Verlagsvertrag, so ist der Verleger hinsichtlich der **Anzahl der Abzüge**, welche er herstellen kann, nicht beschränkt (§§ 41, 43 VerlG). Der Herausgeber oder sonstige beauftragte Verleger darf an dem Beitrag Änderungen vornehmen, die bei vergleichbaren Zeitschriften oder Zeitungen üblich sind, wenn der Beitrag ohne Nennung des Namens des Verfassers erscheinen soll (§§ 41, 44 VerlG). — 1154

Wird der Beitrag nicht innerhalb eines Jahres nach Ablieferung durch den Verleger veröffentlicht, so kann der Verfasser das Vertragsverhältnis kündigen, wobei sein Anspruch auf eine Vergütung unberührt bleibt. Ein darüber hinausgehender Anspruch auf Schadensersatz wegen Nichterfüllung der Verpflichtung zur Vervielfältigung und Verbreitung steht dem Verfasser allerdings nur dann zu, wenn der Verleger den Zeitpunkt bezeichnet hat, zu dem die Ausgabe hätte erscheinen sollen (§ 45 Abs. 2 VerlG). — 1155

Erscheint der Beitrag in einer Zeitung, so kann der Verfasser **keine Freiexemplare** verlangen (§§ 41, 46 VerlG).

▶ Wiederholungsfragen

1. *Unter welchen Voraussetzungen erwirbt der Verleger von einem Mitarbeiter ein ausschließliches Nutzungsrecht?*
2. *Wodurch ist dieses beschränkt?*

22.11 Übersetzervertrag

1156 Gegenstand des Übersetzungsvertrages ist die **Verpflichtung des Übersetzers** zur **Übertragung eines Werkes in eine andere Sprache**, unter Übernahme der Prägungen des Originalwerkes. Insofern unterscheidet sich die Übersetzung von der Nachdichtung. Ist das zu übersetzende Werk ein Fach- oder Sachbuch oder ein Fachartikel, so ist dabei häufig durch den Übersetzer nicht nur die Anpassung an die Übertragung in die andere Sprache erforderlich, sondern auch die Anpassung an die dortigen Gewohnheiten und Bräuche. So sind etwa Erläuterungen hinsichtlich anderer Industrienormen, Maßeinheiten o.ä. erforderlich. Ist es Aufgabe eines Übersetzers, einen Film zu synchronisieren, so bedarf es nicht nur der Übertragung in die andere Sprache, sondern auch deren Einpassung in den Filmablauf.

1157 Soll das Werk später grafisch vervielfältigt und verbreitet werden, kommt die Einordnung als **Bestellvertrag** gemäß § 47 Abs. 1 VerlG, §§ 631ff. BGB in Betracht oder die Einordnung als **Verlagsvertrag**. **Regelmäßig** wird indes ein **Verlagsvertrag** anzunehmen sein[1237]. Allerdings kann der Verleger die ihm obliegende **Veröffentlichungsverpflichtung** vertraglich **ausschließen**, wobei ein diesbezüglicher Vorbehalt individuell zu vereinbaren ist[1238], weil durch eine solche vorformulierte Klausel von einem wesentlichen Grundgedanken des Gesetzes abgewichen wird.

1158 In der Vertragspraxis werden bei kleineren zu übersetzenden Werken häufig nur telefonische oder mündliche Aufträge erteilt, bei denen die wesentlichen Bedingungen, wie Ablieferungstermin, Honorarhöhe, Nennung des Urhebers, fixiert werden. Im Übrigen ist in diesen Fällen das Verlagsgesetz anwendbar[1239]. In der Buchbranche werden meist schriftliche Übersetzerverträge geschlossen, wenn es sich um die Übersetzung eines ganzen Werkes, z.B. eines Romans, Theaterstücks o.ä., handelt. Der Börsenverein des Deutschen Buchhandels und der Verband Deutscher Schriftsteller (VS in der IG Druck und Papier) haben mit dem Normvertrag für den Abschluss von Übersetzerverträgen[1240] ein Vertragsmuster vorgeschlagen.

1159 Hinsichtlich der Vergütung für Übersetzungen existieren gemeinsame Vergütungsregeln zwischen den Übersetzern einerseits und den Verlegern belletristischer Werke andererseits[1241].

1237 *Schricker*, Verlagsrecht, § 47 Rz. 9b; BGH, GRUR 1998, 680, 682 – Comicübersetzung I; BGH, GRUR 1984, 528 – Bestellvertrag; OLG München, ZUM 2001, 427, 432f. – Übersetzerrechte.
1238 OLG München, ZUM 2001, 427, 432 – Übersetzerrechte.
1239 BGH, GRUR 1998, 680, 682 – Comicübersetzung I; BGH, GRUR 2000, 144, 145 – Comicübersetzung II.
1240 I.d.F. vom 11.5.1992, vgl. *Hillig*, Urheber- und Verlagsrecht, S. 109.
1241 http://www.literaturuebersetzer.de/site/assets/files/1083/gvr-uebersetzungen-2014.pdf Abruf: 29.1.18

Dem Übersetzer steht grundsätzlich eine **weitgehende Gestaltungsfreiheit** für seine Übersetzung zu, wobei er für objektiv feststellbare Mängel, wie Auslassungen, die Verantwortung trägt. In diesem Fall kann der Verleger vom Vertrag zurücktreten, weil die Übersetzung von nicht vertragsgemäßer Beschaffenheit ist, sofern der Übersetzungsvertrag als Verlagsvertrag zu qualifizieren war (§§ 31, 30 VerlG). Ist er hingegen als Werkvertrag zu qualifizieren, so kann der Verleger die Mängelrechte gemäß § 634 BGB unter Ausschluss des Selbstvornahmerechtes (§ 637 BGB) geltend machen. Entspricht die Qualität der Übersetzung den subjektiven Wertungen des Verlegers nicht, können daran keine Rechtsfolgen geknüpft werden[1242]. Der Verleger hätte sich vor Vertragsschluss über das Können und die Fähigkeiten seines Übersetzers informieren oder entsprechende Vorgaben im Übersetzungsvertrag machen müssen.

1160

Bei der Übersetzung für Filme ist der Übersetzer zudem dafür verantwortlich, dass der von ihm **verfasste Text in den Film eingepasst** werden kann, dass insbesondere der Text zu den jeweils dargestellten Szenen, einschließlich der Lippenbewegungen, hinsichtlich Art und Dauer passt. Aus diesem Grunde werden regelmäßig Dialoge für Filme zunächst roh übertragen. Auf dieser Basis wird eine **Synchronübersetzung** angefertigt, die hinsichtlich der Sprachlänge und der Wirkung dem Original entsprechen soll. Bei der Aufnahme kann dann eine erneute Korrektur erfolgen. Häufig erfolgen die Synchronübersetzung und ihre einzelnen Stufen von unterschiedlichen Personen, die ihrerseits jeweils eine Bearbeitung der vorbestehenden Übersetzung anfertigen. Entspricht die Übersetzung nicht den Voraussetzungen hinsichtlich der Länge der akustischen Wirkung, so kann der Auftraggeber Mängelansprüche (§ 634 BGB) geltend machen.

1161

Die Rechte an der Übersetzung des Filmwerkes werden dem Filmhersteller zur filmischen Auswertung eingeräumt werden (§ 89 Abs. 1 UrhG). Die Vergütungsansprüche des Übersetzers ergeben sich entweder aus dem Übersetzervertrag oder den Regeln der §§ 32 ff. UrhG.

1162

▶ **Wiederholungsfragen**

1. *Welchem Vertragstyp ist ein Übersetzervertrag zuzuordnen?*
2. *Unter welchen Voraussetzungen fehlt es an einer Veröffentlichungsverpflichtung?*
3. *Welche Grenzen bestehen für die Gestaltungsfreiheit des Übersetzers?*

1242 BGH, GRUR 1960, 642, 644 – Drogistenlexikon.

22.12 Lizenzverträge des Buchverlagsgeschäftes

1163 Da Buchverleger üblicherweise die Nebenrechte erwerben, sind sie nach Treu und Glauben auch verpflichtet, sich um die Auswertung dieser Rechte zu bemühen. Die Auswertung der Rechte erfolgt durch die **Vergabe von Lizenzen an Dritte**[1243]. Es ist auch sinnvoll, dem Verleger umfassende Nutzungsrechte einzuräumen. Zum einen haben Verlage eine sogenannte »Nebenrechtsabteilung«, die oft über langjährige Erfahrungen und Geschäftsbeziehungen für die Verwertung der Rechte verfügt, und zum anderen kann dadurch sichergestellt werden, dass sich die einzelnen Verwertungen nicht gegenseitig behindern oder ausschließen.

1164 Die Weiterübertragung oder Weitereinräumung einzelner Rechte (§§ 398 ff. BGB) bedarf grundsätzlich der **Zustimmung des Urhebers** (§§ 34, 35 UrhG). Da der Aufwand, der mit der Einholung der Zustimmung des Urhebers verbunden ist, häufig in keinem Verhältnis zu den Einnahmen aus dem Lizenzgeschäft steht, stimmen die Urheber bereits im Verlagsvertrag der Weitereinräumung und Weiterübertragung zu[1244].

1165 **Typischer** Bestandteil dieser Lizenzverträge ist die **Rechtseinräumung**. Handelt es sich um die Übertragung einzelner Nutzungsrechte für den deutschsprachigen Raum, so werden dabei nur die für die vorgesehene Nutzungsart erforderlichen Rechte – und keine Rechte darüber hinaus – weiterübertragen. Anderes gilt dann für das Recht zur Übersetzung und zur Nutzung dieser Übersetzung, weil in diesem Fall werden dem Verleger weitere Nutzungsrechte zur verlegerischen oder sonstigen Nutzung in seinem Gebiet eingeräumt. Auf die schuldrechtliche Grundlage des Lizenzvertrages sind, je nachdem, ob es sich um die endgültige Übertragung der Rechte handelt, die Vorschriften des Kaufrechtes und, wenn es sich um die zeitweise Überlassung von Rechten zur Nutzung durch den Lizenznehmer handelt, die Vorschriften des Miet- oder Pachtrechtes zur Anwendung zu bringen.

1166 Es mag umstritten sein, ob auf Lizenzverträge das Abstraktionsprinzip anzuwenden ist. In analoger Anwendung von § 9 VerlG ist jedoch davon auszugehen, dass Verpflichtungs- und Verfügungsgeschäft jeweils in einem Geschäft zusammenfallen. Endet das Verpflichtungsgeschäft – gleich, aus welchem Grund –, so fallen damit die Rechte, ohne dass es einer weiteren Erklärung bedarf, zurück.

1167 Typische Lizenzverträge des Buchverlagsgeschäftes sind die Verträge über die Einräumung des Rechtes zur Veranstaltung einer Hardcover-, Taschenbuch-, Buchgemeinschafts- oder sonstigen Sonderausgabe. Aber auch die Vergabe der Rechte zum Vorabdruck oder Fortsetzungsabdruck in einer Zeitung oder Zeitschrift oder zum teilweisen

---

1243 Beispiele für solche Lizenzverträge finden sich von *Nordemann* im Münchner Vertragshandbuch.
1244 Vgl. Normverlagsvertrag § 2, Hillig, Urheber- und Verlagsrecht, S. 96.; Übersetzervertrag, § 4 Abs. 5; *Hillig* a.a.O., S. 117.

Abdruck in einer Anthologie gehören hierzu. Gegenstand von typischen Buchlizenzverträgen sind solche über Hörbuch- oder E-Book-Ausgaben und über die Verfilmung oder Dramatisierung. Von großer wirtschaftlicher Bedeutung sind Übersetzungslizenzverträge, bei denen der Inhaber einem ausländischen Verlag das Recht einräumt, eine Übersetzung in dessen Sprache anzufertigen und die Übersetzung auf die dortigen üblichen Verwertungsarten und -formen zu nutzen.

Bei der Vergabe von Lizenzen ist stets zu prüfen, ob dadurch nicht **andere Lizenznehmer** aus früheren Verträgen in der Verwertung ihrer Nutzungsrechte **behindert** werden. Sollte eine Behinderung eintreten, so hätten diese Lizenznehmer möglicherweise wegen des Verstoßes gegen Treu und Glauben einen Schadensersatzanspruch[1245]. Übernimmt im Lizenzvertrag der Lizenznehmer eine **Verpflichtung zur Auswertung** des Nutzungsrechtes, insbesondere durch die Vervielfältigung und Verbreitung, so handelt es sich um einen Verlagsvertrag (§ 1 VerlG) trotz der Bezeichnung »Lizenzvertrag« (§ 48 VerlG). Ist eine andere als die drucktechnische Form der Vervielfältigung und Verbreitung Gegenstand des Lizenzvertrages, so können einzelne Regelungen des VerlG analog Anwendung finden, sofern die gleichen Interessen betroffen sind.

1168

Neben der Rechtseinräumung enthalten Lizenzverträge regelmäßig eine **Vergütungsklausel**. Dabei finden die Vorschriften der **§§ 32 ff. UrhG keine Anwendung**. Diese gelten nur im Verhältnis zwischen Urheber und Werkverwerter, nicht aber im Verhältnis zwischen einem Werknutzer und dessen Lizenznehmer. In der Praxis werden häufig für Kleinlizenzen Pauschalen vereinbart, wohingegen für große Rechte, wie dem Taschenbuch-, dem Buchgemeinschaftsrecht oder dem Hörbuch- oder E-Book-Recht, erfolgsabhängige Vergütungen, verbunden mit einer Garantiezahlung, vereinbart werden. Durch die Garantiezahlung will der Lizenzgeber sicherstellen, dass er mindestens diejenige Vergütung erhält, von der er meint, dass sie angemessenerweise aus der Verwertung des Werkes in der entsprechenden Nutzungsart zu erzielen sei.

1169

Zumeist enthalten Lizenzverträge eine **zeitliche Begrenzung**, gelegentlich auch eine Begrenzung hinsichtlich der Auflagenhöhe.

1170

Eine besondere Form der Zusammenarbeit mehrerer Verleger ist die sogenannte »**Koproduktion**«, beispielsweise zur Herstellung aufwändiger Bildbände. Beteiligen sich daran die Verleger aus mehreren Ländern, übernimmt einer der Vertragspartner die Leitfunktion. Meist ist dies der Initiator des Werkes, also derjenigen, der die Idee für das Werk hatte, es konzeptionierte und die entsprechenden Verträge mit dem Originalautor und den Illustratoren oder Fotografen abschloss. Die gemeinsame Produktion bezieht sich auf die aufwändige Herstellung des mehrfarbigen Bildteiles. Dabei wird der »schwarze Film«, der insbesondere auch den Text enthält, beim Druck nach der Herstellung der Auflage für eine bestimmte Sprache durch eine andere Platte ausge-

1171

1245 BGH, GRUR 1986, 91 – Preisabstandsklausel.

tauscht, so dass der Druck ohne Wechsel der Farbplatten zur Herstellung der Auflage für eine andere Sprache fortgeführt werden kann. Auf diese Weise kann es zum mehrfachen Wechsel des »schwarzen Films« kommen und zur gleichzeitigen Produktion der Auflagen für mehrere Sprachen. Der Koproduktionspartner verpflichtet sich dabei regelmäßig, die Übersetzung in seine Sprache »seitenglatt« beizusteuern. Dies bedeutet, dass der fremdsprachige Text nicht mehr Raum in Anspruch nimmt als der Text des Originals. Der Initiator der Koproduktion liefert dann die vereinbarte Auflagen mit den fremdsprachigen Texten an seine Koproduktionspartner.

Der Koproduktionsvertrag ist damit ein Vertrag sui generis, der Elemente des Kaufvertrages (§§ 651, 433 BGB) mit Elementen des Lizenzvertrages verbindet.

▶ Wiederholungsfragen

1. Unter welchen Voraussetzungen darf der Verleger Rechte des Urhebers weiterübertragen?
2. Welchen schuldrechtlichen Verträgen können Lizenzverträge zugeordnet werden?
3. Welche Auswirkung haben geschlossene Lizenzverträge auf die Möglichkeit zur Vergabe von Lizenzen?
4. Hat der Lizenzgeber einen Anspruch auf angemessene Vergütung gemäß § 32 UrhG?

23. Musikproduktion

Die Musikproduktion findet heute unter Beteiligung einer Vielzahl von Personen mit unterschiedlichen Aufgaben statt. Dabei sind zunächst die urheberrechtlich Schaffenden, also insbesondere der Komponist und Textdichter, aber auch der Arrangeur, zu nennen. An zweiter, mindestens ebenso bedeutender Stelle, sind die ausübenden Künstler, die für die Darbietung der Werke Sorge tragen, zu erwähnen. Allerdings verwischen die Grenzen zwischen den Interpreten einerseits und den Urhebern andererseits im Bereich der Entwurfsmusik, die ausübenden Künstlern keine konkreten Vorgaben für Tonhöhe, Tondauer und Intervalle mehr gibt, sondern nur gewisse Bewegungsvorgänge für die Dauer von Schallereignissen, deren Lautstärke und die Art und Weise der Erzeugung angibt. Im Bereich der Unterhaltungsmusik wird ein vom Komponisten vorgegebenes Grobraster anlässlich der Produktion im Tonstudio durch den Interpreten erst konkret ausgeführt. In beiden Bereichen vermischen sich die Stellung des Urhebers und ausübenden Künstlers. Schließlich sind eine ganze Reihe von unterschiedlichen Personen und Unternehmen in die Verwertung involviert. Hierunter zählen zunächst der Musikverleger, aber auch der Sendeunternehmer, Bühnenverlage und Tonträgerhersteller. Von besonderer wirtschaftlicher Bedeutung ist die Tätigkeit der Verwertungsgesellschaften, insbesondere der GEMA, die die Rechte der Musikurheber (Komponisten, Textdichter), aber auch der Musikverleger wahrnimmt, sowie im Bereich der verwandten Schutzrechte, die GVL, die sich um die Rechte der ausübenden Künstler und Tonträgerhersteller kümmert[1246].

1172

Nicht zu vergessen sind die Dienstleister, wie Konzertveranstalter, Manager, Promoter, PR-Berater usw. Die Produktion und Verwertung von Musik unterlag in den vergangenen Jahren einer erheblichen Wandlung, die im Wesentlichen der technischen Entwicklung geschuldet ist. So standen zu Zeiten der Klassik der Druck der Noten und deren Verbreitung sowie die Vermittlung von Aufführungen im Mittelpunkt der Musikverwertung. Mit der zunehmenden Technisierung und der Möglichkeit der Verwertung von Musikkonserven sowie der Rundfunksendung haben sich unterschiedliche Verwertungsstrategien für die ernste Musik (E-Musik) und die Unterhaltsmusik (U-Musik) entwickelt. Steht bei der E-Musik nach wie vor die Herstellung und der Vertrieb von Noten sowie die Vermittlung von Aufführungen im Vordergrund, so liegt der Schwerpunkt bei der U-Musik im Bereich der Promotion und Kontaktvermittlung zu Sendern, Schallplattenunternehmen und Konzertagenturen. Besondere Probleme der Musikproduktion und -verwertung ergeben sich durch die Kompressionstechniken, wie MP3-Format oder WAV-Dateien, die eine schnelle Übertragung von Musikdateien ohne Qualitätsverlust ermöglichen.

1173

1246 Daneben werden die Rechte der Verleger von wissenschaftlichen Ausgaben aus dem Bereich der Musik von der VG Musik Edition wahrgenommen.

23.1 Der Musikverlagsvertrag

1174 Im Zentrum der Verwertung steht immer noch der **Musikverlagsvertrag**[1247]. Der Musikverleger übernimmt die Verpflichtung zur grafischen **Vervielfältigung und Verbreitung** des **Notenmaterials**, das Papiergeschäft. Diese Verpflichtung tritt jedoch im Vergleich zu den Aufgaben der Werbung, Absatzförderung und Kontaktvermittlung in den Hintergrund. Auf den Musikverlagsvertrag finden die Vorschriften des **Verlagsgesetzes** Anwendung, soweit er die Verpflichtung zur Vervielfältigung und Verbreitung des Notendruckes enthält. Anhaltspunkte für die branchenübliche Ausgestaltung der Verträge sind die vom Deutschen Komponistenverband und Deutschen Musikverlegerverband gemeinschaftlich erarbeiteten Vertragsmuster für den Bereich der U-Musik und den Bereich der E-Musik[1248]. In der Praxis kommen die Musikverlagsverträge regelmäßig in zwei unterschiedlichen Formen vor. So werden diese für einen Titel abgeschlossen (Titelvertrag); oder auch als exklusive Verträge über mehrere Werke eines Musikautors vereinbart (Exklusivautorenverträge). Der Titelvertrag ist an keine besondere Form gebunden. Der Exklusivautorenvertrag betrifft auch die Rechte an künftigen Werken und bedarf zur Wirksamkeit der Schriftform (§ 40 UrhG).

23.1.1 Vertragspartner

1175 Partner des Musikverlagsvertrages ist auf der einen Seite der **Musikverleger** und sind auf der anderen Seite der **Komponist, Textdichter** oder **Bearbeiter**. Die Schöpfer der Musik und des Textes gehen eine **Werkverbindung** ein (§ 9 UrhG)[1249]. Durch die Werkverbindung begründen Komponist und Textdichter eine Gesellschaft bürgerlichen Rechts (§§ 705 ff. BGB)[1250], wenn die Beteiligten die Verwertung der verbundenen Werke fördern wollen. Die Rechtseinräumung erfolgt entweder ausdrücklich oder, entsprechend dem gemeinsam verfolgten Zweck, stillschweigend (§ 31 Abs. 5 UrhG)[1251]. Besondere Bedeutung hat die Vertretung, welche im Zweifel gemeinschaftlich durch alle Gesellschafter erfolgt (§ 709 BGB). Jeder Urheber kann vom anderen die Einwilligung in eine Verwertung verlangen, sofern diese dem anderen nach Treu und Glauben zuzumuten ist[1252].

1176 Keiner der Vertragspartner kann sich auf das Notverwaltungsrecht (§ 744 Abs. 2 BGB) bei Abschluss oder Kündigung von Verwertungsverträgen berufen[1253]. Die sich aus der

---

1247 Vgl. dazu oben die Darlegung zum Verlagsvertrag.
1248 *Nordemann*, ZUM 1988, 389.
1249 BGH, GRUR 1964, 326, 330 – Subverleger; BGH, GRUR 1982, 41, 42 – Musikverleger III; BGH, GRUR 1982, 743, 744 – Verbundene Werke.
1250 Dies gilt auch bei der Mitwirkung von Dritten, OLG Hamburg, ZUM 1994, 738 – The Song.
1251 BGH, GRUR 1973, 328 – Musikverleger II; BGH, GRUR 1964, 326 – Subverleger.
1252 OLG München, ZUM 1991, 432 – Gaby wartet im Park.
1253 BGH, GRUR 1973, 328, 329 – Musikverleger II.

Verwertung ergebenden **Erträge** sind von den beteiligten Urhebern **nach Köpfen zu teilen**, sofern sie nicht eine gesonderte Absprache hierüber getroffen haben.

Die Werkverbindung endet, entgegen § 727 Abs. 1 BGB, nicht mit dem Tod des Urhebers, sondern erst mit Ablauf der gesetzlichen Schutzfrist. Nur unter ganz besonderen Umständen ist eine Kündigung aus wichtigem Grund denkbar (§ 314 BGB), insbesondere wenn durch die Störung bei der Werkauswertung das Vertrauensverhältnis zwischen den Beteiligten zerstört wurde.

23.1.2 Die Pflichten des Verlegers

Im Bereich der **E-Musik** steht die **Vervielfältigung** und **Verbreitung** von Noten durch den Verleger nach wie vor im Vordergrund. Daneben gewinnt die Vermittlung von Plattenverträgen, Videoaufzeichnungen, **Kontakten** zu Sendern, Konzertagenturen und sonstige PR-Arbeit für die Urheber immer größere Bedeutung[1254]. Der Musikverleger ist verpflichtet, mit Eingang eines druckreifen Manuskriptes des Werkes dieses zweckentsprechend und üblich zu vervielfältigen und zu verbreiten (§§ 1, 14 VerlG). Die Verbreitung kann sowohl durch den Verkauf von Vervielfältigungsstücken als auch durch die Vermietung der entsprechenden Noten (»**Papiergeschäft**«) erfolgen.

Die Vervielfältigung und Verbreitung von Noten spielt im **U-Musikverlag** keine große wirtschaftliche Rolle. Die Verpflichtung zur **Vervielfältigung und Verbreitung** des **Notenmaterials wird daher teilweise abbedungen, so dass** die Normen des Verlagsgesetzes nicht mehr unmittelbar anwendbar sind, da es an der kennzeichnenden Verpflichtung zur Auswertung des Verlagsrechtes fehlt[1255]. Demgegenüber ist besonders die Verpflichtung des Musikverlegers, **Werbung und Promotion** für die Musikurheber zu betreiben sowie **Kontakte** zu Sendern, **Schallplattenproduzenten** und Werbungtreibenden zu schaffen, hervorzuheben. Dieser Pflicht kommt der Verleger beispielsweise durch Übermittlung von kostenlosem Notenmaterial an Bandleader, durch die Herstellung und Versendung von Demo-Tonträgern für Rundfunkanstalten, Fernsehsender und Schallplattenunternehmen, an bekannte Orchester und Anzeigen in Fachzeitschriften nach. Schließlich ist das Werk im Gesamtkatalog eines Verlages aufzunehmen. In welchem Umfang und auf welche Art der Verleger seine Förderungspflicht erfüllt, bleibt im Ermessen des Verlegers. Als Träger des wirtschaftlichen Risikos wird er auch in seinem eigenen Interesse die seiner Auffassung nach erfolgversprechendsten Verwertungsmaßnahmen ergreifen.

[1254] *Loewenheim/Czychowski*, § 68 Rz. 20.
[1255] Ob ein solcher Ausschluss in Formularverträgen wirksam ist, ist höchst zweifelhaft im Hinblick auf das Abweichen von dem wesentlichen Grundgedanken der gesetzlichen Regelung (§ 307 BGB).

23.1.3 Die Rechteverwertung

1180 Neben dem Recht zur Vervielfältigung und Verbreitung erwerben die Musikverleger umfangreiche **Nebenrechte**. Daran zeigt sich die starke treuhänderische Bindung des Verlegers[1256]. So erwerben die Verleger insbesondere die Aufführungs-, Sende- und Tonträgerrechte sowie die Filmrechte. Die Verleger bringen die sogenannten »**kleinen Rechte**« zur Verwertung in die zuständige Verwertungsgesellschaft, also die **GEMA** ein. Demgegenüber werden die sogenannten »**großen Rechte**« vom Musikverleger selbst verwertet. Dabei werden beispielsweise zur Wahrnehmung des Rechts der **bühnenmäßigen Aufführung Verträge mit Bühnenverlagen** abgeschlossen, Vereinbarungen mit **Tonträgerherstellern** oder **Sendeunternehmen**, aber auch Vereinbarungen über die werbemäßige Nutzung der Werke getroffen.

Häufig setzt eine Verwertung die Kürzung eines Werkes oder die Übertragung in eine andere Tonart, eine geänderte Orchestrierung und sonstige Umgestaltungen voraus. Im Hinblick darauf lassen sich Musikverleger häufig das Bearbeitungsrecht einräumen. Die Wahrung des Urheberpersönlichkeitsrechtes (§ 14 UrhG) ist in diesen Fällen durch das Genehmigungserfordernis des Urhebers sichergestellt.

23.1.4 Vergütungspflicht

1181 Die Musikurheber haben Anspruch auf **angemessene Vergütung** (§ 32 UrhG). Gemeinsame Vergütungsregeln für den Bereich der Musik sind bislang noch nicht aufgestellt worden. Häufig wird für einen Titelautorenvertrag eines durchschnittlich bekannten Urhebers eine Erfolgsbeteiligung in Höhe von 10 bis 15 % des Nettodetailverkaufspreises, also dem Händlerabgabepreis, vereinbart. Bei den Nebenrechten scheint eine hälftige Teilung der Einnahmen des Verlegers üblich zu sein, wobei für einzelne Nebenrechte, die eine erhebliche Vorinvestition erfordern, beispielsweise beim Filmsynchronisationsrecht, der Verleger vorweg eine Administrationsgebühr von 5 bis 15 % abziehen darf. Soweit die »kleinen Rechte« von der GEMA wahrgenommen werden, verbleibt es bei der Aufteilung der Einnahmen nach den Verteilungsplänen der GEMA. Exklusivverträge sehen zum einen Vorauszahlungen und zum anderen Refundierungsklauseln vor, durch die der Urheber einen Teil des Verlagsanteils erhält[1257].

▶ Wiederholungsfragen

1. *Was kennzeichnet einen Musikverlagsvertrag?*
2. *In welchem Verhältnis stehen Komponist und Textdichter als Partner eines Musikverlegers?*

1256 BGH, GRUR 1962, 595 – Kleine Leute – große Reise; OLG München, UFITA 53 (1969), 322 – Tiroler Hut.
1257 *Moser/Scheuermann/Lichte*, Handbuch der Musikwirtschaft., S. 1078 f.

3. Welche Pflichten übernimmt der Verleger in einem Vertrag über E-Musik?
4. Welche Pflichten übernimmt der Verleger in einem Vertrag über U-Musik?
5. Wie erfolgt die Verwertung der sogenannten »großen Rechte« und wie die Verwertung der sogenannten »kleinen Rechte«?

23.2 Künstlerverträge

Der Genuss von Werken der Musik wird u.a. durch Herstellung und Verkauf von Tonträgern vermittelt. Im Rahmen der Herstellung von Tonträgern arbeitet der Tonträgerhersteller (§§ 85f. UrhG) mit den Sängern, Musikern und Dirigenten, aber auch dem künstlerischen Producer, die ihrerseits Leistungsschutzrechte als ausübende Künstler gemäß §§ 73ff. UrhG erwerben, zusammen. Diese Zusammenarbeit erfolgt auf der Basis von Künstlerverträgen. In der Praxis werden die Künstlerverträge häufig als **Künstler-Exklusivverträge** für die Zusammenarbeit mit den Solisten oder der Solistengruppe oder als Künstlerquittungen für die Zusammenarbeit mit den im Hintergrund stehenden Mitwirkenden, den sogenannten »Non-Featured-Artists«, abgeschlossen.

23.2.1 Künstler-Exklusivverträge

Im Rahmen des **Künstler-Exklusivvertrages** verpflichtet sich der Künstler exklusiv[1258], an einer bestimmten, **festgelegten Anzahl von Tonträgerproduktionen** mitzuwirken, die dabei entstehenden Rechte dem Tonträgerhersteller einzuräumen, wohingegen der Tonträgerhersteller zur Auswertung der Aufnahmen verpflichtet ist und dem Künstler eine Vergütung für seine Leistung zu bezahlen hat.

Bei diesen Künstlerverträgen handelt es sich um einen **Werkvertrag**, da der Künstler als Unternehmer eine feste Anzahl von Darbietungen zum Zwecke der Aufnahme schuldet. Allerdings steht dem Interpreten anlässlich seiner Werkerbringung ein weiter Gestaltungsspielraum zur Realisierung seiner persönlichen Darbietung zu. Häufig verpflichten sich die Künstler, im ersten Vertragsjahr eine bestimmte Anzahl von Produktionen zu erstellen. Für weitere Produktionen in den Folgejahren erwirbt der Produzent häufig ein Optionsrecht.

Der **Künstler überträgt** dem Tonträgerhersteller **umfassend seine Rechte zur Verwertung der Aufnahme**. Der Tonträgerhersteller erwirbt nicht nur das Recht zur Vervielfältigung und Verbreitung der Aufnahme auf allen existierenden Tonträgern und Bildtonträgern (Single, LP, CD, CD-ROM, DVD usw.), sondern auch das Recht zur Sendung

---
1258 KG Berlin, UFITA 86 (1980) 230 – Tangerine Dream.

in allen technischen Verfahren und zur öffentlichen Wiedergabe, einschließlich dem Recht zur Auswertung im Rahmen von Filmen, sowie ferner das Kopplungsrecht, also das Recht, die Aufnahme mit anderen Aufnahmen des Künstlers gemeinsam (»Best of«-Kopplungen) oder mit Aufnahmen anderer Künstler (Drittkopplungen) zu verwerten. Darüber hinaus erwerben die Tonträgerhersteller auch das Recht zur Nutzung der Aufnahmen im Rahmen von Datenbankdiensten sowie deren On- und Offlineverwertung. Neben diesen Rechten sind zudem **Persönlichkeitsrechte des Künstlers** zum Zwecke der Bewerbung der Aufnahmen, aber ebenso der Merchandisingauswertung, Gegenstand von Künstler-Exklusivverträgen. Für die Auslegung der Rechtseinräumung in Künstlerverträgen kommt die Übertragungszwecklehre zur Anwendung (§ 79 Abs. 2 UrhG). Die Rechte werden in **einfacher Form exklusiv** auf den Tonträgerhersteller übertragen. So erwirbt dieser ein ausschließliches Recht an den vertragsgegenständlichen Schallaufnahmen, die während der Vertragsdauer hergestellt wurden, und zwar für die Dauer der gesetzlichen Schutzfrist, (§§ 82, 85 UrhG). Schließlich ist Gegenstand der Rechtseinräumung auch die »**Titelexklusivität**«[1259], mit der sich der Interpret verpflichtet, jene Titel, die er während der Vertragszeit einspielte, für eine bestimmte Dauer nicht selbst aufzunehmen oder an einer Aufnahme anderer mitzuwirken.

1186 Die Vereinbarung der Exklusivität hinsichtlich der Darbietung bedeutet, dass dem Tonträgerhersteller ein ausschließliches Nutzungsrecht eingeräumt wurde, das also dingliche Wirkung hat, wohingegen die **Titelexklusivität** und die **persönliche Exklusivität** eine **schuldrechtliche** Wirkung haben können.

1187 Auch wenn in Künstlerverträgen keine ausdrückliche Auswertungsverpflichtung vereinbart wurde, ist der Tonträgerhersteller zur **Auswertung verpflichtet**[1260]. Würde man eine Auswertungsverpflichtung verneinen, könnte ein Tonträgerhersteller durch die Nichtveröffentlichung von Aufnahmen eine Künstlerkarriere blockieren. Hinzu kommt, dass die Künstler am Auswertungsergebnis beteiligt sind und eine Mindestanzahl von Produktionen erstellen müssen[1261].

1188 Neben der Auswertungsverpflichtung ist der Tonträgerhersteller **zur Zahlung einer Vergütung verpflichtet** (§§ 79 Abs. 2, 32 UrhG, 632 BGB). Üblicherweise werden Künstler **an dem Erfolg** ihrer Aufnahmen beteiligt. In der Regel erfolgt dies auf der Basis einer **Umsatzbeteiligung**, und zwar in Höhe eines bestimmten Prozentsatzes, auf einer im Vertrag festgelegten Preisbasis. Häufig wird der Händlerabgabepreis (»HAP« oder »PPD«, »Published Price to the Dealer«) zugrunde gelegt. Von dieser Basisumsatzbeteiligung werden häufig, je nachdem, auf welchem Weg und wo, in welcher Preisklasse ein Ton-

---

1259 BGH, GRUR 2002, 795 – Titelexklusivität.
1260 BGH, GRUR 1989, 198 – Künstlerverträge.
1261 *Loewenheim/Rossbach*, § 69, Rz. 26 ff.

träger verkauft wurde, Reduktionen vorgenommen. Gegebenenfalls wird darüber hinaus ein Abzug für die Kosten der Technik und Hüllengestaltung (»Artwork«) vorgenommen.

Schließlich sind die Künstler an den Nebenrechtserlösen angemessen zu beteiligen.

Künstler-Exklusivverträge werden für eine **bestimmte Zeitdauer** abgeschlossen. Eine Bindungsdauer von maximal fünf Jahren wird als zulässig betrachtet. Eine längere exklusive Bindung des Künstlers könnte sittenwidrig sein (§ 138 BGB). 1189

23.2.2 Künstlerquittungen

Soweit Interpreten an einer Aufnahme **nicht als Solisten** oder Solistengruppe mitwirken, räumen sie die Rechte im Rahmen einer sogenannten »**Künstlerquittung**« dem Tonträgerhersteller ein. Der Umfang der **Rechtseinräumung entspricht** derjenigen beim **Künstler-Exklusivvertrag**, da nur dann, wenn der Tonträgerhersteller von allen Mitwirkenden in gleichem Umfang die Rechte erworben hat, er diese auch in gleichem Umfang weiterverwenden kann. Allerdings übernehmen die Künstler **keine exklusive Bindung.** 1190

Die Künstler erbringen ihre Leistungen häufig gegen eine Pauschalvergütung ohne Beteiligung an den Erfolgen der Einspielung. Dies erscheint auch angemessen, weil der Tonträger mit dem Solokünstler identifiziert wird und das Mitglied der begleitenden Künstlergruppe häufig nur eine untergeordnete Leistung erbringt, und im Übrigen eine Beteiligung am Erlös einen erheblichen Abrechnungsaufwand mit sich bringt. 1191

▶ Wiederholungsfragen

1. In welcher Rechtsform ist die Zusammenarbeit zwischen Künstlern einerseits und Produzenten andererseits geregelt?
2. Was versteht man unter dem Begriff »Titelexklusivität«?
3. Was wird unter dem Begriff »persönliche Exklusivität« verstanden?
4. Welche Rechte erwirbt der Tonträgerhersteller normalerweise?
5. Ist der Tonträgerhersteller zur Auswertung verpflichtet?
6. Welche Vergütung erhält der Solointerpret?

23.3 Bandübernahmevertrag

Gegenstand des Bandübernahmevertrages ist die **Überlassung einer Schallaufnahme an eine Tonträgervertriebsfirma zum Zwecke des Vertriebes**. Regelmäßig handelt es sich dabei um einen Dienstvertrag, weil die Tonträgervertriebsfirma die **Vertriebsbemühungen** schuldet, jedoch keinen bestimmten Erfolg (§ 611 BGB). 1192

23. Musikproduktion

1193 Vertragspartner des Bandübernahmevertrages ist auf der einen Seite der **Bandgeber**, also derjenige, der erstmals eine Schallaufnahme fixiert und damit das Leistungsschutzrecht gemäß §§ 85 f. UrhG erwirbt. Dies kann ein Produzent ebenso wie ein künstlerischer Producer, aber auch ein Interpret selbst oder ein Filmproduzent, der den Soundtrack produzieren will, sein. Vertragspartner des Bandgebers ist meist eine **Tonträgervertriebsfirma**.

1194 Der Bandgeber räumt der Tonträgervertriebsfirma ein **ausschließliches Recht zur Verwertung der Schallaufnahmen** sowie darüber hinaus die **Titelexklusivität** und die **persönliche Exklusivität** des Künstlers ein. Häufig umfasst die Rechtseinräumung alle jene Rechte, die auch Gegenstand des Künstler-Exklusivvertrages sein können. Meist wird die Rechtseinräumung jedoch zeitlich und für ein bestimmtes Auswertungsgebiet beschränkt. Der **Bandgeber** erhält für die Einräumung der Rechte eine **Erfolgsbeteiligung** in der Form eines prozentualen Anteils am Umsatz und der sonstigen Verwertungserlöse. Üblicherweise leistet die Tonträgervertriebsfirma einen Garantievorschuss auf die Lizenzvergütungen, der sich an der Anzahl der abgelieferten Schallaufnahmen und insbesondere an der Höhe der Produktionskosten orientiert. Daneben trägt der Lizenznehmer die GEMA-Gebühren.

1195 Häufig wird der Bandübernahmevertrag durch einen sogenannten »**Künstlerbrief**« ergänzt, im dem der Solokünstler erklärt, dem Bandgeber die vom Bandübernahmevertrag betroffenen Rechte eingeräumt zu haben. Gelegentlich wird der Künstlerbrief noch um ein »right of first refusal« ergänzt, das dem Lizenznehmer des Bandübernahmevertrages das Recht einräumt, für den Fall der Beendigung des Künstler-Exklusivvertrages als erster zu erklären, ob er mit dem Künstler einen Vertrag abschließen möchte.

▶ Wiederholungsfragen

1. *Was ist Gegenstand des Bandübernahmevertrages?*
2. *Wer sind die Vertragspartner des Bandübernahmevertrages?*

24. Verträge über Werke der bildenden und angewandten Kunst

Werke der bildenden Kunst, ebenso wie Werke der angewandten Kunst, aber auch Lichtbildwerke sind Gegenstand unterschiedlichster Verträge anlässlich ihrer Verwertung. Gegenstand des Kunstverlagsvertrages sind Werke der bildenden Kunst, wie Gemälde, Skulpturen, Plastiken und vergleichbare Kunstwerke, aber auch Lichtbildwerke.

Zu unterscheiden sind der Vertrag über den Vertrieb von Werkoriginalen, der **Kunstwerkvertrag**, und der Vertrag über die Vervielfältigung und Verbreitung von Werken der bildenden Künste und Lichtbildwerke, der **Kunstverlagsvertrag**.

Werke der bildenden Kunst und Lichtbildwerke können ferner Gegenstand von **Illustrationsverträgen** für Bücher, aber auch für Werbebroschüren und -unterlagen sein. Schließlich vereinbaren die Parteien eines **Designvertrages** die Erstellung sowie Verwertung von Werken der angewandten Kunst.

24.1 Kunstwerkvertrag

Im Kunstwerkvertrag geht es um die Herstellung eines oder mehrerer **Werkoriginale sowie deren Verkauf**[1262]. Das urheberrechtliche Vervielfältigungsstück, also die identische oder nahezu identische Festlegung des Originalwerkes, ist von der Herstellung mehrerer Werkoriginale zu unterscheiden. Letztere liegen nicht nur dann vor, wenn der Maler das gleiche Bild mehrfach hintereinander malt, sondern auch dann, wenn **nach einem Original mehrere Exemplare hergestellt werden**. Dies ist beispielsweise dann der Fall, wenn **handgearbeitete Druckplatten** (Kupferstich, Holzschnitte, Radierungen, Steindruck, Lithografien usw.) **als Vorlage** benutzt werden[1263]. Bei diesen Druckvorgängen ist die Anzahl der danach hergestellten Exemplare beschränkt. Zum Teil wird angenommen, dass es nicht mehr als 300 Exemplare sein dürfen. Voraussetzung ist aber stets, dass der **Urheber an der Herstellung mitwirkt**, sie jeweils eine **selbständige künstlerische Gestaltung aufweisen** sowie nicht mehr als die **vereinbarte Anzahl von Drucken** und Abgüssen entsteht. Bei einer massenweisen Herstellung ist nicht mehr von Originalen auszugehen[1264]. Ein besonderes Indiz, das für die Herstellung von Werkoriginalen spricht, ist die Nummerierung und handschriftliche Signierung.

1262 Beispiele: Münchner Vertragshandbuch/*Vinck*, Bd. 3/1 IX Nr. 61.
1263 *Schricker/Loewenheim/Katzenberger/Schierholz*, § 26 Rz. 25 ff.
1264 BGH, GRUR 1976, 706 – Serigrafie; *Schneider*, Kunstverlag, S. 63 geht davon aus, dass die maximale Auflagenhöhe 300 Exemplare sein darf, die durchnummeriert und signiert sind.

1199 Normalerweise erfolgt die Verbreitung der Werkoriginale durch deren **Verkauf** (§§ 433 ff. BGB) und Übereignung (§ 929 BGB). Mit Abschluss des Kaufvertrages werden dem Erwerber **keine Nutzungsrechte** eingeräumt (§ 44 UrhG), ausgenommen das Ausstellungsrecht, das der Eigentümer des Originals eines Werkes der bildenden Kunst im Zweifel miterwirbt (§ 44 Abs. 2 UrhG).

1200 Da die Eigenschaft eines Kunstwerkes als Original eine **zugesicherte Eigenschaft** ist, kann der Käufer für den Fall ihres Fehlens Ansprüche gemäß § 434 BGB geltend machen. Verkauft der Künstler ein Original als solches, so kann sich aus den Umständen ergeben, dass er nicht berechtigt ist, ein weiteres Original zu schaffen. Gibt der Schöpfer einer Grafik eine bestimmte Auflagenhöhe an, so ist er nicht berechtigt, weitere Exemplare herzustellen. Der Schöpfer einer Bronzeplastik wird nicht berechtigt sein, mehrere Abgüsse davon zu erstellen. Unabhängig davon bleibt der Künstler jedoch berechtigt, das gleiche Thema in verschiedenen Varianten zu bearbeiten[1265].

1201 Der Künstler, der einem Galeristen den Vertrieb einer Edition gestattet, unterliegt auch der **Enthaltungspflicht**. Die Enthaltungspflicht ist allerdings sehr eingeschränkt, da sie den Künstler weder in seiner Schaffensfreiheit noch in seiner künftigen Entwicklung beschränken soll[1266]. Die Enthaltungspflicht geht so weit, dass der Künstler kein Selbstplagiat produzieren darf[1267].

1202 Sofern bei der Weiterveräußerung ein Künstler, Händler, Versteigerer oder ähnlicher Vermittler beteiligt ist, erhält der Urheber eine weitere Vergütung (Folgerecht, § 26 UrhG), und zwar in Höhe von 5 % des Veräußerungserlöses, die an die VG Bild-Kunst zu entrichten ist.

▶ **Wiederholungsfragen**

1. Welchem Vertragstyp ist ein Kunstwerkvertrag zuzuordnen?

2. Wie sind Originale, die Gegenstand eines Kunstwerkvertrages sein können, definiert?

24.2 Kunstverlagsvertrag[1268]

1203 Im Rahmen eines Kunstverlagsvertrages übernimmt es der Verleger, **Vervielfältigungsstücke von Kunstwerken herzustellen** und zu **verbreiten**, wohingegen der **Künstler** dem Verleger die Druckvorlage **abliefert** und die erforderlichen **Rechte** zur Vervielfälti-

---

1265 *Schneider*, Kunstverlag, S. 143.
1266 RGZ 119, 406, 413 – Elfenreigen.
1267 RGZ 36, 46, 48.
1268 Vertragsmuster bei: Münchner Vertragshandbuch/*Vinck*, Bd. 3/1 IX Nr. 58.

gung und Verbreitung **einräumt**. Im Unterschied zum Kunstwerkvertrag geht es nicht um den Vertrieb von Originalen, sondern Vervielfältigungsstücken.

Auf den Kunstverlagsvertrag sind die Vorschriften über das **Verlagsgesetz** nicht anwendbar, da das Verlagsgesetz sich ausdrücklich auf Werke der Literatur und Tonkunst, und eben nicht auf Werke der bildenden Kunst, bezieht. Allerdings haben sich die beteiligten Kreise im Jahr 1926 auf die »Richtlinien für Abschluss und Auslegung von Verträgen zwischen bildenden Künstlern und Verlegern«[1269] geeinigt. Obwohl diese Richtlinien nicht mehr in Kraft sind, geben sie die **Verkehrssitte wieder** und **dienen als Auslegungshilfen**[1270]. Darüber hinaus finden insbesondere dann, wenn der Kunstverleger sich zur Vervielfältigung und Verbreitung verpflichtet, die Grundsätze des Verlagsgesetzes[1271] ergänzend Anwendung.

Übernimmt der Urheber oder Künstler im Rahmen eines Kunstverlagsvertrages zunächst die Pflicht, ein bestimmtes **Werk herzustellen**, so ist darin ein **Werkvertrag** zwischen dem Urheber einerseits und dem Kunstverleger andererseits zu sehen (§§ 631ff. BGB). Übernimmt darüber hinaus der Kunstverleger die Verpflichtung, dieses Original zu vervielfältigen und zu verbreiten, so weist die Vereinbarung eine weitere, urheberrechtliche Komponente auf, denn der Urheber muss dem Kunstverleger die erforderlichen **Rechte einräumen**, wohingegen der Kunstverleger dem Werkschöpfer eine **angemessene Vergütung** bezahlen muss (§ 32 UrhG). 1204

Gegenstand eines Kunstverlagsvertrages können **Werke der bildenden Kunst**, aber auch **Lichtbildwerke** sein, die in einer theoretisch **unbegrenzten Anzahl** von Vervielfältigungsstücken, beispielsweise Poster, Postkarten und Kunstdrucke, hergestellt und vertrieben werden können. 1205

Wesentliche Verpflichtung des Urhebers ist es, das vereinbarte **Kunstwerk abzuliefern**. Wenn keine besonderen Vereinbarungen zwischen den Parteien getroffen werden, steht dem Künstler ein weiter Gestaltungsspielraum zu[1272]. Gewährleistungsansprüche wegen der künstlerischen Qualität wird der Kunstverleger kaum geltend machen können. Demgegenüber kann er als Auftraggeber Mängel am Werkträger geltend machen und insofern gegebenenfalls auch vom Vertrag zurücktreten bzw. mindern und Schadensersatz (§ 634 BGB) bzw. Nacherfüllung (§ 635 BGB) fordern. Hat der Urheber sein vertragsgemäßes Werk dem Kunstverleger abgeliefert, so muss dieser es abnehmen (§ 640 BGB). 1206

Gleichzeitig räumt der Urheber dem Kunstverleger das **Recht zur Vervielfältigung und Verbreitung** ein. Das Nutzungsrecht wird häufig auf eine bestimmte **Vervielfältigungs-** 1207

1269 Abgedruckt bei *Schricker*, Verlagsrecht, S. 845.
1270 BGH, GRUR 1985, 378, 379 – Illustrationsvertrag.
1271 BGH, GRUR 1976, 706, 707 – Serigrafie.
1272 BGHZ 19, 382 – Kirchenfenster.

technik oder ein **bestimmtes Material** inhaltlich beschränkt[1273]. Darüber hinaus kann eine Beschränkung hinsichtlich der **Anzahl** der Vervielfältigungsstücke, die der Kunstverleger herstellen darf, vereinbart werden. Eine räumliche und zeitliche Beschränkung des Nutzungsrechtes ist denkbar.

1208 Zur Sicherstellung einer werkgetreuen Produktion lassen sich manche Urheber ein **Mitwirkungsrecht** bei der Vervielfältigung einräumen. So werden beispielsweise Probedrucke von Vervielfältigungsstücken zur Genehmigung dem Urheber vorgelegt.

1209 Der Kunstverleger verpflichtet sich, die ihm überlassenen Rechte auszuwerten und dem Urheber eine **angemessene Vergütung** zu bezahlen. Regelmäßig erwartet der Urheber eine Beteiligung am Erfolg des Werkes in der Form eines Absatzhonorars.

1210 Besondere Bedeutung hat das Eigentum an der **Vorlage**. Dies **verbleibt** beim Urheber, so dass es nach Beendigung des Vervielfältigungsvorganges **zurückzugeben ist**[1274].

▶ **Wiederholungsfragen**

1. *Was kennzeichnet den Kunstverlagsvertrag im Vergleich zum Kunstwerkvertrag?*
2. *Welche Rechtsnormen sind auf den Kunstverlagsvertrag anzuwenden?*
3. *Kann das Nutzungsrecht begrenzt werden?*

24.3 Illustrationsvertrag

1211 Der Illustrationsvertrag kommt sowohl als **Bestellvertrag** (§ 47 VerlG) als auch als typischer **Kunstverlagsvertrag** in der Praxis vor.

1212 Gegenstand des Illustrationsvertrages ist es, für ein vorhandenes Manuskript die Illustrationen, Grafiken, Zeichnungen, Fotografien usw. zu erstellen. Es entsteht damit eine **Werkverbindung zwischen Text und Illustration**[1275]. Auch dann, wenn Textautor und Illustrator jeweils nur in vertraglicher Beziehung zum Verwerter stehen und keine Vereinbarung miteinander trafen, haben sie auf die jeweiligen Belange des anderen angemessen Rücksicht zu nehmen. Ein Bestellvertrag gemäß § 47 VerlG liegt dann vor, wenn der Illustrator zu einem konkreten Manuskript nach konkreten Anweisungen bezüglich Inhalt und Gestaltung die Illustrationen erstellt[1276]. Üblicherweise beschreiben Verlage ihren Illustratoren die gewünschte Art der Darstellung und Inhalt, Größe sowie Art der

---

1273 OLG München, GRUR 1958, 458 – Kirchenfoto.
1274 OLG Hamburg GRUR 1980, 909 – Gebrauchsgrafik für Werbezwecke; OLG München GRUR 1984, 516 – Tierabbildungen.
1275 *Schricker/Loewenheim/Loewenheim/Pfeifer*, § 9 Rz. 5.
1276 BGH, GRUR 1985, 378, 379 – Illustrationsvertrag.

Farbigkeit, so dass von einem Bestellvertrag (§§ 47 VerlG, 631 BGB) auszugehen ist. Hat der Illustrator freie Hand für die Illustrationen zum Manuskript, so ist von einem Verlagsvertrag auszugehen, wenn der Verleger sich verpflichtet, die Illustrationen zusammen mit dem Text zu vervielfältigen und zu verbreiten[1277].

Besonderes Augenmerk ist auf die Verpflichtung zur **Rückgabe der Originale**, die als Vorlage zur Vervielfältigung dienten, zu richten. Ohne besondere Vereinbarung bleibt der Illustrator Eigentümer der Originale. Das Recht zum Besitz (§ 986 BGB) endet mit Vollendung der Vervielfältigung.

1213

▶ **Wiederholungsfragen**

1. In welcher Form kommt der Illustrationsvertrag in der Praxis vor?
2. Welche Regeln sind auf die Verbindung von Text und Illustration anzuwenden?

24.4 Designverträge[1278]

Gegenstand von Designverträgen ist die Gestaltung von **zwei- und dreidimensionalen Gegenständen**, die jeweils einem besonderen **Gebrauchszweck** dienen.

1214

Es kommen sowohl zweidimensionale Formen, wie Grafiken, Textil- oder Modedesign, aber auch dreidimensionale Formen, wie die Gestaltung von Produkten, Verpackungen, Schmuckgegenständen oder kunstgewerblichen Gegenständen, in Betracht. Die Ergebnisse der Entwicklung sollen für eine **Serienproduktion** geeignet sein.

1215

Im Gegensatz zum Urheberrechtsschutz setzt das Design die Anmeldung und Eintragung eines Designs beim Deutschen Patent- und Markenamt voraus (§ 27 DesignG). Hierfür sind Gebühren zu entrichten. Voraussetzung für die Erlangung eines Designs ist eine **Gestaltung, die neu ist und Eigenart aufweist** (§ 2 DesignG). Dies wird allerdings nicht im Rahmen der Anmeldung und Eintragung geprüft (§ 16 DesignG), sondern ist erst Gegenstand einer Überprüfung anlässlich eines Verletzungsprozesses. Inhaber des Designs kann bei solchen Designleistungen, die im Rahmen eines Arbeitsverhältnisses geschaffen wurden, der Arbeitgeber, auch wenn er eine juristische Person ist, werden (§ 7 Abs. 2 DesignG). Das Design kann auch Gegenstand eines eingetragenen Gemeinschaftsgeschmacksmusters oder eines nicht eingetragenen Gemeinschaftsgeschmacksmusters sein

1216

1277 OLG München, GRUR 1984, 516, 517 – Tierabbildung; OLG Nürnberg, ZUM-RD 1999, 146, 149; BGH GRUR 1985, 378, 379 – Illustrationsvertrag.
1278 *Reich*, GRUR 2000, 956; *Kur*, FS Schricker, S. 503 ff.

24. Verträge über Werke der bildenden und angewandten Kunst

1217 Verträge über Designleistungen sehen die **Pflicht** des Designers zunächst **zur Entwicklung einer entsprechenden Gestaltung und anschließend die Pflicht zur Einräumung der erforderlichen Nutzungsrechte** vor. Die Herstellung eines Entwurfes oder einer Vorlage ist als Werkvertrag (§ 631 BGB) einzustufen und die Rechtseinräumung auf der zweiten Stufe als **Lizenzvertrag**, für den kaufrechtliche Grundsätze[1279] (§§ 453, 433 BGB) oder die Bestimmungen über die Rechtspacht (§§ 581ff. BGB) in Betracht kommen.

1218 **Auf der ersten Stufe** der Vertragserfüllung, die sich mit der Herstellung und Ablieferung der Vervielfältigungsvorlagen befasst, ist zwischen den Vertragspartnern die von dem Designer erwartete **Leistung genau zu beschreiben**. Da der Auftraggeber häufig keine Vorstellungen über die Leistungsfähigkeiten des Designers hat, bittet er diesen, zur Vorbereitung eines Vertragsschlusses erste Grobskizzen vorzulegen. Solche Grobskizzen und Entwürfe können gemeinsam mit einem Briefing durch den Auftraggeber als genauere Beschreibungen der Designleistung dienen. Grundsätzlich hat aber der Designer einen **weitreichenden Gestaltungsspielraum**, soweit die Vorstellungen des Bestellers nicht ausdrücklich zur Grundlage des Vertrages gemacht wurden[1280]. Der **Auftraggeber muss Mitwirkungspflichten** übernehmen. Er muss den Designer über den Zweck der Gestaltung und über besondere Eigenschaften der Materialien, der Verwendungsformen o.ä. unterrichten. Schließlich bedarf es der Regelung, ob Fremdleistungen Dritter, und wenn, in welchem Umfang, in Anspruch genommen werden können.

Für die **Entwicklungsleistung** auf der ersten Stufe hat der Designer grundsätzlich Anspruch auf die **übliche Vergütung** (§ 632 BGB).

1219 Auf der zweiten Stufe des Vertrages sind dem Auftraggeber die **erforderlichen Rechte** an der Gestaltung einzuräumen. Erreicht die Leistung nicht die Werkqualität (§ 2 Abs. 2 UrhG) und sollte darüber hinaus der Designer kein Design eingetragen haben, besteht die Gefahr, dass der Designer nicht in der Lage ist, dem Unternehmer Rechte einzuräumen. Eine Vereinbarung über die Werkqualität ist nicht möglich, da diese vom Gericht von Amts wegen zu prüfen ist[1281]. Allerdings können Designer und Auftraggeber vereinbaren, dass auch, unabhängig von der Schutzfähigkeit des Werkes, die vertraglichen Bestimmungen zur Anwendung kommen und damit das Werk wie ein schutzfähiges Werk behandelt werden soll[1282].

1220 Neben der Rechtseinräumungsklausel sehen Designverträge häufig **Mitwirkungspflichten des Designers** bei der **späteren Serienproduktion und Markteinführung** vor.

1279 BGH, GRUR 1966, 390 – Werbefilm.
1280 BGHZ 19, 382 – Kirchenfenster; BGH, ZUM 1999, 146 – Treppenhausgestaltung.
1281 BGH, GRUR 1991, 533 – Brown Girl II.
1282 OLG Köln, GRUR 1986, 889 – ARD-Eins.

So kann der Designer Aufgaben der Produktionsüberwachung, Anpassung der Prototypen und auch Aufgaben im Zusammenhang mit der Fortentwicklung und Verbesserung übernehmen.

Dem Designer steht, soweit seine Entwicklung den Anforderungen des Werkbegriffes genügt, ein Anspruch auf **angemessene Vergütung** (§ 32 UrhG) zu. Bislang existieren noch keine gemeinsamen Vergütungsregeln für die Designerleistungen. Allerdings existiert ein Tarifvertrag zwischen der »Allianz Deutscher Designer«[1283] und dem Verein »Selbständige Designstudios«, der detaillierte Regelungen für die Berechnung eines Honorars vorsieht. Dort wird im Wesentlichen zwischen einer **Entwurfsvergütung** und einer **Nutzungsvergütung** unterschieden. Zur Berechnung der Vergütung wird anhand verschiedener Faktoren eine Punktezahl ermittelt, die ihrerseits als Multiplikator für den Stundensatz sowie die Entwurfsvergütung dient. Die Nutzungsvergütung ermittelt sich anhand des tatsächlichen Nutzungsumfanges. Der Tarifvertrag kann als Auslegungshilfe für übliche Vertragsklauseln bei vergleichbaren Verträgen dienen; er ist jedoch keine gemeinsame Vergütungsregel.

1221

▶ Wiederholungsfrage

1. *Welche Pflichten stehen sich in einem Designvertrag gegenüber?*
2. *Welchen Rechtsnormen unterliegt die Entwicklung eines Designs?*
3. *Welchen Normen unterliegt die Nutzung des entwickelten Designs?*

1283 AGD Vergütungstarifvertrag Design, 9. Aufl., 2015

25. Bühnenvertrieb

1222　Den Urhebern stehen das **Vortragsrecht**, also das Recht, ein Sprachwerk durch persönliche Darbietung öffentlich zu Gehör zu bringen (§ 19 Abs. 1 UrhG), und das **Aufführungsrecht**, also das Recht, ein Werk der Musik durch persönliche Darbietung öffentlich zu Gehör zu bringen oder Werke jeder anderen Kategorie **bühnenmäßig** darzustellen (§ 19 Abs. 2 UrhG), zu. Unter einer **bühnenmäßigen Aufführung** wird ein **optisch wahrnehmbares, bewegtes Spiel des oder der Darsteller** verstanden[1284]. Das Recht ein Werk aufzuführen, also nicht bühnenmäßig, d.h. **konzertant**, wird häufig als »**kleines Recht**« und, die **bühnenmäßige Aufführung**, als »**großes Recht**« bezeichnet.

1223　**Bühnenautoren und Komponisten** schließen über ihre Theaterstücke, Musicals, Opern und ähnliche Werke, die sich zur Darbietung auf der Theaterbühne eignen, nicht unmittelbar Verträge mit Theaterbetreibern, sondern **übertragen die Wahrnehmung ihrer Rechte einem Bühnenverlag**. Aufgabe des Bühnenverlages ist es, die **Aufführungsrechte** den tatsächlichen Werknutzern, also vor allem den Theatern, einzuräumen. Häufig übernehmen Bühnenverleger weitergehende Vertriebsrechte, wie die Wahrnehmung der mechanischen Rechte, also zur Vervielfältigung und Verbreitung des Werkes auf Bild- und Tonträgern, oder auch die Rechte zur Bearbeitung der Werke als Hör- oder Fernsehspiele. Der Bühnenverlag ist damit das Zwischenglied zwischen dem Werkschöpfer einerseits und dem Nutzer der Werke durch Bühne, Rundfunk, Film und Fernsehen andererseits.

1224　Der Buchverlag übernimmt die Verpflichtung zur Vervielfältigung und Verbreitung des Werkes, wohingegen der **Bühnenverlag** oder der Bühnenvertrieb die **Wahrnehmung der bühnenmäßigen Aufführungsrechte übernimmt**. Häufig lassen sich Buchverlage die entsprechenden Rechte einräumen, um sie ihrerseits an Bühnenverlage weiterzuübertragen. Demgegenüber haben Musikverlage traditionell das Papiergeschäft übernommen, aber auch die Verwertung der Aufführungsrechte. Im Bereich der **Musik** übernimmt die **GEMA** die sogenannten »**kleinen Aufführungsrechte**«, während das Recht zur **bühnenmäßigen Aufführung** von musikdramatischen Werken bei den **Musikverlagen** verbleibt. Diese entscheiden also über die Aufführung von Opern, Operetten und Musicals. Demgegenüber werden die Aufführungsverträge über **choreografische Werke** traditionell zwischen den **Choreografen** einerseits und der **Bühne** andererseits geschlossen. Die GEMA nimmt die Rechte zur konzertanten Aufführung, zur Herstellung und zum Vertrieb von Tonträgern, zur öffentlichen Zugänglichmachung und das Senderecht wahr. Das »kleine Vortragsrecht« wird bei Sprachwerken von der VG Wort wahrgenommen.

1284　BGH, GRUR 2000, 228 – Musical Gala.

Die Dramatiker-Union e.V., Berlin, und der Verband Deutscher Bühnenverleger e.V., Berlin, haben sich im Frühjahr 1982 auf einen Muster-Bühnenverlagsvertrag geeinigt[1285].

25.1 Bühnenverlagsvertrag

Beauftragt der Urheber einen Dritten zur Wahrnehmung der Rechte der bühnenmäßigen Aufführung von musikdramatischen, sprachlichen und sonstigen Bühnenwerken, so kommt ein **Geschäftsbesorgungsvertrag** (§ 675 BGB), dem ein Dienstverhältnis zugrunde liegt, zustande, trotz der Bezeichnung als Verlagsvertrag[1286]. Der Bühnenverleger selbst übernimmt nicht die Verpflichtung zur eigenen Aufführung des Werkes, sondern die **Verpflichtung, die Rechte des Urhebers wahrzunehmen**. Damit steht die **treuhänderische Tätigkeit** des Bühnenverlegers im Vordergrund[1287].

Der Bühnenverlag verpflichtet sich zur **bestmöglichen Wahrnehmung** der ihm übertragenen Nutzungsrechte. Hierzu hat der Bühnenverleger alle erforderlichen Vorarbeiten zu leisten, insbesondere für das Werk zu werben, das Aufführungsmaterial (Text- und Notenmaterial) herzustellen und Verbindung mit den Interessenten zu schaffen. Dazu reicht allerdings die Aufnahme des Werkes in Prospekte, Kataloge oder Hauszeitschriften des Verlages und deren Versendung an Bühnenunternehmen nicht aus. Der Verleger muss vielmehr das konkrete Werk durch persönliche Kontaktaufnahme immer wieder anbieten und gegebenenfalls Neuauflagen oder moderne Übersetzungen veranstalten. Der Bühnenverlag schließt mit dem Theater oder sonstigen Veranstaltern Aufführungsverträge, die diese zur Aufführung verpflichten, kontrolliert die Tantiemenabrechnung und überweist diese, nach Abzug der eigenen Erlösbeteiligung, an den Urheber.

Zu den Hauptpflichten des **Bühnenautors** gehört die Einräumung der erforderlichen **Nutzungsrechte**. Tatsächlich lassen sich die Bühnenverlage darüber hinaus eine Reihe von **weiteren Rechten** einräumen, wie die Verfilmungsrechte, Rechte zur Bearbeitung der Werke für eine Fernseh- oder Hörspielfassung, das Recht zur Vergabe der fernsehmäßigen Aufzeichnung und Ausstrahlung einer Aufführung des Werkes sowie der Vervielfältigung und Verbreitung dieser Aufzeichnung als Video.

Der Bühnenautor ist darüber hinaus verpflichtet, ein **aufführungsfähiges Manuskript** abzuliefern.

Bei der Verwertung des Rechtes hat der Bühnenverlag die wirtschaftlichen Interessen des Bühnenautors zu berücksichtigen. Die Tantiemen einzuziehen und die Abrechnungen zu prüfen. Schließlich hat er unverzüglich dem Autor Neuabschlüsse mitzuteilen[1288].

1285 Münchner Vertragshandbuch/*Vink*, Bd. 3 II, 5. Aufl., S. 1043 ff.
1286 LG München I, UFITA Bd. 90 (1981), 227.
1287 *Ulmer*, § 96 I;.
1288 OLG München, GRUR 1980, 912, 913 – Genoveva.

▶ **Wiederholungsfragen**

1. *Durch welche Pflichten ist ein Bühnenverlagsvertrag gekennzeichnet?*
2. *Welchem Vertragstypus ist er zuzuordnen?*
3. *Welche Pflichten übernimmt der Autor im Bühnenverlagsvertrag?*
4. *Welche Pflichten übernimmt der Bühnenverleger?*

25.2 Die bühnenmäßige Aufführung

1231 **Aufführungsverträge** sind Vereinbarungen mit **Theater- und/oder Bühnenunternehmen** über die **Aufführung** des wort- oder musikdramatischen **Werkes** oder der Choreografie.

1232 **Partner** des Aufführungsvertrages ist im Falle eines sprachdramatischen Werkes meist ein **Bühnenverlag** oder ein Verlag, der die Aufführungsrechte wahrnimmt, für musikdramatische Werke ein **Musikverlag** und als Vertragspartner choreografischer Werke der **Choreograf** selbst. **Gegenstand** ist das Recht zur Nutzung eines Werkes als **bühnenmäßige Aufführung** i.S.v. § 19 Abs. 2 UrhG durch ein Theater. Auch diese Vereinbarung ist ein urheberrechtlicher Nutzungsvertrag eigener Art[1289]. Übernimmt das Theaterunternehmen die Verpflichtung für eine Mindestzahl von Aufführungen, so besteht eine Verwandtschaft zum Verlagsvertrag.

1233 In diesem Vertrag wird die Bühne berechtigt, ein bestimmtes Werk zur bühnenmäßigen Aufführung zu bringen. Der Vertragspartner verpflichtet sich zur zeitlich beschränkten Überlassung des **Aufführungsmaterials** (Textbücher, Partituren, Rollen-, Stimmen-, Notenmaterial) gegen Zahlung einer sogenannten »**Materialleihgebühr**«. Diese Vertragspflicht ist von entscheidender wirtschaftlicher Bedeutung, insbesondere für Musikverlage. Im Hinblick auf die hohen Herstellungskosten für Notenmaterial sind die Noten nach Ablauf des Vertrages zurückzugeben. Gegebenenfalls werden ergänzende Vereinbarungen über Mitwirkungsrechte der Urheber bei der Vorbereitung der Aufführung, über die Bewerbung des Werkes, aber auch über die Besetzung von Hauptrollen und die Verpflichtung von Dirigenten, Regisseuren o.ä. getroffen.

1234 Die Aufführungsrechte werden normalerweise als **einfache Rechte** eingeräumt. Die Rechtseinräumung beschränkt sich unmittelbar auf die bühnenmäßige Darbietung, einschließlich der zeitgleichen öffentlichen, hausinternen Bildschirm- und Lautsprecherübertragung sowie deren Aufzeichnung für betriebsinterne Zwecke. Zeitlich sind die Verträge meist auf eine Spielzeit beschränkt. Räumlich wird dem Bühnenunter-

---

1289 BGHZ 13, 115, 119 – Platzzuschüsse; *Ulmer* § 113 I.

nehmer eine ausschließliche Berechtigung für die Spielstätte gewährt. Im Hinblick auf die räumliche Exklusivität übernehmen die Bühnenunternehmer häufig eine Auswertungsverpflichtung.

Verträge über die Aufführung zwischen Bühnen- und Musikverlagen einerseits und Bühnen andererseits nehmen individuell auf ein konkretes Stück und dessen Aufführungsmodalitäten Bezug. Die **allgemeinen Bestimmungen** folgen **aber regelmäßig** der sogenannten »**Regelsammlung Verlage**« (Vertriebe, Bühnen)[1290]. Da die Regelsammlung nur unverbindliche Feststellungen der üblichen Geschäftsabwicklungen darstellt, muss im jeweiligen **Individualvertrag deren ausdrückliche Anwendung vereinbart** werden. Sofern im Einzelfall nicht darauf verwiesen wird, kann die Regelsammlung jedoch als Auslegungshilfe und Feststellung der Verkehrssitte herangezogen werden.

1235 Die Höhe der Vergütung ist in der Regelsammlung durch eine Urheberabgabe pro Besucher und Vorstellung festgelegt. Die Vergütungssätze können nicht als gemeinsame Vergütungsregeln im Sinne von § 36 UrhG gelten, weil nicht die Urheber als Vertragspartner beteiligt sind (§ 36 Abs. 1 S. 1 UrhG), sie geben jedoch eine übliche und angemessene Vergütung wieder[1291].

1236 Zwischen dem Schöpfer choreografischer Werke und der Bühne wird meist ein individueller Vertrag geschlossen, weil der Aufführungsvertrag nicht nur die Rechtseinräumung zur bühnenmäßigen Aufführung des Werkes enthält, sondern auch die Verpflichtung des Choreografen oder seines Vertreters, das Werk einzustudieren. Die Festlegung der Tanzschritte hat nur Hilfsfunktion und soll spätere Proben des Werkes und von Werkteilen unterstützen.

▶ **Wiederholungsfragen**

1. *Was ist Gegenstand eines Aufführungsvertrages über eine bühnenmäßige Aufführung?*
2. *Auf welche allgemeinen Bestimmungen beziehen sich Bühnen- und Musikverlage in ihren Vereinbarungen mit Theater- und Bühnenunternehmern?*
3. *Welche Besonderheiten weisen die Vereinbarungen mit einem Choreografen auf?*

25.3 Konzertante Aufführung

1237 Zur **konzertmäßigen Aufführung** von Werken der Musik bedarf es des entsprechenden **Aufführungsrechts**, welches die Urheber der GEMA eingeräumt haben. Der Veranstalter der Aufführung schließt mit der GEMA einen **Einzel- oder Pauschalvertrag**

1290 Deutscher Bühnenverein (Hrsg.), Loseblattsammlung, III a.
1291 BGH, GRUR 2000, 869 – Salome III.

nach dem von der GEMA herausgegebenen **Vertragsmuster** ab. Darin erhält der Veranstalter ein einfaches Nutzungsrecht zur Aufführung des gesamten GEMA-Repertoires eingeräumt. Die Vergütung wird nach unterschiedlichen Ortsklassen und Saalgrößen ermittelt. Der Veranstalter verpflichtet sich in der Vereinbarung der GEMA gegenüber, ein Programm zu übermitteln (§ 41 VGG). Die GEMA hat dann ihrerseits die eingezogenen Beträge an die betroffenen Musikurheber nach den Regeln ihres Verteilungsplanes auszuschütten.

Will jemand ein Sprachwerk vortragen, so bedarf es hierzu der Einwilligung des Urhebers bzw. der VG Wort (§ 19 Abs. 1 UrhG). Auch die VG Wort hat hierzu ein standardisiertes Verfahren entwickelt[1292].

1292 www.vgwort.de/vertragsrecht.php.

26. Filmverträge

Zu den Filmverträgen werden alle vertraglichen Vereinbarungen gerechnet, deren Gegenstand die Herstellung des Filmes und dessen Auswertungen über den Vertrieb, die Sendung oder den Verleih ist. Zentrale Person der Filmproduktion ist der **Filmhersteller** (§ 94 UrhG). Der Filmhersteller organisiert die Erstellung des Filmes und trägt das wirtschaftliche Risiko[1293]. Der Filmhersteller muss zunächst die Rechte an den vorbestehenden Werken erwerben, denn ohne diese kann er den Film nicht erstellen (§§ 16, 23 S. 2, 88 UrhG), und darüber hinaus muss er auch die Rechte an den unselbständigen Beiträgen zu dem Filmwerk von den Filmschaffenden (§ 89 UrhG) erwerben. Schließlich benötigt er die Rechte der Filmdarsteller (§ 73 UrhG). Zur Verwertung überträgt der Filmhersteller die von ihm erworbenen Rechte sowie sein eigenes Leistungsschutzrecht (§ 94 UrhG) an Vertriebs-, Sende- und Verleihunternehmen. Neben diesen Vereinbarungen muss der Filmhersteller eine Reihe von weiteren Vereinbarungen, beispielsweise über die Anmietung von Ateliers, mit Kopieranstalten, über die Finanzierung und Versicherung abschließen.

1238

26.1 Verfilmungsvertrag

Durch den **Verfilmungsvertrag** erwirbt der Filmhersteller das Recht zur filmischen Nutzung vorbestehender Werke und/oder filmbestimmter Schöpfungen.

1239

Zu den **vorbestehenden** Werken zählen zum einen diejenigen Werke, die vom Film unabhängig sind, und zum anderen die **filmbestimmten** Werke. Filmunabhängig sind literarische Vorlagen oder die vorhandene filmunabhängig komponierte Musik. Filmbestimmte vorbestehende Werke sind das Exposé[1294], Treatment[1295] und Drehbuch[1296], der Soundtrack[1297] für den Film, aber auch Bühnenbilder, Ausstattungen, Kostüme oder Masken o.ä., soweit deren selbständige Verwertung möglich ist. An diesen Werken können zum einen Urheberrechte der jeweiligen Urheber begründet worden sein und zum anderen aber auch Leistungsschutzrechte. Will der Filmhersteller beispielsweise nicht nur die Komposition selbst, sondern bereits die eingespielte Musik verwenden, muss er auch die Rechte der Interpreten (§ 73 UrhG) und des Tonträgerherstellers (§ 85 UrhG) erwerben. Ähnlich ist die Situation, wenn er einen fremden Filmausschnitt aufnehmen möchte.

1240

1293 BGHZ 120, 67 – Filmhersteller; *Schricker/Loewenheim/Katzenberger/N.Reber*, Vor §§ 88 ff., Rz. 31 ff.
1294 Das Exposé gibt die Filmidee auf wenigen Seiten wieder.
1295 Durch das Treatment wird das Filmgeschehen umfassend beschrieben.
1296 Im Drehbuch ist der Film Szene für Szene mit Dialogen und Kameraeinstellungen beschrieben.
1297 Vertragspartner kann ein Komponist sein, der die Filmmusik neu komponiert, aber auch ein Tonträgerhersteller, der ein fertiges Muster abliefert. Zu beachten ist die Wahrnehmung der Rechte durch die GEMA.

1241 Mit dem **Verfilmungsvertrages** erwirbt der Filmhersteller das Nutzungsrecht an vorbestehenden Werken zur filmischen Herstellung und Auswertung gegen eine Vergütung. Es handelt sich dabei um einen Lizenzvertrag eigener Art, auf den die Vorschriften über den Rechtskauf (§§ 433, 453 BGB), die Rechtspacht (§ 581 BGB), die Abtretung (§§ 398 ff. BGB) und insbesondere die urheberrechtlichen Sondervorschriften gemäß §§ 31 ff., 88, 90 UrhG Anwendung finden. Wenn Gegenstand des Vertrages filmbestimmte Werke sind, die erst im Hinblick auf die Produktion erstellt werden, kann es sich auch um einen Werkvertrag (§ 631 BGB) handeln. Der Filmhersteller übernimmt keine Verpflichtung, das Werk zu verwerten.

1242 Wichtigster Bestandteil des Verfilmungsvertrages ist die **Rechtseinräumung**. §§ 88, 89 UrhG enthalten eine **Auslegungsregel**[1298]. Da es sich um Auslegungsregeln handelt, ist zunächst der Vertragsinhalt, insbesondere seine ausdrücklichen Abreden, durch Vertragsauslegung nach den allgemeinen Grundsätzen, einschließlich der Übertragungszwecklehre (§ 31 Abs. 5 UrhG), festzustellen. Erst dann kommen die Auslegungsregeln zur Anwendung. Ergibt sich also durch die Vertragsauslegung eine im Vergleich zu §§ 88, 89 UrhG eingeschränkte Rechtseinräumung, so hat diese vor der Auslegungsregel Vorrang[1299]. Ergibt sich durch die Auslegung des Vertrages, dass der Urheber die Verfilmung gestattet, so liegt darin im Zweifel eine Einräumung des ausschließlichen Rechtes, das Werk unverändert bzw. unter Bearbeitung oder Umgestaltung zur Herstellung eines Filmwerkes zu benutzen und das Filmwerk sowie Übersetzungen und andere filmische Bearbeitungen auf alle bekannten Nutzungsarten zu nutzen (§ 89 UrhG).

1243 In der Praxis werden die **Rechte ausdrücklich** bezeichnet, um Streitigkeiten zu vermeiden. Dabei werden die **Phasen der Herstellung** des Filmes einerseits und die **Verwertung des Filmes** andererseits häufig nacheinander geregelt. Zunächst muss der Filmhersteller das Recht zur Vervielfältigung (§ 16 UrhG) erwerben, weil es sich bei der Verfilmung um eine körperliche Fixierung handelt. Daher wird im Rahmen der Rechtseinräumung festgehalten, welche Arten der Verfilmung zulässig sind. In Frage kommen die Kino-, Video- oder Fernsehproduktionen oder Serien (Fortsetzungsserien oder sogenannten »Miniserien«) als Real-, Zeichentrick- oder Computer-Generated-Images (CGI-Produktionen) in deutscher oder fremdsprachiger Fassung[1300]. Weiterhin ist die Einwilligung in die filmische Bearbeitung des vorbestehenden Werkes erforderlich (§ 23 S. 2 UrhG), beispielsweise das Recht, einen Roman durch Hinzufügung oder Herausnahme einzelner Teile oder Umstellung der Handlungsabfolge zu bearbeiten und als solchen dann als Grundlage für ein Drehbuch und die spätere Verfilmung zu nutzen.

1298 §§ 88, 89 UrhG wurden durch das Urhebervertragsgesetz des Jahres 2002 geändert. Die Neufassung findet nur auf solche Verfilmungsverträge Anwendung, die seit dem 1.7.2002 geschlossen wurden (§ 132 Abs. 3 S. 1 UrhG). Auf ältere Verfilmungsverträge sind daher die Vorschriften in ihrer alten Fassung anzuwenden.
1299 BGH, GRUR 1985, 529 – Happening; *Götting*, ZUM 1999, 3.
1300 *Loewenheim/Schwarz/Reber*, § 74, Rz. 26 ff.

Das Urheberpersönlichkeitsrecht ist stets zu beachten[1301] (§§ 14, 93 UrhG). Der Filmhersteller lässt sich das Recht zur Weiterübertragung des Verfilmungsrechtes vor Drehbeginn ebenso einräumen (§ 90 UrhG), um den wirtschaftlichen Wert der geleisteten Vorarbeiten gegebenenfalls realisieren zu können.

Im Zweifel erwirbt der Hersteller nicht das Recht zur **Wiederverfilmung** (»Remake«), § 88 Abs. 2 UrhG. Auch diese Klausel ist nachgiebiges Recht, so dass sich der Filmhersteller häufig das Fortentwicklungsrecht einräumen lässt, um mit der Verwendung des Werkes sogenannte »Sequels«, also Fortsetzungen, oder »Prequels«, d.h. Vorgeschichten der Produktion, aber auch »Spin-Offs«, also neue Filmwerke unter Übernahme von Nebenfiguren und Handlungen, zu erstellen. 1244

Gegenstand des Verfilmungsvertrages kann das **Titelverwendungsrecht**, möglicherweise auch als Titelverwendungspflicht, sein. Der Titel ist Teil des geschützten Gesamtwerkes (§ 39 UrhG). Er ist aber gleichzeitig eine geschäftliche Bezeichnung (§ 5 MarkenG), wenn er im geschäftlichen Verkehr benutzt wurde (§ 15 MarkenG). Will der Produzent den Titel des vorbestehenden Werkes nutzen, so bedarf er hierzu der Einwilligung des Berechtigten. Der Berechtigte kann ein erhebliches Interesse an der Nutzung des Titels haben und in diesem Falle eine Titelverwendungspflicht mit dem Filmhersteller festlegen. 1245

Neben den **Rechten** zur Herstellung des Filmes benötigt der Filmhersteller die erforderlichen **Rechte zur Auswertung** des Filmwerkes, da sie mittelbar auch eine Verwertung der vorbestehenden Werke darstellt. Der Filmhersteller benötigt das Recht, das Filmwerk selbst zu vervielfältigen; hierzu zählen nicht nur die Vervielfältigungen im Zuge der Herstellung des Filmes (z.B. Filmnegativ, Null-Kopie), sondern auch die Vervielfältigungsstücke, die der Auswertung dienen, also die Fixierung auf Bild- und Tonträgern zur Vorführung in Filmtheatern, zur Funksendung oder zur Verbreitung in der Öffentlichkeit (DVD usw.). Dabei wird häufig vertraglich die Anzahl und die Art der Bild- und Tonträger sowie gegebenenfalls auch der Verwendungszweck definiert[1302]. Das Recht zur Auswertung des Filmes im Rahmen von On-Demand-Diensten (§ 19a UrhG) gehört zu den bekannten Nutzungsarten im Sinne von § 88 Abs. 1 UrhG, doch sollte es an einer ausdrücklichen Rechtseinräumung nicht fehlen. 1246

Häufig sind daneben auch **Drucknebenrechte**, Tonträgerrechte und Merchandisingrechte weiterer Gegenstand der Rechtseinräumung im Verfilmungsvertrag. 1247

Ein weiterer wesentlicher Bestandteil der Verfilmungsverträge ist die Absprache über die **Vergütung**. Die Urheber haben Anspruch auf eine angemessene Vergütung (§ 32 UrhG). Allgemeine Vergütungsregeln existieren nicht. Große Bedeutung haben **Pauschalhonorare**, sogenannte »Buyouts«, bei denen der Filmhersteller für den Erwerb der 1248

1301 OLG München, GRUR 1986, 460, 462 – Die unendliche Geschichte.
1302 BGH, GRUR 1974, 786 – Kassettenfilm; *Schricker/Loewenheim/Katzenberger/N.Reber*, § 88, Rz. 37.

Rechte eine einmalige Vergütung entrichtet. Daneben sind Modelle gebräuchlich, bei denen der Urheber eine einmalige Vergütung als Grundhonorar erhält und anschließend Wiederholungshonorare. Ist ein Filmwerk besonders erfolgreich, so können Zusatzvergütungen (sogenannte »Escalators«) vereinbart werden. So z.B., wenn eine bestimmte Anzahl an Kinobesuchern oder eine bestimmte Einschaltquote im Fernsehen erreicht ist. Erfolgsabhängige Vergütungen werden nur im Ausnahmefall vereinbart und zum Teil nur für bestimmte Nutzungsarten. So beispielsweise bei den Vergütungsanteilen aus der Verwertung »Buch zum Film«.

1249 Neben Verfilmungsverträgen schließen Filmhersteller mit den Urhebern häufig einen begleitenden Lizenzvertrag als sogenanntes »**Shortform Assignment**« ab, durch den insbesondere die wesentliche Rechtseinräumung beschrieben wird, ohne dass darüber hinausgehende Verpflichtungen, insbesondere Honorarzahlungsverpflichtungen o.ä., aus dem Verfilmungsvertrag aufgenommen werden. Dieser Lizenzvertrag dient zur Vorlage und zum Nachweis der Rechtsinhaberschaft.

▶ **Wiederholungsfragen**

1. *Was versteht man unter dem Verfilmungsrecht?*
2. *Welche Rechte werden im Verfilmungsvertrag vom Filmproduzenten erworben?*
3. *Welchem Vertragstypus ist der Verfilmungsvertrag zuzuordnen?*

26.2 Erwerb der Nutzungsrechte von Filmurhebern

1250 **Originäre Filmurheber** sind diejenigen Personen, die **schöpferisch den Film erstellen**; ihr Beitrag kann nicht allein unabhängig vom Film verwertet werden. Originäre Filmurheber erbringen ihre Leistungen ab **Beginn der Dreharbeiten** bis zu deren **endgültiger Beendigung**, also der Festlegung der Null-Kopie. Zu ihnen zählen regelmäßig Regisseur und Kameramann. Cutter, Beleuchter und Ton können eigene Gestaltungsideen, die ihren Niederschlag im Film finden, erbringen. Auch Filmarchitekten, Bühnenbildner, Filmausstatter und Maskenbildner können als Filmurheber gelten[1303], wenn sie Leistungen, die nicht über den Film hinaus Verwertung finden können, erbringen.

1251 **Filmurheber** einerseits und **Filmproduzenten** andererseits vereinbaren eine Verpflichtung zur **Mitwirkung bei der Herstellung des Filmes**. Denkbar sind Werk-, Dienst-, Arbeits- und Gesellschaftsverträge[1304]. Die Vereinbarung enthält als wichtigste Verpflichtungen zum einen die **Mitwirkungsverpflichtung** und zum anderen die **Ver-**

[1303] *Loewenheim/Schwarz/Reber*, § 74 Rz. 123 f.
[1304] *Schricker/Loewenheim/Katzenberger/N.Reber*, § 89, Rz. 9; *Dreier/Schulze*, § 89 Rz. 23.

gütungsverpflichtung. Darüber hinaus enthalten sie üblicherweise auch eine ausdrückliche **Rechtseinräumung**. Mit Blick auf die Rechtseinräumung können kauf- und pachtrechtliche Bestimmungen (§§ 453, 433 ff., 581 BGB) sowie die urhebervertragsrechtlichen Bestimmungen (§§ 31 ff. UrhG) zur Anwendung kommen[1305]. Soweit die Filmurheber zur Mitwirkung verpflichtet sind, ist regelmäßig von einem Dienst- bzw. Arbeitsverhältnis auszugehen (§§ 611 ff. BGB). Sofern der Mitwirkende Angestellter ist, kommen darüber hinaus ergänzend die Tarifverträge gegebenenfalls zur Anwendung.

Der Mitwirkungsverpflichtung steht die Vergütungsverpflichtung gegenüber (§§ 612 BGB, 32 UrhG). Der Filmurheber hat damit Anspruch auf **angemessene Vergütung**. 1252

Daneben gestattet der mitwirkende Filmurheber dem Filmhersteller die Nutzung seines Werkes. Liegt keine gesonderte Absprache über den Umfang der Rechtseinräumung vor, so richtet sich der Umfang der Rechtseinräumung nach der **Vermutung gemäß § 89 UrhG**, wonach im Zweifel der Filmhersteller das ausschließliche Recht erwirbt, das Filmwerk sowie Übersetzungen und andere filmische Bearbeitungen oder Umgestaltungen des Filmwerkes auf allen bekannten Nutzungsarten zu nutzen. Üblicherweise enthalten die Vereinbarungen mit den mitwirkenden Filmurhebern **Rechtseinräumungsklauseln**. Regelmäßig entspricht der Umfang der zu erwerbenden Rechte jenen Rechten, die die Filmhersteller von den **Urhebern vorbestehender Werke** erwerben. Die Rechtseinräumung ist unabhängig von der Mitwirkung und von der Dauer des Vertrages festgelegt, so dass auch bei einem vorzeitigen Ausscheiden des Mitwirkenden der Produzent über die Rechte weiterhin verfügen kann. 1253

Ergänzend hierzu sind die **Mitwirkungspflichten im Einzelnen** festzuhalten. So kann es Sache des Regisseurs sein, bei der Produktion und Vorbereitung der Produktion in künstlerischer und organisatorischer Hinsicht mitzuwirken, ebenso bei der Erstellung des Drehplanes und der Kalkulation sowie bei der Motivsuche oder beim Casting. Hinzu kommt, dass die Entscheidungskompetenzen der Filmurheber und der Produzenten gegeneinander abgegrenzt werden müssen. So wird sich der Regisseur verpflichten müssen, den Anweisungen des Produzenten Folge zu leisten, das abgenommene Drehbuch, den Drehplan und die Kalkulation zu beachten. Der Filmhersteller wird sich möglicherweise eine Ersetzungsbefugnis vorbehalten, um den Filmurheber flexibler einzusetzen. 1254

▶ **Wiederholungsfragen**

1. *Wodurch unterscheidet sich der Filmurheber von dem Urheber vorbestehender Werke?*
2. *Wer kann zu den Filmurhebern gezählt werden?*
3. *Aufgrund welchen Vertragstyps erwirbt der Filmproduzent die Rechte von den Filmurhebern?*

1305 *Loewenheim/Schwarz/Reber*, § 74 Rz. 127.

26.3 Die Mitwirkung von ausübenden Künstlern

1255 Die Mitwirkung **ausübender Künstler** (§§ 73 ff. UrhG) ist bei der Herstellung eines Filmwerkes erforderlich. Sie tragen das Werk vor, führen es auf oder stellen es in anderer Form dar. Am Filmwerk wirken Schauspieler, Moderatoren, Tänzer, Synchronsprecher und Synchronregisseure u.a. mit[1306]. Der ausübende Künstler übernimmt die Verpflichtung zur **Mitwirkung bei der Herstellung** des Filmes sowie, dem Filmhersteller die dabei entstehenden **Leistungsschutzrechte** zu übertragen, wohingegen der Filmproduzent sich verpflichtet, eine **Vergütung** zu bezahlen. Im Regelfall liegt einer solchen Vereinbarung ein **Arbeitsvertrag**, im Einzelfall auch ein Dienstvertrag, zugrunde. Ist der Umfang der Rechtseinräumung nicht besonders geregelt, ergibt sich dieser aus der Vermutung gemäß § 92 UrhG. Danach erwirbt der Filmproduzent im Zweifel das Recht, die Darbietung auf Bild- oder Tonträger aufzunehmen, diese zu vervielfältigen und zu verbreiten, öffentlich zugänglich zu machen und zu senden.

1256 Aufgrund des Mitwirkungsvertrages übernimmt der Darsteller eine Mitwirkungsverpflichtung und erwirbt einen Anspruch auf Vergütung (§§ 611 ff. BGB). Üblicherweise werden Pauschalhonorare bezahlt, wobei zusätzliche Vergütungen auf der Grundlage des Fairnessausgleiches (§ 32a UrhG) nicht ausgeschlossen sind.

▶ **Wiederholungsfrage**

Welche Pflichten kennzeichnen die Vereinbarung zwischen dem ausübenden Künstler und dem Filmproduzenten?

26.4 Filmverleihvertrag

1257 Durch den **Filmverleihvertrag** gestattet der Filmproduzent dem Vertragspartner, den Film durch **öffentliche Vorführung auszuwerten**. Häufig übernimmt es die Verleihfirma, Kopien herzustellen und diese den Filmtheatern zur Vorführung zur Verfügung zu stellen. Das Filmtheater seinerseits schließt mit dem Verleihunternehmen einen sogenannten »Filmbestellvertrag«, in dem das Filmtheater ein nicht exklusives Vorführungsrecht erhält.

Im **Filmverleihvertrag** erwirbt das Verleihunternehmen die erforderlichen **Nutzungsrechte** für die geplante **Auswertung**. Dabei werden die Rechte, das Lizenzgebiet und die Lizenzzeit festgehalten. Der Filmhersteller überlässt dem Verleihunternehmen kopierfähiges Filmmaterial oder gewährt ein **Ziehungsrecht** (Ziehungsgenehmigung) gegenüber dem Kopierwerk. Gegebenenfalls stellt der Filmproduzent Kinovorschauen (Trailer) zur Verfügung, so dass das Verleihunternehmen seinerseits die entsprechende

---

[1306] *Loewenheim/Schwarz/Reber*, § 74 Rz. 176.

Werbung in den Kinos veranlassen kann. Das Verleihunternehmen entrichtet hierfür eine **Lizenzgebühr**, meist bestehend aus einer fixen Summe als **Minimumgarantie** und aus einer damit zu verrechnenden prozentualen Beteiligung.

Die Zusammenarbeit zwischen Filmproduzenten und Verleihunternehmen kann auch auf der Basis eines **Agenturverhältnisses** erfolgen. In diesem Fall schließt das Filmtheater die Filmverträge mit dem Verleihunternehmen, das im Rahmen und für Rechnung des Produzenten handelt, ab (§§ 675, 611 BGB).

1258

Wenn die Einräumung der Rechte unbefristet ist und das Lizenzgebiet nicht beschränkt wurde (Outright sale), liegt ein **Rechtskauf** (§ 453 i.V.m. § 433 BGB) vor. Ist der Verleihvertrag zeitlich befristet, so ist von einer **Rechtspacht** (§ 581 BGB) auszugehen[1307].

1259

▶ **Wiederholungsfragen**

1. Wer sind die Partner eines Filmverleihvertrages und welche Rechte und Pflichten übernehmen sie?
2. Wer sind die Partner eines Filmbestellvertrages und welche Rechte und Pflichten übernehmen sie?

26.5 Videolizenzvertrag

Gegenstand des Videolizenzvertrages ist das Recht zur **Auswertung** des Filmwerkes als Video. Dabei überträgt der Produzent der Videovertriebsfirma das Recht, DVDs oder andere Bild- und Tonträger herzustellen, und das Recht zum Verkauf von Videos an Videotheken und an den Endverbraucher. Die Videovertriebsfirma schließt ihrerseits entsprechende Vertriebsverträge zum einen mit Verleihunternehmen und zum anderen mit den Einzelhändlern. Regelmäßig handelt es sich dabei um Lizenzverträge, welche als Rechtskaufverträge (§§ 453, 433 ff. BGB) oder als Rechtspachtverträge (§ 581 BGB) zu qualifizieren sind.

1260

Der Produzent überträgt der Videovertriebsfirma die Videorechte, also die Rechte zur **Vervielfältigung** des Filmwerkes auf Bild- und Tonträgern z.B. DVD sowie zu deren **Verbreitung**, und zwar sowohl durch **Vermietung** als auch auf sonstige **Art und Weise** (§ 17 UrhG). Regelmäßig erwirbt die Videovertriebsfirma ein ausschließliches Recht, das zeitlich und örtlich beschränkt ist. Besondere Bedeutung hat in Videolizenzverträgen die Rechtssperre für konkurrierende Auswertungsarten (Holdback Periode).

1261

1307 A.A. *Friccius*, ZUM 1991, 392, der von einem Rechtskauf ausgeht.

1262 Danach erfolgt die Auswertung von Kinofilmen zunächst im Kino und erst nach Ablauf der Rechtssperre durch Videovertriebsfirmen (§ 30 FFG). Dadurch wird der Kinowirtschaft zunächst die Auswertungsmöglichkeit des Filmwerkes eingeräumt. Die Videovertriebsfirma ist ihrerseits dadurch geschützt, dass der Filmhersteller Sendelizenzverträge für das Pay-TV und später das Video-TV erst nach einer entsprechenden Sperrfrist zur Auswertung weiterübertragen kann. Daneben verpflichtet sich der Produzent, das **Videomasterband**, das geeignet ist, Vervielfältigungsstücke zu erstellen, dem Lizenznehmer zur Verfügung zu stellen. Dieses ist regelmäßig nach Ablauf der Lizenzzeit zurückzugeben.

1263 Für die Überlassung der Rechte sowie der Materialien erhält der Produzent eine Lizenzgebühr. Regelmäßig handelt es sich dabei um eine **prozentuale Beteiligung** an den von der Videovertriebsfirma erzielten Erlösen. Dabei wird unterschieden zwischen den Erlösen auf dem Kaufmarkt und dem Verleihmarkt. Üblicherweise beträgt die Beteiligung 30 % an den Verleiherlösen und 7,5 % bis 15 % an den Käuferlösen[1308]. Zur Ermittlung der Beteiligungsgrundlage werden häufig Kosten der Herstellung und der Verpackung abgezogen. Ist der Filmproduzent an den Erlösen der Videovertriebsfirma beteiligt, so übernimmt sie damit eine **Auswertungsverpflichtung**.

▶ **Wiederholungsfragen**

1. *Welche Rechte überträgt der Produzent an die Videovertriebsfirma durch den Videolizenzvertrag?*

2. *Wie wird sichergestellt, dass durch den Videolizenzvertrag keine anderen Auswertungen behindert werden?*

3. *Wie erfolgt die Beteiligung des Filmproduzenten an den Erlösen?*

[1308] *Loewenheim/Schwarz/Reber*, § 74, Rz. 300.

27. Senderverträge

Senderverträge sind Vereinbarungen, deren Vertragsgegenstand das Recht zur Sendung im Sinne von § 20 UrhG einer **audiovisuellen Produktion**, einschließlich ihrer Bestandteile, ist. Die Praxis der Senderverträge ist zwischen den Hörfunksendern einerseits und den **Fernsehsendern** andererseits zu unterscheiden. Die **Hörfunksender** erwerben die Senderechte zur Sendung der Musik von der GEMA sowie die Rechte an den Wortbeiträgen von ihren Mitarbeitern im Rahmen der Mitarbeiterverträge und der dazu gegebenenfalls abgeschlossenen Tarifverträge, und, sofern ein freier Mitarbeiter das jeweilige Sendematerial liefert, auf der Grundlage von Einzelvereinbarungen[1309]. Im Fernsehbereich sind die Vereinbarungen für verschiedene Arbeitsbereiche auseinanderzuhalten. Gegenstand der Vereinbarungen sind die Sendung von Produktionen (»Sendelizenzverträge«), die Filmproduktion (»Produktionsverträge«), Verträge über die Mitwirkung von Filmschaffenden und Verträge mit Urhebern vorbestehender Werke (»Verfilmungsverträge«) sowie schließlich Vereinbarungen mit den Verwertungsgesellschaften[1310].

1264

27.1 Sendelizenzverträge

Der Gegenstand von Sendelizenzverträgen ist das **Senderecht** einer fertig gestellten **Produktion**. Ist die Produktion erst vom Vertragspartner herzustellen (Pre-Sale-Lizenzvertrag), kommt es auf den Umfang der Mitwirkung und/oder der Risikoübernahme an, um eine Vereinbarung als Sendelizenzvertrag einzuordnen. Wenn das Sendeunternehmen redaktionell an der Erstellung der Produktion mitwirkt und/oder das Risiko ganz oder teilweise übernimmt, so liegt ein Produktionsvertrag vor.

1265

Hauptpflicht des Lizenzgebers des Sendelizenzvertrages ist die Übertragung der **Nutzungsrechte zur Sendung** und die Überlassung des erforderlichen **Sendematerials**, wohingegen die Hauptpflicht des Lizenznehmers die **Zahlung der Lizenzgebühr** ist.

1266

Der **Lizenzgeber überträgt** dem Sendeunternehmen das exklusive **Senderecht** zur Sendung frei empfangbaren Fernsehens (»Free-TV«) und im Bezahlfernsehen (»Pay- TV«), wobei nähere Bestimmungen zur Lizenzzeit, zum Lizenzgebiet und die Anzahl der Ausstrahlungen getroffen werden können. Der Lizenznehmer verpflichtet sich, dem Lizenzgeber eine Lizenzgebühr zu bezahlen. Für das Free-TV wird üblicherweise ein Festpreis bezahlt, weil eine Bemessungsgrundlage für eine Erfolgsbeteiligung nicht existiert und gerade bei kleinen Beiträgen die Abrechnung einer Erfolgsbeteiligung unwirtschaftlich

1267

1309 *Moser/Scheuermann*, Handbuch der Musikwirtschaft, S. 621ff., 648ff.
1310 Vgl. *Loewenheim/Castendyk*, § 75 Rz. 6ff. m.w.N.

wäre. Demgegenüber wird für den Bereich des Pay-TV eine Erlösbeteiligung verhandelt, weil dort die Ermittlung des Absatzerfolges möglich ist[1311].

1268 Eine **Auswertungsverpflichtung** besteht für den Sendeunternehmer **nicht**, sie ist im Hinblick auf die Zahlung von Festbeträgen und im Hinblick auf das Rückrufsrecht wegen Nichtausübung (§ 41 UrhG) auch nicht erforderlich. Neben der Verpflichtung zur Verschaffung der erforderlichen Rechte ist der Lizenzgeber verpflichtet, geeignetes Sendematerial zur Verfügung zu stellen, das der Sendeunternehmer bei Beendigung des Lizenzvertrages zurückzugeben hat.

1269 Auf die Vereinbarungen, die eine Festpreiszahlung zum Gegenstand haben, sind auch die **kaufrechtlichen** Vorschriften (§§ 433 ff. BGB) anzuwenden[1312]. Soweit jedoch während der Dauer des Lizenzvertrages weitergehende Verpflichtungen bestehen, insbesondere die Abrechnung und Zahlung der Lizenzgebühr, aber auch die Rückgabe des Sendematerials, sind die **pachtrechtlichen** Bestimmungen (§§ 581 ff. BGB) anwendbar. Ob ein Sendelizenzvertrag ein Dauerschuldverhältnis ist, hängt davon ab, ob eine einmalige Zahlung stattfindet oder nicht. Sieht der Vertrag die Übertragung der Rechte und Überlassung des Sendematerials einerseits sowie Zahlung der Lizenzgebühr andererseits vor, ist von keinem Dauerschuldverhältnis auszugehen. Anderes kann dann gelten, wenn die Vertragspartner gegenseitige Rechte und Pflichten begründen, die über das bloße Bestehenlassen der Rechtseinräumung hinausgehen.

1270 Auch beim Sendelizenzvertrag ist die Bestimmung des **Umfanges der eingeräumten Rechte** von besonderer Bedeutung. Bei den Senderechten wird zwischen der Nutzung im Free-TV und Pay-TV unterschieden, wobei beim Pay-TV unterschiedliche Formen des Bezahlfernsehens (z.B. Pay-per-View, Near-Video-on-Demand und Video-on- Demand) unterschieden werden. Ferner werden die unterschiedlichen technischen Übertragungsarten (digital oder analog, breitbandige oder schmalbandige Netze, Hertz-Wellen, Laser, Mikrowellen, mit Datenkompressionstechniken und ohne) und die Sendeverfahren (Satellit, terrestrisch oder Kabelsendung) sowie Kabelweitersendungsrechte gesondert erwähnt. Darüber hinaus erwerben die Sendeunternehmer häufig ergänzende Rechte, die eine wirtschaftlich sinnvolle Nutzung des Senderechtes ermöglichen, z.B. Synchronisations-, Bearbeitungs-, Ausschnitts- und Archivierungsrechte. Der Umfang der eingeräumten Rechte kann zeitlich, räumlich und inhaltlich beschränkt werden sowie ausschließlich und nicht ausschließlich eingeräumt werden[1313].

1271 Neben den Pflichten zur Rechtseinräumung ist der Lizenzgeber verpflichtet, die erforderlichen **Sendematerialien** beim Sendeunternehmen abzuliefern. Hierzu zählt zunächst das **Sendeband**, das den technischen Richtlinien des jeweiligen Senders ent-

---

1311 *Loewenheim/Castendyk*, § 75, Rz. 21 f.
1312 BGHZ 2, 313/335; 27, 90/98 – Privatsekretärin.
1313 *Loewenheim/Castendyk*, § 75, Rz. 38 ff.

sprechen muss. Zu den Materiallieferungspflichten gehören auch **Musiklisten**, die dem Sendeunternehmen die Mitteilung gegenüber der GEMA und GVL ermöglichen, die FSK-Gutachten zur Platzierung der Produktion, Cast- und Crew-Listen, um gegebenenfalls die Herkunft der Produktion darlegen zu können, sowie Pressematerial, um die geplante Sendung in angemessener Form bei der Presse ankündigen zu können.

▶ Wiederholungsfragen

1. *Was ist Gegenstand eines Sendelizenzvertrages?*
2. *Besteht eine Auswertungsverpflichtung für den Sendeunternehmer?*
3. *Welchem Vertragstypus kann der Sendelizenzvertrag zugeordnet werden?*
4. *Was zählt zu den Sendematerialien, die der Lizenzgeber abzuliefern hat?*

27.2 Produktionsverträge

In vielen Fällen übernehmen die Sender die Produktion der bei ihnen zur Sendung kommenden Filme selbst durch eigenes Personal (**Eigenproduktion**). Grundlage dieser Zusammenarbeit sind die Anstellungsverträge, einschließlich etwaiger Tarifverträge, oder auch Dienstverträge mit den freien Mitarbeitern. Häufig beauftragt aber das Sendeunternehmen einen Dritten mit der Herstellung eines Filmes; dann liegt eine sogenannte »**Auftragsproduktion**« vor[1314]. Bei der Auftragsproduktion wird zwischen »**echter**« und »**unechter**« **Auftragsproduktion** unterschieden. Bei der »**echten Auftragsproduktion**« ist der **Produzent selbst Filmhersteller** im Sinne von § 94 UrhG, während bei der »unechten Auftragsproduktion« der Auftraggeber Filmhersteller ist[1315]. Bei der »echten Auftragsproduktion« ist daher von einem Werkvertrag auszugehen (§§ 631 ff. BGB)[1316], wohingegen der »unechten Auftragsproduktion« ein Dienstvertrag (§§ 611 ff. BGB) bzw. ein Geschäftsbesorgungsvertrag (§ 675 BGB) mit dienstvertraglichen Elementen zugrunde liegt[1317].

1272

Bei der »**echten Auftragsproduktion**« übernimmt der Produzent als **selbständiger Unternehmer** in eigener Verantwortung die **Erstellung des Filmes**, er trägt also die **wirtschaftliche Verantwortung** und erbringt die **organisatorische Leistung**. Von einer »echten Auftragsproduktion« wird dann gesprochen, wenn der Produzent die Finanzierung sicherstellt, das Risiko der Kostenüberschreitung trägt, die Organisation der Dreh-

1273

1314 *Henning-Bodewig*, FS Schricker, S. 414 ff.
1315 *Kreile*, ZUM 1991, 386.
1316 *Schricker/Loewenheim/Katzenberger/N. Reber*, Vor §§ 88 ff. Rz. 11; *MünchKomm/Busche*, BGB, § 631, Rz. 258 f.; *Kreile*, ZUM 1991, 386.
1317 *Kreile*, ZUM 1991, 386.

arbeiten übernimmt sowie die Verträge mit den beteiligten Mitwirkenden auf eigenen Namen und auf eigene Rechnung abschließt[1318]. Demgegenüber liegt eine »**unechte Auftragsproduktion**« dann vor, wenn die Filmherstellung oder eine **wesentliche Maßnahme** der Filmproduktion vom **Auftraggeber vorgegeben** und bestimmt wird. Regelmäßig trägt dabei der Auftraggeber das Kostenrisiko und erteilt für alle Maßnahmen einzelne Weisungen. Der Auftraggeber schließt die Verträge mit den Mitwirkenden in eigenem Namen oder der Auftragsproduzent in eigenem Namen auf Rechnung des Auftraggebers ab. In der Praxis werden Werbefilme und Industriefilme in der Form einer »unechten Auftragsproduktion« hergestellt; gleiches gilt aus steuerrechtlichen Gründen für Filmfonds[1319].

1274   Im Produktionsvertrag ist die Werkleistung des Auftragsproduzenten detailliert festzulegen. Nur in dem Maße, in dem die **Werkleistung** durch den **Vertrag definiert** ist, ist der **Gestaltungsspielraum** des Produzenten **eingeschränkt**[1320]. Es ist im Hinblick auf den subjektiven Mangelbegriff erforderlich, die Beschaffenheit des Werkes im Einzelnen zu beschreiben. In den Vertragsbestimmungen werden auch dann, wenn es sich um eine »echte Auftragsproduktion« handelt, Absprachen über die Produktionsdurchführung festgehalten, wie Termine und Fristen, Fertigungsphase, Informationsrechte, einzelne Weisungs- und Kontrollrechte des Senders. Der Lieferungstermin wird meist als Fixtermin (§ 323 Abs. 1 BGB) vereinbart.

1275   Bei der »unechten Auftragsproduktion« versucht der Sender, die vollständige Übertragung sämtlicher Nutzungsrechte, einschließlich der sogenannten »Zweitverwertungsrechte«, zu erreichen. Hat der Sender die Produktionskosten vollständig getragen, wird er in der Regel die Übertragung sämtlicher Nutzungsrechte vereinbaren[1321]. Die öffentlich-rechtlichen Rundfunkanstalten erwerben zum Teil die sogenannten »Zweitverwertungsrechte« (z.B. Videoauswertung) nicht, machen deren Verwertung aber von ihrer Zustimmung abhängig. In diesem Zusammenhang findet die Übertragungszwecklehre Anwendung[1322].

1276   In ähnlicher Form wie beim Sendelizenzvertrag hat der Auftragsproduzent das **Sendematerial** zu übergeben.

1277   Der Erfüllung der Verpflichtung zur Produktion des Sendematerials und der Rechtseinräumung steht die Verpflichtung zur **Zahlung einer Vergütung gegenüber**. Der Produzent erhält auf das von ihm kalkulierte Budget einen sogenannten »Handlungsunkos-

---

1318   *Schricker/Loewenheim/Katzenberger/N. Reber*, Vor § 88 Rz. 31ff., BGH, ZUM 1993, 286 – Die Ehe der Maria Braun.
1319   Medienerlass, Schreiben des BMF vom 23.2.2001.
1320   BGHZ 19, 382.
1321   *Kreile*, ZUM 1991, 386.
1322   BGH, GRUR 1960, 197 – Keine Ferien für den lieben Gott; OLG München, ZUM-RD 1998, 101 – Auf und davon.

tenaufschlag« (»HU«) in Höhe von 6% und einen Gewinnaufschlag in Höhe von 7,5%, also insgesamt 13,5% der kalkulierten Herstellungskosten.

Dabei handelt es sich um einen festen Anteil, der seit vielen Jahrzehnten in Deutschland üblich ist[1323]. Daneben werden **Bonuszahlungen** für erfolgreiche Produktionen festgelegt. Gegebenenfalls führen auch Kostenminderungen des Produzenten in bestimmtem Umfang zur Reduktion des vereinbarten Festpreises. Üblicherweise erfolgt die Zahlung in Raten, und zwar bei Vertragsschluss, bei Drehbeginn, bei Abnahme des Rohschnitts und bei Abnahme des Feinschnitts sowie bei Ablieferung des Materials. Gegenstand des Produktionsvertrages können auch etwaige Sachleistungen (»**Beistellungen**«), die häufig von Fernsehsendern für die Produktionsdurchführung erbracht werden (§ 642 BGB), sein, beispielsweise das Bereitstellen von Drehbüchern, Filmmusik, Studioleistungen. Die Leistung des Auftragsproduzenten bedarf der **Abnahme** (§ 640 BGB). Auch hierüber werden regelmäßig detaillierte Vereinbarungen getroffen[1324].

Neben dem einzelnen Produktionsvertrag werden gelegentlich zwischen Sender und Produzenten **Produktionsvorbereitungsverträge** abgeschlossen, die die vor der Produktion zu erbringenden Leistungen, wie Casting, Motivsuche, Optionierung von Schauspielern u.ä., betreffen und die dadurch entstehenden Kosten decken sollen. Kommt es nicht zur Produktion, so kann üblicherweise der Produzent die Rechte an den Vorleistungen zu einem bestimmten Preis (»turn around«) erwerben.

1278

Kino- und Fernsehfilme werden im Hinblick auf das erhebliche Kostenrisiko und den organisatorischen Aufwand häufig in der Form einer **Koproduktion** hergestellt. Dabei wirken Fernsehsender und Produzenten in den unterschiedlichsten Konstellationen zusammen[1325].

1279

Für die »echte Koproduktion« gründen die Gesellschafter eine Gesellschaft bürgerlichen Rechts (§ 705 BGB) bzw. eine OHG (§§ 105ff. HGB). Da der erhebliche Kostenaufwand regelmäßig einen kaufmännisch eingerichteten Geschäftsbetrieb erforderlich macht (§ 1 Abs. 2 HGB), ist von einer **OHG** auszugehen. Die Koproduzenten treffen alle wesentlichen Entscheidungen der Produktion gemeinsam, sie entscheiden also gemeinsam über das Drehbuch, die Besetzung, den Drehort, den Drehplan und das Budget. Sie tragen gemeinschaftlich das wirtschaftliche Risiko und übernehmen gemeinschaftlich die für die Filmerstellung erforderlichen organisatorischen Leistungen. Grundsätzlich stehen ihnen die entstehenden Urhebernutzungs- und -leistungsschutzrechte gemeinschaftlich zu, wobei die Gesellschafter häufig die Nutzungsrechte nach bestimmten Nutzungsarten oder Nutzungsgebieten untereinander aufteilen.

1280

1323 *Löwenheim/Castendyk*, § 75 Rz. 141.
1324 *Kreile*, ZUM 1991, 386, 391.
1325 *Friccius*, ZUM 1991, 392; *Schwarz*, ZUM 1991, 381.

▶ Wiederholungsfragen

1. Worin unterscheidet sich eine »echte« von einer »unechten Auftragsproduktion«?
2. Welchen rechtlichen Regelungen unterliegt eine Auftragsproduktion?
3. Welche Vergütung erhält üblicherweise der Produzent?
4. Welche Rechtsform stellt eine Koproduktion dar?

28. Datenbankverträge

Vertragsgestaltungen über Datenbankwerke oder Datenbanken müssen berücksichtigen, dass sich das Datenbankwerk (§ 4 UrhG) unterscheidet von der leistungsschutzrechtlich geschützten Datenbank (§ 87a Abs. 1 UrhG). Bei einem Datenbankwerk muss die Auswahl und Anordnung der Elemente eine persönlich geistige Schöpfung (§ 2 Abs. 2 UrhG) sein, wohingegen bei der durch das Leistungsschutzrecht geschützten Datenbank eine wesentliche Investition in die Erstellung der Datenbank vorausgesetzt wird. Beide unterscheiden sich also in der Art der Auswahl und Anordnung der Elemente und der vorausgesetzten Investition. Ferner ist zu beachten, dass die Vervielfältigung (§ 55a UrhG), soweit für den Zugang der Elemente des Datenbankwerkes und für dessen übliche Benutzung erforderlich, zulässig ist. Entgegenstehende vertragliche Vereinbarungen sind nichtig. Schließlich ist zu beachten, dass Regelungen über Datenbanken zum einen den Datenbankinhalt betreffen, also die Datenbank selbst, und zum anderen die Datenbanksoftware. Die Datenbanksoftware/Zugriffssoftware ist nach der ausdrücklichen Bestimmung des Gesetzes unabhängig von dem Datenbankinhalt zu betrachten (§§ 4, 87a ff. UrhG).

1281

28.1 Offline-Nutzung von Datenbanken

Die **Offline-Nutzung** von Datenbanken ist die Nutzung **außerhalb von Kommunikationsnetzen**, also durch den Vertrieb entweder herkömmlicher Datenbanken, beispielsweise Karteikästen, oder von Datenträgern (CD-ROM, DVD).

1282

Erfolgt die Überlassung zeitlich unbegrenzt gegen Zahlung einer einmaligen Vergütung, ist **Kaufvertragsrecht** (§§ 433 ff. BGB) anwendbar. Erstellt der Betreiber der Datenbank einen Bericht über eine gesonderte Recherche und legt diesen dem Kunden – sei es als Ausdruck, sei es als Onlineabruf – vor, kommt **Werkvertragsrecht** (§§ 631 ff. BGB) zur Anwendung.

28.2 Online-Nutzung

Die Online-Nutzung von Datenbankwerken unterliegt, je nach konkreter Ausgestaltung, **kauf-**, **werk-** oder **dienstvertraglichen** Vorschriften.

1283

Gestattet der Betreiber dem Nutzer unter Anwendung der Abfragesoftware die **Recherche** in seinem Datenbestand, so finden auf diese Vorgänge **dienstvertragliche Elemente** Anwendung. **Vergütungsansprüche** können sich dabei auf schuldrechtliche Absprachen (**§ 612 BGB**) stützen, aber wohl nicht auf eine urheberrechtliche Nutzungshandlung.

1284

Lädt der Nutzer nach der Recherche das gesuchte Element auf seinen Rechner **herunter**, so kopiert er das Element; es stellt also eine **Vervielfältigung** dar. Bei diesem

1285

Vorgang ist das **Kaufrecht** anzuwenden[1326], wobei es nicht darauf ankommt, dass keine greifbare Sache übergeben wird, denn die Verfügbarkeit des Elements auf dem eigenen Rechner führt zum selben wirtschaftlichen Erfolg[1327]. Die Übertragung der Datei ersetzt die Übergabe und Übereignung der Sache[1328].

1286 Bietet der Datenbankbetreiber seinen Kunden die **Verarbeitung von Daten** an (Application Service Providing), so **mietet** der Kunde regelmäßig eine **Speicherkapazität** für die abzuspeichernden Daten und der Anbieter erbringt eine **Geschäftsbesorgung** mit werkvertraglichem Charakter dadurch, dass er die vom Kunden eingestellten Daten verarbeitet.

1287 **Werksvertragsrecht** kommt hingegen dann zur Anwendung, wenn der Datenbankbetreiber sich verpflichtet, eine Datenbankrecherche mit einem Suchziel durchzuführen (z.B. alle Urteile des OLG Hamburg zum Schutz von Datenbanken gemäß § 87a UrhG). Der Betreiber erstellt dabei nämlich eine Liste aller entsprechenden Elemente. Lädt der Auftraggeber dann die ermittelten Elemente herunter, so ist darauf wiederum Kaufrecht anzuwenden.

28.3 Vereinbarungen zwischen Datenbankherstellern und den Anbietern von Datenbankinhalten

1288 Die Inhalte der Datenbanken können sowohl urheberrechtlich oder anderweitig geschützte Elemente, als auch ungeschützte Elemente sein. Will der Datenbankhersteller **geschützte Werke** oder Werkteile in seine **Datenbank** aufnehmen, so bedarf es des Erwerbes der **erforderlichen Nutzungsrechte**, insbesondere zur Vervielfältigung in der Datenbank und zu deren Verwertung. Soweit an den Elementen Leistungsschutzrechte bestehen oder andere Rechte, muss der Datenbankbetreiber auch die hierfür erforderlichen Rechte zur Vervielfältigung in der Datenbank und deren Verwertung erwerben.

Sind die Werke dann ihrerseits in die Datenbank eingestellt, so hat der Datenbanknutzer seinerseits diese Rechte zu achten.

1326 BGH, NJW 1990, 220.
1327 *Moufang*, FS Schricker, 1995, S. 585.
1328 Ist die Nutzung zeitlich begrenzt, findet Mietvertragsrecht Anwendung.

29. Merchandising-Verträge

Der Gegenstand von Merchandising-Verträgen ist die **Sekundärvermarktung von populären Erscheinungen**, insbesondere fiktiven Figuren, realen Persönlichkeiten, Namen, Titeln, Signets, Logos, Ausstattungselementen, Designs und Bildern **außerhalb ihrer eigentlichen** Betätigungs- bzw. **Erscheinungsfelder** durch den Berechtigten selbst oder durch Einräumung von Rechten und sonstigen Besitzständen an Dritte zur Verwertung, zum Zwecke des Absatzes von Waren und Dienstleistungen, einschließlich der Verkaufsförderung und Werbung, mit Ausnahme der Verwertung von Printmedien und/oder auf Bild- oder Tonträgern[1329]. Bei Merchandising-Verträgen handelt es sich also nicht in erster Linie um urheberrechtliche Vertragsbeziehungen, sondern um Vertragsbeziehungen über Marken, Design, Persönlichkeitsrechte, einschließlich dem Recht am eigenen Bild, dem Namensrecht und auch wettbewerbsrechtlicher Schutzpositionen, wie Good Will und **Imagetransfer**[1330]. Das Merchandising beschäftigt sich also im Wesentlichen mit dem **Imagetransfer** und der **Absatzförderung** einer anderen Ware oder Dienstleistung. Wird das Image einer fiktiven Figur übertragen, spricht man von »**Character-Licensing**«. Wird der Ruf von natürlichen Personen vermarktet, spricht man von »**Personality Merchandising**« und, geht es um die Auswertung einer Marke, von »**Brand Merchandising**«.

1289

Im Rahmen eines Merchandising-Vertrages gestattet der Inhaber einer geschützten Rechtsposition dem Lizenznehmer die Nutzung eines gewerblichen Schutzrechtes zu einem ganz **konkreten Merchandisingzweck** (§§ 31 UrhG, § 1 DesignG, 27 MarkenG). Dabei wird die Art der beabsichtigten Nutzung, beispielsweise Produktgestaltung, gewerbliche Nutzung oder auch die umfassende Auswertung einer Rechtsposition, von einer Agentur konkret festgehalten. Der Umfang der Rechtseinräumung wird definiert. Es kommen sowohl ausschließliche als auch nicht ausschließliche Rechte in Frage sowie die entsprechende sachliche, räumliche und zeitliche Beschränkung.

1290

Wichtiger Bestandteil des Merchandising-Vertrages ist die Verpflichtung des Lizenznehmers, **alle Nutzungen** der eingeräumten Rechte im **Vorfeld der Nutzungsaufnahme** durch den Rechtsinhaber **genehmigen** zu lassen. Handelt es sich beispielsweise um eine Produktgestaltung, so lässt sich der Rechtsinhaber regelmäßig die Entwürfe und die ersten Ausfallmuster der Serienproduktion zur Genehmigung vorlegen. Schließlich sollte der Rechtsinhaber auch Belegexemplare erhalten.

1291

Regelmäßig verpflichtet sich der Lizenznehmer zur **Zahlung einer Garantie**, welche mit künftigen Erfolgsbeteiligungen zu verrechnen ist, und zur Zahlung einer Erfolgsbeteili-

1292

1329 *Schertz*, Merchandising, Rz. 14.
1330 *Fromm/Nordemann/Nordemann*, Vor § 31 Rz. 422.

gung. Ist Gegenstand der Vereinbarung die Vermittlungstätigkeit durch eine Merchandisingagentur, so erhält diese einen Provisionsanteil an den Erlösen.

▶ **Wiederholungsfragen**

1. *Welche Rechte können Gegenstand eines Merchandising-Vertrages sein?*
2. *Welchem Zweck dient die Rechtseinräumung eines Merchandising-Vertrages?*

Stichwortverzeichnis

Die Ziffern beziehen sich auf die Randnummern, die fett gedruckten Ziffern beziehen sich auf die Hauptfundstellen.

Ablieferungsfrist 1055, 1057
Ablösebefugnis 697
Abmahnung 696, 1035
Abrufübertragungsrecht **324**
Abschlusszwang 810, **817 ff.**
Abstraktionsprinzip **894 ff.**
AGB-Kontrolle 209, 812
Akrobatik 106
Aktivlegitimation **685 ff.**
Algorithmus 531
Allgemeine Geschäftsbedingungen **1020 ff.**
Anbieten **282 ff.**
Änderungspflicht 1093 f.
Änderungsrecht **225**, 1087
Änderungsverbot 207, 242, **244 ff.**, **368 ff.**, 450, 592, 888
Anerkennung der Urheberschaft **235 ff.**, 372
Angehörige 849, 855
Anreger 176
Anschlusskopie 511
Antennenanlage 331
Arbeitskreis Deutscher Kunsthandelsverbände 345
Arbeitsverhältnis **202 ff.**, 981 ff.
Archiv 443, 508
Arrangement 105
Aufführung, bühnenmäßige 309, 312, 339, **406**, 1180, 1222 f., 1231 f.
Aufführung, musikalische 309, **311 ff.**
Aufführungsrecht 172, **309 ff.**, 1222 ff.
Aufführungsvertrag 1224, 1227, **1231 ff.**
Auflage, neue 1090 f.
Auflagenhöhe **1114**, 1129
Auftragsproduktion 657, 1272 ff.
Ausgabe, wissenschaftliche **566 ff.**
Ausgabefähigkeit 1064
Ausgleichsvereinigung Kunst 345
Auskunft **712 ff.**

Ausschreibungsunterlagen 97
Ausstellungsrecht 218, **293 ff.**
Ausübung des Urheberpersönlichkeitsrecht 212 ff., **886 ff.**
Ausübung von Rechten 204
Ausübungspflicht **1014 ff.**, **1090 ff.**

Ballettmeister 578
Bandübernahmevertrag 616, **1192 ff.**
Baukunst **108 ff.**, 113
Bearbeitung 56, **137 ff.**, 144 ff., 150, 199, 251, 255, 551, 904
Bedienungsanweisung 69, 97, 133
Beeinträchtigung 244, **246 ff.**, 586 ff.
Beginn des Schutzes 82, 89
Behinderte Menschen **459 ff.**
Beitrag zur Sammlung **613**, 907
Beiwerk, Person als **840**
Beiwerk, unwesentliches **420 ff.**
Bekanntmachung, amtliche 164, 518
Bekanntmachung, öffentliche 723
Beleuchter 197, 1250
Benutzeroberfläche 526
Benutzung, freie 56, 141 ff., **148 ff.**, 553
Bereicherung 709 f.
Berichterstattung **391 ff.**, 455
Bern Plus Approach 775
Berner Übereinkunft 9, 765, **766 ff.**
Berufsbildung 499
Beschaffenheitsvereinbarung 1008, 1063
Beschränkung eines Nutzungsrechts 863
Beseitigung 562, 680, **692 ff.**, 723, 853
Besichtigungsrecht 260
Besteck 111
Bestellvertrag 1044, **1143 ff.**
Beteiligung, weitere 203, 942
Beteiligungsgrundsatz 265, 939
Betriebsinhaber 690

Stichwortverzeichnis

Bewegung 106
Bibliothek 508
Bibliotheksgroschen 347
Bild- und Tonträger 1071
Bildnis **433 ff., 828 ff.**
Bildnis im Interesse der Kunst **842 ff.**
Bildungseinrichtungen 441 ff., 499
Biografie 82
Blindenschrift 95, 460
Bogsch-Theorie 328
Branchenübung 239, 903, 952 ff.
Brief 269
Browsing 279
Brücke 113
Buchpreisbindung 39
Bühnenverlag 1180, 1223 ff.
Bühnenverlagsvertrag **1226 ff.**
Bußgeld 681

Caching 378
CD-ROM 158, 549, 1051
Clearingstelle Multi Media 320
Charta der Grundrechte der
    Europäischen Union 19
Computerprogramm 70, **100 ff.**,
    371, 444 ff., **521 ff.**, 547, 557 ff.
Computerspiel 53
Computersprache 95
Cutter 197

Darbietung 255, 309, **576 ff.**
Darstellung wissenschaftlicher und
    technischer Art 42, 72, **132 ff.**, 313, 510
Datenbank 70, **158 ff.**, 380
Datenbankhersteller 371, **630 ff.**, 1288 ff.
Datenbankverträge 1281 ff.
Datenbankwerk 70, **158 ff.**, **414 ff.**, 505, 1281
Datenflussplan 100, 524
Datensammlung 95
Dauer des Urheberschutzes 185
Deeplink 278, 883
Dekompilieren 449
Design 34
Designregister 34
Designvertrag 1197, **1214 ff.**
Deutsches Patent und Markenamt 803 ff.
Dienstverhältnis 169, **202 ff.**, **979 ff.**

Digitalisierung 139
DIN-Norm 165, 517 f.
Diskriminierungsverbot 21, 875
Dokumentarfilm 124
Dongles 525, 534
Doppelschöpfung 84, 153
Dramatisierung 137
Drehbuch 91, 125, 130, 185, 195, 314
Dreistufentest 361
Drittauskunft 722
Druckfreigabe 1088, 1107
Druckreife 1058
DVD 1053

E-Book 1052
Editio principes 603
Eigentum am Original 913 f., 1060
Eigentumsgarantie 2, 15 ff.
Einräumung eines Nutzungsrechts 886,
    911 ff., 962
Einwilligung 145 ff., 154, 179, 189, 203
Einwilligung der abgebildeten Person **850 ff.**
Einwilligung zur Übertragung **915 ff.**
Einziehung 743
Eiskunstläufer 579
E-Mail 268
Empfangslandtheorie 328
Ende des Urheberschutzes **89 ff.**
Enthaltungspflicht **1012 f.**, 1073 f., 1201
Entlehnung, unbewusste 153
Entscheidung 156, 164
Entstellungsverbot 204, 207, **244 ff.**, 540
Entwurf 56, **108 ff.**
Erbe 855 ff.
Erfüllungsort 1061
Ergebnis, wissenschaftliches 82
Erlass 164
Erscheinen 216
Erschöpfung **288 ff.**, 319, 347, 555
Erschöpfung, europaweite 39, 291, 555, 878
Erstbegehungsgefahr 686, 695
Erstsendung 323
Erstveröffentlichungsrecht 180, 207, **215 ff.**,
    294 ff., 995, 1108
Erstverwertung 306, 612
Erzählung 96, 1076
Exposé 125, 130

Stichwortverzeichnis

Fabel 96, 125
Fachsprache 72, 148
Fairnessausgleich **956 ff.**
Feier, private 305
Fernsehprogramm 160
Fernsehsendung 623 f.
File Sharing Systeme 319, 407, 483
Filmarchitekt 195, 1250
Filmerbe 513
Filmhersteller 192, **198**, 356, **653 ff.**, 1238 ff.
Filmurheber 125, **192 ff.**, **1250 ff.**
Filmverleihvertrag 1257 ff.
Filmwerk 91, **123 ff.**, 313, 403
Filmzitat 367
Flaggenalphabet 95
Folgerecht **340 ff.**
Formenschatz, vorbekannter 45, 79
Formgestaltung, wahrnehmbare **44 ff.**, 51 ff
Formular 72, 99
Forschung, wissenschaftliche 504
Fortsetzungsklausel 1095
Fotografie 116 ff., 570 ff., 826
Framing 278
Free-TV 323, 1267 ff.
Freeware 558
Freiexemplare 1126 ff., 1155
Fremdenrecht 761 ff.
Funk 321 ff.
Funksendung 335, 406, 411, 658, 740

Gartenanlage 254
Gebrauch, eigener **475, 485 ff.**
Gebrauch, privater **479**, 644
Gebrauchsschrift 99
Geburtstagsfeier 305
Gedächtnisinstitution 515
Gedicht 59, 96, 1050
Gehalt, geistiger 44, 56, **57 ff.**
Geheimsprache 54
Gehilfe 176
GEMA 172, 309, 520, 688, 1071, 1180, 1224
Gemälde 111
GEMA-Vermutung 172, 688
Gemeinfreiheit 72, 93, 518
Gemeinschaftswerk 175
Genehmigung der Übertragung **914 ff.**
General Public Licence 559

Geräusch 102, 616
Gesamtausgabe 1077
Gesamthandsgemeinschaft **178 ff.**
Gesamtvertrag 822 f.
Geschäftsfähigkeit 50, 167
Geschäftsgrundlage **1030 f.**, 1131 f.
Geschmacksmuster 34 ff.
Gesetz 164
Gesetzessammlung 160
Gesetzgebungskompetenz 12
Gestaltungshöhe 63 ff., 142, 577 f.
Gewerbliche Schutzrechte 27 ff.
Gewinn, entgangener 703
Gewinnherausgabe 705
Ghostwriter 168, 240
Gnutella 317, 619
Grafik 426
Grenzbeschlagnahme 681, **755**
Großzitat **398**
Gutgläubiger Erwerb **926**
GVL 797, 799 f.

Haus 113
Haushaltsgerät 111
Herausgeber 154, 165 ff., 605, 908
Herausgebervertrag **1146 ff.**
Herstellungspflicht **1007 ff.**
Hirtenbrief 164
Hochschulen 499
Hochzeit 305
Honorar 954, 1078, **1109 ff.**, 1158, 1221, 1249
Hörbuch 1053
Hyperlink 278

Idee 81
Illustrationsvertrag 1197, **1211 ff.**
Imprimatur 218, 1088, 1108
Improvisation, musikalische 46, 103
Indexierung 443
Individualität 56, **63 ff.**
Informationsfreiheit 19, 439
Inländerbehandlung 769 ff., 786, 789
Inlinelink 278
Inneneinrichtung 113
Insolvenz des Verlegers **1138 ff.**
Interview 95
Inverkehrsetzen 282 ff.

Kabelfunk 321 ff., **331 ff.**
Kabelweitersendung **331 ff.**, 627
Kameramann 197
Karte 132
Kartellrecht 22, **37 ff.**
Katalogbildfreiheit **422 ff.**, 510
Katalogisierung 443
KaZaa 317, 619
Kinovorführung 314
Kleinzitat 401, 403
Kommentar 97
Konstruktionszeichnung 132
Kontrolltatsachen 714
Kontrollzuschlag 707
Kopienversand 512
Kopierschutz 446
Kopplungsrecht 1185
Körpersprache 95, 106
Korpus 506
Korrekturpflicht **1106 f.**
Korrespondenz 69
Kostenerstattungsanspruch 698
Kostümbildner 195
Krankenhaus 303
Kulisse 113
Kündigung 190, 234, 1033 ff., 1137
Kündigung bei Zweckfortfall 1131
Kündigung, wichtiger Grund 190, 234, 930, 1033, 1137
Kunst, bildende 7, **108 ff.**, 1196 ff.
Kunstfreiheit 2, 18 f.
Kunsthändler 340 ff.
Künstler, ausübender **576 ff.**, 609, 1255
Künstlerbrief 1195
Künstlergruppen 584 ff., 594 ff.
Künstlerpersönlichkeitsrecht 576, **581 ff.**
Künstlerquittung **1190 f.**
Künstlersignatur 211, 693
Künstlervertrag **1182 ff.**
Kunstverlagsvertrag 1072, 1196, **1203 ff.**
Kunstwerkvertrag **1197 ff.**

Ladenklausel 418
Ladenpreisfestsetzung 1100 ff.
Langzeitarchivierung 509
Laufbild 313, 662
Layout 73

Lehrmedien 501
Lehrplan 164
Leistung, sportliche 106 f.
Leistungsschutzrecht 198, **563 ff.**, 859, 1255
Leistungsschutz, wettbewerbsrechtlicher 36 f., 564, 794
Leistungsstörung **1024 ff.**
Leitsatz 164
Leseplätze, elektronische 367
Lexikon 160
Lichtbild 426, **570 ff.**
Lichtbildner 118, 573, 945, 958
Lichtbildwerk 70, **115 ff.**, 293, 423, 1205
Lied 96
Linux 559
Live Sendung 323
Lizenz, gesetzliche 450 ff.
Lizenzanalogie 703 f.
Lizenzvertrag 1004, 1045, 1217, **1265 ff.**

Mangel 1025 f., 1063
Manuskript, unverlangtes 1048
Manuskriptablieferung **1054 ff.**
Marionettentheater 312
Marke 29 ff., 1289
Maskenbildner 197, 1250
Masterband 616, 1008
Materialleihgebühr 1233
Meinungsfreiheit 19
Meistbegünstigung 775 f.
Melodienschutz 151
Menschenrechtserklärung 1, 19
Menschenwürde 13
Merchandisingvertrag 1289 ff.
Methode 83
Mimik 106
Missbrauchskontrolle 22
Mitarbeiterverträge **1153 ff.**
Miturheber 140, **174 ff.**, 184
Möbel 73, 111, 284
Mode 73
Modell 72
Motiv 82, 122
Multimedia-Produktion 55, 528 ff.
Münze, kleine 68 ff., 96, 105, 128, 534, 979, 1224, 1232
Museum 443, 508

Musikverlag 309, 924
Musikverlagsvertrag **1174 ff.**
Musikverleger 1071
Musikwerk 71, **102 ff.**, 1087
Musikzitat 404

Nachrichtensprecher 579
Napster 317
Near on Demand Dienst 324
Nebenrecht 1069, **1103 ff.**
Nennungsrecht 207, 890, 995
Neuheit 34, 84
Normvertrag 26, **969 ff.**
Normwerk, privates 166
Nutzungsart 187, 863 ff.
Nutzungsart, unbekannte 184, 544, **932 ff.**
Nutzungsrecht 146, 203, 267,
 543, 683, 856 ff., **863 ff.**
Nutzungsrecht, ausschließliches **869 ff.**

Objektcode 100, 524
Öffentlichkeit 216, 269, 280, **298 ff.**, 315
OMPI 766
On Demand Dienst 324
Open Source-Software 544, 559
Oper 173
Optionsvertrag 928

Panoramafreiheit **426 ff.**
Pantomimisches Werk **106 ff.**
Pariser Verbandsübereinkunft 794
Parodie 152 f.
Pauschalverträge 824
Pay per channel 323
Pay per view 323
Pay-TV 323
Person als Beiwerk 840
Person der Zeitgeschichte 834 ff.
Person, Einwilligung zur Abbildung 831,
 833 ff., **845 ff.**
Persönlichkeitsrecht, allgemeines 13, 211,
 296, 827, 850
Pflichtenheft 100
Plastik 111, 1196
Podcast 324
Postmortaler Persönlichkeitsschutz 211, 850
Potpourri 105

Prägung, eigenpersönliche 44, **63 ff.**
Predigt 94, 1050
Preisliste 99
Presse 826
Presseerzeugnis 650
Pressespiegelvergütung **455 ff.**
Printing on demand 1053, 1085
Produktionsvertrag 1272 ff.
Produzent 192, 200, 1272 ff.
Programmausdruck 278
Prospekt 69, 99, 283, 1080
Prozessstandschaft, gewillkürte 687, 887
Prüfungsgebrauch **497 f.**
Pseudonym 235
Public-Domain-Software 557 f.
Puppentheater 312

Qualität 86, 247, 1025, 1063
Quellcode 100, 524
Quellenangabe 207, 243, **372 ff.**
Quizmaster 579

Recht am eigenen Bild **826 ff.**
Recht am künftigen Werk **927 ff.**
Recht der Inhaltsmitteilung 215, 219
Recht, großes 309, 1222
Recht, mechanisches 172
Rechte an unbekannten Nut-
 zungsarten 544, **932 ff.**
Rechtseinräumung 817 ff., **860 ff.**
Rechtskauf 26, 1259
Rechtsmanagement, digitales 359
Rechtspflege **381 ff.**, 843
Rechtsverschaffungspflicht **1010 ff.**
Rechtswidrigkeit **691 ff.**
Rede 95, **384 ff.**
Regelsammlung/Verlage 953, 1234
Regisseur 197, 578
Reportage 95
Restaurierung 443
Revidierte Berner Übereinkunft **766 ff.**
Richtlinie 19
Rom Abkommen 9, **782 ff.**
Roman 46
Routine 65
Rückfall eines Nutzungsrechts 220, 895
Rückruf 729, 853

Rückruf bei Unternehmensveräußerung 997
Rückruf wegen gewandelter
    Überzeugung 203, **220 ff.**, 592, 1004
Rückruf wegen Nichtaus-
    übung 203, **226 ff.**, 997
Rücktritt vom Verlagsvertrag 1016,
    1056, 1062, 1090, 1132
Rücktritt wegen veränderter Umstände 225

Sachbuch 154, 1093 f.
Sammelwerk **154 ff.**, 919, 1087, 1147 ff.
Sammelwerk, Recht am Unter-
    nehmen des **157**
Sammlung 58, 369, 464 ff.
Satellitenfunk 328, 624
Satellitensendung, europäische **327 ff.**
Schaden, immaterieller 711
Schadensersatz 680, **698 ff.**
Schadensberechnung 713 f.
Schaffen, persönliches **47 ff.**
Schattenspiel 312
Schiedsstelle für Urheberstreitsachen 825
Schlager 71
Schlichtung 977 f.
Schöpfer 233
schöpferische Eigenart 63
Schöpferprinzip 167, 202, 979
Schranken des Urheberrechts **357 ff.**, 621
Schriftform 900, 929 ff., 991
Schulbuchparagraf **501 ff.**
Schulen 499
Schutz technischer Maßnahmen **664 ff.**
Schutzdauer **185**, 600, 661, 756
Schutzfähigkeit, Feststellung der **74 ff.**
Schutzfristenvergleich 772
Schutzkonzept, abgestuftes 835
Schutzland 758 f., 1001
Schutzrecht, verwandtes 564
Selbstvornahmerecht 1027
Sendeformat 131
Sendelandtheorie 328
Sendelizenzvertrag 1265 ff.
Senderecht 318, **321 ff.**, 327, 1265 ff.
Sendung 321 ff., 331, 1264 ff.
Shareware 558
Sicherheit, öffentliche **381**
Sicherungskopie 445 ff.

Sinfonie 71
Skizze 56, 114
Sorgfalt 700 ff.
Sound 102
Sound-Sampling 274, 618
Spezifizierungslast 989 ff.
Sportler 579, 838
Sportsendung 131
Sprachwerk 69, **95 ff.**, 307 ff.
Staatsangehörige 762 ff., 786
Stadtplan 132
Standbild 121
Stegreifgedicht 52
Stich 111
Stil 83
Störer 690
Strafantrag **741 ff.**
Straftatbestand 742 ff.
Sukzessionsschutz 867 ff., 895
Synchronisation 137, 1181, 1270

Tabelle 72, 97, 134, 1050
Tagebuch 296
Tagesereignis **391 ff.**
Tanzmusik 71
Tarif 821 ff., 970 ff.
Tarifvertrag 949 ff., **970 ff.**, 1118
Täter 689 ff.
Teilnehmer 690
Telefonbuch 160, 634
Territorialitätsprinzip 756 ff., 1001
Terminalschranke 511
Testamentsvollstreckung 857
Textilien 111
Text und Data Mining 505
Theaterstück 248, 1018, 1223
Theorie, monistische 205, 581
Titeländerung 1086
Titelexklusivität 1185 f., 1194
Titelverwendungsrecht 1245
Tod des Verfassers 91, 185, 686, 772, 855 ff., 1177
Ton 102 ff.
Tonerbe 513
Toningenieur 578
Tonmeister 197, 578
Tonträgerhersteller 3, 356, 363, 516,
    519, 591, **615 ff.**, 787, 792, 1172, 1180

Stichwortverzeichnis

Treatment 125, 195, 1240
TRIPS 9, 765, **773 ff.**, 781

Übersetzer 238
Übersetzervertrag 969, **1156 ff.**
Übersetzung **137 ff.**, 143, 1165
Übertragung 864 ff.
Übertragungszwecklehre 147, **897 ff.**, 1022
Übertragung von Nutzungsrechten 864, **914 ff.**
Uhr 111
Umarbeitung 545 ff., **551 ff.**
Umgestaltung 137 ff.
Unionsrecht 263
Universalitätsprinzip 756 ff.
Unterhaltungsmusik 71, 102
Unterlassung 582, **695 ff.**
Unterlassungsverpflichtungserklärung 695
Unternehmensveräußerung 997
Unterrichtsgebrauch 358 ff., 439, 499
Uraufführung **217 ff.**, 603
Urheber **167 ff.**, **174 ff.**, **939 ff.**
Urheber verbundener Werke **186 ff.**
Urheberbenennung 243
Urheberpersönlichkeitsrecht 13, 204, **211 ff.**, 256, 538, 855, 994
Urheberrechts-Wissensgesellschaftsgesetz 4, 439
Urheberstreitsachen 734
Urhebervermutung 537
Ursprungsmaterial 505

Vasen 73
Veranstaltung 422, **471 ff.**
Verbandsland 769
Verbot, gesetzliches 1029
Verbotsrecht 350, 830, 869
Verbreitungspflicht 1096 ff.
Verbreitungsrecht 269, **280 ff.**, 590, 619, 878
Verfasser **1054 ff.**, 1109
Verfilmung 137
Verfilmungsrecht 920
Verfilmungsvertrag 1239 ff.
Verfügung, letztwillige 857
Vergütung 184, 209, 262, 347, 351, 375 ff., 455, 491 ff., 507, 736, **884 ff.**, **939 ff.**, 969 ff., 1017 ff., 1181 ff.

Vergütung, weitere 956 ff.
Vergütungsanspruch, gesetzlicher **375**, 450, 807
Vergütungsregeln, gemeinsame 949, **971 ff.**
Verjährung 922
Verkauf 282
Verlagspseudonym 240
Verlagsrecht 1037, **1066 ff.**
Verlagsvertrag **1041 ff.**
Verlagsvertrag, Gegenstand des 1050 ff.
Verleger 650, 1037 ff.
Verleih 452
Verleihrecht **352 ff.**, 451 ff., 1257
Verletzergewinn 703
Vermietrecht **346 ff.**
Vermögensschaden 702
Vernichtung 562, **724 ff.**, 853
Veröffentlichungsrecht 215 ff., 539
Verordnung 164, 518
Versammlung 841
Verschulden 561, 699 ff.
Versteigerer 340 ff.
Verteileranlage 323
Verteilungsplan **813 f.**
Vertrag 69
Vertragsanpassung **1030 ff.**
Vertragsbeendigung **1032 ff.**
Vertragsstatut 1002 ff.
Vervielfältigung 139, 272, 373, 377, 411 ff., 475, **548**, 457 ff., 1037 ff., 1078
Vervielfältigung, ephemere 279, 380 ff.
Vervielfältigung, private 479 ff.
Vervielfältigungsrecht 271 ff., 905
Vervielfältigungsstück 255, 270, 280, 453, 682, 724, 1203
Verwaiste Werke 515
Verwertung, körperliche **271 ff.**
Verwertung, unkörperliche **298 ff.**
Verwertungsgesellschaft 333, 688, **795 ff.**, 803 ff., 885, 1023, 1180
Verwertungsrecht 208, **262 ff.**, 309, 357, 547, 589, 600, 683, 861 ff.
Verwertungsverbot 679, **682 ff.**
Verzeichnis 134
Verzicht **184**, 214, 240
Verzug 1056, 1133
VG Bild-Kunst 1202
VG Musikedition 1172

VG Wort 458, 797, 799, 1224
Video-Clip 124
Videolizenzvertrag 1260 ff.
Videospiel 124
Volkskunst 577 ff.
Volkstanz 107
Vorführungsrecht **313 f.**
Vorlesung 95
Vorstand 585, 983
Vortrag 306, 336, 1050
Vortragsrecht **307 f.**, 1222
Vorvertrag 928
Vorzugsexemplar **1126 ff.**

Wahrnehmungsbefugnis 172
Wahrnehmungsberechtigte 798 f.
Wahrnehmungsvertrag **810 ff.**, 1006
Wahrnehmungszwang **807 ff.**
Wartezimmer 267
WCT 9, 765, **779 f.**
Webcasting 268
Webradio 322
Website 527
Weitersendung 323, 623
Welturheberrechtsabkommen 9, 765, **781**
Werbefilm 124
Werbung 1096 ff.
Werk der angewandten Kunst 73, **108 ff.**, **1196 ff.**
Werk der Baukunst **108 ff.**
Werk der bildenden Kunst **108 ff.**, 293, 340, **1196 ff.**
Werk der Choreographie **106 ff.**
Werk der reinen Kunst 111
Werk, amtliches **163 ff.**
Werk, künftiges **927 ff.**, 1049
Werk, Musik **102 ff.**
Werk, nachgelassenen **603 ff.**
Werk, pantomimisch **106**
Werk, unvollendetes 56
Werk, vorbestehendes 125, **192 ff.**, 220, 1240

Werk, wissenschaftliches 72, 82, 97, 132, 402
Werkakzessorietät 577
Werkbegriff **40 ff.**
Werkstück 46, 255 ff.
Werkverbindung 173 ff., 200, 1212
Werkvertrag 1044, 1153, 1184
Wettbewerb, unlauterer 35 ff.
Wettbewerbsverbot 1013, 1075
Widerholungsgefahr 695
Widerruf bei neuen Nutzungsarten 935 f.
Widerruf der Einwilligung 845
Wiedergabe , öffentliche, der Sendung 315 ff.
Wiedergabe von Bild-/Tonträger 623
Wiedergabe, öffentliche **405 ff.**, 418, 442, 471 ff., **556**
Wiederholungssendung 323
Wiederverfilmung 1244
WIPO **779 f.**, 788
Wirtschaftsprüfervorbehalt 715
Wissenschaft 439
Wissenschaftliches Ergebnis 82
WPPT 9, 779 f., **788 ff.**

Zeichentrickfilm 124
Zeichnung 111
Zeitgeschichte, Person der 834 ff.
Zeitschrift 154
Zeitung 154
Zirkuskünstler 579
Zitat **397 ff.**
Zugänglichmachung, Recht der öffentlichen 315 ff., 337, 618, 780
Zugangsrecht **256 ff.**
Zustimmung zur Übertragung **915 ff.**
Zwangslizenz 363, **516 ff.**
Zwangsvollstreckung gegen den Rechtsnachfolger **738**
Zwangsvollstreckung gegen den Urheber **736 ff.**
Zweck **237**
Zweitverwertung 306, **335 ff.**, 787